2020年
农业农村法律法规及文件汇编

2020 NIAN NONGYE
NONGCUN FALÜ FAGUI JI
WENJIAN HUIBIAN

农业农村部法规司 编

中国农业出版社
北 京

目 录

目　录

一、党内法规

中国共产党基层组织选举工作条例

（2020 年 6 月 29 日中共中央政治局会议审议批准　2020 年 7 月 13 日中共中央发布）

第一章　总　　则

第一条　为了深入贯彻习近平新时代中国特色社会主义思想，贯彻落实新时代党的建设总要求和新时代党的组织路线，坚持和加强党的全面领导，坚持党要管党、全面从严治党，健全党的民主集中制，完善党内选举制度，增强基层党组织政治功能，提升基层党组织组织力，根据《中国共产党章程》和有关党内法规，制定本条例。

第二条　本条例适用于企业、农村、机关、学校、科研院所、街道社区、社会组织和其他基层单位设立的党的委员会、总支部委员会、支部委员会（含不设委员会的党支部），以及党的基层纪律检查委员会的选举工作。

第三条　党的基层组织设立的委员会任期届满应当按期进行换届选举。

如需延期或者提前进行换届选举，应当报上级党组织批准。延长或者提前期限一般不超过 1 年。

第四条　党的基层组织设立的委员会一般由党员大会选举产生。党员人数在 500 名以上或者所辖党组织驻地分散的，经上级党组织批准，可以召开党员代表大会进行选举。

第五条　正式党员有表决权、选举权、被选举权。受留党察看处分的党员在留党察看期间没有表决权、选举权和被选举权；预备党员没有表决权、选举权和被选举权。党员被依法留置、逮捕的，党组织应当按照管理权限中止其表决权、选举权和被选举权等党员权利。

第六条　选举应当充分发扬民主，尊重和保障党员的民主权利，体现选举人的意志。任何组织和个人不得以任何方式强迫选举人选举或者不选举某个人。

第二章　代表的产生

第七条　党员代表大会的代表应当自觉增强"四个意识"、坚定"四个自信"、做到"两个维护"，遵守党章党规党纪和法律法规，具有履行职责的能力，能反映本选举单位的意见，代表党员的意志。

第八条　代表的名额一般为 100 名至 200 名，最多不超过 300 名。具体名额由召集党员代表大会的党组织按照有利于党员了解和直接参与党内事务，有利于讨论决定问题的原则确定，报上级党组织批准。

代表名额的分配根据所辖党组织数量、党员人数和代表具有广泛性的原则确定。优化代表结构，确保生产和工作一线代表比例。

大型国有企业、高等学校召开党员代表大会，其二级企业、直属单位党组织隶属其他地方或者单位党组织，且党员人数较多的，可以适当分配一定代表名额。

第九条 代表候选人的差额不少于应选人数的 20%。

第十条 代表产生的主要程序是：

（一）从党支部开始推荐提名。根据多数党组织和党员的意见，提出代表候选人推荐人选。

（二）选举单位就代表候选人推荐人选与上级党组织沟通，提出代表候选人初步人选。采取适当方式加强审核把关，可以对代表候选人初步人选在一定范围内公示。

（三）选举单位研究确定代表候选人预备人选，报召开党员代表大会的党的基层委员会审查。

（四）选举单位召开党员大会或者党员代表大会，根据多数选举人的意见确定候选人，进行选举。

第十一条 上届党的委员会成立代表资格审查小组，负责对代表的产生程序和资格进行审查。

代表的产生不符合规定程序的，应当责成原选举单位重新进行选举；代表不具备资格的，应当责成原选举单位撤换。

代表资格审查小组应当向党员代表大会预备会议报告审查情况。经审查通过后的代表，获得正式资格。

第三章　委员会的产生

第十二条 党的基层组织设立的委员会委员候选人，按照德才兼备、以德为先和班子结构合理的原则提名。

不同领域、不同类型和不同层级党的基层组织，其委员候选人的条件，根据党中央精神和上级党组织要求，可以结合实际情况进一步细化。

第十三条 委员候选人的差额不少于应选人数的 20%。

第十四条 党的总支部委员会、支部委员会委员的产生，由上届委员会根据多数党员的意见提出人选，报上级党组织审查同意后，组织党员酝酿确定候选人，在党员大会上进行选举。

第十五条 党的基层委员会和经批准设立的纪律检查委员会委员的产生，召开党员大会的，由上届党的委员会根据所辖多数党组织的意见提出人选，报上级党组织审查同意后，组织党员酝酿确定候选人，提交党员大会进行选举；召开党员代表大会的，由上届党的委员会根据所辖多数党组织的意见提出人选，报上级党组织审查同意后，提请大会主席团讨论通过，由大会主席团提交各代表团（组）酝酿讨论，根据多数代表的意见确定候选人，提交党员代表大会进行选举。

第十六条 党的基层组织设立的委员会的书记、副书记的产生，由上届委员会提出候选人，报上级党组织审查同意后，在委员会全体会议上进行选举。

不设委员会的党支部书记、副书记的产生，由全体党员充分酝酿，提出候选人，报上级党组织审查同意后进行选举。

第十七条 经批准设立常务委员会的委员会，其常务委员会委员候选人，由上届委员会按照比应选人数多1至2人的差额提出，报上级党组织审查同意后，在委员会全体会议上进行选举。

第十八条 委员会委员在任期内出缺，一般应当召开党员大会或者党员代表大会补选。

上级党的组织认为有必要时，可以调动或者指派下级党组织的负责人。

第四章　选举的实施

第十九条 进行选举时，有选举权的到会人数不少于应到会人数的五分之四，会议有效。

第二十条 召开党员大会进行选举，由上届委员会主持。不设委员会的党支部进行选举，由上届党支部书记主持。

召开党员代表大会进行选举，由大会主席团主持。大会主席团成员由上届党的委员会或者各代表团（组）从代表中提名，经全体代表酝酿讨论，提交党员代表大会预备会议表决通过。

委员会第一次全体会议选举常务委员会委员和书记、副书记，召开党员代表大会的，由大会主席团指定1名新选出的委员主持；召开党员大会的，由上届委员会推荐1名新当选的委员主持。

第二十一条 选举前，选举单位的党组织或者大会主席团应当以适当方式将候选人的简历、工作实绩和主要优缺点向选举人作出实事求是的介绍，对选举人提出的询问作出负责的答复。根据选举人的要求，可以组织候选人与选举人见面，回答选举人提出的问题。

第二十二条 选举设监票人，负责对选举全过程进行监督。

党员大会或者党员代表大会选举的监票人，由全体党员或者各代表团（组）从不是候选人的党员或者代表中推选，经党员大会、党员代表大会或者大会主席团会议表决通过。

委员会选举的监票人，从不是书记、副书记、常务委员会委员候选人的委员中推选，经全体委员表决通过。

第二十三条 选举设计票人。计票人在监票人监督下进行工作。

第二十四条 选举采用无记名投票的方式。选票上的代表和委员、常务委员会委员候选人名单以姓氏笔画为序排列，书记、副书记候选人名单按照上级党组织批准的顺序排列。

选举人不能填写选票的，可以由本人委托非候选人按照选举人的意志代写。因故未出席会议的党员或者代表不能委托他人代为投票。

第二十五条 选举人对候选人可以投赞成票或者不赞成票，也可以弃权。投不赞成票者可以另选他人。

第二十六条　投票结束后，监票人、计票人应当将投票人数、发出选票数和收回选票数加以核对，作出记录，由监票人签字并报告被选举人的得票数。

第二十七条　选举收回的选票数，等于或者少于投票人数，选举有效；多于投票人数，选举无效，应当重新选举。

每一选票所选人数，等于或者少于规定应选人数的为有效票，多于规定应选人数的为无效票。

第二十八条　实行差额预选时，赞成票超过应到会有选举权人数半数的，方可列为正式候选人。

第二十九条　进行正式选举时，被选举人获得的赞成票超过应到会有选举权人数半数的，始得当选。

获得赞成票超过半数的被选举人数多于应选名额时，以得票多少为序，至取足应选名额为止。如遇票数相等不能确定当选人时，应当就票数相等的被选举人再次投票，得赞成票多的当选。

获得赞成票超过半数的被选举人数少于应选名额时，对不足的名额另行选举。如果接近应选名额，经半数以上选举人同意或者大会主席团决定，也可以减少名额，不再进行选举。

第三十条　被选举人得票情况，包括得赞成票、不赞成票、弃权票和另选他人等，预选时由监票人向上届委员会或者大会主席团报告，正式选举时由监票人向选举人报告。

第三十一条　当选人名单由会议主持人向选举人宣布。

当选的党员代表大会代表、委员会委员，其名单以姓氏笔画为序排列。

当选的常务委员会委员和书记、副书记，其名单按照上级党组织批准的顺序排列。

第五章　呈报审批

第三十二条　召开党员大会或者党员代表大会的请示，按照党组织隶属关系，报有审批权限的上级党组织审批。召开党员大会的，一般提前1个月报批；召开党员代表大会的，一般提前4个月报批。

第三十三条　新一届党的委员会和纪律检查委员会委员、常务委员会委员和书记、副书记候选人预备人选，一般于召开党员大会或者党员代表大会1个月前，报有审批权限的上级党组织审批。

第三十四条　选出的委员，报上级党组织备案；常务委员会委员和书记、副书记，报上级党组织批准。

纪律检查委员会选出的常务委员会委员和书记、副书记，经同级党的委员会通过后，报上级党组织批准。

第六章　纪律和监督

第三十五条　加强对党的基层组织选举工作的领导，坚持教育在先、警示在先、预防在先，严肃政治纪律、组织纪律以及换届工作纪律要求，强化制度意识、严格制度执行、维护制度权威，引导党员和代表正确行使民主权利，保证选举工作平稳有序。

落实全面从严治党责任，严禁拉帮结派、拉票贿选、跑风漏气等非组织行为，严防黑恶势力、宗族势力、宗教势力干扰破坏选举，强化监督检查和责任追究，确保选举工作风清气正。

第三十六条 本条例由上级党的委员会及其组织部门和上级党的纪律检查委员会负责监督实施，执行情况纳入巡视巡察监督工作内容。

第三十七条 在选举中，凡有违反党章和本条例规定行为的，必须认真查处，根据问题的性质和情节轻重，对有关党员给予批评教育直至纪律处分，对失职失责的党组织和党的领导干部进行问责。

第七章　附　　则

第三十八条 选举单位应当根据本条例制定选举办法，经党员大会或者党员代表大会讨论通过后执行。

第三十九条 中国人民解放军和中国人民武装警察部队党的基层组织的选举，由中央军事委员会根据本条例的精神作出规定。

第四十条 本条例由中央组织部负责解释。

第四十一条 本条例自发布之日起施行。1990 年 6 月 27 日中共中央印发的《中国共产党基层组织选举工作暂行条例》同时废止。

二、法律法规

全国人民代表大会常务委员会关于全面禁止非法野生动物交易、革除滥食野生动物陋习、切实保障人民群众生命健康安全的决定

（2020 年 2 月 24 日第十三届全国人民代表大会常务委员会第十六次会议通过）

为了全面禁止和惩治非法野生动物交易行为，革除滥食野生动物的陋习，维护生物安全和生态安全，有效防范重大公共卫生风险，切实保障人民群众生命健康安全，加强生态文明建设，促进人与自然和谐共生，全国人民代表大会常务委员会作出如下决定：

一、凡《中华人民共和国野生动物保护法》和其他有关法律禁止猎捕、交易、运输、食用野生动物的，必须严格禁止。

对违反前款规定的行为，在现行法律规定基础上加重处罚。

二、全面禁止食用国家保护的"有重要生态、科学、社会价值的陆生野生动物"以及其他陆生野生动物，包括人工繁育、人工饲养的陆生野生动物。

全面禁止以食用为目的猎捕、交易、运输在野外环境自然生长繁殖的陆生野生动物。

对违反前两款规定的行为，参照适用现行法律有关规定处罚。

三、列入畜禽遗传资源目录的动物，属于家畜家禽，适用《中华人民共和国畜牧法》的规定。

国务院畜牧兽医行政主管部门依法制定并公布畜禽遗传资源目录。

四、因科研、药用、展示等特殊情况，需要对野生动物进行非食用性利用的，应当按照国家有关规定实行严格审批和检疫检验。

国务院及其有关主管部门应当及时制定、完善野生动物非食用性利用的审批和检疫检验等规定，并严格执行。

五、各级人民政府和人民团体、社会组织、学校、新闻媒体等社会各方面，都应当积极开展生态环境保护和公共卫生安全的宣传教育和引导，全社会成员要自觉增强生态保护和公共卫生安全意识，移风易俗，革除滥食野生动物陋习，养成科学健康文明的生活方式。

六、各级人民政府及其有关部门应当健全执法管理体制，明确执法责任主体，落实执法管理责任，加强协调配合，加大监督检查和责任追究力度，严格查处违反本决定和有关法律法规的行为；对违法经营场所和违法经营者，依法予以取缔或者查封、关闭。

七、国务院及其有关部门和省、自治区、直辖市应当依据本决定和有关法律，制定、调整相关名录和配套规定。

国务院和地方人民政府应当采取必要措施，为本决定的实施提供相应保障。有关地方人民政府应当支持、指导、帮助受影响的农户调整、转变生产经营活动，根据实际情况给予一定补偿。

八、本决定自公布之日起施行。

中华人民共和国长江保护法

(2020 年 12 月 26 日第十三届全国人民代表大会常务委员会第二十四次会议通过)

第一章 总 则

第一条 为了加强长江流域生态环境保护和修复，促进资源合理高效利用，保障生态安全，实现人与自然和谐共生、中华民族永续发展，制定本法。

第二条 在长江流域开展生态环境保护和修复以及长江流域各类生产生活、开发建设活动，应当遵守本法。

本法所称长江流域，是指由长江干流、支流和湖泊形成的集水区域所涉及的青海省、四川省、西藏自治区、云南省、重庆市、湖北省、湖南省、江西省、安徽省、江苏省、上海市，以及甘肃省、陕西省、河南省、贵州省、广西壮族自治区、广东省、浙江省、福建省的相关县级行政区域。

第三条 长江流域经济社会发展，应当坚持生态优先、绿色发展，共抓大保护、不搞大开发；长江保护应当坚持统筹协调、科学规划、创新驱动、系统治理。

第四条 国家建立长江流域协调机制，统一指导、统筹协调长江保护工作，审议长江保护重大政策、重大规划，协调跨地区跨部门重大事项，督促检查长江保护重要工作的落实情况。

第五条 国务院有关部门和长江流域省级人民政府负责落实国家长江流域协调机制的决策，按照职责分工负责长江保护相关工作。

长江流域地方各级人民政府应当落实本行政区域的生态环境保护和修复、促进资源合理高效利用、优化产业结构和布局、维护长江流域生态安全的责任。

长江流域各级河湖长负责长江保护相关工作。

第六条 长江流域相关地方根据需要在地方性法规和政府规章制定、规划编制、监督执法等方面建立协作机制，协同推进长江流域生态环境保护和修复。

第七条 国务院生态环境、自然资源、水行政、农业农村和标准化等有关主管部门按照职责分工，建立健全长江流域水环境质量和污染物排放、生态环境修复、水资源节约集约利用、生态流量、生物多样性保护、水产养殖、防灾减灾等标准体系。

第八条 国务院自然资源主管部门会同国务院有关部门定期组织长江流域土地、矿产、水流、森林、草原、湿地等自然资源状况调查，建立资源基础数据库，开展资源环境承载能力评价，并向社会公布长江流域自然资源状况。

国务院野生动物保护主管部门应当每十年组织一次野生动物及其栖息地状况普查，或者根据需要组织开展专项调查，建立野生动物资源档案，并向社会公布长江流域野生动物资源状况。

长江流域县级以上地方人民政府农业农村主管部门会同本级人民政府有关部门对水生生物产卵场、索饵场、越冬场和洄游通道等重要栖息地开展生物多样性调查。

第九条 国家长江流域协调机制应当统筹协调国务院有关部门在已经建立的台站和监测项目基础上，健全长江流域生态环境、资源、水文、气象、航运、自然灾害等监测网络体系和监测信息共享机制。

国务院有关部门和长江流域县级以上地方人民政府及其有关部门按照职责分工，组织完善生态环境风险报告和预警机制。

第十条 国务院生态环境主管部门会同国务院有关部门和长江流域省级人民政府建立健全长江流域突发生态环境事件应急联动工作机制，与国家突发事件应急体系相衔接，加强对长江流域船舶、港口、矿山、化工厂、尾矿库等发生的突发生态环境事件的应急管理。

第十一条 国家加强长江流域洪涝干旱、森林草原火灾、地质灾害、地震等灾害的监测预报预警、防御、应急处置与恢复重建体系建设，提高防灾、减灾、抗灾、救灾能力。

第十二条 国家长江流域协调机制设立专家咨询委员会，组织专业机构和人员对长江流域重大发展战略、政策、规划等开展科学技术等专业咨询。

国务院有关部门和长江流域省级人民政府及其有关部门按照职责分工，组织开展长江流域建设项目、重要基础设施和产业布局相关规划等对长江流域生态系统影响的第三方评估、分析、论证等工作。

第十三条 国家长江流域协调机制统筹协调国务院有关部门和长江流域省级人民政府建立健全长江流域信息共享系统。国务院有关部门和长江流域省级人民政府及其有关部门应当按照规定，共享长江流域生态环境、自然资源以及管理执法等信息。

第十四条 国务院有关部门和长江流域县级以上地方人民政府及其有关部门应当加强长江流域生态环境保护和绿色发展的宣传教育。

新闻媒体应当采取多种形式开展长江流域生态环境保护和绿色发展的宣传教育，并依法对违法行为进行舆论监督。

第十五条 国务院有关部门和长江流域县级以上地方人民政府及其有关部门应当采取措施，保护长江流域历史文化名城名镇名村，加强长江流域文化遗产保护工作，继承和弘扬长江流域优秀特色文化。

第十六条 国家鼓励、支持单位和个人参与长江流域生态环境保护和修复、资源合理利用、促进绿色发展的活动。

对在长江保护工作中做出突出贡献的单位和个人，县级以上人民政府及其有关部门应当按照国家有关规定予以表彰和奖励。

第二章 规划与管控

第十七条 国家建立以国家发展规划为统领，以空间规划为基础，以专项规划、区域规划为支撑的长江流域规划体系，充分发挥规划对推进长江流域生态环境保护和绿色发展的引领、指导和约束作用。

第十八条 国务院和长江流域县级以上地方人民政府应当将长江保护工作纳入国民经济和社会发展规划。

国务院发展改革部门会同国务院有关部门编制长江流域发展规划，科学统筹长江流域上下游、左右岸、干支流生态环境保护和绿色发展，报国务院批准后实施。

长江流域水资源规划、生态环境保护规划等依照有关法律、行政法规的规定编制。

第十九条 国务院自然资源主管部门会同国务院有关部门组织编制长江流域国土空间规划，科学有序统筹安排长江流域生态、农业、城镇等功能空间，划定生态保护红线、永久基本农田、城镇开发边界，优化国土空间结构和布局，统领长江流域国土空间利用任务，报国务院批准后实施。涉及长江流域国土空间利用的专项规划应当与长江流域国土空间规划相衔接。

长江流域县级以上地方人民政府组织编制本行政区域的国土空间规划，按照规定的程序报经批准后实施。

第二十条 国家对长江流域国土空间实施用途管制。长江流域县级以上地方人民政府自然资源主管部门依照国土空间规划，对所辖长江流域国土空间实施分区、分类用途管制。

长江流域国土空间开发利用活动应当符合国土空间用途管制要求，并依法取得规划许可。对不符合国土空间用途管制要求的，县级以上人民政府自然资源主管部门不得办理规划许可。

第二十一条 国务院水行政主管部门统筹长江流域水资源合理配置、统一调度和高效利用，组织实施取用水总量控制和消耗强度控制管理制度。

国务院生态环境主管部门根据水环境质量改善目标和水污染防治要求，确定长江流域各省级行政区域重点污染物排放总量控制指标。长江流域水质超标的水功能区，应当实施更严格的污染物排放总量削减要求。企业事业单位应当按照要求，采取污染物排放总量控制措施。

国务院自然资源主管部门负责统筹长江流域新增建设用地总量控制和计划安排。

第二十二条 长江流域省级人民政府根据本行政区域的生态环境和资源利用状况，制定生态环境分区管控方案和生态环境准入清单，报国务院生态环境主管部门备案后实施。生态环境分区管控方案和生态环境准入清单应当与国土空间规划相衔接。

长江流域产业结构和布局应当与长江流域生态系统和资源环境承载能力相适应。禁止在长江流域重点生态功能区布局对生态系统有严重影响的产业。禁止重污染企业和项目向长江中上游转移。

第二十三条 国家加强对长江流域水能资源开发利用的管理。因国家发展战略和国计民生需要，在长江流域新建大中型水电工程，应当经科学论证，并报国务院或者国务院授权的部门批准。

对长江流域已建小水电工程，不符合生态保护要求的，县级以上地方人民政府应当组织分类整改或者采取措施逐步退出。

第二十四条 国家对长江干流和重要支流源头实行严格保护，设立国家公园等自然保护地，保护国家生态安全屏障。

第二十五条　国务院水行政主管部门加强长江流域河道、湖泊保护工作。长江流域县级以上地方人民政府负责划定河道、湖泊管理范围，并向社会公告，实行严格的河湖保护，禁止非法侵占河湖水域。

第二十六条　国家对长江流域河湖岸线实施特殊管制。国家长江流域协调机制统筹协调国务院自然资源、水行政、生态环境、住房和城乡建设、农业农村、交通运输、林业和草原等部门和长江流域省级人民政府划定河湖岸线保护范围，制定河湖岸线保护规划，严格控制岸线开发建设，促进岸线合理高效利用。

禁止在长江干支流岸线一公里范围内新建、扩建化工园区和化工项目。

禁止在长江干流岸线三公里范围内和重要支流岸线一公里范围内新建、改建、扩建尾矿库；但是以提升安全、生态环境保护水平为目的的改建除外。

第二十七条　国务院交通运输主管部门会同国务院自然资源、水行政、生态环境、农业农村、林业和草原主管部门在长江流域水生生物重要栖息地科学划定禁止航行区域和限制航行区域。

禁止船舶在划定的禁止航行区域内航行。因国家发展战略和国计民生需要，在水生生物重要栖息地禁止航行区域内航行的，应当由国务院交通运输主管部门商国务院农业农村主管部门同意，并应当采取必要措施，减少对重要水生生物的干扰。

严格限制在长江流域生态保护红线、自然保护地、水生生物重要栖息地水域实施航道整治工程；确需整治的，应当经科学论证，并依法办理相关手续。

第二十八条　国家建立长江流域河道采砂规划和许可制度。长江流域河道采砂应当依法取得国务院水行政主管部门有关流域管理机构或者县级以上地方人民政府水行政主管部门的许可。

国务院水行政主管部门有关流域管理机构和长江流域县级以上地方人民政府依法划定禁止采砂区和禁止采砂期，严格控制采砂区域、采砂总量和采砂区域内的采砂船舶数量。禁止在长江流域禁止采砂区和禁止采砂期从事采砂活动。

国务院水行政主管部门会同国务院有关部门组织长江流域有关地方人民政府及其有关部门开展长江流域河道非法采砂联合执法工作。

第三章　资源保护

第二十九条　长江流域水资源保护与利用，应当根据流域综合规划，优先满足城乡居民生活用水，保障基本生态用水，并统筹农业、工业用水以及航运等需要。

第三十条　国务院水行政主管部门有关流域管理机构商长江流域省级人民政府依法制定跨省河流水量分配方案，报国务院或者国务院授权的部门批准后实施。制定长江流域跨省河流水量分配方案应当征求国务院有关部门的意见。长江流域省级人民政府水行政主管部门制定本行政区域的长江流域水量分配方案，报本级人民政府批准后实施。

国务院水行政主管部门有关流域管理机构或者长江流域县级以上地方人民政府水行政主管部门依据批准的水量分配方案，编制年度水量分配方案和调度计划，明确相关河段和控制断面流量水量、水位管控要求。

第三十一条　国家加强长江流域生态用水保障。国务院水行政主管部门会同国务院有关部门提出长江干流、重要支流和重要湖泊控制断面的生态流量管控指标。其他河湖生态流量管控指标由长江流域县级以上地方人民政府水行政主管部门会同本级人民政府有关部门确定。

国务院水行政主管部门有关流域管理机构应当将生态水量纳入年度水量调度计划，保证河湖基本生态用水需求，保障枯水期和鱼类产卵期生态流量、重要湖泊的水量和水位，保障长江河口咸淡水平衡。

长江干流、重要支流和重要湖泊上游的水利水电、航运枢纽等工程应当将生态用水调度纳入日常运行调度规程，建立常规生态调度机制，保证河湖生态流量；其下泄流量不符合生态流量泄放要求的，由县级以上人民政府水行政主管部门提出整改措施并监督实施。

第三十二条　国务院有关部门和长江流域地方各级人民政府应当采取措施，加快病险水库除险加固，推进堤防和蓄滞洪区建设，提升洪涝灾害防御工程标准，加强水工程联合调度，开展河道泥沙观测和河势调查，建立与经济社会发展相适应的防洪减灾工程和非工程体系，提高防御水旱灾害的整体能力。

第三十三条　国家对跨长江流域调水实行科学论证，加强控制和管理。实施跨长江流域调水应当优先保障调出区域及其下游区域的用水安全和生态安全，统筹调出区域和调入区域用水需求。

第三十四条　国家加强长江流域饮用水水源地保护。国务院水行政主管部门会同国务院有关部门制定长江流域饮用水水源地名录。长江流域省级人民政府水行政主管部门会同本级人民政府有关部门制定本行政区域的其他饮用水水源地名录。

长江流域省级人民政府组织划定饮用水水源保护区，加强饮用水水源保护，保障饮用水安全。

第三十五条　长江流域县级以上地方人民政府及其有关部门应当合理布局饮用水水源取水口，制定饮用水安全突发事件应急预案，加强饮用水备用应急水源建设，对饮用水水源的水环境质量进行实时监测。

第三十六条　丹江口库区及其上游所在地县级以上地方人民政府应当按照饮用水水源地安全保障区、水质影响控制区、水源涵养生态建设区管理要求，加强山水林田湖草整体保护，增强水源涵养能力，保障水质稳定达标。

第三十七条　国家加强长江流域地下水资源保护。长江流域县级以上地方人民政府及其有关部门应当定期调查评估地下水资源状况，监测地下水水量、水位、水环境质量，并采取相应风险防范措施，保障地下水资源安全。

第三十八条　国务院水行政主管部门会同国务院有关部门确定长江流域农业、工业用水效率目标，加强用水计量和监测设施建设；完善规划和建设项目水资源论证制度；加强对高耗水行业、重点用水单位的用水定额管理，严格控制高耗水项目建设。

第三十九条　国家统筹长江流域自然保护地体系建设。国务院和长江流域省级人民政府在长江流域重要典型生态系统的完整分布区、生态环境敏感区以及珍贵野生动植物天然集中分布区和重要栖息地、重要自然遗迹分布区等区域，依法设立国家公园、自然保护区、自然公园等自然保护地。

第四十条 国务院和长江流域省级人民政府应当依法在长江流域重要生态区、生态状况脆弱区划定公益林，实施严格管理。国家对长江流域天然林实施严格保护，科学划定天然林保护重点区域。

长江流域县级以上地方人民政府应当加强对长江流域草原资源的保护，对具有调节气候、涵养水源、保持水土、防风固沙等特殊作用的基本草原实施严格管理。

国务院林业和草原主管部门和长江流域省级人民政府林业和草原主管部门会同本级人民政府有关部门，根据不同生态区位、生态系统功能和生物多样性保护的需要，发布长江流域国家重要湿地、地方重要湿地名录及保护范围，加强对长江流域湿地的保护和管理，维护湿地生态功能和生物多样性。

第四十一条 国务院农业农村主管部门会同国务院有关部门和长江流域省级人民政府建立长江流域水生生物完整性指数评价体系，组织开展长江流域水生生物完整性评价，并将结果作为评估长江流域生态系统总体状况的重要依据。长江流域水生生物完整性指数应当与长江流域水环境质量标准相衔接。

第四十二条 国务院农业农村主管部门和长江流域县级以上地方人民政府应当制定长江流域珍贵、濒危水生野生动植物保护计划，对长江流域珍贵、濒危水生野生动植物实行重点保护。

国家鼓励有条件的单位开展对长江流域江豚、白鱀豚、白鲟、中华鲟、长江鲟、鳇、鲥、四川白甲鱼、川陕哲罗鲑、胭脂鱼、鳤、圆口铜鱼、多鳞白甲鱼、华鲮、鲈鲤和葛仙米、弧形藻、眼子菜、水菜花等水生野生动植物生境特征和种群动态的研究，建设人工繁育和科普教育基地，组织开展水生生物救护。

禁止在长江流域开放水域养殖、投放外来物种或者其他非本地物种种质资源。

第四章　水污染防治

第四十三条 国务院生态环境主管部门和长江流域地方各级人民政府应当采取有效措施，加大对长江流域的水污染防治、监管力度，预防、控制和减少水环境污染。

第四十四条 国务院生态环境主管部门负责制定长江流域水环境质量标准，对国家水环境质量标准中未作规定的项目可以补充规定；对国家水环境质量标准中已经规定的项目，可以作出更加严格的规定。制定长江流域水环境质量标准应当征求国务院有关部门和有关省级人民政府的意见。长江流域省级人民政府可以制定严于长江流域水环境质量标准的地方水环境质量标准，报国务院生态环境主管部门备案。

第四十五条 长江流域省级人民政府应当对没有国家水污染物排放标准的特色产业、特有污染物，或者国家有明确要求的特定水污染源或者水污染物，补充制定地方水污染物排放标准，报国务院生态环境主管部门备案。

有下列情形之一的，长江流域省级人民政府应当制定严于国家水污染物排放标准的地方水污染物排放标准，报国务院生态环境主管部门备案：

（一）产业密集、水环境问题突出的；

（二）现有水污染物排放标准不能满足所辖长江流域水环境质量要求的；

（三）流域或者区域水环境形势复杂，无法适用统一的水污染物排放标准的。

第四十六条 长江流域省级人民政府制定本行政区域的总磷污染控制方案，并组织实施。对磷矿、磷肥生产集中的长江干支流，有关省级人民政府应当制定更加严格的总磷排放管控要求，有效控制总磷排放总量。

磷矿开采加工、磷肥和含磷农药制造等企业，应当按照排污许可要求，采取有效措施控制总磷排放浓度和排放总量；对排污口和周边环境进行总磷监测，依法公开监测信息。

第四十七条 长江流域县级以上地方人民政府应当统筹长江流域城乡污水集中处理设施及配套管网建设，并保障其正常运行，提高城乡污水收集处理能力。

长江流域县级以上地方人民政府应当组织对本行政区域的江河、湖泊排污口开展排查整治，明确责任主体，实施分类管理。

在长江流域江河、湖泊新设、改设或者扩大排污口，应当按照国家有关规定报经有管辖权的生态环境主管部门或者长江流域生态环境监督管理机构同意。对未达到水质目标的水功能区，除污水集中处理设施排污口外，应当严格控制新设、改设或者扩大排污口。

第四十八条 国家加强长江流域农业面源污染防治。长江流域农业生产应当科学使用农业投入品，减少化肥、农药施用，推广有机肥使用，科学处置农用薄膜、农作物秸秆等农业废弃物。

第四十九条 禁止在长江流域河湖管理范围内倾倒、填埋、堆放、弃置、处理固体废物。长江流域县级以上地方人民政府应当加强对固体废物非法转移和倾倒的联防联控。

第五十条 长江流域县级以上地方人民政府应当组织对沿河湖垃圾填埋场、加油站、矿山、尾矿库、危险废物处置场、化工园区和化工项目等地下水重点污染源及周边地下水环境风险隐患开展调查评估，并采取相应风险防范和整治措施。

第五十一条 国家建立长江流域危险货物运输船舶污染责任保险与财务担保相结合机制。具体办法由国务院交通运输主管部门会同国务院有关部门制定。

禁止在长江流域水上运输剧毒化学品和国家规定禁止通过内河运输的其他危险化学品。长江流域县级以上地方人民政府交通运输主管部门会同本级人民政府有关部门加强对长江流域危险化学品运输的管控。

第五章 生态环境修复

第五十二条 国家对长江流域生态系统实行自然恢复为主、自然恢复与人工修复相结合的系统治理。国务院自然资源主管部门会同国务院有关部门编制长江流域生态环境修复规划，组织实施重大生态环境修复工程，统筹推进长江流域各项生态环境修复工作。

第五十三条 国家对长江流域重点水域实行严格捕捞管理。在长江流域水生生物保护区全面禁止生产性捕捞；在国家规定的期限内，长江干流和重要支流、大型通江湖泊、长江河口规定区域等重点水域全面禁止天然渔业资源的生产性捕捞。具体办法由国务院农业农村主管部门会同国务院有关部门制定。

国务院农业农村主管部门会同国务院有关部门和长江流域省级人民政府加强长江流域

禁捕执法工作，严厉查处电鱼、毒鱼、炸鱼等破坏渔业资源和生态环境的捕捞行为。

长江流域县级以上地方人民政府应当按照国家有关规定做好长江流域重点水域退捕渔民的补偿、转产和社会保障工作。

长江流域其他水域禁捕、限捕管理办法由县级以上地方人民政府制定。

第五十四条 国务院水行政主管部门会同国务院有关部门制定并组织实施长江干流和重要支流的河湖水系连通修复方案，长江流域省级人民政府制定并组织实施本行政区域的长江流域河湖水系连通修复方案，逐步改善长江流域河湖连通状况，恢复河湖生态流量，维护河湖水系生态功能。

第五十五条 国家长江流域协调机制统筹协调国务院自然资源、水行政、生态环境、住房和城乡建设、农业农村、交通运输、林业和草原等部门和长江流域省级人民政府制定长江流域河湖岸线修复规范，确定岸线修复指标。

长江流域县级以上地方人民政府按照长江流域河湖岸线保护规划、修复规范和指标要求，制定并组织实施河湖岸线修复计划，保障自然岸线比例，恢复河湖岸线生态功能。

禁止违法利用、占用长江流域河湖岸线。

第五十六条 国务院有关部门会同长江流域有关省级人民政府加强对三峡库区、丹江口库区等重点库区消落区的生态环境保护和修复，因地制宜实施退耕还林还草还湿，禁止施用化肥、农药，科学调控水库水位，加强库区水土保持和地质灾害防治工作，保障消落区良好生态功能。

第五十七条 长江流域县级以上地方人民政府林业和草原主管部门负责组织实施长江流域森林、草原、湿地修复计划，科学推进森林、草原、湿地修复工作，加大退化天然林、草原和受损湿地修复力度。

第五十八条 国家加大对太湖、鄱阳湖、洞庭湖、巢湖、滇池等重点湖泊实施生态环境修复的支持力度。

长江流域县级以上地方人民政府应当组织开展富营养化湖泊的生态环境修复，采取调整产业布局规模、实施控制性水工程统一调度、生态补水、河湖连通等综合措施，改善和恢复湖泊生态系统的质量和功能；对氮磷浓度严重超标的湖泊，应当在影响湖泊水质的汇水区，采取措施削减化肥用量，禁止使用含磷洗涤剂，全面清理投饵、投肥养殖。

第五十九条 国务院林业和草原、农业农村主管部门应当对长江流域数量急剧下降或者极度濒危的野生动植物和受到严重破坏的栖息地、天然集中分布区、破碎化的典型生态系统制定修复方案和行动计划，修建迁地保护设施，建立野生动植物遗传资源基因库，进行抢救性修复。

在长江流域水生生物产卵场、索饵场、越冬场和洄游通道等重要栖息地应当实施生态环境修复和其他保护措施。对鱼类等水生生物洄游产生阻隔的涉水工程应当结合实际采取建设过鱼设施、河湖连通、生态调度、灌江纳苗、基因保存、增殖放流、人工繁育等多种措施，充分满足水生生物的生态需求。

第六十条 国务院水行政主管部门会同国务院有关部门和长江河口所在地人民政府按照陆海统筹、河海联动的要求，制定实施长江河口生态环境修复和其他保护措施方案，加强对水、沙、盐、潮滩、生物种群的综合监测，采取有效措施防止海水入侵和倒灌，维护长江河口良好生态功能。

第六十一条　长江流域水土流失重点预防区和重点治理区的县级以上地方人民政府应当采取措施，防治水土流失。生态保护红线范围内的水土流失地块，以自然恢复为主，按照规定有计划地实施退耕还林还草还湿；划入自然保护地核心保护区的永久基本农田，依法有序退出并予以补划。

禁止在长江流域水土流失严重、生态脆弱的区域开展可能造成水土流失的生产建设活动。确因国家发展战略和国计民生需要建设的，应当经科学论证，并依法办理审批手续。

长江流域县级以上地方人民政府应当对石漠化的土地因地制宜采取综合治理措施，修复生态系统，防止土地石漠化蔓延。

第六十二条　长江流域县级以上地方人民政府应当因地制宜采取消除地质灾害隐患、土地复垦、恢复植被、防治污染等措施，加快历史遗留矿山生态环境修复工作，并加强对在建和运行中矿山的监督管理，督促采矿权人切实履行矿山污染防治和生态环境修复责任。

第六十三条　长江流域中下游地区县级以上地方人民政府应当因地制宜在项目、资金、人才、管理等方面，对长江流域江河源头和上游地区实施生态环境修复和其他保护措施给予支持，提升长江流域生态脆弱区实施生态环境修复和其他保护措施的能力。

国家按照政策支持、企业和社会参与、市场化运作的原则，鼓励社会资本投入长江流域生态环境修复。

第六章　绿色发展

第六十四条　国务院有关部门和长江流域地方各级人民政府应当按照长江流域发展规划、国土空间规划的要求，调整产业结构，优化产业布局，推进长江流域绿色发展。

第六十五条　国务院和长江流域地方各级人民政府及其有关部门应当协同推进乡村振兴战略和新型城镇化战略的实施，统筹城乡基础设施建设和产业发展，建立健全全民覆盖、普惠共享、城乡一体的基本公共服务体系，促进长江流域城乡融合发展。

第六十六条　长江流域县级以上地方人民政府应当推动钢铁、石油、化工、有色金属、建材、船舶等产业升级改造，提升技术装备水平；推动造纸、制革、电镀、印染、有色金属、农药、氮肥、焦化、原料药制造等企业实施清洁化改造。企业应当通过技术创新减少资源消耗和污染物排放。

长江流域县级以上地方人民政府应当采取措施加快重点地区危险化学品生产企业搬迁改造。

第六十七条　国务院有关部门会同长江流域省级人民政府建立开发区绿色发展评估机制，并组织对各类开发区的资源能源节约集约利用、生态环境保护等情况开展定期评估。

长江流域县级以上地方人民政府应当根据评估结果对开发区产业产品、节能减排等措施进行优化调整。

第六十八条　国家鼓励和支持在长江流域实施重点行业和重点用水单位节水技术改造，提高水资源利用效率。

长江流域县级以上地方人民政府应当加强节水型城市和节水型园区建设，促进节水型行业产业和企业发展，并加快建设雨水自然积存、自然渗透、自然净化的海绵城市。

第六十九条　长江流域县级以上地方人民政府应当按照绿色发展的要求，统筹规划、建设与管理，提升城乡人居环境质量，建设美丽城镇和美丽乡村。

长江流域县级以上地方人民政府应当按照生态、环保、经济、实用的原则因地制宜组织实施厕所改造。

国务院有关部门和长江流域县级以上地方人民政府及其有关部门应当加强对城市新区、各类开发区等使用建筑材料的管理，鼓励使用节能环保、性能高的建筑材料，建设地下综合管廊和管网。

长江流域县级以上地方人民政府应当建设废弃土石渣综合利用信息平台，加强对生产建设活动废弃土石渣收集、清运、集中堆放的管理，鼓励开展综合利用。

第七十条　长江流域县级以上地方人民政府应当编制并组织实施养殖水域滩涂规划，合理划定禁养区、限养区、养殖区，科学确定养殖规模和养殖密度；强化水产养殖投入品管理，指导和规范水产养殖、增殖活动。

第七十一条　国家加强长江流域综合立体交通体系建设，完善港口、航道等水运基础设施，推动交通设施互联互通，实现水陆有机衔接、江海直达联运，提升长江黄金水道功能。

第七十二条　长江流域县级以上地方人民政府应当统筹建设船舶污染物接收转运处置设施、船舶液化天然气加注站，制定港口岸电设施、船舶受电设施建设和改造计划，并组织实施。具备岸电使用条件的船舶靠港应当按照国家有关规定使用岸电，但使用清洁能源的除外。

第七十三条　国务院和长江流域县级以上地方人民政府对长江流域港口、航道和船舶升级改造，液化天然气动力船舶等清洁能源或者新能源动力船舶建造，港口绿色设计等按照规定给予资金支持或者政策扶持。

国务院和长江流域县级以上地方人民政府对长江流域港口岸电设施、船舶受电设施的改造和使用按照规定给予资金补贴、电价优惠等政策扶持。

第七十四条　长江流域地方各级人民政府加强对城乡居民绿色消费的宣传教育，并采取有效措施，支持、引导居民绿色消费。

长江流域地方各级人民政府按照系统推进、广泛参与、突出重点、分类施策的原则，采取回收押金、限制使用易污染不易降解塑料用品、绿色设计、发展公共交通等措施，提倡简约适度、绿色低碳的生活方式。

第七章　保障与监督

第七十五条　国务院和长江流域县级以上地方人民政府应当加大长江流域生态环境保护和修复的财政投入。

国务院和长江流域省级人民政府按照中央与地方财政事权和支出责任划分原则，专项安排长江流域生态环境保护资金，用于长江流域生态环境保护和修复。国务院自然资源主管部门会同国务院财政、生态环境等有关部门制定合理利用社会资金促进长江流域生态环境修复的政策措施。

国家鼓励和支持长江流域生态环境保护和修复等方面的科学技术研究开发和推广应用。

国家鼓励金融机构发展绿色信贷、绿色债券、绿色保险等金融产品，为长江流域生态环境保护和绿色发展提供金融支持。

第七十六条 国家建立长江流域生态保护补偿制度。

国家加大财政转移支付力度，对长江干流及重要支流源头和上游的水源涵养地等生态功能重要区域予以补偿。具体办法由国务院财政部门会同国务院有关部门制定。

国家鼓励长江流域上下游、左右岸、干支流地方人民政府之间开展横向生态保护补偿。

国家鼓励社会资金建立市场化运作的长江流域生态保护补偿基金；鼓励相关主体之间采取自愿协商等方式开展生态保护补偿。

第七十七条 国家加强长江流域司法保障建设，鼓励有关单位为长江流域生态环境保护提供法律服务。

长江流域各级行政执法机关、人民法院、人民检察院在依法查处长江保护违法行为或者办理相关案件过程中，发现存在涉嫌犯罪行为的，应当将犯罪线索移送具有侦查、调查职权的机关。

第七十八条 国家实行长江流域生态环境保护责任制和考核评价制度。上级人民政府应当对下级人民政府生态环境保护和修复目标完成情况等进行考核。

第七十九条 国务院有关部门和长江流域县级以上地方人民政府有关部门应当依照本法规定和职责分工，对长江流域各类保护、开发、建设活动进行监督检查，依法查处破坏长江流域自然资源、污染长江流域环境、损害长江流域生态系统等违法行为。

公民、法人和非法人组织有权依法获取长江流域生态环境保护相关信息，举报和控告破坏长江流域自然资源、污染长江流域环境、损害长江流域生态系统等违法行为。

国务院有关部门和长江流域地方各级人民政府及其有关部门应当依法公开长江流域生态环境保护相关信息，完善公众参与程序，为公民、法人和非法人组织参与和监督长江流域生态环境保护提供便利。

第八十条 国务院有关部门和长江流域地方各级人民政府及其有关部门对长江流域跨行政区域、生态敏感区域和生态环境违法案件高发区域以及重大违法案件，依法开展联合执法。

第八十一条 国务院有关部门和长江流域省级人民政府对长江保护工作不力、问题突出、群众反映集中的地区，可以约谈所在地区县级以上地方人民政府及其有关部门主要负责人，要求其采取措施及时整改。

第八十二条 国务院应当定期向全国人民代表大会常务委员会报告长江流域生态环境状况及保护和修复工作等情况。

长江流域县级以上地方人民政府应当定期向本级人民代表大会或者其常务委员会报告本级人民政府长江流域生态环境保护和修复工作等情况。

第八章　法律责任

第八十三条　国务院有关部门和长江流域地方各级人民政府及其有关部门违反本法规定，有下列行为之一的，对直接负责的主管人员和其他直接责任人员依法给予警告、记过、记大过或者降级处分；造成严重后果的，给予撤职或者开除处分，其主要负责人应当引咎辞职：

（一）不符合行政许可条件准予行政许可的；

（二）依法应当作出责令停业、关闭等决定而未作出的；

（三）发现违法行为或者接到举报不依法查处的；

（四）有其他玩忽职守、滥用职权、徇私舞弊行为的。

第八十四条　违反本法规定，有下列行为之一的，由有关主管部门按照职责分工，责令停止违法行为，给予警告，并处一万元以上十万元以下罚款；情节严重的，并处十万元以上五十万元以下罚款：

（一）船舶在禁止航行区域内航行的；

（二）经同意在水生生物重要栖息地禁止航行区域内航行，未采取必要措施减少对重要水生生物干扰的；

（三）水利水电、航运枢纽等工程未将生态用水调度纳入日常运行调度规程的；

（四）具备岸电使用条件的船舶未按照国家有关规定使用岸电的。

第八十五条　违反本法规定，在长江流域开放水域养殖、投放外来物种或者其他非本地物种种质资源的，由县级以上人民政府农业农村主管部门责令限期捕回，处十万元以下罚款；造成严重后果的，处十万元以上一百万元以下罚款；逾期不捕回的，由有关人民政府农业农村主管部门代为捕回或者采取降低负面影响的措施，所需费用由违法者承担。

第八十六条　违反本法规定，在长江流域水生生物保护区内从事生产性捕捞，或者在长江干流和重要支流、大型通江湖泊、长江河口规定区域等重点水域禁捕期间从事天然渔业资源的生产性捕捞的，由县级以上人民政府农业农村主管部门没收渔获物、违法所得以及用于违法活动的渔船、渔具和其他工具，并处一万元以上五万元以下罚款；采取电鱼、毒鱼、炸鱼等方式捕捞，或者有其他严重情节的，并处五万元以上五十万元以下罚款。

收购、加工、销售前款规定的渔获物的，由县级以上人民政府农业农村、市场监督管理等部门按照职责分工，没收渔获物及其制品和违法所得，并处货值金额十倍以上二十倍以下罚款；情节严重的，吊销相关生产经营许可证或者责令关闭。

第八十七条　违反本法规定，非法侵占长江流域河湖水域，或者违法利用、占用河湖岸线的，由县级以上人民政府水行政、自然资源等主管部门按照职责分工，责令停止违法行为，限期拆除并恢复原状，所需费用由违法者承担，没收违法所得，并处五万元以上五十万元以下罚款。

第八十八条　违反本法规定，有下列行为之一的，由县级以上人民政府生态环境、自然资源等主管部门按照职责分工，责令停止违法行为，限期拆除并恢复原状，所需费用由违法者承担，没收违法所得，并处五十万元以上五百万元以下罚款，对直接负责的主管人员和其他直接责任人员处五万元以上十万元以下罚款；情节严重的，报经有批准权的人民政府批准，责令关闭：

（一）在长江干支流岸线一公里范围内新建、扩建化工园区和化工项目的；

（二）在长江干流岸线三公里范围内和重要支流岸线一公里范围内新建、改建、扩建尾矿库的；

（三）违反生态环境准入清单的规定进行生产建设活动的。

第八十九条　长江流域磷矿开采加工、磷肥和含磷农药制造等企业违反本法规定，超过排放标准或者总量控制指标排放含磷水污染物的，由县级以上人民政府生态环境主管部门责令停止违法行为，并处二十万元以上二百万元以下罚款，对直接负责的主管人员和其他直接责任人员处五万元以上十万元以下罚款；情节严重的，责令停产整顿，或者报经有批准权的人民政府批准，责令关闭。

第九十条　违反本法规定，在长江流域水上运输剧毒化学品和国家规定禁止通过内河运输的其他危险化学品的，由县级以上人民政府交通运输主管部门或者海事管理机构责令改正，没收违法所得，并处二十万元以上二百万元以下罚款，对直接负责的主管人员和其他直接责任人员处五万元以上十万元以下罚款；情节严重的，责令停业整顿，或者吊销相关许可证。

第九十一条　违反本法规定，在长江流域未依法取得许可从事采砂活动，或者在禁止采砂区和禁止采砂期从事采砂活动的，由国务院水行政主管部门有关流域管理机构或者县级以上地方人民政府水行政主管部门责令停止违法行为，没收违法所得以及用于违法活动的船舶、设备、工具，并处货值金额二倍以上二十倍以下罚款；货值金额不足十万元的，并处二十万元以上二百万元以下罚款；已经取得河道采砂许可证的，吊销河道采砂许可证。

第九十二条　对破坏长江流域自然资源、污染长江流域环境、损害长江流域生态系统等违法行为，本法未作行政处罚规定的，适用有关法律、行政法规的规定。

第九十三条　因污染长江流域环境、破坏长江流域生态造成他人损害的，侵权人应当承担侵权责任。

违反国家规定造成长江流域生态环境损害的，国家规定的机关或者法律规定的组织有权请求侵权人承担修复责任、赔偿损失和有关费用。

第九十四条　违反本法规定，构成犯罪的，依法追究刑事责任。

第九章　附　　则

第九十五条　本法下列用语的含义：

（一）本法所称长江干流，是指长江源头至长江河口，流经青海省、四川省、西藏自治区、云南省、重庆市、湖北省、湖南省、江西省、安徽省、江苏省、上海市的长江主河段；

（二）本法所称长江支流，是指直接或者间接流入长江干流的河流，支流可以分为一级支流、二级支流等；

（三）本法所称长江重要支流，是指流域面积一万平方公里以上的支流，其中流域面积八万平方公里以上的一级支流包括雅砻江、岷江、嘉陵江、乌江、湘江、沅江、汉江和赣江等。

第九十六条 本法自 2021 年 3 月 1 日起施行。

中华人民共和国生物安全法

(2020 年 10 月 17 日第十三届全国人民代表大会常务委员会第二十二次会议通过)

第一章 总 则

第一条 为了维护国家安全，防范和应对生物安全风险，保障人民生命健康，保护生物资源和生态环境，促进生物技术健康发展，推动构建人类命运共同体，实现人与自然和谐共生，制定本法。

第二条 本法所称生物安全，是指国家有效防范和应对危险生物因子及相关因素威胁，生物技术能够稳定健康发展，人民生命健康和生态系统相对处于没有危险和不受威胁的状态，生物领域具备维护国家安全和持续发展的能力。

从事下列活动，适用本法：

（一）防控重大新发突发传染病、动植物疫情；

（二）生物技术研究、开发与应用；

（三）病原微生物实验室生物安全管理；

（四）人类遗传资源与生物资源安全管理；

（五）防范外来物种入侵与保护生物多样性；

（六）应对微生物耐药；

（七）防范生物恐怖袭击与防御生物武器威胁；

（八）其他与生物安全相关的活动。

第三条 生物安全是国家安全的重要组成部分。维护生物安全应当贯彻总体国家安全观，统筹发展和安全，坚持以人为本、风险预防、分类管理、协同配合的原则。

第四条 坚持中国共产党对国家生物安全工作的领导，建立健全国家生物安全领导体制，加强国家生物安全风险防控和治理体系建设，提高国家生物安全治理能力。

第五条 国家鼓励生物科技创新，加强生物安全基础设施和生物科技人才队伍建设，支持生物产业发展，以创新驱动提升生物科技水平，增强生物安全保障能力。

第六条 国家加强生物安全领域的国际合作，履行中华人民共和国缔结或者参加的国际条约规定的义务，支持参与生物科技交流合作与生物安全事件国际救援，积极参与生物安全国际规则的研究与制定，推动完善全球生物安全治理。

第七条 各级人民政府及其有关部门应当加强生物安全法律法规和生物安全知识宣传普及工作，引导基层群众性自治组织、社会组织开展生物安全法律法规和生物安全知识宣传，促进全社会生物安全意识的提升。

相关科研院校、医疗机构以及其他企业事业单位应当将生物安全法律法规和生物安全知识纳入教育培训内容，加强学生、从业人员生物安全意识和伦理意识的培养。

新闻媒体应当开展生物安全法律法规和生物安全知识公益宣传，对生物安全违法行为进行舆论监督，增强公众维护生物安全的社会责任意识。

第八条 任何单位和个人不得危害生物安全。

任何单位和个人有权举报危害生物安全的行为；接到举报的部门应当及时依法处理。

第九条 对在生物安全工作中做出突出贡献的单位和个人，县级以上人民政府及其有关部门按照国家规定予以表彰和奖励。

第二章　生物安全风险防控体制

第十条 中央国家安全领导机构负责国家生物安全工作的决策和议事协调，研究制定、指导实施国家生物安全战略和有关重大方针政策，统筹协调国家生物安全的重大事项和重要工作，建立国家生物安全工作协调机制。

省、自治区、直辖市建立生物安全工作协调机制，组织协调、督促推进本行政区域内生物安全相关工作。

第十一条 国家生物安全工作协调机制由国务院卫生健康、农业农村、科学技术、外交等主管部门和有关军事机关组成，分析研判国家生物安全形势，组织协调、督促推进国家生物安全相关工作。国家生物安全工作协调机制设立办公室，负责协调机制的日常工作。

国家生物安全工作协调机制成员单位和国务院其他有关部门根据职责分工，负责生物安全相关工作。

第十二条 国家生物安全工作协调机制设立专家委员会，为国家生物安全战略研究、政策制定及实施提供决策咨询。

国务院有关部门组织建立相关领域、行业的生物安全技术咨询专家委员会，为生物安全工作提供咨询、评估、论证等技术支撑。

第十三条 地方各级人民政府对本行政区域内生物安全工作负责。

县级以上地方人民政府有关部门根据职责分工，负责生物安全相关工作。

基层群众性自治组织应当协助地方人民政府以及有关部门做好生物安全风险防控、应急处置和宣传教育等工作。

有关单位和个人应当配合做好生物安全风险防控和应急处置等工作。

第十四条 国家建立生物安全风险监测预警制度。国家生物安全工作协调机制组织建立国家生物安全风险监测预警体系，提高生物安全风险识别和分析能力。

第十五条 国家建立生物安全风险调查评估制度。国家生物安全工作协调机制应当根据风险监测的数据、资料等信息，定期组织开展生物安全风险调查评估。

有下列情形之一的，有关部门应当及时开展生物安全风险调查评估，依法采取必要的风险防控措施：

（一）通过风险监测或者接到举报发现可能存在生物安全风险；

（二）为确定监督管理的重点领域、重点项目，制定、调整生物安全相关名录或者清单；

（三）发生重大新发突发传染病、动植物疫情等危害生物安全的事件；

（四）需要调查评估的其他情形。

第十六条 国家建立生物安全信息共享制度。国家生物安全工作协调机制组织建立统一的国家生物安全信息平台，有关部门应当将生物安全数据、资料等信息汇交国家生物安全信息平台，实现信息共享。

第十七条 国家建立生物安全信息发布制度。国家生物安全总体情况、重大生物安全风险警示信息、重大生物安全事件及其调查处理信息等重大生物安全信息，由国家生物安全工作协调机制成员单位根据职责分工发布；其他生物安全信息由国务院有关部门和县级以上地方人民政府及其有关部门根据职责权限发布。

任何单位和个人不得编造、散布虚假的生物安全信息。

第十八条 国家建立生物安全名录和清单制度。国务院及其有关部门根据生物安全工作需要，对涉及生物安全的材料、设备、技术、活动、重要生物资源数据、传染病、动植物疫病、外来入侵物种等制定、公布名录或者清单，并动态调整。

第十九条 国家建立生物安全标准制度。国务院标准化主管部门和国务院其他有关部门根据职责分工，制定和完善生物安全领域相关标准。

国家生物安全工作协调机制组织有关部门加强不同领域生物安全标准的协调和衔接，建立和完善生物安全标准体系。

第二十条 国家建立生物安全审查制度。对影响或者可能影响国家安全的生物领域重大事项和活动，由国务院有关部门进行生物安全审查，有效防范和化解生物安全风险。

第二十一条 国家建立统一领导、协同联动、有序高效的生物安全应急制度。

国务院有关部门应当组织制定相关领域、行业生物安全事件应急预案，根据应急预案和统一部署开展应急演练、应急处置、应急救援和事后恢复等工作。

县级以上地方人民政府及其有关部门应当制定并组织、指导和督促相关企业事业单位制定生物安全事件应急预案，加强应急准备、人员培训和应急演练，开展生物安全事件应急处置、应急救援和事后恢复等工作。

中国人民解放军、中国人民武装警察部队按照中央军事委员会的命令，依法参加生物安全事件应急处置和应急救援工作。

第二十二条 国家建立生物安全事件调查溯源制度。发生重大新发突发传染病、动植物疫情和不明原因的生物安全事件，国家生物安全工作协调机制应当组织开展调查溯源，确定事件性质，全面评估事件影响，提出意见建议。

第二十三条 国家建立首次进境或者暂停后恢复进境的动植物、动植物产品、高风险生物因子国家准入制度。

进出境的人员、运输工具、集装箱、货物、物品、包装物和国际航行船舶压舱水排放等应当符合我国生物安全管理要求。

海关对发现的进出境和过境生物安全风险，应当依法处置。经评估为生物安全高风险的人员、运输工具、货物、物品等，应当从指定的国境口岸进境，并采取严格的风险防控措施。

第二十四条 国家建立境外重大生物安全事件应对制度。境外发生重大生物安全事件的，海关依法采取生物安全紧急防控措施，加强证件核验，提高查验比例，暂停相关人员、运输工具、货物、物品等进境。必要时经国务院同意，可以采取暂时关闭有关口岸、封锁有关国境等措施。

第二十五条 县级以上人民政府有关部门应当依法开展生物安全监督检查工作，被检查单位和个人应当配合，如实说明情况，提供资料，不得拒绝、阻挠。

涉及专业技术要求较高、执法业务难度较大的监督检查工作，应当有生物安全专业技术人员参加。

第二十六条 县级以上人民政府有关部门实施生物安全监督检查，可以依法采取下列措施：

（一）进入被检查单位、地点或者涉嫌实施生物安全违法行为的场所进行现场监测、勘查、检查或者核查；

（二）向有关单位和个人了解情况；

（三）查阅、复制有关文件、资料、档案、记录、凭证等；

（四）查封涉嫌实施生物安全违法行为的场所、设施；

（五）扣押涉嫌实施生物安全违法行为的工具、设备以及相关物品；

（六）法律法规规定的其他措施。

有关单位和个人的生物安全违法信息应当依法纳入全国信用信息共享平台。

第三章　防控重大新发突发传染病、动植物疫情

第二十七条 国务院卫生健康、农业农村、林业草原、海关、生态环境主管部门应当建立新发突发传染病、动植物疫情、进出境检疫、生物技术环境安全监测网络，组织监测站点布局、建设，完善监测信息报告系统，开展主动监测和病原检测，并纳入国家生物安全风险监测预警体系。

第二十八条 疾病预防控制机构、动物疫病预防控制机构、植物病虫害预防控制机构（以下统称专业机构）应当对传染病、动植物疫病和列入监测范围的不明原因疾病开展主动监测，收集、分析、报告监测信息，预测新发突发传染病、动植物疫病的发生、流行趋势。

国务院有关部门、县级以上地方人民政府及其有关部门应当根据预测和职责权限及时发布预警，并采取相应的防控措施。

第二十九条 任何单位和个人发现传染病、动植物疫病的，应当及时向医疗机构、有关专业机构或者部门报告。

医疗机构、专业机构及其工作人员发现传染病、动植物疫病或者不明原因的聚集性疾病的，应当及时报告，并采取保护性措施。

依法应当报告的，任何单位和个人不得瞒报、谎报、缓报、漏报，不得授意他人瞒报、谎报、缓报，不得阻碍他人报告。

第三十条 国家建立重大新发突发传染病、动植物疫情联防联控机制。

发生重大新发突发传染病、动植物疫情，应当依照有关法律法规和应急预案的规定及时采取控制措施；国务院卫生健康、农业农村、林业草原主管部门应当立即组织疫情会商研判，将会商研判结论向中央国家安全领导机构和国务院报告，并通报国家生物安全工作协调机制其他成员单位和国务院其他有关部门。

发生重大新发突发传染病、动植物疫情，地方各级人民政府统一履行本行政区域内疫情防控职责，加强组织领导，开展群防群控、医疗救治，动员和鼓励社会力量依法有序参与疫情防控工作。

第三十一条 国家加强国境、口岸传染病和动植物疫情联合防控能力建设，建立传染病、动植物疫情防控国际合作网络，尽早发现、控制重大新发突发传染病、动植物疫情。

第三十二条 国家保护野生动物，加强动物防疫，防止动物源性传染病传播。

第三十三条 国家加强对抗生素药物等抗微生物药物使用和残留的管理，支持应对微生物耐药的基础研究和科技攻关。

县级以上人民政府卫生健康主管部门应当加强对医疗机构合理用药的指导和监督，采取措施防止抗微生物药物的不合理使用。县级以上人民政府农业农村、林业草原主管部门应当加强对农业生产中合理用药的指导和监督，采取措施防止抗微生物药物的不合理使用，降低在农业生产环境中的残留。

国务院卫生健康、农业农村、林业草原、生态环境等主管部门和药品监督管理部门应当根据职责分工，评估抗微生物药物残留对人体健康、环境的危害，建立抗微生物药物污染物指标评价体系。

第四章　生物技术研究、开发与应用安全

第三十四条 国家加强对生物技术研究、开发与应用活动的安全管理，禁止从事危及公众健康、损害生物资源、破坏生态系统和生物多样性等危害生物安全的生物技术研究、开发与应用活动。

从事生物技术研究、开发与应用活动，应当符合伦理原则。

第三十五条 从事生物技术研究、开发与应用活动的单位应当对本单位生物技术研究、开发与应用的安全负责，采取生物安全风险防控措施，制定生物安全培训、跟踪检查、定期报告等工作制度，强化过程管理。

第三十六条 国家对生物技术研究、开发活动实行分类管理。根据对公众健康、工业农业、生态环境等造成危害的风险程度，将生物技术研究、开发活动分为高风险、中风险、低风险三类。

生物技术研究、开发活动风险分类标准及名录由国务院科学技术、卫生健康、农业农村等主管部门根据职责分工，会同国务院其他有关部门制定、调整并公布。

第三十七条 从事生物技术研究、开发活动，应当遵守国家生物技术研究开发安全管理规范。

从事生物技术研究、开发活动，应当进行风险类别判断，密切关注风险变化，及时采

取应对措施。

第三十八条 从事高风险、中风险生物技术研究、开发活动，应当由在我国境内依法成立的法人组织进行，并依法取得批准或者进行备案。

从事高风险、中风险生物技术研究、开发活动，应当进行风险评估，制定风险防控计划和生物安全事件应急预案，降低研究、开发活动实施的风险。

第三十九条 国家对涉及生物安全的重要设备和特殊生物因子实行追溯管理。购买或者引进列入管控清单的重要设备和特殊生物因子，应当进行登记，确保可追溯，并报国务院有关部门备案。

个人不得购买或者持有列入管控清单的重要设备和特殊生物因子。

第四十条 从事生物医学新技术临床研究，应当通过伦理审查，并在具备相应条件的医疗机构内进行；进行人体临床研究操作的，应当由符合相应条件的卫生专业技术人员执行。

第四十一条 国务院有关部门依法对生物技术应用活动进行跟踪评估，发现存在生物安全风险的，应当及时采取有效补救和管控措施。

第五章　病原微生物实验室生物安全

第四十二条 国家加强对病原微生物实验室生物安全的管理，制定统一的实验室生物安全标准。病原微生物实验室应当符合生物安全国家标准和要求。

从事病原微生物实验活动，应当严格遵守有关国家标准和实验室技术规范、操作规程，采取安全防范措施。

第四十三条 国家根据病原微生物的传染性、感染后对人和动物的个体或者群体的危害程度，对病原微生物实行分类管理。

从事高致病性或者疑似高致病性病原微生物样本采集、保藏、运输活动，应当具备相应条件，符合生物安全管理规范。具体办法由国务院卫生健康、农业农村主管部门制定。

第四十四条 设立病原微生物实验室，应当依法取得批准或者进行备案。

个人不得设立病原微生物实验室或者从事病原微生物实验活动。

第四十五条 国家根据对病原微生物的生物安全防护水平，对病原微生物实验室实行分等级管理。

从事病原微生物实验活动应当在相应等级的实验室进行。低等级病原微生物实验室不得从事国家病原微生物目录规定应当在高等级病原微生物实验室进行的病原微生物实验活动。

第四十六条 高等级病原微生物实验室从事高致病性或者疑似高致病性病原微生物实验活动，应当经省级以上人民政府卫生健康或者农业农村主管部门批准，并将实验活动情况向批准部门报告。

对我国尚未发现或者已经宣布消灭的病原微生物，未经批准不得从事相关实验活动。

第四十七条 病原微生物实验室应当采取措施，加强对实验动物的管理，防止实验动物逃逸，对使用后的实验动物按照国家规定进行无害化处理，实现实验动物可追溯。禁止将使用后的实验动物流入市场。

病原微生物实验室应当加强对实验活动废弃物的管理，依法对废水、废气以及其他废弃物进行处置，采取措施防止污染。

第四十八条　病原微生物实验室的设立单位负责实验室的生物安全管理，制定科学、严格的管理制度，定期对有关生物安全规定的落实情况进行检查，对实验室设施、设备、材料等进行检查、维护和更新，确保其符合国家标准。

病原微生物实验室设立单位的法定代表人和实验室负责人对实验室的生物安全负责。

第四十九条　病原微生物实验室的设立单位应当建立和完善安全保卫制度，采取安全保卫措施，保障实验室及其病原微生物的安全。

国家加强对高等级病原微生物实验室的安全保卫。高等级病原微生物实验室应当接受公安机关等部门有关实验室安全保卫工作的监督指导，严防高致病性病原微生物泄漏、丢失和被盗、被抢。

国家建立高等级病原微生物实验室人员进入审核制度。进入高等级病原微生物实验室的人员应当经实验室负责人批准。对可能影响实验室生物安全的，不予批准；对批准进入的，应当采取安全保障措施。

第五十条　病原微生物实验室的设立单位应当制定生物安全事件应急预案，定期组织开展人员培训和应急演练。发生高致病性病原微生物泄漏、丢失和被盗、被抢或者其他生物安全风险的，应当按照应急预案的规定及时采取控制措施，并按照国家规定报告。

第五十一条　病原微生物实验室所在地省级人民政府及其卫生健康主管部门应当加强实验室所在地感染性疾病医疗资源配置，提高感染性疾病医疗救治能力。

第五十二条　企业对涉及病原微生物操作的生产车间的生物安全管理，依照有关病原微生物实验室的规定和其他生物安全管理规范进行。

涉及生物毒素、植物有害生物及其他生物因子操作的生物安全实验室的建设和管理，参照有关病原微生物实验室的规定执行。

第六章　人类遗传资源与生物资源安全

第五十三条　国家加强对我国人类遗传资源和生物资源采集、保藏、利用、对外提供等活动的管理和监督，保障人类遗传资源和生物资源安全。

国家对我国人类遗传资源和生物资源享有主权。

第五十四条　国家开展人类遗传资源和生物资源调查。

国务院科学技术主管部门组织开展我国人类遗传资源调查，制定重要遗传家系和特定地区人类遗传资源申报登记办法。

国务院科学技术、自然资源、生态环境、卫生健康、农业农村、林业草原、中医药主管部门根据职责分工，组织开展生物资源调查，制定重要生物资源申报登记办法。

第五十五条　采集、保藏、利用、对外提供我国人类遗传资源，应当符合伦理原则，不得危害公众健康、国家安全和社会公共利益。

第五十六条　从事下列活动，应当经国务院科学技术主管部门批准：

（一）采集我国重要遗传家系、特定地区人类遗传资源或者采集国务院科学技术主管部门规定的种类、数量的人类遗传资源；

（二）保藏我国人类遗传资源；

（三）利用我国人类遗传资源开展国际科学研究合作；

（四）将我国人类遗传资源材料运送、邮寄、携带出境。

前款规定不包括以临床诊疗、采供血服务、查处违法犯罪、兴奋剂检测和殡葬等为目的采集、保藏人类遗传资源及开展的相关活动。

为了取得相关药品和医疗器械在我国上市许可，在临床试验机构利用我国人类遗传资源开展国际合作临床试验、不涉及人类遗传资源出境的，不需要批准；但是，在开展临床试验前应当将拟使用的人类遗传资源种类、数量及用途向国务院科学技术主管部门备案。

境外组织、个人及其设立或者实际控制的机构不得在我国境内采集、保藏我国人类遗传资源，不得向境外提供我国人类遗传资源。

第五十七条 将我国人类遗传资源信息向境外组织、个人及其设立或者实际控制的机构提供或者开放使用的，应当向国务院科学技术主管部门事先报告并提交信息备份。

第五十八条 采集、保藏、利用、运输出境我国珍贵、濒危、特有物种及其可用于再生或者繁殖传代的个体、器官、组织、细胞、基因等遗传资源，应当遵守有关法律法规。

境外组织、个人及其设立或者实际控制的机构获取和利用我国生物资源，应当依法取得批准。

第五十九条 利用我国生物资源开展国际科学研究合作，应当依法取得批准。

利用我国人类遗传资源和生物资源开展国际科学研究合作，应当保证中方单位及其研究人员全过程、实质性地参与研究，依法分享相关权益。

第六十条 国家加强对外来物种入侵的防范和应对，保护生物多样性。国务院农业农村主管部门会同国务院其他有关部门制定外来入侵物种名录和管理办法。

国务院有关部门根据职责分工，加强对外来入侵物种的调查、监测、预警、控制、评估、清除以及生态修复等工作。

任何单位和个人未经批准，不得擅自引进、释放或者丢弃外来物种。

第七章 防范生物恐怖与生物武器威胁

第六十一条 国家采取一切必要措施防范生物恐怖与生物武器威胁。

禁止开发、制造或者以其他方式获取、储存、持有和使用生物武器。

禁止以任何方式唆使、资助、协助他人开发、制造或者以其他方式获取生物武器。

第六十二条 国务院有关部门制定、修改、公布可被用于生物恐怖活动、制造生物武器的生物体、生物毒素、设备或者技术清单，加强监管，防止其被用于制造生物武器或者恐怖目的。

第六十三条 国务院有关部门和有关军事机关根据职责分工，加强对可被用于生物恐怖活动、制造生物武器的生物体、生物毒素、设备或者技术进出境、进出口、获取、制造、转移和投放等活动的监测、调查，采取必要的防范和处置措施。

第六十四条 国务院有关部门、省级人民政府及其有关部门负责组织遭受生物恐怖袭击、生物武器攻击后的人员救治与安置、环境消毒、生态修复、安全监测和社会秩序恢复等工作。

国务院有关部门、省级人民政府及其有关部门应当有效引导社会舆论科学、准确报道生物恐怖袭击和生物武器攻击事件，及时发布疏散、转移和紧急避难等信息，对应急处置与恢复过程中遭受污染的区域和人员进行长期环境监测和健康监测。

第六十五条 国家组织开展对我国境内战争遗留生物武器及其危害结果、潜在影响的调查。

国家组织建设存放和处理战争遗留生物武器设施，保障对战争遗留生物武器的安全处置。

第八章　生物安全能力建设

第六十六条 国家制定生物安全事业发展规划，加强生物安全能力建设，提高应对生物安全事件的能力和水平。

县级以上人民政府应当支持生物安全事业发展，按照事权划分，将支持下列生物安全事业发展的相关支出列入政府预算：

（一）监测网络的构建和运行；
（二）应急处置和防控物资的储备；
（三）关键基础设施的建设和运行；
（四）关键技术和产品的研究、开发；
（五）人类遗传资源和生物资源的调查、保藏；
（六）法律法规规定的其他重要生物安全事业。

第六十七条 国家采取措施支持生物安全科技研究，加强生物安全风险防御与管控技术研究，整合优势力量和资源，建立多学科、多部门协同创新的联合攻关机制，推动生物安全核心关键技术和重大防御产品的成果产出与转化应用，提高生物安全的科技保障能力。

第六十八条 国家统筹布局全国生物安全基础设施建设。国务院有关部门根据职责分工，加快建设生物信息、人类遗传资源保藏、菌（毒）种保藏、动植物遗传资源保藏、高等级病原微生物实验室等方面的生物安全国家战略资源平台，建立共享利用机制，为生物安全科技创新提供战略保障和支撑。

第六十九条 国务院有关部门根据职责分工，加强生物基础科学研究人才和生物领域专业技术人才培养，推动生物基础科学学科建设和科学研究。

国家生物安全基础设施重要岗位的从业人员应当具备符合要求的资格，相关信息应当向国务院有关部门备案，并接受岗位培训。

第七十条 国家加强重大新发突发传染病、动植物疫情等生物安全风险防控的物资储备。

国家加强生物安全应急药品、装备等物资的研究、开发和技术储备。国务院有关部门根据职责分工，落实生物安全应急药品、装备等物资研究、开发和技术储备的相关措施。

国务院有关部门和县级以上地方人民政府及其有关部门应当保障生物安全事件应急处置所需的医疗救护设备、救治药品、医疗器械等物资的生产、供应和调配；交通运输主管部门应当及时组织协调运输经营单位优先运送。

第七十一条　国家对从事高致病性病原微生物实验活动、生物安全事件现场处置等高风险生物安全工作的人员，提供有效的防护措施和医疗保障。

第九章　法律责任

第七十二条　违反本法规定，履行生物安全管理职责的工作人员在生物安全工作中滥用职权、玩忽职守、徇私舞弊或者有其他违法行为的，依法给予处分。

第七十三条　违反本法规定，医疗机构、专业机构或者其工作人员瞒报、谎报、缓报、漏报，授意他人瞒报、谎报、缓报，或者阻碍他人报告传染病、动植物疫病或者不明原因的聚集性疾病的，由县级以上人民政府有关部门责令改正，给予警告；对法定代表人、主要负责人、直接负责的主管人员和其他直接责任人员，依法给予处分，并可以依法暂停一定期限的执业活动直至吊销相关执业证书。

违反本法规定，编造、散布虚假的生物安全信息，构成违反治安管理行为的，由公安机关依法给予治安管理处罚。

第七十四条　违反本法规定，从事国家禁止的生物技术研究、开发与应用活动的，由县级以上人民政府卫生健康、科学技术、农业农村主管部门根据职责分工，责令停止违法行为，没收违法所得、技术资料和用于违法行为的工具、设备、原材料等物品，处一百万元以上一千万元以下的罚款，违法所得在一百万元以上的，处违法所得十倍以上二十倍以下的罚款，并可以依法禁止一定期限内从事相应的生物技术研究、开发与应用活动，吊销相关许可证件；对法定代表人、主要负责人、直接负责的主管人员和其他直接责任人员，依法给予处分，处十万元以上二十万元以下的罚款，十年直至终身禁止从事相应的生物技术研究、开发与应用活动，依法吊销相关执业证书。

第七十五条　违反本法规定，从事生物技术研究、开发活动未遵守国家生物技术研究开发安全管理规范的，由县级以上人民政府有关部门根据职责分工，责令改正，给予警告，可以并处二万元以上二十万元以下的罚款；拒不改正或者造成严重后果的，责令停止研究、开发活动，并处二十万元以上二百万元以下的罚款。

第七十六条　违反本法规定，从事病原微生物实验活动未在相应等级的实验室进行，或者高等级病原微生物实验室未经批准从事高致病性、疑似高致病性病原微生物实验活动的，由县级以上地方人民政府卫生健康、农业农村主管部门根据职责分工，责令停止违法行为，监督其将用于实验活动的病原微生物销毁或者送交保藏机构，给予警告；造成传染病传播、流行或者其他严重后果的，对法定代表人、主要负责人、直接负责的主管人员和其他直接责任人员依法给予撤职、开除处分。

第七十七条　违反本法规定，将使用后的实验动物流入市场的，由县级以上人民政府科学技术主管部门责令改正，没收违法所得，并处二十万元以上一百万元以下的罚款，违法所得在二十万元以上的，并处违法所得五倍以上十倍以下的罚款；情节严重的，由发证部门吊销相关许可证件。

第七十八条 违反本法规定，有下列行为之一的，由县级以上人民政府有关部门根据职责分工，责令改正，没收违法所得，给予警告，可以并处十万元以上一百万元以下的罚款：

（一）购买或者引进列入管控清单的重要设备、特殊生物因子未进行登记，或者未报国务院有关部门备案；

（二）个人购买或者持有列入管控清单的重要设备或者特殊生物因子；

（三）个人设立病原微生物实验室或者从事病原微生物实验活动；

（四）未经实验室负责人批准进入高等级病原微生物实验室。

第七十九条 违反本法规定，未经批准，采集、保藏我国人类遗传资源或者利用我国人类遗传资源开展国际科学研究合作的，由国务院科学技术主管部门责令停止违法行为，没收违法所得和违法采集、保藏的人类遗传资源，并处五十万元以上五百万元以下的罚款，违法所得在一百万元以上的，并处违法所得五倍以上十倍以下的罚款；情节严重的，对法定代表人、主要负责人、直接负责的主管人员和其他直接责任人员，依法给予处分，五年内禁止从事相应活动。

第八十条 违反本法规定，境外组织、个人及其设立或者实际控制的机构在我国境内采集、保藏我国人类遗传资源，或者向境外提供我国人类遗传资源的，由国务院科学技术主管部门责令停止违法行为，没收违法所得和违法采集、保藏的人类遗传资源，并处一百万元以上一千万元以下的罚款；违法所得在一百万元以上的，并处违法所得十倍以上二十倍以下的罚款。

第八十一条 违反本法规定，未经批准，擅自引进外来物种的，由县级以上人民政府有关部门根据职责分工，没收引进的外来物种，并处五万元以上二十五万元以下的罚款。

违反本法规定，未经批准，擅自释放或者丢弃外来物种的，由县级以上人民政府有关部门根据职责分工，责令限期捕回、找回释放或者丢弃的外来物种，处一万元以上五万元以下的罚款。

第八十二条 违反本法规定，构成犯罪的，依法追究刑事责任；造成人身、财产或者其他损害的，依法承担民事责任。

第八十三条 违反本法规定的生物安全违法行为，本法未规定法律责任，其他有关法律、行政法规有规定的，依照其规定。

第八十四条 境外组织或者个人通过运输、邮寄、携带危险生物因子入境或者以其他方式危害我国生物安全的，依法追究法律责任，并可以采取其他必要措施。

第十章 附　　则

第八十五条 本法下列术语的含义：

（一）生物因子，是指动物、植物、微生物、生物毒素及其他生物活性物质。

（二）重大新发突发传染病，是指我国境内首次出现或者已经宣布消灭再次发生，或者突然发生，造成或者可能造成公众健康和生命安全严重损害，引起社会恐慌，影响社会稳定的传染病。

（三）重大新发突发动物疫情，是指我国境内首次发生或者已经宣布消灭的动物疫病再次发生，或者发病率、死亡率较高的潜伏动物疫病突然发生并迅速传播，给养殖业生产安全造成严重威胁、危害，以及可能对公众健康和生命安全造成危害的情形。

（四）重大新发突发植物疫情，是指我国境内首次发生或者已经宣布消灭的严重危害植物的真菌、细菌、病毒、昆虫、线虫、杂草、害鼠、软体动物等再次引发病虫害，或者本地有害生物突然大范围发生并迅速传播，对农作物、林木等植物造成严重危害的情形。

（五）生物技术研究、开发与应用，是指通过科学和工程原理认识、改造、合成、利用生物而从事的科学研究、技术开发与应用等活动。

（六）病原微生物，是指可以侵犯人、动物引起感染甚至传染病的微生物，包括病毒、细菌、真菌、立克次体、寄生虫等。

（七）植物有害生物，是指能够对农作物、林木等植物造成危害的真菌、细菌、病毒、昆虫、线虫、杂草、害鼠、软体动物等生物。

（八）人类遗传资源，包括人类遗传资源材料和人类遗传资源信息。人类遗传资源材料是指含有人体基因组、基因等遗传物质的器官、组织、细胞等遗传材料。人类遗传资源信息是指利用人类遗传资源材料产生的数据等信息资料。

（九）微生物耐药，是指微生物对抗微生物药物产生抗性，导致抗微生物药物不能有效控制微生物的感染。

（十）生物武器，是指类型和数量不属于预防、保护或者其他和平用途所正当需要的、任何来源或者任何方法产生的微生物剂、其他生物剂以及生物毒素；也包括为将上述生物剂、生物毒素使用于敌对目的或者武装冲突而设计的武器、设备或者运载工具。

（十一）生物恐怖，是指故意使用致病性微生物、生物毒素等实施袭击，损害人类或者动植物健康，引起社会恐慌，企图达到特定政治目的的行为。

第八十六条　生物安全信息属于国家秘密的，应当依照《中华人民共和国保守国家秘密法》和国家其他有关保密规定实施保密管理。

第八十七条　中国人民解放军、中国人民武装警察部队的生物安全活动，由中央军事委员会依照本法规定的原则另行规定。

第八十八条　本法自 2021 年 4 月 15 日起施行。

中华人民共和国固体废物污染环境防治法

(1995 年 10 月 30 日第八届全国人民代表大会常务委员会第十六次会议通过 2004 年 12 月 29 日第十届全国人民代表大会常务委员会第十三次会议第一次修订 根据 2013 年 6 月 29 日第十二届全国人民代表大会常务委员会第三次会议《关于修改〈中华人民共和国文物保护法〉等十二部法律的决定》第一次修正 根据 2015 年 4 月 24 日第十二届全国人民代表大会常务委员会第十四次会议《关于修改〈中华人民共和国港口法〉等七部法律的决定》第二次修正 根据 2016 年 11 月 7 日第十二届全国人民代表大会常务委员会第二十四次会议《关于修改〈中华人民共和国对外贸易法〉等十二部法律的决定》第三次修正 2020 年 4 月 29 日第十三届全国人民代表大会常务委员会第十七次会议第二次修订)

第一章 总 则

第一条 为了保护和改善生态环境，防治固体废物污染环境，保障公众健康，维护生态安全，推进生态文明建设，促进经济社会可持续发展，制定本法。

第二条 固体废物污染环境的防治适用本法。

固体废物污染海洋环境的防治和放射性固体废物污染环境的防治不适用本法。

第三条 国家推行绿色发展方式，促进清洁生产和循环经济发展。

国家倡导简约适度、绿色低碳的生活方式，引导公众积极参与固体废物污染环境防治。

第四条 固体废物污染环境防治坚持减量化、资源化和无害化的原则。

任何单位和个人都应当采取措施，减少固体废物的产生量，促进固体废物的综合利用，降低固体废物的危害性。

第五条 固体废物污染环境防治坚持污染担责的原则。

产生、收集、贮存、运输、利用、处置固体废物的单位和个人，应当采取措施，防止或者减少固体废物对环境的污染，对所造成的环境污染依法承担责任。

第六条 国家推行生活垃圾分类制度。

生活垃圾分类坚持政府推动、全民参与、城乡统筹、因地制宜、简便易行的原则。

第七条 地方各级人民政府对本行政区域固体废物污染环境防治负责。

国家实行固体废物污染环境防治目标责任制和考核评价制度，将固体废物污染环境防治目标完成情况纳入考核评价的内容。

第八条 各级人民政府应当加强对固体废物污染环境防治工作的领导，组织、协调、督促有关部门依法履行固体废物污染环境防治监督管理职责。

省、自治区、直辖市之间可以协商建立跨行政区域固体废物污染环境的联防联控机制，统筹规划制定、设施建设、固体废物转移等工作。

第九条 国务院生态环境主管部门对全国固体废物污染环境防治工作实施统一监督管理。国务院发展改革、工业和信息化、自然资源、住房城乡建设、交通运输、农业农村、商务、卫生健康、海关等主管部门在各自职责范围内负责固体废物污染环境防治的监督管理工作。

地方人民政府生态环境主管部门对本行政区域固体废物污染环境防治工作实施统一监督管理。地方人民政府发展改革、工业和信息化、自然资源、住房城乡建设、交通运输、农业农村、商务、卫生健康等主管部门在各自职责范围内负责固体废物污染环境防治的监督管理工作。

第十条 国家鼓励、支持固体废物污染环境防治的科学研究、技术开发、先进技术推广和科学普及，加强固体废物污染环境防治科技支撑。

第十一条 国家机关、社会团体、企业事业单位、基层群众性自治组织和新闻媒体应当加强固体废物污染环境防治宣传教育和科学普及，增强公众固体废物污染环境防治意识。

学校应当开展生活垃圾分类以及其他固体废物污染环境防治知识普及和教育。

第十二条 各级人民政府对在固体废物污染环境防治工作以及相关的综合利用活动中做出显著成绩的单位和个人，按照国家有关规定给予表彰、奖励。

第二章 监督管理

第十三条 县级以上人民政府应当将固体废物污染环境防治工作纳入国民经济和社会发展规划、生态环境保护规划，并采取有效措施减少固体废物的产生量、促进固体废物的综合利用、降低固体废物的危害性，最大限度降低固体废物填埋量。

第十四条 国务院生态环境主管部门应当会同国务院有关部门根据国家环境质量标准和国家经济、技术条件，制定固体废物鉴别标准、鉴别程序和国家固体废物污染环境防治技术标准。

第十五条 国务院标准化主管部门应当会同国务院发展改革、工业和信息化、生态环境、农业农村等主管部门，制定固体废物综合利用标准。

综合利用固体废物应当遵守生态环境法律法规，符合固体废物污染环境防治技术标准。使用固体废物综合利用产物应当符合国家规定的用途、标准。

第十六条 国务院生态环境主管部门应当会同国务院有关部门建立全国危险废物等固体废物污染环境防治信息平台，推进固体废物收集、转移、处置等全过程监控和信息化追溯。

第十七条 建设产生、贮存、利用、处置固体废物的项目，应当依法进行环境影响评价，并遵守国家有关建设项目环境保护管理的规定。

第十八条 建设项目的环境影响评价文件确定需要配套建设的固体废物污染环境防治

设施，应当与主体工程同时设计、同时施工、同时投入使用。建设项目的初步设计，应当按照环境保护设计规范的要求，将固体废物污染环境防治内容纳入环境影响评价文件，落实防治固体废物污染环境和破坏生态的措施以及固体废物污染环境防治设施投资概算。

建设单位应当依照有关法律法规的规定，对配套建设的固体废物污染环境防治设施进行验收，编制验收报告，并向社会公开。

第十九条 收集、贮存、运输、利用、处置固体废物的单位和其他生产经营者，应当加强对相关设施、设备和场所的管理和维护，保证其正常运行和使用。

第二十条 产生、收集、贮存、运输、利用、处置固体废物的单位和其他生产经营者，应当采取防扬散、防流失、防渗漏或者其他防止污染环境的措施，不得擅自倾倒、堆放、丢弃、遗撒固体废物。

禁止任何单位或者个人向江河、湖泊、运河、渠道、水库及其最高水位线以下的滩地和岸坡以及法律法规规定的其他地点倾倒、堆放、贮存固体废物。

第二十一条 在生态保护红线区域、永久基本农田集中区域和其他需要特别保护的区域内，禁止建设工业固体废物、危险废物集中贮存、利用、处置的设施、场所和生活垃圾填埋场。

第二十二条 转移固体废物出省、自治区、直辖市行政区域贮存、处置的，应当向固体废物移出地的省、自治区、直辖市人民政府生态环境主管部门提出申请。移出地的省、自治区、直辖市人民政府生态环境主管部门应当及时商经接受地的省、自治区、直辖市人民政府生态环境主管部门同意后，在规定期限内批准转移该固体废物出省、自治区、直辖市行政区域。未经批准的，不得转移。

转移固体废物出省、自治区、直辖市行政区域利用的，应当报固体废物移出地的省、自治区、直辖市人民政府生态环境主管部门备案。移出地的省、自治区、直辖市人民政府生态环境主管部门应当将备案信息通报接受地的省、自治区、直辖市人民政府生态环境主管部门。

第二十三条 禁止中华人民共和国境外的固体废物进境倾倒、堆放、处置。

第二十四条 国家逐步实现固体废物零进口，由国务院生态环境主管部门会同国务院商务、发展改革、海关等主管部门组织实施。

第二十五条 海关发现进口货物疑似固体废物的，可以委托专业机构开展属性鉴别，并根据鉴别结论依法管理。

第二十六条 生态环境主管部门及其环境执法机构和其他负有固体废物污染环境防治监督管理职责的部门，在各自职责范围内有权对从事产生、收集、贮存、运输、利用、处置固体废物等活动的单位和其他生产经营者进行现场检查。被检查者应当如实反映情况，并提供必要的资料。

实施现场检查，可以采取现场监测、采集样品、查阅或者复制与固体废物污染环境防治相关的资料等措施。检查人员进行现场检查，应当出示证件。对现场检查中知悉的商业秘密应当保密。

第二十七条 有下列情形之一，生态环境主管部门和其他负有固体废物污染环境防治监督管理职责的部门，可以对违法收集、贮存、运输、利用、处置的固体废物及设施、设备、场所、工具、物品予以查封、扣押：

（一）可能造成证据灭失、被隐匿或者非法转移的；

（二）造成或者可能造成严重环境污染的。

第二十八条 生态环境主管部门应当会同有关部门建立产生、收集、贮存、运输、利用、处置固体废物的单位和其他生产经营者信用记录制度，将相关信用记录纳入全国信用信息共享平台。

第二十九条 设区的市级人民政府生态环境主管部门应当会同住房城乡建设、农业农村、卫生健康等主管部门，定期向社会发布固体废物的种类、产生量、处置能力、利用处置状况等信息。

产生、收集、贮存、运输、利用、处置固体废物的单位，应当依法及时公开固体废物污染环境防治信息，主动接受社会监督。

利用、处置固体废物的单位，应当依法向公众开放设施、场所，提高公众环境保护意识和参与程度。

第三十条 县级以上人民政府应当将工业固体废物、生活垃圾、危险废物等固体废物污染环境防治情况纳入环境状况和环境保护目标完成情况年度报告，向本级人民代表大会或者人民代表大会常务委员会报告。

第三十一条 任何单位和个人都有权对造成固体废物污染环境的单位和个人进行举报。

生态环境主管部门和其他负有固体废物污染环境防治监督管理职责的部门应当将固体废物污染环境防治举报方式向社会公布，方便公众举报。

接到举报的部门应当及时处理并对举报人的相关信息予以保密；对实名举报并查证属实的，给予奖励。

举报人举报所在单位的，该单位不得以解除、变更劳动合同或者其他方式对举报人进行打击报复。

第三章　工业固体废物

第三十二条 国务院生态环境主管部门应当会同国务院发展改革、工业和信息化等主管部门对工业固体废物对公众健康、生态环境的危害和影响程度等作出界定，制定防治工业固体废物污染环境的技术政策，组织推广先进的防治工业固体废物污染环境的生产工艺和设备。

第三十三条 国务院工业和信息化主管部门应当会同国务院有关部门组织研究开发、推广减少工业固体废物产生量和降低工业固体废物危害性的生产工艺和设备，公布限期淘汰产生严重污染环境的工业固体废物的落后生产工艺、设备的名录。

生产者、销售者、进口者、使用者应当在国务院工业和信息化主管部门会同国务院有关部门规定的期限内分别停止生产、销售、进口或者使用列入前款规定名录中的设备。生产工艺的采用者应当在国务院工业和信息化主管部门会同国务院有关部门规定的期限内停止采用列入前款规定名录中的工艺。

列入限期淘汰名录被淘汰的设备,不得转让给他人使用。

第三十四条 国务院工业和信息化主管部门应当会同国务院发展改革、生态环境等主管部门,定期发布工业固体废物综合利用技术、工艺、设备和产品导向目录,组织开展工业固体废物资源综合利用评价,推动工业固体废物综合利用。

第三十五条 县级以上地方人民政府应当制定工业固体废物污染环境防治工作规划,组织建设工业固体废物集中处置等设施,推动工业固体废物污染环境防治工作。

第三十六条 产生工业固体废物的单位应当建立健全工业固体废物产生、收集、贮存、运输、利用、处置全过程的污染环境防治责任制度,建立工业固体废物管理台账,如实记录产生工业固体废物的种类、数量、流向、贮存、利用、处置等信息,实现工业固体废物可追溯、可查询,并采取防治工业固体废物污染环境的措施。

禁止向生活垃圾收集设施中投放工业固体废物。

第三十七条 产生工业固体废物的单位委托他人运输、利用、处置工业固体废物的,应当对受托方的主体资格和技术能力进行核实,依法签订书面合同,在合同中约定污染防治要求。

受托方运输、利用、处置工业固体废物,应当依照有关法律法规的规定和合同约定履行污染防治要求,并将运输、利用、处置情况告知产生工业固体废物的单位。

产生工业固体废物的单位违反本条第一款规定的,除依照有关法律法规的规定予以处罚外,还应当与造成环境污染和生态破坏的受托方承担连带责任。

第三十八条 产生工业固体废物的单位应当依法实施清洁生产审核,合理选择和利用原材料、能源和其他资源,采用先进的生产工艺和设备,减少工业固体废物的产生量,降低工业固体废物的危害性。

第三十九条 产生工业固体废物的单位应当取得排污许可证。排污许可的具体办法和实施步骤由国务院规定。

产生工业固体废物的单位应当向所在地生态环境主管部门提供工业固体废物的种类、数量、流向、贮存、利用、处置等有关资料,以及减少工业固体废物产生、促进综合利用的具体措施,并执行排污许可管理制度的相关规定。

第四十条 产生工业固体废物的单位应当根据经济、技术条件对工业固体废物加以利用;对暂时不利用或者不能利用的,应当按照国务院生态环境等主管部门的规定建设贮存设施、场所,安全分类存放,或者采取无害化处置措施。贮存工业固体废物应当采取符合国家环境保护标准的防护措施。

建设工业固体废物贮存、处置的设施、场所,应当符合国家环境保护标准。

第四十一条 产生工业固体废物的单位终止的,应当在终止前对工业固体废物的贮存、处置的设施、场所采取污染防治措施,并对未处置的工业固体废物作出妥善处置,防止污染环境。

产生工业固体废物的单位发生变更的,变更后的单位应当按照国家有关环境保护的规定对未处置的工业固体废物及其贮存、处置的设施、场所进行安全处置或者采取有效措施保证该设施、场所安全运行。变更前当事人对工业固体废物及其贮存、处置的设施、场所的污染防治责任另有约定的,从其约定;但是,不得免除当事人的污染防治义务。

对 2005 年 4 月 1 日前已经终止的单位未处置的工业固体废物及其贮存、处置的设施、场所进行安全处置的费用，由有关人民政府承担；但是，该单位享有的土地使用权依法转让的，应当由土地使用权受让人承担处置费用。当事人另有约定的，从其约定；但是，不得免除当事人的污染防治义务。

第四十二条　矿山企业应当采取科学的开采方法和选矿工艺，减少尾矿、煤矸石、废石等矿业固体废物的产生量和贮存量。

国家鼓励采取先进工艺对尾矿、煤矸石、废石等矿业固体废物进行综合利用。

尾矿、煤矸石、废石等矿业固体废物贮存设施停止使用后，矿山企业应当按照国家有关环境保护等规定进行封场，防止造成环境污染和生态破坏。

第四章　生活垃圾

第四十三条　县级以上地方人民政府应当加快建立分类投放、分类收集、分类运输、分类处理的生活垃圾管理系统，实现生活垃圾分类制度有效覆盖。

县级以上地方人民政府应当建立生活垃圾分类工作协调机制，加强和统筹生活垃圾分类管理能力建设。

各级人民政府及其有关部门应当组织开展生活垃圾分类宣传，教育引导公众养成生活垃圾分类习惯，督促和指导生活垃圾分类工作。

第四十四条　县级以上地方人民政府应当有计划地改进燃料结构，发展清洁能源，减少燃料废渣等固体废物的产生量。

县级以上地方人民政府有关部门应当加强产品生产和流通过程管理，避免过度包装，组织净菜上市，减少生活垃圾的产生量。

第四十五条　县级以上人民政府应当统筹安排建设城乡生活垃圾收集、运输、处理设施，确定设施厂址，提高生活垃圾的综合利用和无害化处置水平，促进生活垃圾收集、处理的产业化发展，逐步建立和完善生活垃圾污染环境防治的社会服务体系。

县级以上地方人民政府有关部门应当统筹规划，合理安排回收、分拣、打包网点，促进生活垃圾的回收利用工作。

第四十六条　地方各级人民政府应当加强农村生活垃圾污染环境的防治，保护和改善农村人居环境。

国家鼓励农村生活垃圾源头减量。城乡结合部、人口密集的农村地区和其他有条件的地方，应当建立城乡一体的生活垃圾管理系统；其他农村地区应当积极探索生活垃圾管理模式，因地制宜，就近就地利用或者妥善处理生活垃圾。

第四十七条　设区的市级以上人民政府环境卫生主管部门应当制定生活垃圾清扫、收集、贮存、运输和处理设施、场所建设运行规范，发布生活垃圾分类指导目录，加强监督管理。

第四十八条　县级以上地方人民政府环境卫生等主管部门应当组织对城乡生活垃圾进行清扫、收集、运输和处理，可以通过招标等方式选择具备条件的单位从事生活垃圾的清扫、收集、运输和处理。

第四十九条 产生生活垃圾的单位、家庭和个人应当依法履行生活垃圾源头减量和分类投放义务，承担生活垃圾产生者责任。

任何单位和个人都应当依法在指定的地点分类投放生活垃圾。禁止随意倾倒、抛撒、堆放或者焚烧生活垃圾。

机关、事业单位等应当在生活垃圾分类工作中起示范带头作用。

已经分类投放的生活垃圾，应当按照规定分类收集、分类运输、分类处理。

第五十条 清扫、收集、运输、处理城乡生活垃圾，应当遵守国家有关环境保护和环境卫生管理的规定，防止污染环境。

从生活垃圾中分类并集中收集的有害垃圾，属于危险废物的，应当按照危险废物管理。

第五十一条 从事公共交通运输的经营单位，应当及时清扫、收集运输过程中产生的生活垃圾。

第五十二条 农贸市场、农产品批发市场等应当加强环境卫生管理，保持环境卫生清洁，对所产生的垃圾及时清扫、分类收集、妥善处理。

第五十三条 从事城市新区开发、旧区改建和住宅小区开发建设、村镇建设的单位，以及机场、码头、车站、公园、商场、体育场馆等公共设施、场所的经营管理单位，应当按照国家有关环境卫生的规定，配套建设生活垃圾收集设施。

县级以上地方人民政府应当统筹生活垃圾公共转运、处理设施与前款规定的收集设施的有效衔接，并加强生活垃圾分类收运体系和再生资源回收体系在规划、建设、运营等方面的融合。

第五十四条 从生活垃圾中回收的物质应当按照国家规定的用途、标准使用，不得用于生产可能危害人体健康的产品。

第五十五条 建设生活垃圾处理设施、场所，应当符合国务院生态环境主管部门和国务院住房城乡建设主管部门规定的环境保护和环境卫生标准。

鼓励相邻地区统筹生活垃圾处理设施建设，促进生活垃圾处理设施跨行政区域共建共享。

禁止擅自关闭、闲置或者拆除生活垃圾处理设施、场所；确有必要关闭、闲置或者拆除的，应当经所在地的市、县级人民政府环境卫生主管部门商所在地生态环境主管部门同意后核准，并采取防止污染环境的措施。

第五十六条 生活垃圾处理单位应当按照国家有关规定，安装使用监测设备，实时监测污染物的排放情况，将污染排放数据实时公开。监测设备应当与所在地生态环境主管部门的监控设备联网。

第五十七条 县级以上地方人民政府环境卫生主管部门负责组织开展厨余垃圾资源化、无害化处理工作。

产生、收集厨余垃圾的单位和其他生产经营者，应当将厨余垃圾交由具备相应资质条件的单位进行无害化处理。

禁止畜禽养殖场、养殖小区利用未经无害化处理的厨余垃圾饲喂畜禽。

第五十八条 县级以上地方人民政府应当按照产生者付费原则，建立生活垃圾处理收费制度。

县级以上地方人民政府制定生活垃圾处理收费标准，应当根据本地实际，结合生活垃圾分类情况，体现分类计价、计量收费等差别化管理，并充分征求公众意见。生活垃圾处理收费标准应当向社会公布。

生活垃圾处理费应当专项用于生活垃圾的收集、运输和处理等，不得挪作他用。

第五十九条 省、自治区、直辖市和设区的市、自治州可以结合实际，制定本地方生活垃圾具体管理办法。

第五章 建筑垃圾、农业固体废物等

第六十条 县级以上地方人民政府应当加强建筑垃圾污染环境的防治，建立建筑垃圾分类处理制度。

县级以上地方人民政府应当制定包括源头减量、分类处理、消纳设施和场所布局及建设等在内的建筑垃圾污染环境防治工作规划。

第六十一条 国家鼓励采用先进技术、工艺、设备和管理措施，推进建筑垃圾源头减量，建立建筑垃圾回收利用体系。

县级以上地方人民政府应当推动建筑垃圾综合利用产品应用。

第六十二条 县级以上地方人民政府环境卫生主管部门负责建筑垃圾污染环境防治工作，建立建筑垃圾全过程管理制度，规范建筑垃圾产生、收集、贮存、运输、利用、处置行为，推进综合利用，加强建筑垃圾处置设施、场所建设，保障处置安全，防止污染环境。

第六十三条 工程施工单位应当编制建筑垃圾处理方案，采取污染防治措施，并报县级以上地方人民政府环境卫生主管部门备案。

工程施工单位应当及时清运工程施工过程中产生的建筑垃圾等固体废物，并按照环境卫生主管部门的规定进行利用或者处置。

工程施工单位不得擅自倾倒、抛撒或者堆放工程施工过程中产生的建筑垃圾。

第六十四条 县级以上人民政府农业农村主管部门负责指导农业固体废物回收利用体系建设，鼓励和引导有关单位和其他生产经营者依法收集、贮存、运输、利用、处置农业固体废物，加强监督管理，防止污染环境。

第六十五条 产生秸秆、废弃农用薄膜、农药包装废弃物等农业固体废物的单位和其他生产经营者，应当采取回收利用和其他防止污染环境的措施。

从事畜禽规模养殖应当及时收集、贮存、利用或者处置养殖过程中产生的畜禽粪污等固体废物，避免造成环境污染。

禁止在人口集中地区、机场周围、交通干线附近以及当地人民政府划定的其他区域露天焚烧秸秆。

国家鼓励研究开发、生产、销售、使用在环境中可降解且无害的农用薄膜。

第六十六条 国家建立电器电子、铅蓄电池、车用动力电池等产品的生产者责任延伸制度。

电器电子、铅蓄电池、车用动力电池等产品的生产者应当按照规定以自建或者委托等方式建立与产品销售量相匹配的废旧产品回收体系，并向社会公开，实现有效回收和利用。

国家鼓励产品的生产者开展生态设计，促进资源回收利用。

第六十七条 国家对废弃电器电子产品等实行多渠道回收和集中处理制度。

禁止将废弃机动车船等交由不符合规定条件的企业或者个人回收、拆解。

拆解、利用、处置废弃电器电子产品、废弃机动车船等，应当遵守有关法律法规的规定，采取防止污染环境的措施。

第六十八条 产品和包装物的设计、制造，应当遵守国家有关清洁生产的规定。国务院标准化主管部门应当根据国家经济和技术条件、固体废物污染环境防治状况以及产品的技术要求，组织制定有关标准，防止过度包装造成环境污染。

生产经营者应当遵守限制商品过度包装的强制性标准，避免过度包装。县级以上地方人民政府市场监督管理部门和有关部门应当按照各自职责，加强对过度包装的监督管理。

生产、销售、进口依法被列入强制回收目录的产品和包装物的企业，应当按照国家有关规定对该产品和包装物进行回收。

电子商务、快递、外卖等行业应当优先采用可重复使用、易回收利用的包装物，优化物品包装，减少包装物的使用，并积极回收利用包装物。县级以上地方人民政府商务、邮政等主管部门应当加强监督管理。

国家鼓励和引导消费者使用绿色包装和减量包装。

第六十九条 国家依法禁止、限制生产、销售和使用不可降解塑料袋等一次性塑料制品。

商品零售场所开办单位、电子商务平台企业和快递企业、外卖企业应当按照国家有关规定向商务、邮政等主管部门报告塑料袋等一次性塑料制品的使用、回收情况。

国家鼓励和引导减少使用、积极回收塑料袋等一次性塑料制品，推广应用可循环、易回收、可降解的替代产品。

第七十条 旅游、住宿等行业应当按照国家有关规定推行不主动提供一次性用品。

机关、企业事业单位等的办公场所应当使用有利于保护环境的产品、设备和设施，减少使用一次性办公用品。

第七十一条 城镇污水处理设施维护运营单位或者污泥处理单位应当安全处理污泥，保证处理后的污泥符合国家有关标准，对污泥的流向、用途、用量等进行跟踪、记录，并报告城镇排水主管部门、生态环境主管部门。

县级以上人民政府城镇排水主管部门应当将污泥处理设施纳入城镇排水与污水处理规划，推动同步建设污泥处理设施与污水处理设施，鼓励协同处理，污水处理费征收标准和补偿范围应当覆盖污泥处理成本和污水处理设施正常运营成本。

第七十二条 禁止擅自倾倒、堆放、丢弃、遗撒城镇污水处理设施产生的污泥和处理后的污泥。

禁止重金属或者其他有毒有害物质含量超标的污泥进入农用地。

从事水体清淤疏浚应当按照国家有关规定处理清淤疏浚过程中产生的底泥，防止污染环境。

第七十三条　各级各类实验室及其设立单位应当加强对实验室产生的固体废物的管理，依法收集、贮存、运输、利用、处置实验室固体废物。实验室固体废物属于危险废物的，应当按照危险废物管理。

第六章　危险废物

第七十四条　危险废物污染环境的防治，适用本章规定；本章未作规定的，适用本法其他有关规定。

第七十五条　国务院生态环境主管部门应当会同国务院有关部门制定国家危险废物名录，规定统一的危险废物鉴别标准、鉴别方法、识别标志和鉴别单位管理要求。国家危险废物名录应当动态调整。

国务院生态环境主管部门根据危险废物的危害特性和产生数量，科学评估其环境风险，实施分级分类管理，建立信息化监管体系，并通过信息化手段管理、共享危险废物转移数据和信息。

第七十六条　省、自治区、直辖市人民政府应当组织有关部门编制危险废物集中处置设施、场所的建设规划，科学评估危险废物处置需求，合理布局危险废物集中处置设施、场所，确保本行政区域的危险废物得到妥善处置。

编制危险废物集中处置设施、场所的建设规划，应当征求有关行业协会、企业事业单位、专家和公众等方面的意见。

相邻省、自治区、直辖市之间可以开展区域合作，统筹建设区域性危险废物集中处置设施、场所。

第七十七条　对危险废物的容器和包装物以及收集、贮存、运输、利用、处置危险废物的设施、场所，应当按照规定设置危险废物识别标志。

第七十八条　产生危险废物的单位，应当按照国家有关规定制定危险废物管理计划；建立危险废物管理台账，如实记录有关信息，并通过国家危险废物信息管理系统向所在地生态环境主管部门申报危险废物的种类、产生量、流向、贮存、处置等有关资料。

前款所称危险废物管理计划应当包括减少危险废物产生量和降低危险废物危害性的措施以及危险废物贮存、利用、处置措施。危险废物管理计划应当报产生危险废物的单位所在地生态环境主管部门备案。

产生危险废物的单位已经取得排污许可证的，执行排污许可管理制度的规定。

第七十九条　产生危险废物的单位，应当按照国家有关规定和环境保护标准要求贮存、利用、处置危险废物，不得擅自倾倒、堆放。

第八十条　从事收集、贮存、利用、处置危险废物经营活动的单位，应当按照国家有关规定申请取得许可证。许可证的具体管理办法由国务院制定。

禁止无许可证或者未按照许可证规定从事危险废物收集、贮存、利用、处置的经营活动。

禁止将危险废物提供或者委托给无许可证的单位或者其他生产经营者从事收集、贮存、利用、处置活动。

第八十一条 收集、贮存危险废物，应当按照危险废物特性分类进行。禁止混合收集、贮存、运输、处置性质不相容而未经安全性处置的危险废物。

贮存危险废物应当采取符合国家环境保护标准的防护措施。禁止将危险废物混入非危险废物中贮存。

从事收集、贮存、利用、处置危险废物经营活动的单位，贮存危险废物不得超过一年；确需延长期限的，应当报经颁发许可证的生态环境主管部门批准；法律、行政法规另有规定的除外。

第八十二条 转移危险废物的，应当按照国家有关规定填写、运行危险废物电子或者纸质转移联单。

跨省、自治区、直辖市转移危险废物的，应当向危险废物移出地省、自治区、直辖市人民政府生态环境主管部门申请。移出地省、自治区、直辖市人民政府生态环境主管部门应当及时商经接受地省、自治区、直辖市人民政府生态环境主管部门同意后，在规定期限内批准转移该危险废物，并将批准信息通报相关省、自治区、直辖市人民政府生态环境主管部门和交通运输主管部门。未经批准的，不得转移。

危险废物转移管理应当全程管控、提高效率，具体办法由国务院生态环境主管部门会同国务院交通运输主管部门和公安部门制定。

第八十三条 运输危险废物，应当采取防止污染环境的措施，并遵守国家有关危险货物运输管理的规定。

禁止将危险废物与旅客在同一运输工具上载运。

第八十四条 收集、贮存、运输、利用、处置危险废物的场所、设施、设备和容器、包装物及其他物品转作他用时，应当按照国家有关规定经过消除污染处理，方可使用。

第八十五条 产生、收集、贮存、运输、利用、处置危险废物的单位，应当依法制定意外事故的防范措施和应急预案，并向所在地生态环境主管部门和其他负有固体废物污染环境防治监督管理职责的部门备案；生态环境主管部门和其他负有固体废物污染环境防治监督管理职责的部门应当进行检查。

第八十六条 因发生事故或者其他突发性事件，造成危险废物严重污染环境的单位，应当立即采取有效措施消除或者减轻对环境的污染危害，及时通报可能受到污染危害的单位和居民，并向所在地生态环境主管部门和有关部门报告，接受调查处理。

第八十七条 在发生或者有证据证明可能发生危险废物严重污染环境、威胁居民生命财产安全时，生态环境主管部门或者其他负有固体废物污染环境防治监督管理职责的部门应当立即向本级人民政府和上一级人民政府有关部门报告，由人民政府采取防止或者减轻危害的有效措施。有关人民政府可以根据需要责令停止导致或者可能导致环境污染事故的作业。

第八十八条 重点危险废物集中处置设施、场所退役前，运营单位应当按照国家有关规定对设施、场所采取污染防治措施。退役的费用应当预提，列入投资概算或者生产成本，专门用于重点危险废物集中处置设施、场所的退役。具体提取和管理办法，由国务院财政部门、价格主管部门会同国务院生态环境主管部门规定。

第八十九条　禁止经中华人民共和国过境转移危险废物。

第九十条　医疗废物按照国家危险废物名录管理。县级以上地方人民政府应当加强医疗废物集中处置能力建设。

县级以上人民政府卫生健康、生态环境等主管部门应当在各自职责范围内加强对医疗废物收集、贮存、运输、处置的监督管理，防止危害公众健康、污染环境。

医疗卫生机构应当依法分类收集本单位产生的医疗废物，交由医疗废物集中处置单位处置。医疗废物集中处置单位应当及时收集、运输和处置医疗废物。

医疗卫生机构和医疗废物集中处置单位，应当采取有效措施，防止医疗废物流失、泄漏、渗漏、扩散。

第九十一条　重大传染病疫情等突发事件发生时，县级以上人民政府应当统筹协调医疗废物等危险废物收集、贮存、运输、处置等工作，保障所需的车辆、场地、处置设施和防护物资。卫生健康、生态环境、环境卫生、交通运输等主管部门应当协同配合，依法履行应急处置职责。

第七章　保障措施

第九十二条　国务院有关部门、县级以上地方人民政府及其有关部门在编制国土空间规划和相关专项规划时，应当统筹生活垃圾、建筑垃圾、危险废物等固体废物转运、集中处置等设施建设需求，保障转运、集中处置等设施用地。

第九十三条　国家采取有利于固体废物污染环境防治的经济、技术政策和措施，鼓励、支持有关方面采取有利于固体废物污染环境防治的措施，加强对从事固体废物污染环境防治工作人员的培训和指导，促进固体废物污染环境防治产业专业化、规模化发展。

第九十四条　国家鼓励和支持科研单位、固体废物产生单位、固体废物利用单位、固体废物处置单位等联合攻关，研究开发固体废物综合利用、集中处置等的新技术，推动固体废物污染环境防治技术进步。

第九十五条　各级人民政府应当加强固体废物污染环境的防治，按照事权划分的原则安排必要的资金用于下列事项：

（一）固体废物污染环境防治的科学研究、技术开发；

（二）生活垃圾分类；

（三）固体废物集中处置设施建设；

（四）重大传染病疫情等突发事件产生的医疗废物等危险废物应急处置；

（五）涉及固体废物污染环境防治的其他事项。

使用资金应当加强绩效管理和审计监督，确保资金使用效益。

第九十六条　国家鼓励和支持社会力量参与固体废物污染环境防治工作，并按照国家有关规定给予政策扶持。

第九十七条　国家发展绿色金融，鼓励金融机构加大对固体废物污染环境防治项目的信贷投放。

第九十八条　从事固体废物综合利用等固体废物污染环境防治工作的，依照法律、行政法规的规定，享受税收优惠。

国家鼓励并提倡社会各界为防治固体废物污染环境捐赠财产，并依照法律、行政法规的规定，给予税收优惠。

第九十九条 收集、贮存、运输、利用、处置危险废物的单位，应当按照国家有关规定，投保环境污染责任保险。

第一百条 国家鼓励单位和个人购买、使用综合利用产品和可重复使用产品。

县级以上人民政府及其有关部门在政府采购过程中，应当优先采购综合利用产品和可重复使用产品。

第八章　法律责任

第一百零一条 生态环境主管部门或者其他负有固体废物污染环境防治监督管理职责的部门违反本法规定，有下列行为之一，由本级人民政府或者上级人民政府有关部门责令改正，对直接负责的主管人员和其他直接责任人员依法给予处分：

（一）未依法作出行政许可或者办理批准文件的；

（二）对违法行为进行包庇的；

（三）未依法查封、扣押的；

（四）发现违法行为或者接到对违法行为的举报后未予查处的；

（五）有其他滥用职权、玩忽职守、徇私舞弊等违法行为的。

依照本法规定应当作出行政处罚决定而未作出的，上级主管部门可以直接作出行政处罚决定。

第一百零二条 违反本法规定，有下列行为之一，由生态环境主管部门责令改正，处以罚款，没收违法所得；情节严重的，报经有批准权的人民政府批准，可以责令停业或者关闭：

（一）产生、收集、贮存、运输、利用、处置固体废物的单位未依法及时公开固体废物污染环境防治信息的；

（二）生活垃圾处理单位未按照国家有关规定安装使用监测设备、实时监测污染物的排放情况并公开污染排放数据的；

（三）将列入限期淘汰名录被淘汰的设备转让给他人使用的；

（四）在生态保护红线区域、永久基本农田集中区域和其他需要特别保护的区域内，建设工业固体废物、危险废物集中贮存、利用、处置的设施、场所和生活垃圾填埋场的；

（五）转移固体废物出省、自治区、直辖市行政区域贮存、处置未经批准的；

（六）转移固体废物出省、自治区、直辖市行政区域利用未报备案的；

（七）擅自倾倒、堆放、丢弃、遗撒工业固体废物，或者未采取相应防范措施，造成工业固体废物扬散、流失、渗漏或者其他环境污染的；

（八）产生工业固体废物的单位未建立固体废物管理台账并如实记录的；

（九）产生工业固体废物的单位违反本法规定委托他人运输、利用、处置工业固体废物的；

（十）贮存工业固体废物未采取符合国家环境保护标准的防护措施的；

（十一）单位和其他生产经营者违反固体废物管理其他要求，污染环境、破坏生态的。

有前款第一项、第八项行为之一，处五万元以上二十万元以下的罚款；有前款第二项、第三项、第四项、第五项、第六项、第九项、第十项、第十一项行为之一，处十万元以上一百万元以下的罚款；有前款第七项行为，处所需处置费用一倍以上三倍以下的罚款，所需处置费用不足十万元的，按十万元计算。对前款第十一项行为的处罚，有关法律、行政法规另有规定的，适用其规定。

第一百零三条 违反本法规定，以拖延、围堵、滞留执法人员等方式拒绝、阻挠监督检查，或者在接受监督检查时弄虚作假的，由生态环境主管部门或者其他负有固体废物污染环境防治监督管理职责的部门责令改正，处五万元以上二十万元以下的罚款；对直接负责的主管人员和其他直接责任人员，处二万元以上十万元以下的罚款。

第一百零四条 违反本法规定，未依法取得排污许可证产生工业固体废物的，由生态环境主管部门责令改正或者限制生产、停产整治，处十万元以上一百万元以下的罚款；情节严重的，报经有批准权的人民政府批准，责令停业或者关闭。

第一百零五条 违反本法规定，生产经营者未遵守限制商品过度包装的强制性标准的，由县级以上地方人民政府市场监督管理部门或者有关部门责令改正；拒不改正的，处二千元以上二万元以下的罚款；情节严重的，处二万元以上十万元以下的罚款。

第一百零六条 违反本法规定，未遵守国家有关禁止、限制使用不可降解塑料袋等一次性塑料制品的规定，或者未按照国家有关规定报告塑料袋等一次性塑料制品的使用情况的，由县级以上地方人民政府商务、邮政等主管部门责令改正，处一万元以上十万元以下的罚款。

第一百零七条 从事畜禽规模养殖未及时收集、贮存、利用或者处置养殖过程中产生的畜禽粪污等固体废物的，由生态环境主管部门责令改正，可以处十万元以下的罚款；情节严重的，报经有批准权的人民政府批准，责令停业或者关闭。

第一百零八条 违反本法规定，城镇污水处理设施维护运营单位或者污泥处理单位对污泥流向、用途、用量等未进行跟踪、记录，或者处理后的污泥不符合国家有关标准的，由城镇排水主管部门责令改正，给予警告；造成严重后果的，处十万元以上二十万元以下的罚款；拒不改正的，城镇排水主管部门可以指定有治理能力的单位代为治理，所需费用由违法者承担。

违反本法规定，擅自倾倒、堆放、丢弃、遗撒城镇污水处理设施产生的污泥和处理后的污泥的，由城镇排水主管部门责令改正，处二十万元以上二百万元以下的罚款，对直接负责的主管人员和其他直接责任人员处二万元以上十万元以下的罚款；造成严重后果的，处二百万元以上五百万元以下的罚款，对直接负责的主管人员和其他直接责任人员处五万元以上五十万元以下的罚款；拒不改正的，城镇排水主管部门可以指定有治理能力的单位代为治理，所需费用由违法者承担。

第一百零九条 违反本法规定，生产、销售、进口或者使用淘汰的设备，或者采用淘汰的生产工艺的，由县级以上地方人民政府指定的部门责令改正，处十万元以上一百万元以下的罚款，没收违法所得；情节严重的，由县级以上地方人民政府指定的部门提出意见，报经有批准权的人民政府批准，责令停业或者关闭。

第一百一十条 尾矿、煤矸石、废石等矿业固体废物贮存设施停止使用后，未按照国家有关环境保护规定进行封场的，由生态环境主管部门责令改正，处二十万元以上一百万元以下的罚款。

第一百一十一条 违反本法规定，有下列行为之一，由县级以上地方人民政府环境卫生主管部门责令改正，处以罚款，没收违法所得：

（一）随意倾倒、抛撒、堆放或者焚烧生活垃圾的；

（二）擅自关闭、闲置或者拆除生活垃圾处理设施、场所的；

（三）工程施工单位未编制建筑垃圾处理方案报备案，或者未及时清运施工过程中产生的固体废物的；

（四）工程施工单位擅自倾倒、抛撒或者堆放工程施工过程中产生的建筑垃圾，或者未按照规定对施工过程中产生的固体废物进行利用或者处置的；

（五）产生、收集厨余垃圾的单位和其他生产经营者未将厨余垃圾交由具备相应资质条件的单位进行无害化处理的；

（六）畜禽养殖场、养殖小区利用未经无害化处理的厨余垃圾饲喂畜禽的；

（七）在运输过程中沿途丢弃、遗撒生活垃圾的。

单位有前款第一项、第七项行为之一，处五万元以上五十万元以下的罚款；单位有前款第二项、第三项、第四项、第五项、第六项行为之一，处十万元以上一百万元以下的罚款；个人有前款第一项、第五项、第七项行为之一，处一百元以上五百元以下的罚款。

违反本法规定，未在指定的地点分类投放生活垃圾的，由县级以上地方人民政府环境卫生主管部门责令改正；情节严重的，对单位处五万元以上五十万元以下的罚款，对个人依法处以罚款。

第一百一十二条 违反本法规定，有下列行为之一，由生态环境主管部门责令改正，处以罚款，没收违法所得；情节严重的，报经有批准权的人民政府批准，可以责令停业或者关闭：

（一）未按照规定设置危险废物识别标志的；

（二）未按照国家有关规定制定危险废物管理计划或者申报危险废物有关资料的；

（三）擅自倾倒、堆放危险废物的；

（四）将危险废物提供或者委托给无许可证的单位或者其他生产经营者从事经营活动的；

（五）未按照国家有关规定填写、运行危险废物转移联单或者未经批准擅自转移危险废物的；

（六）未按照国家环境保护标准贮存、利用、处置危险废物或者将危险废物混入非危险废物中贮存的；

（七）未经安全性处置，混合收集、贮存、运输、处置具有不相容性质的危险废物的；

（八）将危险废物与旅客在同一运输工具上载运的；

（九）未经消除污染处理，将收集、贮存、运输、处置危险废物的场所、设施、设备和容器、包装物及其他物品转作他用的；

（十）未采取相应防范措施，造成危险废物扬散、流失、渗漏或者其他环境污染的；

（十一）在运输过程中沿途丢弃、遗撒危险废物的；

（十二）未制定危险废物意外事故防范措施和应急预案的；

（十三）未按照国家有关规定建立危险废物管理台账并如实记录的。

有前款第一项、第二项、第五项、第六项、第七项、第八项、第九项、第十二项、第十三项行为之一，处十万元以上一百万元以下的罚款；有前款第三项、第四项、第十项、第十一项行为之一，处所需处置费用三倍以上五倍以下的罚款，所需处置费用不足二十万元的，按二十万元计算。

第一百一十三条　违反本法规定，危险废物产生者未按照规定处置其产生的危险废物被责令改正后拒不改正的，由生态环境主管部门组织代为处置，处置费用由危险废物产生者承担；拒不承担代为处置费用的，处代为处置费用一倍以上三倍以下的罚款。

第一百一十四条　无许可证从事收集、贮存、利用、处置危险废物经营活动的，由生态环境主管部门责令改正，处一百万元以上五百万元以下的罚款，并报经有批准权的人民政府批准，责令停业或者关闭；对法定代表人、主要负责人、直接负责的主管人员和其他责任人员，处十万元以上一百万元以下的罚款。

未按照许可证规定从事收集、贮存、利用、处置危险废物经营活动的，由生态环境主管部门责令改正，限制生产、停产整治，处五十万元以上二百万元以下的罚款；对法定代表人、主要负责人、直接负责的主管人员和其他责任人员，处五万元以上五十万元以下的罚款；情节严重的，报经有批准权的人民政府批准，责令停业或者关闭，还可以由发证机关吊销许可证。

第一百一十五条　违反本法规定，将中华人民共和国境外的固体废物输入境内的，由海关责令退运该固体废物，处五十万元以上五百万元以下的罚款。

承运人对前款规定的固体废物的退运、处置，与进口者承担连带责任。

第一百一十六条　违反本法规定，经中华人民共和国过境转移危险废物的，由海关责令退运该危险废物，处五十万元以上五百万元以下的罚款。

第一百一十七条　对已经非法入境的固体废物，由省级以上人民政府生态环境主管部门依法向海关提出处理意见，海关应当依照本法第一百一十五条的规定作出处罚决定；已经造成环境污染的，由省级以上人民政府生态环境主管部门责令进口者消除污染。

第一百一十八条　违反本法规定，造成固体废物污染环境事故的，除依法承担赔偿责任外，由生态环境主管部门依照本条第二款的规定处以罚款，责令限期采取治理措施；造成重大或者特大固体废物污染环境事故的，还可以报经有批准权的人民政府批准，责令关闭。

造成一般或者较大固体废物污染环境事故的，按照事故造成的直接经济损失的一倍以上三倍以下计算罚款；造成重大或者特大固体废物污染环境事故的，按照事故造成的直接经济损失的三倍以上五倍以下计算罚款，并对法定代表人、主要负责人、直接负责的主管人员和其他责任人员处上一年度从本单位取得的收入百分之五十以下的罚款。

第一百一十九条　单位和其他生产经营者违反本法规定排放固体废物，受到罚款处罚，被责令改正的，依法作出处罚决定的行政机关应当组织复查，发现其继续实施该违法行为的，依照《中华人民共和国环境保护法》的规定按日连续处罚。

第一百二十条 违反本法规定，有下列行为之一，尚不构成犯罪的，由公安机关对法定代表人、主要负责人、直接负责的主管人员和其他责任人员处十日以上十五日以下的拘留；情节较轻的，处五日以上十日以下的拘留：

（一）擅自倾倒、堆放、丢弃、遗撒固体废物，造成严重后果的；

（二）在生态保护红线区域、永久基本农田集中区域和其他需要特别保护的区域内，建设工业固体废物、危险废物集中贮存、利用、处置的设施、场所和生活垃圾填埋场的；

（三）将危险废物提供或者委托给无许可证的单位或者其他生产经营者堆放、利用、处置的；

（四）无许可证或者未按照许可证规定从事收集、贮存、利用、处置危险废物经营活动的；

（五）未经批准擅自转移危险废物的；

（六）未采取防范措施，造成危险废物扬散、流失、渗漏或者其他严重后果的。

第一百二十一条 固体废物污染环境、破坏生态，损害国家利益、社会公共利益的，有关机关和组织可以依照《中华人民共和国环境保护法》《中华人民共和国民事诉讼法》《中华人民共和国行政诉讼法》等法律的规定向人民法院提起诉讼。

第一百二十二条 固体废物污染环境、破坏生态给国家造成重大损失的，由设区的市级以上地方人民政府或者其指定的部门、机构组织与造成环境污染和生态破坏的单位和其他生产经营者进行磋商，要求其承担损害赔偿责任；磋商未达成一致的，可以向人民法院提起诉讼。

对于执法过程中查获的无法确定责任人或者无法退运的固体废物，由所在地县级以上地方人民政府组织处理。

第一百二十三条 违反本法规定，构成违反治安管理行为的，由公安机关依法给予治安管理处罚；构成犯罪的，依法追究刑事责任；造成人身、财产损害的，依法承担民事责任。

第九章　附　　则

第一百二十四条 本法下列用语的含义：

（一）固体废物，是指在生产、生活和其他活动中产生的丧失原有利用价值或者虽未丧失利用价值但被抛弃或者放弃的固态、半固态和置于容器中的气态的物品、物质以及法律、行政法规规定纳入固体废物管理的物品、物质。经无害化加工处理，并且符合强制性国家产品质量标准，不会危害公众健康和生态安全，或者根据固体废物鉴别标准和鉴别程序认定为不属于固体废物的除外。

（二）工业固体废物，是指在工业生产活动中产生的固体废物。

（三）生活垃圾，是指在日常生活中或者为日常生活提供服务的活动中产生的固体废物，以及法律、行政法规规定视为生活垃圾的固体废物。

（四）建筑垃圾，是指建设单位、施工单位新建、改建、扩建和拆除各类建筑物、构筑物、管网等，以及居民装饰装修房屋过程中产生的弃土、弃料和其他固体废物。

（五）农业固体废物，是指在农业生产活动中产生的固体废物。

（六）危险废物，是指列入国家危险废物名录或者根据国家规定的危险废物鉴别标准和鉴别方法认定的具有危险特性的固体废物。

（七）贮存，是指将固体废物临时置于特定设施或者场所中的活动。

（八）利用，是指从固体废物中提取物质作为原材料或者燃料的活动。

（九）处置，是指将固体废物焚烧和用其他改变固体废物的物理、化学、生物特性的方法，达到减少已产生的固体废物数量、缩小固体废物体积、减少或者消除其危险成分的活动，或者将固体废物最终置于符合环境保护规定要求的填埋场的活动。

第一百二十五条　液态废物的污染防治，适用本法；但是，排入水体的废水的污染防治适用有关法律，不适用本法。

第一百二十六条　本法自 2020 年 9 月 1 日起施行。

政府督查工作条例

第一条 为了加强和规范政府督查工作，保障政令畅通，提高行政效能，推进廉政建设，健全行政监督制度，制定本条例。

第二条 本条例所称政府督查，是指县级以上人民政府在法定职权范围内根据工作需要组织开展的监督检查。

第三条 政府督查工作应当坚持和加强党的领导，以人民为中心，服务大局、实事求是，推进依法行政，推动政策落实和问题解决，力戒形式主义、官僚主义。

第四条 政府督查内容包括：

（一）党中央、国务院重大决策部署落实情况；

（二）上级和本级人民政府重要工作部署落实情况；

（三）督查对象法定职责履行情况；

（四）本级人民政府所属部门和下级人民政府的行政效能。

第五条 政府督查对象包括：

（一）本级人民政府所属部门；

（二）下级人民政府及其所属部门；

（三）法律、法规授权的具有管理公共事务职能的组织；

（四）受行政机关委托管理公共事务的组织。

上级人民政府可以对下一级人民政府及其所属部门开展督查，必要时可以对所辖各级人民政府及其所属部门开展督查。

第六条 国务院办公厅指导全国政府督查工作，组织实施国务院督查工作。国务院办公厅督查机构承担国务院督查有关具体工作。

县级以上地方人民政府督查机构组织实施本级人民政府督查工作。县级以上地方人民政府督查机构设置的形式和规格，按照机构编制管理有关规定办理。

国务院办公厅督查机构和县级以上地方人民政府督查机构统称政府督查机构。

第七条 县级以上人民政府可以指定所属部门按照指定的事项、范围、职责、期限开展政府督查。

县级以上人民政府所属部门未经本级人民政府指定，不得开展政府督查。

第八条 县级以上人民政府根据工作需要，可以派出督查组。督查组按照本级人民政府确定的督查事项、范围、职责、期限开展政府督查。督查组对本级人民政府负责。

督查组实行组长负责制，组长由本级人民政府确定。

可以邀请人大代表、政协委员、政府参事和专家学者等参加督查组。

第九条 督查人员应当具备与其从事的督查工作相适应的政治素质、工作作风、专业知识、业务能力和法律素养，遵守宪法和法律，忠于职守、秉公持正，清正廉洁、保守秘密，自觉接受监督。

政府督查机构应当对督查人员进行政治、理论和业务培训。

第十条 政府督查机构履行职责所必需的经费，应当列入本级预算。

第十一条 政府督查机构根据本级人民政府的决定或者本级人民政府行政首长在职权范围内作出的指令，确定督查事项。

政府督查机构根据党中央、国务院重大决策部署，上级和本级人民政府重要工作部署，以及掌握的线索，可以提出督查工作建议，经本级人民政府行政首长批准后，确定督查事项。

第十二条 政府督查可以采取以下方式：

（一）要求督查对象自查、说明情况；

（二）听取督查对象汇报；

（三）开展检查、访谈、暗访；

（四）组织座谈、听证、统计、评估；

（五）调阅、复制与督查事项有关的资料；

（六）通过信函、电话、媒体等渠道收集线索；

（七）约谈督查对象负责人或者相关责任人；

（八）运用现代信息技术手段开展"互联网＋督查"。

第十三条 政府督查工作需要协助的，有关行政机关应当在职权范围内予以协助。

第十四条 县级以上人民政府可以组织开展综合督查、专项督查、事件调查、日常督办、线索核查等政府督查工作。

第十五条 开展政府督查工作应当制定督查方案，明确督查内容、对象和范围；应当严格控制督查频次和时限，科学运用督查方式，严肃督查纪律，提前培训督查人员。

政府督查工作应当严格执行督查方案，不得随意扩大督查范围、变更督查对象和内容，不得干预督查对象的正常工作，严禁重复督查、多头督查、越权督查。

第十六条 县级以上人民政府在政府督查工作结束后应当作出督查结论。与督查对象有关的督查结论应当向督查对象反馈。

督查结论应当事实清楚，证据充分，客观公正。

第十七条 督查对象对督查结论有异议的，可以自收到该督查结论之日起 30 日内，向作出该督查结论的人民政府申请复核。收到申请的人民政府应当在 30 日内作出复核决定。参与作出督查结论的工作人员在复核中应当回避。

第十八条 对于督查结论中要求整改的事项，督查对象应当按要求整改。政府督查机构可以根据工作需要，对整改情况进行核查。

第十九条 政府督查机构可以根据督查结论，提出改变或者撤销本级或者下级人民政府及其所属部门不适当的决定、命令等规范性文件的建议，报本级人民政府或者本级人民政府行政首长。

第二十条 政府督查机构可以针对督查结论中反映的突出问题开展调查研究，真实准确地向本级人民政府或者本级人民政府行政首长报告调查研究情况。

第二十一条 政府督查机构可以根据督查结论或者整改核查结果，提出对督查对象依法依规进行表扬、激励、批评等建议，经本级人民政府或者本级人民政府行政首长批准后组织实施。

政府督查机构可以根据督查结论或者整改核查结果，提出对督查对象依法依规追究责任的建议，经本级人民政府或者本级人民政府行政首长批准后，交有权机关调查处理。

第二十二条 政府督查应当加强与行政执法监督、备案审查监督等的协调衔接。

第二十三条 督查工作中发现公职人员涉嫌贪污贿赂、失职渎职等职务违法或者职务犯罪的问题线索，政府督查机构应当移送监察机关，由监察机关依法调查处置；发现涉嫌其他犯罪的问题线索，移送司法机关依法处理。

第二十四条 政府督查机构及督查人员违反本条例规定，滥用职权、徇私舞弊、玩忽职守的，泄露督查过程中所知悉的国家秘密、商业秘密、个人隐私的，或者违反廉政规定的，对负有责任的领导人员和直接责任人员依法依规给予处理；构成犯罪的，依法追究刑事责任。

第二十五条 督查对象及其工作人员不得阻碍督查工作，不得隐瞒实情、弄虚作假，不得伪造、隐匿、毁灭证据。有上述情形的，由政府督查机构责令改正；情节严重的，依法依规追究责任。

第二十六条 对督查人员或者提供线索、反映情况的单位和个人进行威胁、打击、报复、陷害的，依法依规追究责任。

第二十七条 县级以上人民政府及其所属部门依照有关法律法规开展的其他监督检查，按照有关法律法规规定执行。

第二十八条 本条例自 2021 年 2 月 1 日起施行。

农作物病虫害防治条例

第一章 总 则

第一条 为了防治农作物病虫害，保障国家粮食安全和农产品质量安全，保护生态环境，促进农业可持续发展，制定本条例。

第二条 本条例所称农作物病虫害防治，是指对危害农作物及其产品的病、虫、草、鼠等有害生物的监测与预报、预防与控制、应急处置等防治活动及其监督管理。

第三条 农作物病虫害防治实行预防为主、综合防治的方针，坚持政府主导、属地负责、分类管理、科技支撑、绿色防控。

第四条 根据农作物病虫害的特点及其对农业生产的危害程度，将农作物病虫害分为下列三类：

（一）一类农作物病虫害，是指常年发生面积特别大或者可能给农业生产造成特别重大损失的农作物病虫害，其名录由国务院农业农村主管部门制定、公布；

（二）二类农作物病虫害，是指常年发生面积大或者可能给农业生产造成重大损失的农作物病虫害，其名录由省、自治区、直辖市人民政府农业农村主管部门制定、公布，并报国务院农业农村主管部门备案；

（三）三类农作物病虫害，是指一类农作物病虫害和二类农作物病虫害以外的其他农作物病虫害。

新发现的农作物病虫害可能给农业生产造成重大或者特别重大损失的，在确定其分类前，按照一类农作物病虫害管理。

第五条 县级以上人民政府应当加强对农作物病虫害防治工作的组织领导，将防治工作经费纳入本级政府预算。

第六条 国务院农业农村主管部门负责全国农作物病虫害防治的监督管理工作。县级以上地方人民政府农业农村主管部门负责本行政区域农作物病虫害防治的监督管理工作。

县级以上人民政府其他有关部门按照职责分工，做好农作物病虫害防治相关工作。

乡镇人民政府应当协助上级人民政府有关部门做好本行政区域农作物病虫害防治宣传、动员、组织等工作。

第七条 县级以上人民政府农业农村主管部门组织植物保护工作机构开展农作物病虫害防治有关技术工作。

第八条 农业生产经营者等有关单位和个人应当做好生产经营范围内的农作物病虫害防治工作，并对各级人民政府及有关部门开展的防治工作予以配合。

农村集体经济组织、村民委员会应当配合各级人民政府及有关部门做好农作物病虫害防治工作。

第九条 国家鼓励和支持开展农作物病虫害防治科技创新、成果转化和依法推广应用，普及应用信息技术、生物技术，推进农作物病虫害防治的智能化、专业化、绿色化。

国家鼓励和支持农作物病虫害防治国际合作与交流。

第十条 国家鼓励和支持使用生态治理、健康栽培、生物防治、物理防治等绿色防控技术和先进施药机械以及安全、高效、经济的农药。

第十一条 对在农作物病虫害防治工作中作出突出贡献的单位和个人，按照国家有关规定予以表彰。

第二章 监测与预报

第十二条 国家建立农作物病虫害监测制度。国务院农业农村主管部门负责编制全国农作物病虫害监测网络建设规划并组织实施。省、自治区、直辖市人民政府农业农村主管部门负责编制本行政区域农作物病虫害监测网络建设规划并组织实施。

县级以上人民政府农业农村主管部门应当加强对农作物病虫害监测网络的管理。

第十三条 任何单位和个人不得侵占、损毁、拆除、擅自移动农作物病虫害监测设施设备，或者以其他方式妨害农作物病虫害监测设施设备正常运行。

新建、改建、扩建建设工程应当避开农作物病虫害监测设施设备；确实无法避开、需要拆除农作物病虫害监测设施设备的，应当由县级以上人民政府农业农村主管部门按照有关技术要求组织迁建，迁建费用由建设单位承担。

农作物病虫害监测设施设备毁损的，县级以上人民政府农业农村主管部门应当及时组织修复或者重新建设。

第十四条 县级以上人民政府农业农村主管部门应当组织开展农作物病虫害监测。农作物病虫害监测包括下列内容：

（一）农作物病虫害发生的种类、时间、范围、程度；

（二）害虫主要天敌种类、分布与种群消长情况；

（三）影响农作物病虫害发生的田间气候；

（四）其他需要监测的内容。

农作物病虫害监测技术规范由省级以上人民政府农业农村主管部门制定。

农业生产经营者等有关单位和个人应当配合做好农作物病虫害监测。

第十五条 县级以上地方人民政府农业农村主管部门应当按照国务院农业农村主管部门的规定及时向上级人民政府农业农村主管部门报告农作物病虫害监测信息。

任何单位和个人不得瞒报、谎报农作物病虫害监测信息，不得授意他人编造虚假信息，不得阻挠他人如实报告。

第十六条 县级以上人民政府农业农村主管部门应当在综合分析监测结果的基础上，按照国务院农业农村主管部门的规定发布农作物病虫害预报，其他组织和个人不得向社会发布农作物病虫害预报。

农作物病虫害预报包括农作物病虫害发生以及可能发生的种类、时间、范围、程度以及预防控制措施等内容。

第十七条 境外组织和个人不得在我国境内开展农作物病虫害监测活动。确需开展的，应当由省级以上人民政府农业农村主管部门组织境内有关单位与其联合进行，并遵守有关法律、法规的规定。

任何单位和个人不得擅自向境外组织和个人提供未发布的农作物病虫害监测信息。

第三章　预防与控制

第十八条 国务院农业农村主管部门组织制定全国农作物病虫害预防控制方案，县级以上地方人民政府农业农村主管部门组织制定本行政区域农作物病虫害预防控制方案。

农作物病虫害预防控制方案根据农业生产情况、气候条件、农作物病虫害常年发生情况、监测预报情况以及发生趋势等因素制定，其内容包括预防控制目标、重点区域、防治阈值、预防控制措施和保障措施等方面。

第十九条 县级以上人民政府农业农村主管部门应当健全农作物病虫害防治体系，并组织开展农作物病虫害抗药性监测评估，为农业生产经营者提供农作物病虫害预防控制技术培训、指导、服务。

国家鼓励和支持科研单位、有关院校、农民专业合作社、企业、行业协会等单位和个人研究、依法推广绿色防控技术。

对在农作物病虫害防治工作中接触有毒有害物质的人员，有关单位应当组织做好安全防护，并按照国家有关规定发放津贴补贴。

第二十条 县级以上人民政府农业农村主管部门应当在农作物病虫害孳生地、源头区组织开展作物改种、植被改造、环境整治等生态治理工作，调整种植结构，防止农作物病虫害孳生和蔓延。

第二十一条 县级以上人民政府农业农村主管部门应当指导农业生产经营者选用抗病、抗虫品种，采用包衣、拌种、消毒等种子处理措施，采取合理轮作、深耕除草、覆盖除草、土壤消毒、清除农作物病残体等健康栽培管理措施，预防农作物病虫害。

第二十二条 从事农作物病虫害研究、饲养、繁殖、运输、展览等活动的，应当采取措施防止其逃逸、扩散。

第二十三条 农作物病虫害发生时，农业生产经营者等有关单位和个人应当及时采取防止农作物病虫害扩散的控制措施。发现农作物病虫害严重发生或者暴发的，应当及时报告所在地县级人民政府农业农村主管部门。

第二十四条 有关单位和个人开展农作物病虫害防治使用农药时，应当遵守农药安全、合理使用制度，严格按照农药标签或者说明书使用农药。

农田除草时，应当防止除草剂危害当季和后茬作物；农田灭鼠时，应当防止杀鼠剂危害人畜安全。

第二十五条 农作物病虫害严重发生时，县级以上地方人民政府农业农村主管部门应当按照农作物病虫害预防控制方案以及监测预报情况，及时组织、指导农业生产经营者、专业化病虫害防治服务组织等有关单位和个人采取统防统治等控制措施。

一类农作物病虫害严重发生时，国务院农业农村主管部门应当对控制工作进行综合协调、指导。二类、三类农作物病虫害严重发生时，省、自治区、直辖市人民政府农业农村主管部门应当对控制工作进行综合协调、指导。

国有荒地上发生的农作物病虫害由县级以上地方人民政府组织控制。

第二十六条 农田鼠害严重发生时，县级以上地方人民政府应当组织采取统一灭鼠措施。

第二十七条 县级以上地方人民政府农业农村主管部门应当组织做好农作物病虫害灾情调查汇总工作，将灾情信息及时报告本级人民政府和上一级人民政府农业农村主管部门，并抄送同级人民政府应急管理部门。

农作物病虫害灾情信息由县级以上人民政府农业农村主管部门商同级人民政府应急管理部门发布，其他组织和个人不得向社会发布。

第二十八条 国家鼓励和支持保险机构开展农作物病虫害防治相关保险业务，鼓励和支持农业生产经营者等有关单位和个人参加保险。

第四章 应急处置

第二十九条 国务院农业农村主管部门应当建立农作物病虫害防治应急响应和处置机制，制定应急预案。

县级以上地方人民政府及其有关部门应当根据本行政区域农作物病虫害应急处置需要，组织制定应急预案，开展应急业务培训和演练，储备必要的应急物资。

第三十条 农作物病虫害暴发时，县级以上地方人民政府应当立即启动应急响应，采取下列措施：

（一）划定应急处置的范围和面积；

（二）组织和调集应急处置队伍；

（三）启用应急备用药剂、机械等物资；

（四）组织应急处置行动。

第三十一条 县级以上地方人民政府有关部门应当在各自职责范围内做好农作物病虫害应急处置工作。

公安、交通运输等主管部门应当为应急处置所需物资的调度、运输提供便利条件，民用航空主管部门应当为应急处置航空作业提供优先保障，气象主管机构应当为应急处置提供气象信息服务。

第三十二条 农作物病虫害应急处置期间，县级以上地方人民政府可以根据需要依法调集必需的物资、运输工具以及相关设施设备。应急处置结束后，应当及时归还并对毁损、灭失的给予补偿。

第五章 专业化服务

第三十三条 国家通过政府购买服务等方式鼓励和扶持专业化病虫害防治服务组织，鼓励专业化病虫害防治服务组织使用绿色防控技术。

县级以上人民政府农业农村主管部门应当加强对专业化病虫害防治服务组织的规范和管理，并为专业化病虫害防治服务组织提供技术培训、指导、服务。

第三十四条 专业化病虫害防治服务组织应当具备相应的设施设备、技术人员、田间作业人员以及规范的管理制度。

依照有关法律、行政法规需要办理登记的专业化病虫害防治服务组织，应当依法向县级以上人民政府有关部门申请登记。

第三十五条 专业化病虫害防治服务组织的田间作业人员应当能够正确识别服务区域的农作物病虫害，正确掌握农药适用范围、施用方法、安全间隔期等专业知识以及田间作业安全防护知识，正确使用施药机械以及农作物病虫害防治相关用品。专业化病虫害防治服务组织应当定期组织田间作业人员参加技术培训。

第三十六条 专业化病虫害防治服务组织应当与服务对象共同商定服务方案或者签订服务合同。

专业化病虫害防治服务组织应当遵守国家有关农药安全、合理使用制度，建立服务档案，如实记录服务的时间、地点、内容以及使用农药的名称、用量、生产企业、农药包装废弃物处置方式等信息。服务档案应当保存 2 年以上。

第三十七条 专业化病虫害防治服务组织应当按照国家有关规定为田间作业人员参加工伤保险缴纳工伤保险费。国家鼓励专业化病虫害防治服务组织为田间作业人员投保人身意外伤害保险。

专业化病虫害防治服务组织应当为田间作业人员配备必要的防护用品。

第三十八条 专业化病虫害防治服务组织开展农作物病虫害预防控制航空作业，应当按照国家有关规定向公众公告作业范围、时间、施药种类以及注意事项；需要办理飞行计划或者备案手续的，应当按照国家有关规定办理。

第六章　法律责任

第三十九条 地方各级人民政府和县级以上人民政府有关部门及其工作人员有下列行为之一的，对负有责任的领导人员和直接责任人员依法给予处分；构成犯罪的，依法追究刑事责任：

（一）未依照本条例规定履行职责；

（二）瞒报、谎报农作物病虫害监测信息，授意他人编造虚假信息或者阻挠他人如实报告；

（三）擅自向境外组织和个人提供未发布的农作物病虫害监测信息；

（四）其他滥用职权、玩忽职守、徇私舞弊行为。

第四十条 违反本条例规定，侵占、损毁、拆除、擅自移动农作物病虫害监测设施设备或者以其他方式妨害农作物病虫害监测设施设备正常运行的，由县级以上人民政府农业农村主管部门责令停止违法行为，限期恢复原状或者采取其他补救措施，可以处 5 万元以下罚款；造成损失的，依法承担赔偿责任；构成犯罪的，依法追究刑事责任。

第四十一条 违反本条例规定，有下列行为之一的，由县级以上人民政府农业农村主管部门处5 000元以上5万元以下罚款；情节严重的，处5万元以上10万元以下罚款；造成损失的，依法承担赔偿责任；构成犯罪的，依法追究刑事责任：

（一）擅自向社会发布农作物病虫害预报或者灾情信息；

（二）从事农作物病虫害研究、饲养、繁殖、运输、展览等活动未采取有效措施，造成农作物病虫害逃逸、扩散；

（三）开展农作物病虫害预防控制航空作业未按照国家有关规定进行公告。

第四十二条 专业化病虫害防治服务组织有下列行为之一的，由县级以上人民政府农业农村主管部门责令改正；拒不改正或者情节严重的，处2 000元以上2万元以下罚款；造成损失的，依法承担赔偿责任：

（一）不具备相应的设施设备、技术人员、田间作业人员以及规范的管理制度；

（二）其田间作业人员不能正确识别服务区域的农作物病虫害，或者不能正确掌握农药适用范围、施用方法、安全间隔期等专业知识以及田间作业安全防护知识，或者不能正确使用施药机械以及农作物病虫害防治相关用品；

（三）未按规定建立或者保存服务档案；

（四）未为田间作业人员配备必要的防护用品。

第四十三条 境外组织和个人违反本条例规定，在我国境内开展农作物病虫害监测活动的，由县级以上人民政府农业农村主管部门责令其停止监测活动，没收监测数据和工具，并处10万元以上50万元以下罚款；情节严重的，并处50万元以上100万元以下罚款；构成犯罪的，依法追究刑事责任。

第七章 附 则

第四十四条 储存粮食的病虫害防治依照有关法律、行政法规的规定执行。

第四十五条 本条例自2020年5月1日起施行。

兽药管理条例

（2004年4月9日中华人民共和国国务院令第404号公布　根据2014年7月29日《国务院关于修改部分行政法规的决定》第一次修订　根据2016年2月6日《国务院关于修改部分行政法规的决定》第二次修订　根据2020年3月27日《国务院关于修改和废止部分行政法规的决定》第三次修订）

第一章　总　　则

第一条　为了加强兽药管理，保证兽药质量，防治动物疾病，促进养殖业的发展，维护人体健康，制定本条例。

第二条　在中华人民共和国境内从事兽药的研制、生产、经营、进出口、使用和监督管理，应当遵守本条例。

第三条　国务院兽医行政管理部门负责全国的兽药监督管理工作。

县级以上地方人民政府兽医行政管理部门负责本行政区域内的兽药监督管理工作。

第四条　国家实行兽用处方药和非处方药分类管理制度。兽用处方药和非处方药分类管理的办法和具体实施步骤，由国务院兽医行政管理部门规定。

第五条　国家实行兽药储备制度。

发生重大动物疫情、灾情或者其他突发事件时，国务院兽医行政管理部门可以紧急调用国家储备的兽药；必要时，也可以调用国家储备以外的兽药。

第二章　新兽药研制

第六条　国家鼓励研制新兽药，依法保护研制者的合法权益。

第七条　研制新兽药，应当具有与研制相适应的场所、仪器设备、专业技术人员、安全管理规范和措施。

研制新兽药，应当进行安全性评价。从事兽药安全性评价的单位应当遵守国务院兽医行政管理部门制定的兽药非临床研究质量管理规范和兽药临床试验质量管理规范。

省级以上人民政府兽医行政管理部门应当对兽药安全性评价单位是否符合兽药非临床研究质量管理规范和兽药临床试验质量管理规范的要求进行监督检查，并公布监督检查结果。

第八条　研制新兽药，应当在临床试验前向临床试验场所所在地省、自治区、直辖市人民政府兽医行政管理部门备案，并附具该新兽药实验室阶段安全性评价报告及其他临床前研究资料。

研制的新兽药属于生物制品的，应当在临床试验前向国务院兽医行政管理部门提出申请，国务院兽医行政管理部门应当自收到申请之日起 60 个工作日内将审查结果书面通知申请人。

研制新兽药需要使用一类病原微生物的，还应当具备国务院兽医行政管理部门规定的条件，并在实验室阶段前报国务院兽医行政管理部门批准。

第九条 临床试验完成后，新兽药研制者向国务院兽医行政管理部门提出新兽药注册申请时，应当提交该新兽药的样品和下列资料：

（一）名称、主要成分、理化性质；

（二）研制方法、生产工艺、质量标准和检测方法；

（三）药理和毒理试验结果、临床试验报告和稳定性试验报告；

（四）环境影响报告和污染防治措施。

研制的新兽药属于生物制品的，还应当提供菌（毒、虫）种、细胞等有关材料和资料。菌（毒、虫）种、细胞由国务院兽医行政管理部门指定的机构保藏。

研制用于食用动物的新兽药，还应当按照国务院兽医行政管理部门的规定进行兽药残留试验并提供休药期、最高残留限量标准、残留检测方法及其制定依据等资料。

国务院兽医行政管理部门应当自收到申请之日起 10 个工作日内，将决定受理的新兽药资料送其设立的兽药评审机构进行评审，将新兽药样品送其指定的检验机构复核检验，并自收到评审和复核检验结论之日起 60 个工作日内完成审查。审查合格的，发给新兽药注册证书，并发布该兽药的质量标准；不合格的，应当书面通知申请人。

第十条 国家对依法获得注册的、含有新化合物的兽药的申请人提交的其自己所取得且未披露的试验数据和其他数据实施保护。

自注册之日起 6 年内，对其他申请人未经已获得注册兽药的申请人同意，使用前款规定的数据申请兽药注册的，兽药注册机关不予注册；但是，其他申请人提交其自己所取得的数据的除外。

除下列情况外，兽药注册机关不得披露本条第一款规定的数据：

（一）公共利益需要；

（二）已采取措施确保该类信息不会被不正当地进行商业使用。

第三章　兽药生产

第十一条 从事兽药生产的企业，应当符合国家兽药行业发展规划和产业政策，并具备下列条件：

（一）与所生产的兽药相适应的兽医学、药学或者相关专业的技术人员；

（二）与所生产的兽药相适应的厂房、设施；

（三）与所生产的兽药相适应的兽药质量管理和质量检验的机构、人员、仪器设备；

（四）符合安全、卫生要求的生产环境；

（五）兽药生产质量管理规范规定的其他生产条件。

符合前款规定条件的，申请人方可向省、自治区、直辖市人民政府兽医行政管理部门提出申请，并附具符合前款规定条件的证明材料；省、自治区、直辖市人民政府兽医行政管理部门应当自收到申请之日起 40 个工作日内完成审查。经审查合格的，发给兽药生产许可证；不合格的，应当书面通知申请人。

第十二条 兽药生产许可证应当载明生产范围、生产地点、有效期和法定代表人姓名、住址等事项。

兽药生产许可证有效期为 5 年。有效期届满，需要继续生产兽药的，应当在许可证有效期届满前 6 个月到发证机关申请换发兽药生产许可证。

第十三条 兽药生产企业变更生产范围、生产地点的，应当依照本条例第十一条的规定申请换发兽药生产许可证；变更企业名称、法定代表人的，应当在办理工商变更登记手续后 15 个工作日内，到发证机关申请换发兽药生产许可证。

第十四条 兽药生产企业应当按照国务院兽医行政管理部门制定的兽药生产质量管理规范组织生产。

省级以上人民政府兽医行政管理部门，应当对兽药生产企业是否符合兽药生产质量管理规范的要求进行监督检查，并公布检查结果。

第十五条 兽药生产企业生产兽药，应当取得国务院兽医行政管理部门核发的产品批准文号，产品批准文号的有效期为 5 年。兽药产品批准文号的核发办法由国务院兽医行政管理部门制定。

第十六条 兽药生产企业应当按照兽药国家标准和国务院兽医行政管理部门批准的生产工艺进行生产。兽药生产企业改变影响兽药质量的生产工艺的，应当报原批准部门审核批准。

兽药生产企业应当建立生产记录，生产记录应当完整、准确。

第十七条 生产兽药所需的原料、辅料，应当符合国家标准或者所生产兽药的质量要求。

直接接触兽药的包装材料和容器应当符合药用要求。

第十八条 兽药出厂前应当经过质量检验，不符合质量标准的不得出厂。

兽药出厂应当附有产品质量合格证。

禁止生产假、劣兽药。

第十九条 兽药生产企业生产的每批兽用生物制品，在出厂前应当由国务院兽医行政管理部门指定的检验机构审查核对，并在必要时进行抽查检验；未经审查核对或者抽查检验不合格的，不得销售。

强制免疫所需兽用生物制品，由国务院兽医行政管理部门指定的企业生产。

第二十条 兽药包装应当按照规定印有或者贴有标签，附具说明书，并在显著位置注明"兽用"字样。

兽药的标签和说明书经国务院兽医行政管理部门批准并公布后，方可使用。

兽药的标签或者说明书，应当以中文注明兽药的通用名称、成分及其含量、规格、生产企业、产品批准文号（进口兽药注册证号）、产品批号、生产日期、有效期、适应症或者功能主治、用法、用量、休药期、禁忌、不良反应、注意事项、运输贮存保管条件及其他应当说明的内容。有商品名称的，还应当注明商品名称。

除前款规定的内容外，兽用处方药的标签或者说明书还应当印有国务院兽医行政管理部门规定的警示内容，其中兽用麻醉药品、精神药品、毒性药品和放射性药品还应当印有国务院兽医行政管理部门规定的特殊标志；兽用非处方药的标签或者说明书还应当印有国务院兽医行政管理部门规定的非处方药标志。

第二十一条 国务院兽医行政管理部门，根据保证动物产品质量安全和人体健康的需要，可以对新兽药设立不超过 5 年的监测期；在监测期内，不得批准其他企业生产或者进口该新兽药。生产企业应当在监测期内收集该新兽药的疗效、不良反应等资料，并及时报送国务院兽医行政管理部门。

第四章　兽药经营

第二十二条 经营兽药的企业，应当具备下列条件：

（一）与所经营的兽药相适应的兽药技术人员；

（二）与所经营的兽药相适应的营业场所、设备、仓库设施；

（三）与所经营的兽药相适应的质量管理机构或者人员；

（四）兽药经营质量管理规范规定的其他经营条件。

符合前款规定条件的，申请人方可向市、县人民政府兽医行政管理部门提出申请，并附具符合前款规定条件的证明材料；经营兽用生物制品的，应当向省、自治区、直辖市人民政府兽医行政管理部门提出申请，并附具符合前款规定条件的证明材料。

县级以上地方人民政府兽医行政管理部门，应当自收到申请之日起 30 个工作日内完成审查。审查合格的，发给兽药经营许可证；不合格的，应当书面通知申请人。

第二十三条 兽药经营许可证应当载明经营范围、经营地点、有效期和法定代表人姓名、住址等事项。

兽药经营许可证有效期为 5 年。有效期届满，需要继续经营兽药的，应当在许可证有效期届满前 6 个月到发证机关申请换发兽药经营许可证。

第二十四条 兽药经营企业变更经营范围、经营地点的，应当依照本条例第二十二条的规定申请换发兽药经营许可证；变更企业名称、法定代表人的，应当在办理工商变更登记手续后 15 个工作日内，到发证机关申请换发兽药经营许可证。

第二十五条 兽药经营企业，应当遵守国务院兽医行政管理部门制定的兽药经营质量管理规范。

县级以上地方人民政府兽医行政管理部门，应当对兽药经营企业是否符合兽药经营质量管理规范的要求进行监督检查，并公布检查结果。

第二十六条 兽药经营企业购进兽药，应当将兽药产品与产品标签或者说明书、产品质量合格证核对无误。

第二十七条 兽药经营企业，应当向购买者说明兽药的功能主治、用法、用量和注意事项。销售兽用处方药的，应当遵守兽用处方药管理办法。

兽药经营企业销售兽用中药材的，应当注明产地。

禁止兽药经营企业经营人用药品和假、劣兽药。

第二十八条　兽药经营企业购销兽药，应当建立购销记录。购销记录应当载明兽药的商品名称、通用名称、剂型、规格、批号、有效期、生产厂商、购销单位、购销数量、购销日期和国务院兽医行政管理部门规定的其他事项。

第二十九条　兽药经营企业，应当建立兽药保管制度，采取必要的冷藏、防冻、防潮、防虫、防鼠等措施，保持所经营兽药的质量。

兽药入库、出库，应当执行检查验收制度，并有准确记录。

第三十条　强制免疫所需兽用生物制品的经营，应当符合国务院兽医行政管理部门的规定。

第三十一条　兽药广告的内容应当与兽药说明书内容相一致，在全国重点媒体发布兽药广告的，应当经国务院兽医行政管理部门审查批准，取得兽药广告审查批准文号。在地方媒体发布兽药广告的，应当经省、自治区、直辖市人民政府兽医行政管理部门审查批准，取得兽药广告审查批准文号；未经批准的，不得发布。

第五章　兽药进出口

第三十二条　首次向中国出口的兽药，由出口方驻中国境内的办事机构或者其委托的中国境内代理机构向国务院兽医行政管理部门申请注册，并提交下列资料和物品：

（一）生产企业所在国家（地区）兽药管理部门批准生产、销售的证明文件。

（二）生产企业所在国家（地区）兽药管理部门颁发的符合兽药生产质量管理规范的证明文件。

（三）兽药的制造方法、生产工艺、质量标准、检测方法、药理和毒理试验结果、临床试验报告、稳定性试验报告及其他相关资料；用于食用动物的兽药的休药期、最高残留限量标准、残留检测方法及其制定依据等资料。

（四）兽药的标签和说明书样本。

（五）兽药的样品、对照品、标准品。

（六）环境影响报告和污染防治措施。

（七）涉及兽药安全性的其他资料。

申请向中国出口兽用生物制品的，还应当提供菌（毒、虫）种、细胞等有关材料和资料。

第三十三条　国务院兽医行政管理部门，应当自收到申请之日起 10 个工作日内组织初步审查。经初步审查合格的，应当将决定受理的兽药资料送其设立的兽药评审机构进行评审，将该兽药样品送其指定的检验机构复核检验，并自收到评审和复核检验结论之日起 60 个工作日内完成审查。经审查合格的，发给进口兽药注册证书，并发布该兽药的质量标准；不合格的，应当书面通知申请人。

在审查过程中，国务院兽医行政管理部门可以对向中国出口兽药的企业是否符合兽药生产质量管理规范的要求进行考查，并有权要求该企业在国务院兽医行政管理部门指定的机构进行该兽药的安全性和有效性试验。

国内急需兽药、少量科研用兽药或者注册兽药的样品、对照品、标准品的进口，按照国务院兽医行政管理部门的规定办理。

第三十四条 进口兽药注册证书的有效期为 5 年。有效期届满，需要继续向中国出口兽药的，应当在有效期届满前 6 个月到发证机关申请再注册。

第三十五条 境外企业不得在中国直接销售兽药。境外企业在中国销售兽药，应当依法在中国境内设立销售机构或者委托符合条件的中国境内代理机构。

进口在中国已取得进口兽药注册证书的兽药的，中国境内代理机构凭进口兽药注册证书到口岸所在地人民政府兽医行政管理部门办理进口兽药通关单。海关凭进口兽药通关单放行。兽药进口管理办法由国务院兽医行政管理部门会同海关总署制定。

兽用生物制品进口后，应当依照本条例第十九条的规定进行审查核对和抽查检验。其他兽药进口后，由当地兽医行政管理部门通知兽药检验机构进行抽查检验。

第三十六条 禁止进口下列兽药：

（一）药效不确定、不良反应大以及可能对养殖业、人体健康造成危害或者存在潜在风险的；

（二）来自疫区可能造成疫病在中国境内传播的兽用生物制品；

（三）经考查生产条件不符合规定的；

（四）国务院兽医行政管理部门禁止生产、经营和使用的。

第三十七条 向中国境外出口兽药，进口方要求提供兽药出口证明文件的，国务院兽医行政管理部门或者企业所在地的省、自治区、直辖市人民政府兽医行政管理部门可以出具出口兽药证明文件。

国内防疫急需的疫苗，国务院兽医行政管理部门可以限制或者禁止出口。

第六章　兽药使用

第三十八条 兽药使用单位，应当遵守国务院兽医行政管理部门制定的兽药安全使用规定，并建立用药记录。

第三十九条 禁止使用假、劣兽药以及国务院兽医行政管理部门规定禁止使用的药品和其他化合物。禁止使用的药品和其他化合物目录由国务院兽医行政管理部门制定公布。

第四十条 有休药期规定的兽药用于食用动物时，饲养者应当向购买者或者屠宰者提供准确、真实的用药记录；购买者或者屠宰者应当确保动物及其产品在用药期、休药期内不被用于食品消费。

第四十一条 国务院兽医行政管理部门，负责制定公布在饲料中允许添加的药物饲料添加剂品种目录。

禁止在饲料和动物饮用水中添加激素类药品和国务院兽医行政管理部门规定的其他禁用药品。

经批准可以在饲料中添加的兽药，应当由兽药生产企业制成药物饲料添加剂后方可添加。禁止将原料药直接添加到饲料及动物饮用水中或者直接饲喂动物。

禁止将人用药品用于动物。

第四十二条　国务院兽医行政管理部门，应当制定并组织实施国家动物及动物产品兽药残留监控计划。

县级以上人民政府兽医行政管理部门，负责组织对动物产品中兽药残留量的检测。兽药残留检测结果，由国务院兽医行政管理部门或者省、自治区、直辖市人民政府兽医行政管理部门按照权限予以公布。

动物产品的生产者、销售者对检测结果有异议的，可以自收到检测结果之日起 7 个工作日内向组织实施兽药残留检测的兽医行政管理部门或者其上级兽医行政管理部门提出申请，由受理申请的兽医行政管理部门指定检验机构进行复检。

兽药残留限量标准和残留检测方法，由国务院兽医行政管理部门制定发布。

第四十三条　禁止销售含有违禁药物或者兽药残留量超过标准的食用动物产品。

第七章　兽药监督管理

第四十四条　县级以上人民政府兽医行政管理部门行使兽药监督管理权。

兽药检验工作由国务院兽医行政管理部门和省、自治区、直辖市人民政府兽医行政管理部门设立的兽药检验机构承担。国务院兽医行政管理部门，可以根据需要认定其他检验机构承担兽药检验工作。

当事人对兽药检验结果有异议的，可以自收到检验结果之日起 7 个工作日内向实施检验的机构或者上级兽医行政管理部门设立的检验机构申请复检。

第四十五条　兽药应当符合兽药国家标准。

国家兽药典委员会拟定的、国务院兽医行政管理部门发布的《中华人民共和国兽药典》和国务院兽医行政管理部门发布的其他兽药质量标准为兽药国家标准。

兽药国家标准的标准品和对照品的标定工作由国务院兽医行政管理部门设立的兽药检验机构负责。

第四十六条　兽医行政管理部门依法进行监督检查时，对有证据证明可能是假、劣兽药的，应当采取查封、扣押的行政强制措施，并自采取行政强制措施之日起 7 个工作日内作出是否立案的决定；需要检验的，应当自检验报告书发出之日起 15 个工作日内作出是否立案的决定；不符合立案条件的，应当解除行政强制措施；需要暂停生产的，由国务院兽医行政管理部门或者省、自治区、直辖市人民政府兽医行政管理部门按照权限作出决定；需要暂停经营、使用的，由县级以上人民政府兽医行政管理部门按照权限作出决定。

未经行政强制措施决定机关或者其上级机关批准，不得擅自转移、使用、销毁、销售被查封或者扣押的兽药及有关材料。

第四十七条　有下列情形之一的，为假兽药：

（一）以非兽药冒充兽药或者以他种兽药冒充此种兽药的；

（二）兽药所含成分的种类、名称与兽药国家标准不符合的。

有下列情形之一的，按照假兽药处理：

（一）国务院兽医行政管理部门规定禁止使用的；

（二）依照本条例规定应当经审查批准而未经审查批准即生产、进口的，或者依照本条例规定应当经抽查检验、审查核对而未经抽查检验、审查核对即销售、进口的；

（三）变质的；

（四）被污染的；

（五）所标明的适应症或者功能主治超出规定范围的。

第四十八条 有下列情形之一的，为劣兽药：

（一）成分含量不符合兽药国家标准或者不标明有效成分的；

（二）不标明或者更改有效期或者超过有效期的；

（三）不标明或者更改产品批号的；

（四）其他不符合兽药国家标准，但不属于假兽药的。

第四十九条 禁止将兽用原料药拆零销售或者销售给兽药生产企业以外的单位和个人。

禁止未经兽医开具处方销售、购买、使用国务院兽医行政管理部门规定实行处方药管理的兽药。

第五十条 国家实行兽药不良反应报告制度。

兽药生产企业、经营企业、兽药使用单位和开具处方的兽医人员发现可能与兽药使用有关的严重不良反应，应当立即向所在地人民政府兽医行政管理部门报告。

第五十一条 兽药生产企业、经营企业停止生产、经营超过6个月或者关闭的，由发证机关责令其交回兽药生产许可证、兽药经营许可证。

第五十二条 禁止买卖、出租、出借兽药生产许可证、兽药经营许可证和兽药批准证明文件。

第五十三条 兽药评审检验的收费项目和标准，由国务院财政部门会同国务院价格主管部门制定，并予以公告。

第五十四条 各级兽医行政管理部门、兽药检验机构及其工作人员，不得参与兽药生产、经营活动，不得以其名义推荐或者监制、监销兽药。

第八章　法律责任

第五十五条 兽医行政管理部门及其工作人员利用职务上的便利收取他人财物或者谋取其他利益，对不符合法定条件的单位和个人核发许可证、签署审查同意意见，不履行监督职责，或者发现违法行为不予查处，造成严重后果，构成犯罪的，依法追究刑事责任；尚不构成犯罪的，依法给予行政处分。

第五十六条 违反本条例规定，无兽药生产许可证、兽药经营许可证生产、经营兽药的，或者虽有兽药生产许可证、兽药经营许可证，生产、经营假、劣兽药的，或者兽药经营企业经营人用药品的，责令其停止生产、经营，没收用于违法生产的原料、辅料、包装材料及生产、经营的兽药和违法所得，并处违法生产、经营的兽药（包括已出售的和未出售的兽药，下同）货值金额2倍以上5倍以下罚款，货值金额无法查证核实的，处10万元以上20万元以下罚款；无兽药生产许可证生产兽药，情节严重的，没收其生产设备；

生产、经营假、劣兽药，情节严重的，吊销兽药生产许可证、兽药经营许可证；构成犯罪的，依法追究刑事责任；给他人造成损失的，依法承担赔偿责任。生产、经营企业的主要负责人和直接负责的主管人员终身不得从事兽药的生产、经营活动。

擅自生产强制免疫所需兽用生物制品的，按照无兽药生产许可证生产兽药处罚。

第五十七条 违反本条例规定，提供虚假的资料、样品或者采取其他欺骗手段取得兽药生产许可证、兽药经营许可证或者兽药批准证明文件的，吊销兽药生产许可证、兽药经营许可证或者撤销兽药批准证明文件，并处 5 万元以上 10 万元以下罚款；给他人造成损失的，依法承担赔偿责任。其主要负责人和直接负责的主管人员终身不得从事兽药的生产、经营和进出口活动。

第五十八条 买卖、出租、出借兽药生产许可证、兽药经营许可证和兽药批准证明文件的，没收违法所得，并处 1 万元以上 10 万元以下罚款；情节严重的，吊销兽药生产许可证、兽药经营许可证或者撤销兽药批准证明文件；构成犯罪的，依法追究刑事责任；给他人造成损失的，依法承担赔偿责任。

第五十九条 违反本条例规定，兽药安全性评价单位、临床试验单位、生产和经营企业未按照规定实施兽药研究试验、生产、经营质量管理规范的，给予警告，责令其限期改正；逾期不改正的，责令停止兽药研究试验、生产、经营活动，并处 5 万元以下罚款；情节严重的，吊销兽药生产许可证、兽药经营许可证；给他人造成损失的，依法承担赔偿责任。

违反本条例规定，研制新兽药不具备规定的条件擅自使用一类病原微生物或者在实验室阶段前未经批准的，责令其停止实验，并处 5 万元以上 10 万元以下罚款；构成犯罪的，依法追究刑事责任；给他人造成损失的，依法承担赔偿责任。

违反本条例规定，开展新兽药临床试验应当备案而未备案的，责令其立即改正，给予警告，并处 5 万元以上 10 万元以下罚款；给他人造成损失的，依法承担赔偿责任。

第六十条 违反本条例规定，兽药的标签和说明书未经批准的，责令其限期改正；逾期不改正的，按照生产、经营假兽药处罚；有兽药产品批准文号的，撤销兽药产品批准文号；给他人造成损失的，依法承担赔偿责任。

兽药包装上未附有标签和说明书，或者标签和说明书与批准的内容不一致的，责令其限期改正；情节严重的，依照前款规定处罚。

第六十一条 违反本条例规定，境外企业在中国直接销售兽药的，责令其限期改正，没收直接销售的兽药和违法所得，并处 5 万元以上 10 万元以下罚款；情节严重的，吊销进口兽药注册证书；给他人造成损失的，依法承担赔偿责任。

第六十二条 违反本条例规定，未按照国家有关兽药安全使用规定使用兽药的、未建立用药记录或者记录不完整真实的，或者使用禁止使用的药品和其他化合物的，或者将人用药品用于动物的，责令其立即改正，并对饲喂了违禁药物及其他化合物的动物及其产品进行无害化处理；对违法单位处 1 万元以上 5 万元以下罚款；给他人造成损失的，依法承担赔偿责任。

第六十三条 违反本条例规定，销售尚在用药期、休药期内的动物及其产品用于食品消费的，或者销售含有违禁药物和兽药残留超标的动物产品用于食品消费的，责令其对含有违禁药物和兽药残留超标的动物产品进行无害化处理，没收违法所得，并处3万元以上10万元以下罚款；构成犯罪的，依法追究刑事责任；给他人造成损失的，依法承担赔偿责任。

第六十四条　违反本条例规定，擅自转移、使用、销毁、销售被查封或者扣押的兽药及有关材料的，责令其停止违法行为，给予警告，并处5万元以上10万元以下罚款。

第六十五条　违反本条例规定，兽药生产企业、经营企业、兽药使用单位和开具处方的兽医人员发现可能与兽药使用有关的严重不良反应，不向所在地人民政府兽医行政管理部门报告的，给予警告，并处5 000元以上1万元以下罚款。

生产企业在新兽药监测期内不收集或者不及时报送该新兽药的疗效、不良反应等资料的，责令其限期改正，并处1万元以上5万元以下罚款；情节严重的，撤销该新兽药的产品批准文号。

第六十六条　违反本条例规定，未经兽医开具处方销售、购买、使用兽用处方药的，责令其限期改正，没收违法所得，并处5万元以下罚款；给他人造成损失的，依法承担赔偿责任。

第六十七条　违反本条例规定，兽药生产、经营企业把原料药销售给兽药生产企业以外的单位和个人的，或者兽药经营企业拆零销售原料药的，责令其立即改正，给予警告，没收违法所得，并处2万元以上5万元以下罚款；情节严重的，吊销兽药生产许可证、兽药经营许可证；给他人造成损失的，依法承担赔偿责任。

第六十八条　违反本条例规定，在饲料和动物饮用水中添加激素类药品和国务院兽医行政管理部门规定的其他禁用药品，依照《饲料和饲料添加剂管理条例》的有关规定处罚；直接将原料药添加到饲料及动物饮用水中，或者饲喂动物的，责令其立即改正，并处1万元以上3万元以下罚款；给他人造成损失的，依法承担赔偿责任。

第六十九条　有下列情形之一的，撤销兽药的产品批准文号或者吊销进口兽药注册证书：

（一）抽查检验连续2次不合格的；

（二）药效不确定、不良反应大以及可能对养殖业、人体健康造成危害或者存在潜在风险的；

（三）国务院兽医行政管理部门禁止生产、经营和使用的兽药。

被撤销产品批准文号或者被吊销进口兽药注册证书的兽药，不得继续生产、进口、经营和使用。已经生产、进口的，由所在地兽医行政管理部门监督销毁，所需费用由违法行为人承担；给他人造成损失的，依法承担赔偿责任。

第七十条　本条例规定的行政处罚由县级以上人民政府兽医行政管理部门决定；其中吊销兽药生产许可证、兽药经营许可证，撤销兽药批准证明文件或者责令停止兽药研究试验的，由发证、批准、备案部门决定。

上级兽医行政管理部门对下级兽医行政管理部门违反本条例的行政行为，应当责令限期改正；逾期不改正的，有权予以改变或者撤销。

第七十一条　本条例规定的货值金额以违法生产、经营兽药的标价计算；没有标价的，按照同类兽药的市场价格计算。

第九章 附　　则

第七十二条　本条例下列用语的含义是：

（一）兽药，是指用于预防、治疗、诊断动物疾病或者有目的地调节动物生理机能的物质（含药物饲料添加剂），主要包括：血清制品、疫苗、诊断制品、微生态制品、中药材、中成药、化学药品、抗生素、生化药品、放射性药品及外用杀虫剂、消毒剂等。

（二）兽用处方药，是指凭兽医处方方可购买和使用的兽药。

（三）兽用非处方药，是指由国务院兽医行政管理部门公布的、不需要凭兽医处方就可以自行购买并按照说明书使用的兽药。

（四）兽药生产企业，是指专门生产兽药的企业和兼产兽药的企业，包括从事兽药分装的企业。

（五）兽药经营企业，是指经营兽药的专营企业或者兼营企业。

（六）新兽药，是指未曾在中国境内上市销售的兽用药品。

（七）兽药批准证明文件，是指兽药产品批准文号、进口兽药注册证书、出口兽药证明文件、新兽药注册证书等文件。

第七十三条　兽用麻醉药品、精神药品、毒性药品和放射性药品等特殊药品，依照国家有关规定管理。

第七十四条　水产养殖中的兽药使用、兽药残留检测和监督管理以及水产养殖过程中违法用药的行政处罚，由县级以上人民政府渔业主管部门及其所属的渔政监督管理机构负责。

第七十五条　本条例自 2004 年 11 月 1 日起施行。

三、党中央国务院文件

中共中央关于制定国民经济和
社会发展第十四个五年规划和
二〇三五年远景目标的建议

（2020 年 10 月 29 日中国共产党第十九届中央委员会第五次全体会议通过）

"十四五"时期是我国全面建成小康社会、实现第一个百年奋斗目标之后，乘势而上开启全面建设社会主义现代化国家新征程、向第二个百年奋斗目标进军的第一个五年。中国共产党第十九届中央委员会第五次全体会议深入分析国际国内形势，就制定国民经济和社会发展"十四五"规划和二〇三五年远景目标提出以下建议。

一、全面建成小康社会，开启全面建设社会主义现代化国家新征程

1. 决胜全面建成小康社会取得决定性成就。"十三五"时期是全面建成小康社会决胜阶段。面对错综复杂的国际形势、艰巨繁重的国内改革发展稳定任务特别是新冠肺炎疫情严重冲击，以习近平同志为核心的党中央不忘初心、牢记使命，团结带领全党全国各族人民砥砺前行、开拓创新，奋发有为推进党和国家各项事业。全面深化改革取得重大突破，全面依法治国取得重大进展，全面从严治党取得重大成果，国家治理体系和治理能力现代化加快推进，中国共产党领导和我国社会主义制度优势进一步彰显；经济实力、科技实力、综合国力跃上新的大台阶，经济运行总体平稳，经济结构持续优化，预计二〇二〇年国内生产总值突破一百万亿元；脱贫攻坚成果举世瞩目，五千五百七十五万农村贫困人口实现脱贫；粮食年产量连续五年稳定在一万三千亿斤①以上；污染防治力度加大，生态环境明显改善；对外开放持续扩大，共建"一带一路"成果丰硕；人民生活水平显著提高，高等教育进入普及化阶段，城镇新增就业超过六千万人，建成世界上规模最大的社会保障体系，基本医疗保险覆盖超过十三亿人，基本养老保险覆盖近十亿人，新冠肺炎疫情防控取得重大战略成果；文化事业和文化产业繁荣发展；国防和军队建设水平大幅提升，军队组织形态实现重大变革；国家安全全面加强，社会保持和谐稳定。"十三五"规划目标任务即将完成，全面建成小康社会胜利在望，中华民族伟大复兴向前迈出了新的一大步，社会主义中国以更加雄伟的身姿屹立于世界东方。全党全国各族人民要再接再厉、一鼓作气，确保如期打赢脱贫攻坚战，确保如期全面建成小康社会、实现第一个百年奋斗目标，为开启全面建设社会主义现代化国家新征程奠定坚实基础。

2. 我国发展环境面临深刻复杂变化。当前和今后一个时期，我国发展仍然处于重要

---

① 斤为非法定计量单位，1 斤＝500 克。——编者注

战略机遇期，但机遇和挑战都有新的发展变化。当今世界正经历百年未有之大变局，新一轮科技革命和产业变革深入发展，国际力量对比深刻调整，和平与发展仍然是时代主题，人类命运共同体理念深入人心，同时国际环境日趋复杂，不稳定性不确定性明显增加，新冠肺炎疫情影响广泛深远，经济全球化遭遇逆流，世界进入动荡变革期，单边主义、保护主义、霸权主义对世界和平与发展构成威胁。我国已转向高质量发展阶段，制度优势显著，治理效能提升，经济长期向好，物质基础雄厚，人力资源丰富，市场空间广阔，发展韧性强劲，社会大局稳定，继续发展具有多方面优势和条件，同时我国发展不平衡不充分问题仍然突出，重点领域关键环节改革任务仍然艰巨，创新能力不适应高质量发展要求，农业基础还不稳固，城乡区域发展和收入分配差距较大，生态环保任重道远，民生保障存在短板，社会治理还有弱项。全党要统筹中华民族伟大复兴战略全局和世界百年未有之大变局，深刻认识我国社会主要矛盾变化带来的新特征新要求，深刻认识错综复杂的国际环境带来的新矛盾新挑战，增强机遇意识和风险意识，立足社会主义初级阶段基本国情，保持战略定力，办好自己的事，认识和把握发展规律，发扬斗争精神，树立底线思维，准确识变、科学应变、主动求变，善于在危机中育先机、于变局中开新局，抓住机遇，应对挑战，趋利避害，奋勇前进。

3. 到二〇三五年基本实现社会主义现代化远景目标。党的十九大对实现第二个百年奋斗目标作出分两个阶段推进的战略安排，即到二〇三五年基本实现社会主义现代化，到本世纪中叶把我国建成富强民主文明和谐美丽的社会主义现代化强国。展望二〇三五年，我国经济实力、科技实力、综合国力将大幅跃升，经济总量和城乡居民人均收入将再迈上新的大台阶，关键核心技术实现重大突破，进入创新型国家前列；基本实现新型工业化、信息化、城镇化、农业现代化，建成现代化经济体系；基本实现国家治理体系和治理能力现代化，人民平等参与、平等发展权利得到充分保障，基本建成法治国家、法治政府、法治社会；建成文化强国、教育强国、人才强国、体育强国、健康中国，国民素质和社会文明程度达到新高度，国家文化软实力显著增强；广泛形成绿色生产生活方式，碳排放达峰后稳中有降，生态环境根本好转，美丽中国建设目标基本实现；形成对外开放新格局，参与国际经济合作和竞争新优势明显增强；人均国内生产总值达到中等发达国家水平，中等收入群体显著扩大，基本公共服务实现均等化，城乡区域发展差距和居民生活水平差距显著缩小；平安中国建设达到更高水平，基本实现国防和军队现代化；人民生活更加美好，人的全面发展、全体人民共同富裕取得更为明显的实质性进展。

二、"十四五"时期经济社会发展指导方针和主要目标

4. "十四五"时期经济社会发展指导思想。高举中国特色社会主义伟大旗帜，深入贯彻党的十九大和十九届二中、三中、四中、五中全会精神，坚持以马克思列宁主义、毛泽东思想、邓小平理论、"三个代表"重要思想、科学发展观、习近平新时代中国特色社会主义思想为指导，全面贯彻党的基本理论、基本路线、基本方略，统筹推进经济建设、政治建设、文化建设、社会建设、生态文明建设的总体布局，协调推进全面建设社会主义现代化国家、全面深化改革、全面依法治国、全面从严治党的战略布局，坚定不移贯彻创新、协调、绿色、开放、共享的新发展理念，坚持稳中求进工作总基调，以推动高质量发

展为主题，以深化供给侧结构性改革为主线，以改革创新为根本动力，以满足人民日益增长的美好生活需要为根本目的，统筹发展和安全，加快建设现代化经济体系，加快构建以国内大循环为主体、国内国际双循环相互促进的新发展格局，推进国家治理体系和治理能力现代化，实现经济行稳致远、社会安定和谐，为全面建设社会主义现代化国家开好局、起好步。

5."十四五"时期经济社会发展必须遵循的原则。

——坚持党的全面领导。坚持和完善党领导经济社会发展的体制机制，坚持和完善中国特色社会主义制度，不断提高贯彻新发展理念、构建新发展格局能力和水平，为实现高质量发展提供根本保证。

——坚持以人民为中心。坚持人民主体地位，坚持共同富裕方向，始终做到发展为了人民、发展依靠人民、发展成果由人民共享，维护人民根本利益，激发全体人民积极性、主动性、创造性，促进社会公平，增进民生福祉，不断实现人民对美好生活的向往。

——坚持新发展理念。把新发展理念贯穿发展全过程和各领域，构建新发展格局，切实转变发展方式，推动质量变革、效率变革、动力变革，实现更高质量、更有效率、更加公平、更可持续、更为安全的发展。

——坚持深化改革开放。坚定不移推进改革，坚定不移扩大开放，加强国家治理体系和治理能力现代化建设，破除制约高质量发展、高品质生活的体制机制障碍，强化有利于提高资源配置效率、有利于调动全社会积极性的重大改革开放举措，持续增强发展动力和活力。

——坚持系统观念。加强前瞻性思考、全局性谋划、战略性布局、整体性推进，统筹国内国际两个大局，办好发展安全两件大事，坚持全国一盘棋，更好发挥中央、地方和各方面积极性，着力固根基、扬优势、补短板、强弱项，注重防范化解重大风险挑战，实现发展质量、结构、规模、速度、效益、安全相统一。

6."十四五"时期经济社会发展主要目标。锚定二〇三五年远景目标，综合考虑国内外发展趋势和我国发展条件，坚持目标导向和问题导向相结合，坚持守正和创新相统一，今后五年经济社会发展要努力实现以下主要目标。

——经济发展取得新成效。发展是解决我国一切问题的基础和关键，发展必须坚持新发展理念，在质量效益明显提升的基础上实现经济持续健康发展，增长潜力充分发挥，国内市场更加强大，经济结构更加优化，创新能力显著提升，产业基础高级化、产业链现代化水平明显提高，农业基础更加稳固，城乡区域发展协调性明显增强，现代化经济体系建设取得重大进展。

——改革开放迈出新步伐。社会主义市场经济体制更加完善，高标准市场体系基本建成，市场主体更加充满活力，产权制度改革和要素市场化配置改革取得重大进展，公平竞争制度更加健全，更高水平开放型经济新体制基本形成。

——社会文明程度得到新提高。社会主义核心价值观深入人心，人民思想道德素质、科学文化素质和身心健康素质明显提高，公共文化服务体系和文化产业体系更加健全，人民精神文化生活日益丰富，中华文化影响力进一步提升，中华民族凝聚力进一步增强。

——生态文明建设实现新进步。国土空间开发保护格局得到优化，生产生活方式绿色转型成效显著，能源资源配置更加合理、利用效率大幅提高，主要污染物排放总量持续减少，生态环境持续改善，生态安全屏障更加牢固，城乡人居环境明显改善。

——民生福祉达到新水平。实现更加充分更高质量就业，居民收入增长和经济增长基本同步，分配结构明显改善，基本公共服务均等化水平明显提高，全民受教育程度不断提升，多层次社会保障体系更加健全，卫生健康体系更加完善，脱贫攻坚成果巩固拓展，乡村振兴战略全面推进。

——国家治理效能得到新提升。社会主义民主法治更加健全，社会公平正义进一步彰显，国家行政体系更加完善，政府作用更好发挥，行政效率和公信力显著提升，社会治理特别是基层治理水平明显提高，防范化解重大风险体制机制不断健全，突发公共事件应急能力显著增强，自然灾害防御水平明显提升，发展安全保障更加有力，国防和军队现代化迈出重大步伐。

三、坚持创新驱动发展，全面塑造发展新优势

坚持创新在我国现代化建设全局中的核心地位，把科技自立自强作为国家发展的战略支撑，面向世界科技前沿、面向经济主战场、面向国家重大需求、面向人民生命健康，深入实施科教兴国战略、人才强国战略、创新驱动发展战略，完善国家创新体系，加快建设科技强国。

7. 强化国家战略科技力量。制定科技强国行动纲要，健全社会主义市场经济条件下新型举国体制，打好关键核心技术攻坚战，提高创新链整体效能。加强基础研究、注重原始创新，优化学科布局和研发布局，推进学科交叉融合，完善共性基础技术供给体系。瞄准人工智能、量子信息、集成电路、生命健康、脑科学、生物育种、空天科技、深地深海等前沿领域，实施一批具有前瞻性、战略性的国家重大科技项目。制定实施战略性科学计划和科学工程，推进科研院所、高校、企业科研力量优化配置和资源共享。推进国家实验室建设，重组国家重点实验室体系。布局建设综合性国家科学中心和区域性创新高地，支持北京、上海、粤港澳大湾区形成国际科技创新中心。构建国家科研论文和科技信息高端交流平台。

8. 提升企业技术创新能力。强化企业创新主体地位，促进各类创新要素向企业集聚。推进产学研深度融合，支持企业牵头组建创新联合体，承担国家重大科技项目。发挥企业家在技术创新中的重要作用，鼓励企业加大研发投入，对企业投入基础研究实行税收优惠。发挥大企业引领支撑作用，支持创新型中小微企业成长为创新重要发源地，加强共性技术平台建设，推动产业链上中下游、大中小企业融通创新。

9. 激发人才创新活力。贯彻尊重劳动、尊重知识、尊重人才、尊重创造方针，深化人才发展体制机制改革，全方位培养、引进、用好人才，造就更多国际一流的科技领军人才和创新团队，培养具有国际竞争力的青年科技人才后备军。健全以创新能力、质量、实效、贡献为导向的科技人才评价体系。加强学风建设，坚守学术诚信。深化院士制度改革。健全创新激励和保障机制，构建充分体现知识、技术等创新要素价值的收益分配机制，完善科研人员职务发明成果权益分享机制。加强创新型、应用型、技能型人才培养，实施知识更新工程、技能提升行动，壮大高水平工程师和高技能人才队伍。支持发展高水

平研究型大学，加强基础研究人才培养。实行更加开放的人才政策，构筑集聚国内外优秀人才的科研创新高地。

10. 完善科技创新体制机制。深入推进科技体制改革，完善国家科技治理体系，优化国家科技规划体系和运行机制，推动重点领域项目、基地、人才、资金一体化配置。改进科技项目组织管理方式，实行"揭榜挂帅"等制度。完善科技评价机制，优化科技奖励项目。加快科研院所改革，扩大科研自主权。加强知识产权保护，大幅提高科技成果转移转化成效。加大研发投入，健全政府投入为主、社会多渠道投入机制，加大对基础前沿研究支持。完善金融支持创新体系，促进新技术产业化规模化应用。弘扬科学精神和工匠精神，加强科普工作，营造崇尚创新的社会氛围。健全科技伦理体系。促进科技开放合作，研究设立面向全球的科学研究基金。

四、加快发展现代产业体系，推动经济体系优化升级

坚持把发展经济着力点放在实体经济上，坚定不移建设制造强国、质量强国、网络强国、数字中国，推进产业基础高级化、产业链现代化，提高经济质量效益和核心竞争力。

11. 提升产业链供应链现代化水平。保持制造业比重基本稳定，巩固壮大实体经济根基。坚持自主可控、安全高效，分行业做好供应链战略设计和精准施策，推动全产业链优化升级。锻造产业链供应链长板，立足我国产业规模优势、配套优势和部分领域先发优势，打造新兴产业链，推动传统产业高端化、智能化、绿色化，发展服务型制造。完善国家质量基础设施，加强标准、计量、专利等体系和能力建设，深入开展质量提升行动。促进产业在国内有序转移，优化区域产业链布局，支持老工业基地转型发展。补齐产业链供应链短板，实施产业基础再造工程，加大重要产品和关键核心技术攻关力度，发展先进适用技术，推动产业链供应链多元化。优化产业链供应链发展环境，强化要素支撑。加强国际产业安全合作，形成具有更强创新力、更高附加值、更安全可靠的产业链供应链。

12. 发展战略性新兴产业。加快壮大新一代信息技术、生物技术、新能源、新材料、高端装备、新能源汽车、绿色环保以及航空航天、海洋装备等产业。推动互联网、大数据、人工智能等同各产业深度融合，推动先进制造业集群发展，构建一批各具特色、优势互补、结构合理的战略性新兴产业增长引擎，培育新技术、新产品、新业态、新模式。促进平台经济、共享经济健康发展。鼓励企业兼并重组，防止低水平重复建设。

13. 加快发展现代服务业。推动生产性服务业向专业化和价值链高端延伸，推动各类市场主体参与服务供给，加快发展研发设计、现代物流、法律服务等服务业，推动现代服务业同先进制造业、现代农业深度融合，加快推进服务业数字化。推动生活性服务业向高品质和多样化升级，加快发展健康、养老、育幼、文化、旅游、体育、家政、物业等服务业，加强公益性、基础性服务业供给。推进服务业标准化、品牌化建设。

14. 统筹推进基础设施建设。构建系统完备、高效实用、智能绿色、安全可靠的现代化基础设施体系。系统布局新型基础设施，加快第五代移动通信、工业互联网、大数据中心等建设。加快建设交通强国，完善综合运输大通道、综合交通枢纽和物流网络，加快城市群和都市圈轨道交通网络化，提高农村和边境地区交通通达深度。推进能源革命，完善能源产供储销体系，加强国内油气勘探开发，加快油气储备设施建设，加快全国干线油气

管道建设，建设智慧能源系统，优化电力生产和输送通道布局，提升新能源消纳和存储能力，提升向边远地区输配电能力。加强水利基础设施建设，提升水资源优化配置和水旱灾害防御能力。

15. 加快数字化发展。发展数字经济，推进数字产业化和产业数字化，推动数字经济和实体经济深度融合，打造具有国际竞争力的数字产业集群。加强数字社会、数字政府建设，提升公共服务、社会治理等数字化智能化水平。建立数据资源产权、交易流通、跨境传输和安全保护等基础制度和标准规范，推动数据资源开发利用。扩大基础公共信息数据有序开放，建设国家数据统一共享开放平台。保障国家数据安全，加强个人信息保护。提升全民数字技能，实现信息服务全覆盖。积极参与数字领域国际规则和标准制定。

五、形成强大国内市场，构建新发展格局

坚持扩大内需这个战略基点，加快培育完整内需体系，把实施扩大内需战略同深化供给侧结构性改革有机结合起来，以创新驱动、高质量供给引领和创造新需求。

16. 畅通国内大循环。依托强大国内市场，贯通生产、分配、流通、消费各环节，打破行业垄断和地方保护，形成国民经济良性循环。优化供给结构，改善供给质量，提升供给体系对国内需求的适配性。推动金融、房地产同实体经济均衡发展，实现上下游、产供销有效衔接，促进农业、制造业、服务业、能源资源等产业门类关系协调。破除妨碍生产要素市场化配置和商品服务流通的体制机制障碍，降低全社会交易成本。完善扩大内需的政策支撑体系，形成需求牵引供给、供给创造需求的更高水平动态平衡。

17. 促进国内国际双循环。立足国内大循环，发挥比较优势，协同推进强大国内市场和贸易强国建设，以国内大循环吸引全球资源要素，充分利用国内国际两个市场两种资源，积极促进内需和外需、进口和出口、引进外资和对外投资协调发展，促进国际收支基本平衡。完善内外贸一体化调控体系，促进内外贸法律法规、监管体制、经营资质、质量标准、检验检疫、认证认可等相衔接，推进同线同标同质。优化国内国际市场布局、商品结构、贸易方式，提升出口质量，增加优质产品进口，实施贸易投资融合工程，构建现代物流体系。

18. 全面促进消费。增强消费对经济发展的基础性作用，顺应消费升级趋势，提升传统消费，培育新型消费，适当增加公共消费。以质量品牌为重点，促进消费向绿色、健康、安全发展，鼓励消费新模式新业态发展。推动汽车等消费品由购买管理向使用管理转变，促进住房消费健康发展。健全现代流通体系，发展无接触交易服务，降低企业流通成本，促进线上线下消费融合发展，开拓城乡消费市场。发展服务消费，放宽服务消费领域市场准入。完善节假日制度，落实带薪休假制度，扩大节假日消费。培育国际消费中心城市。改善消费环境，强化消费者权益保护。

19. 拓展投资空间。优化投资结构，保持投资合理增长，发挥投资对优化供给结构的关键作用。加快补齐基础设施、市政工程、农业农村、公共安全、生态环保、公共卫生、物资储备、防灾减灾、民生保障等领域短板，推动企业设备更新和技术改造，扩大战略性新兴产业投资。推进新型基础设施、新型城镇化、交通水利等重大工程建设，支持有利于城乡区域协调发展的重大项目建设。实施川藏铁路、西部陆海新通道、国家水网、雅鲁藏

布江下游水电开发、星际探测、北斗产业化等重大工程，推进重大科研设施、重大生态系统保护修复、公共卫生应急保障、重大引调水、防洪减灾、送电输气、沿边沿江沿海交通等一批强基础、增功能、利长远的重大项目建设。发挥政府投资撬动作用，激发民间投资活力，形成市场主导的投资内生增长机制。

六、全面深化改革，构建高水平社会主义市场经济体制

坚持和完善社会主义基本经济制度，充分发挥市场在资源配置中的决定性作用，更好发挥政府作用，推动有效市场和有为政府更好结合。

20. 激发各类市场主体活力。毫不动摇巩固和发展公有制经济，毫不动摇鼓励、支持、引导非公有制经济发展。深化国资国企改革，做强做优做大国有资本和国有企业。加快国有经济布局优化和结构调整，发挥国有经济战略支撑作用。加快完善中国特色现代企业制度，深化国有企业混合所有制改革。健全管资本为主的国有资产监管体制，深化国有资本投资、运营公司改革。推进能源、铁路、电信、公用事业等行业竞争性环节市场化改革。优化民营经济发展环境，构建亲清政商关系，促进非公有制经济健康发展和非公有制经济人士健康成长，依法平等保护民营企业产权和企业家权益，破除制约民营企业发展的各种壁垒，完善促进中小微企业和个体工商户发展的法律环境和政策体系。弘扬企业家精神，加快建设世界一流企业。

21. 完善宏观经济治理。健全以国家发展规划为战略导向，以财政政策和货币政策为主要手段，就业、产业、投资、消费、环保、区域等政策紧密配合，目标优化、分工合理、高效协同的宏观经济治理体系。完善宏观经济政策制定和执行机制，重视预期管理，提高调控的科学性。加强国际宏观经济政策协调，搞好跨周期政策设计，提高逆周期调节能力，促进经济总量平衡、结构优化、内外均衡。加强宏观经济治理数据库等建设，提升大数据等现代技术手段辅助治理能力。推进统计现代化改革。

22. 建立现代财税金融体制。加强财政资源统筹，加强中期财政规划管理，增强国家重大战略任务财力保障。深化预算管理制度改革，强化对预算编制的宏观指导。推进财政支出标准化，强化预算约束和绩效管理。明确中央和地方政府事权与支出责任，健全省以下财政体制，增强基层公共服务保障能力。完善现代税收制度，健全地方税、直接税体系，优化税制结构，适当提高直接税比重，深化税收征管制度改革。健全政府债务管理制度。建设现代中央银行制度，完善货币供应调控机制，稳妥推进数字货币研发，健全市场化利率形成和传导机制。构建金融有效支持实体经济的体制机制，提升金融科技水平，增强金融普惠性。深化国有商业银行改革，支持中小银行和农村信用社持续健康发展，改革优化政策性金融。全面实行股票发行注册制，建立常态化退市机制，提高直接融资比重。推进金融双向开放。完善现代金融监管体系，提高金融监管透明度和法治化水平，完善存款保险制度，健全金融风险预防、预警、处置、问责制度体系，对违法违规行为零容忍。

23. 建设高标准市场体系。健全市场体系基础制度，坚持平等准入、公正监管、开放有序、诚信守法，形成高效规范、公平竞争的国内统一市场。实施高标准市场体系建设行动。健全产权执法司法保护制度。实施统一的市场准入负面清单制度。继续放宽准入限制。健全公平竞争审查机制，加强反垄断和反不正当竞争执法司法，提升市场综合监管能

力。深化土地管理制度改革。推进土地、劳动力、资本、技术、数据等要素市场化改革。健全要素市场运行机制，完善要素交易规则和服务体系。

24.加快转变政府职能。建设职责明确、依法行政的政府治理体系。深化简政放权、放管结合、优化服务改革，全面实行政府权责清单制度。持续优化市场化法治化国际化营商环境。实施涉企经营许可事项清单管理，加强事中事后监管，对新产业新业态实行包容审慎监管。健全重大政策事前评估和事后评价制度，畅通参与政策制定的渠道，提高决策科学化、民主化、法治化水平。推进政务服务标准化、规范化、便利化，深化政务公开。深化行业协会、商会和中介机构改革。

七、优先发展农业农村，全面推进乡村振兴

坚持把解决好"三农"问题作为全党工作重中之重，走中国特色社会主义乡村振兴道路，全面实施乡村振兴战略，强化以工补农、以城带乡，推动形成工农互促、城乡互补、协调发展、共同繁荣的新型工农城乡关系，加快农业农村现代化。

25.提高农业质量效益和竞争力。适应确保国计民生要求，以保障国家粮食安全为底线，健全农业支持保护制度。坚持最严格的耕地保护制度，深入实施藏粮于地、藏粮于技战略，加大农业水利设施建设力度，实施高标准农田建设工程，强化农业科技和装备支撑，提高农业良种化水平，健全动物防疫和农作物病虫害防治体系，建设智慧农业。强化绿色导向、标准引领和质量安全监管，建设农业现代化示范区。推动农业供给侧结构性改革，优化农业生产结构和区域布局，加强粮食生产功能区、重要农产品生产保护区和特色农产品优势区建设，推进优质粮食工程。完善粮食主产区利益补偿机制。保障粮、棉、油、糖、肉等重要农产品供给安全，提升收储调控能力。开展粮食节约行动。发展县域经济，推动农村一二三产业融合发展，丰富乡村经济业态，拓展农民增收空间。

26.实施乡村建设行动。把乡村建设摆在社会主义现代化建设的重要位置。强化县城综合服务能力，把乡镇建成服务农民的区域中心。统筹县域城镇和村庄规划建设，保护传统村落和乡村风貌。完善乡村水、电、路、气、通信、广播电视、物流等基础设施，提升农房建设质量。因地制宜推进农村改厕、生活垃圾处理和污水治理，实施河湖水系综合整治，改善农村人居环境。提高农民科技文化素质，推动乡村人才振兴。

27.深化农村改革。健全城乡融合发展机制，推动城乡要素平等交换、双向流动，增强农业农村发展活力。落实第二轮土地承包到期后再延长三十年政策，加快培育农民合作社、家庭农场等新型农业经营主体，健全农业专业化社会化服务体系，发展多种形式适度规模经营，实现小农户和现代农业有机衔接。健全城乡统一的建设用地市场，积极探索实施农村集体经营性建设用地入市制度。建立土地征收公共利益用地认定机制，缩小土地征收范围。探索宅基地所有权、资格权、使用权分置实现形式。保障进城落户农民土地承包权、宅基地使用权、集体收益分配权，鼓励依法自愿有偿转让。深化农村集体产权制度改革，发展新型农村集体经济。健全农村金融服务体系，发展农业保险。

28.实现巩固拓展脱贫攻坚成果同乡村振兴有效衔接。建立农村低收入人口和欠发达地区帮扶机制，保持财政投入力度总体稳定，接续推进脱贫地区发展。健全防止返贫监测和帮扶机制，做好易地扶贫搬迁后续帮扶工作，加强扶贫项目资金资产管理和监督，推动

特色产业可持续发展。健全农村社会保障和救助制度。在西部地区脱贫县中集中支持一批乡村振兴重点帮扶县，增强其巩固脱贫成果及内生发展能力。坚持和完善东西部协作和对口支援、社会力量参与帮扶等机制。

八、优化国土空间布局，推进区域协调发展和新型城镇化

坚持实施区域重大战略、区域协调发展战略、主体功能区战略，健全区域协调发展体制机制，完善新型城镇化战略，构建高质量发展的国土空间布局和支撑体系。

29. 构建国土空间开发保护新格局。立足资源环境承载能力，发挥各地比较优势，逐步形成城市化地区、农产品主产区、生态功能区三大空间格局，优化重大基础设施、重大生产力和公共资源布局。支持城市化地区高效集聚经济和人口、保护基本农田和生态空间，支持农产品主产区增强农业生产能力，支持生态功能区把发展重点放到保护生态环境、提供生态产品上，支持生态功能区的人口逐步有序转移，形成主体功能明显、优势互补、高质量发展的国土空间开发保护新格局。

30. 推动区域协调发展。推动西部大开发形成新格局，推动东北振兴取得新突破，促进中部地区加快崛起，鼓励东部地区加快推进现代化。支持革命老区、民族地区加快发展，加强边疆地区建设，推进兴边富民、稳边固边。推进京津冀协同发展、长江经济带发展、粤港澳大湾区建设、长三角一体化发展，打造创新平台和新增长极。推动黄河流域生态保护和高质量发展。高标准、高质量建设雄安新区。坚持陆海统筹，发展海洋经济，建设海洋强国。健全区域战略统筹、市场一体化发展、区域合作互助、区际利益补偿等机制，更好促进发达地区和欠发达地区、东中西部和东北地区共同发展。完善转移支付制度，加大对欠发达地区财力支持，逐步实现基本公共服务均等化。

31. 推进以人为核心的新型城镇化。实施城市更新行动，推进城市生态修复、功能完善工程，统筹城市规划、建设、管理，合理确定城市规模、人口密度、空间结构，促进大中小城市和小城镇协调发展。强化历史文化保护、塑造城市风貌，加强城镇老旧小区改造和社区建设，增强城市防洪排涝能力，建设海绵城市、韧性城市。提高城市治理水平，加强特大城市治理中的风险防控。坚持房子是用来住的、不是用来炒的定位，租购并举、因城施策，促进房地产市场平稳健康发展。有效增加保障性住房供给，完善土地出让收入分配机制，探索支持利用集体建设用地按照规划建设租赁住房，完善长租房政策，扩大保障性租赁住房供给。深化户籍制度改革，完善财政转移支付和城镇新增建设用地规模与农业转移人口市民化挂钩政策，强化基本公共服务保障，加快农业转移人口市民化。优化行政区划设置，发挥中心城市和城市群带动作用，建设现代化都市圈。推进成渝地区双城经济圈建设。推进以县城为重要载体的城镇化建设。

九、繁荣发展文化事业和文化产业，提高国家文化软实力

坚持马克思主义在意识形态领域的指导地位，坚定文化自信，坚持以社会主义核心价值观引领文化建设，加强社会主义精神文明建设，围绕举旗帜、聚民心、育新人、兴文化、展形象的使命任务，促进满足人民文化需求和增强人民精神力量相统一，推进社会主义文化强国建设。

32. 提高社会文明程度。推动形成适应新时代要求的思想观念、精神面貌、文明风尚、行为规范。深入开展习近平新时代中国特色社会主义思想学习教育，推进马克思主义理论研究和建设工程。推动理想信念教育常态化制度化，加强党史、新中国史、改革开放史、社会主义发展史教育，加强爱国主义、集体主义、社会主义教育，弘扬党和人民在各个历史时期奋斗中形成的伟大精神，推进公民道德建设，实施文明创建工程，拓展新时代文明实践中心建设。健全志愿服务体系，广泛开展志愿服务关爱行动。弘扬诚信文化，推进诚信建设。提倡艰苦奋斗、勤俭节约，开展以劳动创造幸福为主题的宣传教育。加强家庭、家教、家风建设。加强网络文明建设，发展积极健康的网络文化。

33. 提升公共文化服务水平。全面繁荣新闻出版、广播影视、文学艺术、哲学社会科学事业。实施文艺作品质量提升工程，加强现实题材创作生产，不断推出反映时代新气象、讴歌人民新创造的文艺精品。推进媒体深度融合，实施全媒体传播工程，做强新型主流媒体，建强用好县级融媒体中心。推进城乡公共文化服务体系一体建设，创新实施文化惠民工程，广泛开展群众性文化活动，推动公共文化数字化建设。加强国家重大文化设施和文化项目建设，推进国家版本馆、国家文献储备库、智慧广电等工程。传承弘扬中华优秀传统文化，加强文物古籍保护、研究、利用，强化重要文化和自然遗产、非物质文化遗产系统性保护，加强各民族优秀传统手工艺保护和传承，建设长城、大运河、长征、黄河等国家文化公园。广泛开展全民健身运动，增强人民体质。筹办好北京冬奥会、冬残奥会。

34. 健全现代文化产业体系。坚持把社会效益放在首位、社会效益和经济效益相统一，深化文化体制改革，完善文化产业规划和政策，加强文化市场体系建设，扩大优质文化产品供给。实施文化产业数字化战略，加快发展新型文化企业、文化业态、文化消费模式。规范发展文化产业园区，推动区域文化产业带建设。推动文化和旅游融合发展，建设一批富有文化底蕴的世界级旅游景区和度假区，打造一批文化特色鲜明的国家级旅游休闲城市和街区，发展红色旅游和乡村旅游。以讲好中国故事为着力点，创新推进国际传播，加强对外文化交流和多层次文明对话。

十、推动绿色发展，促进人与自然和谐共生

坚持绿水青山就是金山银山理念，坚持尊重自然、顺应自然、保护自然，坚持节约优先、保护优先、自然恢复为主，守住自然生态安全边界。深入实施可持续发展战略，完善生态文明领域统筹协调机制，构建生态文明体系，促进经济社会发展全面绿色转型，建设人与自然和谐共生的现代化。

35. 加快推动绿色低碳发展。强化国土空间规划和用途管控，落实生态保护、基本农田、城镇开发等空间管控边界，减少人类活动对自然空间的占用。强化绿色发展的法律和政策保障，发展绿色金融，支持绿色技术创新，推进清洁生产，发展环保产业，推进重点行业和重要领域绿色化改造。推动能源清洁低碳安全高效利用。发展绿色建筑。开展绿色生活创建活动。降低碳排放强度，支持有条件的地方率先达到碳排放峰值，制定二〇三〇年前碳排放达峰行动方案。

36. 持续改善环境质量。增强全社会生态环保意识，深入打好污染防治攻坚战。继续

开展污染防治行动，建立地上地下、陆海统筹的生态环境治理制度。强化多污染物协同控制和区域协同治理，加强细颗粒物和臭氧协同控制，基本消除重污染天气。治理城乡生活环境，推进城镇污水管网全覆盖，基本消除城市黑臭水体。推进化肥农药减量化和土壤污染治理，加强白色污染治理。加强危险废物医疗废物收集处理。完成重点地区危险化学品生产企业搬迁改造。重视新污染物治理。全面实行排污许可制，推进排污权、用能权、用水权、碳排放权市场化交易。完善环境保护、节能减排约束性指标管理。完善中央生态环境保护督察制度。积极参与和引领应对气候变化等生态环保国际合作。

37. 提升生态系统质量和稳定性。坚持山水林田湖草系统治理，构建以国家公园为主体的自然保护地体系。实施生物多样性保护重大工程。加强外来物种管控。强化河湖长制，加强大江大河和重要湖泊湿地生态保护治理，实施好长江十年禁渔。科学推进荒漠化、石漠化、水土流失综合治理，开展大规模国土绿化行动，推行林长制。推行草原森林河流湖泊休养生息，加强黑土地保护，健全耕地休耕轮作制度。加强全球气候变暖对我国承受力脆弱地区影响的观测，完善自然保护地、生态保护红线监管制度，开展生态系统保护成效监测评估。

38. 全面提高资源利用效率。健全自然资源资产产权制度和法律法规，加强自然资源调查评价监测和确权登记，建立生态产品价值实现机制，完善市场化、多元化生态补偿，推进资源总量管理、科学配置、全面节约、循环利用。实施国家节水行动，建立水资源刚性约束制度。提高海洋资源、矿产资源开发保护水平。完善资源价格形成机制。推行垃圾分类和减量化、资源化。加快构建废旧物资循环利用体系。

十一、实行高水平对外开放，开拓合作共赢新局面

坚持实施更大范围、更宽领域、更深层次对外开放，依托我国大市场优势，促进国际合作，实现互利共赢。

39. 建设更高水平开放型经济新体制。全面提高对外开放水平，推动贸易和投资自由化便利化，推进贸易创新发展，增强对外贸易综合竞争力。完善外商投资准入前国民待遇加负面清单管理制度，有序扩大服务业对外开放，依法保护外资企业合法权益，健全促进和保障境外投资的法律、政策和服务体系，坚定维护中国企业海外合法权益，实现高质量引进来和高水平走出去。完善自由贸易试验区布局，赋予其更大改革自主权，稳步推进海南自由贸易港建设，建设对外开放新高地。稳慎推进人民币国际化，坚持市场驱动和企业自主选择，营造以人民币自由使用为基础的新型互利合作关系。发挥好中国国际进口博览会等重要展会平台作用。

40. 推动共建"一带一路"高质量发展。坚持共商共建共享原则，秉持绿色、开放、廉洁理念，深化务实合作，加强安全保障，促进共同发展。推进基础设施互联互通，拓展第三方市场合作。构筑互利共赢的产业链供应链合作体系，深化国际产能合作，扩大双向贸易和投资。坚持以企业为主体，以市场为导向，遵循国际惯例和债务可持续原则，健全多元化投融资体系。推进战略、规划、机制对接，加强政策、规则、标准联通。深化公共卫生、数字经济、绿色发展、科技教育合作，促进人文交流。

41. 积极参与全球经济治理体系改革。坚持平等协商、互利共赢，推动二十国集团等

发挥国际经济合作功能。维护多边贸易体制，积极参与世界贸易组织改革，推动完善更加公正合理的全球经济治理体系。积极参与多双边区域投资贸易合作机制，推动新兴领域经济治理规则制定，提高参与国际金融治理能力。实施自由贸易区提升战略，构建面向全球的高标准自由贸易区网络。

十二、改善人民生活品质，提高社会建设水平

坚持把实现好、维护好、发展好最广大人民根本利益作为发展的出发点和落脚点，尽力而为、量力而行，健全基本公共服务体系，完善共建共治共享的社会治理制度，扎实推动共同富裕，不断增强人民群众获得感、幸福感、安全感，促进人的全面发展和社会全面进步。

42. 提高人民收入水平。坚持按劳分配为主体、多种分配方式并存，提高劳动报酬在初次分配中的比重，完善工资制度，健全工资合理增长机制，着力提高低收入群体收入，扩大中等收入群体。完善按要素分配政策制度，健全各类生产要素由市场决定报酬的机制，探索通过土地、资本等要素使用权、收益权增加中低收入群体要素收入。多渠道增加城乡居民财产性收入。完善再分配机制，加大税收、社保、转移支付等调节力度和精准性，合理调节过高收入，取缔非法收入。发挥第三次分配作用，发展慈善事业，改善收入和财富分配格局。

43. 强化就业优先政策。千方百计稳定和扩大就业，坚持经济发展就业导向，扩大就业容量，提升就业质量，促进充分就业，保障劳动者待遇和权益。健全就业公共服务体系、劳动关系协调机制、终身职业技能培训制度。更加注重缓解结构性就业矛盾，加快提升劳动者技能素质，完善重点群体就业支持体系，统筹城乡就业政策体系。扩大公益性岗位安置，帮扶残疾人、零就业家庭成员就业。完善促进创业带动就业、多渠道灵活就业的保障制度，支持和规范发展新就业形态，健全就业需求调查和失业监测预警机制。

44. 建设高质量教育体系。全面贯彻党的教育方针，坚持立德树人，加强师德师风建设，培养德智体美劳全面发展的社会主义建设者和接班人。健全学校家庭社会协同育人机制，提升教师教书育人能力素质，增强学生文明素养、社会责任意识、实践本领，重视青少年身体素质和心理健康教育。坚持教育公益性原则，深化教育改革，促进教育公平，推动义务教育均衡发展和城乡一体化，完善普惠性学前教育和特殊教育、专门教育保障机制，鼓励高中阶段学校多样化发展。加大人力资本投入，增强职业技术教育适应性，深化职普融通、产教融合、校企合作，探索中国特色学徒制，大力培养技术技能人才。提高高等教育质量，分类建设一流大学和一流学科，加快培养理工农医类专业紧缺人才。提高民族地区教育质量和水平，加大国家通用语言文字推广力度。支持和规范民办教育发展，规范校外培训机构。发挥在线教育优势，完善终身学习体系，建设学习型社会。

45. 健全多层次社会保障体系。健全覆盖全民、统筹城乡、公平统一、可持续的多层次社会保障体系。推进社保转移接续，健全基本养老、基本医疗保险筹资和待遇调整机制。实现基本养老保险全国统筹，实施渐进式延迟法定退休年龄。发展多层次、多支柱养老保险体系。推动基本医疗保险、失业保险、工伤保险省级统筹，健全重大疾病医疗保险和救助制度，落实异地就医结算，稳步建立长期护理保险制度，积极发展商业医疗保险。

健全灵活就业人员社保制度。健全退役军人工作体系和保障制度。健全分层分类的社会救助体系。坚持男女平等基本国策，保障妇女儿童合法权益。健全老年人、残疾人关爱服务体系和设施，完善帮扶残疾人、孤儿等社会福利制度。完善全国统一的社会保险公共服务平台。

46. 全面推进健康中国建设。把保障人民健康放在优先发展的战略位置，坚持预防为主的方针，深入实施健康中国行动，完善国民健康促进政策，织牢国家公共卫生防护网，为人民提供全方位全周期健康服务。改革疾病预防控制体系，强化监测预警、风险评估、流行病学调查、检验检测、应急处置等职能。建立稳定的公共卫生事业投入机制，加强人才队伍建设，改善疾控基础条件，完善公共卫生服务项目，强化基层公共卫生体系。落实医疗机构公共卫生责任，创新医防协同机制。完善突发公共卫生事件监测预警处置机制，健全医疗救治、科技支撑、物资保障体系，提高应对突发公共卫生事件能力。坚持基本医疗卫生事业公益属性，深化医药卫生体制改革，加快优质医疗资源扩容和区域均衡布局，加快建设分级诊疗体系，加强公立医院建设和管理考核，推进国家组织药品和耗材集中采购使用改革，发展高端医疗设备。支持社会办医，推广远程医疗。坚持中西医并重，大力发展中医药事业。提升健康教育、慢病管理和残疾康复服务质量，重视精神卫生和心理健康。深入开展爱国卫生运动，促进全民养成文明健康生活方式。完善全民健身公共服务体系。加快发展健康产业。

47. 实施积极应对人口老龄化国家战略。制定人口长期发展战略，优化生育政策，增强生育政策包容性，提高优生优育服务水平，发展普惠托育服务体系，降低生育、养育、教育成本，促进人口长期均衡发展，提高人口素质。积极开发老龄人力资源，发展银发经济。推动养老事业和养老产业协同发展，健全基本养老服务体系，发展普惠型养老服务和互助性养老，支持家庭承担养老功能，培育养老新业态，构建居家社区机构相协调、医养康养相结合的养老服务体系，健全养老服务综合监管制度。

48. 加强和创新社会治理。完善社会治理体系，健全党组织领导的自治、法治、德治相结合的城乡基层治理体系，完善基层民主协商制度，实现政府治理同社会调节、居民自治良性互动，建设人人有责、人人尽责、人人享有的社会治理共同体。发挥群团组织和社会组织在社会治理中的作用，畅通和规范市场主体、新社会阶层、社会工作者和志愿者等参与社会治理的途径。推动社会治理重心向基层下移，向基层放权赋能，加强城乡社区治理和服务体系建设，减轻基层特别是村级组织负担，加强基层社会治理队伍建设，构建网格化管理、精细化服务、信息化支撑、开放共享的基层管理服务平台。加强和创新市域社会治理，推进市域社会治理现代化。

十三、统筹发展和安全，建设更高水平的平安中国

坚持总体国家安全观，实施国家安全战略，维护和塑造国家安全，统筹传统安全和非传统安全，把安全发展贯穿国家发展各领域和全过程，防范和化解影响我国现代化进程的各种风险，筑牢国家安全屏障。

49. 加强国家安全体系和能力建设。完善集中统一、高效权威的国家安全领导体制，健全国家安全法治体系、战略体系、政策体系、人才体系和运行机制，完善重要领域国家

安全立法、制度、政策。健全国家安全审查和监管制度，加强国家安全执法。加强国家安全宣传教育，增强全民国家安全意识，巩固国家安全人民防线。坚定维护国家政权安全、制度安全、意识形态安全，全面加强网络安全保障体系和能力建设。严密防范和严厉打击敌对势力渗透、破坏、颠覆、分裂活动。

50.确保国家经济安全。加强经济安全风险预警、防控机制和能力建设，实现重要产业、基础设施、战略资源、重大科技等关键领域安全可控。实施产业竞争力调查和评价工程，增强产业体系抗冲击能力。确保粮食安全，保障能源和战略性矿产资源安全。维护水利、电力、供水、油气、交通、通信、网络、金融等重要基础设施安全，提高水资源集约安全利用水平。维护金融安全，守住不发生系统性风险底线。确保生态安全，加强核安全监管，维护新型领域安全。构建海外利益保护和风险预警防范体系。

51.保障人民生命安全。坚持人民至上、生命至上，把保护人民生命安全摆在首位，全面提高公共安全保障能力。完善和落实安全生产责任制，加强安全生产监管执法，有效遏制危险化学品、矿山、建筑施工、交通等重特大安全事故。强化生物安全保护，提高食品药品等关系人民健康产品和服务的安全保障水平。提升洪涝干旱、森林草原火灾、地质灾害、地震等自然灾害防御工程标准，加快江河控制性工程建设，加快病险水库除险加固，全面推进堤防和蓄滞洪区建设。完善国家应急管理体系，加强应急物资保障体系建设，发展巨灾保险，提高防灾、减灾、抗灾、救灾能力。

52.维护社会稳定和安全。正确处理新形势下人民内部矛盾，坚持和发展新时代"枫桥经验"，畅通和规范群众诉求表达、利益协调、权益保障通道，完善信访制度，完善各类调解联动工作体系，构建源头防控、排查梳理、纠纷化解、应急处置的社会矛盾综合治理机制。健全社会心理服务体系和危机干预机制。坚持专群结合、群防群治，加强社会治安防控体系建设，坚决防范和打击暴力恐怖、黑恶势力、新型网络犯罪和跨国犯罪，保持社会和谐稳定。

十四、加快国防和军队现代化，实现富国和强军相统一

贯彻习近平强军思想，贯彻新时代军事战略方针，坚持党对人民军队的绝对领导，坚持政治建军、改革强军、科技强军、人才强军、依法治军，加快机械化信息化智能化融合发展，全面加强练兵备战，提高捍卫国家主权、安全、发展利益的战略能力，确保二〇二七年实现建军百年奋斗目标。

53.提高国防和军队现代化质量效益。加快军事理论现代化，与时俱进创新战争和战略指导，健全新时代军事战略体系，发展先进作战理论。加快军队组织形态现代化，深化国防和军队改革，推进军事管理革命，加快军兵种和武警部队转型建设，壮大战略力量和新域新质作战力量，打造高水平战略威慑和联合作战体系，加强军事力量联合训练、联合保障、联合运用。加快军事人员现代化，贯彻新时代军事教育方针，完善三位一体新型军事人才培养体系，锻造高素质专业化军事人才方阵。加快武器装备现代化，聚力国防科技自主创新、原始创新，加速战略性前沿性颠覆性技术发展，加速武器装备升级换代和智能化武器装备发展。

54.促进国防实力和经济实力同步提升。同国家现代化发展相协调，搞好战略层面筹

划，深化资源要素共享，强化政策制度协调，构建一体化国家战略体系和能力。推动重点区域、重点领域、新兴领域协调发展，集中力量实施国防领域重大工程。优化国防科技工业布局，加快标准化通用化进程。完善国防动员体系，健全强边固防机制，强化全民国防教育，巩固军政军民团结。

十五、全党全国各族人民团结起来，为实现"十四五"规划和二〇三五年远景目标而奋斗

实现"十四五"规划和二〇三五年远景目标，必须坚持党的全面领导，充分调动一切积极因素，广泛团结一切可以团结的力量，形成推动发展的强大合力。

55. 加强党中央集中统一领导。贯彻党把方向、谋大局、定政策、促改革的要求，推动全党深入学习贯彻习近平新时代中国特色社会主义思想，增强"四个意识"、坚定"四个自信"、做到"两个维护"，完善上下贯通、执行有力的组织体系，确保党中央决策部署有效落实。落实全面从严治党主体责任、监督责任，提高党的建设质量。深入总结和学习运用中国共产党一百年的宝贵经验，教育引导广大党员、干部坚持共产主义远大理想和中国特色社会主义共同理想，不忘初心、牢记使命，为党和人民事业不懈奋斗。全面贯彻新时代党的组织路线，加强干部队伍建设，落实好干部标准，提高各级领导班子和干部适应新时代新要求抓改革、促发展、保稳定水平和专业化能力，加强对敢担当善作为干部的激励保护，以正确用人导向引领干事创业导向。完善人才工作体系，培养造就大批德才兼备的高素质人才。把严的主基调长期坚持下去，不断增强党自我净化、自我完善、自我革新、自我提高能力。锲而不舍落实中央八项规定精神，持续纠治形式主义、官僚主义，切实为基层减负。完善党和国家监督体系，加强政治监督，强化对公权力运行的制约和监督。坚持无禁区、全覆盖、零容忍，一体推进不敢腐、不能腐、不想腐，营造风清气正的良好政治生态。

56. 推进社会主义政治建设。坚持党的领导、人民当家作主、依法治国有机统一，推进中国特色社会主义政治制度自我完善和发展。坚持和完善人民代表大会制度，加强人大对"一府一委两院"的监督，保障人民依法通过各种途径和形式管理国家事务、管理经济文化事业、管理社会事务。坚持和完善中国共产党领导的多党合作和政治协商制度，加强人民政协专门协商机构建设，发挥社会主义协商民主独特优势，提高建言资政和凝聚共识水平。坚持和完善民族区域自治制度，全面贯彻党的民族政策，铸牢中华民族共同体意识，促进各民族共同团结奋斗、共同繁荣发展。全面贯彻党的宗教工作基本方针，积极引导宗教与社会主义社会相适应。健全基层群众自治制度，增强群众自我管理、自我服务、自我教育、自我监督实效。发挥工会、共青团、妇联等人民团体作用，把各自联系的群众紧紧凝聚在党的周围。完善大统战工作格局，促进政党关系、民族关系、宗教关系、阶层关系、海内外同胞关系和谐，巩固和发展大团结大联合局面。全面贯彻党的侨务政策，凝聚侨心、服务大局。坚持法治国家、法治政府、法治社会一体建设，完善以宪法为核心的中国特色社会主义法律体系，加强重点领域、新兴领域、涉外领域立法，提高依法行政水平，完善监察权、审判权、检察权运行和监督机制，促进司法公正，深入开展法治宣传教育，有效发挥法治固根本、稳预期、利长远的保障作用，推进法治中国建设。促进人权事

业全面发展。

57. 保持香港、澳门长期繁荣稳定。全面准确贯彻"一国两制""港人治港""澳人治澳"、高度自治的方针，坚持依法治港治澳，维护宪法和基本法确定的特别行政区宪制秩序，落实中央对特别行政区全面管治权，落实特别行政区维护国家安全的法律制度和执行机制，维护国家主权、安全、发展利益和特别行政区社会大局稳定。支持特别行政区巩固提升竞争优势，建设国际创新科技中心，打造"一带一路"功能平台，实现经济多元可持续发展。支持香港、澳门更好融入国家发展大局，高质量建设粤港澳大湾区，完善便利港澳居民在内地发展政策措施。增强港澳同胞国家意识和爱国精神。支持香港、澳门同各国各地区开展交流合作。坚决防范和遏制外部势力干预港澳事务。

58. 推进两岸关系和平发展和祖国统一。坚持一个中国原则和"九二共识"，以两岸同胞福祉为依归，推动两岸关系和平发展、融合发展，加强两岸产业合作，打造两岸共同市场，壮大中华民族经济，共同弘扬中华文化。完善保障台湾同胞福祉和在大陆享受同等待遇的制度和政策，支持台商台企参与"一带一路"建设和国家区域协调发展战略，支持符合条件的台资企业在大陆上市，支持福建探索海峡两岸融合发展新路。加强两岸基层和青少年交流。高度警惕和坚决遏制"台独"分裂活动。

59. 积极营造良好外部环境。高举和平、发展、合作、共赢旗帜，坚持独立自主的和平外交政策，推进各领域各层级对外交往，推动构建新型国际关系和人类命运共同体。推进大国协调和合作，深化同周边国家关系，加强同发展中国家团结合作，积极发展全球伙伴关系。坚持多边主义和共商共建共享原则，积极参与全球治理体系改革和建设，加强涉外法治体系建设，加强国际法运用，维护以联合国为核心的国际体系和以国际法为基础的国际秩序，共同应对全球性挑战。积极参与重大传染病防控国际合作，推动构建人类卫生健康共同体。

60. 健全规划制定和落实机制。按照本次全会精神，制定国家和地方"十四五"规划纲要和专项规划，形成定位准确、边界清晰、功能互补、统一衔接的国家规划体系。健全政策协调和工作协同机制，完善规划实施监测评估机制，确保党中央关于"十四五"发展的决策部署落到实处。

实现"十四五"规划和二〇三五年远景目标，意义重大，任务艰巨，前景光明。全党全国各族人民要紧密团结在以习近平同志为核心的党中央周围，同心同德，顽强奋斗，夺取全面建设社会主义现代化国家新胜利！

中共中央 国务院关于抓好"三农"领域重点工作 确保如期实现全面小康的意见

(2020 年 1 月 2 日)

党的十九大以来,党中央围绕打赢脱贫攻坚战、实施乡村振兴战略作出一系列重大部署,出台一系列政策举措。农业农村改革发展的实践证明,党中央制定的方针政策是完全正确的,今后一个时期要继续贯彻执行。

2020 年是全面建成小康社会目标实现之年,是全面打赢脱贫攻坚战收官之年。党中央认为,完成上述两大目标任务,脱贫攻坚最后堡垒必须攻克,全面小康"三农"领域突出短板必须补上。小康不小康,关键看老乡。脱贫攻坚质量怎么样、小康成色如何,很大程度上要看"三农"工作成效。全党务必深刻认识做好 2020 年"三农"工作的特殊重要性,毫不松懈,持续加力,坚决夺取第一个百年奋斗目标的全面胜利。

做好 2020 年"三农"工作总的要求是,坚持以习近平新时代中国特色社会主义思想为指导,全面贯彻党的十九大和十九届二中、三中、四中全会精神,贯彻落实中央经济工作会议精神,对标对表全面建成小康社会目标,强化举措、狠抓落实,集中力量完成打赢脱贫攻坚战和补上全面小康"三农"领域突出短板两大重点任务,持续抓好农业稳产保供和农民增收,推进农业高质量发展,保持农村社会和谐稳定,提升农民群众获得感、幸福感、安全感,确保脱贫攻坚战圆满收官,确保农村同步全面建成小康社会。

一、坚决打赢脱贫攻坚战

(一)全面完成脱贫任务。脱贫攻坚已经取得决定性成就,绝大多数贫困人口已经脱贫,现在到了攻城拔寨、全面收官的阶段。要坚持精准扶贫,以更加有力的举措、更加精细的工作,在普遍实现"两不愁"基础上,全面解决"三保障"和饮水安全问题,确保剩余贫困人口如期脱贫。进一步聚焦"三区三州"等深度贫困地区,瞄准突出问题和薄弱环节集中发力,狠抓政策落实。对深度贫困地区贫困人口多、贫困发生率高、脱贫难度大的县和行政村,要组织精锐力量强力帮扶、挂牌督战。对特殊贫困群体,要落实落细低保、医保、养老保险、特困人员救助供养、临时救助等综合社会保障政策,实现应保尽保。各级财政要继续增加专项扶贫资金,中央财政新增部分主要用于"三区三州"等深度贫困地区。优化城乡建设用地增减挂钩、扶贫小额信贷等支持政策。深入推进抓党建促脱贫攻坚。

(二)巩固脱贫成果防止返贫。各地要对已脱贫人口开展全面排查,认真查找漏洞缺项,一项一项整改清零,一户一户对账销号。总结推广各地经验做法,健全监测预警机制,加强对不稳定脱贫户、边缘户的动态监测,将返贫人口和新发生贫困人口及时纳入帮扶，为巩固脱贫成果提供制度保障。强化产业扶贫、就业扶贫，深入开展消费扶贫，加大易地扶贫搬迁后续扶持力度。扩大贫困地区退耕还林还草规模。深化扶志扶智，激发贫困人口内生动力。

（三）做好考核验收和宣传工作。严把贫困退出关，严格执行贫困退出标准和程序，坚决杜绝数字脱贫、虚假脱贫，确保脱贫成果经得起历史检验。加强常态化督导，及时发现问题、督促整改。开展脱贫攻坚普查。扎实做好脱贫攻坚宣传工作，全面展现新时代扶贫脱贫壮阔实践，全面宣传扶贫事业历史性成就，深刻揭示脱贫攻坚伟大成就背后的制度优势，向世界讲好中国减贫生动故事。

（四）保持脱贫攻坚政策总体稳定。坚持贫困县摘帽不摘责任、不摘政策、不摘帮扶、不摘监管。强化脱贫攻坚责任落实，继续执行对贫困县的主要扶持政策，进一步加大东西部扶贫协作、对口支援、定点扶贫、社会扶贫力度，稳定扶贫工作队伍，强化基层帮扶力量。持续开展扶贫领域腐败和作风问题专项治理。对已实现稳定脱贫的县，各省（自治区、直辖市）可以根据实际情况统筹安排专项扶贫资金，支持非贫困县、非贫困村贫困人口脱贫。

（五）研究接续推进减贫工作。脱贫攻坚任务完成后，我国贫困状况将发生重大变化，扶贫工作重心转向解决相对贫困，扶贫工作方式由集中作战调整为常态推进。要研究建立解决相对贫困的长效机制，推动减贫战略和工作体系平稳转型。加强解决相对贫困问题顶层设计，纳入实施乡村振兴战略统筹安排。抓紧研究制定脱贫攻坚与实施乡村振兴战略有机衔接的意见。

二、对标全面建成小康社会加快补上农村基础设施和公共服务短板

（六）加大农村公共基础设施建设力度。推动"四好农村路"示范创建提质扩面，启动省域、市域范围内示范创建。在完成具备条件的建制村通硬化路和通客车任务基础上，有序推进较大人口规模自然村（组）等通硬化路建设。支持村内道路建设和改造。加大成品油税费改革转移支付对农村公路养护的支持力度。加快农村公路条例立法进程。加强农村道路交通安全管理。完成"三区三州"和抵边村寨电网升级改造攻坚计划。基本实现行政村光纤网络和第四代移动通信网络普遍覆盖。落实农村公共基础设施管护责任，应由政府承担的管护费用纳入政府预算。做好村庄规划工作。

（七）提高农村供水保障水平。全面完成农村饮水安全巩固提升工程任务。统筹布局农村饮水基础设施建设，在人口相对集中的地区推进规模化供水工程建设。有条件的地区将城市管网向农村延伸，推进城乡供水一体化。中央财政加大支持力度，补助中西部地区、原中央苏区农村饮水安全工程维修养护。加强农村饮用水水源保护，做好水质监测。

（八）扎实搞好农村人居环境整治。分类推进农村厕所革命，东部地区、中西部城市近郊区等有基础有条件的地区要基本完成农村户用厕所无害化改造，其他地区实事求是确定目标任务。各地要选择适宜的技术和改厕模式，先搞试点，证明切实可行后再推开。全面推进农村生活垃圾治理，开展就地分类、源头减量试点。梯次推进农村生活污水治理，优先解决乡镇所在地和中心村生活污水问题。开展农村黑臭水体整治。支持农民群众开展村庄清洁和绿化行动，推进"美丽家园"建设。鼓励有条件的地方对农村人居环境公共设

施维修养护进行补助。

（九）提高农村教育质量。加强乡镇寄宿制学校建设，统筹乡村小规模学校布局，改善办学条件，提高教学质量。加强乡村教师队伍建设，全面推行义务教育阶段教师"县管校聘"，有计划安排县城学校教师到乡村支教。落实中小学教师平均工资收入水平不低于或高于当地公务员平均工资收入水平政策，教师职称评聘向乡村学校教师倾斜，符合条件的乡村学校教师纳入当地政府住房保障体系。持续推进农村义务教育控辍保学专项行动，巩固义务教育普及成果。增加学位供给，有效解决农民工随迁子女上学问题。重视农村学前教育，多渠道增加普惠性学前教育资源供给。加强农村特殊教育。大力提升中西部地区乡村教师国家通用语言文字能力，加强贫困地区学前儿童普通话教育。扩大职业教育学校在农村招生规模，提高职业教育质量。

（十）加强农村基层医疗卫生服务。办好县级医院，推进标准化乡镇卫生院建设，改造提升村卫生室，消除医疗服务空白点。稳步推进紧密型县域医疗卫生共同体建设。加强乡村医生队伍建设，适当简化本科及以上学历医学毕业生或经住院医师规范化培训合格的全科医生招聘程序。对应聘到中西部地区和艰苦边远地区乡村工作的应届高校医学毕业生，给予大学期间学费补偿、国家助学贷款代偿。允许各地盘活用好基层卫生机构现有编制资源，乡镇卫生院可优先聘用符合条件的村医。加强基层疾病预防控制队伍建设，做好重大疾病和传染病防控。将农村适龄妇女宫颈癌和乳腺癌检查纳入基本公共卫生服务范围。

（十一）加强农村社会保障。适当提高城乡居民基本医疗保险财政补助和个人缴费标准。提高城乡居民基本医保、大病保险、医疗救助经办服务水平，地级市域范围内实现"一站式服务、一窗口办理、一单制结算"。加强农村低保对象动态精准管理，合理提高低保等社会救助水平。完善农村留守儿童和妇女、老年人关爱服务体系。发展农村互助式养老，多形式建设日间照料中心，改善失能老年人和重度残疾人护理服务。

（十二）改善乡村公共文化服务。推动基本公共文化服务向乡村延伸，扩大乡村文化惠民工程覆盖面。鼓励城市文艺团体和文艺工作者定期送文化下乡。实施乡村文化人才培养工程，支持乡土文艺团组发展，扶持农村非遗传承人、民间艺人收徒传艺，发展优秀戏曲曲艺、少数民族文化、民间文化。保护好历史文化名镇（村）、传统村落、民族村寨、传统建筑、农业文化遗产、古树名木等。以"庆丰收、迎小康"为主题办好中国农民丰收节。

（十三）治理农村生态环境突出问题。大力推进畜禽粪污资源化利用，基本完成大规模养殖场粪污治理设施建设。深入开展农药化肥减量行动，加强农膜污染治理，推进秸秆综合利用。在长江流域重点水域实行常年禁捕，做好渔民退捕工作。推广黑土地保护有效治理模式，推进侵蚀沟治理，启动实施东北黑土地保护性耕作行动计划。稳步推进农用地土壤污染管控和修复利用。继续实施华北地区地下水超采综合治理。启动农村水系综合整治试点。

三、保障重要农产品有效供给和促进农民持续增收

（十四）稳定粮食生产。确保粮食安全始终是治国理政的头等大事。粮食生产要稳字

当头，稳政策、稳面积、稳产量。强化粮食安全省长责任制考核，各省（自治区、直辖市）2020 年粮食播种面积和产量要保持基本稳定。进一步完善农业补贴政策。调整完善稻谷、小麦最低收购价政策，稳定农民基本收益。推进稻谷、小麦、玉米完全成本保险和收入保险试点。加大对大豆高产品种和玉米、大豆间作新农艺推广的支持力度。抓好草地贪夜蛾等重大病虫害防控，推广统防统治、代耕代种、土地托管等服务模式。加大对产粮大县的奖励力度，优先安排农产品加工用地指标。支持产粮大县开展高标准农田建设新增耕地指标跨省域调剂使用，调剂收益按规定用于建设高标准农田。深入实施优质粮食工程。以北方农牧交错带为重点扩大粮改饲规模，推广种养结合模式。完善新疆棉花目标价格政策。拓展多元化进口渠道，增加适应国内需求的农产品进口。扩大优势农产品出口。深入开展农产品反走私综合治理专项行动。

（十五）加快恢复生猪生产。生猪稳产保供是当前经济工作的一件大事，要采取综合性措施，确保 2020 年年底前生猪产能基本恢复到接近正常年份水平。落实"省负总责"，压实"菜篮子"市长负责制，强化县级抓落实责任，保障猪肉供给。坚持补栏增养和疫病防控相结合，推动生猪标准化规模养殖，加强对中小散养户的防疫服务，做好饲料生产保障工作。严格落实扶持生猪生产的各项政策举措，抓紧打通环评、用地、信贷等瓶颈。纠正随意扩大限养禁养区和搞"无猪市""无猪县"问题。严格执行非洲猪瘟疫情报告制度和防控措施，加快疫苗研发进程。加强动物防疫体系建设，落实防疫人员和经费保障，在生猪大县实施乡镇动物防疫特聘计划。引导生猪屠宰加工向养殖集中区转移，逐步减少活猪长距离调运，推进"运猪"向"运肉"转变。加强市场监测和调控，做好猪肉保供稳价工作，打击扰乱市场行为，及时启动社会救助和保障标准与物价上涨挂钩联动机制。支持奶业、禽类、牛羊等生产，引导优化肉类消费结构。推进水产绿色健康养殖，加强渔港建设和管理改革。

（十六）加强现代农业设施建设。提早谋划实施一批现代农业投资重大项目，支持项目及早落地，有效扩大农业投资。以粮食生产功能区和重要农产品生产保护区为重点加快推进高标准农田建设，修编建设规划，合理确定投资标准，完善工程建设、验收、监督检查机制，确保建一块成一块。如期完成大中型灌区续建配套与节水改造，提高防汛抗旱能力，加大农业节水力度。抓紧启动和开工一批重大水利工程和配套设施建设，加快开展南水北调后续工程前期工作，适时推进工程建设。启动农产品仓储保鲜冷链物流设施建设工程。加强农产品冷链物流统筹规划、分级布局和标准制定。安排中央预算内投资，支持建设一批骨干冷链物流基地。国家支持家庭农场、农民合作社、供销合作社、邮政快递企业、产业化龙头企业建设产地分拣包装、冷藏保鲜、仓储运输、初加工等设施，对其在农村建设的保鲜仓储设施用电实行农业生产用电价格。依托现有资源建设农业农村大数据中心，加快物联网、大数据、区块链、人工智能、第五代移动通信网络、智慧气象等现代信息技术在农业领域的应用。开展国家数字乡村试点。

（十七）发展富民乡村产业。支持各地立足资源优势打造各具特色的农业全产业链，建立健全农民分享产业链增值收益机制，形成有竞争力的产业集群，推动农村一二三产业融合发展。加快建设国家、省、市、县现代农业产业园，支持农村产业融合发展示范园建设，办好农村"双创"基地。重点培育家庭农场、农民合作社等新型农业经营主体，培育农业产业化联合体，通过订单农业、入股分红、托管服务等方式，将小农户融入农业产业链。继续调整优化农业结构，加强绿色食品、有机农产品、地理标志农产品认证和管理，打造地方知名农产品品牌，增加优质绿色农产品供给。有效开发农村市场，扩大电子商务进农村覆盖面，支持供销合作社、邮政快递企业等延伸乡村物流服务网络，加强村级电商服务站点建设，推动农产品进城、工业品下乡双向流通。强化全过程农产品质量安全和食品安全监管，建立健全追溯体系，确保人民群众"舌尖上的安全"。引导和鼓励工商资本下乡，切实保护好企业家合法权益。制定农业及相关产业统计分类并加强统计核算，全面准确反映农业生产、加工、物流、营销、服务等全产业链价值。

（十八）稳定农民工就业。落实涉企减税降费等支持政策，加大援企稳岗工作力度，放宽失业保险稳岗返还申领条件，提高农民工技能提升补贴标准。农民工失业后，可在常住地进行失业登记，享受均等化公共就业服务。出台并落实保障农民工工资支付条例。以政府投资项目和工程建设领域为重点，开展农民工工资支付情况排查整顿，执行拖欠农民工工资"黑名单"制度，落实根治欠薪各项举措。实施家政服务、养老护理、医院看护、餐饮烹饪、电子商务等技能培训，打造区域性劳务品牌。鼓励地方设立乡村保洁员、水管员、护路员、生态护林员等公益性岗位。开展新业态从业人员职业伤害保障试点。深入实施农村创新创业带头人培育行动，将符合条件的返乡创业农民工纳入一次性创业补贴范围。

四、加强农村基层治理

（十九）充分发挥党组织领导作用。农村基层党组织是党在农村全部工作和战斗力的基础。要认真落实《中国共产党农村基层组织工作条例》，组织群众发展乡村产业，增强集体经济实力，带领群众共同致富；动员群众参与乡村治理，增强主人翁意识，维护农村和谐稳定；教育引导群众革除陈规陋习，弘扬公序良俗，培育文明乡风；密切联系群众，提高服务群众能力，把群众紧密团结在党的周围，筑牢党在农村的执政基础。全面落实村党组织书记县级党委备案管理制度，建立村"两委"成员县级联审常态化机制，持续整顿软弱涣散村党组织，发挥党组织在农村各种组织中的领导作用。严格村党组织书记监督管理，建立健全党委组织部门牵头协调，民政、农业农村等部门共同参与、加强指导的村务监督机制，全面落实"四议两公开"。加大农村基层巡察工作力度。强化基层纪检监察组织与村务监督委员会的沟通协作、有效衔接，形成监督合力。加大在青年农民中发展党员力度。持续向贫困村、软弱涣散村、集体经济薄弱村派驻第一书记。加强村级组织运转经费保障。健全激励村干部干事创业机制。选优配强乡镇领导班子特别是乡镇党委书记。在乡村开展"听党话、感党恩、跟党走"宣讲活动。

（二十）健全乡村治理工作体系。坚持县乡村联动，推动社会治理和服务重心向基层下移，把更多资源下沉到乡镇和村，提高乡村治理效能。县级是"一线指挥部"，要加强统筹谋划，落实领导责任，强化大抓基层的工作导向，增强群众工作本领。建立县级领导干部和县直部门主要负责人包村制度。乡镇是为农服务中心，要加强管理服务，整合审批、服务、执法等方面力量，建立健全统一管理服务平台，实现一站式办理。充实农村人居环境整治、宅基地管理、集体资产管理、民生保障、社会服务等工作力量。行政村是基本治理单元,要强化自我管理、自我服务、自我教育、自我监督,健全基层民主制度,完善村规民约,推进村民自治制度化、规范化、程序化。扎实开展自治、法治、德治相结合的乡村治理体系建设试点示范,推广乡村治理创新性典型案例经验。注重发挥家庭家教家风在乡村治理中的重要作用。

(二十一)调处化解乡村矛盾纠纷。坚持和发展新时代"枫桥经验",进一步加强人民调解工作,做到小事不出村、大事不出乡、矛盾不上交。畅通农民群众诉求表达渠道,及时妥善处理农民群众合理诉求。持续整治侵害农民利益行为,妥善化解土地承包、征地拆迁、农民工工资、环境污染等方面矛盾。推行领导干部特别是市县领导干部定期下基层接访制度,积极化解信访积案。组织开展"一村一法律顾问"等形式多样的法律服务。对直接关系农民切身利益、容易引发社会稳定风险的重大决策事项,要先进行风险评估。

(二十二)深入推进平安乡村建设。推动扫黑除恶专项斗争向纵深推进,严厉打击非法侵占农村集体资产、扶贫惠农资金和侵犯农村妇女儿童人身权利等违法犯罪行为,推进反腐败斗争和基层"拍蝇",建立防范和整治"村霸"长效机制。依法管理农村宗教事务,制止非法宗教活动,防范邪教向农村渗透,防止封建迷信蔓延。加强农村社会治安工作,推行网格化管理和服务。开展农村假冒伪劣食品治理行动。打击制售假劣农资违法违规行为。加强农村防灾减灾能力建设。全面排查整治农村各类安全隐患。

五、强化农村补短板保障措施

(二十三)优先保障"三农"投入。加大中央和地方财政"三农"投入力度,中央预算内投资继续向农业农村倾斜,确保财政投入与补上全面小康"三农"领域突出短板相适应。地方政府要在一般债券支出中安排一定规模支持符合条件的易地扶贫搬迁和乡村振兴项目建设。各地应有序扩大用于支持乡村振兴的专项债券发行规模。中央和省级各部门要根据补短板的需要优化涉农资金使用结构。按照"取之于农、主要用之于农"要求,抓紧出台调整完善土地出让收入使用范围进一步提高农业农村投入比例的意见。调整完善农机购置补贴范围,赋予省级更大自主权。研究本轮草原生态保护补奖政策到期后的政策。强化对"三农"信贷的货币、财税、监管政策正向激励,给予低成本资金支持,提高风险容忍度,优化精准奖补措施。对机构法人在县域、业务在县域的金融机构,适度扩大支农支小再贷款额度。深化农村信用社改革,坚持县域法人地位。加强考核引导,合理提升资金外流严重县的存贷比。鼓励商业银行发行"三农"、小微企业等专项金融债券。落实农户小额贷款税收优惠政策。符合条件的家庭农场等新型农业经营主体可按规定享受现行小微企业相关贷款税收减免政策。合理设置农业贷款期限,使其与农业生产周期相匹配。发挥全国农业信贷担保体系作用,做大面向新型农业经营主体的担保业务。推动温室大棚、养殖圈舍、大型农机、土地经营权依法合规抵押融资。稳妥扩大农村普惠金融改革试点,鼓励地方政府开展县域农户、中小企业信用等级评价,加快构建线上线下相结合、"银保担"风险共担的普惠金融服务体系,推出更多免抵押、免担保、低利率、可持续的普惠金融产品。抓好农业保险保费补贴政策落实,督促保险机构及时足额理赔。优化"保险+期货"试点模式,继续推进农产品期货期权品种上市。

(二十四)破解乡村发展用地难题。坚守耕地和永久基本农田保护红线。完善乡村产业发展用地政策体系，明确用地类型和供地方式，实行分类管理。将农业种植养殖配建的保鲜冷藏、晾晒存贮、农机库房、分拣包装、废弃物处理、管理看护房等辅助设施用地纳入农用地管理，根据生产实际合理确定辅助设施用地规模上限。农业设施用地可以使用耕地。强化农业设施用地监管，严禁以农业设施用地为名从事非农建设。开展乡村全域土地综合整治试点，优化农村生产、生活、生态空间布局。在符合国土空间规划前提下，通过村庄整治、土地整理等方式节余的农村集体建设用地优先用于发展乡村产业项目。新编县乡级国土空间规划应安排不少于10%的建设用地指标，重点保障乡村产业发展用地。省级制定土地利用年度计划时，应安排至少5%新增建设用地指标保障乡村重点产业和项目用地。农村集体建设用地可以通过入股、租用等方式直接用于发展乡村产业。按照"放管服"改革要求，对农村集体建设用地审批进行全面梳理，简化审批审核程序，下放审批权限。推进乡村建设审批"多审合一、多证合一"改革。抓紧出台支持农村一二三产业融合发展用地的政策意见。

（二十五）推动人才下乡。培养更多知农爱农、扎根乡村的人才，推动更多科技成果应用到田间地头。畅通各类人才下乡渠道，支持大学生、退役军人、企业家等到农村干事创业。整合利用农业广播学校、农业科研院所、涉农院校、农业龙头企业等各类资源，加快构建高素质农民教育培训体系。落实县域内人才统筹培养使用制度。有组织地动员城市科研人员、工程师、规划师、建筑师、教师、医生下乡服务。城市中小学教师、医生晋升高级职称前，原则上要有1年以上农村基层工作服务经历。优化涉农学科专业设置，探索对急需紧缺涉农专业实行"提前批次"录取。抓紧出台推进乡村人才振兴的意见。

（二十六）强化科技支撑作用。加强农业关键核心技术攻关，部署一批重大科技项目，抢占科技制高点。加强农业生物技术研发，大力实施种业自主创新工程，实施国家农业种质资源保护利用工程，推进南繁科研育种基地建设。加快大中型、智能化、复合型农业机械研发和应用，支持丘陵山区农田宜机化改造。深入实施科技特派员制度，进一步发展壮大科技特派员队伍。采取长期稳定的支持方式，加强现代农业产业技术体系建设，扩大对特色优势农产品覆盖范围，面向农业全产业链配置科技资源。加强农业产业科技创新中心建设。加强国家农业高新技术产业示范区、国家农业科技园区等创新平台基地建设。加快现代气象为农服务体系建设。

（二十七）抓好农村重点改革任务。完善农村基本经营制度，开展第二轮土地承包到期后再延长30年试点，在试点基础上研究制定延包的具体办法。鼓励发展多种形式适度规模经营，健全面向小农户的农业社会化服务体系。制定农村集体经营性建设用地入市配套制度。严格农村宅基地管理，加强对乡镇审批宅基地监管，防止土地占用失控。扎实推进宅基地使用权确权登记颁证。以探索宅基地所有权、资格权、使用权"三权分置"为重点，进一步深化农村宅基地制度改革试点。全面推开农村集体产权制度改革试点，有序开展集体成员身份确认、集体资产折股量化、股份合作制改革、集体经济组织登记赋码等工作。探索拓宽农村集体经济发展路径，强化集体资产管理。继续深化供销合作社综合改革，提高为农服务能力。加快推进农垦、国有林区林场、集体林权制度、草原承包经营制度、农业水价等改革。深化农业综合行政执法改革，完善执法体系，提高执法能力。

做好"三农"工作，关键在党。各级党委和政府要深入学习贯彻习近平总书记关于

"三农"工作的重要论述，全面贯彻党的十九届四中全会精神，把制度建设和治理能力建设摆在"三农"工作更加突出位置，稳定农村基本政策，完善新时代"三农"工作制度框架和政策体系。认真落实《中国共产党农村工作条例》，加强党对"三农"工作的全面领导，坚持农业农村优先发展，强化五级书记抓乡村振兴责任，落实县委书记主要精力抓"三农"工作要求，加强党委农村工作机构建设，大力培养懂农业、爱农村、爱农民的"三农"工作队伍，提高农村干部待遇。坚持从农村实际出发，因地制宜，尊重农民意愿，尽力而为、量力而行，把当务之急的事一件一件解决好，力戒形式主义、官僚主义，防止政策执行简单化和"一刀切"。把党的十九大以来"三农"政策贯彻落实情况作为中央巡视重要内容。

让我们更加紧密地团结在以习近平同志为核心的党中央周围，坚定信心、锐意进取，埋头苦干、扎实工作，坚决打赢脱贫攻坚战，加快补上全面小康"三农"领域突出短板，为决胜全面建成小康社会、实现第一个百年奋斗目标作出应有的贡献！

国务院关于取消和下放一批
行政许可事项的决定

国发〔2020〕13 号

各省、自治区、直辖市人民政府，国务院各部委、各直属机构：

经研究论证，国务院决定取消 29 项行政许可事项，下放 4 项行政许可事项的审批层级，现予公布。另有 20 项有关法律设定的行政许可事项，国务院将依照法定程序提请全国人民代表大会常务委员会修订相关法律规定。

各地区、各有关部门要抓紧做好取消和下放行政许可事项的贯彻落实工作，进一步细化改革配套措施，加强和创新事中事后监管，确保放得开、接得住、管得好。自本决定发布之日起 20 个工作日内，国务院有关部门要向社会公布事中事后监管细则，并加强宣传解读和督促落实。

附件：1. 国务院决定取消的行政许可事项目录（共 29 项）
       2. 国务院决定下放审批层级的行政许可事项目录（共 4 项）

国务院
2020 年 9 月 13 日
（此件公开发布）

附件 1：

国务院决定取消的行政许可事项目录（共 29 项）

序号	事项名称	审批部门	设定依据	加强事中事后监管措施
1	外商投资经营电信业务审定意见书核发	工业和信息化部	《外商投资电信企业管理规定》	取消许可后，工业和信息化部、省级通信管理局要通过以下措施加强监管： 1. 在办理"电信业务经营许可"时，对外商投资电信企业落实股比限制要求情况进行严格把关。 2. 加强对外商投资电信企业日常经营活动的监测，督促其按要求报送有关信息。 3. 通过"双随机、一公开"监管等方式加强监管，发现违法违规行为要依法查处并向社会公开结果。 4. 依法实施信用监管，如实记录违法失信行为，实施差异化监管等措施。
2	铬化合物生产建设项目审批	省级工业和信息化部门	《国务院对确需保留的行政审批项目设定行政许可的决定》《国务院办公厅关于印发工业和信息化部主要职责内设机构和人员编制规定的通知》（国办发〔2008〕72 号）《国务院关于取消和调整一批行政审批项目等事项的决定》（国发〔2015〕11 号）	取消许可后，工业和信息化部门要通过以下措施加强监管： 1. 严格执行铬化合物生产的产业政策，发现铬化合物生产建设项目属于禁止或者限制类项目的，要按照规定及时处置。 2. 按照《国务院办公厅关于推进城镇人口密集区危险化学品生产企业搬迁改造的指导意见》（国办发〔2017〕77 号）规定，对位于城镇人口密集区的铬化合物生产企业严格评估安全和卫生防护距离，评估不达标的企业要进行搬迁改造。 3. 支持和鼓励铬渣资源综合利用，制定相关产品标准，推动钢铁企业消纳铬渣。
3	典当业特种行业许可证核发	县级以上地方公安机关	《国务院对确需保留的行政审批项目设定行政许可的决定》	取消许可后，公安机关和有关部门要通过以下措施加强监管： 1. 省级地方金融监管部门应当将办理"设立典当行及分支机构审批"（含设立、变更、注销）的信息在作出审批决定后 5 个工作日内推送至省级公安机关，公安机关据此将典当行及分支机构纳入监管范围，依法实施监管。 2. 通过"双随机、一公开"监管等方式，加强对典当行的治安管理，及时化解风险隐患，发现违法犯罪活动要依法查处。

（续）

序号	事项名称	审批部门	设定依据	加强事中事后监管措施
4	通航建筑物设计文件和施工方案审批	省级交通运输部门或航道管理机构	《中华人民共和国航道管理条例》	取消许可后，交通运输部门、航道管理机构要通过以下措施加强监管： 1. 要求通航建筑物建设单位完成通航建筑物设计后报请有关交通运输部门办理"水运工程建设项目设计文件审批"。 2. 加强对水运工程建设市场的监管，督促建设单位严格落实经审批同意的水运工程建设项目设计文件，发现违法违规行为要依法查处并向社会公开结果。 3. 依法实施信用监管，如实记录违法失信行为，实施差异化监管等措施。
5	新农药登记试验审查	农业农村部	《农药管理条例》	取消许可，改为备案。农业农村部门要通过以下措施加强监管： 1. 建立健全新农药登记试验备案制度，建设全国统一的在线备案平台，方便有关企业快捷办理备案手续，对不按要求备案的要依法设定并追究法律责任。 2. 严格实施"农药登记试验单位认定"许可，把牢农药登记试验单位准入关口。 3. 对备案的新农药登记试验活动进行抽查监管，督促有关单位落实风险防控措施，发现违法违规行为要依法查处并向社会公开结果。 4. 在"农药登记"许可环节，对新农药登记试验活动有关情况进行审查把关。
6	七类肥料（含大量元素水溶肥料、中量元素水溶肥料、微量元素水溶肥料、农用氯化钾镁、农用硫酸钾镁、复混肥料、掺混肥料）登记	农业农村部、省级农业农村部门	《中华人民共和国农业法》《中华人民共和国农产品质量安全法》《中华人民共和国土壤污染防治法》	取消许可，改为备案。农业农村部门要通过以下措施加强监管： 1. 建立健全部分肥料产品备案制度，建立网上备案平台，对不按要求备案的要依法设定并追究法律责任。 2. 开展"双随机、一公开"监管，对市场流通的七类肥料产品开展抽检，发现违法违规行为要依法查处并向社会公开结果。 3. 依法实施信用监管，如实记录违法失信行为，实施差异化监管等措施。

（续）

序号	事项名称	审批部门	设定依据	加强事中事后监管措施
7	乡村兽医登记许可	县级农业农村(兽医)部门	《中华人民共和国动物防疫法》《乡村兽医管理办法》（原农业部令第 17 号）	取消许可，改为备案。农业农村（兽医）部门要通过以下措施加强监管： 1. 建立健全乡村兽医服务人员备案制度，对不按要求备案的要依法设定并追究法律责任。要向社会公开备案情况，方便查询、就医，并发挥社会监督作用。 2. 开展"双随机、一公开"监管，畅通投诉举报渠道，发现违法违规行为要依法查处并向社会公开结果。 3. 依法实施信用监管，如实记录违法失信行为，实施差异化监管等措施。
8	兴建可能导致重点保护野生动植物生存环境污染和破坏的海岸工程建设项目审批	设区的市级农业农村（渔业）部门	《中华人民共和国防治海岸工程建设项目污染损害海洋环境管理条例》	取消许可后，农业农村（渔业）部门和有关部门要通过以下措施加强监管： 1. 对可能导致重点保护野生动植物生存环境污染和破坏的海岸工程建设项目，生态环境部门在审批环境影响评价文件时应征求农业农村（渔业）部门意见，科学分析建设项目对重点保护野生动植物生存环境的影响并提出相应保护要求。 2. 加强对建设项目环境保护措施落实情况的监管，发现违法违规行为要依法查处并向社会公开结果。
9	石油成品油批发、仓储经营资格审批	商务部、省级商务部门	《国务院对确需保留的行政审批项目设定行政许可的决定》	取消许可后，商务部门要会同有关部门通过以下措施加强监管： 1. 商务部门严格落实石油成品油流通行业监管职责。要求石油成品油批发、仓储企业建立购销和出入库台账制度，完善油品来源、销售去向、检验报告、检查记录等凭证材料档案。开展"双随机、一公开"监管，重点检查企业台账制度建立执行情况，发现违法违规行为依法处理或者提请有关部门予以查处。结合企业诚信经营和风险状况依法实施差异化监管。支持行业协会发挥行业自律作用。 2. 地方政府严格落实属地监管职责。建立跨部门联合监管机制，按照综合行政执法改革精神，统筹配置行政处罚职能和执法资源，加强协同监管。建立投诉举报制度，定期组织开展对石油成品油批发、仓储企业的专项检查，发现违法违规

（续）

序号	事项名称	审批部门	设定依据	加强事中事后监管措施
9	石油成品油批发、仓储经营资格审批	商务部、省级商务部门	《国务院对确需保留的行政审批项目设定行政许可的决定》	行为由各有关部门按职责依法依规查处。建立企业信用记录并纳入全国信用信息共享平台，对违法失信企业依法实施失信惩戒。 3. 相关部门严格落实专项监管职责。从事石油成品油批发、仓储经营活动的企业必须符合自然资源、规划、建设、质量计量、环保、安全生产、消防、治安反恐、商务、税务、交通运输、气象等方面法律法规和标准要求，依法依规开展经营。公安、自然资源、生态环境、住房城乡建设、交通运输、商务、应急管理、税务、市场监管、能源等部门按职责依法依规加强监管，承担安全生产监管责任的部门切实履行监管责任、守牢安全底线。 4. 加强石油成品油批发、仓储行业监管信息共享运用。市场监管部门要及时将新登记经营范围涉及石油成品油批发、仓储的企业信息推送至有关主管部门。商务部门要将改革前已取得相应许可的石油成品油批发、仓储企业信息，以及行业监管中发现的超经营范围经营企业信息或者无照经营信息及时推送至有关主管部门。各有关主管部门要充分运用共享的监管信息，有针对性地加强监管执法。
10	部分医疗机构（除三级医院、三级妇幼保健院、急救中心、急救站、临床检验中心、中外合资合作医疗机构、港澳台独资医疗机构外）《设置医疗机构批准书》核发	县级以上地方卫生健康部门	《医疗机构管理条例》	取消许可后，卫生健康部门要通过以下措施加强监管： 1. 完善医疗机构设置规划方式，对社会办医疗机构实行指导性规划。加强对社会资本投资医疗机构的服务，同时注意防止以服务之名行审批之实。 2. 严格实施"医疗机构执业登记"，并将审批结果向社会公开。 3. 开展"双随机、一公开"监管、重点监管等，畅通投诉举报渠道，依法处理医患纠纷和医疗事故，加大对医疗机构的监督检查力度，发现违法违规行为要依法查处并向社会公开结果。 4. 依法实施信用监管，如实记录违法失信行为，实施差异化监管措施，对严重违法的医疗机构及其从业人员实行行业禁入。

（续）

序号	事项名称	审批部门	设定依据	加强事中事后监管措施
11	职业卫生技术服务机构丙级资质认可	设区的市级卫生健康部门	《中华人民共和国职业病防治法》《职业卫生技术服务机构监督管理暂行办法》（原国家安全监管总局令第 50 号）	取消许可，整合至"职业卫生技术服务机构乙级资质认可"。卫生健康部门要通过以下措施加强监管： 1. 适当降低职业卫生技术服务机构乙级资质条件要求，完善职业卫生技术服务标准。引导现有职业卫生技术服务丙级机构换领新的乙级资质证书，拓宽业务范围和业务地域范围。 2. 开展"双随机、一公开"监管，畅通投诉举报渠道，发现违法违规行为要依法查处并向社会公开结果。 3. 对存在职业病危害因素的企业，依法开展职业病危害因素监督检查。发现职业卫生技术服务机构出具虚假报告的，依法追究法律责任。 4. 依法实施信用监管，如实记录违法失信行为，实施差异化监管等措施。
12	银行间债券市场双边报价商审批	中国人民银行总行	《国务院对确需保留的行政审批项目设定行政许可的决定》	取消许可后，人民银行要通过以下措施加强监管： 1. 建立健全做市业务激励约束机制，引导做市机构提升服务质量。 2. 建立交易报告库，强化交易信息统计。发现虚假交易、对倒冲量等行为要采取必要的惩戒措施。 3. 加强行业自律管理，支持银行间交易商协会以市场需求为导向，持续优化做市业务分层分类考评，并及时向市场披露。
13	企业银行账户开户许可证核发	中国人民银行总行及其分支行	《国务院对确需保留的行政审批项目设定行政许可的决定》	取消许可后，人民银行要通过以下措施加强监管： 1. 压实商业银行账户管理主体责任，督促商业银行在线核验企业登记注册、相关人员、纳税等信息，并按要求向人民银行及时、全面、准确推送企业银行账户信息。 2. 通过"双随机、一公开"监管、重点监管等方式，加大对商业银行的执法检查力度，发现违法违规行为要依法查处并向社会公开结果。发现相关企业和个人买卖企业银行账户等违法违规行为的，要实施禁止新开户、暂停非柜面业务等惩戒措施，提高违法成本。 3. 健全跨部门信息共享机制，探索运用高科技手段，提升事中事后监管效能。

（续）

序号	事项名称	审批部门	设定依据	加强事中事后监管措施
14	出口食品生产企业备案核准	直属海关、隶属海关	《中华人民共和国食品安全法》	取消许可，改为备案。海关要通过以下措施加强监管： 1. 健全出口食品生产企业备案制度，实现网上备案，方便企业办事。 2. 加强海关与市场监管等部门之间的信息共享，充分利用海关通关数据和相关部门数据对备案信息进行校验核查。 3. 做好与出口目的地国指定主管部门的衔接配合，通过"双随机、一公开"监管、信用监管等方式加强监管。
15	从事进出境动植物检疫处理业务的人员资格许可	直属海关、隶属海关	《中华人民共和国进出境动植物检疫法实施条例》	取消许可后，海关要通过以下措施加强监管： 1. 压实从事进出境动植物检疫处理业务单位的主体责任，由单位负责对从业人员进行培训和考核，确保从业人员掌握熏蒸、消毒技术规范和操作规程后方可上岗。 2. 严格执行有关法律法规和标准，对检疫处理过程加强监督和指导，并出具相关证书。 3. 依法实施信用监管，如实记录违法失信行为，实施差异化监管等措施，对发生严重违法行为的单位和人员实行行业禁入。
16	与强制性认证有关的检查机构指定	市场监管总局	《中华人民共和国认证认可条例》	取消许可后，市场监管总局要通过以下措施加强监管： 1. 完善与强制性认证有关的检查活动的标准和规范，落实认证机构主体责任，充分发挥其对检查活动的监督作用。 2. 通过投诉举报、日常监测、专项检查等方式，及时发现和纠正检查活动中的违法违规行为，依法追究法律责任。 3. 依法实施信用监管，如实记录违法失信行为，实施差异化监管等措施。
17	中央储备粮代储资格审批	国家粮食和储备局	《中央储备粮管理条例》	取消许可，改变管理方式，禁止中储粮集团公司直属企业以外的市场主体承储中央储备粮。粮食和储备部门要通过以下措施加强监管： 1. 对于已取得中央储备粮代储资格的企业，许可证到期后自动失效。 2. 开展"中央事权粮食政策执行和中央储备粮管理情况年度考核"，做好年度库存检查，确保中央储备粮数量真实、质量达标、储存安全。

（续）

序号	事项名称	审批部门	设定依据	加强事中事后监管措施
17	中央储备粮代储资格审批	国家粮食和储备局	《中央储备粮管理条例》	3. 开展"双随机、一公开"监管，利用信息化手段提升监管精准度和有效性，畅通投诉举报渠道，强化对中储粮集团公司及其直属企业的日常监管。发现违法违规行为要依法查处并向社会公开结果，发现涉嫌犯罪活动要及时移交有关机关处理。
18	林业质检机构资质认定	国家林草局	《中华人民共和国标准化法实施条例》	取消许可后，林草部门和市场监管部门要通过以下措施加强监管： 1. 市场监管总局规定或调整检验检测机构准入条件时，应征求国家林草局意见，体现林草部门关于林业质检机构的特别准入要求。新增或续期的林业质检机构直接向市场监管部门申请办理有关许可，市场监管部门审批时应征求同级林草部门意见。 2. 市场监管部门通过"双随机、一公开"监管、重点监管、信用监管等方式，对检验检测机构实施日常管理，发现违法违规行为要依法查处并向社会公开结果，涉及林业质检机构的还要及时推送至同级林草部门。 3. 林草部门依法委托有关检验检测机构从事检验检测活动，并对检验检测活动进行监管，指导有关检验检测机构提升业务能力和管理水平。发现违法违规行为要及时通报有关市场监管部门，有关市场监管部门应当依法查处。
19	林木种子质量检验机构资质认定	国家林草局、省级林草部门	《中华人民共和国种子法》	取消许可后，林草部门和市场监管部门要通过以下措施加强监管： 1. 市场监管总局规定或调整检验检测机构准入条件时，应征求国家林草局意见，体现林草部门关于林木种子质量检验机构的特别准入要求。新增或续期的林木种子质量检验机构直接向市场监管部门申请办理有关许可，市场监管部门审批时应征求同级林草部门意见。 2. 市场监管部门通过"双随机、一公开"监管、重点监管、信用监管等方式，对检验检测机构实施日常管理，发现违法违规行为要依法查处并向社会公开结果，涉及林木种子质量检验机构的还要及时推送至同级林草部门。 3. 林草部门依法委托有关检验检测机构从事检验检测活动，并对检验检测活动进行监管，指导有关检验检测机构提升业务能力和管理水平。发现违法违规行为要及时通报有关市场监管部门，有关市场监管部门应当依法查处。

（续）

序号	事项名称	审批部门	设定依据	加强事中事后监管措施
20	草种质量检验机构资质认定	省级林草部门	《中华人民共和国种子法》	取消许可后，林草部门和市场监管部门要通过以下措施加强监管： 1. 市场监管总局规定或调整检验检测机构准入条件时，要征求国家林草局意见，体现林草部门关于草种质量检验机构的特别准入要求。新增草种质量检验机构直接向市场监管部门申请办理有关许可，市场监管部门审批时应征求同级林草部门意见。 2. 市场监管部门通过"双随机、一公开"监管、重点监管、信用监管等方式，对检验检测机构实施日常管理，发现违法违规行为要依法查处并向社会公开结果，涉及草种质量检验机构的还要及时推送至同级林草部门。 3. 林草部门依法委托有关检验检测机构从事检验检测活动，并对检验检测活动进行监管，指导有关检验检测机构提升业务能力和管理水平。发现违法违规行为要及时通报有关市场监管部门，有关市场监管部门应当依法查处。
21	草种进出口经营许可证审核（初审）	省级林草部门	《中华人民共和国种子法》	取消初审后，林草部门要通过以下措施加强监管： 1. 国家林草局严格实施"草种进出口经营许可证核发"，重新公布审批服务指南，推动实现网上办理，方便企业办事。 2. 开展"双随机、一公开"监管，督促草种进出口企业落实标签、档案、质量管理等制度，畅通投诉举报渠道，发现违法违规行为要依法查处并向社会公开结果。 3. 依法实施信用监管，如实记录违法失信行为，实施差异化监管等措施。
22	外国人进入国家级环境保护自然保护区审批	省级林草部门	《中华人民共和国自然保护区条例》	取消许可后，林草部门要通过以下措施加强监管： 1. 加强对国家级自然保护区的日常监管，指导国家级自然保护区管理机构对进入保护区的外国人加强管理。发现违法违规行为要依法查处并向社会公开结果，发现涉嫌犯罪活动要及时移交有关机关处理。 2. 严格实施猎捕野生动物、采伐或采集野生植物、出口野生植物及其产品等方面的许可管理，防止资源流失。

（续）

序号	事项名称	审批部门	设定依据	加强事中事后监管措施
23	外国人进入国家级海洋自然保护区审批	省级林草部门	《中华人民共和国自然保护区条例》	取消许可后，林草部门和有关单位要通过以下措施加强监管： 1. 加强对国家级自然保护区的日常监管，指导国家级自然保护区管理机构对进入保护区的外国人加强管理。发现外国人进入国家级海洋自然保护区从事违法违规活动的，由林草部门、中国海警局按职责分工依法查处并向社会公开结果，发现涉嫌犯罪活动要及时移交有关机关处理。 2. 严格实施猎捕野生动物、采伐或采集野生植物、出口野生动植物及其产品等方面的许可管理，防止资源流失。
24	外国人进入国家级渔业自然保护区审批	省级林草部门	《中华人民共和国自然保护区条例》	取消许可后，林草部门要通过以下措施加强监管： 1. 加强对国家级自然保护区的日常监管，指导国家级自然保护区管理机构对进入保护区的外国人加强管理。发现违法违规行为要依法查处并向社会公开结果，发现涉嫌犯罪活动要及时移交有关机关处理。 2. 严格实施猎捕野生动物、采伐或采集野生植物、出口野生动植物及其产品等方面的许可管理，防止资源流失。
25	在国家级自然保护区建立机构和修筑设施初审	省级林草部门	《森林和野生动物类型自然保护区管理办法》《在国家级自然保护区修筑设施审批管理暂行办法》（原国家林业局令第 50 号）	取消初审后，林草部门要通过以下措施加强监管： 1. 国家林草局严格实施"在国家级自然保护区建立机构和修筑设施审批"，推动实现网上办理，方便企业办事。 2. 国家林草局派出机构、省级林草部门、国家级自然保护区管理机构加大抽查、巡查力度，畅通投诉举报渠道，发现违法违规行为要依法查处并向社会公开结果。
26	非经营性通用航空登记核准	中国民航局	《国务院关于通用航空管理的暂行规定》	取消许可，改为备案。民航部门和有关部门要通过以下措施加强监管： 1. 建立健全非经营性通用航空备案制度。依法严格实施航空器适航管理和国籍登记、航空器驾驶员资质管理、航空电台执照管理、飞行计划管

（续）

序号	事项名称	审批部门	设定依据	加强事中事后监管措施
26	非经营性通用航空登记核准	中国民航局	《国务院关于通用航空管理的暂行规定》	理、飞行过程监控管理等。健全安全监管体系，完善有关管理系统，推进低空飞行服务保障体系建设，加强跨部门信息共享。 2. 通过"双随机、一公开"监管、重点监管等方式加强监管，督促落实非经营性通用航空保险制度。加强民航部门与空管部门、公安机关的工作衔接，联合实施低空飞行安全监管，发现违法违规行为要依法查处并向社会公开结果。 3. 依法实施信用监管，如实记录违法失信行为，实施差异化监管、行业禁入等措施。
27	限额以下外商投资民航项目建议书和可行性研究报告审批	中国民航局	《国务院对确需保留的行政审批项目设定行政许可的决定》	取消许可后，民航部门和有关部门要通过以下措施加强监管： 1. 依法严格实施"规定权限内对新建、改建和扩建民用运输机场的审批和审核""民用机场使用许可证核发""公共航空运输企业经营许可""通用航空企业经营许可"等行政许可。 2. 依法对影响或可能影响国家安全的外商投资项目进行外商投资安全审查，严格落实《外商投资准入特别管理措施（负面清单）》关于外商投资民用机场、公共航空运输公司、通用航空公司、机场塔台等的特别管理措施。
28	经营境内邮政通信业务审批	国家邮政局、省级邮政管理局	《国务院对确需保留的行政审批项目设定行政许可的决定》	取消许可后，邮政部门要通过以下措施加强监管： 1. 完善邮政企业委托第三方提供服务的管理制度，督促邮政企业落实主体责任，明确业务委托范围，保障邮件安全。 2. 对邮政企业委托的第三方企业开展"双随机、一公开"监管，畅通投诉举报渠道，发现违法违规行为要依法查处并向社会公开结果。 3. 依法实施信用监管，如实记录违法失信行为，发现严重违法行为要依法对有关企业和人员实行行业禁入。 4. 如将来需要批准中国邮政集团公司以外的企业经营境内邮政通信业务，由国家邮政局按照党中央、国务院决策部署办理，并提出修改完善有关法律规定的建议。

（续）

序号	事项名称	审批部门	设定依据	加强事中事后监管措施
29	合格境外机构投资者投资额度、账户、资金汇出审批及外汇登记证核发	国家外汇局	《国务院对确需保留的行政审批项目设定行政许可的决定》	取消许可后，外汇部门要会同有关部门通过以下措施加强监管： 1. 优化宏观审慎管理，探索完善价格型宏观审慎管理手段，逆周期调控相关资金跨境流动。 2. 强化外汇登记和监管，实现境外机构投资者汇兑行为全过程留痕，加强资金跨境流动风险监测和预警，完善风险应对预案，防范异常跨境资金大规模集中流动风险。 3. 加强多部门协同配合的市场监测和管理，及时发现和处置跨市场异常交易行为，对情节严重的要依法采取限制账户交易、限制资金进出等措施。发现违法违规行为要依法查处并向社会公开结果。

附件 2：

国务院决定下放审批层级的行政许可事项目录（共 4 项）

序号	事项名称	审批部门	设定依据	下放后审批部门	加强事中事后监管措施
1	出口国家重点保护的农业野生植物或进出口中国参加的国际公约限制进出口的农业野生植物审批	农业农村部	《中华人民共和国野生植物保护条例》	省级农业农村部门	下放后，取消省级农业农村部门负责实施的初审。农业农村部门要通过以下措施加强监管： 1. 省级农业农村部门严格实施许可，加强对出口国家重点保护的农业野生植物和进出口我国参加的国际公约限制进出口的农业野生植物的监管。农业农村部要加强对省级农业农村部门有关工作的指导和监督。 2. 加强跨部门、跨层级的信息共享，省级农业农村部门要及时将许可信息推送至农业农村部、国家林草局（国家濒危物种进出口管理机构）、海关等部门。 3. 通过"双随机、一公开"监管、信用监管等方式加大执法监督力度，发现违法违规行为要依法查处并向社会公开结果。

（续）

序号	事项名称	审批部门	设定依据	下放后审批部门	加强事中事后监管措施
2	成品油零售经营资格审批	省级商务部门	《国务院对确需保留的行政审批项目设定行政许可的决定》	设区的市级人民政府指定部门	下放后，设区的市级人民政府指定部门（以下简称指定部门）要会同有关部门通过以下措施加强监管： 1. 指定部门严格落实成品油流通行业监管职责。要求成品油零售企业建立购销台账制度，完善油品来源、检验报告、检查记录等凭证材料档案。指定部门开展"双随机、一公开"监管，重点检查企业台账制度建立执行情况，发现违法违规行为依法处理或者提请有关部门予以查处。结合企业诚信经营和风险状况依法实施差异化监管。支持行业协会发挥行业自律作用。 2. 地方政府严格落实属地监管职责。设区的市级人民政府要建立跨部门联合监管机制，按照综合行政执法改革精神，统筹配置行政处罚职能和执法资源，加强协同监管。建立投诉举报制度，定期组织开展对成品油零售企业的专项检查，发现违法违规行为由各有关部门按职责依法依规查处。建立企业信用记录并纳入全国信用信息共享平台，对违法失信企业依法实施失信惩戒。 3. 相关部门严格落实专项监管职责。从事成品油零售经营活动的企业必须符合自然资源、规划、建设、质量计量、环保、安全生产、消防、治安反恐、商务、税务、交通运输、气象等方面法律法规和标准要求，依法依规开展经营。公安、自然资源、生态环境、住房城乡建设、交通运输、商务、应急管理、税务、市场监管、能源等部门按职责依法依规加强监管，承担安全生产监管责任的部门切实履行监管责任、守牢安全底线。 4. 加强成品油零售行业监管信息共享运用。市场监管部门要及时将新登记经营范围涉及成品油零售的企业信息推送至有关主管部门。商务部门要将改革前已取得相应许可的成品油零售企业信息推送至有关主管部门。指定部门要将行业监管中发现的超经营范围经营企业信息或者无照经营信息及时推送至有关主管部门。各有关主管部门要充分运用共享的监管信息，有针对性地加强监管执法。

（续）

序号	事项名称	审批部门	设定依据	下放后审批部门	加强事中事后监管措施
3	县级广播电台、电视台变更台名、节目设置范围或节目套数审批	广电总局	《广播电视管理条例》	省级广电部门	下放后，广电部门要通过以下措施加强监管： 1. 省级广电部门在规定时限内将审批情况推送至广电总局，并向社会公示辖区内县级广播电台、电视台频道开办情况。广电总局要加强对省级广电部门的工作指导和监督。 2. 完善技术监管措施，对广播电台、电视台节目播出情况进行实时监管，制定应急预案并及时处理突发事件。 3. 通过"双随机、一公开"监管、信用监管等方式，加大执法监督力度，发现违法违规行为要依法查处并向社会公开结果。
4	设区的市、县级地方新闻单位的信息网络传播视听节目许可证核发	广电总局	《国务院对确需保留的行政审批项目设定行政许可的决定》	省级广电部门	下放后，广电部门要通过以下措施加强监管： 1. 建立健全审批情况信息共享、节目报备和重大事项报告等制度，将设区的市、县级地方新闻单位播出的网络视听节目纳入网络视听节目管理系统。 2. 指导督促新闻单位建立健全总编辑负责、节目播前审查、重要节目播出管理等制度。将有关节目纳入各级广播电视和网络视听监测监管平台，加强内容监管。发现违反规定造成重大事故的要严肃处理。

国务院关于授权和委托用地审批权的决定

国发〔2020〕4号

各省、自治区、直辖市人民政府,国务院各部委、各直属机构:

为贯彻落实党的十九届四中全会和中央经济工作会议精神,根据《中华人民共和国土地管理法》相关规定,在严格保护耕地、节约集约用地的前提下,进一步深化"放管服"改革,改革土地管理制度,赋予省级人民政府更大用地自主权,现决定如下:

一、将国务院可以授权的永久基本农田以外的农用地转为建设用地审批事项授权各省、自治区、直辖市人民政府批准。自本决定发布之日起,按照《中华人民共和国土地管理法》第四十四条第三款规定,对国务院批准土地利用总体规划的城市在建设用地规模范围内,按土地利用年度计划分批次将永久基本农田以外的农用地转为建设用地的,国务院授权各省、自治区、直辖市人民政府批准;按照《中华人民共和国土地管理法》第四十四条第四款规定,对在土地利用总体规划确定的城市和村庄、集镇建设用地规模范围外,将永久基本农田以外的农用地转为建设用地的,国务院授权各省、自治区、直辖市人民政府批准。

二、试点将永久基本农田转为建设用地和国务院批准土地征收审批事项委托部分省、自治区、直辖市人民政府批准。自本决定发布之日起,对《中华人民共和国土地管理法》第四十四条第二款规定的永久基本农田转为建设用地审批事项,以及第四十六条第一款规定的永久基本农田、永久基本农田以外的耕地超过三十五公顷的、其他土地超过七十公顷的土地征收审批事项,国务院委托部分试点省、自治区、直辖市人民政府批准。首批试点省份为北京、天津、上海、江苏、浙江、安徽、广东、重庆,试点期限1年,具体实施方案由试点省份人民政府制订并报自然资源部备案。国务院将建立健全省级人民政府用地审批工作评价机制,根据各省、自治区、直辖市的土地管理水平综合评估结果,对试点省份进行动态调整,对连续排名靠后或考核不合格的试点省份,国务院将收回委托。

三、有关要求。各省、自治区、直辖市人民政府要按照法律、行政法规和有关政策规定,严格审查把关,特别要严格审查涉及占用永久基本农田、生态保护红线、自然保护区的用地,切实保护耕地,节约集约用地,盘活存量土地,维护被征地农民合法权益,确保相关用地审批权"放得下、接得住、管得好"。各省、自治区、直辖市人民政府不得将承接的用地审批权进一步授权或委托。

自然资源部要加强对各省、自治区、直辖市人民政府用地审批工作的指导和服务,明确审批要求和标准,切实提高审批质量和效率;要采取"双随机、一公开"等方式,加强对用地审批情况的监督检查，发现违规问题及时督促纠正，重大问题及时向国务院报告。

国务院

2020 年 3 月 1 日

（此件公开发布）

中共中央办公厅 国务院办公厅印发
《关于调整完善土地出让收入使用范围
优先支持乡村振兴的意见》

    土地出让收入是地方政府性基金预算收入的重要组成部分。长期以来，土地增值收益取之于农、主要用之于城，有力推动了工业化、城镇化快速发展，但直接用于农业农村比例偏低，对农业农村发展的支持作用发挥不够。为深入贯彻习近平总书记关于把土地增值收益更多用于"三农"的重要指示精神，落实党中央、国务院有关决策部署，拓宽实施乡村振兴战略资金来源，现就调整完善土地出让收入使用范围优先支持乡村振兴提出如下意见。

一、总体要求

    （一）指导思想。以习近平新时代中国特色社会主义思想为指导，全面贯彻党的十九大和十九届二中、三中、四中全会精神，紧紧围绕统筹推进"五位一体"总体布局和协调推进"四个全面"战略布局，坚持和加强党对农村工作的全面领导，坚持把解决好"三农"问题作为全党工作重中之重，坚持农业农村优先发展，按照"取之于农、主要用之于农"的要求，调整土地出让收益城乡分配格局，稳步提高土地出让收入用于农业农村比例，集中支持乡村振兴重点任务，加快补上"三农"发展短板，为实施乡村振兴战略提供有力支撑。

    （二）工作原则。

    ——坚持优先保障、务求实效。既要在存量调整上做文章，也要在增量分配上想办法，确保土地出让收入用于支持乡村振兴的力度不断增强，为实施乡村振兴战略建立稳定可靠的资金来源。

    ——坚持积极稳妥、分步实施。统筹考虑各地财政实力、土地出让收入规模、农业农村发展需求等情况，明确全国总体目标，各省（自治区、直辖市）确定分年度目标和实施步骤，合理把握改革节奏。

    ——坚持统筹使用、规范管理。统筹整合土地出让收入用于农业农村的资金，与实施乡村振兴战略规划相衔接，聚焦补短板、强弱项，健全管理制度，坚持精打细算，加强监督检查，防止支出碎片化，提高资金使用整体效益。

    （三）总体目标。从"十四五"第一年开始，各省（自治区、直辖市）分年度稳步提高土地出让收入用于农业农村比例；到"十四五"期末，以省（自治区、直辖市）为单位核算，土地出让收益用于农业农村比例达到50％以上。

二、重点举措

    （一）提高土地出让收入用于农业农村比例。以省（自治区、直辖市）为单位确定计提方式。各省（自治区、直辖市）可结合本地实际，从以下两种方式中选择一种组织实施：一是按照当年土地出让收益用于农业农村的资金占比逐步达到 50％以上计提，若计提数小于土地出让收入 8％的，则按不低于土地出让收入 8％计提；二是按照当年土地出让收入用于农业农村的资金占比逐步达到 10％以上计提。严禁以已有明确用途的土地出让收入作为偿债资金来源发行地方政府专项债券。各省（自治区、直辖市）可对所辖市、县设定差异化计提标准，但全省（自治区、直辖市）总体上要实现土地出让收益用于农业农村比例逐步达到 50％以上的目标要求。北京、上海等土地出让收入高、农业农村投入需求小的少数地区，可根据实际需要确定提高土地出让收入用于农业农村的具体比例。中央将根据实际支出情况考核各省（自治区、直辖市）土地出让收入用于农业农村比例是否达到要求，具体考核办法由财政部另行制定。

（二）做好与相关政策衔接。从土地出让收益中计提的农业土地开发资金、农田水利建设资金、教育资金等，以及市、县政府缴纳的新增建设用地土地有偿使用费中，实际用于农业农村的部分，计入土地出让收入用于农业农村的支出。允许省级政府按照现行政策继续统筹土地出让收入用于支持"十三五"易地扶贫搬迁融资资金偿还。允许将已收储土地的出让收入，继续通过计提国有土地收益基金用于偿还因收储土地形成的地方政府债务，并作为土地出让成本性支出计算核定。各地应当依据土地管理法等有关法律法规及政策规定，合理把握土地征收、收储、供应节奏，保持土地出让收入和收益总体稳定，统筹处理好提高土地出让收入用于农业农村比例与防范化解地方政府债务风险的关系。

（三）建立市县留用为主、中央和省级适当统筹的资金调剂机制。土地出让收入用于农业农村的资金主要由市、县政府安排使用，重点向县级倾斜，赋予县级政府合理使用资金自主权。省级政府可从土地出让收入用于农业农村的资金中统筹一定比例资金，在所辖各地区间进行调剂，重点支持粮食主产和财力薄弱县（市、区、旗）乡村振兴。省级统筹办法和具体比例由各省（自治区、直辖市）自主确定。中央财政继续按现行规定统筹农田水利建设资金的 20％、新增建设用地土地有偿使用费的 30％，向粮食主产区、中西部地区倾斜。

（四）加强土地出让收入用于农业农村资金的统筹使用。允许各地根据乡村振兴实际需要，打破分项计提、分散使用的管理方式，整合使用土地出让收入中用于农业农村的资金，重点用于高标准农田建设、农田水利建设、现代种业提升、农村供水保障、农村人居环境整治、农村土地综合整治、耕地及永久基本农田保护、村庄公共设施建设和管护、农村教育、农村文化和精神文明建设支出，以及与农业农村直接相关的山水林田湖草生态保护修复、以工代赈工程建设等。加强土地出让收入用于农业农村资金与一般公共预算支农投入之间的统筹衔接，持续加大各级财政通过原有渠道用于农业农村的支出力度，避免对一般公共预算支农投入产生挤出效应，确保对农业农村投入切实增加。

（五）加强对土地出让收入用于农业农村资金的核算。根据改革目标要求，进一步完善土地出让收入和支出核算办法，加强对土地出让收入用于农业农村支出的监督管理。规范土地出让收入管理，严禁变相减免土地出让收入，确保土地出让收入及时足额缴入国库。严格核定土地出让成本性支出，不得将与土地前期开发无关的基础设施和公益性项目建设成本纳入成本核算范围，虚增土地出让成本，缩减土地出让收益。

三、保障措施

（一）加强组织领导。各地区各有关部门要提高政治站位，从补齐全面建成小康社会短板、促进乡村全面振兴、推动城乡融合发展高度，深刻认识调整完善土地出让收入使用范围优先支持乡村振兴的重要性和紧迫性，切实将其摆上重要议事日程，明确工作责任，确保各项举措落地见效。地方党委和政府要加强领导，各省（自治区、直辖市）在2020年年底前制定具体措施并报中央农办，由中央农办会同有关部门审核备案。

（二）强化考核监督。把调整完善土地出让收入使用范围、提高用于农业农村比例情况纳入实施乡村振兴战略实绩考核，作为中央一号文件贯彻落实情况督查的重要内容。加强对土地出让相关政策落实及土地出让收支管理的审计监督，适时开展土地出让收入专项审计。建立全国统一的土地出让收支信息平台，实现收支实时监控。严肃查处擅自减免、截留、挤占、挪用应缴国库土地出让收入以及虚增土地出让成本、违规使用农业农村投入资金等行为，并依法依规追究有关责任人的责任。

各省（自治区、直辖市）党委和政府每年向党中央、国务院报告实施乡村振兴战略进展情况时，要专题报告调整完善土地出让收入使用范围、提高用于农业农村投入比例优先支持乡村振兴的情况。

国务院办公厅关于印发全国深化"放管服"改革优化营商环境电视电话会议重点任务分工方案的通知

国办发〔2020〕43 号

各省、自治区、直辖市人民政府，国务院各部委、各直属机构：

《全国深化"放管服"改革优化营商环境电视电话会议重点任务分工方案》已经国务院同意，现印发给你们，请结合实际认真贯彻落实。

国务院办公厅

2020 年 11 月 1 日

全国深化"放管服"改革优化营商环境电视电话会议重点任务分工方案

党中央、国务院高度重视深化"放管服"改革优化营商环境工作。2020 年 9 月 11 日，李克强总理在全国深化"放管服"改革优化营商环境电视电话会议上发表重要讲话，部署进一步深化"放管服"改革，加快打造市场化法治化国际化营商环境，不断激发市场主体活力和发展内生动力。为确保会议确定的重点任务落到实处，现制定如下分工方案。

一、把实施好宏观政策和深化"放管服"改革结合起来，提高宏观政策实施的时效性和精准性

（一）研究将财政资金直达机制实施中的好做法制度化，落实减税降费政策，为保就业、保民生、保市场主体提供支撑。（财政部、国家发展改革委、工业和信息化部、民政部、人力资源社会保障部、交通运输部、人民银行、税务总局、市场监管总局、银保监会等国务院相关部门及各地区按职责分工负责）

具体措施：

1. 及时总结财政资金直达基层的经验做法，进一步完善财政资金直达机制，优化完善直达资金监控系统功能，督促各地区加强直达资金日常监控，确保资金落实到位、规范

使用。（财政部牵头，国务院相关部门及各地区按职责分工负责）

2. 简化税费优惠政策适用程序，利用大数据等技术甄别符合条件的纳税人、缴费人，精准推送优惠政策信息。督促中央执收单位和各地区加强非税收入退付管理，确保取消、停征、免征及降低征收标准的收费基金项目及时落实到相关企业和个人。（财政部、税务总局牵头，国务院相关部门及各地区按职责分工负责）

3. 2020年底前开展涉企收费专项治理，对公用事业、港口物流等领域涉企收费开展检查，整治部分园区、楼宇、商业综合体等转供电主体违法加价等行为，坚决避免减税降费红利被截留。（市场监管总局牵头，国家发展改革委、住房城乡建设部、交通运输部、海关总署等国务院相关部门及各地区按职责分工负责）

4. 清理规范中小企业融资中的不合理附加费用，整治银行强制搭售产品、超公示标准收费、收费与服务项目不符等违规行为。加强银行服务项目和收费公示，建立健全银行业违规收费投诉举报机制。（银保监会及各地区按职责分工负责）

5. 2020年底前组织开展行业协会商会收费情况全面自查，2021年3月底前对行业协会商会乱收费自查、退还违法违规所得等情况开展检查，确保乱收费问题整改到位。（市场监管总局、民政部牵头，国务院相关部门及各地区按职责分工负责）

（二）让企业特别是中小微企业融资更加便利、更加优惠，推动国有大型商业银行创新对中小微企业的信贷服务模式，利用大数据等技术解决"首贷难"、"续贷难"等问题。督促金融机构优化普惠型小微企业贷款延期操作程序，做到应延尽延，并引导金融机构适当降低利率水平。加强水电气、纳税、社保等信用信息归集共享，为增加普惠金融服务创造条件。（人民银行、银保监会牵头，国家发展改革委、财政部、人力资源社会保障部、住房城乡建设部、税务总局、市场监管总局、国家医保局、国家能源局等国务院相关部门及各地区按职责分工负责）

具体措施：

1. 鼓励商业银行运用大数据等技术建立风险定价和管控模型，优化再造对中小微企业的信贷发放流程和模式，推行线上服务、"不见面"审批等便捷信贷服务。（人民银行、银保监会及各地区按职责分工负责）

2. 完善商业银行绩效评价，督促商业银行改进贷款尽职免责标准和流程，引导商业银行落实普惠型小微企业贷款政策。督促金融机构公开普惠型小微企业贷款延期操作程序，压缩办理时限，做到应延尽延。（财政部、人民银行、银保监会按职责分工负责）

3. 完善水电气、纳税、社保等领域信用评价标准和指标体系，充分运用各类信用信息平台，加强相关信用信息共享以及在信贷发放方面的应用，支持普惠金融更好发展。（国家发展改革委、人民银行、银保监会牵头，人力资源社会保障部、住房城乡建设部、税务总局、市场监管总局、国家医保局、国家能源局等国务院相关部门及各地区按职责分工负责）

（三）稳定和扩大就业，破除影响就业特别是新就业形态的各种不合理限制，加快调整相关准入标准、职业资格、社会保障、人事管理等政策，适应并促进多元化的新就业形态。把灵活就业、共享用工岗位信息纳入公共就业服务范围，对设立劳务市场或零工市场给予支持、提供便利。（人力资源社会保障部牵头，国务院相关部门及各地区按职责分工

负责）

具体措施：

1. 简化应届高校毕业生就业手续，推动取消应届高校毕业生报到证，并加强教育、人力资源社会保障、公安等部门业务协同和就业信息共享，做好就业保障和服务。对非公单位接收应届高校毕业生，取消由所在地公共就业人才服务机构在就业协议书上签章的环节。（教育部、人力资源社会保障部、公安部等国务院相关部门及各地区按职责分工负责）

2. 加大就业服务供给，督促地方清理对职业资格培训和技能培训类民办学校在管理人员从业经验、培训工种数量等方面设定的不合理要求。推进流动人员人事档案信息互联，加快推行"一点存档、多点服务"。（人力资源社会保障部牵头，国务院相关部门及各地区按职责分工负责）

3. 推进企业技能人才自主评价，支持企业依据国家职业技能标准自主开展技能人才评定，对没有国家职业技能标准的可自主开发评价规范。获得企业发放的职业技能相关证书的人才符合相关条件的，可享受职业培训、职业技能鉴定补贴等政策。（人力资源社会保障部牵头，国务院相关部门及各地区按职责分工负责）

4. 优化外国人来华工作许可，指导地方试点持人才签证的外国人才免办工作许可，授权副省级城市和计划单列市科技主管部门受理签发外国高端人才确认函。（科技部牵头，国务院相关部门及各地区按职责分工负责）

（四）继续优化常态化疫情防控，提高快速处置和精准管控能力，促进客运、餐饮、旅游、住宿等服务业加快恢复。动态调整优化外防输入管控措施，为中外人员往来创造安全便利的条件，提升国际货物运输保障能力。及时清理取消疫情防控中恢复或新增的审批事项，防止将一些临时性审批长期化。（国务院办公厅、国家发展改革委、交通运输部、商务部、文化和旅游部、国家卫生健康委、海关总署、市场监管总局、国家移民局、国家邮政局等国务院相关部门及各地区按职责分工负责）

具体措施：

1. 总结推广疫情防控中服务企业的经验做法，将行之有效、市场主体认可的做法规范化、制度化。及时清理取消不合时宜的管控措施和临时性审批事项。（各地区、各部门负责）

2. 适时调整优化精准防控措施，支持分区分级加快恢复客运服务，对出现散发病例的区域加强交通运输疫情防控，落实客运场站和交通运输工具消毒通风、人员防护、乘客测温等措施。（交通运输部、国家卫生健康委等国务院相关部门及各地区按职责分工负责）

3. 2020 年底前制定出台餐饮服务常态化疫情防控的指导意见，完善住宿业疫情防控指南，支持餐饮业、住宿业在做好疫情防控前提下尽快恢复发展。修订完善旅游景区、剧场等演出场所、互联网上网服务营业场所、娱乐场所恢复开放的疫情防控指南。（商务部、文化和旅游部、国家卫生健康委等国务院相关部门及各地区按职责分工负责）

二、放要放出活力、放出创造力

（五）系统梳理现有各层级审批和各种具有审批性质的管理措施并形成清单，分类推进行政审批制度改革。（国务院办公厅牵头，各地区、各部门负责）

具体措施：

1. 编制公布中央层面设定的行政许可事项清单，出台规范行政许可事项清单管理的规定，对清单内行政许可事项，逐项明确设定依据、实施机关、许可条件、办理程序、办理时限、申请材料、适用范围、有效期限、中介服务等要素。（国务院办公厅牵头，国务院相关部门按职责分工负责）

2. 2021年6月底前建立健全行政许可设定审查机制，严格控制新设行政许可等管理措施，加强对行政许可实施情况的监督。（国务院办公厅负责）

（六）大幅精简各类重复审批，对重复审批进行清理，能整合的整合，该取消的取消，同时要强化责任意识，明确"谁审批谁负责"，绝不能"一批了之"。（国务院办公厅牵头，各地区、各部门负责）

具体措施：

1. 2021年6月底前研究提出新一批取消、下放和改变管理方式的行政许可事项。（国务院办公厅牵头，国务院相关部门按职责分工负责）

2. 深化投资审批制度改革，进一步简化、整合投资项目报建手续，指导地方探索创新投资管理服务方式，不断精简优化审批程序、审批事项和申报材料。（国家发展改革委牵头，国务院相关部门及各地区按职责分工负责）

3. 进一步压减中央层面、地方层面设立的工程建设项目审批事项和条件，精简规范工程建设项目全流程涉及的技术审查、中介服务事项，压缩审批时间。（住房城乡建设部牵头，国务院相关部门及各地区按职责分工负责）

（七）下决心取消对微观经济活动造成不必要干预的审批，以及可以由事前审批转为事中事后监管的审批。从放管结合的角度出发，加快清理不涉及重大项目布局又不触及安全底线的审批，切实改变"以批代管"的情况，进一步降低准入门槛。（国务院办公厅牵头，国务院相关部门及各地区按职责分工负责）

具体措施：

1. 大幅压减涉及工业产品的行政许可事项和强制性认证事项，广泛推行产品系族管理，解决重复检验检测、重复审批认证等问题。（国务院办公厅、市场监管总局、司法部牵头，国务院相关部门及各地区按职责分工负责）

2. 严格控制强制性认证目录，推动将强制性认证目录中适用自我声明方式的产品种类扩大至30%以上，进一步整合划分过细的认证单元。增加指定的认证机构数量，对不涉及产品安全的变更无需申报，压缩认证时间和成本。（市场监管总局牵头，国务院相关部门及各地区按职责分工负责）

3. 优化药店开设审批，在全国范围内对申请开办只经营乙类非处方药的零售企业审批实行告知承诺制，推动取消药品零售企业筹建审批，督促地方清理对开办药店设定的间距限制等不合理条件，并同步加强事中事后监管。（国家药监局牵头，国务院相关部门及各地区按职责分工负责）

4. 2020年底前制定出台深化汽车生产流通领域"放管服"改革的有关意见。简化优化汽车生产准入管理措施，统一汽车产品准入检测标准，推行企业自检自证和产品系族管理，有序放开代工生产等。（工业和信息化部、商务部牵头，国务院相关部门及各地区按

职责分工负责）

5. 针对数字经济领域市场准入事项数量多、条件高、手续繁问题，研究提出放宽数字经济领域市场准入的改革举措。推动实现移动应用程序（APP）多部门联合检查检测，避免重复检测。简化优化网约车行业市场准入制度。（国务院办公厅、国家发展改革委牵头，工业和信息化部、公安部、交通运输部、中央网信办等相关单位按职责分工负责）

（八）全面清理规范公告备案、计划目录、布局限制、认证检测等各类管理措施，以及借信息化平台建设之名新增的审批环节，严防变相审批和违规乱设审批。（国务院办公厅牵头，各地区、各部门负责）

具体措施：

1. 编制公布中央层面设定的行政备案事项清单。推动制定行政备案条例，明确设定行政备案事项的权限，规范实施备案程序，严防以备案之名行审批之实。（国务院办公厅牵头，司法部等国务院相关部门按职责分工负责）

2. 系统梳理中央层面设定的企业年检、年报事项，分批次推进年检改年报，推动年报事项"多报合一、信息共享"。（国务院办公厅牵头，国务院相关部门按职责分工负责）

（九）改革创新审批方式，深化"证照分离"改革，在生产许可、项目投资审批、证明事项等领域，广泛推行承诺制，实现政府定标准、企业或个人作承诺、过程强监管、失信严惩戒，大幅提高核准审批效率。（国务院办公厅、市场监管总局、司法部牵头，国务院相关部门及各地区按职责分工负责）

具体措施：

1. 着力推进"照后减证"和简化审批，2021年底前在全国实现"证照分离"改革全覆盖，对所有涉企经营许可事项实行分类改革，其中，取消审批、改为备案或实行告知承诺的事项力争达到100项以上，自由贸易试验区力争达到150项。（国务院办公厅、市场监管总局、司法部牵头，国务院相关部门及各地区按职责分工负责）

2. 全面推行证明事项和涉企经营许可事项告知承诺制，明确实行告知承诺制的事项范围、适用对象、工作流程和监管措施等。对具备条件的建设工程企业资质审批实行告知承诺管理。（司法部、国务院办公厅、住房城乡建设部等国务院相关部门及各地区按职责分工负责）

3. 在自由贸易试验区试点商事主体登记确认制改革，最大程度尊重企业登记注册自主权。（市场监管总局及相关地区按职责分工负责）

（十）提升企业注销便利度，强化税务、社保、金融、市场监管等环节协同办理，扩大简易注销范围，让市场主体进得来、退得出。（市场监管总局牵头，人力资源社会保障部、人民银行、海关总署、税务总局等国务院相关部门及各地区按职责分工负责）

具体措施：

1. 2021年6月底前修改完善《企业注销指引》，推进部门间数据共享和业务协同，优化税务注销等程序，实现办理进度和结果实时共享。进一步扩大简易注销试点地域范围。（市场监管总局牵头，人力资源社会保障部、人民银行、海关总署、税务总局等国务院相关部门及各地区按职责分工负责）

2. 探索开展长期吊销未注销企业强制注销试点，明确强制注销的适用情形、具体条件和办理程序，并依法保障当事人合法权利，进一步提高市场主体退出效率。（市场监管总局牵头，国务院相关部门及各地区按职责分工负责）

三、管要管出公平、管出质量

（十一）提高监管执法规范性和透明度，完善"双随机、一公开"监管、信用监管、"互联网＋监管"、跨部门协同监管等有效做法，减少人为干预，压缩自由裁量空间，使监管既"无事不扰"又"无处不在"。增强监管的威慑力，降低企业合规成本、提高违规成本，防止"劣币驱逐良币"。（国务院办公厅、市场监管总局、国家发展改革委、人民银行、司法部等国务院相关部门及各地区按职责分工负责）

具体措施：

1. 组织对各地区落实行政执法公示制度、执法全过程记录制度、重大执法决定法制审核制度的有关情况开展抽查。2021年底前制定出台进一步规范行政裁量权基准制度的指导意见，推动各地区、各相关部门加快明确执法裁量基准。（司法部牵头，国务院相关部门及各地区按职责分工负责）

2. 指导地方将"双随机、一公开"监管与企业信用风险分类管理等结合起来，减少对守法诚信企业的检查次数。拓展部门联合"双随机、一公开"监管覆盖范围，将更多事项纳入联合抽查范围。进一步充实执法检查人员名录库，缓解基层"双随机、一公开"监管执法人员不足问题。（市场监管总局牵头，国务院相关部门及各地区按职责分工负责）

3. 持续推进"互联网＋监管"，加强部分重点监管领域数据汇集，进一步完善国家"互联网＋监管"系统风险预警模型，形成风险预警线索推送、处置和反馈机制，提升监管智能化水平。（国务院办公厅牵头，国务院相关部门及各地区按职责分工负责）

4. 依法依规推进社会信用体系建设，2020年底前制定出台进一步规范公共信用信息纳入范围、失信惩戒和信用修复的有关意见。（国家发展改革委、人民银行牵头，国务院相关部门及各地区按职责分工负责）

（十二）加快完善各领域监管标准体系，实施标准"领跑者"制度，鼓励行业制定更高水平自律标准，推动产品竞争力提高和产业转型升级。根据不同行业特点，合理分配国家、区域、省市县之间的监管力量，加强薄弱环节建设。（国务院办公厅、市场监管总局、生态环境部、交通运输部、农业农村部、文化和旅游部等国务院相关部门及各地区按职责分工负责）

具体措施：

1. 督促国务院相关部门按照法律法规和"三定"规定梳理明确重点监管事项，制定中央层面重点监管事项清单，逐步制订完善监管规则和标准，并向社会公开。（国务院办公厅牵头，国务院相关部门按职责分工负责）

2. 制定完善市场监管、生态环境保护、交通运输、农业、文化市场等领域行政执法事项目录清单，从源头上减少不必要的执法事项，规范行政执法行为，提高行政执法能力。（市场监管总局、生态环境部、交通运输部、农业农村部、文化和旅游部等国务院相关部门按职责分工负责）

3. 引导企业进行企业标准自我声明公开，在更多领域推行企业标准"领跑者"机制，引入第三方机构科学评估企业标准的质量，推动企业标准水平持续提升。（市场监管总局牵头，国务院相关部门及各地区按职责分工负责）

4. 督促地方城市管理部门规范执法行为，制定公布城管执法标准和要求，加大对随意执法等行为的查处力度，降低对市场主体正常生产经营活动的影响。（住房城乡建设部、司法部等国务院相关部门及各地区按职责分工负责）

（十三）守好安全和质量底线，对疫苗、药品、特种设备、危险化学品等领域实行全主体、全品种、全链条的严格监管。（应急部、市场监管总局、工业和信息化部、生态环境部、交通运输部、国家药监局等国务院相关部门及各地区按职责分工负责）

具体措施：

1. 加强疫苗全过程监管，向疫苗生产企业派驻检查员，开展日常监督检查和督促整改。省级药品监督管理部门每年对疫苗生产企业进行全覆盖监督检查，国家药品监督管理部门每年对在产的疫苗生产企业进行 100％全覆盖巡查和重点抽查。（国家药监局及各地区按职责分工负责）

2. 加强全国特种设备安全状况分析，开展隐患排查整治，在生产环节对有投诉举报和涉嫌存在质量问题的生产单位实施重点检查，在使用环节对风险分析确定的重点设备使用单位实施专项检查，并加强对其他特种设备生产单位和使用单位的监督检查。（市场监管总局牵头，国务院相关部门及各地区按职责分工负责）

3. 重点整治定点医疗机构及其他服务机构的不规范诊疗行为，以及医疗保险经办机构的违规支付医保待遇、拖欠定点医药机构费用等问题。建立欺诈骗保问题线索移送机制，对欺诈骗保行为加强部门联合排查。（国家医保局、市场监管总局、国家卫生健康委等国务院相关部门及各地区按职责分工负责）

（十四）强化市场主体责任，加大对制售假冒伪劣、侵犯知识产权等违法犯罪行为的发现和惩处力度，对直接关系人民群众身体健康和生命安全的领域，加快推出惩罚性赔偿和巨额罚款等制度。（市场监管总局、国家知识产权局、公安部、司法部等国务院相关部门及各地区按职责分工负责）

具体措施：

1. 2020 年底前制定完善行政执法过程中的商标、专利侵权判断标准。加快在专利等领域引入惩罚性赔偿制度。加大对侵犯商标、专利、商业秘密等知识产权，以及制售假冒伪劣学生用品、成品油、汽车配件等违法犯罪行为的打击力度，挂牌督办一批重点案件。（市场监管总局、国家知识产权局、公安部、司法部等国务院相关部门及各地区按职责分工负责）

2. 完善食品工业企业质量安全追溯平台功能，扩大婴幼儿配方乳粉质量安全追溯试点，便利消费者查询。（工业和信息化部等国务院相关部门及各地区按职责分工负责）

3. 开展移动应用程序（APP）违法违规收集使用个人信息专项治理，督促电信和互联网企业加强网络数据安全合规性评估，完善与企业投诉举报联动处理机制，及时核实处理用户投诉举报。（中央网信办、工业和信息化部、公安部、市场监管总局等相关单位及各地区按职责分工负责）

（十五）创新包容审慎监管，改革按区域、按行业监管的习惯做法，探索创新监管标准和模式，发挥平台监管和行业自律作用。在部分领域实施柔性监管、智慧监管等，对一些看不准、可能存在风险的，可以划定可控范围，探索试点经验再推广。（国务院办公厅、国家发展改革委、科技部、工业和信息化部、商务部、市场监管总局、中央网信办等相关单位及各地区按职责分工负责）

具体措施：

1. 系统总结近年来推进"互联网＋"行动的经验做法，分析存在的问题和薄弱环节，2021年3月底前有针对性地研究提出进一步推进"互联网＋"行动的新举措，加快培育经济发展新动能。（国家发展改革委牵头，国务院相关部门按职责分工负责）

2. 2021年底前制定出台对新产业新业态实行包容审慎监管的指导意见。探索开展"沙盒监管"、触发式监管等包容审慎监管试点。（国务院办公厅牵头，国家发展改革委、人民银行、市场监管总局等国务院相关部门及各地区按职责分工负责）

3. 2020年底前制定出台引导平台经济有序竞争的有关文件，为平台经济发展营造良好环境。依法查处互联网领域滥用市场支配地位限制交易、不正当竞争等违法行为，维护市场价格秩序，引导企业合法合规经营。2021年6月底前制定出台网络交易监督管理规定。（市场监管总局牵头，国务院相关部门按职责分工负责）

4. 便利企业获取各类创新资源，加强专利等知识产权信息服务，对专利权人有意愿开放许可的专利，集中公开相关专利基础数据、交易费用等信息，方便企业获取和实施。引导学术论文等数据服务提供商降低论文等资源获取费用，推动研究机构、高校等依法依规向社会开放最新研究成果信息。大幅压减网站备案登记时间。（教育部、科技部、工业和信息化部、国家知识产权局等国务院相关部门及各地区按职责分工负责）

5. 优化互联网医疗发展环境，鼓励支持医疗机构对接互联网平台，开展互联网复诊、互联网健康咨询、远程辅助诊断等服务，研究制定互联网健康咨询流程和标准，探索根据病种分级分类实施互联网问诊管理，实现线上咨询、线下诊疗衔接。（国家卫生健康委等国务院相关部门及各地区按职责分工负责）

四、服要服出便利、服出实惠

（十六）全面推行"不见面"办事，进一步拓展"互联网＋政务服务"，提供"24小时不打烊"的在线政务服务。除法律法规有特殊规定的事项外，原则上都要做到网上全程可办。对现场核验、签字、领取等环节，可以采取电子认证、"快递＋政务服务"等方式解决。完善全国一体化政务服务平台，年底前地方和部门平台要与国家平台完成对接，在更大范围实现"一网通办"。同时，兼顾好老年人、视障听障残疾人等群众的需求，采取必要的线下补充手段，有针对性地提供人工指导和服务，绝不能出现歧视现象。（国务院办公厅牵头，各地区、各部门负责）

具体措施：

1. 完善全国一体化政务服务平台，2020年底前实现各省（自治区、直辖市）和国务院部门政务服务平台与国家政务服务平台应接尽接、政务服务事项应上尽上，推动60种高频电子证照全国标准化应用，在更大范围实现"一网通办"。制定全国一体化政务服务平台移动端建设指引，督促各地区、各部门规范政务服务移动应用程序（APP）建设。对限定仅线上办理等不合理做法及时进行纠正，允许企业和群众自主选择线上或线下办理方式，并加强对老年人、视障听障残疾人等群体的引导和服务。（国务院办公厅牵头，国务院相关部门及各地区按职责分工负责）

2.优化完善全国规范统一的电子税务局，拓展"非接触式"办税缴费服务，2021年底前基本实现企业办税缴费事项网上办理、个人办税缴费事项掌上办理。全面推行税务证明事项告知承诺制，扩大将涉税资料事前报送改为留存备查的范围，减轻企业办税负担。（税务总局及各地区按职责分工负责）

3.优化水电气暖网等公用事业服务，清理报装过程中的附加审批要件和手续，加快实现报装、查询、缴费等业务全程网上办。优化外线施工办理流程，对涉及的工程规划许可、绿化许可、路政许可、占掘路许可、物料堆放许可等环节实行并联审批，探索实行接入工程告知承诺制。（国家发展改革委、工业和信息化部、住房城乡建设部、国家能源局等国务院相关部门及各地区按职责分工负责）

4.持续优化公证服务，加快推进高频公证服务事项"一网通办"，实现申请受理、身份认证、材料提交和缴费等各环节全程网上办。2021年3月底前研究制定降低企业公证事项和公证事务收费办法和标准。（司法部、国家发展改革委等国务院相关部门及各地区按职责分工负责）

5.优化医疗服务，参保群众可自主选择使用社保卡（含电子社保卡）、医保电子凭证就医购药。推进居民健康档案及身份识别、电子病历、诊疗信息、报告单结果等信息在不同医院互通互认，并严格保护个人隐私，减少群众重复办卡，避免不必要的重复检查。（国家卫生健康委、国家医保局、人力资源社会保障部及各地区按职责分工负责）

（十七）推动政务服务"跨省通办"，推进标准化建设和电子证照跨省互认，从教育、社保、医疗、养老、婚育和企业登记、经营许可办理等领域入手，加快推进政务服务"跨省通办"，2020年要有所突破，2021年底前要基本实现高频事项全覆盖。建立权威高效的数据共享机制，推动数据信息标准化，加快政务数据共享，并保障数据安全、保护隐私，防止滥用或泄露。（国务院办公厅牵头，教育部、民政部、人力资源社会保障部、国家卫生健康委、市场监管总局、中央网信办等相关单位及各地区按职责分工负责）

具体措施：

1.加快推进高频政务服务事项"跨省通办"，加强全国一体化政务服务平台"跨省通办"服务能力，2020年底前实现市场主体登记注册、职业资格证书核验、学历公证、驾驶证公证等58项事项异地办理，2021年底前实现工业产品生产许可证、就医结算备案、社保卡申领、户口迁移等74项事项异地办理。加快实现相关高频政务服务事项"省内通办"。（国务院办公厅牵头，公安部、司法部、人力资源社会保障部、教育部、市场监管总局、国家医保局等国务院相关部门及各地区按职责分工负责）

2.2020年底前制定出台关于建立权威高效的数据共享协调机制的指导意见。通过全国一体化政务服务平台，推进国务院部门重点垂直管理业务信息系统与地方政务服务平台的对接，编制国家层面政务服务数据目录清单和第三批国务院部门数据共享责任清单。（国务院办公厅牵头，各地区、各部门负责）

（十八）推动更多事项集成办理，充分发挥地方政务大厅等"一站式"服务功能，加快实现一窗受理、限时办结、最多跑一次。对多个关联事项探索实现"一件事一次办"，减少办事环节和所需证明材料。整合非紧急类政务服务热线，力争做到"一号响应"。（国务院办公厅牵头，国务院相关部门及各地区按职责分工负责）

具体措施：

1.完善省、市、县、乡镇综合性政务大厅集中服务模式，提升政务服务标准化水平，持续改进窗口服务，推进线上线下全面融合，普遍推行首问负责、一次告知、一窗受理、并联办理、限时办结等制度。2020年底前制定发布政务服务评价工作指南和政务服务"一次一评""一事一评"工作规范，推动各地区、各部门规范化实施政务服务"好差评"制度。（国务院办公厅牵头，各地区、各部门负责）

2.大力推行"一件事一次办"，从企业和群众"办成一件事"角度出发，将涉及的相关审批服务事项打包，提供"开办餐馆""开办旅馆"等套餐式、主题式集成服务，公布标准化的办事指南和流程图，由一家牵头部门统一受理、配合部门分头办理，实行一表申请、一套材料、一次提交、限时办结，避免企业和群众来回跑。（各地区、各部门负责）

3.2020年底前研究制定整合非紧急类政务服务热线工作方案，推动各地区、各部门加快整合相关热线。（国务院办公厅牵头，国务院相关部门及各地区按职责分工负责）

4.加强不动产抵押贷款和登记业务协同，在银行等金融机构推广应用不动产登记电子证明，便利企业和群众融资。2020年底前将全国所有市县抵押登记业务办理时间压缩至5个工作日以内，2021年底前在全国所有市县实现不动产抵押登记全程网上办。（自然资源部、银保监会及各地区按职责分工负责）

5.细化制定商标审查审理标准，提高商标实质性审查效率，明确近似商标判断、不以使用为目的的恶意商标认定等方面的具体规定。2020年底前将商标变更、续展业务办理时限压缩一半，分别减至1个月、半个月。（国家知识产权局负责）

（十九）提供公平可及的基本民生保障服务，进一步简化社保参保、转移接续等手续，扩大养老、医疗、失业等保险覆盖面。建立困难群众主动发现机制，借助大数据筛选等办法，使符合条件的困难群众及时得到保障。对因灾因病因残遭遇困难的群众，可以先行给予临时救助，绝不能发生冲击社会道德底线的事件。（人力资源社会保障部、民政部、国家卫生健康委、应急部、国家医保局、国务院扶贫办、中国残联等相关单位及各地区按职责分工负责）

具体措施：

1.2020年底前实现养老保险关系转移接续"一地办理"。推动将城乡各类用人单位全部纳入失业保险覆盖范围，研究建立灵活就业人员参加失业保险新模式，2021年底前制定出台失业保险关系转移办法。简化工伤保险领域证明材料和事项，压减工伤认定和劳动能力鉴定办理时限，2021年3月底前研究建立新就业形态人员职业伤害保险制度。（人力资源社会保障部等国务院相关部门及各地区按职责分工负责）

2.2021年6月底前制定全国统一的门诊费用跨省直接结算政策，12月底前实现门诊费用跨省直接结算。推动实现医保关系转移接续线上办理。修订完善定点医药机构管理办法，清理医保定点机构不必要的申请条件和要求，督促地方加快清理与医保管理无关的申请条件，缩短办理时限，将更多符合条件的医药机构纳入定点管理，并同步加强事中事后

监管。（国家医保局及各地区按职责分工负责）

3. 加强社会救助相关部门间数据共享，对低保对象、特困人员、临时救助对象、残疾人、教育救助对象、住房救助对象、医疗救助对象等信息进行大数据分析，变"人找政策"为"政策找人"。畅通困难群众求助热线，完善特殊困难残疾人访视制度，对符合条件的困难群众及时开展救助。（民政部、人力资源社会保障部、中国残联等相关单位及各地区按职责分工负责）

（二十）严格执行外商投资法及配套法规，清理与外商投资法不符的行政法规、部门规章、规范性文件，确保内外资企业一视同仁、公平竞争。落实好外资准入负面清单，清单之外不得设限。采取有效措施吸引外资，进一步做好安商稳商、招商引商工作。（商务部、国家发展改革委、司法部牵头，国务院相关部门及各地区按职责分工负责）

具体措施：

1. 开展与外商投资法不符的法规规章等专项清理。修订出台 2020 年版鼓励外商投资产业目录，进一步扩大外商投资范围。制定发布外商投资指引，便利外国投资者来华投资。（商务部、国家发展改革委、司法部牵头，国务院相关部门及各地区按职责分工负责）

2. 支持有条件的地方建立外商投资"一站式"服务体系，联通相关部门信息系统，实现外资企业一次登录、一次认证、一次提交材料，即可办理企业注册、预约开户、外汇登记等高频事项。（商务部、市场监管总局、人民银行等国务院相关部门及相关地区按职责分工负责）

（二十一）优化通关作业流程，放开口岸服务准入、引入竞争机制，提高服务效率并降低收费标准。完善出口退税、出口信贷、信用保险等政策，支持进出口市场多元化，扶持中小微外贸企业发展。推进跨境电商综合试验区建设和市场采购贸易方式试点，发挥外贸综合服务企业作用。（海关总署、国家发展改革委、财政部、交通运输部、商务部、人民银行、税务总局、市场监管总局、银保监会、国家外汇局等国务院相关部门及各地区按职责分工负责）

具体措施：

1. 优化风险布控规则，推动降低守法企业和低风险商品查验率。推行灵活查验，对于有特殊运输要求的出入境货物，灵活采取预约查验、下厂查验、入库查验等方式，减少货物搬倒和企业查验等待时间。在有条件的海运口岸推行集装箱设备交接单、提货单、装箱单等单证电子化流转。（海关总署牵头，国务院相关部门及各地区按职责分工负责）

2. 加快出口退税进度，将正常出口退税业务平均办理时间压减至 8 个工作日以内，2021 年全面推广无纸化单证备案。（税务总局、海关总署、人民银行等国务院相关部门及各地区按职责分工负责）

3. 督促新增跨境电商综合试验区、市场采购贸易方式试点地区抓紧制定实施方案。总结并推广跨境电商企业对企业出口监管改革试点经验，完善跨境电商进出口退换货便利化管理措施。推动各类公共海外仓向跨境电商企业共享仓储容量、货物物流等数据信息，方便企业利用海外仓资源。（商务部、海关总署等国务院相关部门及各地区按职责分工负责）

4. 支持更多符合条件的银行提供跨境电商结售汇服务，缩短真实性审核时间，加快资金结算速度。（国家外汇局负责）

五、调动好各方面积极性，形成推动改革的工作合力

（二十二）提高改革协同性，下放审批监管事项时要同步下沉相关专业人员和技术力量，合理分配监管力量，创新监管方式，提升基层承接能力。部门之间要加强统筹协调，提升"放管服"改革的整体成效。（各地区、各部门负责）

（二十三）支持地方探索创新，鼓励地方从当地实际出发，先行先试推进"放管服"改革。通过综合授权等方式，支持地方深化"放管服"改革，形成更多可复制推广的经验做法，以点带面推动全国营商环境优化。（国务院职能转变协调办牵头，国务院相关部门及相关地区按职责分工负责）

具体措施：

2021年3月底前设立首批营商环境创新试点城市，对标国际先进和最佳实践，聚焦市场主体和群众关切，在深化"放管服"改革优化营商环境方面推出一批有含金量的改革举措，支持试点城市先行先试，加快形成可在全国复制推广的制度创新成果，并根据试点情况适时扩大试点城市范围。（国务院职能转变协调办牵头，国务院相关部门及相关地区按职责分工负责）

（二十四）建立健全常态化政企沟通机制，充分听取各方面意见，对企业诉求"接诉即办"。以企业和群众的获得感和满意度作为评判标准，引入第三方评价机制，完善好差评制度，倒逼政府部门深化改革、改进服务。对改革进度慢、政策不落实的地区和单位，要及时督促整改；对严重损害营商环境和企业、群众利益的，要公开曝光、严肃问责。对锐意改革的地区和单位要表扬激励，成熟经验和典型做法要尽快复制推广。（国务院办公厅牵头，各地区、各部门负责）

（二十五）发挥法治引领和保障作用，坚持依法行政、依法办事，政府部门要主动与立法及司法机构沟通协调，及时推动相关法律法规调整和授权工作。落实好《优化营商环境条例》，巩固已有改革成果，将行之有效并可长期坚持的做法逐步上升为制度规范，以法治手段维护公平竞争环境，保障各项改革依法有序推进。（各地区、各部门负责）

具体措施：

抓好《优化营商环境条例》组织实施和督促落实。2020年11月底前委托第三方机构对条例实施情况进行首轮评估，梳理分析条例执行中的经验做法和存在问题，并有针对性地提出改进措施。在中国政府网设立"优化营商环境进行时"平台，及时宣介和通报营商环境改革相关情况。（国务院办公厅牵头，各地区、各部门负责）

各地区要完善深化"放管服"改革和优化营商环境工作机制，一体化推进相关领域改革，配齐配强工作力量，抓好各项改革任务落地。各部门要结合各自职责，加强协同配合，形成改革合力。国务院办公厅要发挥对深化"放管服"改革和优化营商环境工作的牵头抓总作用，强化统筹协调、业务指导和督促落实，定期对重点改革举措实施情况开展评估，建立优化营商环境工作年度报告制度，总结推广经验做法，并及时纠正改革中出现的跑偏走样等问题，确保改革取得实效。各地区、各部门工作中取得的重大进展、存在的突出问题，要及时向国务院报告。

国务院办公厅关于农业综合行政
执法有关事项的通知

国办函〔2020〕34 号

各省、自治区、直辖市人民政府，国务院各部委、各直属机构：

《农业综合行政执法事项指导目录》（以下简称《指导目录》）是落实统一实行农业执法要求、明确农业综合行政执法职能的重要文件，2020 年版《指导目录》已经国务院原则同意。根据深化党和国家机构改革有关部署，经国务院批准，现就有关事项通知如下：

一、《指导目录》实施要以习近平新时代中国特色社会主义思想为指导，全面贯彻党的十九大和十九届二中、三中、四中全会精神，按照党中央、国务院决策部署，扎实推进农业综合行政执法改革，统筹配置行政执法职能和执法资源，切实解决多头多层重复执法问题，严格规范公正文明执法。

二、《指导目录》主要梳理规范农业领域依据法律、行政法规设定的行政处罚和行政强制事项，以及部门规章设定的警告、罚款的行政处罚事项，并将按程序进行动态调整。各省、自治区、直辖市可根据法律、行政法规、部门规章立改废释和地方立法等情况，进行补充、细化和完善，建立动态调整和长效管理机制。有关事项和目录按程序审核确认后，要在政府门户网站等载体上以适当方式公开，并接受社会监督。

三、切实加强对农业领域行政处罚和行政强制事项的源头治理。凡没有法律法规规章依据的执法事项一律取消。需要保留或新增的执法事项，要依法逐条逐项进行合法性、合理性和必要性审查。虽有法定依据但长期未发生且无实施必要的、交叉重复的执法事项，要大力清理，及时提出取消或调整的意见建议。需修改法律法规规章的，要按程序先修法再调整《指导目录》，先立后破，有序推进。

四、对列入《指导目录》的行政执法事项，要按照减少执法层级、推动执法力量下沉的要求，区分不同事项和不同管理体制，结合实际明晰第一责任主体，把查处违法行为的责任压实。坚持有权必有责、有责要担当、失责必追究，逐一厘清与行政执法权相对应的责任事项，明确责任主体、问责依据、追责情形和免责事由，健全问责机制。严禁以属地管理为名将执法责任转嫁给基层。对不按要求履职尽责的单位和个人，依纪依法追究责任。

五、按照公开透明高效原则和履职需要，编制统一的农业综合行政执法工作规程和操作手册，明确执法事项的工作程序、履职要求、办理时限、行为规范等，消除行政执法中的模糊条款，压减自由裁量权，促进同一事项相同情形同标准处罚、无差别执法。将农业综合行政执法事项纳入地方综合行政执法指挥调度平台统一管理，积极推行"互联网＋统一指挥＋综合执法"，加强部门联动和协调配合，逐步实现行政执法行为、环节、结果等全过程网上留痕，强化对行政执法权运行的监督。

六、按照突出重点、务求实效原则，聚焦农业领域与市场主体、群众关系最密切的行政执法事项，着力解决反映强烈的突出问题，让市场主体、群众切实感受到改革成果。制定简明易懂的行政执法履职要求和相应的问责办法，加强宣传，让市场主体、群众看得懂、用得上，方便查询、使用和监督。结合形势任务和执法特点，探索形成可量化的综合行政执法履职评估办法，作为统筹使用和优化配置编制资源的重要依据。畅通投诉受理、跟踪查询、结果反馈渠道，鼓励支持市场主体、群众和社会组织、新闻媒体对行政执法行为进行监督。

七、各地区、各部门要高度重视深化农业综合行政执法改革，全面落实清权、减权、制权、晒权等改革要求，统筹推进机构改革、职能转变和作风建设。要切实加强组织领导，落实工作责任，明确时间节点和要求，做细做实各项工作，确保改革举措落地生效。农业农村部要强化对地方农业农村部门的业务指导，推动完善执法程序、严格执法责任，加强执法监督，不断提高农业综合行政执法效能和依法行政水平。中央编办要会同司法部加强统筹协调和指导把关。

《指导目录》由农业农村部根据本通知精神印发。

国务院办公厅
2020 年 5 月 20 日

国务院办公厅关于防止耕地"非粮化"稳定粮食生产的意见

国办发〔2020〕44 号

各省、自治区、直辖市人民政府，国务院各部委、各直属机构：

近年来，我国农业结构不断优化，区域布局趋于合理，粮食生产连年丰收，有力保障了国家粮食安全，为稳定经济社会发展大局提供坚实支撑。与此同时，部分地区也出现耕地"非粮化"倾向，一些地方把农业结构调整简单理解为压减粮食生产，一些经营主体违规在永久基本农田上种树挖塘，一些工商资本大规模流转耕地改种非粮作物等，这些问题如果任其发展，将影响国家粮食安全。各地区各部门要坚持以习近平新时代中国特色社会主义思想为指导，增强"四个意识"、坚定"四个自信"、做到"两个维护"，认真落实党中央、国务院决策部署，采取有力举措防止耕地"非粮化"，切实稳定粮食生产，牢牢守住国家粮食安全的生命线。经国务院同意，现提出以下意见。

一、充分认识防止耕地"非粮化"稳定粮食生产的重要性紧迫性

（一）坚持把确保国家粮食安全作为"三农"工作的首要任务。随着我国人口增长、消费结构不断升级和资源环境承载能力趋紧，粮食产需仍将维持紧平衡态势。新冠肺炎疫情全球大流行，国际农产品市场供给不确定性增加，必须以稳定国内粮食生产来应对国际形势变化带来的不确定性。各地区各部门要始终绷紧国家粮食安全这根弦，把稳定粮食生产作为农业供给侧结构性改革的前提，着力稳政策、稳面积、稳产量，坚持耕地管控、建设、激励多措并举，不断巩固提升粮食综合生产能力，确保谷物基本自给、口粮绝对安全，切实把握国家粮食安全主动权。

（二）坚持科学合理利用耕地资源。耕地是粮食生产的根基。我国耕地总量少，质量总体不高，后备资源不足，水热资源空间分布不匹配，确保国家粮食安全，必须处理好发展粮食生产和发挥比较效益的关系，不能单纯以经济效益决定耕地用途，必须将有限的耕地资源优先用于粮食生产。各地区各部门要认真落实重要农产品保障战略，进一步优化区域布局和生产结构，实施最严格的耕地保护制度，科学合理利用耕地资源，防止耕地"非粮化"，切实提高保障国家粮食安全和重要农产品有效供给水平。

（三）坚持共同扛起保障国家粮食安全的责任。我国人多地少的基本国情决定了必须举全国之力解决 14 亿人口的吃饭大事。各地区都有保障国家粮食安全的责任和义务，粮食主产区要努力发挥优势，巩固提升粮食综合生产能力，继续为全国作贡献；产销平衡区和主销区要保持应有的自给率，确保粮食种植面积不减少、产能有提升、产量不下降，共同维护好国家粮食安全。

二、坚持问题导向，坚决防止耕地"非粮化"倾向

（四）明确耕地利用优先序。对耕地实行特殊保护和用途管制，严格控制耕地转为林地、园地等其他类型农用地。永久基本农田是依法划定的优质耕地，要重点用于发展粮食生产，特别是保障稻谷、小麦、玉米三大谷物的种植面积。一般耕地应主要用于粮食和棉、油、糖、蔬菜等农产品及饲草饲料生产。耕地在优先满足粮食和食用农产品生产基础上，适度用于非食用农产品生产，对市场明显过剩的非食用农产品，要加以引导，防止无序发展。

（五）加强粮食生产功能区监管。各地区要把粮食生产功能区落实到地块，引导种植目标作物，保障粮食种植面积。组织开展粮食生产功能区划定情况"回头看"，对粮食种植面积大但划定面积少的进行补划，对耕地性质发生改变、不符合划定标准的予以剔除并及时补划。引导作物一年两熟以上的粮食生产功能区至少生产一季粮食，种植非粮作物的要在一季后能够恢复粮食生产。不得擅自调整粮食生产功能区，不得违规在粮食生产功能区内建设种植和养殖设施，不得违规将粮食生产功能区纳入退耕还林还草范围，不得在粮食生产功能区内超标准建设农田林网。

（六）稳定非主产区粮食种植面积。粮食产销平衡区和主销区要按照重要农产品区域布局及分品种生产供给方案要求，制定具体实施方案并抓好落实，扭转粮食种植面积下滑势头。产销平衡区要着力建成一批旱涝保收、高产稳产的口粮田，保证粮食基本自给。主销区要明确粮食种植面积底线，稳定和提高粮食自给率。

（七）有序引导工商资本下乡。鼓励和引导工商资本到农村从事良种繁育、粮食加工流通和粮食生产专业化社会化服务等。尽快修订农村土地经营权流转管理办法，督促各地区抓紧建立健全工商资本流转土地资格审查和项目审核制度，强化租赁农地监测监管，对工商资本违反相关产业发展规划大规模流转耕地不种粮的"非粮化"行为，一经发现要坚决予以纠正，并立即停止其享受相关扶持政策。

（八）严禁违规占用永久基本农田种树挖塘。贯彻土地管理法、基本农田保护条例有关规定，落实耕地保护目标和永久基本农田保护任务。严格规范永久基本农田上农业生产经营活动，禁止占用永久基本农田从事林果业以及挖塘养鱼、非法取土等破坏耕作层的行为，禁止闲置、荒芜永久基本农田。利用永久基本农田发展稻渔、稻虾、稻蟹等综合立体种养，应当以不破坏永久基本农田为前提，沟坑占比要符合稻渔综合种养技术规范通则标准。推动制订和完善相关法律法规，明确对占用永久基本农田从事林果业、挖塘养鱼等的处罚措施。

三、强化激励约束，落实粮食生产责任

（九）严格落实粮食安全省长责任制。各省、自治区、直辖市人民政府要切实承担起保障本地区粮食安全的主体责任，稳定粮食种植面积，将粮食生产目标任务分解到市县。要坚决遏制住耕地"非粮化"增量，同时对存量问题摸清情况，从实际出发，分类稳妥处置，不搞"一刀切"。国家发展改革委、农业农村部、国家粮食和储备局等部门要将防止耕地"非粮化"作为粮食安全省长责任制考核重要内容，提高粮食种植面积、产量和高标

准农田建设等考核指标权重，细化对粮食主产区、产销平衡区和主销区的考核要求。严格考核并强化结果运用，对成绩突出的省份进行表扬，对落实不力的省份进行通报约谈，并与相关支持政策和资金相衔接。

（十）**完善粮食生产支持政策。**落实产粮大县奖励政策，健全粮食主产区利益补偿机制，着力保护和调动地方各级政府重农抓粮、农民务农种粮的积极性。将省域内高标准农田建设产生的新增耕地指标调剂收益优先用于农田建设再投入和债券偿还、贴息等。加大粮食生产功能区政策支持力度，相关农业资金向粮食生产功能区倾斜，优先支持粮食生产功能区内目标作物种植，加快把粮食生产功能区建成"一季千斤、两季一吨"的高标准粮田。加强对种粮主体的政策激励，支持家庭农场、农民合作社发展粮食适度规模经营，大力推进代耕代种、统防统治、土地托管等农业生产社会化服务，提高种粮规模效益。完善小麦稻谷最低收购价政策，继续实施稻谷补贴和玉米大豆生产者补贴，继续推进三大粮食作物完全成本保险和收入保险试点。积极开展粮食生产薄弱环节机械化技术试验示范，着力解决水稻机插、玉米籽粒机收等瓶颈问题，加快丘陵山区农田宜机化改造。支持建设粮食产后烘干、加工设施，延长产业链条，提高粮食经营效益。

（十一）**加强耕地种粮情况监测。**农业农村部、自然资源部要综合运用卫星遥感等现代信息技术，每半年开展一次全国耕地种粮情况监测评价，建立耕地"非粮化"情况通报机制。各地区要对本区域耕地种粮情况进行动态监测评价，发现问题及时整改，重大情况及时报告。定期对粮食生产功能区内目标作物种植情况进行监测评价，实行信息化、精细化管理，及时更新电子地图和数据库。

（十二）**加强组织领导。**各省、自治区、直辖市人民政府要按照本意见要求，抓紧制定工作方案，完善相关政策措施，稳妥有序抓好贯彻落实，于 2020 年年底前将有关落实情况报国务院，并抄送农业农村部、自然资源部。各有关部门要按照职责分工，切实做好相关工作。农业农村部、自然资源部要会同有关部门做好对本意见执行情况的监督检查。

国务院办公厅

2020 年 11 月 4 日

国务院办公厅关于坚决制止耕地
"非农化"行为的通知

国办发明电〔2020〕24 号

各省、自治区、直辖市人民政府，国务院各部委、各直属机构：

耕地是粮食生产的重要基础，解决好 14 亿人口的吃饭问题，必须守住耕地这个根基。党中央、国务院高度重视耕地保护，习近平总书记作出重要指示批示，李克强总理提出明确要求。近年来，党中央、国务院出台了一系列严格耕地保护的政策措施，但一些地方仍然存在违规占用耕地开展非农建设的行为，有的违规占用永久基本农田绿化造林，有的在高速铁路、国道省道（含高速公路）、河渠两侧违规占用耕地超标准建设绿化带，有的大规模挖湖造景，对国家粮食安全构成威胁。地方各级人民政府要增强"四个意识"、坚定"四个自信"、做到"两个维护"，按照党中央、国务院决策部署，采取有力措施，强化监督管理，落实好最严格的耕地保护制度，坚决制止各类耕地"非农化"行为，坚决守住耕地红线。经国务院同意，现将有关要求通知如下。

一、严禁违规占用耕地绿化造林。要严格执行土地管理法、基本农田保护条例等法律法规，禁止占用永久基本农田种植苗木、草皮等用于绿化装饰以及其他破坏耕作层的植物。违规占用耕地及永久基本农田造林的，不予核实造林面积，不享受财政资金补助政策。平原地区要根据资源禀赋，合理制定绿化造林等生态建设目标。退耕还林还草要严格控制在国家批准的规模和范围内，涉及地块全部实现上图入库管理。正在违规占用耕地绿化造林的要立即停止。

二、严禁超标准建设绿色通道。要严格控制铁路、公路两侧用地范围以外绿化带用地审批，道路沿线是耕地的，两侧用地范围以外绿化带宽度不得超过 5 米，其中县乡道路不得超过 3 米。铁路、国道省道（含高速公路）、县乡道路两侧用地范围以外违规占用耕地超标准建设绿化带的要立即停止。不得违规在河渠两侧、水库周边占用耕地及永久基本农田超标准建设绿色通道。今后新增的绿色通道，要依法依规建设，确需占用永久基本农田的，应履行永久基本农田占用报批手续。交通、水利工程建设用地范围内的绿化用地要严格按照有关规定办理建设用地审批手续，其中涉及占用耕地的必须做到占补平衡。禁止以城乡绿化建设等名义违法违规占用耕地。

三、严禁违规占用耕地挖湖造景。禁止以河流、湿地、湖泊治理为名，擅自占用耕地及永久基本农田挖田造湖、挖湖造景。不准在城市建设中违规占用耕地建设人造湿地公园、人造水利景观。确需占用的，应符合国土空间规划，依法办理建设用地审批和规划许可手续。未履行审批手续的在建项目，应立即停止并纠正；占用永久基本农田的，要限期恢复，确实无法恢复的按照有关规定进行补划。

四、严禁占用永久基本农田扩大自然保护地。新建的自然保护地应当边界清楚，不准占用永久基本农田。目前已划入自然保护地核心保护区内的永久基本农田要纳入生态退耕、有序退出。自然保护地一般控制区内的永久基本农田要根据对生态功能造成的影响确定是否退出，造成明显影响的纳入生态退耕、有序退出，不造成明显影响的可采取依法依规相应调整一般控制区范围等措施妥善处理。自然保护地以外的永久基本农田和集中连片耕地，不得划入生态保护红线，允许生态保护红线内零星的原住民在不扩大现有耕地规模前提下，保留生活必需的少量种植。

五、严禁违规占用耕地从事非农建设。加强农村地区建设用地审批和乡村建设规划许可管理，坚持农地农用。不得违反规划搞非农建设、乱占耕地建房等。巩固"大棚房"问题清理整治成果，强化农业设施用地监管。加强耕地利用情况监测，对乱占耕地从事非农建设及时预警，构建早发现、早制止、严查处的常态化监管机制。

六、严禁违法违规批地用地。批地用地必须符合国土空间规划，凡不符合国土空间规划以及不符合土地管理法律法规和国家产业政策的建设项目，不予批准用地。各地区不得通过擅自调整县乡国土空间规划规避占用永久基本农田审批。各项建设用地必须按照法定权限和程序报批，按照批准的用途、位置、标准使用，严禁未批先用、批少占多、批甲占乙。严格临时用地管理，不得超过规定时限长期使用。对各类未经批准或不符合规定的建设项目、临时用地等占用耕地及永久基本农田的，依法依规严肃处理，责令限期恢复原种植条件。

七、全面开展耕地保护检查。各省、自治区、直辖市人民政府要组织有关部门，结合2016—2020 年省级政府耕地保护责任目标考核，对本地区耕地及永久基本农田保护情况进行全面检查，严肃查处违法占用和破坏耕地及永久基本农田的行为，对发现的问题限期整改。自然资源部要会同农业农村部、国家统计局按照《省级政府耕地保护责任目标考核办法》进行全面检查，并将违规占用永久基本农田开展绿化造林、挖湖造景、非农建设等耕地"非农化"行为纳入考核内容，加强对违法违规行为的查处，对有令不行、有禁不止的严肃追究责任。

八、严格落实耕地保护责任。各地区各部门要充分认识实行最严格耕地保护制度的极端重要性。地方各级人民政府要承担起耕地保护责任，对本行政区域内耕地保有量和永久基本农田保护面积及年度计划执行情况负总责。要健全党委领导、政府负责、部门协同、公众参与、上下联动的共同责任机制，对履职不力、监管不严、失职渎职的领导干部，依纪依规追究责任。各地区要根据本通知精神，抓紧制定和调整完善相关政策措施，对违反本通知规定的行为立即纠正，坚决遏制新增问题发生。各省、自治区、直辖市人民政府要在2020 年底前将本通知执行情况报国务院，并抄送自然资源部、农业农村部。各有关部门要按照职责分工，履行耕地保护责任。自然资源部、农业农村部要会同有关部门做好对本通知执行情况的监督检查。

国务院办公厅

2020 年 9 月 10 日

国务院办公厅关于加强农业种质
资源保护与利用的意见

国办发〔2019〕56 号

各省、自治区、直辖市人民政府，国务院各部委、各直属机构：

农业种质资源是保障国家粮食安全与重要农产品供给的战略性资源，是农业科技原始创新与现代种业发展的物质基础。近年来，我国农业种质资源保护与利用工作取得积极成效，但仍存在丧失风险加大、保护责任主体不清、开发利用不足等问题。为加强农业种质资源保护与利用工作，经国务院同意，现提出如下意见。

一、总体要求

以习近平新时代中国特色社会主义思想为指导，全面贯彻党的十九大和十九届二中、三中、四中全会精神，落实新发展理念，以农业供给侧结构性改革为主线，进一步明确农业种质资源保护的基础性、公益性定位，坚持保护优先、高效利用、政府主导、多元参与的原则，创新体制机制，强化责任落实、科技支撑和法治保障，构建多层次收集保护、多元化开发利用和多渠道政策支持的新格局，为建设现代种业强国、保障国家粮食安全、实施乡村振兴战略奠定坚实基础。力争到 2035 年，建成系统完整、科学高效的农业种质资源保护与利用体系，资源保存总量位居世界前列，珍稀、濒危、特有资源得到有效收集和保护，资源深度鉴定评价和综合开发利用水平显著提升，资源创新利用达到国际先进水平。

二、开展系统收集保护，实现应保尽保

开展农业种质资源（主要包括作物、畜禽、水产、农业微生物种质资源）全面普查、系统调查与抢救性收集，加快查清农业种质资源家底，全面完成第三次全国农作物种质资源普查与收集行动，加大珍稀、濒危、特有资源与特色地方品种收集力度，确保资源不丧失。加强农业种质资源国际交流，推动与农业种质资源富集的国家和地区合作，建立农业种质资源便利通关机制，提高通关效率。对引进的农业种质资源定期开展检疫性病虫害分类分级风险评估，加强种质资源安全管理。完善农业种质资源分类分级保护名录，开展农业种质资源中长期安全保存，统筹布局种质资源长期库、复份库、中期库，分类布局保种场、保护区、种质圃，分区布局综合性、专业性基因库，实行农业种质资源活体原位保护与异地集中保存。加强种质资源活力与遗传完整性监测，及时繁殖与更新复壮，强化新技术应用。新建、改扩建一批农业种质资源库（场、区、圃），加快国家作物种质长期库新库、国家海洋渔业生物种质资源库建设，启动国家畜禽基因库建设。

三、强化鉴定评价，提高利用效率

以优势科研院所、高等院校为依托，搭建专业化、智能化资源鉴定评价与基因发掘平台，建立全国统筹、分工协作的农业种质资源鉴定评价体系。深化重要经济性状形成机制、群体协同进化规律、基因组结构和功能多样性等研究，加快高通量鉴定、等位基因规模化发掘等技术应用。开展种质资源表型与基因型精准鉴定评价，深度发掘优异种质、优异基因，构建分子指纹图谱库，强化育种创新基础。公益性农业种质资源保护单位要按照相关职责定位要求，做好种质资源基本性状鉴定、信息发布及分发等服务工作。

四、建立健全保护体系，提升保护能力

健全国家农业种质资源保护体系，实施国家和省级两级管理，建立国家统筹、分级负责、有机衔接的保护机制。农业农村部和省级农业农村部门分别确定国家和省级农业种质资源保护单位，并相应组织开展农业种质资源登记，实行统一身份信息管理。鼓励支持企业、科研院所、高等院校、社会组织和个人等登记其保存的农业种质资源。积极探索创新组织管理和实施机制，推行政府购买服务，鼓励企业、社会组织承担农业种质资源保护任务。农业种质资源保护单位要落实主体责任、健全管理制度、强化措施保障。加强农业种质资源保护基础理论、关键核心技术研究，强化科技支撑。充分整合利用现有资源，构建全国统一的农业种质资源大数据平台，推进数字化动态监测、信息化监督管理。

五、推进开发利用，提升种业竞争力

组织实施优异种质资源创制与应用行动，完善创新技术体系，规模化创制突破性新种质，推进良种重大科研联合攻关。深入推进种业科研人才与科研成果权益改革，鼓励农业种质资源保护单位开展资源创新和技术服务，建立国家农业种质资源共享利用交易平台，支持创新种质上市公开交易、作价到企业投资入股。鼓励育繁推一体化企业开展种质资源收集、鉴定和创制，逐步成为种质创新利用的主体。鼓励支持地方品种申请地理标志产品保护和重要农业文化遗产，发展一批以特色地方品种开发为主的种业企业，推动资源优势转化为产业优势。

六、完善政策支持，强化基础保障

加强对农业种质资源保护工作的政策扶持。中央和地方有关部门可按规定通过现有资金渠道，统筹支持农业种质资源保护工作。地方政府在编制国土空间规划时，要合理安排新建、改扩建农业种质资源库（场、区、圃）用地，科学设置畜禽种质资源疫病防控缓冲区，不得擅自、超范围将畜禽、水产保种场划入禁养区，占用农业种质资源库（场、区、圃）的，需经原设立机关批准。现代种业提升工程、国家重点研发计划、国家科技重大专项等加大对农业种质资源保护工作的支持力度。健全财政支持的种质资源与信息汇交机制。对种质资源保护科技人员绩效工资给予适当倾斜，可在政策允许的项目中提取间接经费，在核定的总量内用于发放绩效工资。健全农业科技人才分类评价制度，对种质资源保护科技人员实行同行评价，收集保护、鉴定评价、分发共享等基础性工作可作为职称评定

的依据。支持和鼓励科研院所、高等院校建设农业种质资源相关学科。

七、加强组织领导，落实管理责任

各省（自治区、直辖市）人民政府要切实督促落实省级主管部门的管理责任、市县政府的属地责任和农业种质资源保护单位的主体责任，将农业种质资源保护与利用工作纳入相关工作考核。省级以上农业农村、发展改革、科技、财政、生态环境等部门要联合制定农业种质资源保护与利用发展规划。审计机关要依法对农业种质资源保护与利用相关政策措施落实情况、资金管理使用情况进行审计监督。健全法规制度，加快制修订配套法规规章。按照国家有关规定，对在农业种质资源保护与利用工作中作出突出贡献的单位和个人给予表彰奖励。对不作为、乱作为造成资源流失、灭绝等严重后果的，依法依规追究有关单位和人员责任。农业农村部要加强工作指导和督促检查，重大情况及时报告国务院。

国务院办公厅

2019 年 12 月 30 日

国务院办公厅关于促进畜牧业
高质量发展的意见

国办发〔2020〕31号

各省、自治区、直辖市人民政府，国务院各部委、各直属机构：

畜牧业是关系国计民生的重要产业，肉蛋奶是百姓"菜篮子"的重要品种。近年来，我国畜牧业综合生产能力不断增强，在保障国家食物安全、繁荣农村经济、促进农牧民增收等方面发挥了重要作用，但也存在产业发展质量效益不高、支持保障体系不健全、抵御各种风险能力偏弱等突出问题。为促进畜牧业高质量发展、全面提升畜禽产品供应安全保障能力，经国务院同意，现提出如下意见。

一、总体要求

（一）**指导思想。**以习近平新时代中国特色社会主义思想为指导，全面贯彻党的十九大和十九届二中、三中、四中全会精神，认真落实党中央、国务院决策部署，牢固树立新发展理念，以实施乡村振兴战略为引领，以农业供给侧结构性改革为主线，转变发展方式，强化科技创新、政策支持和法治保障，加快构建现代畜禽养殖、动物防疫和加工流通体系，不断增强畜牧业质量效益和竞争力，形成产出高效、产品安全、资源节约、环境友好、调控有效的高质量发展新格局，更好地满足人民群众多元化的畜禽产品消费需求。

（二）**基本原则。**

坚持市场主导。以市场需求为导向，充分发挥市场在资源配置中的决定性作用，消除限制畜牧业发展的不合理壁垒，增强畜牧业发展活力。

坚持防疫优先。将动物疫病防控作为防范畜牧业产业风险和防治人畜共患病的第一道防线，着力加强防疫队伍和能力建设，落实政府和市场主体的防疫责任，形成防控合力。

坚持绿色发展。统筹资源环境承载能力、畜禽产品供给保障能力和养殖废弃物资源化利用能力，协同推进畜禽养殖和环境保护，促进可持续发展。

坚持政策引导。更好发挥政府作用，优化区域布局，强化政策支持，加快补齐畜牧业发展的短板和弱项，加强市场调控，保障畜禽产品有效供给。

（三）**发展目标。**畜牧业整体竞争力稳步提高，动物疫病防控能力明显增强，绿色发展水平显著提高，畜禽产品供应安全保障能力大幅提升。猪肉自给率保持在95％左右，牛羊肉自给率保持在85％左右，奶源自给率保持在70％以上，禽肉和禽蛋实现基本自给。到2025年畜禽养殖规模化率和畜禽粪污综合利用率分别达到70％以上和80％以上，到2030年分别达到75％以上和85％以上。

二、加快构建现代养殖体系

（四）加强良种培育与推广。 继续实施畜禽遗传改良计划和现代种业提升工程，健全产学研联合育种机制，重点开展白羽肉鸡育种攻关，推进瘦肉型猪本土化选育，加快牛羊专门化品种选育，逐步提高核心种源自给率。实施生猪良种补贴和牧区畜牧良种补贴，加快优良品种推广和应用。强化畜禽遗传资源保护，加强国家级和省级保种场、保护区、基因库建设，推动地方品种资源应保尽保、有序开发。（农业农村部、国家发展改革委、科技部、财政部等按职责分工负责，地方人民政府负责落实。以下均需地方人民政府落实，不再列出）

（五）健全饲草料供应体系。 因地制宜推行粮改饲，增加青贮玉米种植，提高苜蓿、燕麦草等紧缺饲草自给率，开发利用杂交构树、饲料桑等新饲草资源。推进饲草料专业化生产，加强饲草料加工、流通、配送体系建设。促进秸秆等非粮饲料资源高效利用。建立健全饲料原料营养价值数据库，全面推广饲料精准配方和精细加工技术。加快生物饲料开发应用，研发推广新型安全高效饲料添加剂。调整优化饲料配方结构，促进玉米、豆粕减量替代。（农业农村部、国家发展改革委、科技部、财政部、国务院扶贫办等按职责分工负责）

（六）提升畜牧业机械化水平。 制定主要畜禽品种规模化养殖设施装备配套技术规范，推进养殖工艺与设施装备的集成配套。落实农机购置补贴政策，将养殖场（户）购置自动饲喂、环境控制、疫病防控、废弃物处理等农机装备按规定纳入补贴范围。遴选推介一批全程机械化养殖场和示范基地。提高饲草料和畜禽生产加工等关键环节设施装备自主研发能力。（农业农村部、国家发展改革委、工业和信息化部、财政部等按职责分工负责）

（七）发展适度规模经营。 因地制宜发展规模化养殖，引导养殖场（户）改造提升基础设施条件，扩大养殖规模，提升标准化养殖水平。加快养殖专业合作社和现代家庭牧场发展，鼓励其以产权、资金、劳动、技术、产品为纽带，开展合作和联合经营。鼓励畜禽养殖龙头企业发挥引领带动作用，与养殖专业合作社、家庭牧场紧密合作，通过统一生产、统一服务、统一营销、技术共享、品牌共创等方式，形成稳定的产业联合体。完善畜禽标准化饲养管理规程，开展畜禽养殖标准化示范创建。（农业农村部负责）

（八）扶持中小养殖户发展。 加强对中小养殖户的指导帮扶，不得以行政手段强行清退。鼓励新型农业经营主体与中小养殖户建立利益联结机制，带动中小养殖户专业化生产，提升市场竞争力。加强基层畜牧兽医技术推广体系建设，健全社会化服务体系，培育壮大畜牧科技服务企业，为中小养殖户提供良种繁育、饲料营养、疫病检测诊断治疗、机械化生产、产品储运、废弃物资源化利用等实用科技服务。（农业农村部、科技部等按职责分工负责）

三、建立健全动物防疫体系

（九）落实动物防疫主体责任。 依法督促落实畜禽养殖、贩运、屠宰加工等各环节从业者动物防疫主体责任。引导养殖场（户）改善动物防疫条件，严格按规定做好强制免疫、清洗消毒、疫情报告等工作。建立健全畜禽贩运和运输车辆监管制度，对运输车辆实施备案管理，落实清洗消毒措施。督促指导规模养殖场（户）和屠宰厂（场）配备相应的畜牧兽医技术人员，依法落实疫病自检、报告等制度。加强动物疫病防控分类指导和技术培训，总结推广一批行之有效的防控模式。（农业农村部、交通运输部等按职责分工负责）

（十）**提升动物疫病防控能力。**落实地方各级人民政府防疫属地管理责任，完善部门联防联控机制。强化重大动物疫情监测排查，建立重点区域和场点入场抽检制度。健全动物疫情信息报告制度，加强养殖、屠宰加工、无害化处理等环节动物疫病信息管理。完善疫情报告奖惩机制，对疫情报告工作表现突出的给予表彰，对瞒报、漏报、迟报或阻碍他人报告疫情的依法依规严肃处理。实施重大动物疫病强制免疫计划，建立基于防疫水平的养殖场（户）分级管理制度。加强口岸动物疫情防控工作，进一步提升口岸监测、检测、预警和应急处置能力。严厉打击收购、贩运、销售、随意丢弃病死畜禽等违法违规行为，构成犯罪的，依法追究刑事责任。（农业农村部、公安部、交通运输部、海关总署等按职责分工负责）

（十一）**建立健全分区防控制度。**加快实施非洲猪瘟等重大动物疫病分区防控，落实省际联席会议制度，统筹做好动物疫病防控、畜禽及畜禽产品调运监管和市场供应等工作。统一规划实施畜禽指定通道运输。支持有条件的地区和规模养殖场（户）建设无疫区和无疫小区。推进动物疫病净化，以种畜禽场为重点，优先净化垂直传播性动物疫病，建设一批净化示范场。（农业农村部、国家发展改革委、交通运输部等按职责分工负责）

（十二）**提高动物防疫监管服务能力。**加强动物防疫队伍建设，采取有效措施稳定基层机构队伍。依托现有机构编制资源，建立健全动物卫生监督机构和动物疫病预防控制机构，加强动物疫病防控实验室、边境监测站、省际公路检查站和区域洗消中心等建设。在生猪大县实施乡镇动物防疫特聘计划。保障村级动物防疫员合理劳务报酬。充分发挥执业兽医、乡村兽医作用，支持其开展动物防疫和疫病诊疗活动。鼓励大型养殖企业、兽药及饲料生产企业组建动物防疫服务团队，提供"一条龙"、"菜单式"防疫服务。（农业农村部、中央编办、国家发展改革委、财政部、人力资源社会保障部等按职责分工负责）

四、加快构建现代加工流通体系

（十三）**提升畜禽屠宰加工行业整体水平。**持续推进生猪屠宰行业转型升级，鼓励地方新建改建大型屠宰自营企业，加快小型屠宰场点撤停并转。开展生猪屠宰标准化示范创建，实施生猪屠宰企业分级管理。鼓励大型畜禽养殖企业、屠宰加工企业开展养殖、屠宰、加工、配送、销售一体化经营，提高肉品精深加工和副产品综合利用水平。推动出台地方性法规，规范牛羊禽屠宰管理。（农业农村部、国家发展改革委等按职责分工负责）

（十四）**加快健全畜禽产品冷链加工配送体系。**引导畜禽屠宰加工企业向养殖主产区转移，推动畜禽就地屠宰，减少活畜禽长距离运输。鼓励屠宰加工企业建设冷却库、低温分割车间等冷藏加工设施，配置冷链运输设备。推动物流配送企业完善冷链配送体系，拓展销售网络，促进运活畜禽向运肉转变。规范活畜禽跨区域调运管理，完善"点对点"调运制度。倡导畜禽产品安全健康消费，逐步提高冷鲜肉品消费比重。（农业农村部、国家发展改革委、交通运输部、商务部等按职责分工负责）

（十五）**提升畜牧业信息化水平。**加强大数据、人工智能、云计算、物联网、移动互联网等技术在畜牧业的应用，提高圈舍环境调控、精准饲喂、动物疫病监测、畜禽产品追溯等智能化水平。加快畜牧业信息资源整合，推进畜禽养殖档案电子化，全面实行生产经营信息直联直报。实现全产业链信息化闭环管理。支持第三方机构以信息数据为基础，为养殖场（户）提供技术、营销和金融等服务。（农业农村部、国家发展改革委、国家统计局等按职责分工负责）

（十六）**统筹利用好国际国内两个市场、两种资源。**扩大肉品进口来源国和进口品种，适度进口优质安全畜禽产品，补充和调剂国内市场供应。稳步推进畜牧业对外投资合作，开拓多元海外市场，扩大优势畜禽产品出口。深化对外交流，加强先进设施装备、优良种质资源引进，开展动物疫苗科研联合攻关。（农业农村部、国家发展改革委、科技部、商务部、海关总署等按职责分工负责）

五、持续推动畜牧业绿色循环发展

（十七）**大力推进畜禽养殖废弃物资源化利用。**支持符合条件的县（市、区、旗）整县推进畜禽粪污资源化利用，鼓励液体粪肥机械化施用。对畜禽粪污全部还田利用的养殖场（户）实行登记管理，不需申领排污许可证。完善畜禽粪污肥料化利用标准，支持农民合作社、家庭农场等在种植业生产中施用粪肥。统筹推进病死猪牛羊禽等无害化处理，完善市场化运作模式，合理制定补助标准，完善保险联动机制。（农业农村部、国家发展改革委、生态环境部、银保监会等按职责分工负责）

（十八）**促进农牧循环发展。**加强农牧统筹，将畜牧业作为农业结构调整的重点。农区要推进种养结合，鼓励在规模种植基地周边建设农牧循环型畜禽养殖场（户），促进粪肥还田，加强农副产品饲料化利用。农牧交错带要综合利用饲草、秸秆等资源发展草食畜牧业，加强退化草原生态修复，恢复提升草原生产能力。草原牧区要坚持以草定畜，科学合理利用草原，鼓励发展家庭生态牧场和生态牧业合作社。南方草山草坡地区要加强草地改良和人工草地建植，因地制宜发展牛羊养殖。（农业农村部、国家发展改革委、生态环境部、国家林草局等按职责分工负责）

（十九）**全面提升绿色养殖水平。**科学布局畜禽养殖，促进养殖规模与资源环境相匹配。缺水地区要发展羊、禽、兔等低耗水畜种养殖，土地资源紧缺地区要采取综合措施提高养殖业土地利用率。严格执行饲料添加剂安全使用规范，依法加强饲料中超剂量使用铜、锌等问题监管。加强兽用抗菌药综合治理，实施动物源细菌耐药性监测、药物饲料添加剂退出和兽用抗菌药使用减量化行动。建立畜牧业绿色发展评价体系，推广绿色发展配套技术。（农业农村部、自然资源部、生态环境部等按职责分工负责）

六、保障措施

（二十）**严格落实省负总责和"菜篮子"市长负责制。**各省（自治区、直辖市）人民政府对本地区发展畜牧业生产、保障肉蛋奶市场供应负总责，制定发展规划，强化政策措施，不得超越法律法规规定禁养限养。加强"菜篮子"市长负责制考核。鼓励主销省份探索通过资源环境补偿、跨区合作建立养殖基地等方式支持主产省份发展畜禽生产，推动形成销区补偿产区的长效机制。（国家发展改革委、农业农村部等按职责分工负责）

（二十一）**保障畜牧业发展用地。**按照畜牧业发展规划目标，结合地方国土空间规划编制，统筹支持解决畜禽养殖用地需求。养殖生产及其直接关联的畜禽粪污处理、检验检疫、清洗消毒、病死畜禽无害化处理等农业设施用地，可以使用一般耕地，不需占补平衡。畜禽养殖设施原则上不得使用永久基本农田，涉及少量永久基本农田确实难以避让的，允许使用但须补划。加大林地对畜牧业发展的支持，依法依规办理使用林地手续。鼓励节约使用畜禽养殖用地，提高土地利用效率。（自然资源部、农业农村部、国家林草局等按职责分工负责）

（二十二）**加强财政保障和金融服务。**继续实施生猪、牛羊调出大县奖励政策。通过政府购买服务方式支持动物防疫社会化服务。落实畜禽规模养殖、畜禽产品初加工等环节用水、用电优惠政策。通过中央财政转移支付等现有渠道，加强对生猪屠宰标准化示范创建和畜禽产品冷链运输配送体系建设的支持。银行业金融机构要积极探索推进土地经营权、养殖圈舍、大型养殖机械抵押贷款，支持具备活体抵押登记、流转等条件的地区按照市场化和风险可控原则，积极稳妥开展活畜禽抵押贷款试点。大力推进畜禽养殖保险，鼓励有条件的地方自主开展畜禽养殖收益险、畜产品价格险试点，逐步实现全覆盖。鼓励社会资本设立畜牧业产业投资基金和畜牧业科技创业投资基金。（财政部、银保监会、国家发展改革委、农业农村部等按职责分工负责）

（二十三）**强化市场调控。**依托现代信息技术，加强畜牧业生产和畜禽产品市场动态跟踪监测，及时、准确发布信息，科学引导生产和消费。完善政府猪肉储备调节机制，缓解生猪生产和市场价格周期性波动。各地根据需要研究制定牛羊肉等重要畜产品保供和市场调控预案。（国家发展改革委、财政部、农业农村部、商务部等按职责分工负责）

（二十四）**落实"放管服"改革措施。**推动修订畜牧兽医相关法律法规，提高畜牧业法制化水平。简化畜禽养殖用地取得程序以及环境影响评价、动物防疫条件审查、种畜禽进出口等审批程序，缩短审批时间，推进"一窗受理"，强化事中事后监管。（司法部、自然资源部、生态环境部、农业农村部、海关总署等按职责分工负责）

国务院办公厅

2020 年 9 月 14 日

国务院办公厅关于切实做好长江流域禁捕有关工作的通知

国办发明电〔2020〕21号

各省、自治区、直辖市人民政府，国务院各部委、各直属机构：

长江流域禁捕是贯彻落实习近平总书记关于"共抓大保护、不搞大开发"的重要指示精神，保护长江母亲河和加强生态文明建设的重要举措，是为全局计、为子孙谋，功在当代、利在千秋的重要决策。习近平总书记多次作出重要指示批示，李克强总理提出明确要求。为贯彻落实党中央、国务院决策部署，如期完成长江流域禁捕目标任务，农业农村部、公安部、市场监管总局分别牵头制订了《进一步加强长江流域重点水域禁捕和退捕渔民安置保障工作实施方案》、《打击长江流域非法捕捞专项整治行动方案》、《打击市场销售长江流域非法捕捞渔获物专项行动方案》，经国务院同意，现转发给你们，并就贯彻执行有关要求通知如下：

一、提高政治站位，压实各方责任

沿江各省（直辖市）人民政府和各有关部门要增强"四个意识"、坚定"四个自信"、做到"两个维护"，深入学习领会、坚决贯彻落实习近平总书记重要指示批示精神，把长江流域重点水域禁捕和退捕渔民安置保障工作作为当前重大政治任务，进一步落实责任，细化完善各项政策措施，全面抓好落实。要坚持中央统筹、省负总责、市县抓落实的工作体制，各有关省、市、县三级政府要成立由主要负责同志任组长的领导小组，逐级建立工作专班，细化制定实施方案，做到领导到位、责任到位、工作到位。农业农村部要落实牵头抓总责任，在长江流域禁捕工作协调机制基础上，组建工作专班进行集中攻坚。国家发展改革委、公安部、财政部、人力资源社会保障部、交通运输部、水利部、市场监管总局、国家林草局等部门要各司其责、密切配合，共同做好长江流域禁捕相关工作。

二、强化转产安置，保障退捕渔民生计

沿江各省（直辖市）要抓紧完成退捕渔船渔民建档立卡"回头看"工作，查漏补缺，切实摸清底数，做到精准识别和管理，作为落实补偿资金、转产安置、社会保障、后续帮扶、验收考核等工作的依据。要切实维护退捕渔民的社会保障权益，将符合条件的退捕渔民按规定纳入相应的社会保障制度，做到应保尽保。要根据渔民年龄结构、受教育程度、技能水平等情况，制定有针对性的转产转业安置方案，实行分类施策、精准帮扶，通过发展产业、务工就业、支持创业、公益岗位等多种方式促进渔民转产转业。

三、加大投入力度，落实相关补助资金

沿江各省（直辖市）要在中央补助资金统一核算、切块到省的基础上，加大地方财政

资金投入，统筹兜底保障禁捕退捕资金需求。地方可统筹使用渔业油价补贴、资源养护等相关资金，加大对退捕工作的支持力度。要合理确定本省（直辖市）补助标准，做到省域内基本平衡，避免引起渔民攀比。在加强中央层面长江流域禁捕执法能力建设同时，沿江各省（直辖市）也要加快配备禁捕执法装备设施，提升执法能力。

四、开展专项整治行动，严厉打击非法捕捞行为

针对长江流域重点水域非法捕捞屡禁不止等问题，开展为期一年的专项打击整治行动。沿江各省（直辖市）要成立由公安机关、农业农村（渔政）部门牵头，发展改革、交通运输、水利、市场监管、网信、林草等部门和单位参加的联合指挥部，制定实施方案，统筹推进各项执法任务，确保取得实效。对重大案件挂牌督办，加强行政执法与刑事司法衔接，公布一批典型案件，形成强大威慑。

五、加大市场清查力度，斩断非法地下产业链

各地要聚焦水产品交易市场、餐饮场所等市场主体，依法依规严厉打击收购、加工、销售、利用非法渔获物等行为。加强禁捕水域周边区域管理，禁止非法渔获物上市交易。加强水产品交易市场、餐饮行业管理，对以"长江野生鱼"、"野生江鲜"等为噱头的宣传营销行为，要追溯渔获物来源渠道，不能提供合法来源证明或涉嫌虚假宣传、过度营销、诱导欺诈消费者的，要依法追究法律责任。

六、加强考核检查，确保各项任务按时完成

沿江各省（直辖市）人民政府要把长江流域禁捕工作作为落实"共抓大保护、不搞大开发"的约束性任务，纳入地方政府绩效考核和河长制、湖长制等目标任务考核体系。要建立定期通报和约谈制度，对工作推进不力、责任落实不到位、弄虚作假的地区、单位和个人依法依规问责追责。农业农村部、公安部、市场监管总局要对所牵头的相关工作方案落实情况进行督促检查，确保长江流域禁捕各项政策措施落实到位，并适时向国务院报告有关情况。

国务院办公厅

2020 年 7 月 4 日

进一步加强长江流域重点水域禁捕和
退捕渔民安置保障工作实施方案

农业农村部

按照党中央、国务院决策部署，国务院有关部门和沿江各省（直辖市）加强协调配合，积极推进长江流域禁捕各项工作，取得了阶段性成效，332 个水生生物保护区已自

2020年1月1日起实现全面禁捕。但当前各省（直辖市）工作进展不平衡，一些地方在摸清底数、实施退捕、安置保障、政策落实等方面还存在较大差距，非法捕捞屡禁不止。为认真贯彻习近平总书记重要指示批示精神，落实党中央、国务院决策部署，进一步加强长江流域重点水域禁捕和退捕渔民安置保障工作，确保如期实现禁捕目标任务，特制定如下方案。

一、总体要求

以习近平新时代中国特色社会主义思想为指导，全面贯彻党的十九大和十九届二中、三中、四中全会精神，坚持新发展理念，按照中央统筹、省负总责、市县抓落实的工作体制，建立省、市、县三级政府主要领导同志负责的工作机制，有效落实渔民退捕补偿、就业帮扶、社会保障和过渡期补助等政策措施，确保自2021年1月1日起长江干流和重要支流、大型通江湖泊（即"一江、两湖、七河"）等重点水域实行10年禁捕，巩固332个水生生物保护区全面禁捕成果；确保2020年12月15日前捕捞渔船全部封存管理、分类处置，应退尽退、不漏一船；确保退捕渔民转产转业安置到位，做到应保尽保、不落一人，上岸就业有出路、长远生计有保障。通过实施精准退捕，强化安置保障，加强执法监管，推进长江水生生物资源和水域生态保护修复，助力长江经济带高质量发展。

二、重点任务

（一）精准建档立卡，摸清退捕渔船渔民底数。

按照2020年3月农业农村部等三部门《关于开展长江流域重点水域退捕渔船渔民信息建档立卡"回头看"的通知》要求，长江流域沿江沿湖市县应在2020年5月10日前完成退捕渔船渔民建档立卡工作。经农业农村部等部门抽查了解，至今仍有15%的渔船和50%左右的渔民未完成建档立卡工作。沿江沿湖市县要以2017年中央禁捕退捕补助资金测算基数（长江流域合法持证捕捞渔船统计核准数量）为基准，进一步核查渔船渔民基本情况，对退捕渔船和渔民进行精准识别，健全信息档案，摸清帮扶需求，明确帮扶措施，及时掌握退捕进度，切实做到查漏补缺、逐户确认，登记造册、张榜公布，为禁捕和渔民安置工作打下坚实基础。地方政府要承担建档立卡的主要责任，省级负总责，逐级审核确认，县（市、区）政府主要负责同志要签字背书。

沿江各省（直辖市）要以县为单位，健全完善退捕渔船渔民信息填报机制，农业农村、财政、人力资源社会保障部门分别负责渔船渔民基本信息、补偿资金、社会保障等信息采集录入审核。实行"一船一档、以船定人"管理，确保信息全面、数据精准。渔船信息主要包括：证书编号、渔船类型、捕捞区域、网具数量等情况；渔民信息主要包括：渔民姓名、家庭情况、年龄、文化程度、技能水平、退捕去向、就业意愿、补助资金落实、安置保障措施等情况。

沿江各省（直辖市）应于2020年7月31日前全面完成渔船渔民建档立卡信息录入和审核上报工作，2020年8月1日零时起，退捕渔船渔民基数将实行锁定管理，作为落实补偿资金、转产安置、社会保障、后续帮扶、验收考核等工作的依据。

（二）实施集中管理，及时分类处置退捕船网。

沿江各省（直辖市）要以乡镇为单位，对已退捕的渔船，严格按照有关规定补偿退捕渔民，注销捕捞证书，及时销毁捕捞网具，分类处置退捕渔船，不留反弹隐患；对尚未退捕的渔船，做好监督管理，逐船明确时间节点，督促按时退出。所有退捕渔船网具最迟在 2020 年 12 月 15 日集中到乡镇指定地点统一管理，切实做到证注销、船封存、网销毁。

沿江沿湖市县要加快退捕补偿进度，渔船回收后，根据不同材质、大小及使用年限，分类评估，查验核实，合理确定补偿金额，按规定公示，尽快落实补偿补助资金。统筹做好无证渔船清理取缔工作。

对于 2017 年以来按照长江流域禁捕政策要求，利用其他政策资金提前退捕的，可据实录入退捕渔船渔民信息管理系统，相应的中央补助资金由地方统筹用于禁捕退捕工作。

（三）坚持多措并举，切实做好退捕渔民生计保障。

沿江各省（直辖市）要切实维护退捕渔民的社会保障权益，积极探索参照现有被征地农民政策，将符合条件的退捕渔民按规定纳入相应的社会保障制度，做到应保尽保。要根据渔民年龄结构、受教育程度、技能水平等情况，制定有针对性的转产转业安置方案，分类施策、精准帮扶。发展产业安置一批，依托沿江沿湖资源生态优势，因地制宜发展稻鱼（虾）综合种养、池塘养鱼、水产品加工、休闲渔业，增加产业就业空间。按照"一湖一策"方式，坚持生态保护优先，在政府监管下，以市场化运作模式，在适宜的湖区库区统一开展生态保护修复，吸纳退捕渔民参与资源养护，并合理建立与退捕渔民利益联结机制。务工就业安置一批，按规定将退捕渔民纳入免费职业技能培训范围，加强职业介绍服务，拓宽就业渠道。支持创办扶贫车间吸纳渔民就业，引导龙头企业、农民合作社、电商平台等带动退捕渔民转产就业。支持创业安置一批，对退捕渔民首次创业且正常经营 1 年以上的，按规定给予一次性创业补贴。对符合条件的退捕渔民，落实创业担保贷款和贴息政策。落实创业孵化奖补政策，对开展职业指导、专场招聘、创业培训等的就业创业服务机构，按规定给予就业创业服务补助。公益岗位安置一批，通过政府购买服务等方式，将符合就业困难人员条件的退捕渔民按规定通过公益性岗位进行安置，统筹退捕安置和禁捕监管任务需求，引导退捕渔民参与巡查监督工作。另外，对于因病、因残等原因丧失劳动就业能力的生活困难退捕渔民，按规定纳入低保范围，发挥社会救助兜底保障作用。

（四）实施搬迁安置，推动渔民转产上岸。

对户籍在湖心岛、江心岛的渔民，禁捕后不能维持基本生计的，按照科学规划、渔民自愿、政府支持的原则，探索实行搬迁安置，稳妥推进渔民转产上岸。搬迁安置方式既可以集中安置，也可以分散安置。其中，集中安置由所在地县级人民政府选择资源优势突出、产业基础较好、基础设施和公共服务比较完善的地区整体安置搬迁渔民；分散安置由所在地县级人民政府采取回购安置区空置房屋等方式进行"插花"安置，也可鼓励搬迁渔民进城务工或投亲靠友。安置费用要综合考虑区域发展水平、安置资源条件、工程建设成本等因素，通过中央财政安排的过渡期补助资金、地方自有财力等渠道统筹解决。

（五）提升执法能力，强化日常监管。

按照中共中央办公厅、国务院办公厅印发的《关于深化农业综合行政执法改革的指导意见》要求，切实加强渔政执法队伍和能力建设，保障执法人员和经费。沿江各省（直辖市）要根据禁捕后的实际管理需求，紧急配置一批渔政执法船艇、无人机、雷达光电视频监控等执法装备设施。

建立健全联合执法机制，各级渔政部门要会同公安、市场监管等部门开展专项执法整治行动，斩断非法捕捞、运输、销售、餐饮等地下产业链和利益链。加强水生野生动物保护执法监管，强化渔政、公安、交通运输、水利、林草等部门组成的渔政执法特编船队，提升跨部门、跨地区执法合力。针对非法捕捞多发区域和重点时段，加强日常执法监管，扩大监管覆盖面，维护禁捕秩序。有效防范、严厉打击涉渔"三无"船舶、"电毒炸"、"绝户网"和非法捕捞珍贵、濒危水生野生动物等违法行为，强化行政执法与刑事司法衔接，对构成犯罪的依法追究刑事责任。

健全完善渔政 24 小时应急值守和举报监督制度，设立全国统一的中国渔政值守电话，开设中国渔政服务平台，推动与公安 110 联勤联动，受理涉渔违法违规案件举报。沿江各省（直辖市）要建立有奖举报制度，发挥社会监督作用，鼓励公众对相关违法行为进行举报监督。

三、组织实施

（一）**加强组织领导。**沿江各省（直辖市）要切实提高政治站位，完善长江流域禁捕工作协调机制，成立省、市、县三级政府主要负责同志任组长的领导小组，强化部门协同，建立工作专班，充实工作力量，倒排工期，挂图作战，限时销号。各级农业农村部门要牵头建立禁捕和渔民安置情况调度制度，每周调度并进行通报。

（二）**实行包村联户。**退捕任务集中的沿江沿湖市县，要组织领导干部分片包村，工作任务重、难度大的渔村要由县乡领导干部直接分包。包村干部要宣传贯彻禁捕退捕政策，指导核实渔船渔民信息，督促加快退捕进度，协调解决实际问题。对特殊困难渔民，明确结对帮扶关系和帮扶责任人，对接帮扶政策措施，提供生产就业信息，帮助解决生产生活困难。

（三）**强化资金保障。**按照中央奖补、地方为主的原则，各地要在中央补助资金统一核算、切块到省的基础上，切实落实主体责任，统筹保障禁捕退捕资金需求，加大地方财政资金投入，将退捕渔民生计和安置保障作为基本民生内容，统筹利用油补资金等相关资金渠道优先支持。

（四）**做好宣传引导。**充分利用各类新闻媒体平台，全方位、广角度、多形式宣讲禁捕退捕重大意义，解读禁捕退捕相关政策措施，及时回应群众关切，推广禁捕退捕工作先进典型和经验做法，提高社会公众知晓率和参与度。要积极营造良好的社会舆论氛围，做好负面舆情管控，严格防范禁捕可能引发的社会不稳定因素。

（五）**开展考核检查。**沿江各省（直辖市）人民政府要把长江流域禁捕工作作为落实"共抓大保护、不搞大开发"的约束性任务，纳入地方政府绩效考核和河长制、湖长制等目标任务考核体系。加强督促落实，建立定期通报和约谈制度，对工作推进不力、责任落实不到位、弄虚作假的地区、单位和个人依法依规问责追责。

打击长江流域非法捕捞专项整治行动方案

公安部　农业农村部

为认真贯彻习近平总书记重要指示批示精神，落实党中央、国务院决策部署，切实加强长江流域水生生物资源保护，依法严厉打击整治非法捕捞等各类危害水生生物资源行为，确保长江流域禁捕取得扎实成效，特制定如下方案。

一、总体要求

以习近平新时代中国特色社会主义思想为指导，全面贯彻党的十九大和十九届二中、三中、四中全会精神，牢固树立尊重自然、顺应自然、保护自然的理念，坚持问题导向、目标导向、结果导向，严守生态保护红线，全面加强长江水生生物保护工作，依法惩戒破坏水生生物资源行为，坚决把"共抓大保护、不搞大开发"的有关要求落到实处，推动形成人与自然和谐共生的绿色发展新格局。

二、工作目标

突出重点水域、重点违法犯罪行为、重点对象，落实沿江各省（直辖市）政府及其职能部门的主体责任，建立健全联防联动执法合作机制，提升执法能力，加大打击力度，深挖细查长江流域涉嫌非法捕捞违法犯罪案件线索，依法严厉打击整治相关违法犯罪活动，侦破一批严重破坏长江水生生物资源的非法捕捞违法犯罪案件，打掉一批职业化、团伙化的非法捕捞违法犯罪网络，整治一批非法运销捕捞器具、渔获物的窝点，彻底斩断非法捕捞、运输、销售长江野生鱼类的黑色产业链，坚决遏制长江流域非法捕捞违法犯罪活动，为长江经济带高质量发展提供坚强保障。

三、组织实施

专项行动由公安部、农业农村部牵头，会同最高人民法院、国家发展改革委、交通运输部、水利部、市场监管总局、国家网信办、国家林草局统一组织。沿江各地在地方各级人民政府统一领导下，由公安、农业农村（渔政）、法院、发展改革、交通运输、水利、市场监管、网信、林草等部门和单位负责具体实施。

四、行动安排

（一）行动时间。2020 年 7 月 1 日—2021 年 6 月 30 日，行动时间为 1 年。

（二）行动范围。《农业农村部关于长江流域重点水域禁捕范围和时间的通告》（农业农村部通告〔2019〕4 号）所明确的水生生物保护区、长江干流和重要支流、大型通江湖泊，以及与长江干流、重要支流、大型通江湖泊连通的其他天然水域。

（三）阶段安排。

第一阶段：2020 年 7 月 1 日—12 月 31 日，重点打击已经实施禁捕水域的非法捕捞违法犯罪活动，重点整治非法运销捕捞器具、渔获物的窝点。

第二阶段：2021年1月1日—4月30日，全面打击长江流域各类非法捕捞违法犯罪活动，全面禁止经营长江野生鱼类。

第三阶段：2021年5月1日—6月30日，组织开展专项行动"回头看"，总结工作经验，健全长效机制。

五、主要任务

（一）**全面开展对退捕渔民的走访教育。**对退捕渔民逐一上门走访，开展长江流域禁渔政策的法制宣传教育，动员督促其主动上缴捕捞工具，并逐项登记造册、签订承诺书。实行有奖举报制度，鼓励群众积极举报涉渔违法犯罪线索。

（二）**严厉打击非法捕捞作业行为。**聚焦重点水域和时段，依法严厉打击查处"电毒炸"、"绝户网"等非法作业方式，非法捕捞和经营利用中华鲟、长江鲟、江豚等国家重点保护水生野生动物，跨区作业和生产性垂钓作业等行为。对查获的非法捕捞案件，要追查历次作业情况、非法渔具来源和渔获物去向。

（三）**严肃查处非法捕捞渔具制售行为。**聚焦生产厂家、电商平台、渔具销售店铺等市场主体，依法严厉打击制造和销售"电毒炸"工具、非法网具、禁用渔具以及发布相关非法信息等违法行为，取缔电鱼器具等非法渔具制造黑窝点、黑作坊。对查获的非法制售捕捞渔具案件，要追查供货来源、销售渠道和其他涉案线索。

（四）**严格禁止非法渔获物交易利用行为。**聚焦水产品交易市场、餐饮场所等市场主体，依法依规严厉打击收购、加工、销售、利用非法渔获物等行为。加强禁捕水域周边区域管理，禁止非法渔获物上市交易。加强水产品交易市场、餐饮行业管理，对以"长江野生鱼""野生江鲜"等为噱头的宣传营销行为，要追溯渔获物来源渠道，不能提供合法来源证明或涉嫌虚假宣传、过度营销、诱导欺诈消费者的，要依法追究法律责任。

（五）**集中治理整顿"三无"船舶。**集中治理整顿涉渔"三无"船舶和大马力快艇。对查获的"三无"船舶，要完善移交处置流程，设置集中扣船点，依法进行没收、拆解、处置，并追查非法建（改）造的市场主体，通报船舶制造行业管理部门。对非法从事渔业捕捞的船舶，及时通报船籍地行业主管部门，依法加强属地监督和管理。

（六）**多维度惩处违法犯罪行为。**建立健全渔业资源和水生生物鉴定及损害评估机制，依法追究违法犯罪行为人的渔业资源及生态环境损害赔偿责任，探索实施行业禁入惩戒制度。综合运用法律、经济与政策手段，依法依规完善政策性补贴、退捕安置政策与个人违法违规记录挂钩机制。

六、有关要求

（一）**加强组织领导，强化责任落实。**本次专项行动是稳定长江禁捕秩序、加强水域生态文明建设的重要举措。各有关地区和部门要高度重视，充分认识专项行动的重要意义，沿江各省（直辖市）要成立由公安机关、农业农村（渔政）部门牵头，发展改革、交通运输、水利、市场监管、网信、林草等部门和单位参加的联合指挥部，制定实施方案，统筹推进各项执法任务，并建立健全工作责任制，分解任务、传导压力，实现责任全覆盖，确保取得实效。沿江各省（直辖市）要于 2020 年 7 月 10 日前确定指挥部成员、联络员，并将人员名单和联系方式报送公安部治安管理局、农业农村部长江办。

（二）加强分工协作，形成联动合力。各有关地区和部门要加强执法监管，扩大监管覆盖面。公安部、农业农村部要商最高人民法院等单位加强法律适用问题研究，推动出台有关规范性文件。发展改革部门要加强长江流域生态保护相关工作的统筹，及时协调解决相关涉渔问题。农业农村（渔政）部门要加大行政执法力度，严厉查处非法捕捞作业行为，拆除拆解网围、定置网具等。交通运输部门要配合农业农村（渔政）部门加大对涉渔"三无"船舶的清理整治力度。水利部门要持续清理取缔非法设置的矮围等。市场监管部门要加大市场监管执法力度，依法严厉查处销售长江流域非法捕捞的珍贵、濒危水生野生动物等违法行为。林草部门要全面加强自然保护区管理，依法查处保护区内相关违法行为。网信部门要加大网络巡查力度，及时清理整治网络涉渔违法信息。各部门发现涉嫌犯罪或涉黑涉恶线索要及时移送公安机关，公安机关要对涉嫌犯罪的非法捕捞行为依法立案侦查，对暴力抗法等阻扰相关部门依法执行公务的行为进行处理，严厉打击因非法捕捞滋生的船霸、渔霸等涉黑涉恶势力。

（三）加强督导检查，压实工作责任。沿江各省（直辖市）人民政府要根据本行动方案明确责任部门和职责分工，建立横向到边、纵向到底的监管执法网络；将执法成效纳入市县政府绩效及河长制、湖长制考核体系，制定执法考核办法，并将考核结果与执法单位和人员的奖惩相挂钩，确保执法行动扎实开展、取得实效。国务院有关部门将按照专项行动的整体安排，加强执法督查和暗访检查，动态通报专项行动落实情况，对发现的问题督促整改，对重大案件挂牌督办，对执法不力、问题突出的地方进行通报批评、问责追责，对在专项行动中成绩突出的单位和个人按规定给予表彰和奖励。

（四）完善执法机制，提升执法能力。各有关地区和部门要树立长江流域禁捕工作的整体观、全局观，打破部门界限、地域界限，在打击非法捕捞、稳定禁渔秩序上通力合作。各地指挥部要统筹用好各方执法力量，形成水陆执法闭环。在重点区域、重点时段开展区域间联合执法。推动建立完善联合执法、联合办案、异地协查机制，健全非法渔获物、非法渔具等违法证据鉴定体系，强化行政执法与刑事司法衔接，提升执法效果。专项行动中，各地要查办一批有影响力的大案要案，达到"查办一起、震慑一片"的效果。

（五）积极宣传引导，营造良好氛围。各有关地区和部门要将专项行动宣传摆在突出位置，与专项行动一起研究、一起布置，同步推进、同步落实。要加强与新闻媒体的沟通协调，坚持正确的舆论导向，不断创新宣传方式，丰富完善宣传内容，扩大宣传覆盖面。同时注重以案释法，适时组织开展"三无"船舶和非法网具集中销毁活动，强化警示教育作用，营造"不敢捕、不能捕、不想捕"的社会舆论氛围。

（六）强化执法保障，建立长效机制。沿江各地人民政府要将专项执法经费纳入本级财政预算。做好专项行动期间执法人员的工作、生活保障，落实一线执法人员值勤津补贴制度，维护执法人员的合法权益和执法权威。特别是在新冠肺炎疫情防控期间，要落实好执法队伍的防护设备设施，配齐防护用品，保障执法人员安全和健康。各执法力量要以此次专项行动为契机，固定联合执法模式，构建执法长效机制，为长江大保护保驾护航。

打击市场销售长江流域非法捕捞渔获物专项行动方案

市场监管总局

为认真贯彻习近平总书记重要指示批示精神，落实党中央、国务院决策部署，彻底斩断市场销售长江流域非法捕捞渔获物产业链，依据市场监管工作职责，特制定如下方案。

一、总体要求

以习近平新时代中国特色社会主义思想为指导，全面贯彻党的十九大和十九届二中、三中、四中全会精神，增强"四个意识"、坚定"四个自信"、做到"两个维护"，按照党中央、国务院关于长江流域禁捕工作的决策部署，加强市场监管执法，严厉查处市场销售长江流域非法捕捞渔获物行为，打击销售网络，斩断违法链条，维护长江流域生态环境安全。

二、主要措施

各地市场监管部门要依据《全国人民代表大会常务委员会关于全面禁止非法野生动物交易、革除滥食野生动物陋习、切实保障人民群众生命健康安全的决定》、野生动物保护法、食品安全法、反不正当竞争法、广告法、水生野生动物保护实施条例等法律法规，切实加强监管，严厉查处相关违法行为。

（一）**加强生产企业监管**。要以水产制品生产企业为重点，加大日常监督检查力度，督促企业严格落实进货查验记录制度，不得采购、加工非法捕捞渔获物。

（二）**加强市场销售监管**。在全国范围内开展水产品专项市场排查。以农产品批发市场、农贸市场、商超、餐饮单位为重点，加大市场排查和监督检查力度，重点检查水产品经营者是否严格落实进货查验记录要求，采购的水产品特别是捕捞水产品是否具有合法来源凭证等文件，是否存在采购、经营来源不明或者无法提供合法来源凭证水产品的违法违规行为。对检查中发现采购、经营无合法来源水产品的违法违规行为，要监督水产品经营者立即停止经营，并依法依规从重查处。

（三）**加强网络交易监管**。加强对电商平台售卖"长江野生鱼"、"野生江鲜"等行为的监管。各地市场监管部门要督促属地电商平台进一步完善平台治理规则，将相关主管部门提供的禁限售目录纳入平台禁限售商品服务名录，并指导平台企业加强内部管理，落实主体责任，对相关违法行为及时采取下架（删除、屏蔽）信息、终止提供平台服务等必要处置措施，并及时向有关部门报告处理情况。发挥全国网络交易监测平台作用，对各电商平台下架（删除、屏蔽）信息情况进行监测，及时将监测发现的违法违规信息移交平台所在地市场监管部门处理。各地市场监管部门要按照相关主管部门提供的禁限售目录，完善监测关键词库和违法违规模型库，加强网络交易信息监测，及时发现相关违法违规信息并依法依规处理。

（四）加强广告监管。加大广告监管力度，凡属于依法禁止出售、购买、利用的野生动物及其制品，一律禁止发布广告；凡属于依法禁止使用的猎捕工具，一律禁止发布广告。对监测中发现涉及非法水生野生动物交易的虚假违法广告线索，第一时间交属地市场监管部门依法核实、严厉查处。

（五）严厉查处违法行为。对监管中发现的经营者以"长江野生鱼"、"野生江鲜"等为噱头营销利用，对商品的来源、质量做虚假或者引人误解的商业宣传，欺骗、误导消费者，构成虚假宣传不正当竞争行为的，依法予以查处。对未经批准、未取得专用标识或者未按照规定使用专用标识，出售、购买长江流域珍贵、濒危水生野生动物及其制品等违法行为，一经发现，依法从重予以查处。

（六）畅通投诉举报渠道。各地市场监管部门要充分发挥全国"12315"平台、"12315"电话作用，畅通投诉举报渠道。鼓励社会公众积极举报相关违法线索，并根据各地实际予以奖励，充分发挥社会监督作用。

三、行动安排

（一）行动时间。2020 年 7 月 1 日—2021 年 6 月 30 日，行动时间为 1 年。

（二）阶段安排。

第一阶段：动员排查。2020 年 7 月 1 日—12 月 31 日，全面宣传动员和排查，深入摸排违法线索，组织开展对网络交易的监测和对食品生产企业、农产品批发市场、农贸市场、餐饮单位的监督检查，重点打击市场销售已实施禁捕水域非法捕捞渔获物违法行为。

第二阶段：集中打击。2021 年 1 月 1 日—4 月 30 日，全面打击市场销售长江流域非法捕捞渔获物违法行为，有效斩断地下产业链。

第三阶段：总结规范。2021 年 5 月 1 日—6 月 30 日，组织开展专项行动"回头看"，完善规章制度，健全长效机制。

四、工作要求

（一）提高政治站位。各地市场监管部门要充分认识本次专项行动的重要性和紧迫性，切实提高政治站位，加强组织领导。要开展专题研究，制定实施方案，细化工作措施，分解工作责任，确保各项部署落实到位。

（二）狠抓案件查办。要采取明查与暗访相结合的形式，深入摸排一批案件线索，深挖违法链条和网络，集中力量查办一批大案要案。涉嫌犯罪的，移送公安机关依法查处，切实加大打击力度，有力震慑违法犯罪分子。

（三）加强督导检查。加强对专项行动的督导检查，抓好工作落实。对检查中发现的问题要及时督促整改，对大案要案要挂牌督办。对工作要求不落实、行动开展不迅速、工作成效不明显的要通报批评，问题严重的依纪依法追究责任。

（四）**加强部门协作。**加强部门间线索通报和案件移送，对市场监管过程中发现涉嫌购买、经营长江流域非法捕捞渔获物的，要及时移送属地渔政部门查处；涉嫌犯罪的，移送公安机关依法查处。地方各有关部门要加强协调配合，开展联合行动，切实形成执法合力。

（五）**加强宣传引导。**要充分利用报刊、广播、电视、网络、公众号等媒介，宣传报道专项行动开展情况，曝光典型案例，强化警示教育，引导经营者认真落实主体责任，营造全社会保护长江流域生态环境的良好氛围。

国务院办公厅转发国家发展改革委关于促进特色小镇规范健康发展意见的通知

各省、自治区、直辖市人民政府，国务院各部委、各直属机构：

国家发展改革委《关于促进特色小镇规范健康发展的意见》已经国务院同意，现转发给你们，请认真贯彻执行。

国务院办公厅

2020年9月16日

关于促进特色小镇规范健康发展的意见

国家发展改革委

特色小镇作为一种微型产业集聚区，具有细分高端的鲜明产业特色、产城人文融合的多元功能特征、集约高效的空间利用特点，在推动经济转型升级和新型城镇化建设中具有重要作用。近年来，各地特色小镇建设取得一定成效，涌现出一批产业特而强、功能聚而合、形态小而美、机制新而活的精品特色小镇，但也出现了部分特色小镇概念混淆、内涵不清、主导产业薄弱等问题。为加强对特色小镇发展的顶层设计、激励约束和规范管理，现提出以下意见：

一、总体要求

（一）指导思想

以习近平新时代中国特色社会主义思想为指导，全面贯彻党的十九大和十九届二中、三中、四中全会精神，坚持稳中求进工作总基调，坚持新发展理念，以准确把握特色小镇发展定位为前提，以培育发展主导产业为重点，促进产城人文融合，突出企业主体地位，健全激励约束机制和规范管理机制，有力有序有效推进特色小镇高质量发展，为扎实做好"六稳"工作、全面落实"六保"任务提供抓手，为坚定实施扩大内需战略和新型城镇化战略提供支撑。

（二）基本原则

——遵循规律、质量第一。立足不同地区经济发展阶段和客观实际，遵循经济规律、城镇化规律和城乡融合发展趋势，不下指标、不搞平衡，控制数量、提高质量，防止一哄而上、一哄而散。

——因地制宜、突出特色。依托不同地区区位条件、资源禀赋、产业基础和比较优势，适合什么发展什么，合理谋划并做精做强特色小镇主导产业，防止重复建设、千镇一面。

——市场主导、政府引导。厘清政府与市场的关系，引导市场主体扩大有效投资，创新投资运营管理方式，更好发挥政府公共设施配套和政策引导等作用，防止政府大包大揽。

——统一管理、奖优惩劣。把握发展与规范的关系，实行正面激励与负面纠偏"两手抓"，实行部门指导、省负总责、市县落实，强化统筹协调和政策协同，防止政出多门。

二、主要任务

（三）准确把握发展定位

准确理解特色小镇概念，以微型产业集聚区为空间单元进行培育发展，不得将行政建制镇和传统产业园区命名为特色小镇。准确把握特色小镇区位布局，主要在城市群、都市圈、城市周边等优势区位或其他有条件区域进行培育发展。准确把握特色小镇发展内涵，发挥要素成本低、生态环境好、体制机制活等优势，打造经济高质量发展的新平台、新型城镇化建设的新空间、城乡融合发展的新支点、传统文化传承保护的新载体。

（四）聚力发展主导产业

聚焦行业细分门类，科学定位特色小镇主导产业，提高主导产业质量效益，切实增强产业核心竞争力。错位发展先进制造类特色小镇，信息、科创、金融、教育、商贸、文化旅游、森林、体育、康养等现代服务类特色小镇，以及农业田园类特色小镇，打造行业"单项冠军"。聚焦高端产业和产业高端环节，吸引先进要素集聚发展，助推产业基础高级化和产业链现代化。

（五）促进产城人文融合

推进特色小镇多元功能聚合，打造宜业宜居宜游的新型空间。叠加现代社区功能，结合教育、医疗、养老整体布局提供优质公共服务，完善社区服务、商业服务和交通站点，建设15分钟便捷生活圈。叠加文化功能，挖掘工业文化等产业衍生文化，促进优秀传统文化与现代生活相互交融，建设展示小镇建设整体图景和文化魅力的公共空间。叠加旅游功能，加强遗产遗迹保护，因地制宜开展绿化亮化美化，打造彰显地域特征的特色建筑，保护修复生态环境。

（六）突出企业主体地位

推进特色小镇市场化运作，以企业投入为主、以政府有效精准投资为辅，依法合规建立多元主体参与的特色小镇投资运营模式。培育一批特色小镇投资运营优质企业，鼓励有条件有经验的大中型企业独立或牵头发展特色小镇，实行全生命周期的投资建设运营管理，探索可持续的投融资模式和盈利模式，带动中小微企业联动发展。

（七）促进创业带动就业

因地制宜培育特色小镇创新创业生态，提高就业吸纳能力。结合主导产业加强创业就业技能培训服务，提高创业者和劳动者技能素质。发展创业孵化器等众创空间，强化场地安排、要素对接等服务功能。鼓励中小银行和地方银行分支机构入驻特色小镇或延伸服务，创新科技金融产品和服务模式。引导入驻企业与电商平台深化合作，拓宽新工艺新产品新模式的商业渠道。

（八）完善产业配套设施

着眼特色小镇主导产业发展所需，健全公共性、平台性产业配套设施，惠及更多市场主体。完善智能标准生产设施，提供标准厂房和通用基础制造装备，降低投产成本、缩短产品上市周期。健全技术研发转化设施，发展共性技术研发平台和科研成果中试基地。健全仓储集散回收设施，完善电子商务硬件设施及软件系统。

（九）开展改革探索试验

根据特色小镇多数位于城乡接合部的区位特点，推动其先行承接城乡融合发展等相关改革试验，努力探索微型产业集聚区高质量发展的经验和路径。深化"放管服"改革，因地制宜建设便企政务服务设施，有效承接下放的涉企行政审批事项，完善政务服务功能，优化营商环境。允许特色小镇稳妥探索综合体项目整体立项、子项目灵活布局的可行做法。开展供地用地方式改革，鼓励建设用地多功能复合利用，盘活存量建设用地和低效土地，稳妥探索农村集体经营性建设用地直接入市交易。探索投融资机制改革，谋划与新型城镇化建设项目相匹配、财务可持续的投融资模式。

三、规范管理

（十）实行清单管理

各省级人民政府要根据本意见，按照严定标准、严控数量、统一管理、动态调整原则，明确本省份特色小镇清单，择优予以倾斜支持。对此前已命名的特色小镇，经审核符合条件的可纳入清单，不符合条件的要及时清理或更名。国务院有关部门和行业协会不命名、不评比特色小镇。国家发展改革委要会同有关部门建立全国特色小镇信息库，加强对各省份特色小镇清单的指导监督和动态管理。

（十一）强化底线约束

地方各级人民政府要加强规划管理，严格节约集约利用土地，单个特色小镇规划面积原则上控制在1—5平方公里（文化旅游、体育、农业田园类特色小镇规划面积上限可适当提高），保持生产生活生态空间合理比例，保持四至范围清晰、空间相对独立，严守生态保护红线、永久基本农田、城镇开发边界三条控制线。严格控制高耗能、高污染、高排放企业入驻，同步规划建设污水、垃圾处理等市政基础设施和环境卫生设施。严防地方政府债务风险，县级政府债务风险预警地区原则上不得通过政府举债建设特色小镇。严控特色小镇房地产化倾向，在充分论证人口规模基础上合理控制住宅用地在建设用地中所占比重。严守安全生产底线，加强安全生产监管和重大灾害治理，维护人民生命财产安全。

（十二）加强激励引导

国务院有关部门要组织制定特色小镇发展导则，在规划布局、主导产业发展、产城人文融合和公共设施建设等方面提出普适性操作性指引，引导培育一批示范性特色小镇，总结提炼典型经验，发挥引领带动作用。建立政银企对接长效机制，支持符合条件的特色小镇投资运营企业发行企业债券，鼓励开发性、政策性和商业性金融机构在债务风险可控前提下增加中长期融资支持。加大中央预算内投资对特色小镇建设的支持力度。支持发行地方政府专项债券用于特色小镇有一定收益的产业配套设施、公共服务设施、市政公用设施等项目建设。鼓励地方通过安排相关资金、新增建设用地计划指标等方式，对特色小镇发展予以支持引导。

（十三）及时纠偏纠错

地方各级人民政府要对违法违规的特色小镇予以及时整改或淘汰。对主导产业薄弱的，要加强指导引导，长期不见效的要督促整改。对违法违规占地用地、破坏生态环境的，要及时制止并限期整改。对投资主体缺失、无法进行有效建设运营的，以及以"特色小镇"之名单纯进行大规模房地产开发的，要坚决淘汰除名。

四、组织实施

（十四）压实地方责任

各省级人民政府要强化主体责任，统筹制定本省份特色小镇管理制度、政策措施和检查评估机制，做好组织调度和监测监管。市县级人民政府要深化认识、把握节奏、强化落实、久久为功，结合本地实际制定细化可操作的工作措施，并科学编制特色小镇规划。

（十五）加强部门指导

依托城镇化工作暨城乡融合发展工作部际联席会议制度，国家发展改革委要会同财政部、自然资源部、住房城乡建设部、农业农村部、体育总局、国家林草局等有关部门和单位强化协同协作，统筹开展特色小镇监测督导、典型示范和规范纠偏等工作，督促有关地区及时处置特色小镇建设过程中的违法违规行为，对工作不力的地区进行通报，切实促进特色小镇规范健康发展。

四、农业农村部规章和文件

农业行政处罚程序规定

（中华人民共和国农业农村部令2020年　第1号）

《农业行政处罚程序规定》已经农业农村部2019年第12次常务会议修订通过，现予公布，自2020年3月1日起施行。农业部2006年4月25日发布的《农业行政处罚程序规定》同时废止。

部　长　韩长赋
2020年1月14日

第一章　总　　则

第一条　为规范农业行政处罚程序，保障和监督农业农村主管部门依法实施行政管理，保护公民、法人或者其他组织的合法权益，根据《中华人民共和国行政处罚法》《中华人民共和国行政强制法》等有关法律、行政法规的规定，结合农业农村部门实际，制定本规定。

第二条　农业行政处罚机关实施行政处罚及其相关的行政执法活动，适用本规定。

本规定所称农业行政处罚机关，是指依法行使行政处罚权的县级以上人民政府农业农村主管部门。

第三条　农业行政处罚机关实施行政处罚，应当遵循公正、公开的原则，做到事实清楚，证据充分，程序合法，定性准确，适用法律正确，裁量合理，文书规范。

第四条　农业行政处罚机关实施行政处罚，应当坚持处罚与教育相结合，采取指导、建议等方式，引导和教育公民、法人或者其他组织自觉守法。

第五条　具有下列情形之一的，农业行政执法人员应当主动申请回避，当事人也有权申请其回避：

（一）是本案当事人或者当事人的近亲属；

（二）本人或者其近亲属与本案有直接利害关系；

（三）与本案当事人有其他利害关系，可能影响案件的公正处理。

农业行政处罚机关主要负责人的回避，由该机关负责人集体讨论决定；其他人员的回避，由该机关主要负责人决定。

回避决定作出前，主动申请回避或者被申请回避的人员不停止对案件的调查处理。

第六条　农业行政执法人员调查处理农业行政处罚案件时，应当向当事人或者有关人员出示农业行政执法证件，并按规定着装和佩戴执法标志。

农业行政执法证件由农业农村部统一制定，省、自治区、直辖市人民政府农业农村主管部门负责本地区农业行政执法证件的发放和管理工作。

第七条 各级农业行政处罚机关应当全面推行行政执法公示制度、执法全过程记录制度、重大执法决定法制审核制度，加强行政执法信息化建设，推进信息共享，提高行政处罚效率。

第八条 县级以上人民政府农业农村主管部门在法定职权范围内实施行政处罚。

县级以上人民政府农业农村主管部门依法设立的农业综合行政执法机构承担并集中行使行政处罚以及与行政处罚有关的行政强制、行政检查职能，以农业农村主管部门名义统一执法。

县级以上人民政府农业农村主管部门依照国家有关规定在沿海、大江大湖、边境交界等水域设立的渔政执法机构，承担渔业行政处罚以及与行政处罚有关的行政强制、行政检查职能，以其所在的农业农村主管部门名义执法。

第九条 县级以上人民政府农业农村主管部门依法设立的派出执法机构，应当在派出部门确定的权限范围内以派出部门的名义实施行政处罚。

第十条 上级农业农村主管部门依法监督下级农业农村主管部门实施的行政处罚。

县级以上人民政府农业农村主管部门负责监督本部门农业综合行政执法机构、渔政执法机构或者派出执法机构实施的行政处罚。

第十一条 农业行政处罚机关在工作中发现违纪、违法或者犯罪问题线索的，应当按照《执法机关和司法机关向纪检监察机关移送问题线索工作办法》的规定，及时移送纪检监察机关。

第二章　农业行政处罚的管辖

第十二条 农业行政处罚由违法行为发生地的农业行政处罚机关管辖。

省、自治区、直辖市农业行政处罚机关应当按照职权法定、属地管理、重心下移的原则，结合违法行为涉及区域、案情复杂程度、社会影响范围等因素，厘清本行政区域内不同层级农业行政处罚机关行政执法权限，明确职责分工。

第十三条 渔业行政违法行为有下列情况之一的，适用"谁查获、谁处理"的原则：

（一）违法行为发生在共管区、叠区；

（二）违法行为发生在管辖权不明确或者有争议的区域；

（三）违法行为发生地与查获地不一致。

第十四条 电子商务平台经营者和通过自建网站、其他网络服务销售商品或者提供服务的电子商务经营者的农业违法行为由其住所地县级以上农业行政处罚机关管辖。

平台内经营者的农业违法行为由其实际经营地县级以上农业行政处罚机关管辖。电子商务平台经营者住所地或者违法物品的生产、加工、存储、配送地的县级以上农业行政处罚机关先行发现违法线索或者收到投诉、举报的，也可以管辖。

第十五条 对当事人的同一违法行为，两个以上农业行政处罚机关都有管辖权的，应当由先立案的农业行政处罚机关管辖。

第十六条 两个以上农业行政处罚机关因管辖权发生争议的，应当自发生争议之日起七个工作日内协商解决；协商解决不了的，报请共同的上一级农业行政处罚机关指定管辖。

第十七条 农业行政处罚机关发现立案查处的案件不属于本部门管辖的，应当将案件移送有管辖权的农业行政处罚机关。受移送的农业行政处罚机关对管辖权有异议的，应当报请共同的上一级农业行政处罚机关指定管辖，不得再自行移送。

第十八条 上级农业行政处罚机关认为有必要时，可以直接管辖下级农业行政处罚机关管辖的案件，也可以将本机关管辖的案件交由下级农业行政处罚机关管辖；必要时可以将下级农业行政处罚机关管辖的案件指定其他下级农业行政处罚机关管辖。

下级农业行政处罚机关认为依法应由其管辖的农业行政处罚案件重大、复杂或者本地不适宜管辖的，可以报请上一级农业行政处罚机关直接管辖或者指定管辖。上一级农业行政处罚机关应当自收到报送材料之日起七个工作日内作出书面决定。

第十九条 农业行政处罚机关在办理跨行政区域案件时，需要其他地区农业行政处罚机关协查的，可以发送协助调查函。收到协助调查函的农业行政处罚机关应当予以协助并及时书面告知协查结果。

第二十条 农业行政处罚机关查处案件，对依法应当由原许可、批准的部门作出吊销许可证件等行政处罚决定的，应当将查处结果告知原许可、批准的部门，并提出处理建议。

第二十一条 农业行政处罚机关发现所查处的案件不属于农业农村主管部门管辖的，应当按照有关要求和时限移送有管辖权的部门处理。

违法行为涉嫌犯罪的案件，农业行政处罚机关应当依法移送司法机关，不得以行政处罚代替刑事处罚。

农业行政处罚机关应当将移送案件的相关材料妥善保管、存档备查。

第三章　农业行政处罚的决定

第二十二条 公民、法人或者其他组织违反农业行政管理秩序的行为，依法应当给予行政处罚的，农业行政处罚机关必须查明事实；违法事实不清的，不得给予行政处罚。

第二十三条 农业行政处罚机关作出农业行政处罚决定前，应当告知当事人拟作出的决定内容、事实、理由及依据，并告知当事人依法享有的权利。

采取一般程序查办的案件，农业行政处罚机关应当制作行政处罚事先告知书送达当事人，并告知当事人可以在收到告知书之日起三日内进行陈述、申辩。符合听证条件的，应当告知当事人可以要求听证。

当事人无正当理由逾期提出陈述、申辩或者要求听证的，视为放弃上述权利。

第二十四条 农业行政处罚机关应当及时对当事人的陈述、申辩或者听证情况进行复核。当事人提出的事实、理由成立的，应当予以采纳。

农业行政处罚机关不得因当事人申辩加重处罚。

第一节　简易程序

第二十五条　违法事实确凿并有法定依据，依照《中华人民共和国行政处罚法》的规定可以适用简易程序作出行政处罚的，农业行政处罚机关依照本节有关规定，可以当场作出农业行政处罚决定。

第二十六条　当场作出行政处罚决定时，农业行政执法人员应当遵守下列程序：

（一）向当事人表明身份，出示农业行政执法证件；

（二）当场查清当事人的违法事实，收集和保存相关证据；

（三）在行政处罚决定作出前，应当告知当事人拟作出决定的内容、事实、理由和依据，并告知当事人有权进行陈述和申辩；

（四）听取当事人陈述、申辩，并记入笔录；

（五）填写预定格式、编有号码、盖有农业行政处罚机关印章的当场处罚决定书，由执法人员签名或者盖章，当场交付当事人，并应当告知当事人如不服行政处罚决定可以依法申请行政复议或者提起行政诉讼。

第二十七条　农业行政执法人员应当在作出当场处罚决定之日起、在水上办理渔业行政违法案件的农业行政执法人员应当自抵岸之日起二日内，将案件的有关材料交至所属农业行政处罚机关归档保存。

第二节　一般程序

第二十八条　实施农业行政处罚，除适用简易程序的外，应当适用一般程序。

第二十九条　农业行政处罚机关对涉嫌违反农业法律、法规和规章的行为，应当自发现线索或者收到相关材料之日起十五个工作日内予以核查，由农业行政处罚机关负责人决定是否立案；因特殊情况不能在规定期限内立案的，经农业行政处罚机关负责人批准，可以延长十五个工作日。法律、法规、规章另有规定的除外。

第三十条　符合下列条件的，农业行政处罚机关应当予以立案，并填写行政处罚立案审批表：

（一）有涉嫌违反农业法律、法规和规章的行为；

（二）依法应当或者可以给予行政处罚；

（三）属于本机关管辖；

（四）违法行为发生之日起至被发现之日止未超过二年，或者违法行为有连续、继续状态，从违法行为终了之日起至被发现之日止未超过二年；法律、法规另有规定的除外。

第三十一条　对已经立案的案件，根据新的情况发现不符合第三十条规定的立案条件的，农业行政处罚机关应当撤销立案。

第三十二条　农业行政处罚机关对立案的农业违法行为，应当及时组织调查取证。必要时，按照法律、法规的规定，可以进行检查。

农业行政执法人员调查收集证据、进行检查时不得少于二人，并应当出示农业行政执法证件。

· 170 ·

第三十三条　农业行政执法人员有权依法采取下列措施：

（一）查阅、复制书证和其他有关材料；

（二）询问当事人或者其他与案件有关的单位和个人；

（三）要求当事人或者有关人员在一定的期限内提供有关材料；

（四）采取现场检查、勘验、抽样、检验、检测、鉴定、评估、认定、录音、拍照、录像、调取现场及周边监控设备电子数据等方式进行调查取证；

（五）对涉案的场所、设施或者财物依法实施查封、扣押等行政强制措施；

（六）责令被检查单位或者个人停止违法行为，履行法定义务；

（七）其他法律、法规、规章规定的措施。

第三十四条　农业行政处罚证据包括书证、物证、视听资料、电子数据、证人证言、当事人的陈述、鉴定意见、现场检查笔录和勘验笔录等。

证据应当符合法律、法规、规章的规定，并经查证属实，才能作为农业行政处罚机关认定事实的依据。

第三十五条　收集、调取的书证、物证应当是原件、原物。收集、调取原件、原物确有困难的，可以提供与原件核对无误的复制件、影印件或者抄录件，也可以提供足以反映原物外形或者内容的照片、录像等其他证据。

复制件、影印件、抄录件和照片由证据提供人或者执法人员核对无误后注明与原件、原物一致，并注明出证日期、证据出处，同时签名或者盖章。

第三十六条　收集、调取的视听资料应当是有关资料的原始载体。调取原始载体确有困难的，可以提供复制件，并注明制作方法、制作时间、制作人和证明对象等。声音资料应当附有该声音内容的文字记录。

第三十七条　收集、调取的电子数据应当是有关数据的原始载体。收集电子数据原始载体确有困难的，可以采用拷贝复制、委托分析、书式固定、拍照录像等方式取证，并注明制作方法、制作时间、制作人等。

农业行政处罚机关可以利用互联网信息系统或者设备收集、固定违法行为证据。用来收集、固定违法行为证据的互联网信息系统或者设备应当符合相关规定，保证所收集、固定电子数据的真实性、完整性。

农业行政处罚机关可以指派或者聘请具有专门知识的人员或者专业机构，辅助农业行政执法人员对与案件有关的电子数据进行调查取证。

第三十八条　农业行政执法人员询问证人或者当事人，应当个别进行，并制作询问笔录。

询问笔录有差错、遗漏的，应当允许被询问人更正或者补充。更正或者补充的部分应当由被询问人签名、盖章或者按指纹等方式确认。

询问笔录经被询问人核对无误后，由被询问人在笔录上逐页签名、盖章或者按指纹等方式确认。农业行政执法人员应当在笔录上签名。被询问人拒绝签名、盖章或者按指纹的，由农业行政执法人员在笔录上注明情况。

第三十九条　农业行政执法人员对与案件有关的物品或者场所进行现场检查或者勘验，应当通知当事人到场，制作现场检查笔录或者勘验笔录，必要时可以采取拍照、录像或者其他方式记录现场情况。

当事人拒不到场、无法找到当事人或者当事人拒绝签名或者盖章的，农业行政执法人员应当在笔录中注明，并可以请在场的其他人员见证。

第四十条 农业行政处罚机关在调查案件时，对需要检测、检验、鉴定、评估、认定的专门性问题，应当委托具有法定资质的机构进行；没有具有法定资质的机构的，可以委托其他具备条件的机构进行。

检验、检测、鉴定、评估、认定意见应当由检验、检测、鉴定人员签名或者盖章，并加盖所在机构公章。检验、检测、鉴定、评估、认定意见应当送达当事人。

第四十一条 农业行政处罚机关收集证据时，可以采取抽样取证的方法。执法人员应当制作抽样取证凭证，对样品加贴封条，并由办案人员和当事人在抽样取证凭证上签名或者盖章。当事人拒绝签名或者盖章的，应当采取拍照、录像或者其他方式记录抽样取证情况。

农业行政处罚机关抽样送检的，应当将抽样检测结果及时告知当事人，并告知当事人有依法申请复检的权利。

非从生产单位直接抽样取证的，农业行政处罚机关可以向产品标注生产单位发送产品确认通知书。

第四十二条 在证据可能灭失或者以后难以取得的情况下，经农业行政处罚机关负责人批准，农业行政执法人员可以对与涉嫌违法行为有关的证据采取先行登记保存措施。

情况紧急的，农业行政执法人员需要当场采取先行登记保存措施的，可以采用即时通讯方式报请农业行政处罚机关负责人同意，并在二十四小时内补办批准手续。

先行登记保存有关证据，应当当场清点，开具清单，填写先行登记保存执法文书，由当事人和农业行政执法人员签名、盖章或者按指纹，并向当事人交付先行登记保存证据通知书和物品清单。

第四十三条 先行登记保存物品时，就地由当事人保存的，当事人或者有关人员不得使用、销售、转移、损毁或者隐匿。

就地保存可能妨害公共秩序、公共安全，或者存在其他不适宜就地保存情况的，可以异地保存。对异地保存的物品，农业行政处罚机关应当妥善保管。

第四十四条 农业行政处罚机关对先行登记保存的证据，应当在七日内作出下列处理决定并送达当事人：

（一）根据情况及时采取记录、复制、拍照、录像等证据保全措施；

（二）需要进行技术检测、检验、鉴定、评估、认定的，送交有关部门检测、检验、鉴定、评估、认定；

（三）对依法应予没收的物品，依照法定程序处理；

（四）对依法应当由有关部门处理的，移交有关部门；

（五）为防止损害公共利益，需要销毁或者无害化处理的，依法进行处理；

（六）不需要继续登记保存的，解除先行登记保存。

第四十五条 农业行政处罚机关依法对涉案场所、设施或者财物采取查封、扣押等行政强制措施，应当在实施前向农业行政处罚机关负责人报告并经批准，由具备资格的行政执法人员实施。

情况紧急，需要当场采取行政强制措施的，农业行政执法人员应当在二十四小时内向农业行政处罚机关负责人报告，并补办批准手续。农业行政处罚机关负责人认为不应当采取行政强制措施的，应当立即解除。

第四十六条 农业行政处罚机关实施查封、扣押等行政强制措施，应当履行《中华人民共和国行政强制法》规定的程序和要求，制作并当场交付查封、扣押决定书和清单。

第四十七条 经查明与违法行为无关或者不再需要采取查封、扣押措施的，应当解除查封、扣押措施，将查封、扣押的财物如数返还当事人，并由执法人员和当事人在解除查封或者扣押决定书和清单上签名、盖章或者按指纹。

第四十八条 有下列情形之一的，经农业行政处罚机关负责人批准，中止案件调查，并制作案件中止调查决定书：

（一）行政处罚决定必须以相关案件的裁判结果或者其他行政决定为依据，而相关案件尚未审结或者其他行政决定尚未作出；

（二）涉及法律适用等问题，需要送请有权机关作出解释或者确认；

（三）因不可抗力致使案件暂时无法调查；

（四）因当事人下落不明致使案件暂时无法调查；

（五）其他应当中止调查的情形。

中止调查的原因消除后，应当立即恢复案件调查。

第四十九条 农业行政执法人员在调查结束后，应当根据不同情形提出如下处理建议，并制作案件处理意见书，报请农业行政处罚机关负责人审查：

（一）违法事实成立，应给予行政处罚的，建议予以行政处罚；

（二）违法事实不成立的，建议予以撤销案件；

（三）违法行为轻微并及时纠正，没有造成危害后果的，建议不予行政处罚；

（四）违法行为超过追诉时效的，建议不再给予行政处罚；

（五）案件应当移交其他行政机关管辖或者因涉嫌犯罪应当移送司法机关的，建议移送相关机关；

（六）依法作出处理的其他情形。

第五十条 农业行政处罚机关负责人作出行政处罚决定前，应当依法严格进行法制审核。未经法制审核或者审核未通过的，农业行政处罚机关不得作出行政处罚决定。

农业行政处罚法制审核工作由农业行政处罚机关法制机构负责；未设置法制机构的，由农业行政处罚机关确定的承担法制审核工作的其他机构或者专门人员负责。

案件查办人员不得同时作为该案件的法制审核人员。农业行政处罚机关中初次从事法制审核的人员，应当通过国家统一法律职业资格考试取得法律职业资格。

第五十一条 农业行政处罚决定法制审核的主要内容包括：

（一）本机关是否具有管辖权；

（二）程序是否合法；

（三）案件事实是否清楚，证据是否确实、充分；

（四）定性是否准确；

（五）适用法律依据是否正确；

（六）当事人基本情况是否清楚；

（七）处理意见是否适当；

（八）其他应当审核的内容。

第五十二条 法制审核结束后，应当区别不同情况提出如下建议：

（一）对事实清楚、证据充分、定性准确、适用依据正确、程序合法、处理适当的案件，拟同意作出行政处罚决定；

（二）对定性不准、适用依据错误、程序不合法或者处理不当的案件，建议纠正；

（三）对违法事实不清、证据不充分的案件，建议补充调查或者撤销案件；

（四）违法行为轻微并及时纠正没有造成危害后果的，或者违法行为超过追诉时效的，建议不予行政处罚；

（五）认为有必要提出的其他意见和建议。

第五十三条 法制审核机构或者法制审核人员应当自接到审核材料之日起五个工作日内完成审核。特殊情况下，经农业行政处罚机关负责人批准，可以延长十个工作日。法律、法规、规章另有规定的除外。

第五十四条 农业行政处罚机关负责人应当对调查结果、当事人陈述申辩或者听证情况、案件处理意见和法制审核意见等进行全面审查，并区别不同情况分别作出如下处理决定：

（一）违法事实成立，依法应当给予行政处罚的，根据其情节轻重及具体情况，作出行政处罚决定；

（二）违法行为轻微，依法可以不予行政处罚的，不予行政处罚；

（三）违法事实不能成立的，不得给予行政处罚；

（四）不属于农业行政处罚机关管辖的，移送其他行政机关处理；

（五）违法行为涉嫌犯罪的，将案件移送司法机关。

第五十五条 下列行政处罚案件，应当由农业行政处罚机关负责人集体讨论决定：

（一）符合本规定第五十九条所规定的听证条件，且申请人申请听证的案件；

（二）案情复杂或者有重大社会影响的案件；

（三）有重大违法行为需要给予较重行政处罚的案件；

（四）农业行政处罚机关负责人认为应当提交集体讨论的其他案件。

第五十六条 农业行政处罚机关决定给予行政处罚的，应当制作行政处罚决定书。行政处罚决定书应当载明以下内容：

（一）当事人的基本情况；

（二）违反法律、法规或者规章的事实和证据；

（三）行政处罚的种类、依据和理由；

（四）行政处罚的履行方式和期限；

（五）不服行政处罚决定，申请行政复议或者提起行政诉讼的途径和期限；

（六）作出行政处罚决定的农业行政处罚机关名称和作出决定的日期，并且加盖作出行政处罚决定农业行政处罚机关的印章。

第五十七条　在边远、水上和交通不便的地区按一般程序实施处罚时，农业行政执法人员可以采用即时通信方式，报请农业行政处罚机关负责人批准立案和对调查结果及处理意见进行审查。报批记录必须存档备案。当事人可当场向农业行政执法人员进行陈述和申辩。当事人当场书面放弃陈述和申辩的，视为放弃权利。

前款规定不适用于本规定第五十五条规定的应当由农业行政处罚机关负责人集体讨论决定的案件。

第五十八条　农业行政处罚案件应当自立案之日起六个月内作出处理决定；因案情复杂、调查取证困难等特殊情况六个月内不能作出处理决定的，报经上一级农业行政处罚机关批准可以延长至一年。

案件办理过程中，中止、听证、公告、检验、检测、鉴定等时间不计入前款所指的案件办理期限。

第三节　听证程序

第五十九条　农业行政处罚机关依照《中华人民共和国行政处罚法》的规定，在作出责令停产停业、吊销许可证件、较大数额罚款、没收较大数额财物等重大行政处罚决定前，应当告知当事人有要求举行听证的权利。当事人要求听证的，农业行政处罚机关应当组织听证。

前款所指的较大数额罚款，县级以上地方人民政府农业农村主管部门按所在省、自治区、直辖市人民代表大会及其常委会或者人民政府规定的标准执行；农业农村部对公民罚款超过三千元、对法人或者其他组织罚款超过三万元属较大数额罚款。

第一款规定的没收较大数额财物，参照第二款的规定执行。

第六十条　听证由拟作出行政处罚的农业行政处罚机关组织。具体实施工作由其法制机构或者相应机构负责。

第六十一条　当事人要求听证的，应当在收到行政处罚事先告知书之日起三日内向听证机关提出。

第六十二条　听证机关应当在举行听证会的七日前送达行政处罚听证会通知书，告知当事人举行听证的时间、地点、听证人员名单及可以申请回避和可以委托代理人等事项。

当事人应当按期参加听证。当事人有正当理由要求延期的，经听证机关批准可以延期一次；当事人未按期参加听证并且未事先说明理由的，视为放弃听证权利。

第六十三条　听证参加人由听证主持人、听证员、书记员、案件调查人员、当事人及其委托代理人等组成。

听证主持人、听证员、书记员应当由听证机关负责人指定的法制工作机构工作人员或者其他相应工作人员等非本案调查人员担任。

当事人委托代理人参加听证的，应当提交授权委托书。

第六十四条　除涉及国家秘密、商业秘密或者个人隐私等情形外，听证应当公开举行。

第六十五条　当事人在听证中的权利和义务：

（一）有权对案件的事实认定、法律适用及有关情况进行陈述和申辩；

（二）有权对案件调查人员提出的证据质证并提出新的证据；

（三）如实回答主持人的提问；

（四）遵守听证会场纪律，服从听证主持人指挥。

第六十六条 听证按下列程序进行：

（一）听证书记员宣布听证会场纪律、当事人的权利和义务。听证主持人宣布案由，核实听证参加人名单，宣布听证开始；

（二）案件调查人员提出当事人的违法事实、出示证据，说明拟作出的农业行政处罚的内容及法律依据；

（三）当事人或者其委托代理人对案件的事实、证据、适用的法律等进行陈述、申辩和质证，可以当场向听证会提交新的证据，也可以在听证会后三日内向听证机关补交证据；

（四）听证主持人就案件的有关问题向当事人、案件调查人员、证人询问；

（五）案件调查人员、当事人或者其委托代理人相互辩论；

（六）当事人或者其委托代理人作最后陈述；

（七）听证主持人宣布听证结束。听证笔录交当事人和案件调查人员审核无误后签字或者盖章。

第六十七条 听证结束后，听证主持人应当依据听证情况，制作行政处罚听证会报告书，连同听证笔录，报农业行政处罚机关负责人审查。农业行政处罚机关应当按照本规定第五十四条的规定，作出决定。

第六十八条 听证机关组织听证，不得向当事人收取费用。

第四章　执法文书的送达和处罚决定的执行

第六十九条 农业行政处罚机关送达行政处罚决定书，应当在宣告后当场交付当事人；当事人不在场的，应当在七日内将行政处罚决定书送达当事人。

第七十条 农业行政处罚机关送达行政执法文书，应当使用送达回证，由受送达人在送达回证上记明收到日期，签名或者盖章。

受送达人是公民的，本人不在时交其同住成年家属签收；受送达人是法人或者其他组织的，应当由法人的法定代表人、其他组织的主要负责人或者该法人、其他组织负责收件的有关人员签收；受送达人有代理人的，可以送交其代理人签收；受送达人已向农业行政处罚机关指定代收人的，送交代收人签收。

受送达人、受送达人的同住成年家属、法人或者其他组织负责收件的有关人员、代理人、代收人在送达回证上签收的日期为送达日期。

第七十一条 受送达人或者他的同住成年家属拒绝接收行政执法文书的，送达人可以邀请有关基层组织或者其所在单位的代表到场，说明情况，在送达回证上记明拒收事由和日期，由送达人、见证人签名或者盖章，把行政执法文书留在受送达人的住所；也可以把行政执法文书留在受送达人的住所，并采用拍照、录像等方式记录送达过程，即视为送达。

第七十二条 直接送达行政执法文书有困难的，农业行政处罚机关可以邮寄送达或者委托其他农业行政处罚机关代为送达。

受送达人下落不明，或者采用直接送达、留置送达、委托送达等方式无法送达的，农业行政处罚机关可以公告送达。

委托送达的，受送达人的签收日期为送达日期；邮寄送达的，以回执上注明的收件日期为送达日期；公告送达的，自发出公告之日起经过六十日，即视为送达。

第七十三条 当事人应当在行政处罚决定书确定的期限内，履行处罚决定。

农业行政处罚决定依法作出后，当事人对行政处罚决定不服申请行政复议或者提起行政诉讼的，除法律另有规定外，行政处罚决定不停止执行。

第七十四条 除本规定第七十五条、第七十六条规定外，农业行政处罚机关及其执法人员不得自行收缴罚款。决定罚款的农业行政处罚机关应当书面告知当事人向指定的银行缴纳罚款。

第七十五条 依照本规定第二十五条的规定当场作出农业行政处罚决定，有下列情形之一的，执法人员可以当场收缴罚款：

（一）依法给予二十元以下罚款的；

（二）不当场收缴事后难以执行的。

第七十六条 在边远、水上、交通不便地区，农业行政处罚机关及其执法人员依照本规定第二十五条、第五十四条、第五十五条的规定作出罚款决定后，当事人向指定的银行缴纳罚款确有困难，经当事人提出，农业行政处罚机关及其执法人员可以当场收缴罚款。

第七十七条 农业行政处罚机关及其执法人员当场收缴罚款的，应当向当事人出具省、自治区、直辖市财政部门统一制发的罚款收据，不出具财政部门统一制发的罚款收据的，当事人有权拒绝缴纳罚款。

第七十八条 农业行政执法人员当场收缴的罚款，应当自返回农业行政处罚机关所在地之日起二日内，交至农业行政处罚机关；在水上当场收缴的罚款，应当自抵岸之日起二日内交至农业行政处罚机关；农业行政处罚机关应当在二日内将罚款交至指定的银行。

第七十九条 对需要继续行驶的农业机械、渔业船舶实施暂扣或者吊销证照的行政处罚，农业行政处罚机关在实施行政处罚的同时，可以发给当事人相应的证明，责令农业机械、渔业船舶驶往预定或者指定的地点。

第八十条 对生效的农业行政处罚决定，当事人拒不履行的，作出农业行政处罚决定的农业行政处罚机关依法可以采取下列措施：

（一）到期不缴纳罚款的，每日按罚款数额的百分之三加处罚款；

（二）根据法律规定，将查封、扣押的财物拍卖抵缴罚款；

（三）申请人民法院强制执行。

第八十一条 当事人确有经济困难，需要延期或者分期缴纳罚款的，应当在行政处罚决定书确定的缴纳期限届满前，向作出行政处罚决定的农业行政处罚机关提出延期或者分期缴纳罚款的书面申请。

农业行政处罚机关负责人批准当事人延期或者分期缴纳罚款后，应当制作同意延期

（分期）缴纳罚款通知书，并送达当事人和收缴罚款的机构。延期或者分期缴纳的最后一期缴纳时间不得晚于申请人民法院强制执行的最后期限。

第八十二条 除依法应当予以销毁的物品外，依法没收的非法财物，应当按照国家有关规定处理。处理没收物品，应当制作罚没物品处理记录和清单。

第八十三条 罚款、没收的违法所得或者拍卖非法财物的款项，应当全部上缴国库，任何单位或者个人不得以任何形式截留、私分或者变相私分。

第五章　结案和立卷归档

第八十四条 有下列情形之一的，农业行政处罚机关可以结案：

（一）行政处罚决定由当事人履行完毕的；

（二）农业行政处罚机关依法申请人民法院强制执行行政处罚决定，人民法院依法受理的；

（三）不予行政处罚等无须执行的；

（四）行政处罚决定被依法撤销的；

（五）农业行政处罚机关认为可以结案的其他情形。

农业行政执法人员应当填写行政处罚结案报告，经农业行政处罚机关负责人批准后结案。

第八十五条 农业行政处罚机关应当按照下列要求及时将案件材料立卷归档：

（一）一案一卷；

（二）文书齐全，手续完备；

（三）案卷应当按顺序装订。

第八十六条 案件立卷归档后，任何单位和个人不得修改、增加或者抽取案卷材料，不得修改案卷内容。案卷保管及查阅，按档案管理有关规定执行。

第八十七条 农业行政处罚机关应当建立行政处罚案件统计制度，并于每年1月31日前向上级农业行政处罚机关报送本行政区域上一年度农业行政处罚情况。

第六章　附　　则

第八十八条 沿海地区人民政府单独设置的渔业行政主管部门及其依法设立的渔政执法机构实施渔业行政处罚及其相关的行政执法活动，适用本规定。

前款规定的渔政执法机构承担本部门渔业行政处罚以及与行政处罚有关的行政强制、行政检查职能，以其所在的渔业主管部门名义执法。

第八十九条 本规定中的"以上""以下""内"均包括本数。

第九十条 期间以时、日、月、年计算。期间开始的时或者日，不计算在内。

期间届满的最后一日是节假日的，以节假日后的第一日为期间届满的日期。

行政处罚文书的送达期间不包括在路途上的时间，行政处罚文书在期满前交邮的，视为在有效期内。

  第九十一条 农业行政处罚基本文书格式由农业农村部统一制定。各省、自治区、直辖市人民政府农业农村主管部门可以根据地方性法规、规章和工作需要，调整有关内容或者补充相应文书，报农业农村部备案。

  第九十二条 本规定自 2020 年 3 月 1 日起实施。2006 年 4 月 25 日农业部发布的《农业行政处罚程序规定》同时废止。

远洋渔业管理规定

（中华人民共和国农业农村部令2020年　第2号）

《远洋渔业管理规定》已经农业农村部2019年第12次常务会议审议通过，现予公布，自2020年4月1日起施行。

部　长　韩长赋

2020年2月10日

第一章　总　　则

第一条　为加强远洋渔业管理，维护国家和远洋渔业企业及从业人员的合法权益，养护和可持续利用海洋渔业资源，促进远洋渔业持续、健康发展，根据《中华人民共和国渔业法》及有关法律、行政法规，制定本规定。

第二条　本规定所称远洋渔业，是指中华人民共和国公民、法人和其他组织到公海和他国管辖海域从事海洋捕捞以及与之配套的加工、补给和产品运输等渔业活动，但不包括到黄海、东海和南海从事的渔业活动。

第三条　国家支持、促进远洋渔业可持续发展，建立规模合理、布局科学、装备优良、配套完善、管理规范、生产安全的现代化远洋渔业产业体系。

第四条　农业农村部主管全国远洋渔业工作，负责全国远洋渔业的规划、组织和管理，会同国务院其他有关部门对远洋渔业企业执行国家有关法规和政策的情况进行监督。

省级人民政府渔业行政主管部门负责本行政区域内远洋渔业的规划、组织和监督管理。

市、县级人民政府渔业行政主管部门协助省级渔业行政主管部门做好远洋渔业相关工作。

第五条　国家鼓励远洋渔业企业依法自愿成立远洋渔业协会，加强行业自律管理，维护成员合法权益。

第六条　农业农村部对远洋渔业实行项目审批管理和企业资格认定制度，并依法对远洋渔业船舶和船员进行监督管理。

第七条　远洋渔业项目审批和企业资格认定通过农业农村部远洋渔业管理系统办理。

申请人应当提供的渔业船舶检验证书、渔业船舶登记证等法定证照、权属证明，在全国渔船动态管理系统、远洋渔业管理系统或者部门间核查能够查询到有效信息的，可以不再提供纸质材料。

第二章　远洋渔业项目申请和审批

第八条　同时具备下列条件的企业，可以从事远洋渔业，申请开展远洋渔业项目：

（一）在我国市场监管部门登记，具有独立法人资格，经营范围包括海洋（远洋）捕捞；

（二）拥有符合要求的适合从事远洋渔业的合法渔业船舶；

（三）具有承担项目运营和意外风险的经济实力；

（四）有熟知远洋渔业政策、相关法律规定、国外情况并具有3年以上远洋渔业生产及管理经验的专职经营管理人员；

（五）申请前的3年内没有被农业农村部取消远洋渔业企业资格的记录，企业主要负责人和项目负责人申请前的3年内没有在被农业农村部取消远洋渔业企业资格的企业担任主要负责人和项目负责人的记录。

第九条　符合本规定第八条条件的企业申请开展远洋渔业项目的，应当通过所在地省级人民政府渔业行政主管部门提出，经省级人民政府渔业行政主管部门审核同意后报农业农村部审批。中央直属企业直接报农业农村部审批。

省级人民政府渔业行政主管部门应当在10日内完成审核。

第十条　申请远洋渔业项目时，应当报送以下材料：

（一）项目申请报告。申请报告应当包括企业基本情况和条件、项目组织和经营管理计划、已开展远洋渔业项目（如有）的情况等内容，同时填写《申请远洋渔业项目基本情况表》（见附表一）。

（二）项目可行性研究报告。

（三）到他国管辖海域作业的，提供与外方的合作协议或他国政府主管部门同意入渔的证明、我驻项目所在国使（领）馆的意见；境外成立独资或合资企业的，还需提供我国商务行政主管部门出具的《企业境外投资证书》和入渔国有关政府部门出具的企业注册证明。到公海作业的，填报《公海渔业捕捞许可证申请书》（见附表二）。

（四）拟派渔船所有权证书、登记（国籍）证书、远洋渔船检验证书。属制造、更新改造、购置或进口的专业远洋渔船，需同时提供农业农村部《渔业船网工具指标批准书》；属非专业远洋渔船（具有国内有效渔业捕捞许可证转产从事远洋渔业的渔船），需同时提供国内《海洋渔业捕捞许可证》；属进口渔船，需同时提供国家机电进出口办公室批准文件。

（五）农业农村部要求的其他材料。

第十一条　农业农村部收到符合本规定第十条要求的远洋渔业项目申请后，在15个工作日内作出是否批准的决定。特殊情况需要延长决定期限的，应当及时告知申请企业延长决定期限的理由。

经审查批准远洋渔业项目申请的，农业农村部书面通知申请项目企业及其所在地省级人民政府渔业行政主管部门，并抄送国务院其他有关部门。

从事公海捕捞作业的，农业农村部批准远洋渔业项目的同时，颁发《公海渔业捕捞许可证》。

经审查不予批准远洋渔业项目申请的，农业农村部将决定及理由书面通知申请项目企业。

第十二条 对已经实施的远洋渔业项目，农业农村部根据以下不同情况分别进行确认：

（一）从国内港口离境的渔船，依据海事行政主管部门颁发的《国际航行船舶出口岸许可证》进行确认；

（二）在海上转移渔场或变更渔船所有人的渔船，依据远洋渔业项目批准文件进行确认；

（三）船舶证书到期的渔船，依据发证机关换发的有效证书进行确认；

（四）因入渔需要变更渔船国籍的，依据渔船的中国国籍中止或注销证明、入渔国政府主管部门签发的捕捞许可证和渔船登记证书、检验证书及中文翻译件进行确认。

第十三条 取得农业农村部远洋渔业项目批准后，企业持批准文件和其他有关材料，办理远洋渔业船舶和船员证书等有关手续。

第十四条 到他国管辖海域从事捕捞作业的远洋渔业项目开始执行后，企业项目负责人应当持农业农村部远洋渔业项目批准文件到我驻外使（领）馆登记，接受使（领）馆的监督和指导。

第十五条 企业在项目执行期间，应当按照农业农村部的规定及时、准确地向所在地省级人民政府渔业行政主管部门等单位报告下列情况，由省级人民政府渔业行政主管部门等单位汇总后报农业农村部：

（一）投产各渔船渔获量、主要品种、产值等生产情况。除另有规定外，应当于每月10日前按要求报送上月生产情况；

（二）自捕水产品运回情况，按照海关总署和农业农村部的要求报告；

（三）农业农村部或国际渔业管理组织要求报告的其他情况。

第十六条 远洋渔业项目执行过程中需要改变作业国家（地区）或海域、作业类型、入渔方式、渔船数量（包括更换渔船）、渔船所有人以及重新成立独资或合资企业的，应当提供本规定第十条规定的与变更内容有关的材料，按照本规定第九条规定的程序事先报农业农村部批准。其中改变作业国家的，除提供第十条第（三）项规定的材料外，还应当提供我驻原项目所在国使（领）馆的意见。

第十七条 项目终止或执行完毕后，远洋渔业企业应当及时向省级人民政府渔业行政主管部门报告，提交项目执行情况总结，经省级人民政府渔业行政主管部门报农业农村部办理远洋渔业项目终止手续。

远洋渔业企业应当将终止项目的渔船开回国内，并在渔船入境之日起5个工作日内，将海事行政主管部门出具的《船舶进口岸手续办妥通知单》和渔政渔港监督部门出具的渔船停港证明报农业农村部。

远洋渔船终止远洋渔业项目或远洋渔业项目无法继续执行的，企业应于项目终止或停止之日起18个月内对渔船予以妥善处置，因客观原因未能在18个月内处置完毕的，可适当延长处置时间，但最长不得超过 36 个月。期限届满仍未妥善处置的，由省级人民政府渔业行政主管部门按《渔业船舶登记办法》等有关规定注销渔船登记。

第三章　远洋渔业企业资格认定和年审

第十八条　对于已获农业农村部批准并开始实施远洋渔业项目的企业，其生产经营情况正常，认真遵守有关法律、法规和本规定，未发生严重违规事件的，农业农村部授予其远洋渔业企业资格，并颁发《农业农村部远洋渔业企业资格证书》。

取得《农业农村部远洋渔业企业资格证书》的企业，可以根据有关规定享受国家对远洋渔业的支持政策。

第十九条　农业农村部对远洋渔业企业资格和远洋渔业项目进行年度审查。对审查合格的企业，换发当年度《农业农村部远洋渔业企业资格证书》；对审查合格的渔船，延续确认当年度远洋渔业项目。

申请年审的远洋渔业企业应当于每年 1 月 15 日以前向所在地省级人民政府渔业行政主管部门报送下列材料：

（一）上年度远洋渔业项目执行情况报告。

（二）《远洋渔业企业资格和项目年审登记表》（见附表三）。

（三）有效的渔业船舶所有权证书、国籍证书和检验证书。其中，在他国注册登记的渔船需提供登记国政府主管部门签发的渔船登记和检验证书及中文翻译件。在他国注册登记的渔船如已更新改造，还应提供原船证书注销证明及中文翻译件。

（四）到他国管辖海域从事捕捞作业的，还应提供入渔国政府主管部门颁发的捕捞许可证和企业注册证明及中文翻译件，我驻入渔国使（领）馆出具的意见等。

省级人民政府渔业行政主管部门应当对有关材料进行认真审核，对所辖区域的远洋渔业企业资格和渔船的远洋渔业项目提出审核意见，于 2 月 15 日前报农业农村部。

农业农村部于 3 月 31 日前将远洋渔业企业资格审查和远洋渔业项目确认结果书面通知省级人民政府渔业行政主管部门和有关企业，抄送国务院有关部门。

第四章　远洋渔业船舶和船员

第二十条　远洋渔船应当经渔业船舶检验机构技术检验合格、渔港监督部门依法登记，取得相关证书，符合我国法律、法规和有关国际条约的管理规定。

不得使用未取得相关证书的渔船从事远洋渔业生产。

不得使用被有关区域渔业管理组织公布的从事非法、不报告和不受管制渔业活动的渔船从事远洋渔业生产。

第二十一条　制造、更新改造、购置、进口远洋渔船或更新改造非专业远洋渔船开展远洋渔业的，应当根据《渔业捕捞许可管理规定》事先报农业农村部审批。

淘汰的远洋渔船，应当实施报废处置。

根据他国法律规定，远洋渔船需要加入他国国籍方可在他国海域作业的，应当按《渔业船舶登记办法》有关规定，办理中止或注销中国国籍登记。

第二十二条　远洋渔船应当从国家对外开放口岸出境和入境，随船携带登记（国籍）证书、检验证书、《公海捕捞许可证》以及该船适用的国际公约要求的有关证书。

第二十三条　在我国注册登记的远洋渔船，悬挂中华人民共和国国旗，按国家有关规定进行标识；在他国注册登记的远洋渔船，按登记国规定悬挂旗帜、进行标识。国际渔业组织对远洋渔船标识有规定的，按其规定执行。

第二十四条　专业远洋渔船不得在我国管辖海域从事渔业活动。

经批准到公海或他国管辖海域从事捕捞作业的非专业远洋渔船，出境前应当将《海洋渔业捕捞许可证》交回原发证机关暂存，在实施远洋渔业项目期间禁止在我国管辖海域从事渔业活动。在终止远洋渔业项目并办妥相关手续后，按《渔业捕捞许可管理规定》从原发证机构领回《海洋渔业捕捞许可证》后，方可在国内海域从事渔业生产。

第二十五条　远洋渔船应当按照规定填写渔捞日志，并接受渔业行政主管部门的监督检查。

第二十六条　远洋渔船应当按规定配备与管理船员。

远洋渔业船员应当按规定接受培训，经考试或考核合格取得相应的渔业船员证书后才能上岗，并持有海员证或护照等本人有效出入境证件。外籍、港澳台船员的管理按照国家有关规定执行。

远洋渔业船员、远洋渔业企业及项目负责人和经营管理人员应当学习国际渔业法律法规、安全生产和涉外知识，参加渔业行政主管部门或其委托机构组织的培训。

第五章　安全生产

第二十七条　远洋渔业企业承担安全生产主体责任，应当按规定设置安全生产管理机构或配备安全生产管理人员，建立安全生产责任制。

远洋渔业企业的法定代表人和主要负责人，对本企业的安全生产工作全面负责；远洋渔业项目负责人，对项目的执行、生产经营管理、渔船活动和船员负监管责任；远洋渔船船长对渔船海上航行、生产作业和锚泊安全等负直接责任。

第二十八条　远洋渔业企业应当与其聘用的远洋渔业船员或远洋渔业船员所在单位直接签订合同，为远洋渔业船员办理有关保险，按时发放工资，保障远洋渔业船员的合法权益，不得向远洋渔业船员收取不合理费用。

远洋渔业企业不得聘用未取得有效渔业船员证书的人员作为远洋渔业船员，聘用的远洋渔业船员不得超过农业农村部远洋渔业项目批准文件核定的船员数。

第二十九条　远洋渔业企业应当在远洋渔业船员出境前对其进行安全生产、外事纪律和法律知识等培训教育。

远洋渔业船员在境外应当遵守所在国法律、法规和有关国际条约、协定的规定，尊重当地的风俗习惯。

第三十条　远洋渔船船长应当认真履行《渔业船员管理办法》规定的有关职责，确保渔船正常航行和依法进行渔业生产，严禁违法进入他国管辖水域生产。

按照我国加入的国际公约或区域渔业组织要求，远洋渔船在公海或他国管辖水域被要求登临检查时，船长应当核实执法船舶及人员身份，配合经授权的执法人员对渔船实施登临检查。禁止逃避执法检查或以暴力、危险等方法抗拒执法检查。

第三十一条 到公海作业的远洋渔船，应当按照农业农村部远洋渔业项目批准文件和《公海渔业捕捞许可证》限定的作业海域、类型、时限、品种和配额作业，遵守我国缔结或者参加的国际条约、协定。

到他国管辖海域作业的远洋渔船，应当遵守我国与该国签订的渔业协议及该国的法律法规。

远洋渔船作业时应当与未授权作业海域外部界限保持安全的缓冲距离，避免赴有关国家争议海域作业。

第三十二条 远洋渔船在通过他国管辖水域前，应妥善保存渔获、捆绑覆盖渔具，并按有关规定提前通报。通过他国管辖水域时，应保持连续和匀速航行，填写航行日志，禁止从事捕捞、渔获物转运、补给等任何渔业生产活动。

渔船在他国港口内或通过他国管辖海域时，不得丢弃船上渔获物或其他杂物，不得排放油污、污水及从事其他损坏海洋生态环境的行为。

第六章　监督管理

第三十三条 禁止远洋渔业企业、渔船和船员从事、支持或协助非法、不报告和不受管制的渔业活动。

第三十四条 农业农村部发布远洋渔业从业人员"黑名单"。存在严重违法违规行为、对重大安全生产责任事故负主要责任和引发远洋渔业涉外违规事件的企业主要管理人员、项目负责人和船长，纳入远洋渔业从业人员"黑名单"管理。

纳入远洋渔业从业人员"黑名单"的企业主要管理人员、项目负责人，3年内不得在远洋渔业企业担任主要管理人员或项目负责人。纳入远洋渔业从业人员"黑名单"的船长自被吊销职务船员证书之日起，5年内不得申请渔业船员证书。

第三十五条 农业农村部根据管理需要对远洋渔船进行船位和渔获情况监测。远洋渔船应当根据农业农村部制定的监测计划安装渔船监测系统（VMS），并配备持有技术培训合格证的船员，保障系统正常工作，及时、准确提供真实信息。

农业农村部可根据有关国际组织的要求或管理需要向远洋渔船派遣国家观察员。远洋渔业企业和远洋渔船有义务接纳国家观察员或有关国际渔业组织派遣的观察员，协助并配合观察员工作，不得安排观察员从事与其职责无关的工作。

第三十六条 两个以上远洋渔业企业在同一国家（地区）或海域作业，或从事同品种、同类型作业，应当建立企业自我协调和自律机制，接受行业协会的指导，配合政府有关部门进行协调和管理。

第三十七条 远洋渔业企业、渔船和船员在国外发生涉外事件时，应当立即如实向农业农村部、企业所在地省级人民政府渔业行政主管部门和有关驻外使（领）馆报告，省级人民政府渔业行政主管部门接到报告后，应当立即核实情况，并提出处理意见报农业农村部和省级人民政府，由农业农村部协调提出处理意见通知驻外使（领）馆。发生重大涉外事件需要对外交涉的，由农业农村部商外交部提出处理意见，进行交涉。

远洋渔船发生海难等海上安全事故时，远洋渔业企业应当立即组织自救互救，并按规定向农业农村部、企业所在地省级人民政府渔业行政主管部门报告。需要紧急救助的，按照有关国际规则和国家规定执行。发生违法犯罪事件时，远洋渔业企业应当立即向所在地公安机关和边防部门报告，做好伤员救治、嫌疑人控制、现场保护等工作。

远洋渔业企业和所在地各级人民政府渔业行政主管部门应当认真负责、迅速、妥善处理涉外和海上安全事件。

第三十八条 各级人民政府渔业行政主管部门及其所属的渔政渔港监督管理机构应当会同有关部门，加强远洋渔船在国内渔业港口的监督与管理，严格执行渔船进出渔港报告制度。

除因人员病急、机件故障、遇难、避风等特殊情况外，禁止被有关国际渔业组织纳入非法、不报告和不受管制渔业活动名单的船舶进入我国港口。因人员病急、机件故障、遇难、避风等特殊情况或非法进入我国港口的，由港口所在地省级人民政府渔业行政主管部门会同同级港口、海关、边防等部门，在农业农村部、外交部等国务院有关部门指导下，依据我国法律、行政法规及我国批准或加入的相关国际条约，进行调查处理。

第七章　罚　　则

第三十九条 远洋渔业企业、渔船或船员有下列违法行为的，由省级以上人民政府渔业行政主管部门或其所属的渔政渔港监督管理机构根据《中华人民共和国渔业法》《中华人民共和国野生动物保护法》和有关法律、法规予以处罚。对已经取得农业农村部远洋渔业企业资格的企业，农业农村部视情节轻重和影响大小，暂停或取消其远洋渔业企业资格。

（一）未经农业农村部批准擅自从事远洋渔业生产，或未取得《公海渔业捕捞许可证》从事公海捕捞生产的；

（二）申报或实施远洋渔业项目时隐瞒真相、弄虚作假的；

（三）不按农业农村部批准的或《公海渔业捕捞许可证》规定的作业类型、场所、时限、品种和配额生产，或未经批准进入他国管辖水域作业的；

（四）使用入渔国或有管辖权的区域渔业管理组织禁用的渔具、渔法进行捕捞，或捕捞入渔国或有管辖权的区域渔业管理组织禁止捕捞的鱼种、珍贵濒危水生野生动物或其他海洋生物的；

（五）未取得有效的船舶证书，或不符合远洋渔船的有关规定，或违反本规定招聘或派出远洋渔业船员的；

（六）妨碍或拒绝渔业行政主管部门监督管理，或在公海、他国管辖海域妨碍、拒绝有管辖权的执法人员进行检查的；

（七）不按规定报告情况和提供信息，或故意报告和提供不真实情况和信息，或不按规定填报渔捞日志的；

（八）拒绝接纳国家观察员或有管辖权的区域渔业管理组织派出的观察员或妨碍其正常工作的；

（九）故意关闭、移动、干扰船位监测、渔船自动识别等设备或故意报送虚假信息的，擅自更改船名、识别码、渔船标识或渔船参数，或擅自更换渔船主机的；

（十）被有关国际渔业组织认定从事、支持或协助了非法、不报告和不受管制的渔业活动的；

（十一）发生重大安全生产责任事故的；

（十二）发生涉外违规事件，造成严重不良影响的；

（十三）其他依法应予处罚的行为。

第四十条　被暂停农业农村部远洋渔业企业资格的企业，整改后经省级人民政府渔业行政主管部门和农业农村部审查合格的，可恢复其远洋渔业企业资格和所属渔船远洋渔业项目。1 年内经整改仍不合格的，取消其农业农村部远洋渔业企业资格。

第四十一条　当事人对渔业行政处罚有异议的，可按《中华人民共和国行政复议法》和《中华人民共和国行政诉讼法》的有关规定申请行政复议或提起行政诉讼。

第四十二条　各级人民政府渔业行政主管部门工作人员有不履行法定义务、玩忽职守、徇私舞弊等行为，尚不构成犯罪的，由所在单位或上级主管机关予以行政处分。

第八章　附　　则

第四十三条　本规定所称远洋渔船是指中华人民共和国公民、法人或其他组织所有并从事远洋渔业活动的渔业船舶，包括捕捞渔船和渔业辅助船。远洋渔业船员是指在远洋渔船上工作的所有船员，包括职务船员。

本规定所称省级人民政府渔业行政主管部门包括计划单列市人民政府渔业行政主管部门。

第四十四条　本规定自 2020 年 4 月 1 日起施行。农业部 2003 年 4 月 18 日发布、2004 年 7 月 1 日修正、2016 年 5 月 30 日修正的《远洋渔业管理规定》同时废止。

附表：
一、申请远洋渔业项目基本情况表
二、公海渔业捕捞许可证申请书
三、农业农村部远洋渔业企业资格和项目年审登记表

附表一

申请远洋渔业项目基本情况表

远洋渔业 企业名称		农业农村部 远洋渔业企业 资格证书编号	
地　址		法定代表人	
邮政编码		电　话		传　真	

项目名称		项目起止时间	
项目所在国家 （地区、海域）		外方合作单位 名称	
入渔方式		作业类型	
船员人数		主要捕捞品种	
计划派出渔船数		渔获物销售方向	

计划派出 渔船船名	所有人	国籍	船舶 类型	建造 完工 日期	船长 （m）	功率 （kW）	总吨位

经营管理 人员姓名	职务	学历	年龄	从事远洋渔业经营管理经历

本人保证上述情况真实有效，并代表本企业保证遵守《远洋渔业管理规定》。

企业负责人签字：　　　　　　　　　　　年　月　日（盖章）

注：渔船和人员情况表格不够用时可另加附页。

附表二

公海渔业捕捞许可证申请书

申请人姓名或申请单位名称		申请人签字：			（公章） 年　月　日
地　址		邮政编码		电　话	
船　名		原捕捞许可证号			
渔船类别	捕捞渔船/渔业辅助船	渔船编码			
主机总功率	千瓦	子船数量及功率			艘，　千瓦
船长	米	总吨位			
船籍港		船舶呼号			
鱼舱数量和容积	个，　立方米	渔具规格及数量			
渔业船网工具指标批准书编号		渔船登记号			
渔船检验证书编号		渔船建造完工日期			年　月　日
申请作业类型		申请作业场所			
申请作业时间		主要捕捞品种及捕捞限额			
省级渔业行政主管部门意见： 签发人： （单位公章） 年　月　日	审批意见（由批准机关填写）：				
	同意颁发渔业捕捞许可证： 1. 作业类型： 2. 作业场所： 3. 作业时限： 4. 主要捕捞品种及限额： 5. 捕捞许可证类别： 6. 捕捞许可证号： 签发人： （单位公章） 年　月　日			不同意颁发渔业捕捞许可证。 原因： 签发人： （单位公章） 年　月　日	

注：申请书每船填写一份。申请书受理编号由受理申请的省级渔业行政主管部门填写。

附表三

农业农村部远洋渔业企业资格和项目年审登记表

（总表—附项目表共　页）

远洋渔业企业名称			农业农村部 远洋渔业企业 资格证书编号	
地　　址			法人代表	
邮政编码		电　话	传　真	
农业农村部批准 项目数、渔船数		现执行项目数、 项目名称		
派出渔船情况		数　量	总功率（kW）	总吨位
其中	本企业所有渔船			
	捕捞渔船			
	渔业辅助船			
	中国籍渔船			
	外国籍渔船			
批准外派船员人数			实际派出船员人数	
上年度捕捞产量（吨）			上年度运回国内 产品量（吨）	
上年度产值（万元）			上年度利润（万元）	
企业负责人签字： 　　　　年　月　日（盖章）	省级渔业行政主管部门审核意见： 　　　　　　　　年　月　日（盖章）			
农业农村部渔业渔政管理局意见：				

附表三（续）

农业农村部远洋渔业企业资格和项目年审登记表

（项目表）

远洋渔业企业名称		农业农村部 远洋渔业企业 资格证书编号	
项目名称		农业 农村部 项目批件文号	

批准项目截止时间		是否申请延期	
项目所在国家（地区、海域）		外方合作单位名称	
入渔方式		作业类型	
项目批准时间		项目执行（派船）时间	
上年度捕捞产量（吨）		其中运回国内量（吨）	
上年度产值（万元）		上年度利润（万元）	
批准派出船员数		已派出船员数	
批准派出渔船数		已派出渔船数	

派出渔船船名	所有人	国籍	船舶类型 （捕捞船/辅助船）	证书是否 齐全有效	现在是否 正常生产

项目负责人签字： 年　月　日	远洋渔业企业负责人签字： 年　月　日（盖章）
省级渔业行政主管部门审核意见： 年　月　日（盖章）	农业农村部渔业渔政管理局意见：

注：1. 每个项目填报一表；2. 派出渔船情况表格不够用时可另加附页。

兽药生产质量管理规范（2020 年修订）

（中华人民共和国农业农村部令 2020 年 第 3 号）

《兽药生产质量管理规范（2020 年修订）》已经农业农村部 2020 年 4 月 2 日第 6 次常务会议审议通过，现予公布，自 2020 年 6 月 1 日起施行。

部　长　韩长赋

2020 年 4 月 21 日

第一章　总　　则

第一条　为加强兽药生产质量管理，根据《兽药管理条例》，制定兽药生产质量管理规范（兽药 GMP）。

第二条　本规范是兽药生产管理和质量控制的基本要求，旨在确保持续稳定地生产出符合注册要求的兽药。

第三条　企业应当严格执行本规范，坚持诚实守信，禁止任何虚假、欺骗行为。

第二章　质量管理

第一节　原　　则

第四条　企业应当建立符合兽药质量管理要求的质量目标，将兽药有关安全、有效和质量可控的所有要求，系统地贯彻到兽药生产、控制及产品放行、贮存、销售的全过程中，确保所生产的兽药符合注册要求。

第五条　企业高层管理人员应当确保实现既定的质量目标，不同层次的人员应当共同参与并承担各自的责任。

第六条　企业配备的人员、厂房、设施和设备等条件，应当满足质量目标的需要。

第二节　质量保证

第七条　企业应当建立质量保证系统，同时建立完整的文件体系，以保证系统有效运行。

企业应当对高风险产品的关键生产环节建立信息化管理系统，进行在线记录和监控。

第八条 质量保证系统应当确保：

（一）兽药的设计与研发体现本规范的要求；

（二）生产管理和质量控制活动符合本规范的要求；

（三）管理职责明确；

（四）采购和使用的原辅料和包装材料符合要求；

（五）中间产品得到有效控制；

（六）确认、验证的实施；

（七）严格按照规程进行生产、检查、检验和复核；

（八）每批产品经质量管理负责人批准后方可放行；

（九）在贮存、销售和随后的各种操作过程中有保证兽药质量的适当措施；

（十）按照自检规程，定期检查评估质量保证系统的有效性和适用性。

第九条 兽药生产质量管理的基本要求：

（一）制定生产工艺，系统地回顾并证明其可持续稳定地生产出符合要求的产品。

（二）生产工艺及影响产品质量的工艺变更均须经过验证。

（三）配备所需的资源，至少包括：

1. 具有相应能力并经培训合格的人员；

2. 足够的厂房和空间；

3. 适用的设施、设备和维修保障；

4. 正确的原辅料、包装材料和标签；

5. 经批准的工艺规程和操作规程；

6. 适当的贮运条件。

（四）应当使用准确、易懂的语言制定操作规程。

（五）操作人员经过培训，能够按照操作规程正确操作。

（六）生产全过程应当有记录，偏差均经过调查并记录。

（七）批记录、销售记录和电子追溯码信息应当能够追溯批产品的完整历史，并妥善保存、便于查阅。

（八）采取适当的措施，降低兽药销售过程中的质量风险。

（九）建立兽药召回系统，确保能够召回已销售的产品。

（十）调查导致兽药投诉和质量缺陷的原因，并采取措施，防止类似投诉和质量缺陷再次发生。

第三节 质量控制

第十条 质量控制包括相应的组织机构、文件系统以及取样、检验等，确保物料或产品在放行前完成必要的检验，确认其质量符合要求。

第十一条 质量控制的基本要求：

（一）应当配备适当的设施、设备、仪器和经过培训的人员，有效、可靠地完成所有质量控制的相关活动；

（二）应当有批准的操作规程，用于原辅料、包装材料、中间产品和成品的取样、检查、检验以及产品的稳定性考察，必要时进行环境监测，以确保符合本规范的要求；

（三）由经授权的人员按照规定的方法对原辅料、包装材料、中间产品和成品取样；

（四）检验方法应当经过验证或确认；

（五）应当按照质量标准对物料、中间产品和成品进行检查和检验；

（六）取样、检查、检验应当有记录，偏差应当经过调查并记录；

（七）物料和成品应当有足够的留样，以备必要的检查或检验；除最终包装容器过大的成品外，成品的留样包装应当与最终包装相同。最终包装容器过大的成品应使用材质和结构一样的市售模拟包装。

第四节　质量风险管理

第十二条　质量风险管理是在整个产品生命周期中采用前瞻或回顾的方式，对质量风险进行识别、评估、控制、沟通、审核的系统过程。

第十三条　应当根据科学知识及经验对质量风险进行评估，以保证产品质量。

第十四条　质量风险管理过程所采用的方法、措施、形式及形成的文件应当与存在风险的级别相适应。

第三章　机构与人员

第一节　原　　则

第十五条　企业应当建立与兽药生产相适应的管理机构，并有组织机构图。

企业应当设立独立的质量管理部门，履行质量保证和质量控制的职责。质量管理部门可以分别设立质量保证部门和质量控制部门。

第十六条　质量管理部门应当参与所有与质量有关的活动，负责审核所有与本规范有关的文件。质量管理部门人员不得将职责委托给其他部门的人员。

第十七条　企业应当配备足够数量并具有相应能力（含学历、培训和实践经验）的管理和操作人员，应当明确规定每个部门和每个岗位的职责。岗位职责不得遗漏，交叉的职责应当有明确规定。

每个人承担的职责不得过多。

所有人员应当明确并理解自己的职责，熟悉与其职责相关的要求，并接受必要的培训，包括上岗前培训和继续培训。

第十八条　职责通常不得委托给他人。确需委托的，其职责应委托给具有相当资质的指定人员。

第二节　关键人员

第十九条　关键人员应当为企业的全职人员，至少包括企业负责人、生产管理负责人和质量管理负责人。

质量管理负责人和生产管理负责人不得互相兼任。企业应当制定操作规程确保质量管理负责人独立履行职责，不受企业负责人和其他人员的干扰。

第二十条　企业负责人是兽药质量的主要责任人，全面负责企业日常管理。为确保企业实现质量目标并按照本规范要求生产兽药，企业负责人负责提供并合理计划、组织和协调必要的资源，保证质量管理部门独立履行其职责。

第二十一条　生产管理负责人

（一）资质：

生产管理负责人应当至少具有药学、兽医学、生物学、化学等相关专业本科学历（中级专业技术职称），具有至少三年从事兽药

（药品）生产或质量管理的实践经验，其中至少有一年的兽药（药品）生产管理经验，接受过与所生产产品相关的专业知识培训。

（二）主要职责：

1. 确保兽药按照批准的工艺规程生产、贮存，以保证兽药质量；

2. 确保严格执行与生产操作相关的各种操作规程；

3. 确保批生产记录和批包装记录已经指定人员审核并送交质量管理部门；

4. 确保厂房和设备的维护保养，以保持其良好的运行状态；

5. 确保完成各种必要的验证工作；

6. 确保生产相关人员经过必要的上岗前培训和继续培训，并根据实际需要调整培训内容。

第二十二条　质量管理负责人

（一）资质：

质量管理负责人应当至少具有药学、兽医学、生物学、化学等相关专业本科学历（中级专业技术职称），具有至少五年从事兽药（药品）生产或质量管理的实践经验，其中至少一年的兽药（药品）质量管理经验，接受过与所生产产品相关的专业知识培训。

（二）主要职责：

1. 确保原辅料、包装材料、中间产品和成品符合工艺规程的要求和质量标准；

2. 确保在产品放行前完成对批记录的审核；

3. 确保完成所有必要的检验；

4. 批准质量标准、取样方法、检验方法和其他质量管理的操作规程；

5. 审核和批准所有与质量有关的变更；

6. 确保所有重大偏差和检验结果超标已经过调查并得到及时处理；

7. 监督厂房和设备的维护，以保持其良好的运行状态；

8. 确保完成各种必要的确认或验证工作，审核和批准确认或验证方案和报告；

9. 确保完成自检；

10. 评估和批准物料供应商；

11. 确保所有与产品质量有关的投诉已经过调查，并得到及时、正确的处理；

12. 确保完成产品的持续稳定性考察计划，提供稳定性考察的数据；

13. 确保完成产品质量回顾分析；

14. 确保质量控制和质量保证人员都已经过必要的上岗前培训和继续培训，并根据实际需要调整培训内容。

第三节 培 训

第二十三条 企业应当指定部门或专人负责培训管理工作，应当有批准的培训方案或计划，培训记录应当予以保存。

第二十四条 与兽药生产、质量有关的所有人员都应当经过培训，培训的内容应当与岗位的要求相适应。除进行本规范理论和实践的培训外，还应当有相关法规、相应岗位的职责、技能的培训，并定期评估培训实际效果。应对检验人员进行检验能力考核，合格后上岗。

第二十五条 高风险操作区（如高活性、高毒性、传染性、高致敏性物料的生产区）的工作人员应当接受专门的专业知识和安全防护要求的培训。

第四节 人员卫生

第二十六条 企业应当建立人员卫生操作规程，最大限度地降低人员对兽药生产造成污染的风险。

第二十七条 人员卫生操作规程应当包括与健康、卫生习惯及人员着装相关的内容。企业应当采取措施确保人员卫生操作规程的执行。

第二十八条 企业应当对人员健康进行管理，并建立健康档案。直接接触兽药的生产人员上岗前应当接受健康检查，以后每年至少进行一次健康检查。

第二十九条 企业应当采取适当措施，避免体表有伤口、患有传染病或其他疾病可能污染兽药的人员从事直接接触兽药的生产活动。

第三十条 参观人员和未经培训的人员不得进入生产区和质量控制区，特殊情况确需进入的，应当经过批准，并对进入人员的个人卫生、更衣等事项进行指导。

第三十一条 任何进入生产区的人员均应当按照规定更衣。

工作服的选材、式样及穿戴方式应当与所从事的工作和空气洁净度级别要求相适应。

第三十二条 进入洁净生产区的人员不得化妆和佩带饰物。

第三十三条 生产区、检验区、仓储区应当禁止吸烟和饮食，禁止存放食品、饮料、香烟和个人用品等非生产用物品。

第三十四条 操作人员应当避免裸手直接接触兽药以及与兽药直接接触的容器具、包装材料和设备表面。

第四章 厂房与设施

第一节 原 则

第三十五条 厂房的选址、设计、布局、建造、改造和维护必须符合兽药生产要求，应当能够最大限度地避免污染、交叉污染、混淆和差错，便于清洁、操作和维护。

第三十六条 应当根据厂房及生产防护措施综合考虑选址，厂房所处的环境应当能够最大限度地降低物料或产品遭受污染的风险。

第三十七条　企业应当有整洁的生产环境；厂区的地面、路面等设施及厂内运输等活动不得对兽药的生产造成污染；生产、行政、生活和辅助区的总体布局应当合理，不得互相妨碍；厂区和厂房内的人、物流走向应当合理。

第三十八条　应当对厂房进行适当维护，并确保维修活动不影响兽药的质量。应当按照详细的书面操作规程对厂房进行清洁或必要的消毒。

第三十九条　厂房应当有适当的照明、温度、湿度和通风，确保生产和贮存的产品质量以及相关设备性能不会直接或间接地受到影响。

第四十条　厂房、设施的设计和安装应当能够有效防止昆虫或其他动物进入。应当采取必要的措施，避免所使用的灭鼠药、杀虫剂、烟熏剂等对设备、物料、产品造成污染。

第四十一条　应当采取适当措施，防止未经批准人员的进入。

生产、贮存和质量控制区不得作为非本区工作人员的直接通道。

第四十二条　应当保存厂房、公用设施、固定管道建造或改造后的竣工图纸。

第二节　生　产　区

第四十三条　为降低污染和交叉污染的风险，厂房、生产设施和设备应当根据所生产兽药的特性、工艺流程及相应洁净度级别要求合理设计、布局和使用，并符合下列要求：

（一）应当根据兽药的特性、工艺等因素，确定厂房、生产设施和设备供多产品共用的可行性，并有相应的评估报告。

（二）生产青霉素类等高致敏性兽药应使用相对独立的厂房、生产设施及专用的空气净化系统，分装室应保持相对负压，排至室外的废气应经净化处理并符合要求，排风口应远离其他空气净化系统的进风口。如需利用停产的该类车间分装其他产品时，则必须进行清洁处理，不得有残留并经测试合格后才能生产其他产品。

（三）生产高生物活性兽药（如性激素类等）应使用专用的车间、生产设施及空气净化系统，并与其他兽药生产区严格分开。

（四）生产吸入麻醉剂类兽药应使用专用的车间、生产设施及空气净化系统；配液和分装工序应保持相对负压，其空调排风系统采用全排风，不得利用回风方式。

（五）兽用生物制品应按微生物类别、性质的不同分开生产。

强毒菌种与弱毒菌种、病毒与细菌、活疫苗与灭活疫苗、灭活前与灭活后、脱毒前与脱毒后其生产操作区域和储存设备等应严格分开。

生产兽用生物制品涉及高致病性病原微生物、有感染人风险的人兽共患病病原微生物以及芽孢类微生物的，应在生物安全风险评估基础上，至少采取专用区域、专用设备和专用空调排风系统等措施，确保生物安全。有生物安全三级防护要求的兽用生物制品的生产，还应符合相关规定。

（六）用于上述第（二）、（三）、（四）、（五）项的空调排风系统，其排风应当经过无害化处理。

（七）生产厂房不得用于生产非兽药产品。

（八）对易燃易爆、腐蚀性强的消毒剂（如固体含氯制剂等）生产车间和仓库应设置独立的建筑物。

第四十四条 生产区和贮存区应当有足够的空间，确保有序地存放设备、物料、中间产品和成品，避免不同产品或物料的混淆、交叉污染，避免生产或质量控制操作发生遗漏或差错。

第四十五条 应当根据兽药品种、生产操作要求及外部环境状况等配置空气净化系统，使生产区有效通风，并有温度、湿度控制和空气净化过滤，保证兽药的生产环境符合要求。

洁净区与非洁净区之间、不同级别洁净区之间的压差应当不低于 10 帕斯卡。必要时，相同洁净度级别的不同功能区域（操作间）之间也应当保持适当的压差梯度，并应有指示压差的装置和（或）设置监控系统。

兽药生产洁净室（区）分为 A 级、B 级、C 级和 D 级 4 个级别。

生产不同类别兽药的洁净室（区）设计应当符合相应的洁净度要求，包括达到"静态"和"动态"的标准。

第四十六条 洁净区的内表面（墙壁、地面、天棚）应当平整光滑、无裂缝、接口严密、无颗粒物脱落，避免积尘，便于有效清洁，必要时应当进行消毒。

第四十七条 各种管道、工艺用水的水处理及其配套设施、照明设施、风口和其他公用设施的设计和安装应当避免出现不易清洁的部位，应当尽可能在生产区外部对其进行维护。

与无菌兽药直接接触的干燥用空气、压缩空气和惰性气体应经净化处理，其洁净程度、管道材质等应与对应的洁净区的要求相一致。

第四十八条 排水设施应当大小适宜，并安装防止倒灌的装置。含高致病性病原微生物以及有感染人风险的人兽共患病病原微生物的活毒废水，应有有效的无害化处理设施。

第四十九条 制剂的原辅料称量通常应当在专门设计的称量室内进行。

第五十条 产尘操作间（如干燥物料或产品的取样、称量、混合、包装等操作间）应当保持相对负压或采取专门的措施，防止粉尘扩散、避免交叉污染并便于清洁。

第五十一条 用于兽药包装的厂房或区域应当合理设计和布局，以避免混淆或交叉污染。如同一区域内有数条包装线，应当有隔离措施。

第五十二条 生产区应根据功能要求提供足够的照明，目视操作区域的照明应当满足操作要求。

第五十三条 生产区内可设中间产品检验区域，但中间产品检验操作不得给兽药带来质量风险。

第三节　仓　储　区

第五十四条 仓储区应当有足够的空间，确保有序存放待验、合格、不合格、退货或召回的原辅料、包装材料、中间产品和成品等各类物料和产品。

第五十五条 仓储区的设计和建造应当确保良好的仓储条件，并有通风和照明设施。仓储区应当能够满足物料或产品的贮存条件（如温湿度、避光）和安全贮存的要求，并进行检查和监控。

第五十六条 如采用单独的隔离区域贮存待验物料或产品，待验区应当有醒目的标识，且仅限经批准的人员出入。

不合格、退货或召回的物料或产品应当隔离存放。

如果采用其他方法替代物理隔离，则该方法应当具有同等的安全性。

第五十七条 易燃、易爆和其他危险品的生产和贮存的厂房设施应符合国家有关规定。兽用麻醉药品、精神药品、毒性药品的贮存设施应符合有关规定。

第五十八条 高活性的物料或产品以及印刷包装材料应当贮存于安全的区域。

第五十九条 接收、发放和销售区域及转运过程应当能够保护物料、产品免受外界天气（如雨、雪）的影响。接收区的布局和设施，应当能够确保物料在进入仓储区前可对外包装进行必要的清洁。

第六十条 贮存区域应当设置托盘等设施，避免物料、成品受潮。

第六十一条 应当有单独的物料取样区，取样区的空气洁净度级别应当与生产要求相一致。如在其他区域或采用其他方式取样，应当能够防止污染或交叉污染。

第四节 质量控制区

第六十二条 质量控制实验室通常应当与生产区分开。根据生产品种，应有相应符合无菌检查、微生物限度检查和抗生素微生物检定等要求的实验室。生物检定和微生物实验室还应当彼此分开。

第六十三条 实验室的设计应当确保其适用于预定的用途，并能够避免混淆和交叉污染，应当有足够的区域用于样品处置、留样和稳定性考察样品的存放以及记录的保存。

第六十四条 有特殊要求的仪器应当设置专门的仪器室，使灵敏度高的仪器免受静电、震动、潮湿或其他外界因素的干扰。

第六十五条 处理生物样品等特殊物品的实验室应当符合国家的有关要求。

第六十六条 实验动物房应当与其他区域严格分开，其设计、建造应当符合国家有关规定，并设有专用的空气处理设施以及动物的专用通道。如需采用动物生产兽用生物制品，生产用动物房必须单独设置，并设有专用的空气处理设施以及动物的专用通道。

生产兽用生物制品的企业应设置检验用动物实验室。同一集团控股的不同生物制品生产企业，可由每个生产企业分别设置检验用动物实验室或委托集团内具备相应检验条件和能力的生产企业进行有关动物实验。有生物安全三级防护要求的兽用生物制品检验用实验室和动物实验室，还应符合相关规定。

生产兽用生物制品外其他需使用动物进行检验的兽药产品，兽药生产企业可采取自行设置检验用动物实验室或委托其他单位进行有关动物实验。接受委托检验的单位，其检验用动物实验室必须具备相应的检验条件，并应符合相关规定要求。采取委托检验的，委托方对检验结果负责。

第五节 辅 助 区

第六十七条 休息室的设置不得对生产区、仓储区和质量控制区造成不良影响。

第六十八条 更衣室和盥洗室应当方便人员进出，并与使用人数相适应。盥洗室不得与生产区和仓储区直接相通。

第六十九条 维修间应当尽可能远离生产区。存放在洁净区内的维修用备件和工具，应当放置在专门的房间或工具柜中。

第五章　设　　备
第一节　原　　则

第七十条 设备的设计、选型、安装、改造和维护必须符合预定用途，应当尽可能降低产生污染、交叉污染、混淆和差错的风险，便于操作、清洁、维护以及必要时进行的消毒或灭菌。

第七十一条 应当建立设备使用、清洁、维护和维修的操作规程，以保证设备的性能，应按规程使用设备并记录。

第七十二条 主要生产和检验设备、仪器、衡器均应建立设备档案，内容包括：生产厂家、型号、规格、技术参数、说明书、设备图纸、备件清单、安装位置及竣工图，以及检修和维修保养内容及记录、验证记录、事故记录等。

第二节　设计和安装

第七十三条 生产设备应当避免对兽药质量产生不利影响。

与兽药直接接触的生产设备表面应当平整、光洁、易清洗或消毒、耐腐蚀，不得与兽药发生化学反应、吸附兽药或向兽药中释放物质而影响产品质量。

第七十四条 生产、检验设备的性能、参数应能满足设计要求和实际生产需求，并应当配备有适当量程和精度的衡器、量具、仪器和仪表。相关设备还应符合实施兽药产品电子追溯管理的要求。

第七十五条 应当选择适当的清洗、清洁设备，并防止这类设备成为污染源。

第七十六条 设备所用的润滑剂、冷却剂等不得对兽药或容器造成污染，与兽药可能接触的部位应当使用食用级或级别相当的润滑剂。

第七十七条 生产用模具的采购、验收、保管、维护、发放及报废应当制定相应操作规程，设专人专柜保管，并有相应记录。

第三节　使用、维护和维修

第七十八条 主要生产和检验设备都应当有明确的操作规程。

第七十九条 生产设备应当在确认的参数范围内使用。

第八十条 生产设备应当有明显的状态标识，标明设备编号、名称、运行状态等。运行的设备应当标明内容物的信息，如名称、规格、批号等，没有内容物的生产设备应当标明清洁状态。

第八十一条 与设备连接的主要固定管道应当标明内容物名称和流向。

第八十二条 应当制定设备的预防性维护计划，设备的维护和维修应当有相应的记录。

第八十三条 设备的维护和维修应保持设备的性能，并不得影响产品质量。

第八十四条 经改造或重大维修的设备应当进行再确认，符合要求后方可继续使用。

第八十五条　不合格的设备应当搬出生产和质量控制区，如未搬出，应当有醒目的状态标识。

第八十六条　用于兽药生产或检验的设备和仪器，应当有使用和维修、维护记录，使用记录内容包括使用情况、日期、时间、所生产及检验的兽药名称、规格和批号等。

第四节　清洁和卫生

第八十七条　兽药生产设备应保持良好的清洁卫生状态，不得对兽药的生产造成污染和交叉污染。

第八十八条　生产、检验设备及器具均应制定清洁操作规程，并按照规程进行清洁和记录。

第八十九条　已清洁的生产设备应当在清洁、干燥的条件下存放。

第五节　检定或校准

第九十条　应当根据国家标准及仪器使用特点对生产和检验用衡器、量具、仪表、记录和控制设备以及仪器制定检定（校准）计划，检定（校准）的范围应当涵盖实际使用范围。应按计划进行检定或校准，并保存相关证书、报告或记录。

第九十一条　应当确保生产和检验使用的衡器、量具、仪器仪表经过校准，控制设备得到确认，确保得到的数据准确、可靠。

第九十二条　仪器的检定和校准应当符合国家有关规定，应保证校验数据的有效性。

自校仪器、量具应制定自校规程，并具备自校设施条件，校验人员具有相应资质，并做好校验记录。

第九十三条　衡器、量具、仪表、用于记录和控制的设备以及仪器应当有明显的标识，标明其检定或校准有效期。

第九十四条　在生产、包装、仓储过程中使用自动或电子设备的，应当按照操作规程定期进行校准和检查，确保其操作功能正常。校准和检查应当有相应的记录。

第六节　制药用水

第九十五条　制药用水应当适合其用途，并符合《中华人民共和国兽药典》的质量标准及相关要求。制药用水至少应当采用饮用水。

第九十六条　水处理设备及其输送系统的设计、安装、运行和维护应当确保制药用水达到设定的质量标准。水处理设备的运行不得超出其设计能力。

第九十七条　纯化水、注射用水储罐和输送管道所用材料应当无毒、耐腐蚀；储罐的通气口应当安装不脱落纤维的疏水性除菌滤器；管道的设计和安装应当避免死角、盲管。

第九十八条　纯化水、注射用水的制备、贮存和分配应当能够防止微生物的滋生。纯化水可采用循环，注射用水可采用 70 ℃以上保温循环。

第九十九条　应当对制药用水及原水的水质进行定期监测，并有相应的记录。

第一百条　应当按照操作规程对纯化水、注射用水管道进行清洗消毒，并有相关记录。发现制药用水微生物污染达到警戒限度、纠偏限度时应当按照操作规程处理。

第六章　物料与产品

第一节　原　　则

第一百零一条　兽药生产所用的原辅料、与兽药直接接触的包装材料应当符合兽药标准、药品标准、包装材料标准或其他有关标准。兽药上直接印字所用油墨应当符合食用标准要求。

进口原辅料应当符合国家相关的进口管理规定。

第一百零二条　应当建立相应的操作规程，确保物料和产品的正确接收、贮存、发放、使用和销售，防止污染、交叉污染、混淆和差错。

物料和产品的处理应当按照操作规程或工艺规程执行，并有记录。

第一百零三条　物料供应商的确定及变更应当进行质量评估，并经质量管理部门批准后方可采购。必要时对关键物料进行现场考查。

第一百零四条　物料和产品的运输应当能够满足质量和安全的要求，对运输有特殊要求的，其运输条件应当予以确认。

第一百零五条　原辅料、与兽药直接接触的包装材料和印刷包装材料的接收应当有操作规程，所有到货物料均应当检查，确保与订单一致，并确认供应商已经质量管理部门批准。

物料的外包装应当有标签，并注明规定的信息。必要时应当进行清洁，发现外包装损坏或其他可能影响物料质量的问题，应当向质量管理部门报告并进行调查和记录。

每次接收均应当有记录，内容包括：

（一）交货单和包装容器上所注物料的名称；

（二）企业内部所用物料名称和（或）代码；

（三）接收日期；

（四）供应商和生产商（如不同）的名称；

（五）供应商和生产商（如不同）标识的批号；

（六）接收总量和包装容器数量；

（七）接收后企业指定的批号或流水号；

（八）有关说明（如包装状况）；

（九）检验报告单等合格性证明材料。

第一百零六条　物料接收和成品生产后应当及时按照待验管理，直至放行。

第一百零七条　物料和产品应当根据其性质有序分批贮存和周转，发放及销售应当符合先进先出和近效期先出的原则。

第一百零八条　使用计算机化仓储管理的，应当有相应的操作规程，防止因系统故障、停机等特殊情况而造成物料和产品的混淆和差错。

第二节　原　辅　料

第一百零九条　应当制定相应的操作规程，采取核对或检验等适当措施，确认每一批次的原辅料准确无误。

第一百一十条 一次接收数个批次的物料，应当按批取样、检验、放行。

第一百一十一条 仓储区内的原辅料应当有适当的标识，并至少标明下述内容：

（一）指定的物料名称或企业内部的物料代码；

（二）企业接收时设定的批号；

（三）物料质量状态（如待验、合格、不合格、已取样）；

（四）有效期或复验期。

第一百一十二条 只有经质量管理部门批准放行并在有效期或复验期内的原辅料方可使用。

第一百一十三条 原辅料应当按照有效期或复验期贮存。贮存期内，如发现对质量有不良影响的特殊情况，应当进行复验。

第三节　中间产品

第一百一十四条 中间产品应当在适当的条件下贮存。

第一百一十五条 中间产品应当有明确的标识，并至少标明下述内容：

（一）产品名称或企业内部的产品代码；

（二）产品批号；

（三）数量或重量（如毛重、净重等）；

（四）生产工序（必要时）；

（五）产品质量状态（必要时，如待验、合格、不合格、已取样）。

第四节　包装材料

第一百一十六条 与兽药直接接触的包装材料以及印刷包装材料的管理和控制要求与原辅料相同。

第一百一十七条 包装材料应当由专人按照操作规程发放，并采取措施避免混淆和差错，确保用于兽药生产的包装材料正确无误。

第一百一十八条 应当建立印刷包装材料设计、审核、批准的操作规程，确保印刷包装材料印制的内容与畜牧兽医主管部门核准的一致，并建立专门文档，保存经签名批准的印刷包装材料原版实样。

第一百一十九条 印刷包装材料的版本变更时，应当采取措施，确保产品所用印刷包装材料的版本正确无误。应收回作废的旧版印刷模板并予以销毁。

第一百二十条 印刷包装材料应当设置专门区域妥善存放，未经批准，人员不得进入。切割式标签或其他散装印刷包装材料应当分别置于密闭容器内储运，以防混淆。

第一百二十一条 印刷包装材料应当由专人保管，并按照操作规程和需求量发放。

第一百二十二条 每批或每次发放的与兽药直接接触的包装材料或印刷包装材料，均应当有识别标志，标明所用产品的名称和批号。

第一百二十三条 过期或废弃的印刷包装材料应当予以销毁并记录。

第五节　成　　品

第一百二十四条　成品放行前应当待验贮存。

第一百二十五条　成品的贮存条件应当符合兽药质量标准。

第六节　特殊管理的物料和产品

第一百二十六条　兽用麻醉药品、精神药品、毒性药品（包括药材）和放射类药品等特殊药品，易制毒化学品及易燃、易爆和其他危险品的验收、贮存、管理应当执行国家有关规定。

第七节　其　　他

第一百二十七条　不合格的物料、中间产品和成品的每个包装容器或批次上均应当有清晰醒目的标志，并在隔离区内妥善保存。

第一百二十八条　不合格的物料、中间产品和成品的处理应当经质量管理负责人批准，并有记录。

第一百二十九条　产品回收需经预先批准，并对相关的质量风险进行充分评估，根据评估结论决定是否回收。回收应当按照预定的操作规程进行，并有相应记录。回收处理后的产品应当按照回收处理中最早批次产品的生产日期确定有效期。

第一百三十条　制剂产品原则上不得进行重新加工。不合格的制剂中间产品和成品一般不得进行返工。只有不影响产品质量、符合相应质量标准，且根据预定、经批准的操作规程以及对相关风险充分评估后，才允许返工处理。返工应当有相应记录。

第一百三十一条　对返工或重新加工或回收合并后生产的成品，质量管理部门应当评估对产品质量的影响，必要时需要进行额外相关项目的检验和稳定性考察。

第一百三十二条　企业应当建立兽药退货的操作规程，并有相应的记录，内容至少应包括：产品名称、批号、规格、数量、退货单位及地址、退货原因及日期、最终处理意见。同一产品同一批号不同渠道的退货应当分别记录、存放和处理。

第一百三十三条　只有经检查、检验和调查，有证据证明退货产品质量未受影响，且经质量管理部门根据操作规程评价后，方可考虑将退货产品重新包装、重新销售。评价考虑的因素至少应当包括兽药的性质、所需的贮存条件、兽药的现状、历史，以及销售与退货之间的间隔时间等因素。对退货产品质量存有怀疑时，不得重新销售。

对退货产品进行回收处理的，回收后的产品应当符合预定的质量标准和第一百二十九条的要求。

退货产品处理的过程和结果应当有相应记录。

第七章　确认与验证

第一百三十四条　企业应当确定需要进行的确认或验证工作，以证明有关操作的关键要素能够得到有效控制。确认或验证的范围和程度应当经过风险评估来确定。

第一百三十五条　企业的厂房、设施、设备和检验仪器应当经过确认，应当采用经过验证的生产工艺、操作规程和检验方法进行生产、操作和检验，并保持持续的验证状态。

第一百三十六条　企业应当制定验证总计划，包括厂房与设施、设备、检验仪器、生产工艺、操作规程、清洁方法和检验方法等，确立验证工作的总体原则，明确企业所有验证的总体计划，规定各类验证应达到的目标、验证机构和人员的职责和要求。

第一百三十七条　应当建立确认与验证的文件和记录，并能以文件和记录证明达到以下预定的目标：

（一）设计确认应当证明厂房、设施、设备的设计符合预定用途和本规范要求；

（二）安装确认应当证明厂房、设施、设备的建造和安装符合设计标准；

（三）运行确认应当证明厂房、设施、设备的运行符合设计标准；

（四）性能确认应当证明厂房、设施、设备在正常操作方法和工艺条件下能够持续符合标准；

（五）工艺验证应当证明一个生产工艺按照规定的工艺参数能够持续生产出符合预定用途和注册要求的产品。

第一百三十八条　采用新的生产处方或生产工艺前，应当验证其常规生产的适用性。生产工艺在使用规定的原辅料和设备条件下，应当能够始终生产出符合注册要求的产品。

第一百三十九条　当影响产品质量的主要因素，如原辅料、与药品直接接触的包装材料、生产设备、生产环境（厂房）、生产工艺、检验方法等发生变更时，应当进行确认或验证。必要时，还应当经畜牧兽医主管部门批准。

第一百四十条　清洁方法应当经过验证，证实其清洁的效果，以有效防止污染和交叉污染。清洁验证应当综合考虑设备使用情况、所使用的清洁剂和消毒剂、取样方法和位置以及相应的取样回收率、残留物的性质和限度、残留物检验方法的灵敏度等因素。

第一百四十一条　应当根据确认或验证的对象制定确认或验证方案，并经审核、批准。确认或验证方案应当明确职责，验证合格标准的设立及进度安排科学合理，可操作性强。

第一百四十二条　确认或验证应当按照预先确定和批准的方案实施，并有记录。确认或验证工作完成后，应当对验证结果进行评价，写出报告（包括评价与建议），并经审核、批准。验证的文件应存档。

第一百四十三条　应当根据验证的结果确认工艺规程和操作规程。

第一百四十四条　确认和验证不是一次性的行为。首次确认或验证后，应当根据产品质量回顾分析情况进行再确认或再验证。

关键的生产工艺和操作规程应当定期进行再验证，确保其能够达到预期结果。

第八章　文件管理

第一节　原　　则

第一百四十五条　文件是质量保证系统的基本要素。企业应当有内容正确的书面质量标准、生产处方和工艺规程、操作规程以及记录等文件。

第一百四十六条 企业应当建立文件管理的操作规程，系统地设计、制定、审核、批准、发放、收回和销毁文件。

第一百四十七条 文件的内容应当覆盖与兽药生产有关的所有方面，包括人员、设施设备、物料、验证、生产管理、质量管理、销售、召回和自检等，以及兽药产品赋电子追溯码（二维码）标识制度，保证产品质量可控并有助于追溯每批产品的历史情况。

第一百四十八条 文件的起草、修订、审核、批准、替换或撤销、复制、保管和销毁等应当按照操作规程管理，并有相应的文件分发、撤销、复制、收回、销毁记录。

第一百四十九条 文件的起草、修订、审核、批准均应当由适当的人员签名并注明日期。

第一百五十条 文件应当标明题目、种类、目的以及文件编号和版本号。文字应当确切、清晰、易懂，不能模棱两可。

第一百五十一条 文件应当分类存放、条理分明，便于查阅。

第一百五十二条 原版文件复制时，不得产生任何差错；复制的文件应当清晰可辨。

第一百五十三条 文件应当定期审核、修订；文件修订后，应当按照规定管理，防止旧版文件的误用。分发、使用的文件应当为批准的现行文本，已撤销的或旧版文件除留档备查外，不得在工作现场出现。

第一百五十四条 与本规范有关的每项活动均应当有记录，记录数据应完整可靠，以保证产品生产、质量控制和质量保证、包装所赋电子追溯码等活动可追溯。记录应当留有填写数据的足够空格。记录应当及时填写，内容真实，字迹清晰、易读，不易擦除。

第一百五十五条 应当尽可能采用生产和检验设备自动打印的记录、图谱和曲线图等，并标明产品或样品的名称、批号和记录设备的信息，操作人应当签注姓名和日期。

第一百五十六条 记录应当保持清洁，不得撕毁和任意涂改。

记录填写的任何更改都应当签注姓名和日期，并使原有信息仍清晰可辨，必要时，应当说明更改的理由。记录如需重新誊写，则原有记录不得销毁，应当作为重新誊写记录的附件保存。

第一百五十七条 每批兽药应当有批记录，包括批生产记录、批包装记录、批检验记录和兽药放行审核记录以及电子追溯码标识记录等。批记录应当由质量管理部门负责管理，至少保存至兽药有效期后一年。质量标准、工艺规程、操作规程、稳定性考察、确认、验证、变更等其他重要文件应当长期保存。

第一百五十八条 如使用电子数据处理系统、照相技术或其他可靠方式记录数据资料，应当有所用系统的操作规程；记录的准确性应当经过核对。

使用电子数据处理系统的，只有经授权的人员方可输入或更改数据，更改和删除情况应当有记录；应当使用密码或其他方式来控制系统的登录；关键数据输入后，应当由他人独立进行复核。

用电子方法保存的批记录，应当采用磁带、缩微胶卷、纸质副本或其他方法进行备份，以确保记录的安全，且数据资料在保存期内便于查阅。

第二节　质量标准

第一百五十九条　物料和成品应当有经批准的现行质量标准；必要时，中间产品也应当有质量标准。

第一百六十条　物料的质量标准一般应当包括：

（一）物料的基本信息：

1. 企业统一指定的物料名称或内部使用的物料代码；

2. 质量标准的依据。

（二）取样、检验方法或相关操作规程编号。

（三）定性和定量的限度要求。

（四）贮存条件和注意事项。

（五）有效期或复验期。

第一百六十一条　成品的质量标准至少应当包括：

（一）产品名称或产品代码；

（二）对应的产品处方编号（如有）；

（三）产品规格和包装形式；

（四）取样、检验方法或相关操作规程编号；

（五）定性和定量的限度要求；

（六）贮存条件和注意事项；

（七）有效期。

第三节　工艺规程

第一百六十二条　每种兽药均应当有经企业批准的工艺规程，不同兽药规格的每种包装形式均应当有各自的包装操作要求。

工艺规程的制定应当以注册批准的工艺为依据。

第一百六十三条　工艺规程不得任意更改。如需更改，应当按照相关的操作规程修订、审核、批准，影响兽药产品质量的更改应当经过验证。

第一百六十四条　制剂的工艺规程内容至少应当包括：

（一）生产处方：

1. 产品名称；

2. 产品剂型、规格和批量；

3. 所用原辅料清单（包括生产过程中使用，但不在成品中出现的物料），阐明每一物料的指定名称和用量；原辅料的用量需要折算时，还应当说明计算方法。

（二）生产操作要求：

1. 对生产场所和所用设备的说明（如操作间的位置、洁净度级别、温湿度要求、设备型号等）；

2. 关键设备的准备（如清洗、组装、校准、灭菌等）所采用的方法或相应操作规程编号；

3. 详细的生产步骤和工艺参数说明（如物料的核对、预处理、加入物料的顺序、混合时间、温度等）；

4. 中间控制方法及标准；

5. 预期的最终产量限度，必要时，还应当说明中间产品的产量限度，以及物料平衡的计算方法和限度；

6. 待包装产品的贮存要求，包括容器、标签、贮存时间及特殊贮存条件；

7. 需要说明的注意事项。

（三）包装操作要求：

1. 以最终包装容器中产品的数量、重量或体积表示的包装形式；

2. 所需全部包装材料的完整清单，包括包装材料的名称、数量、规格、类型；

3. 印刷包装材料的实样或复制品，并标明产品批号、有效期打印位置；

4. 需要说明的注意事项，包括对生产区和设备进行的检查，在包装操作开始前，确认包装生产线的清场已经完成等；

5. 包装操作步骤的说明，包括重要的辅助性操作和所用设备的注意事项、包装材料使用前的核对；

6. 中间控制的详细操作，包括取样方法及标准；

7. 待包装产品、印刷包装材料的物料平衡计算方法和限度。

第四节　批生产与批包装记录

第一百六十五条　每批产品均应当有相应的批生产记录，记录的内容应确保该批产品的生产历史以及与质量有关的情况可追溯。

第一百六十六条　批生产记录应当依据批准的现行工艺规程的相关内容制定。批生产记录的每一工序应当标注产品的名称、规格和批号。

第一百六十七条　原版空白的批生产记录应当经生产管理负责人和质量管理负责人审核和批准。批生产记录的复制和发放均应当按照操作规程进行控制并有记录，每批产品的生产只能发放一份原版空白批生产记录的复制件。

第一百六十八条　在生产过程中，进行每项操作时应当及时记录，操作结束后，应当由生产操作人员确认并签注姓名和日期。

第一百六十九条　批生产记录的内容应当包括：

（一）产品名称、规格、批号；

（二）生产以及中间工序开始、结束的日期和时间；

（三）每一生产工序的负责人签名；

（四）生产步骤操作人员的签名；必要时，还应当有操作（如称量）复核人员的签名；

（五）每一原辅料的批号以及实际称量的数量（包括投入的回收或返工处理产品的批号及数量）；

（六）相关生产操作或活动、工艺参数及控制范围，以及所用主要生产设备的编号；

（七）中间控制结果的记录以及操作人员的签名；

（八）不同生产工序所得产量及必要时的物料平衡计算；

（九）对特殊问题或异常事件的记录，包括对偏离工艺规程的偏差情况的详细说明或调查报告，并经签字批准。

第一百七十条 产品的包装应当有批包装记录，以便追溯该批产品包装操作以及与质量有关的情况。

第一百七十一条 批包装记录应当依据工艺规程中与包装相关的内容制定。

第一百七十二条 批包装记录应当有待包装产品的批号、数量以及成品的批号和计划数量。原版空白的批包装记录的审核、批准、复制和发放的要求与原版空白的批生产记录相同。

第一百七十三条 在包装过程中，进行每项操作时应当及时记录，操作结束后，应当由包装操作人员确认并签注姓名和日期。

第一百七十四条 批包装记录的内容包括：

（一）产品名称、规格、包装形式、批号、生产日期和有效期。

（二）包装操作日期和时间。

（三）包装操作负责人签名。

（四）包装工序的操作人员签名。

（五）每一包装材料的名称、批号和实际使用的数量。

（六）包装操作的详细情况，包括所用设备及包装生产线的编号。

（七）兽药产品赋电子追溯码标识操作的详细情况，包括所用设备、编号。电子追溯码信息以及对两级以上包装进行赋码关联关系信息等记录可采用电子方式保存。

（八）所用印刷包装材料的实样，并印有批号、有效期及其他打印内容；不易随批包装记录归档的印刷包装材料可采用印有上述内容的复制品。

（九）对特殊问题或异常事件的记录，包括对偏离工艺规程的偏差情况的详细说明或调查报告，并经签字批准。

（十）所有印刷包装材料和待包装产品的名称、代码，以及发放、使用、销毁或退库的数量、实际产量等的物料平衡检查。

第五节 操作规程和记录

第一百七十五条 操作规程的内容应当包括：题目、编号、版本号、颁发部门、生效日期、分发部门以及制定人、审核人、批准人的签名并注明日期，标题、正文及变更历史。

第一百七十六条 厂房、设备、物料、文件和记录应当有编号（代码），并制定编制编号（代码）的操作规程，确保编号（代码）的唯一性。

第一百七十七条 下述活动也应当有相应的操作规程，其过程和结果应当有记录：

（一）确认和验证；

（二）设备的装配和校准；

（三）厂房和设备的维护、清洁和消毒；

（四）培训、更衣、卫生等与人员相关的事宜；

（五）环境监测；

（六）虫害控制；

（七）变更控制；

（八）偏差处理；

（九）投诉；

（十）兽药召回；

（十一）退货。

第九章 生产管理

第一节 原 则

第一百七十八条 兽药生产应当按照批准的工艺规程和操作规程进行操作并有相关记录，确保兽药达到规定的质量标准，并符合兽药生产许可和注册批准的要求。

第一百七十九条 应当建立划分产品生产批次的操作规程，生产批次的划分应当能够确保同一批次产品质量和特性的均一性。

第一百八十条 应当建立编制兽药批号和确定生产日期的操作规程。每批兽药均应当编制唯一的批号。除另有法定要求外，生产日期不得迟于产品成型或灌装（封）前经最后混合的操作开始日期，不得以产品包装日期作为生产日期。

第一百八十一条 每批产品应当检查产量和物料平衡，确保物料平衡符合设定的限度。如有差异，必须查明原因，确认无潜在质量风险后，方可按照正常产品处理。

第一百八十二条 不得在同一生产操作间同时进行不同品种和规格兽药的生产操作，除非没有发生混淆或交叉污染的可能。

第一百八十三条 在生产的每一阶段，应当保护产品和物料免受微生物和其他污染。

第一百八十四条 在干燥物料或产品，尤其是高活性、高毒性或高致敏性物料或产品的生产过程中，应当采取特殊措施，防止粉尘的产生和扩散。

第一百八十五条 生产期间使用的所有物料、中间产品的容器及主要设备、必要的操作室应当粘贴标签标识，或以其他方式标明生产中的产品或物料名称、规格和批号，如有必要，还应当标明生产工序。

第一百八十六条 容器、设备或设施所用标识应当清晰明了，标识的格式应当经企业相关部门批准。除在标识上使用文字说明外，还可采用不同颜色区分被标识物的状态（如待验、合格、不合格或已清洁等）。

第一百八十七条 应当检查产品从一个区域输送至另一个区域的管道和其他设备连接，确保连接正确无误。

第一百八十八条 每次生产结束后应当进行清场，确保设备和工作场所没有遗留与本次生产有关的物料、产品和文件。下次生产开始前，应当对前次清场情况进行确认。

第一百八十九条 应当尽可能避免出现任何偏离工艺规程或操作规程的偏差。一旦出现偏差，应当按照偏差处理操作规程执行。

第二节 防止生产过程中的污染和交叉污染

第一百九十条 生产过程中应当尽可能采取措施，防止污染和交叉污染，如：

（一）在分隔的区域内生产不同品种的兽药；

（二）采用阶段性生产方式；

（三）设置必要的气锁间和排风；空气洁净度级别不同的区域应当有压差控制；

（四）应当降低未经处理或未经充分处理的空气再次进入生产区导致污染的风险；

（五）在易产生交叉污染的生产区内，操作人员应当穿戴该区域专用的防护服；

（六）采用经过验证或已知有效的清洁和去污染操作规程进行设备清洁；必要时，应当对与物料直接接触的设备表面的残留物进行检测；

（七）采用密闭系统生产；

（八）干燥设备的进风应当有空气过滤器，且过滤后的空气洁净度应当与所干燥产品要求的洁净度相匹配，排风应当有防止空气倒流装置；

（九）生产和清洁过程中应当避免使用易碎、易脱屑、易发霉器具；使用筛网时，应当有防止因筛网断裂而造成污染的措施；

（十）液体制剂的配制、过滤、灌封、灭菌等工序应当在规定时间内完成；

（十一）软膏剂、乳膏剂、凝胶剂等半固体制剂以及栓剂的中间产品应当规定贮存期和贮存条件。

第一百九十一条 应当定期检查防止污染和交叉污染的措施并评估其适用性和有效性。

第三节 生产操作

第一百九十二条 生产开始前应当进行检查，确保设备和工作场所没有上批遗留的产品、文件和物料，设备处于已清洁及待用状态。检查结果应当有记录。

生产操作前，还应当核对物料或中间产品的名称、代码、批号和标识，确保生产所用物料或中间产品正确且符合要求。

第一百九十三条 应当由配料岗位人员按照操作规程进行配料，核对物料后，精确称量或计量，并作好标识。

第一百九十四条 配制的每一物料及其重量或体积应当由他人进行复核，并有复核记录。

第一百九十五条 每批产品的每一生产阶段完成后必须由生产操作人员清场，并填写清场记录。清场记录内容包括：操作间名称或编号、产品名称、批号、生产工序、清场日期、检查项目及结果、清场负责人及复核人签名。清场记录应当纳入批生产记录。

第一百九十六条 包装操作规程应当规定降低污染和交叉污染、混淆或差错风险的措施。

第一百九十七条 包装开始前应当进行检查，确保工作场所、包装生产线、印刷机及其他设备已处于清洁或待用状态，无上批遗留的产品和物料。检查结果应当有记录。

第一百九十八条 包装操作前，还应当检查所领用的包装材料正确无误，核对待包装产品和所用包装材料的名称、规格、数量、质量状态，且与工艺规程相符。

第一百九十九条 每一包装操作场所或包装生产线，应当有标识标明包装中的产品名称、规格、批号和批量的生产状态。

第二百条 有数条包装线同时进行包装时，应当采取隔离或其他有效防止污染、交叉污染或混淆的措施。

第二百零一条 产品分装、封口后应当及时贴签。

第二百零二条 单独打印或包装过程中在线打印、赋码的信息（如产品批号或有效期）均应当进行检查，确保其准确无误，并予以记录。如手工打印，应当增加检查频次。

第二百零三条 使用切割式标签或在包装线以外单独打印标签，应当采取专门措施，防止混淆。

第二百零四条 应当对电子读码机、标签计数器或其他类似装置的功能进行检查，确保其准确运行。检查应当有记录。

第二百零五条 包装材料上印刷或模压的内容应当清晰，不易褪色和擦除。

第二百零六条 包装期间，产品的中间控制检查应当至少包括以下内容：

（一）包装外观；

（二）包装是否完整；

（三）产品和包装材料是否正确；

（四）打印、赋码信息是否正确；

（五）在线监控装置的功能是否正常。

第二百零七条 因包装过程产生异常情况需要重新包装产品的，必须经专门检查、调查并由指定人员批准。重新包装应当有详细记录。

第二百零八条 在物料平衡检查中，发现待包装产品、印刷包装材料以及成品数量有显著差异时，应当进行调查，未得出结论前，成品不得放行。

第二百零九条 包装结束时，已打印批号的剩余包装材料应当由专人负责全部计数销毁，并有记录。如将未打印批号的印刷包装材料退库，应当按照操作规程执行。

第十章 质量控制与质量保证

第一节 质量控制实验室管理

第二百一十条 质量控制实验室的人员、设施、设备和环境洁净要求应当与产品性质和生产规模相适应。

第二百一十一条 质量控制负责人应当具有足够的管理实验室的资质和经验，可以管理同一企业的一个或多个实验室。

第二百一十二条 质量控制实验室的检验人员至少应当具有药学、兽医学、生物学、化学等相关专业大专学历或从事检验工作 3 年以上的中专、高中以上学历，并经过与所从事的检验操作相关的实践培训且考核通过。

第二百一十三条 质量控制实验室应当配备《中华人民共和国兽药典》、兽药质量标准、标准图谱等必要的工具书，以及标准品或对照品等相关的标准物质。

第二百一十四条 质量控制实验室的文件应当符合第八章的原则，并符合下列要求：

（一）质量控制实验室应当至少有下列文件：

1. 质量标准；

2. 取样操作规程和记录；

3. 检验操作规程和记录（包括检验记录或实验室工作记事簿）；

4. 检验报告或证书；

5. 必要的环境监测操作规程、记录和报告；

6. 必要的检验方法验证方案、记录和报告；

7. 仪器校准和设备使用、清洁、维护的操作规程及记录。

（二）每批兽药的检验记录应当包括中间产品和成品的质量检验记录，可追溯该批兽药所有相关的质量检验情况；

（三）应保存和统计（宜采用便于趋势分析的方法）相关的检验和监测数据（如检验数据、环境监测数据、制药用水的微生物监测数据）；

（四）除与批记录相关的资料信息外，还应当保存与检验相关的其他原始资料或记录，便于追溯查阅。

第二百一十五条 取样应当至少符合以下要求：

（一）质量管理部门的人员可进入生产区和仓储区进行取样及调查；

（二）应当按照经批准的操作规程取样，操作规程应当详细规定：

1. 经授权的取样人；

2. 取样方法；

3. 取样用器具；

4. 样品量；

5. 分样的方法；

6. 存放样品容器的类型和状态；

7. 实施取样后物料及样品的处置和标识；

8. 取样注意事项，包括为降低取样过程产生的各种风险所采取的预防措施，尤其是无菌或有害物料的取样以及防止取样过程中污染和交叉污染的取样注意事项；

9. 贮存条件；

10. 取样器具的清洁方法和贮存要求。

（三）取样方法应当科学、合理，以保证样品的代表性；

（四）样品应当能够代表被取样批次的产品或物料的质量状况，为监控生产过程中最重要的环节（如生产初始或结束），也可抽取该阶段样品进行检测；

（五）样品容器应当贴有标签，注明样品名称、批号、取样人、取样日期等信息；

（六）样品应当按照被取样产品或物料规定的贮存要求保存。

第二百一十六条 物料和不同生产阶段产品的检验应当至少符合以下要求：

（一）企业应当确保成品按照质量标准进行全项检验。

（二）有下列情形之一的，应当对检验方法进行验证：

1. 采用新的检验方法；

2. 检验方法需变更的；

3. 采用《中华人民共和国兽药典》及其他法定标准未收载的检验方法；

4. 法规规定的其他需要验证的检验方法。

（三）对不需要进行验证的检验方法，必要时企业应当对检验方法进行确认，确保检验数据准确、可靠。

（四）检验应当有书面操作规程，规定所用方法、仪器和设备，检验操作规程的内容应当与经确认或验证的检验方法一致。

（五）检验应当有可追溯的记录并应当复核，确保结果与记录一致。所有计算均应当严格核对。

（六）检验记录应当至少包括以下内容：

1. 产品或物料的名称、剂型、规格、批号或供货批号，必要时注明供应商和生产商（如不同）的名称或来源；

2. 依据的质量标准和检验操作规程；

3. 检验所用的仪器或设备的型号和编号；

4. 检验所用的试液和培养基的配制批号、对照品或标准品的来源和批号；

5. 检验所用动物的相关信息；

6. 检验过程，包括对照品溶液的配制、各项具体的检验操作、必要的环境温湿度；

7. 检验结果，包括观察情况、计算和图谱或曲线图，以及依据的检验报告编号；

8. 检验日期；

9. 检验人员的签名和日期；

10. 检验、计算复核人员的签名和日期。

（七）所有中间控制（包括生产人员所进行的中间控制），均应当按照经质量管理部门批准的方法进行，检验应当有记录。

（八）应当对实验室容量分析用玻璃仪器、试剂、试液、对照品以及培养基进行质量检查。

（九）必要时检验用实验动物应当在使用前进行检验或隔离检疫。

第二百一十七条　质量控制实验室应当建立检验结果超标调查的操作规程。任何检验结果超标都必须按照操作规程进行调查，并有相应的记录。

第二百一十八条　企业按规定保存的、用于兽药质量追溯或调查的物料、产品样品为留样。用于产品稳定性考察的样品不属于留样。

留样应当至少符合以下要求：

（一）应当按照操作规程对留样进行管理。

（二）留样应当能够代表被取样批次的物料或产品。

（三）成品的留样：

1. 每批兽药均应当有留样；如果一批兽药分成数次进行包装，则每次包装至少应当保留一件最小市售包装的成品；

2. 留样的包装形式应当与兽药市售包装形式相同，大包装规格或原料药的留样如无法采用市售包装形式的，可采用模拟包装；

3. 每批兽药的留样量一般至少应当能够确保按照批准的质量标准完成两次全检（无菌检查和热原检查等除外）；

4. 如果不影响留样的包装完整性，保存期间内至少应当每年对留样进行一次目检或接触观察，如发现异常，应当调查分析原因并采取相应的处理措施；

5. 留样观察应当有记录；

6. 留样应当按照注册批准的贮存条件至少保存至兽药有效期后一年；

7. 企业终止兽药生产或关闭的，应当告知当地畜牧兽医主管部门，并将留样转交授权单位保存，以便在必要时可随时取得留样。

（四）物料的留样：

1. 制剂生产用每批原辅料和与兽药直接接触的包装材料均应当有留样。与兽药直接接触的包装材料（如安瓿瓶），在成品已有留样后，可不必单独留样。

2. 物料的留样量应当至少满足鉴别检查的需要。

3. 除稳定性较差的原辅料外，用于制剂生产的原辅料（不包括生产过程中使用的溶剂、气体或制药用水）的留样应当至少保存至产品失效后。如果物料的有效期较短，则留样时间可相应缩短。

4. 物料的留样应当按照规定的条件贮存，必要时还应当适当包装密封。

第二百一十九条 试剂、试液、培养基和检定菌的管理应当至少符合以下要求：

（一）商品化试剂和培养基应当从可靠的、有资质的供应商处采购，必要时应当对供应商进行评估。

（二）应当有接收试剂、试液、培养基的记录，必要时，应当在试剂、试液、培养基的容器上标注接收日期和首次开口日期、有效期（如有）。

（三）应当按照相关规定或使用说明配制、贮存和使用试剂、试液和培养基。特殊情况下，在接收或使用前，还应当对试剂进行鉴别或其他检验。

（四）试液和已配制的培养基应当标注配制批号、配制日期和配制人员姓名，并有配制（包括灭菌）记录。不稳定的试剂、试液和培养基应当标注有效期及特殊贮存条件。标准液、滴定液还应当标注最后一次标化的日期和校正因子，并有标化记录。

（五）配制的培养基应当进行适用性检查，并有相关记录。应当有培养基使用记录。

（六）应当有检验所需的各种检定菌，并建立检定菌保存、传代、使用、销毁的操作规程和相应记录。

（七）检定菌应当有适当的标识，内容至少包括菌种名称、编号、代次、传代日期、传代操作人。

（八）检定菌应当按照规定的条件贮存，贮存的方式和时间不得对检定菌的生长特性有不利影响。

第二百二十条 标准品或对照品的管理应当至少符合以下要求：

（一）标准品或对照品应当按照规定贮存和使用；

（二）标准品或对照品应当有适当的标识，内容至少包括名称、批号、制备日期（如有）、有效期（如有）、首次开启日期、含量或效价、贮存条件；

（三）企业如需自制工作标准品或对照品，应当建立工作标准品或对照品的质量标准以及制备、鉴别、检验、批准和贮存的操作规程，每批工作标准品或对照品应当用法定标准品或对照品进行标化，并确定有效期，还应当通过定期标化证明工作标准品或对照品的效价或含量在有效期内保持稳定。标化的过程和结果应当有相应的记录。

第二节　物料和产品放行

第二百二十一条　应当分别建立物料和产品批准放行的操作规程，明确批准放行的标准、职责，并有相应的记录。

第二百二十二条　物料的放行应当至少符合以下要求：

（一）物料的质量评价内容应当至少包括生产商的检验报告、物料入库接收初验情况（是否为合格供应商、物料包装完整性和密封性的检查情况等）和检验结果；

（二）物料的质量评价应当有明确的结论，如批准放行、不合格或其他决定；

（三）物料应当由指定的质量管理人员签名批准放行。

第二百二十三条　产品的放行应当至少符合以下要求：

（一）在批准放行前，应当对每批兽药进行质量评价，并确认以下各项内容：

1. 已完成所有必需的检查、检验，批生产和检验记录完整；

2. 所有必需的生产和质量控制均已完成并经相关主管人员签名；

3. 确认与该批相关的变更或偏差已按照相关规程处理完毕，包括所有必要的取样、检查、检验和审核；

4. 所有与该批产品有关的偏差均已有明确的解释或说明，或者已经过彻底调查和适当处理；如偏差还涉及其他批次产品，应当一并处理。

（二）兽药的质量评价应当有明确的结论，如批准放行、不合格或其他决定。

（三）每批兽药均应当由质量管理负责人签名批准放行。

（四）兽用生物制品放行前还应当取得批签发合格证明。

第三节　持续稳定性考察

第二百二十四条　持续稳定性考察的目的是在有效期内监控已上市兽药的质量，以发现兽药与生产相关的稳定性问题（如杂质含量或溶出度特性的变化），并确定兽药能够在标示的贮存条件下，符合质量标准的各项要求。

第二百二十五条　持续稳定性考察主要针对市售包装兽药，但也需兼顾待包装产品。此外，还应当考虑对贮存时间较长的中间产品进行考察。

第二百二十六条　持续稳定性考察应当有考察方案，结果应当有报告。用于持续稳定性考察的设备（即稳定性试验设备或设施）应当按照第七章和第五章的要求进行确认和维护。

第二百二十七条　持续稳定性考察的时间应当涵盖兽药有效期，考察方案应当至少包括以下内容：

（一）每种规格、每种生产批量兽药的考察批次数；

（二）相关的物理、化学、微生物和生物学检验方法，可考虑采用稳定性考察专属的检验方法；

（三）检验方法依据；

（四）合格标准；

（五）容器密封系统的描述；

（六）试验间隔时间（测试时间点）；

（七）贮存条件（应当采用与兽药标示贮存条件相对应的《中华人民共和国兽药典》规定的长期稳定性试验标准条件）；

（八）检验项目，如检验项目少于成品质量标准所包含的项目，应当说明理由。

第二百二十八条 考察批次数和检验频次应当能够获得足够的数据，用于趋势分析。通常情况下，每种规格、每种内包装形式至少每年应当考察一个批次，除非当年没有生产。

第二百二十九条 某些情况下，持续稳定性考察中应当额外增加批次数，如重大变更或生产和包装有重大偏差的兽药应当列入稳定性考察。此外，重新加工、返工或回收的批次，也应当考虑列入考察，除非已经过验证和稳定性考察。

第二百三十条 应当对不符合质量标准的结果或重要的异常趋势进行调查。对任何已确认的不符合质量标准的结果或重大不良趋势，企业都应当考虑是否可能对已上市兽药造成影响，必要时应当实施召回，调查结果以及采取的措施应当报告当地畜牧兽医主管部门。

第二百三十一条 应当根据获得的全部数据资料，包括考察的阶段性结论，撰写总结报告并保存。应当定期审核总结报告。

第四节　变更控制

第二百三十二条 企业应当建立变更控制系统，对所有影响产品质量的变更进行评估和管理。

第二百三十三条 企业应当建立变更控制操作规程，规定原辅料、包装材料、质量标准、检验方法、操作规程、厂房、设施、设备、仪器、生产工艺和计算机软件变更的申请、评估、审核、批准和实施。质量管理部门应当指定专人负责变更控制。

第二百三十四条 企业可以根据变更的性质、范围、对产品质量潜在影响的程度进行变更分类（如主要、次要变更）并建档。

第二百三十五条 与产品质量有关的变更由申请部门提出后，应当经评估、制定实施计划并明确实施职责，由质量管理部门审核批准后实施，变更实施应当有相应的完整记录。

第二百三十六条 改变原辅料、与兽药直接接触的包装材料、生产工艺、主要生产设备以及其他影响兽药质量的主要因素时，还应当根据风险评估对变更实施后最初至少三个批次的兽药质量进行评估。如果变更可能影响兽药的有效期，则质量评估还应当包括对变更实施后生产的兽药进行稳定性考察。

第二百三十七条 变更实施时，应当确保与变更相关的文件均已修订。

第二百三十八条 质量管理部门应当保存所有变更的文件和记录。

第五节　偏差处理

第二百三十九条 各部门负责人应当确保所有人员正确执行生产工艺、质量标准、检验方法和操作规程，防止偏差的产生。

第二百四十条 企业应当建立偏差处理的操作规程，规定偏差的报告、记录、评估、调查、处理以及所采取的纠正、预防措施，并保存相应的记录。

第二百四十一条 企业应当评估偏差对产品质量的潜在影响。质量管理部门可以根据偏差的性质、范围、对产品质量潜在影响的程度进行偏差分类（如重大、次要偏差），对重大偏差的评估应当考虑是否需要对产品进行额外的检验以及产品是否可以放行，必要时，应当对涉及重大偏差的产品进行稳定性考察。

第二百四十二条 任何偏离生产工艺、物料平衡限度、质量标准、检验方法、操作规程等的情况均应当有记录，并立即报告主管人员及质量管理部门，重大偏差应当由质量管理部门会同其他部门进行彻底调查，并有调查报告。偏差调查应当包括相关批次产品的评估，偏差调查报告应当由质量管理部门的指定人员审核并签字。

第二百四十三条 质量管理部门应当保存偏差调查、处理的文件和记录。

第六节 纠正措施和预防措施

第二百四十四条 企业应当建立纠正措施和预防措施系统，对投诉、召回、偏差、自检或外部检查结果、工艺性能和质量监测趋势等进行调查并采取纠正和预防措施。调查的深度和形式应当与风险的级别相适应。纠正措施和预防措施系统应当能够增进对产品和工艺的理解，改进产品和工艺。

第二百四十五条 企业应当建立实施纠正和预防措施的操作规程，内容至少包括：

（一）对投诉、召回、偏差、自检或外部检查结果、工艺性能和质量监测趋势以及其他来源的质量数据进行分析，确定已有和潜在的质量问题；

（二）调查与产品、工艺和质量保证系统有关的原因；

（三）确定需采取的纠正和预防措施，防止问题的再次发生；

（四）评估纠正和预防措施的合理性、有效性和充分性；

（五）对实施纠正和预防措施过程中所有发生的变更应当予以记录；

（六）确保相关信息已传递到质量管理负责人和预防问题再次发生的直接负责人；

（七）确保相关信息及其纠正和预防措施已通过高层管理人员的评审。

第二百四十六条 实施纠正和预防措施应当有文件记录，并由质量管理部门保存。

第七节 供应商的评估和批准

第二百四十七条 质量管理部门应当对生产用关键物料的供应商进行质量评估，必要时会同有关部门对主要物料供应商（尤其是生产商）的质量体系进行现场质量考查，并对质量评估不符合要求的供应商行使否决权。

第二百四十八条 应当建立物料供应商评估和批准的操作规程，明确供应商的资质、选择的原则、质量评估方式、评估标准、物料供应商批准的程序。

如质量评估需采用现场质量考查方式的，还应当明确考查内容、周期、考查人员的组成及资质。需采用样品小批量试生产的，还应当明确生产批量、生产工艺、产品质量标准、稳定性考察方案。

第二百四十九条 质量管理部门应当指定专人负责物料供应商质量评估和现场质量考

查，被指定的人员应当具有相关的法规和专业知识，具有足够的质量评估和现场质量考查的实践经验。

第二百五十条 现场质量考查应当核实供应商资质证明文件。应当对其人员机构、厂房设施和设备、物料管理、生产工艺流程和生产管理、质量控制实验室的设备、仪器、文件管理等进行检查，以全面评估其质量保证系统。现场质量考查应当有报告。

第二百五十一条 必要时，应当对主要物料供应商提供的样品进行小批量试生产，并对试生产的兽药进行稳定性考察。

第二百五十二条 质量管理部门对物料供应商的评估至少应当包括：供应商的资质证明文件、质量标准、检验报告、企业对物料样品的检验数据和报告。如进行现场质量考查和样品小批量试生产的，还应当包括现场质量考查报告，以及小试产品的质量检验报告和稳定性考察报告。

第二百五十三条 改变物料供应商，应当对新的供应商进行质量评估；改变主要物料供应商的，还需要对产品进行相关的验证及稳定性考察。

第二百五十四条 质量管理部门应当向物料管理部门分发经批准的合格供应商名单，该名单内容至少包括物料名称、规格、质量标准、生产商名称和地址、经销商（如有）名称等，并及时更新。

第二百五十五条 质量管理部门应当与主要物料供应商签订质量协议，在协议中应当明确双方所承担的质量责任。

第二百五十六条 质量管理部门应当定期对物料供应商进行评估或现场质量考查，回顾分析物料质量检验结果、质量投诉和不合格处理记录。如物料出现质量问题或生产条件、工艺、质量标准和检验方法等可能影响质量的关键因素发生重大改变时，还应当尽快进行相关的现场质量考查。

第二百五十七条 企业应当对每家物料供应商建立质量档案，档案内容应当包括供应商资质证明文件、质量协议、质量标准、样品检验数据和报告、供应商检验报告、供应商评估报告、定期的质量回顾分析报告等。

第八节　产品质量回顾分析

第二百五十八条 企业应当建立产品质量回顾分析操作规程，每年对所有生产的兽药按品种进行产品质量回顾分析，以确认工艺稳定可靠性，以及原辅料、成品现行质量标准的适用性，及时发现不良趋势，确定产品及工艺改进的方向。

企业至少应当对下列情形进行回顾分析：

（一）产品所用原辅料的所有变更，尤其是来自新供应商的原辅料；

（二）关键中间控制点及成品的检验结果以及趋势图；

（三）所有不符合质量标准的批次及其调查；

（四）所有重大偏差及变更相关的调查、所采取的纠正措施和预防措施的有效性；

（五）稳定性考察的结果及任何不良趋势；

（六）所有因质量原因造成的退货、投诉、召回及调查；

（七）当年执行法规自查情况；

（八）验证评估概述；

（九）对该产品该年度质量评估和总结。

第二百五十九条 应当对回顾分析的结果进行评估，提出是否需要采取纠正和预防措施，并及时、有效地完成整改。

第九节　投诉与不良反应报告

第二百六十条 应当建立兽药投诉与不良反应报告制度，设立专门机构并配备专职人员负责管理。

第二百六十一条 应当主动收集兽药不良反应，对不良反应应当详细记录、评价、调查和处理，及时采取措施控制可能存在的风险，并按照要求向企业所在地畜牧兽医主管部门报告。

第二百六十二条 应当建立投诉操作规程，规定投诉登记、评价、调查和处理的程序，并规定因可能的产品缺陷发生投诉时所采取的措施，包括考虑是否有必要从市场召回兽药。

第二百六十三条 应当有专人负责进行质量投诉的调查和处理，所有投诉、调查的信息应当向质量管理负责人通报。

第二百六十四条 投诉调查和处理应当有记录，并注明所查相关批次产品的信息。

第二百六十五条 应当定期回顾分析投诉记录，以便发现需要预防、重复出现以及可能需要从市场召回兽药的问题，并采取相应措施。

第二百六十六条 企业出现生产失误、兽药变质或其他重大质量问题，应当及时采取相应措施，必要时还应当向当地畜牧兽医主管部门报告。

第十一章　产品销售与召回

第一节　质量控制实验室管理

第二百一十条 质量控制实验室的人员、设施、设备和环境洁净要求应当与产品性质和生产规模相适应。

第二百一十一条 质量控制负责人应当具有足够的管理实验室的资质和经验，可以管理同一企业的一个或多个实验室。

第二百一十二条 质量控制实验室的检验人员至少应当具有药学、兽医学、生物学、化学等相关专业大专学历或从事检验工作 3 年以上的中专、高中以上学历，并经过与所从事的检验操作相关的实践培训且考核通过。

第二百一十三条 质量控制实验室应当配备《中华人民共和国兽药典》、兽药质量标准、标准图谱等必要的工具书，以及标准品或对照品等相关的标准物质。

第二百一十四条 质量控制实验室的文件应当符合第八章的原则，并符合下列要求：

（一）质量控制实验室应当至少有下列文件：

1. 质量标准；

2. 取样操作规程和记录；

3. 检验操作规程和记录（包括检验记录或实验室工作记事簿）；

4. 检验报告或证书；

5. 必要的环境监测操作规程、记录和报告；

6. 必要的检验方法验证方案、记录和报告；

7. 仪器校准和设备使用、清洁、维护的操作规程及记录。

（二）每批兽药的检验记录应当包括中间产品和成品的质量检验记录，可追溯该批兽药所有相关的质量检验情况；

（三）应保存和统计（宜采用便于趋势分析的方法）相关的检验和监测数据（如检验数据、环境监测数据、制药用水的微生物监测数据）；

（四）除与批记录相关的资料信息外，还应当保存与检验相关的其他原始资料或记录，便于追溯查阅。

第二百一十五条 取样应当至少符合以下要求：

（一）质量管理部门的人员可进入生产区和仓储区进行取样及调查；

（二）应当按照经批准的操作规程取样，操作规程应当详细规定：

1. 经授权的取样人；

2. 取样方法；

3. 取样用器具；

4. 样品量；

5. 分样的方法；

6. 存放样品容器的类型和状态；

7. 实施取样后物料及样品的处置和标识；

8. 取样注意事项，包括为降低取样过程产生的各种风险所采取的预防措施，尤其是无菌或有害物料的取样以及防止取样过程中污染和交叉污染的取样注意事项；

9. 贮存条件；

10. 取样器具的清洁方法和贮存要求。

（三）取样方法应当科学、合理，以保证样品的代表性；

（四）样品应当能够代表被取样批次的产品或物料的质量状况，为监控生产过程中最重要的环节（如生产初始或结束），也可抽取该阶段样品进行检测；

（五）样品容器应当贴有标签，注明样品名称、批号、取样人、取样日期等信息；

（六）样品应当按照被取样产品或物料规定的贮存要求保存。

第二百一十六条 物料和不同生产阶段产品的检验应当至少符合以下要求：

（一）企业应当确保成品按照质量标准进行全项检验。

（二）有下列情形之一的，应当对检验方法进行验证：

1. 采用新的检验方法；

2. 检验方法需变更的；

3. 采用《中华人民共和国兽药典》及其他法定标准未收载的检验方法；

4. 法规规定的其他需要验证的检验方法。

（三）对不需要进行验证的检验方法，必要时企业应当对检验方法进行确认，确保检验数据准确、可靠。

（四）检验应当有书面操作规程，规定所用方法、仪器和设备，检验操作规程的内容应当与经确认或验证的检验方法一致。

（五）检验应当有可追溯的记录并应当复核，确保结果与记录一致。所有计算均应当严格核对。

（六）检验记录应当至少包括以下内容：

1. 产品或物料的名称、剂型、规格、批号或供货批号，必要时注明供应商和生产商（如不同）的名称或来源；

2. 依据的质量标准和检验操作规程；

3. 检验所用的仪器或设备的型号和编号；

4. 检验所用的试液和培养基的配制批号、对照品或标准品的来源和批号；

5. 检验所用动物的相关信息；

6. 检验过程，包括对照品溶液的配制、各项具体的检验操作、必要的环境温湿度；

7. 检验结果，包括观察情况、计算和图谱或曲线图，以及依据的检验报告编号；

8. 检验日期；

9. 检验人员的签名和日期；

10. 检验、计算复核人员的签名和日期。

（七）所有中间控制（包括生产人员所进行的中间控制），均应当按照经质量管理部门批准的方法进行，检验应当有记录。

（八）应当对实验室容量分析用玻璃仪器、试剂、试液、对照品以及培养基进行质量检查。

（九）必要时检验用实验动物应当在使用前进行检验或隔离检疫。

第二百一十七条 质量控制实验室应当建立检验结果超标调查的操作规程。任何检验结果超标都必须按照操作规程进行调查，并有相应的记录。

第二百一十八条 企业按规定保存的、用于兽药质量追溯或调查的物料、产品样品为留样。用于产品稳定性考察的样品不属于留样。

留样应当至少符合以下要求：

（一）应当按照操作规程对留样进行管理。

（二）留样应当能够代表被取样批次的物料或产品。

（三）成品的留样：

1. 每批兽药均应当有留样；如果一批兽药分成数次进行包装，则每次包装至少应当保留一件最小市售包装的成品；

2. 留样的包装形式应当与兽药市售包装形式相同，大包装规格或原料药的留样如无法采用市售包装形式的，可采用模拟包装；

3. 每批兽药的留样量一般至少应当能够确保按照批准的质量标准完成两次全检（无菌检查和热原检查等除外）；

4. 如果不影响留样的包装完整性，保存期间内至少应当每年对留样进行一次目检或接触观察，如发现异常，应当调查分析原因并采取相应的处理措施；

5. 留样观察应当有记录;

6. 留样应当按照注册批准的贮存条件至少保存至兽药有效期后一年;

7. 企业终止兽药生产或关闭的,应当告知当地畜牧兽医主管部门,并将留样转交授权单位保存,以便在必要时可随时取得留样。

(四)物料的留样:

1. 制剂生产用每批原辅料和与兽药直接接触的包装材料均应当有留样。与兽药直接接触的包装材料(如安瓿瓶),在成品已有留样后,可不必单独留样。

2. 物料的留样量应当至少满足鉴别检查的需要。

3. 除稳定性较差的原辅料外,用于制剂生产的原辅料(不包括生产过程中使用的溶剂、气体或制药用水)的留样应当至少保存至产品失效后。如果物料的有效期较短,则留样时间可相应缩短。

4. 物料的留样应当按照规定的条件贮存,必要时还应当适当包装密封。

第二百一十九条 试剂、试液、培养基和检定菌的管理应当至少符合以下要求:

(一)商品化试剂和培养基应当从可靠的、有资质的供应商处采购,必要时应当对供应商进行评估。

(二)应当有接收试剂、试液、培养基的记录,必要时,应当在试剂、试液、培养基的容器上标注接收日期和首次开口日期、有效期(如有)。

(三)应当按照相关规定或使用说明配制、贮存和使用试剂、试液和培养基。特殊情况下,在接收或使用前,还应当对试剂进行鉴别或其他检验。

(四)试液和已配制的培养基应当标注配制批号、配制日期和配制人员姓名,并有配制(包括灭菌)记录。不稳定的试剂、试液和培养基应当标注有效期及特殊贮存条件。标准液、滴定液还应当标注最后一次标化的日期和校正因子,并有标化记录。

(五)配制的培养基应当进行适用性检查,并有相关记录。应当有培养基使用记录。

(六)应当有检验所需的各种检定菌,并建立检定菌保存、传代、使用、销毁的操作规程和相应记录。

(七)检定菌应当有适当的标识,内容至少包括菌种名称、编号、代次、传代日期、传代操作人。

(八)检定菌应当按照规定的条件贮存,贮存的方式和时间不得对检定菌的生长特性有不利影响。

第二百二十条 标准品或对照品的管理应当至少符合以下要求:

(一)标准品或对照品应当按照规定贮存和使用;

(二)标准品或对照品应当有适当的标识,内容至少包括名称、批号、制备日期(如有)、有效期(如有)、首次开启日期、含量或效价、贮存条件;

(三)企业如需自制工作标准品或对照品,应当建立工作标准品或对照品的质量标准以及制备、鉴别、检验、批准和贮存的操作规程,每批工作标准品或对照品应当用法定标准品或对照品进行标化,并确定有效期,还应当通过定期标化证明工作标准品或对照品的效价或含量在有效期内保持稳定。标化的过程和结果应当有相应的记录。

第二节 物料和产品放行

第二百二十一条 应当分别建立物料和产品批准放行的操作规程，明确批准放行的标准、职责，并有相应的记录。

第二百二十二条 物料的放行应当至少符合以下要求：

（一）物料的质量评价内容应当至少包括生产商的检验报告、物料入库接收初验情况（是否为合格供应商、物料包装完整性和密封性的检查情况等）和检验结果；

（二）物料的质量评价应当有明确的结论，如批准放行、不合格或其他决定；

（三）物料应当由指定的质量管理人员签名批准放行。

第二百二十三条 产品的放行应当至少符合以下要求：

（一）在批准放行前，应当对每批兽药进行质量评价，并确认以下各项内容：

1. 已完成所有必需的检查、检验，批生产和检验记录完整；

2. 所有必需的生产和质量控制均已完成并经相关主管人员签名；

3. 确认与该批相关的变更或偏差已按照相关规程处理完毕，包括所有必要的取样、检查、检验和审核；

4. 所有与该批产品有关的偏差均已有明确的解释或说明，或者已经过彻底调查和适当处理；如偏差还涉及其他批次产品，应当一并处理。

（二）兽药的质量评价应当有明确的结论，如批准放行、不合格或其他决定。

（三）每批兽药均应当由质量管理负责人签名批准放行。

（四）兽用生物制品放行前还应当取得批签发合格证明。

第三节 持续稳定性考察

第二百二十四条 持续稳定性考察的目的是在有效期内监控已上市兽药的质量，以发现兽药与生产相关的稳定性问题（如杂质含量或溶出度特性的变化），并确定兽药能够在标示的贮存条件下，符合质量标准的各项要求。

第二百二十五条 持续稳定性考察主要针对市售包装兽药，但也需兼顾待包装产品。此外，还应当考虑对贮存时间较长的中间产品进行考察。

第二百二十六条 持续稳定性考察应当有考察方案，结果应当有报告。用于持续稳定性考察的设备（即稳定性试验设备或设施）应当按照第七章和第五章的要求进行确认和维护。

第二百二十七条 持续稳定性考察的时间应当涵盖兽药有效期，考察方案应当至少包括以下内容：

（一）每种规格、每种生产批量兽药的考察批次数；

（二）相关的物理、化学、微生物和生物学检验方法，可考虑采用稳定性考察专属的检验方法；

（三）检验方法依据；

（四）合格标准；

（五）容器密封系统的描述；

（六）试验间隔时间（测试时间点）；

（七）贮存条件（应当采用与兽药标示贮存条件相对应的《中华人民共和国兽药典》规定的长期稳定性试验标准条件）；

（八）检验项目，如检验项目少于成品质量标准所包含的项目，应当说明理由。

第二百二十八条 考察批次数和检验频次应当能够获得足够的数据，用于趋势分析。通常情况下，每种规格、每种内包装形式至少每年应当考察一个批次，除非当年没有生产。

第二百二十九条 某些情况下，持续稳定性考察中应当额外增加批次数，如重大变更或生产和包装有重大偏差的兽药应当列入稳定性考察。此外，重新加工、返工或回收的批次，也应当考虑列入考察，除非已经过验证和稳定性考察。

第二百三十条 应当对不符合质量标准的结果或重要的异常趋势进行调查。对任何已确认的不符合质量标准的结果或重大不良趋势，企业都应当考虑是否可能对已上市兽药造成影响，必要时应当实施召回，调查结果以及采取的措施应当报告当地畜牧兽医主管部门。

第二百三十一条 应当根据获得的全部数据资料，包括考察的阶段性结论，撰写总结报告并保存。应当定期审核总结报告。

第四节 变更控制

第二百三十二条 企业应当建立变更控制系统，对所有影响产品质量的变更进行评估和管理。

第二百三十三条 企业应当建立变更控制操作规程，规定原辅料、包装材料、质量标准、检验方法、操作规程、厂房、设施、设备、仪器、生产工艺和计算机软件变更的申请、评估、审核、批准和实施。质量管理部门应当指定专人负责变更控制。

第二百三十四条 企业可以根据变更的性质、范围、对产品质量潜在影响的程度进行变更分类（如主要、次要变更）并建档。

第二百三十五条 与产品质量有关的变更由申请部门提出后，应当经评估、制定实施计划并明确实施职责，由质量管理部门审核批准后实施，变更实施应当有相应的完整记录。

第二百三十六条 改变原辅料、与兽药直接接触的包装材料、生产工艺、主要生产设备以及其他影响兽药质量的主要因素时，还应当根据风险评估对变更实施后最初至少三个批次的兽药质量进行评估。如果变更可能影响兽药的有效期，则质量评估还应当包括对变更实施后生产的兽药进行稳定性考察。

第二百三十七条 变更实施时，应当确保与变更相关的文件均已修订。

第二百三十八条 质量管理部门应当保存所有变更的文件和记录。

第五节 偏差处理

第二百三十九条 各部门负责人应当确保所有人员正确执行生产工艺、质量标准、检验方法和操作规程，防止偏差的产生。

第二百四十条　企业应当建立偏差处理的操作规程，规定偏差的报告、记录、评估、调查、处理以及所采取的纠正、预防措施，并保存相应的记录。

第二百四十一条　企业应当评估偏差对产品质量的潜在影响。质量管理部门可以根据偏差的性质、范围、对产品质量潜在影响的程度进行偏差分类（如重大、次要偏差），对重大偏差的评估应当考虑是否需要对产品进行额外的检验以及产品是否可以放行，必要时，应当对涉及重大偏差的产品进行稳定性考察。

第二百四十二条　任何偏离生产工艺、物料平衡限度、质量标准、检验方法、操作规程等的情况均应当有记录，并立即报告主管人员及质量管理部门，重大偏差应当由质量管理部门会同其他部门进行彻底调查，并有调查报告。偏差调查应当包括相关批次产品的评估，偏差调查报告应当由质量管理部门的指定人员审核并签字。

第二百四十三条　质量管理部门应当保存偏差调查、处理的文件和记录。

第六节　纠正措施和预防措施

第二百四十四条　企业应当建立纠正措施和预防措施系统，对投诉、召回、偏差、自检或外部检查结果、工艺性能和质量监测趋势等进行调查并采取纠正和预防措施。调查的深度和形式应当与风险的级别相适应。纠正措施和预防措施系统应当能够增进对产品和工艺的理解，改进产品和工艺。

第二百四十五条　企业应当建立实施纠正和预防措施的操作规程，内容至少包括：

（一）对投诉、召回、偏差、自检或外部检查结果、工艺性能和质量监测趋势以及其他来源的质量数据进行分析，确定已有和潜在的质量问题；

（二）调查与产品、工艺和质量保证系统有关的原因；

（三）确定需采取的纠正和预防措施，防止问题的再次发生；

（四）评估纠正和预防措施的合理性、有效性和充分性；

（五）对实施纠正和预防措施过程中所有发生的变更应当予以记录；

（六）确保相关信息已传递到质量管理负责人和预防问题再次发生的直接负责人；

（七）确保相关信息及其纠正和预防措施已通过高层管理人员的评审。

第二百四十六条　实施纠正和预防措施应当有文件记录，并由质量管理部门保存。

第七节　供应商的评估和批准

第二百四十七条　质量管理部门应当对生产用关键物料的供应商进行质量评估，必要时会同有关部门对主要物料供应商（尤其是生产商）的质量体系进行现场质量考查，并对质量评估不符合要求的供应商行使否决权。

第二百四十八条　应当建立物料供应商评估和批准的操作规程，明确供应商的资质、选择的原则、质量评估方式、评估标准、物料供应商批准的程序。

如质量评估需采用现场质量考查方式的，还应当明确考查内容、周期、考查人员的组成及资质。需采用样品小批量试生产的，还应当明确生产批量、生产工艺、产品质量标准、稳定性考察方案。

第二百四十九条　质量管理部门应当指定专人负责物料供应商质量评估和现场质量考

查，被指定的人员应当具有相关的法规和专业知识，具有足够的质量评估和现场质量考查的实践经验。

第二百五十条 现场质量考查应当核实供应商资质证明文件。应当对其人员机构、厂房设施和设备、物料管理、生产工艺流程和生产管理、质量控制实验室的设备、仪器、文件管理等进行检查，以全面评估其质量保证系统。现场质量考查应当有报告。

第二百五十一条 必要时，应当对主要物料供应商提供的样品进行小批量试生产，并对试生产的兽药进行稳定性考察。

第二百五十二条 质量管理部门对物料供应商的评估至少应当包括：供应商的资质证明文件、质量标准、检验报告、企业对物料样品的检验数据和报告。如进行现场质量考查和样品小批量试生产的，还应当包括现场质量考查报告，以及小试产品的质量检验报告和稳定性考察报告。

第二百五十三条 改变物料供应商，应当对新的供应商进行质量评估；改变主要物料供应商的，还需要对产品进行相关的验证及稳定性考察。

第二百五十四条 质量管理部门应当向物料管理部门分发经批准的合格供应商名单，该名单内容至少包括物料名称、规格、质量标准、生产商名称和地址、经销商（如有）名称等，并及时更新。

第二百五十五条 质量管理部门应当与主要物料供应商签订质量协议，在协议中应当明确双方所承担的质量责任。

第二百五十六条 质量管理部门应当定期对物料供应商进行评估或现场质量考查，回顾分析物料质量检验结果、质量投诉和不合格处理记录。如物料出现质量问题或生产条件、工艺、质量标准和检验方法等可能影响质量的关键因素发生重大改变时，还应当尽快进行相关的现场质量考查。

第二百五十七条 企业应当对每家物料供应商建立质量档案，档案内容应当包括供应商资质证明文件、质量协议、质量标准、样品检验数据和报告、供应商检验报告、供应商评估报告、定期的质量回顾分析报告等。

第八节 产品质量回顾分析

第二百五十八条 企业应当建立产品质量回顾分析操作规程，每年对所有生产的兽药按品种进行产品质量回顾分析，以确认工艺稳定可靠性，以及原辅料、成品现行质量标准的适用性，及时发现不良趋势，确定产品及工艺改进的方向。

企业至少应当对下列情形进行回顾分析：

（一）产品所用原辅料的所有变更，尤其是来自新供应商的原辅料；

（二）关键中间控制点及成品的检验结果以及趋势图；

（三）所有不符合质量标准的批次及其调查；

（四）所有重大偏差及变更相关的调查、所采取的纠正措施和预防措施的有效性；

（五）稳定性考察的结果及任何不良趋势；

（六）所有因质量原因造成的退货、投诉、召回及调查；

（七）当年执行法规自查情况；

（八）验证评估概述；

（九）对该产品该年度质量评估和总结。

第二百五十九条 应当对回顾分析的结果进行评估，提出是否需要采取纠正和预防措施，并及时、有效地完成整改。

第九节 投诉与不良反应报告

第二百六十条 应当建立兽药投诉与不良反应报告制度，设立专门机构并配备专职人员负责管理。

第二百六十一条 应当主动收集兽药不良反应，对不良反应应当详细记录、评价、调查和处理，及时采取措施控制可能存在的风险，并按照要求向企业所在地畜牧兽医主管部门报告。

第二百六十二条 应当建立投诉操作规程，规定投诉登记、评价、调查和处理的程序，并规定因可能的产品缺陷发生投诉时所采取的措施，包括考虑是否有必要从市场召回兽药。

第二百六十三条 应当有专人负责进行质量投诉的调查和处理，所有投诉、调查的信息应当向质量管理负责人通报。

第二百六十四条 投诉调查和处理应当有记录，并注明所查相关批次产品的信息。

第二百六十五条 应当定期回顾分析投诉记录，以便发现需要预防、重复出现以及可能需要从市场召回兽药的问题，并采取相应措施。

第二百六十六条 企业出现生产失误、兽药变质或其他重大质量问题，应当及时采取相应措施，必要时还应当向当地畜牧兽医主管部门报告。

第十二章 自 检

第一节 原 则

第二百八十一条 质量管理部门应当定期组织对企业进行自检，监控本规范的实施情况，评估企业是否符合本规范要求，并提出必要的纠正和预防措施。

第二节 自 检

第二百八十二条 自检应当有计划，对机构与人员、厂房与设施、设备、物料与产品、确认与验证、文件管理、生产管理、质量控制与质量保证、产品销售与召回等项目定期进行检查。

第二百八十三条 应当由企业指定人员进行独立、系统、全面的自检，也可由外部人员或专家进行独立的质量审计。

第二百八十四条 自检应当有记录。自检完成后应当有自检报告，内容至少包括自检过程中观察到的所有情况、评价的结论以及提出纠正和预防措施的建议。有关部门和人员应立即进行整改，自检和整改情况应当报告企业高层管理人员。

第十三章 附 则

第二百八十五条 本规范为兽药生产质量管理的基本要求。

对不同类别兽药或生产质量管理活动的特殊要求,列入本规范附录,另行以公告发布。

第二百八十六条 本规范中下列用语的含义是:

(一)包装材料,是指兽药包装所用的材料,包括与兽药直接接触的包装材料和容器、印刷包装材料,但不包括运输用的外包装材料。

(二)操作规程,是指经批准用来指导设备操作、维护与清洁、验证、环境控制、生产操作、取样和检验等兽药生产活动的通用性文件,也称标准操作规程。

(三)产品生命周期,是指产品从最初的研发、上市直至退市的所有阶段。

(四)成品,是指已完成所有生产操作步骤和最终包装的产品。

(五)重新加工,是指将某一生产工序生产的不符合质量标准的一批中间产品的一部分或全部,采用不同的生产工艺进行再加工,以符合预定的质量标准。

(六)待验,是指原辅料、包装材料、中间产品或成品,采用物理手段或其他有效方式将其隔离或区分,在允许用于投料生产或上市销售之前贮存、等待作出放行决定的状态。

(七)发放,是指生产过程中物料、中间产品、文件、生产用模具等在企业内部流转的一系列操作。

(八)复验期,是指原辅料、包装材料贮存一定时间后,为确保其仍适用于预定用途,由企业确定的需重新检验的日期。

(九)返工,是指将某一生产工序生产的不符合质量标准的一批中间产品、成品的一部分或全部返回到之前的工序,采用相同的生产工艺进行再加工,以符合预定的质量标准。

(十)放行,是指对一批物料或产品进行质量评价,作出批准使用或投放市场或其他决定的操作。

(十一)高层管理人员,是指在企业内部最高层指挥和控制企业、具有调动资源的权力和职责的人员。

(十二)工艺规程,是指为生产特定数量的成品而制定的一个或一套文件,包括生产处方、生产操作要求和包装操作要求,规定原辅料和包装材料的数量、工艺参数和条件、加工说明(包括中间控制)、注意事项等内容。

(十三)供应商,是指物料、设备、仪器、试剂、服务等的提供方,如生产商、经销商等。

(十四)回收,是指在某一特定的生产阶段,将以前生产的一批或数批符合相应质量要求的产品的一部分或全部,加入到另一批次中的操作。

(十五)计算机化系统,是指用于报告或自动控制的集成系统,包括数据输入、电子处理和信息输出。

（十六）交叉污染，是指不同原料、辅料及产品之间发生的相互污染。

（十七）校准，是指在规定条件下，确定测量、记录、控制仪器或系统的示值（尤指称量）或实物量具所代表的量值，与对应的参照标准量值之间关系的一系列活动。

（十八）阶段性生产方式，是指在共用生产区内，在一段时间内集中生产某一产品，再对相应的共用生产区、设施、设备、工器具等进行彻底清洁，更换生产另一种产品的方式。

（十九）洁净区，是指需要对环境中尘粒及微生物数量进行控制的房间（区域），其建筑结构、装备及其使用应当能够减少该区域内污染物的引入、产生和滞留。

（二十）警戒限度，是指系统的关键参数超出正常范围，但未达到纠偏限度，需要引起警觉，可能需要采取纠正措施的限度标准。

（二十一）纠偏限度，是指系统的关键参数超出可接受标准，需要进行调查并采取纠正措施的限度标准。

（二十二）检验结果超标，是指检验结果超出法定标准及企业制定标准的所有情形。

（二十三）批，是指经一个或若干加工过程生产的、具有预期均一质量和特性的一定数量的原辅料、包装材料或成品。为完成某些生产操作步骤，可能有必要将一批产品分成若干亚批，最终合并成为一个均一的批。在连续生产情况下，批必须与生产中具有预期均一特性的确定数量的产品相对应，批量可以是固定数量或固定时间段内生产的产品量。例如：口服或外用的固体、半固体制剂在成型或分装前使用同一台混合设备一次混合所生产的均质产品为一批；口服或外用的液体制剂以灌装（封）前经最后混合的药液所生产的均质产品为一批。

（二十四）批号，是指用于识别一个特定批的具有唯一性的数字和（或）字母的组合。

（二十五）批记录，是指用于记述每批兽药生产、质量检验和放行审核的所有文件和记录，可追溯所有与成品质量有关的历史信息。

（二十六）气锁间，是指设置于两个或数个房间之间（如不同洁净度级别的房间之间）的具有两扇或多扇门的隔离空间。设置气锁间的目的是在人员或物料出入时，对气流进行控制。气锁间有人员气锁间和物料气锁间。

（二十七）确认，是指证明厂房、设施、设备能正确运行并可达到预期结果的一系列活动。

（二十八）退货，是指将兽药退还给企业的活动。

（二十九）文件，包括质量标准、工艺规程、操作规程、记录、报告等。

（三十）物料，是指原料、辅料和包装材料等。例如：化学药品制剂的原料是指原料药；生物制品的原料是指原材料；中药制剂的原料是指中药材、中药饮片和外购中药提取物；原料药的原料是指用于原料药生产的除包装材料以外的其他物料。

（三十一）物料平衡，是指产品或物料实际产量或实际用量及收集到的损耗之和与理论产量或理论用量之间的比较，并考虑可允许的偏差范围。

（三十二）污染，是指在生产、取样、包装或重新包装、贮存或运输等操作过程中，原辅料、中间产品、成品受到具有化学或微生物特性的杂质或异物的不利影响。

（三十三）验证，是指证明任何操作规程（方法）、生产工艺或系统能够达到预期结果的一系列活动。

（三十四）印刷包装材料，是指具有特定式样和印刷内容的包装材料，如印字铝箔、标签、说明书、纸盒等。

（三十五）原辅料，是指除包装材料之外，兽药生产中使用的任何物料。

（三十六）中间控制，也称过程控制，是指为确保产品符合有关标准，生产中对工艺过程加以监控，以便在必要时进行调节而做的各项检查。可将对环境或设备控制视作中间控制的一部分。

第二百八十七条 本规范自 2020 年 6 月 1 日起施行。具体实施要求另行公告。

农用薄膜管理办法

（中华人民共和国农业农村部　工业和信息化部　生态环境部　市场监管总局令 2020 年　第 4 号）

《农用薄膜管理办法》已于 2020 年 4 月 24 日经农业农村部第 7 次部常务会议通过，并经工业和信息化部、生态环境部、市场监管总局同意，现予公布，自 2020 年 9 月 1 日起施行。

农业农村部部长　韩长赋
工业和信息化部部长　苗　圩
生态环境部部长　黄润秋
市场监管总局局长　肖亚庆
2020 年 7 月 3 日

第一章　总　　则

第一条　为了防治农用薄膜污染，加强农用薄膜监督管理，保护和改善农业生态环境，根据《中华人民共和国土壤污染防治法》等法律、行政法规，制定本办法。

第二条　本办法所称农用薄膜，是指用于农业生产的地面覆盖薄膜和棚膜。

第三条　农用薄膜的生产、销售、使用、回收、再利用及其监督管理适用本办法。

第四条　地方各级人民政府依法对本行政区域农用薄膜污染防治负责，组织、协调、督促有关部门依法履行农用薄膜污染防治监督管理职责。

第五条　县级以上人民政府农业农村主管部门负责农用薄膜使用、回收监督管理工作，指导农用薄膜回收利用体系建设。

县级以上人民政府工业和信息化主管部门负责农用薄膜生产指导工作。

县级以上人民政府市场监管部门负责农用薄膜产品质量监督管理工作。

县级以上生态环境主管部门负责农用薄膜回收、再利用过程环境污染防治的监督管理工作。

第六条　禁止生产、销售、使用国家明令禁止或者不符合强制性国家标准的农用薄膜。鼓励和支持生产、使用全生物降解农用薄膜。

第二章　生产、销售和使用

第七条　农用薄膜生产者应当落实国家关于农用薄膜行业规范的要求，执行农用薄膜相关标准，确保产品质量。

第八条　农用薄膜生产者应当在每卷地膜、每延米棚膜上添加可辨识的企业标识，便于产品追溯和市场监管。

第九条　农用薄膜生产者应当依法建立农用薄膜出厂销售记录制度，如实记录农用薄膜的名称、规格、数量、生产日期和批号、产品质量检验信息、购货人名称及其联系方式、销售日期等内容。出厂销售记录应当至少保存两年。

第十条　出厂销售的农用薄膜产品应当依法附具产品质量检验合格证，标明推荐使用时间等内容。

农用薄膜应当在合格证明显位置标注"使用后请回收利用，减少环境污染"中文字样。全生物降解农用薄膜应当在合格证明显位置标注"全生物降解薄膜，注意使用条件"中文字样。

第十一条　农用薄膜销售者应当查验农用薄膜产品的包装、标签、质量检验合格证，不得采购和销售未达到强制性国家标准的农用薄膜，不得将非农用薄膜销售给农用薄膜使用者。

农用薄膜销售者应当依法建立销售台账，如实记录销售农用薄膜的名称、规格、数量、生产者、生产日期和供货人名称及其联系方式、进货日期等内容。销售台账应当至少保存两年。

第十二条　农用薄膜使用者应当按照产品标签标注的期限使用农用薄膜。农业生产企业、农民专业合作社等使用者应当依法建立农用薄膜使用记录，如实记录使用时间、地点、对象以及农用薄膜名称、用量、生产者、销售者等内容。农用薄膜使用记录应当至少保存两年。

第十三条　县级以上人民政府农业农村主管部门应当采取措施，加强农用薄膜使用控制，开展农用薄膜适宜性覆盖评价，为农用薄膜使用者提供技术指导和服务，鼓励农用薄膜覆盖替代技术和产品的研发与示范推广，提高农用薄膜科学使用水平。

第三章　回收和再利用

第十四条　农用薄膜回收实行政府扶持、多方参与的原则，各地要采取措施，鼓励、支持单位和个人回收农用薄膜。

第十五条　农用薄膜使用者应当在使用期限到期前捡拾田间的非全生物降解农用薄膜废弃物，交至回收网点或回收工作者，不得随意弃置、掩埋或者焚烧。

第十六条　农用薄膜生产者、销售者、回收网点、废旧农用薄膜回收再利用企业或其他组织等应当开展合作，采取多种方式，建立健全农用薄膜回收利用体系，推动废旧农用薄膜回收、处理和再利用。

第十七条　农用薄膜回收网点和回收再利用企业应当依法建立回收台账，如实记录废旧农用薄膜的重量、体积、杂质、缴膜人名称及其联系方式、回收时间等内容。回收台账应当至少保存两年。

第十八条　鼓励研发、推广农用薄膜回收技术与机械，开展废旧农用薄膜再利用。

第十九条　支持废旧农用薄膜再利用企业按照规定享受用地、用电、用水、信贷、税收等优惠政策，扶持从事废旧农用薄膜再利用的社会化服务组织和企业。

第二十条　农用薄膜回收再利用企业应当依法做好回收再利用厂区和周边环境的环境保护工作，避免二次污染。

第四章　监督检查

第二十一条　建立农用薄膜残留监测制度，县级以上地方人民政府农业农村主管部门应当定期开展本行政区域的农用薄膜残留监测。

第二十二条　建立农用薄膜市场监管制度，县级以上地方人民政府市场监管部门应当定期开展本行政区域的农用薄膜质量监督检查。

第二十三条　生产、销售农用薄膜不符合强制性国家标准的，依照《中华人民共和国产品质量法》等法律、行政法规的规定查处，依法依规记入信用记录并予以公示。

政府招标采购的农用薄膜应当符合强制性国家标准，依法限制失信企业参与政府招标采购。

第二十四条　农用薄膜生产者、销售者、使用者未按照规定回收农用薄膜的，依照《中华人民共和国土壤污染防治法》第八十八条规定处罚。

第五章　附　　则

第二十五条　本办法自 2020 年 9 月 1 日起施行。

农业农村部关于修改和废止部分
规章、规范性文件的决定

（中华人民共和国农业农村部令 2020 年　第 5 号）

《农业农村部关于修改和废止部分规章、规范性文件的决定》已经农业农村部 2020 年 6 月 29 日第 9 次常务会议审议通过，现予发布，自 2020 年 10 月 1 日起施行。

部　长　韩长赋

2020 年 7 月 8 日

为了维护法制统一，加强法治政府建设，农业农村部对深化机构改革、优化营商环境、推进"放管服"改革等涉及的规章和规范性文件，以及实践中不再适用的规章和规范性文件进行了清理。经过清理，农业农村部决定，对 2 部规章的部分条款予以修改，对 4 部规章和 6 部规范性文件予以废止。

一、修改的规章

1. 渔业捕捞许可管理规定（2018 年 12 月 3 日农业农村部令 2018 年第 1 号公布）

删去第十一条第一项中的"与渔船定点拆解厂（点）共同"。

增加一款，作为第十五条第二款："专业远洋渔船因特殊原因无法按期申请办理渔船制造手续的，可在前款规定期限内申请延期，但最长不超过相应远洋渔业项目届满之日起 36 个月。"

删去第十六条第一款中的"审批机关应当同时在渔业船网工具指标批准书上记载办理情况。"将第十六条第二款修改为："制造、更新改造、进口渔船的渔业船网工具指标批准书的有效期为 18 个月，购置渔船的渔业船网工具指标批准书的有效期为 6 个月。因特殊原因在规定期限内无法办理完毕相关手续的，可在有效期届满前 3 个月内申请有效期延展 18 个月。"增加一款，作为第十六条第三款："已开工建造的到特殊渔区作业的专业远洋渔船，在延展期内仍无法办理完毕相关手续的，可在延展期届满前 3 个月内再申请延展 18 个月，且不得再次申请延展。"

将第十九条第三项修改为两项，作为第十九条第三项、第四项：

"除他国政府许可或到特殊渔区作业有特别需求的专业远洋渔船外，制造拖网作业渔船的；

"制造单锚张纲张网、单船大型深水有囊围网（三角虎网）作业渔船的；"

2. 农作物种子生产经营许可管理办法（2016 年 7 月 8 日农业部令 2016 年第 5 号公布，2017 年 11 月 30 日农业部令 2017 年第 8 号、2019 年 4 月 25 日农业农村部令第 2 号修订）

删去第九条第四项。

二、废止的规章

1. 中华人民共和国渔业船舶验船师资格考评管理规定（1998 年 12 月 16 日农渔发〔1998〕11 号公布）

2. 动物疫情报告管理办法（1999 年 10 月 19 日农牧发〔1999〕18 号公布）

3. 草畜平衡管理办法（2005 年 1 月 19 日农业部令第 48 号公布）

4. 草原征占用审核审批管理办法（2006 年 1 月 27 日农业部令第 58 号公布，2014 年 4 月 25 日农业部令 2014 年第 3 号、2016 年 5 月 30 日农业部令 2016 年第 3 号修订）

三、废止的规范性文件

1. 农业部、人事部印发《农业技术推广研究员任职资格评审实施办法》的通知（1994 年 4 月 8 日〔1994〕农人技字第 4 号）

2. 农业部、财政部、发展改革委关于印发《国家支持推广的农业机械产品目录管理办法》的通知（2005 年 8 月 1 日农机发〔2005〕7 号）

3. 农业部、总政治部、总后勤部、国家外国专家局关于加强军地农业合作积极推动社会主义新农村建设和军队农副业生产发展的通知（农计发〔2007〕3 号）

4. 农业部关于切实做好肥料登记管理工作的通知（农农发〔2009〕2 号）

5. 农业部办公厅关于印发《"十二五"农业部引进国际先进农业科学技术计划（948 计划）项目管理办法》的通知（2010 年 8 月 23 日农办科〔2010〕70 号）

6. 远洋渔业船舶检验管理办法（2017 年 9 月 27 日农业部公告 第 2587 号）

本决定自 2020 年 10 月 1 日起施行。

农药包装废弃物回收处理管理办法

（中华人民共和国农业农村部　生态环境部令2020年　第6号）

《农药包装废弃物回收处理管理办法》已于2020年7月31日经农业农村部第11次常务会议审议通过，并经生态环境部同意，现予公布，自2020年10月1日起施行。

农业农村部部长　韩长赋

生态环境部部长　黄润秋

2020年8月27日

第一章　总　　则

第一条　为了防治农药包装废弃物污染，保障公众健康，保护生态环境，根据《中华人民共和国土壤污染防治法》《中华人民共和国固体废物污染环境防治法》《农药管理条例》等法律、行政法规，制定本办法。

第二条　本办法适用于农业生产过程中农药包装废弃物的回收处理活动及其监督管理。

第三条　本办法所称农药包装废弃物，是指农药使用后被废弃的与农药直接接触或含有农药残余物的包装物，包括瓶、罐、桶、袋等。

第四条　地方各级人民政府依照《中华人民共和国土壤污染防治法》的规定，组织、协调、督促相关部门依法履行农药包装废弃物回收处理监督管理职责，建立健全回收处理体系，统筹推进农药包装废弃物回收处理等设施建设。

第五条　县级以上地方人民政府农业农村主管部门负责本行政区域内农药生产者、经营者、使用者履行农药包装废弃物回收处理义务的监督管理。

县级以上地方人民政府生态环境主管部门负责本行政区域内农药包装废弃物回收处理活动环境污染防治的监督管理。

第六条　农药生产者（含向中国出口农药的企业）、经营者和使用者应当积极履行农药包装废弃物回收处理义务，及时回收农药包装废弃物并进行处理。

第七条　国家鼓励和支持行业协会在农药包装废弃物回收处理中发挥组织协调、技术指导、提供服务等作用，鼓励和扶持专业化服务机构开展农药包装废弃物回收处理。

第八条　县级以上地方人民政府农业农村和生态环境主管部门应当采取多种形式，开展农药包装废弃物回收处理的宣传和教育，指导农药生产者、经营者和专业化服务机构开展农药包装废弃物的回收处理。

鼓励农药生产者、经营者和社会组织开展农药包装废弃物回收处理的宣传和培训。

第二章　农药包装废弃物回收

第九条　县级以上地方人民政府农业农村主管部门应当调查监测本行政区域内农药包装废弃物产生情况，指导建立农药包装废弃物回收体系，合理布设县、乡、村农药包装废弃物回收站（点），明确管理责任。

第十条　农药生产者、经营者应当按照"谁生产、经营，谁回收"的原则，履行相应的农药包装废弃物回收义务。农药生产者、经营者可以协商确定农药包装废弃物回收义务的具体履行方式。

农药经营者应当在其经营场所设立农药包装废弃物回收装置，不得拒收其销售农药的包装废弃物。

农药生产者、经营者应当采取有效措施，引导农药使用者及时交回农药包装废弃物。

第十一条　农药使用者应当及时收集农药包装废弃物并交回农药经营者或农药包装废弃物回收站（点），不得随意丢弃。

农药使用者在施用过程中，配药时应当通过清洗等方式充分利用包装物中的农药，减少残留农药。

鼓励有条件的地方，探索建立检查员等农药包装废弃物清洗审验机制。

第十二条　农药经营者和农药包装废弃物回收站（点）应当建立农药包装废弃物回收台账，记录农药包装废弃物的数量和去向信息。回收台账应当保存两年以上。

第十三条　农药生产者应当改进农药包装，便于清洗和回收。

国家鼓励农药生产者使用易资源化利用和易处置包装物、水溶性高分子包装物或者在环境中可降解的包装物，逐步淘汰铝箔包装物。鼓励使用便于回收的大容量包装物。

第三章　农药包装废弃物处理

第十四条　农药经营者和农药包装废弃物回收站（点）应当加强相关设施设备、场所的管理和维护，对收集的农药包装废弃物进行妥善贮存，不得擅自倾倒、堆放、遗撒农药包装废弃物。

第十五条　运输农药包装废弃物应当采取防止污染环境的措施，不得丢弃、遗撒农药包装废弃物，运输工具应当满足防雨、防渗漏、防遗撒要求。

第十六条　国家鼓励和支持对农药包装废弃物进行资源化利用；资源化利用以外的，应当依法依规进行填埋、焚烧等无害化处置。

资源化利用按照"风险可控、定点定向、全程追溯"的原则，由省级人民政府农业农村主管部门会同生态环境主管部门结合本地实际需要确定资源化利用单位，并向社会公布。资源化利用不得用于制造餐饮用具、儿童玩具等产品，防止危害人体健康。资源化利用单位不得倒卖农药包装废弃物。

县级以上地方人民政府农业农村主管部门、生态环境主管部门指导资源化利用单位利用处置回收的农药包装废弃物。

第十七条 农药包装废弃物处理费用由相应的农药生产者和经营者承担；农药生产者、经营者不明确的，处理费用由所在地的县级人民政府财政列支。

鼓励地方有关部门加大资金投入，给予补贴、优惠措施等，支持农药包装废弃物回收、贮存、运输、处置和资源化利用活动。

第四章 法律责任

第十八条 县级以上人民政府农业农村主管部门或生态环境主管部门未按规定履行职责的，对直接负责的主管人员和其他直接责任人依法给予处分；构成犯罪的，依法追究刑事责任。

第十九条 农药生产者、经营者、使用者未按规定履行农药包装废弃物回收处理义务的，由地方人民政府农业农村主管部门按照《中华人民共和国土壤污染防治法》第八十八条规定予以处罚。

第二十条 农药包装废弃物回收处理过程中，造成环境污染的，由地方人民政府生态环境主管部门按照《中华人民共和国固体废物污染环境防治法》等法律的有关规定予以处罚。

第二十一条 农药经营者和农药包装废弃物回收站（点）未按规定建立农药包装废弃物回收台账的，由地方人民政府农业农村主管部门责令改正；拒不改正或者情节严重的，可处二千元以上二万元以下罚款。

第五章 附 则

第二十二条 本办法所称的专业化服务机构，指从事农药包装废弃物回收处理等经营活动的机构。

第二十三条 本办法自 2020 年 10 月 1 日起施行。

中华人民共和国农业农村部公告 第 285 号

为进一步加强非洲猪瘟防控，健全完善生猪全产业链防控责任制，切实落实各项政策措施，规范开展疫情防控和处置工作，严厉打击违法违规行为，现将有关规定重申如下。

一、不得隐瞒疫情。生猪养殖、运输、屠宰等生产经营主体发现生猪染疫或疑似染疫的，应当立即报告当地畜牧兽医部门。畜牧兽医部门要及时规范报告疫情，严禁瞒报、谎报、迟报、漏报，以及阻碍他人报告疫情。

二、不得销售疑似染疫生猪。不得收购、贩运、销售、丢弃疑似染疫生猪。发现疑似染疫生猪的，要立即采取隔离、限制移动等措施。

三、不得直接使用餐厨废弃物喂猪。对违规使用餐厨废弃物饲喂生猪引发疫情或导致疫情扩散蔓延的，扑杀的生猪不予纳入中央财政强制扑杀补助范围。

四、不得非法使用非洲猪瘟疫苗。对使用非法疫苗免疫接种的生猪，经检测为阳性的，视为非洲猪瘟感染，要及时扑杀，并不得给予补助。

五、不得"隔山开证"。动物卫生监督机构要严格产地检疫申报受理，不得超管辖范围、超检疫范围受理申报，不得拒不受理应当受理的申报。动物检疫人员要严格检疫出证，禁止不检疫就出证、倒卖动物卫生证章标志、违规收费等行为。

六、不得使用未备案车辆运输生猪。畜牧兽医部门要严格生猪运输车辆备案管理，督促货主或承运人使用经备案的车辆运输生猪。发现生猪运输车辆未备案或备案过期的，要责令有关责任人及时整改。

七、不得擅自更改生猪运输目的地。货主和承运人要严格按照动物检疫合格证明载明的目的地运输生猪，装载前、卸载后要对车辆严格清洗、消毒。

八、不得屠宰问题生猪。生猪屠宰场要认真核查生猪来源，不得屠宰来源不明、未附有动物检疫合格证明、未佩戴耳标或耳标不全的生猪。落实非洲猪瘟自检制度，不得隐瞒、篡改检测结果。

九、不得随意丢弃病死猪。畜牧兽医部门要做好病死猪收集、运输、处理等环节监管。无害化处理厂要严格无害化处理，落实处理设施和病死猪运输工具清洗、消毒制度。

十、不得违规处置疫情。畜牧兽医主管部门要按要求科学划定疫点、疫区、受威胁区，及时组织做好疑似疫点的隔离、封锁。严格落实扑杀、无害化处理等疫情处置措施。

特此公告。

农业农村部
2020 年 3 月 25 日

国家畜禽遗传资源目录

（中华人民共和国农业农村部公告　第 303 号）

根据《全国人民代表大会常务委员会关于全面禁止非法野生动物交易、革除滥食野生动物陋习、切实保障人民群众生命健康安全的决定》和《中华人民共和国畜牧法》规定，我部制定了《国家畜禽遗传资源目录》，经国务院批准，现予公布，自公布之日起施行。

特此公告。

附件：国家畜禽遗传资源目录

农业农村部

2020 年 5 月 27 日

附件

国家畜禽遗传资源目录

本次公布的畜禽遗传资源目录，所列种为家养畜禽并包括其杂交后代。

一、传统畜禽

（一）猪

地方品种，培育品种（含家猪与野猪杂交后代）及配套系，引入品种及配套系。

（二）普通牛、瘤牛、水牛、牦牛、大额牛

地方品种，培育品种及配套系，引入品种及配套系。

（三）绵羊、山羊

地方品种，培育品种及配套系，引入品种及配套系。

（四）马

地方品种，培育品种，引入品种。

（五）驴

地方品种，培育品种，引入品种。

（六）骆驼

地方品种，培育品种，引入品种。

（七）兔

地方品种，培育品种及配套系，引入品种及配套系。

（八）鸡

地方品种，培育品种及配套系，引入品种及配套系。

（九）鸭

地方品种，培育品种及配套系，引入品种及配套系。

（十）鹅

地方品种，培育品种及配套系，引入品种及配套系。

（十一）鸽

地方品种，培育品种及配套系，引入品种及配套系。

（十二）鹌鹑

培育品种及配套系，引入品种及配套系。

二、特种畜禽

（一）梅花鹿

地方品种，培育品种，引入品种。

（二）马鹿

地方品种，培育品种，引入品种。

（三）驯鹿

地方品种，培育品种，引入品种。

（四）羊驼

培育品种，引入品种。

（五）火鸡

培育品种，引入品种。

（六）珍珠鸡

培育品种，引入品种。

（七）雉鸡

地方品种，培育品种，引入品种。

（八）鹧鸪

培育品种，引入品种。

（九）番鸭

地方品种，培育品种，引入品种。

（十）绿头鸭

培育品种，引入品种。

（十一）鸵鸟

培育品种，引入品种。

（十二）鸸鹋

培育品种，引入品种。

（十三）水貂（非食用）

培育品种，引入品种。

（十四）银狐（非食用）

培育品种，引入品种。

（十五）北极狐（非食用）

培育品种，引入品种。

（十六）貉（非食用）

地方品种，培育品种，引入品种。

关于养殖者自行配制饲料的有关规定

（中华人民共和国农业农村部公告　第 307 号）

为规范养殖者自行配制饲料的行为，保障动物产品质量安全，按照《饲料和饲料添加剂管理条例》有关要求，我部规定如下：

一、养殖者自行配制饲料的，应当利用自有设施设备，供自有养殖动物使用。

二、养殖者自行配制的饲料（以下简称"自配料"）不得对外提供；不得以代加工、租赁设施设备以及其他任何方式对外提供配制服务。

三、养殖者应当遵守我部公布的有关饲料原料和饲料添加剂的限制性使用规定，除当地有传统使用习惯的天然植物原料（不包括药用植物）及农副产品外，不得使用我部公布的《饲料原料目录》《饲料添加剂品种目录》以外的物质自行配制饲料。

四、养殖者应当遵守我部公布的《饲料添加剂安全使用规范》有关规定，不得在自配料中超出适用动物范围和最高限量使用饲料添加剂。严禁在自配料中添加禁用药物、禁用物质及其他有毒有害物质。

五、自配料使用的单一饲料、饲料添加剂、混合型饲料添加剂、添加剂预混合饲料和浓缩饲料应为合法饲料生产企业的合格产品，并按其产品使用说明和注意事项使用。

六、养殖者在日常生产自配料时，不得添加我部允许在商品饲料中使用的抗球虫和中药类药物以外的兽药。因养殖动物发生疾病，需要通过混饲给药方式使用兽药进行治疗的，要严格按照兽药使用规定及法定兽药质量标准、标签和说明书购买使用，兽用处方药必须凭执业兽医处方购买使用。含有兽药的自配料要单独存放并加标识，要建立用药记录制度，严格执行休药期制度，接受县级以上畜牧兽医主管部门监管。

七、自配料原料、半成品、成品等应当与农药、化肥、化工有毒产品以及有可能危害饲料产品安全与养殖动物健康的其他物质分开存放，并采取有效措施避免交叉污染。

八、反刍动物自配料的生产设施设备不得与其他动物自配料生产设施设备共用。反刍动物自配料不得添加乳和乳制品以外的动物源性成分。

九、养殖者违反本规定的，由县级以上饲料主管部门依照《饲料和饲料添加剂管理条例》《兽药管理条例》《国务院关于加强食品等产品安全监督管理的特别规定》等予以处罚。涉嫌犯罪的，移送司法机关依法追究刑事责任。

本规定自 2020 年 8 月 1 日起施行。

农业农村部
2020 年 6 月 12 日

一类农作物病虫害名录

（中华人民共和国农业农村部公告　第 333 号）

根据《农作物病虫害防治条例》有关规定，为加强农作物病虫害分类管理，我部组织制定了《一类农作物病虫害名录》，现予公布。

附件：一类农作物病虫害名录

农业农村部
2020 年 9 月 15 日

附件

一类农作物病虫害名录

一、虫害（10 种）

1. 草地贪夜蛾　*Spodoptera frugiperda*（Smith）
2. 飞蝗　*Locusta migratoria* Linnaeus（飞蝗和其它迁移性蝗虫）
3. 草地螟　*Loxostege sticticalis* Linnaeus
4. 粘虫　〔东方粘虫 *Mythimna separata*（Walker）和劳氏粘虫 *Leucania loryi* Duponchel〕
5. 稻飞虱　〔褐飞虱 *Nilaparvata lugens*（Stål）和白背飞虱 *Sogatella furcifera*（Horváth）〕
6. 稻纵卷叶螟　*Cnaphalocrocis medinalis*（Guenée）
7. 二化螟　*Chilo suppressalis*（Walker）
8. 小麦蚜虫　〔荻草谷网蚜 *Sitobion miscanthi*（Takahashi）、禾谷缢管蚜 *Rhopalosiphum padi*（Linnaeus）和麦二叉蚜 *Schizaphis graminum*（Rondani）〕
9. 马铃薯甲虫　*Leptinotarsa decemlineata*（Say）
10. 苹果蠹蛾　*Cydia pomonella*（Linnaeus）

二、病害（7 种）

11. 小麦条锈病　*Puccinia striinformis* f. sp. *tritici*

12. 小麦赤霉病 *Fusarium graminearum*

13. 稻瘟病 *Magnaporthe oryzae*

14. 南方水稻黑条矮缩病 Southern rice black-streaked dwarf virus

15. 马铃薯晚疫病 *Phytophthora infestans*

16. 柑橘黄龙病 *Candidatus* Liberobacter asiaticum

17. 梨火疫病 〔梨火疫病 *Erwinia amylovora* 和亚洲梨火疫病 *Erwinia pyrifoliae*〕

农业农村部关于实施农业综合行政
执法能力提升行动的通知

农法发〔2020〕3号

各省、自治区、直辖市、计划单列市农业农村厅（局、委），新疆生产建设兵团农业农村局，福建省海洋与渔业局，青岛市、厦门市海洋发展局：

为深入贯彻落实中共中央、国务院《关于抓好"三农"领域重点工作确保如期实现全面小康的意见》提出的"深化农业综合行政执法改革，完善执法体系，提高执法能力"的要求，全面落实中办、国办关于深化农业综合行政执法改革的指导意见，着力提高农业行政执法水平，农业农村部决定实施农业综合行政执法能力提升行动（以下简称"能力提升行动"）。现将有关事项通知如下。

一、充分认识能力提升行动的重要意义

农业综合行政执法改革是党的十九届三中全会部署的一项重大改革任务，中办、国办专门印发指导意见对改革作出总体部署，最近国办又印发了关于农业综合行政执法有关事项的通知，对推进农业综合行政执法作出具体安排。目前，农业综合行政执法改革已经取得显著成效，省级改革基本完成，市县改革加快推进，但与党中央、国务院的要求相比，与全面履行农业行政执法职责任务相比，各地农业综合行政执法工作仍存在一些问题和短板：少数地方对改革工作重视不够，对改革要求理解有偏差，队伍整合不到位、职能整合不准确；一些地方仅完成了农业综合行政执法机构挂牌工作，"三定"规定尚未印发，人员划转尚未到位；基层普遍存在执法经费不足、装备条件保障不足；大量新进执法人员为非法律专业或改革前未从事过执法工作，不敢、不会、不愿执法办案。实施能力提升行动，对全面准确落实中央部署的改革任务，确保农业农村领域法律法规严格实施、农业农村部门法定职责全面履行具有重要意义。

二、准确把握能力提升行动的目标要求

实施能力提升行动，要深入贯彻党的十九大和十九届二中、三中、四中全会精神，贯彻落实习近平总书记全面依法治国新理念新思想新战略，深入推进农业综合行政执法改革，加快构建权责明晰、上下贯通、指挥顺畅、运行高效、保障有力的农业综合行政执法体系，打造一支政治信念坚定、业务技能娴熟、执法行为规范、人民群众满意的农业综合行政执法队伍，为实施乡村振兴战略、推进乡村治理体系和治理能力现代化提供有力的法治保障。

实施能力提升行动，要牢固树立以人民为中心的发展思想，努力实现依法治农、依法

护农、依法兴农。要聚焦执法办案主业，全面履行执法职责，严格规范公正文明执法。要坚持问题导向，着力解决执法人员素质不够强、执法办案水平不够高、执法制度体系不够完善、执法条件保障不够有力等问题，加快补齐办案短板、筑牢制度基础、强化条件保障。

通过实施能力提升行动，经过 3—5 年努力，农业综合行政执法队伍（含相对独立设置的渔政执法队伍，下同）实现执法人员素质普遍提高，执法制度机制更加完善，执法保障措施基本落实，执法办案能力明显增强，为农业农村农民保驾护航的能力水平显著提升。

三、全面完成能力提升行动的主要任务

（一）整合队伍，完善执法体系。严格按照中央要求整合执法队伍和执法职能，建立健全省市县三级农业综合行政执法机构，市、县级农业综合行政执法机构基本完成挂牌，2020 年底前全部印发"三定"规定，由其集中行使行政处罚以及与行政处罚相关的行政检查、行政强制职能，以农业农村部门的名义统一执法。按照执法力量与执法职能、执法任务相适应的要求合理确定机构编制，并按照编随事走、人随编走的原则及时划转现有执法人员，保持队伍稳定，坚决防止因改革出现执法"空档期"。厘清省市县农业综合行政执法机构职责分工和执法重点，明确执法责任。

（二）健全制度，规范执法行为。贯彻落实国办函〔2020〕34 号文件要求，进一步细化、完善农业综合行政执法事项指导目录，并建立动态调整机制。完善执法人员持证上岗和资格管理、行政执法案例指导、行政执法案卷管理、行政执法投诉举报以及行政执法评价和考核监督等制度。全面落实农业行政执法"三项制度"、规范农业行政处罚自由裁量权办法、农业行政处罚程序规定，制定行政执法工作规程和操作手册。严格执行农业行政执法"六条禁令"，完善农业行政执法内部、层级和外部监督机制，建立领导干部违法违规干预执法活动或插手具体案件查处责任追究制度，探索建立社会监督员制度、责任追究和尽职免责制度，做到严格规范公正文明执法。

（三）落实政策，保障执法条件。贯彻中办、国办指导意见要求，强化执法保障，建立执法经费财政保障机制，将农业综合行政执法运行经费、执法装备建设经费、罚没有毒有害及其他物品处置经费等纳入同级财政预算，确保满足执法工作需要，严格执行罚缴分离和收支两条线管理制度。落实国办发〔2018〕118 号文件关于保障经费投入的有关要求，推动各省（自治区、直辖市）人民政府参照《全国农业综合行政执法基本装备配备指导标准》，尽快制定本地农业行政执法装备配备标准、装备配备规划、设施建设规划和年度实施计划，确保执法装备配备到位。充分利用全国农业综合执法信息共享平台等执法信息系统和数据资源，提高执法信息化水平。

（四）加大培训，提升执法水平。制定执法人员培训规划和年度培训计划，在编在岗执法人员每年培训时间不少于 30 学时，新进执法人员每年培训时间不少于 60 学时。省、市两级执法培训覆盖面分别不低于本行政区域执法人员总数的 10％和 50％，把培训考试情况作为执法证件核发的基本条件，使执法人员尤其是新进人员尽快适应新形势新任务新要求。组织开展执法技能竞赛、"执法标兵"评选、执法大比武活动，加快提升办案能力，

培养执法能手。继续组织开展全国农业综合行政执法示范创建活动，对命名的窗口和单位进行跟踪监测和动态管理，以创建促提升，以示范带发展。

（五）强化办案，加大执法力度。把执法办案成效作为衡量改革成果和执法工作的主要标准。探索建立执法办案成效指标评价体系。坚持有案必查、查必见效，省级综合行政执法机构要对重大违法案件挂牌督办。及时公布有影响力、有震慑力的典型案例，发布农业行政执法优秀案卷和文书。在抓好日常执法工作的同时，要强化农产品质量安全、农资、动植物卫生、渔业（长江禁捕）等领域违法行为的查处力度。建立不同层级、不同区域农业执法协作机制，加强信息共享、协查配合、案件移交移送。以省级为单位探索抽调执法骨干组建执法办案指导小组，协助指导实地办案，发挥传帮带作用。完善联合执法机制、行政执法与刑事司法衔接机制，坚决防止有案不移、以罚代刑。

（六）加强党建，铸就执法之魂。建立健全农业综合行政执法机构党组织，把党对一切工作的领导贯穿到农业综合行政执法改革和农业行政执法工作各方面和全过程。坚持党建与执法工作互融互促，做到"两手抓、两手硬"，充分发挥基层党组织战斗堡垒作用和党员先锋模范作用，将理想信念的坚定性体现到本职工作中，充分发挥党建铸魂补钙、强身健体重要作用，为执法工作提供政治思想和纪律作风保障。牢固树立执法为民理念，坚持正风肃纪，奋力担当作为，严抓政风行风建设，培养造就一支懂农业、爱农村、爱农民的农业综合行政执法队伍。

四、切实强化能力提升行动的措施保障

（一）加强组织领导。各级农业农村部门要切实强化责任意识，把能力提升行动作为当前和今后一个时期的重点工作，制定工作方案，明确目标思路、重点任务、进度安排、责任分工和保障措施，确保能力提升行动取得实效。

（二）加强统筹推进。坚持上下联动、相互配合，将能力提升行动的目标和内容渗透到本地区本部门深化执法改革、完善执法体系、提高执法能力、强化执法办案的各项具体工作中，同向发力，同步推进，常抓不懈。

（三）加强创新实践。拓展工作思路，不断创新执法体制机制和执法模式。鼓励各地结合本地实际探索创新执法机制和执法方式，推进各项重点任务落实落地，将能力提升行动引向深入。

（四）加强宣传引导。及时总结宣传推广各地实施能力提升行动的好经验、好做法，采用多种方式，深入报道实施能力提升行动的丰富实践、先进典型，引导各地互学互促，充分发挥示范引领作用。

农业农村部

2020 年 5 月 27 日

农业农村部关于印发《农业综合行政执法事项指导目录（2020年版）》的通知

农法发〔2020〕2号

各省、自治区、直辖市人民政府：

根据深化党和国家机构改革有关安排部署，为贯彻落实《国务院办公厅关于农业综合行政执法有关事项的通知》（国办函〔2020〕34号）要求，扎实推进农业综合行政执法改革，经国务院批准，现将《农业综合行政执法事项指导目录（2020年版）》及说明印发给你们，请认真贯彻执行。

附件：农业综合行政执法事项指导目录（2020年版）及说明

农业农村部
2020年5月27日

附件:

农业综合行政执法事项指导目录（2020 年版）

序号	事项名称	职权类型	实施依据	实施主体		
				法定实施主体	第一责任层级建议	
1	对未经批准擅自从事农业转基因生物环境释放、生产性试验等行为的行政处罚	行政处罚	1.《农业转基因生物安全管理条例》第四十三条：违反本条例规定，未经批准擅自从事环境释放、生产性试验的，已获批准但未按照规定采取安全管理、防范措施的，或者超过批准范围进行试验的，由国务院农业行政主管部门或者省、自治区、直辖市人民政府农业行政主管部门依据职权，责令停止试验，并处 1 万元以上 5 万元以下的罚款。 2.《农业转基因生物安全评价管理办法》第四十条：违反本办法规定，未经批准擅自从事环境释放、生产性试验的，或已获批准但未按照安全管理防范措施的，或者超过批准范围和期限进行试验的，按照《条例》第四十三条的规定处罚。	农业农村主管部门	国务院主管部门或省级
2	对在生产性试验结束后未取得农业转基因生物安全证书后擅自将农业转基因生物投入生产和应用的行政处罚	行政处罚	1.《农业转基因生物安全管理条例》第四十四条：违反本条例规定，在生产性试验结束后，未取得农业转基因生物安全证书，擅自将农业转基因生物投入生产和应用的，由国务院农业行政主管部门责令停止生产和应用，并处 2 万元以上 10 万元以下的罚款。 2.《农业转基因生物安全评价管理办法》第四十一条：违反本办法规定，在生产性试验结束后，未取得农业转基因生物安全证书，擅自将农业转基因生物投入生产和应用的，按照《条例》第四十四条的规定处罚。	农业农村主管部门	国务院主管部门

（续）

序号	事项名称	职权类型	实施依据	实施主体		
				法定实施主体	第一责任层级建议	
3	对未经批准生产、加工农业转基因生物或者未按照批准的品种、范围和技术标准要求生产、加工的行政处罚	行政处罚	《农业转基因生物安全管理条例》 第四十六条：违反本条例规定，未经批准生产、加工农业转基因生物或者未按照批准的品种、范围、安全管理要求和技术标准生产、加工的，由国务院农业行政主管部门或者省、自治区、直辖市人民政府农业行政主管部门依据职权，责令停止生产、加工，没收违法生产、加工的产品及违法所得；违法所得 10 万元以上的，并处违法所得 1 倍以上 5 倍以下的罚款；没有违法所得或者违法所得不足 10 万元的，并处 10 万元以上 20 万元以下的罚款。	农业农村主管部门	国务院主管部门或省级	
4	对生产、经营转基因植物种子、种畜禽、水产苗种的单位和个人，未按照规定制作、保存生产、经营档案的行政处罚	行政处罚	《农业转基因生物安全管理条例》 第四十七条：违反本条例规定，转基因植物种子、种畜禽、水产苗种的生产、经营者，未按照规定制作、保存生产、经营档案的，由县级以上人民政府农业行政主管部门依据职权，责令改正，处 1 000 元以上 1 万元以下的罚款。	农业农村主管部门	设区的市或县级	
5	对未经国务院农业主管部门批准擅自进口农业转基因生物的行政处罚	行政处罚	《农业转基因生物安全管理条例》 第四十八条：违反本条例规定，未经国务院农业行政主管部门批准，擅自进口农业转基因生物的，由国务院农业行政主管部门责令停止进口，没收已进口的产品和违法所得；违法所得 10 万元以上的，并处违法所得 1 倍以上 5 倍以下的罚款；没有违法所得或者违法所得不足 10 万元的，并处 10 万元以上 20 万元以下的罚款。	农业农村主管部门	国务院主管部门	

（续）

序号	事项名称	职权类型	实施依据	实施主体	
				法定实施主体	第一责任层级建议
6	对违反农业转基因生物标识管理规定的行为的行政处罚	行政处罚	1.《农业转基因生物安全管理条例》第五十条：违反本条例关于农业转基因生物标识管理规定的，由县级以上人民政府农业行政主管部门依据职权，责令限期改正，可以没收非法销售的产品和违法所得，并可以处1万元以上5万元以下的罚款。2.《农业转基因生物标识管理办法》第十二条：违反本办法规定的，按《条例》第五十条规定予以处罚。	农业农村主管部门	设区的市或县级
7	对假冒、伪造、转让或者买卖农业转基因生物安全证明文件的行政处罚	行政处罚	1.《农业转基因生物安全管理条例》第五十一条：假冒、伪造、转让或者买卖农业转基因生物有关证明文书的，由县级以上人民政府农业行政主管部门依据职权，收缴相应的证明文书，并处2万元以上10万元以下的罚款；构成犯罪的，依法追究刑事责任。2.《农业转基因生物安全评价管理办法》第四十二条：假冒、伪造、转让或者买卖农业转基因生物安全证书、审批书以及其他批准文件的，按照《条例》第五十一条的规定处罚。	农业农村主管部门	设区的市或县级
8	对农作物品种测试、试验和种子质量检测机构伪造测试、试验、检验数据或者出具假证明的行政处罚	行政处罚	1.《中华人民共和国种子法》第七十二条：品种测试、试验和种子质量检验机构伪造测试、试验、检验数据或者出具虚假证明的，由县级以上人民政府农业、林业主管部门责令改正，对单位处五万元以上十万元以下罚款，对直接负责的主管人员和其他直接责任人员处一万元以上五万元以下罚款；有违法所得的，并处没收违法所得；给种子使用者和其他生产经营者造成损失的，与种子生产经营者承担连带责任；情节严重的，由省级以上人民政府有关主管部门取消种子质量检验资格。2.《主要农作物品种审定办法》第七十一条：品种测试、试验及有关法律法规的规定进行处罚。《种子法》第七十二条有关规定进行处罚。	农业农村主管部门	设区的市或县级

（续）

序号	事项名称	职权类型	实施依据	实施主体	
				法定实施主体	第一责任层级建议
9	对侵犯农作物植物新品种权行为的行政处罚	行政处罚	《中华人民共和国种子法》第七十三条第五款：县级以上人民政府农业、林业主管部门处理侵犯植物新品种权案件时，为了维护社会公共利益，责令侵权人停止侵权行为，没收违法所得和种子；货值金额不足五万元的，并处一万元以上二十五万元以下罚款；货值金额五万元以上的，并处货值金额五倍以上十倍以下罚款。	农业农村主管部门	设区的市或县级
10	对假冒农作物授权品种的行政处罚	行政处罚	《中华人民共和国种子法》第七十三条第六款：假冒授权品种的，由县级以上人民政府农业、林业主管部门责令停止假冒行为，没收违法所得和种子；货值金额不足五万元的，并处一万元以上二十五万元以下罚款；货值金额五万元以上的，并处货值金额五倍以上十倍以下罚款。	农业农村主管部门	设区的市或县级
11	对生产经营假种子、劣种子的行政处罚	行政处罚	《中华人民共和国种子法》第四十九条第一、二款：禁止生产经营假、劣种子。农业、林业主管部门和有关部门依法打击生产经营假、劣种子的违法行为，保护农民合法权益，维护公平竞争的市场秩序。下列种子为假种子：（一）以非种子冒充种子或者以此种品种种子冒充他品种种子的；（二）种子种类、品种与标注的内容不符或者没有标签的。第七十五条第一款：违反本法第四十条规定，生产经营假种子的，由县级以上人民政府农业、林业主管部门责令停止生产经营，没收违法所得和种子，吊销种子生产经营许可证；违法生产经营的货值金额不足一万元的，并处一万元以上十万元以下罚款；货值金额一万元以上的，并处货值金额十倍以上二十倍以下罚款。	农业农村主管部门	设区的市或县级
12	对生产经营农作物劣种子的行政处罚	行政处罚	《中华人民共和国种子法》第四十九条第一、三款：禁止生产经营假、劣种子。农业、林业主管部门和有关部门依法打击生产经营假、劣种子的违法行为，保护农民合法权益，维护公平竞争的市场秩序。下列种子为劣种子：（一）质量低于国家规定标准的；（二）质量低于标签标	农业农村主管部门	设区的市或县级

（续）

序号	事项名称	职权类型	实施依据	实施主体	
				法定实施主体	第一责任层级建议
12	对生产经营农作物劣种子的行政处罚	行政处罚	注指标的；（三）带有国家规定的检疫性有害生物的。 第七十六条第一款：违反本法第四十条规定，生产经营劣种子的，由县级以上人民政府农业、林业主管部门责令停止生产经营，没收违法所得和种子，违法生产经营的种子货值金额不足一万元的，并处五千元以上五万元以下罚款；货值金额一万元以上的，并处货值金额五倍以上十倍以下罚款；情节严重的，吊销种子生产经营许可证。	农业农村主管部门	设区的市或县级
13	对未取得种子生产经营许可证生产经营种子等行为的行政处罚	行政处罚	《中华人民共和国种子法》 第三十二条：申请取得种子生产经营许可证的，应当具有与种子生产经营相适应的生产经营设施、设备及专业技术人员，以及法规和国务院农业、林业主管部门规定的其他条件。从事种子生产的，还应当同时具有繁殖和培育种子的隔离和培育条件，具有无检疫性有害生物的种子生产地点或者县级以上人民政府林业主管部门确定的采种林。申请领取具有植物新品种权的种子生产经营许可证的，应当征得植物新品种权所有人的书面同意。 第三十三条：种子生产经营许可证应当载明生产经营者名称、地址、法定代表人、生产种子的品种、地点和种子经营的范围、有效期限、有效区域等事项。前款事项发生变更的，应当自变更之日起三十日内，向原核发许可证机关申请变更登记。除本法另有规定外，禁止任何单位和个人无种子生产经营许可证或者违反种子生产经营许可证的规定生产、经营种子。禁止伪造、变造、买卖、租借种子生产经营许可证。 第七十七条第一款：违反本法第三十二条、第三十三条规定，有下列行为之一的，由县级以上人民政府农业、林业主管部门责令改正，没收违法所得和种子，并处三千元以上三万元以下罚款；可以吊销种子生产经营许可证：（一）未取得种子生产经营许可证或者以欺骗、贿赂等不正当手段取得种子生产经营许可证的货值金额一万元以上的，并处货值金额三倍以上五倍以下罚款的；（二）未取得种子生产经营许可证生产经营种子的；（三）未按照种子生产经营许可证的规定生产经营种子的；（四）伪造、变造、买卖、租借种子生产经营许可证的。	农业农村主管部门	设区的市或县级

序号	事项名称	职权类型	实施依据	实施主体	
				法定实施主体	第一责任层级建议
14	对应当审定未经审定的农作物品种进行推广、销售等行为的行政处罚	行政处罚	1.《中华人民共和国种子法》 第二十一条：审定通过的农作物品种和林木良种出现不可克服的严重缺陷等情形不宜继续推广、销售的，经原审定委员会审核确认后，撤销审定，由原公告部门发布公告、停止推广、销售。 第二十二条：国家对部分非主要农作物实行品种登记制度。列入非主要农作物登记目录的品种在推广前应当登记。实行品种登记的原则应当保证消费安全和用种安全。保护生物多样性。申请者申请品种登记，应当向省、自治区、直辖市人民政府农业主管部门提交申请文件和申请种子样品，并对其真实性负责，并对申请品种的种类、名称、来源、特性、育种过程以及特异性、一致性、稳定性测试报告等。省、自治区、直辖市人民政府农业主管部门对申请者提交的申请文件进行书面审查，符合要求的，由国务院农业主管部门委托的社会机构对种子样品不实的，并将该申请者的违法信息记入社会诚信档案，向社会公布；给申请者使用其他生产经营者造成损失的，依法承担赔偿责任。对已登记品种，由国务院农业主管部门撤销登记，并发布公告。非主要农作物品种登记办法由国务院农业主管部门规定。 第二十三条：非主要农作物品种经审定未经审定的，不得发布广告、推广、销售。应当审定的林木品种未经审定通过的，不得作为良种推广、销售，但生产确需使用的，应当经林木品种审定委员会认定。审定未经审定的农作物品种审定或者经认定的名义销售。 第七十八条第一款第一、三、四、五项：违反本法第二十一条、第二十二条、第二十三条规定，有下列行为之一的，由县级以上人民政府农业、林业主管部门责令停止违法行为，没收违法所得和种子，并处二万元以上二十万元以下罚款：（一）对应当停止推广、销售的农作物品种未停止推广、销售的；（三）推广、销售未经审定的农作物品种进行推广、销售的。	农业农村主管部门	设区的市或县级

（续）

序号	事项名称	职权类型	实施依据	实施主体	
				法定实施主体	第一责任层级建议
14	对应当审定未经审定的农作物品种进行推广、销售等行为的行政处罚	行政处罚	售的农作物品种或者林木良种的名义进行推广、或者以登记品种的名义进行销售的；（四）对应当登记未经登记的农作物品种进行推广、或者以已撤销登记品种的名义进行推广、或者以登记品种的名义进行销售的；（五）对已撤销登记的农作物品种进行销售的。 2.《非主要农作物品种登记办法》 第二十八条：有下列行为之一的，由县级以上人民政府农业主管部门依照《种子法》第七十八条规定，责令停止违法行为，没收违法所得和种子，并处二万元以上一十万元以下罚款：（一）对应当登记未经登记的农作物品种进行推广，或者以登记品种的名义进行销售的。	农业农村主管部门	设区的市或县级
15	对未经许可进出口农作物种子等行为的行政处罚	行政处罚	《中华人民共和国种子法》 第五十八条：从事种子进出口业务的，除具备种子生产经营许可证外，还应当依照国家有关规定取得种子进出口许可。从境外引进农作物、林木种子的审批办法、林木种子的管理办法，由国务院规定。 第六十条：为境外制种而进口种子的，进口的种子只能用于制种，其产品不得在境内销售；确有特殊情况需要在境内销售的，应当依照本法第五十八条第一款的规定。从境外引进农作物或者林木试验用种、收获物也不能作为种子销售。 第七十一条：禁止进出口假、劣种子及属于国家规定不得进出口的种子。 第七十九条：违反本法第五十八条、第六十条、第七十一条规定，有下列行为之一的，由县级以上人民政府农业、林业主管部门责令改正，没收违法所得和种子，违法生产经营的货值金额不足一万元的，并处二千元以上三万元以下罚款；货值金额一万元以上的，并处货值金额三倍以上五倍以下罚款；情节严重的，吊销种子生产经营许可证：（一）未经许可进出口种子的；（二）为境外制种的种子在境内销售的；（三）从境外引进农作物或者林木种子进行引种试验的收获物作为种子在境内销售的；（四）进出口假、劣种子或者属于国家规定不得进出口的种子的。	农业农村主管部门	设区的市或县级

（续）

序号	事项名称	职权类型	实施依据	实施主体	
				法定实施主体	第一责任层级建议
16	对销售的农作物种子应当包装而没有包装等行为的行政处罚	行政处罚	《中华人民共和国种子法》 第三十六条：种子生产经营者应当建立和保存包括种子来源、产地、数量、质量、销售去向、销售日期和有关责任人员等内容的生产经营档案，保证可追溯。种子生产经营档案的具体载明事项、种子生产经营档案及种子样品的保存期限由国务院农业、林业主管部门规定。 第三十八条：种子生产经营者在种子生产经营许可证的有效区域内发证机关在其管辖范围内确定。种子生产经营者在种子生产经营许可证的有效区域内设立分支机构的，专门经营不再分装的包装种子的，或者受具有种子生产经营许可证的种子生产经营者以书面委托代销其种子的，不需要办理种子生产经营许可证，但应当向当地农业、林业主管部门备案。实行选育生产经营相结合，符合国务院农业、林业主管部门规定条件的种子企业的生产经营许可证的生产经营有效区域为全国。 第四十条：销售的种子可以分装；实行分装的，应当标注分装单位，并对种子质量负责。大包装或者进口种子应当分装，但是不能加工、分级、包装的除外。 第四十一条：销售的种子应当符合国家或者行业标准，附有标签和使用说明。种子对标注内容的真实性和使用说明标注的内容应当与销售的种子相符。标签应当标注种子类别、品种名称、品种审定或者登记编号、品种适宜种植区域及季节、生产经营者及注册地、质量指标、检疫证明编号、种子生产经营许可证编号和信息代码，以及国务院农业、林业主管部门规定的其他事项。销售授权品种种子的，应当标注品种权号。销售进口种子的，应当标注进口审批文号和中文标签。销售转基因植物品种种子的，必须用明显的文字标注，并应当提示使用时的安全控制措施。种子生产经营者应当遵守有关法律、法规的规定，诚实守信，向种子使用者提供种子生产者信息、种子的主要性状、主要栽培措施、适应性等使用条件的说明、风险提示与种子咨询服务，不得作虚假宣传或者引人误解的宣传。任何单位和个人不得非法干预种子生产经营者的生产经营自主权。	农业农村主管部门	设区的市或县级

（续）

序号	事项名称	职权类型	实施依据	实施主体	
				法定实施主体	第一责任层级建议
16	对销售的农作物种子应当包装而没有包装等行为的行政处罚	行政处罚	第八十条：违反本法第三十六条、第三十八条、第四十条、第四十一条规定，有下列行为之一的，由县级以上人民政府农业、林业主管部门责令改正，处二千元以上二万元以下罚款：（一）销售的种子应当包装而没有包装的；（二）销售的种子没有使用说明或者标签内容不符合规定的；（三）涂改标签的；（四）未按规定建立、保存种子生产经营档案的；（五）种子生产经营者在异地设立分支机构，专门经营不再分装的包装种子或者受委托生产、代销种子，未按规定备案的。	农业农村主管部门	设区的市或县级
17	对侵占、破坏农作物种质资源，私自采集或者采伐国家重点保护的天然农作物种质资源的行政处罚	行政处罚	1.《中华人民共和国种子法》第八条：国家依法保护种质资源。任何单位和个人不得侵占和破坏种质资源。禁止采集或者采伐国家重点保护的天然种质资源。因科研等特殊情况需要采集或者采伐的，应当经国务院或者省、自治区、直辖市人民政府的农业、林业主管部门批准。第八十一条：违反本法第八条规定，侵占、破坏种质资源，私自采集或者采伐国家重点保护的天然种质资源的，由县级以上人民政府农业、林业主管部门责令停止违法行为，没收种质资源和违法所得，并处五千元以上五万元以下罚款；造成损失的，依法承担赔偿责任。2.《农作物种质资源管理办法》第三十八条：违反本办法规定，未经批准私自采集或者采伐种质资源的，按照《种子法》第六十一条的规定处子以处罚。（对应修订后的《种子法》第八十一条）	农业农村主管部门	设区的市或县级
18	对未经批准向境外提供或者从境外引进农作物种质资源或者与境外机构、个人开展合作研究利用农作物种质资源的行政处罚	行政处罚	1.《中华人民共和国种子法》第十一条：国家对种质资源享有主权。任何单位和个人向境外提供种质资源，或者与境外机构、个人开展合作研究利用种质资源的，应当向省、自治区、直辖市人民政府农业、林业主管部门提出申请，并提交国家共享惠益的方案；受理申请的农业、林业主管部门审核，报国务院农业、林业主管部门批准。从境外引进种质资源的，依照国务院农业、林业主管部门的有关规定办理。	农业农村主管部门	省级

（续）

序号	事项名称	职权类型	实施依据	实施主体	
				法定实施主体	第一责任层级建议
18	对未经批准向境外提供或者从境外引进农作物种质资源或者与境外机构、个人开展合作研究利用农作物种质资源的行政处罚	行政处罚	第八十二条：违反本法第十一条规定，向境外提供或者从境外引进种质资源，或者与境外机构、个人开展合作研究利用种质资源的，由国务院农业、林业主管部门和省、自治区、直辖市人民政府农业、林业主管部门没收种质资源和违法所得，并处一万元以上二十万元以下罚款。未取得该批准文件携带、运输种质资源出境的，海关应当将该种质资源扣留，并移送省、自治区、直辖市人民政府农业、林业主管部门处理。 2.《农作物种质资源管理办法》 第四十条：违反本办法规定，未经批准向境外提供或者从境外引进种质资源的，按照《种子法》第六十三条的规定予以处罚。（对应修订后的《种子法》第八十二条）	农业农村主管部门	省级
19	对农作物种子企业审定试验数据造假等行为的行政处罚	行政处罚	1.《中华人民共和国种子法》 第十七条：实行选育生产经营相结合、符合国务院农业、林业主管部门规定条件的种子企业，对其自主研发的主要农作物品种、主要林木品种可以按照审定办法自行完成试验，达到审定标准的，品种审定委员会应当颁发审定证书。种子企业对试验数据的真实性负责，保证可追溯，接受省级以上人民政府农业、林业主管部门和社会的监督。 第八十五条：违反本法第十七条规定，种子企业有造假行为的，由省级以上人民政府农业、林业主管部门依照本法第十七条的规定申请品种审定和申请审定有造假行为的，不得再依据本法第十七条的规定自行开展品种试验和其他种子生产经营者经营造成损失的，依法承担赔偿责任。 2.《主要农作物品种审定办法》 第五十二条：育繁推一体化种子企业自行开展品种试验和申请审定有造假行为的，由省级以上人民政府农业主管部门处一百万元以上五百万元以下罚款；不得再自行开展品种试验，给种子使用者和其他种子生产经营者造成损失的，依法承担赔偿责任。	农业农村主管部门	省级

（续）

序号	事项名称	职权类型	实施依据	实施主体	
				法定实施主体	第一责任层级建议
20	对在农作物种子生产基地进行检疫性有害生物接种试验的行政处罚	行政处罚	《中华人民共和国种子法》 第五十四条：从事品种选育和种子生产经营以及管理的单位和个人应当遵守有关植物检疫法律、行政法规的规定，防止植物危险性病、虫、杂草及其他有害生物的传播和蔓延。禁止任何单位和个人在种子生产基地从事检疫性有害生物接种试验。 第八十七条：违反本法第五十四条规定，在种子生产基地进行检疫性有害生物接种试验的，由县级以上人民政府农业、林业主管部门责令停止试验，处五万元以上五十万元以下罚款。	农业农村主管部门	设区的市或县级
21	对拒绝、阻挠农业主管部门依法实施监督检查的行政处罚	行政处罚	《中华人民共和国种子法》 第五十条：农业、林业主管部门是种子行政执法机关。种子执法人员依法执行公务时应当出示行政执法证件。农业、林业主管部门依法履行种子监督检查职责时，有权采取下列措施：（一）进入生产经营场所进行现场检查；（二）对种子进行取样测试、试验或者检验；（三）查阅、复制有关合同、票据、账簿、生产经营档案及其他有关资料；（四）查封、扣押有证据证明违法生产经营的种子，以及用于违法生产经营活动的场所、设备、运输工具等；（五）查封违法从事种子生产经营的场所。当事人应当协助、配合，不得拒绝、阻挠。农业、林业主管部门所属的综合执法机构或者受其委托的种子管理机构，可以开展种子执法相关工作。 第八十八条：违反本法第五十条规定，拒绝、阻挠农业、林业主管部门依法实施监督检查的，处二千元以上五万元以下罚款；构成违反治安管理行为的，由公安机关依法给予治安管理处罚。	农业农村主管部门	设区的市或县级
22	对销售农作物授权品种未使用其注册登记的名称的行政处罚	行政处罚	《中华人民共和国植物新品种保护条例》 第四十二条：销售授权品种未使用其注册登记的名称的，由县级以上人民政府农业、林业行政部门依据各自的职权责令限期改正，可以处一000元以下的罚款。	农业农村主管部门	设区的市或县级

（续）

序号	事项名称	职权类型	实施依据	实施主体	
				法定实施主体	第一责任层级建议
23	对农业机械维修者未按规定填写维修记录和报送年度维修情况统计表的行政处罚	行政处罚	《农业机械维修管理规定》第二十三条：农业机械维修者未按规定填写维修记录和报送年度维修情况统计表的，由农业机械化主管部门给予警告，限期不改正的，处100元以下罚款。	农业农村主管部门	设区的市或县级
24	对使用不符合农业机械安全技术标准的配件维修农业机械，或者拼装、改装农业机械整机等行为的行政处罚	行政处罚	1.《农业机械安全监督管理条例》第四十九条：农业机械维修经营者使用不符合农业机械安全技术标准的配件维修农业机械，或者承揽维修已经达到报废条件的农业机械，或者拼装、改装农业机械的，由县级以上地方人民政府农业机械化主管部门责令改正，没收违法所得，并处违法经营额1倍以上2倍以下罚款；拒不改正的，处违法经营额2倍以上5倍以下罚款。 2.《农业机械维修管理规定》第九条第二款第二、五项：禁止农业机械维修者从事下列活动：（二）使用不符合国家技术规范强制性要求的维修配件维修农业机械；（五）承揽已报废农业机械的维修业务。第二十二条：违反本规定第九条第二款第一、三、四项的，由工商行政管理部门依法处理；违反本规定第九条第二款第二、五项的，由农业机械化主管部门处500元以上1000元以下罚款。	农业农村主管部门	设区的市或县级
25	对未按照规定办理登记手续并取得相应的证书和牌照，擅自将拖拉机、联合收割机投入使用人使用等行为的行政处罚	行政处罚	《农业机械安全监督管理条例》第五十条第一款：未按照规定办理登记手续并取得相应的证书和牌照，或者未按照规定办理变更登记手续的，由县级以上地方人民政府农业机械化主管部门责令限期补办相关手续；逾期不补办的，责令停止使用；拒不停止使用的，扣押拖拉机、联合收割机，并处200元以上2000元以下罚款。	农业农村主管部门	设区的市或县级

（续）

序号	事项名称	职权类型	实施依据	实施主体	
				法定实施主体	第一责任层级建议
26	对伪造、变造或者使用伪造、变造的拖拉机、联合收割机证书和牌照等行为的行政处罚	行政处罚	《农业机械安全监督管理条例》第五十一条：伪造、变造或者使用伪造、变造的拖拉机、联合收割机的证书和牌照的，由县级以上地方人民政府农业机械化主管部门收缴伪造、变造或者使用的证书和牌照，对违法行为人予以批评教育，并处 200 元以上 2 000 元以下罚款。	农业农村主管部门	设区的市或县级
27	对未取得拖拉机、联合收割机操作证件而操作拖拉机、联合收割机的行政处罚	行政处罚	《农业机械安全监督管理条例》第五十二条：未取得拖拉机、联合收割机操作证件而操作拖拉机、联合收割机的，由县级以上地方人民政府农业机械化主管部门责令改正，处 100 元以上 500 元以下罚款。	农业农村主管部门	设区的市或县级
28	对于操作证件与本人操作证件规定不相符的拖拉机、联合收割机，或者操作未按照规定登记、安全设施不合格、检验或者检验不合格、机件失效的拖拉机、联合收割机等行为的行政处罚	行政处罚	《农业机械安全监督管理条例》第五十三条：拖拉机、联合收割机操作人员操作与本人操作证件规定不相符的拖拉机、联合收割机，或者操作未按照规定登记、安全设施不合格、检验或者检验不合格、机件失效的拖拉机、联合收割机，或者患有妨碍安全操作的疾病操作拖拉机、联合收割机，或者使用国家管制的精神药品、麻醉品后操作拖拉机、联合收割机的，由县级以上地方人民政府农业机械化主管部门对违法行为人予以批评教育，责令改正，处 100 元以上 500 元以下罚款；情节严重的，吊销有关人员的操作证件。	农业农村主管部门	设区的市或县级

（续）

序号	事项名称	职权类型	实施依据	实施主体	
				法定实施主体	第一责任层级建议
29	对跨区作业中介服务组织不配备相应的服务设施和技术人员等行为的行政处罚	行政处罚	《联合收割机跨区作业管理办法》第二十八条：跨区作业中介服务组织不配备相应的服务设施和技术人员，没有兑现服务承诺，只收费不服务或者多收费少服务的，由县级以上农机管理部门给予警告，责令退还服务费，可并处 500 元以上 1 000 元以下的罚款；违反有关收费标准的，由县级以上价格主管部门配合查处。	农业农村主管部门	设区的市或县级
30	对拖拉机、联合收割机违规载人的行政处罚	行政处罚	1.《中华人民共和国农业机械化促进法》第三十一条：农业机械驾驶、操作人员违反国家规定的安全操作规程，违章作业的，责令改正。依照有关法律、行政法规的规定予以处罚；构成犯罪的，依法追究刑事责任。 2.《农业机械安全监督管理条例》第五十四条第一款：使用拖拉机、联合收割机违反规定载人的，由县级以上地方人民政府农业机械化主管部门对违法行为人予以批评教育，责令改正；拒不改正的，扣押拖拉机、联合收割机的操作证件、牌照。情节严重的，吊销有关人员的操作证件。非法从事经营性道路旅客运输的，由交通主管部门依照道路运输管理法律、行政法规处罚。	农业农村主管部门	设区的市或县级
31	对拖拉机驾驶培训机构等违反规定的行政处罚	行政处罚	《拖拉机驾驶培训管理办法》第二十四条：对违反本办法规定的单位和个人，由县级以上地方人民政府农机主管部门按以下规定处罚：（一）未取得培训许可擅自从事拖拉机驾驶培训业务的，责令停办，有违法所得的，处违法所得三倍以下罚款，但最高不超过三万元；无违法所得的，处一万元以下罚款；（二）未按统一的教学计划、教学大纲和规定教材进行培训的，责令改正，处二千元以下罚款；（三）聘用未经省级人民政府农机主管部门考核合格的人员从事拖拉机驾驶员培训教学工作的，责令改正，处五千元以下罚款。	农业农村主管部门	设区的市或县级

（续）

序号	事项名称	职权类型	实施依据	实施主体	
				法定实施主体	第一责任层级建议
32	对农业机械存在事故隐患拒不纠正的行政处罚	行政处罚	《农业机械安全监督管理条例》 第五十五条第一款：经检验验、检查发现农业机械存在事故隐患，经农业机械化主管部门告知拒不排除并继续使用的，由县级以上地方人民政府农业机械化主管部门对违法行为人予以批评教育，责令改正；拒不改正的，责令停止使用；拒不停止使用的，扣押存在事故隐患的农业机械。	农业农村主管部门	设区的市级或县级
33	对擅自处理受保护的畜禽遗传资源、造成畜禽遗传资源损失的行政处罚	行政处罚	《中华人民共和国畜牧法》 第十三条第二款：享受中央和省级财政资金支持的畜禽遗传资源保种场、保护区和基因库，未经国务院畜牧兽医行政主管部门或者省级人民政府畜牧兽医行政主管部门批准，不得自行处理受保护的畜禽遗传资源。 第五十八条：违反本法第十三条第二款规定，擅自处理受保护的畜禽遗传资源，造成畜禽遗传资源损失的，由省级以上人民政府畜牧兽医行政主管部门处五万元以上五十万元以下罚款。	农业农村主管部门	省级
34	对未经审核批准，从境外引进畜禽遗传资源、开展对外合作研究利用列入保护名录的畜禽遗传资源等行为的行政处罚	行政处罚	1.《中华人民共和国畜牧法》 第五十九条：违反本法有关规定，有下列行为之一的，由省级以上人民政府畜牧兽医行政主管部门责令停止违法行为，没收畜禽遗传资源和违法所得，并处一万元以上五万元以下罚款：（一）未经审核批准，从境外引进畜禽遗传资源的；（二）未经审核批准，在境内与境外机构、个人合作研究利用列入保护名录的畜禽遗传资源的；（三）在境内与境外机构、个人合作研究利用未经国家畜禽遗传资源委员会鉴定的新发现的畜禽遗传资源的。 2.《中华人民共和国畜牧法》第二十五条：未经审核批准，从境内与境外机构、个人作研究	农业农村主管部门	省级

（续）

序号	事项名称	职权类型	实施依据	实施主体	
				法定实施主体	第一责任层级建议
34	对未经审核批准，从境外引进畜禽遗传资源、开展对外合作研究利用列入保护名录的畜禽遗传资源等行为的行政处罚	行政处罚	利用列入畜禽遗传资源保护名录的畜禽遗传资源，或者在境内与境外机构、个人合作研究利用未经国家畜禽遗传资源委员会鉴定的新发现的畜禽遗传资源的，依照《中华人民共和国畜牧法》的有关规定追究法律责任。 3.《蚕种管理办法》 第三十条：未经审批开展对外合作研究利用蚕遗传资源的，由省级以上人民政府农业（蚕业）行政主管部门责令停止违法行为，没收蚕遗传资源和违法所得，并处一万元以上五万元以下罚款。未经审核向境外提供蚕遗传资源的，依照《中华人民共和国海关法》的有关规定追究法律责任。	农业农村主管部门	省级
35	对销售、推广未经审定或者鉴定畜禽（蚕种）品种等行为的行政处罚	行政处罚	1.《中华人民共和国畜牧法》 第六十一条：违反本法有关规定，销售、推广未经审定或者鉴定的畜禽品种的，由县级以上人民政府畜牧兽医行政主管部门责令停止违法行为，没收畜禽和违法所得，并处违法所得一倍以上三倍以下罚款；违法所得不足五万元的，并处五千元以上五万元以下罚款。 2.《蚕种管理办法》 第二十一条第一款：违反本办法第十一条第二款的规定，销售、推广未经审定的蚕品种，不得生产、经营或者发布广告推广。 第二十一条第二款：未经审定或审定未通过的蚕品种，由县级以上人民政府农业（蚕业）行政主管部门责令停止违法行为，并处违法所得一倍以上三倍以下罚款；没有违法所得或者违法所得不足五千元的，并处五千元以上五万元以下罚款。	农业农村主管部门	设区的市或县级

（续）

序号	事项名称	职权类型	实施依据	实施主体	
				法定实施主体	第一责任层级建议
36	对种畜禽（蚕种）生产者无许可证或者违反生产许可证的规定生产经营种畜禽（蚕种）等行为的行政处罚	行政处罚	1.《中华人民共和国畜牧法》第六十二条：违反本法有关规定，无种畜禽生产经营许可证或者违反种畜禽生产经营许可证的规定生产经营种畜禽的，转让、租借种畜禽生产经营许可证的，由县级以上人民政府畜牧兽医行政主管部门责令停止违法行为，没收违法所得，并处违法所得一倍以上三倍以下罚款，违法所得不足三万元的，并处三千元以上三万元以下罚款。违反种畜禽生产经营许可证经营种畜禽或者转让、租借种畜禽生产经营许可证，情节严重的，并处吊销种畜禽生产经营许可证。《蚕种管理办法》第三十二条：违反本办法有关规定，无蚕种生产、经营许可证，或者转让、租借蚕种生产经营许可证生产、经营蚕种的，由县级以上人民政府农业（蚕业）行政主管部门责令停止违法行为，没收违法所得，并处违法所得一倍以上三倍以下罚款。违反蚕种生产经营许可证经营蚕种，经营许可证，情节严重的，并处吊销蚕种生产、经营许可证，租借蚕种生产经营许可证，经营许可证。	农业农村主管部门	设区的市或县级
37	对使用的种畜禽不符合种用标准的行为的行政处罚	行政处罚	《中华人民共和国畜牧法》第六十四条：违反本法有关规定，使用的种畜禽不符合种用标准的，由县级以上地方人民政府畜牧兽医行政主管部门责令停止违法行为，没收违法所得，并处违法所得一倍以上二倍以下罚款，没有违法所得或者违法所得不足五千元的，并处一千元以上五千元以下罚款。	农业农村主管部门	设区的市或县级

（续）

序号	事项名称	职权类型	实施依据	实施主体	
				法定实施主体	第一责任层级建议
38	对以其他畜禽品种、配套系冒充所销售的种畜禽（蚕种）品种、配套系等行为的处罚	行政处罚	1.《中华人民共和国畜牧法》第三十条第一、二、四项：销售种畜禽，不得有下列行为：（一）以其他畜禽品种、配套系冒充所销售的种畜禽品种、配套系；（二）以低代别种畜禽冒充高代别种畜禽；（三）以不符合种用标准的畜禽冒充种畜禽；（四）销售未经审批准进口的种畜禽。第六十五条：销售种畜禽有本法第三十条第一项至第四项违法行为之一的，由县级以上人民政府畜牧兽医行政主管部门或者工商行政管理部门责令停止销售，没收违法所得，并处违法所得一倍以上五倍以下罚款；没有违法所得或者违法所得不足五万元的，并处五千元以上五万元以下罚款；情节严重的，并处吊销种畜禽生产经营许可证或者营业执照。 2.《蚕种管理办法》第二十三条第一、二项：禁止销售下列蚕种：（一）以不合格蚕种冒充合格的蚕种；（二）冒充其他企业（蚕场）名称或者品种的蚕种。第三十四条：违反本办法第二十三条第一项至第二项规定的，由县级以上地方人民政府农业（蚕业）行政主管部门责令停止销售，没收违法销售的蚕种和违法所得；违法所得在五万元以上的，并处违法所得一倍以上五倍以下罚款；没有违法所得或者违法所得不足五万元的，并处五千元以上五万元以下罚款；情节严重的，并处吊销蚕种生产、经营许可证。	农业农村主管部门	设区的市或县级
39	对申请人在畜禽新品种、配套系审定和畜禽遗传资源鉴定中隐瞒有关情况或者提供虚假材料的行为的处罚	行政处罚	1.《中华人民共和国畜牧法》第十九条：培育的畜禽新品种、配套系和新发现的畜禽遗传资源在推广前，应当通过国家畜禽遗传资源委员会审定或者鉴定，并由国务院畜牧兽医行政主管部门公告。畜禽新品种、配套系的审定和畜禽遗传资源的鉴定办法，由国务院畜牧兽医行政主管部门制定。审定或者鉴定所需的试验，由国务院畜牧兽医行政主管部门指定的试验所承担，收费费用由申请者承担，培育新的畜禽品种、配套系进行中间试验，应当经试验所在地省级人民政府畜牧兽医行政主管部门批准。价格财政、检测等费用办法由国务院畜牧兽医行政主管部门商同国务院财政、价格主管部门制定。	农业农村主管部门	国务院主管部门

（续）

序号	事项名称	职权类型	实施依据	实施主体	
				法定实施主体	第一责任层级建议
39	对申请人在畜禽新品种和配套系审定和畜禽遗传资源鉴定中隐瞒有关情况或者提供虚假材料的行政处罚	行政处罚	禽新品种、配套系培育者的合法权益受法律保护。2.《畜禽新品种配套系审定和畜禽遗传资源鉴定办法》第二十条：申请人隐瞒有关情况或者提供虚假材料的，不予受理，并给予警告；一年之内不得再次申请审定或者鉴定。已通过审定或者鉴定的，收回并注销证书，申请人三年之内不得再次申请审定或者鉴定。	农业农村主管部门	国务院主管部门
40	对畜禽养殖场未建立养殖档案或未按照规定保存养殖档案的行政处罚	行政处罚	1.《中华人民共和国畜牧法》第四十一条：畜禽养殖场应当建立养殖档案，载明以下内容：（一）畜禽的品种、数量、繁殖记录、标识情况、来源和进出场日期；（二）饲料、饲料添加剂、兽药等投入品的名称、使用对象、时间和用量；（三）检疫、免疫、消毒情况；（四）畜禽发病、死亡和无害化处理情况；（五）国务院畜牧兽医行政主管部门规定的其他内容。第六十六条：违反本法第四十一条规定，畜禽养殖场未建立养殖档案的，或者未按照规定保存养殖档案的，由县级以上人民政府畜牧兽医主管部门责令限期改正，可以处一万元以下罚款。2.《中华人民共和国动物防疫法》第七十四条：违反本法规定，对经强制免疫的动物未按照国务院兽医主管部门规定建立免疫档案，加施畜禽标识的，依照《中华人民共和国畜牧法》的有关规定处罚。	农业农村主管部门	设区的市级 县级
41	对销售的种畜禽未附具种畜禽合格证明、检疫合格证明，家畜系谱等行政处罚。	行政处罚	1.《中华人民共和国畜牧法》第六十八条第一款：违反本法有关规定，销售的种畜禽未附具种畜禽合格证明、检疫合格证明，家畜系谱的，或者重复使用畜禽标识的，由县级以上人民政府畜牧兽医行政主管部门或者工商行政管理部门责令改正，可以处二千元以下罚款。《中华人民共和国动物防疫法》第七十四条：违反本法规定，对经强制免疫的动物未按照国务院兽医主管部门规定建立免疫档案，加施畜禽标识的，依照《中华人民共和国畜牧法》的有关规定处罚。	农业农村主管部门	设区的市级 县级

（续）

序号	事项名称	职权类型	实施依据	实施主体	
				法定实施主体	第一责任层级建议
42	对使用伪造、变造的畜禽标识的行政处罚	行政处罚	《中华人民共和国畜牧法》第六十八条第二款：违反本法有关规定，使用伪造、变造的畜禽标识的，由县级以上人民政府畜牧兽医行政主管部门没收违法所得，并处三千元以上三万元以下罚款。	农业农村主管部门	设区的市或县级
43	对销售不符合国家技术规范的强制性要求的畜禽的行政处罚	行政处罚	《中华人民共和国畜牧法》第六十九条：销售不符合国家技术规范的强制性要求的畜禽的，由县级以上地方人民政府畜牧兽医行政主管部门或者工商行政管理部门责令停止违法行为，没收违法销售的畜禽和违法所得，并处违法所得一倍以上三倍以下罚款；情节严重的，由工商行政管理部门吊销营业执照。	农业农村主管部门	设区的市或县级
44	对申请从境外引进畜禽遗传资源进出境或者提供虚假资料的行为的行政处罚	行政处罚	《中华人民共和国畜禽遗传资源进出境和对外合作研究利用审批办法》第二十三条：申请从境外引进畜禽遗传资源，向境外输出畜禽遗传资源，向境内外机构、个人合作研究利用我国畜禽遗传资源，隐瞒有关情况或者提供虚假资料的，由省、自治区、直辖市人民政府畜牧兽医行政主管部门给予警告，3 年内不再受理该单位的同类申请。	农业农村主管部门	省级
45	对以欺骗、贿赂等不正当手段取得批准从境外引进畜禽遗传资源等行为的行政处罚	行政处罚	《中华人民共和国畜禽遗传资源进出境和对外合作研究利用审批办法》第二十四条：以欺骗、贿赂等不正当手段取得批准从境外引进畜禽遗传资源，向境外输出或者在境内与境外机构、个人合作研究利用列入畜禽遗传资源保护名录的畜禽遗传资源的，由国务院畜牧兽医行政主管部门撤销批准决定，没收有关畜禽遗传资源和违法所得，并处以 1 万元以上 5 万元以下罚款，10 年内不再受理该单位的同类申请；构成犯罪的，依法追究刑事责任。	农业农村主管部门	国务院主管部门
46	对提供虚假的资料、样品或者采取其他欺骗方式取得许可证明文件的行政处罚	行政处罚	《饲料和饲料添加剂管理条例》第三十六条：提供虚假的资料、样品或者采取其他欺骗方式取得许可证明文件的，由发证机关撤销相关许可证明文件，处 5 万元以上 10 万元以下罚款，申请人 3 年内不得就同一事项申请行政许可。以欺骗方式取得许可给他人造成损失的，依法承担赔偿责任。	农业农村主管部门	国务院主管部门或省级

（续）

序号	事项名称	职权类型	实施依据	实施主体	
				法定实施主体	第一责任层级建议
47	对假冒、伪造或者买卖许可证证明文件的行政处罚	行政处罚	《饲料和饲料添加剂管理条例》第三十七条：假冒、伪造或者买卖许可证证明文件的，由中国务院农业行政主管部门或者县级以上地方人民政府饲料管理部门按照职责权限收缴或者吊销，撤销相关许可证明文件；构成犯罪的，依法追究刑事责任。	农业农村主管部门	国务院主管部门或者设区的市或县级
48	对未取得生产许可证生产饲料、饲料添加剂的行政处罚	行政处罚	1.《饲料和饲料添加剂管理条例》第三十八条第一款：未取得生产许可证生产饲料、饲料添加剂的，由县级以上地方人民政府饲料管理部门责令停止生产，没收违法所得、违法生产的产品和用于违法生产饲料的饲料原料、单一饲料、饲料添加剂、药物饲料添加剂及用于违法生产饲料添加剂的原料，违法生产的产品货值金额不足1万元的，并处1万元以上5万元以下罚款，货值金额1万元以上的，并处货值金额5倍以上10倍以下罚款；情节严重的，没收其生产设备，生产企业的主要负责人和直接负责的主管人员10年内不得从事饲料、饲料添加剂生产、经营活动。 2.《宠物饲料管理办法》第三十八条：生产宠物配合饲料、宠物添加剂预混合饲料的，依照《饲料和饲料添加剂管理条例》第三十八条进行处罚。 3.《饲料和饲料添加剂生产许可管理办法》第二十条：饲料、饲料添加剂生产企业有下列情形之一的，依照《饲料和饲料添加剂管理条例》第三十八条处罚：（一）超出许可范围生产饲料、饲料添加剂的；（二）生产许可证有效期届满后，未依法续展继续生产饲料、饲料添加剂的。	农业农村主管部门	设区的市或县级
49	对已经取得生产许可证，但不再具备规定的条件而继续生产饲料、饲料添加剂的行政处罚	行政处罚	《饲料和饲料添加剂管理条例》第十四条：设立饲料、饲料添加剂生产企业，应当符合饲料工业发展规划和产业政策，并具备下列条件：（一）有与生产饲料、饲料添加剂相适应的厂房、设备和仓储设施；（二）有与生产饲料、饲料添加剂相适应的专职技术人员；（三）有必要的产品质量检验机构、人员、设施和质量管理制度；（四）有符合国家规定的安全、卫生要	农业农村主管部门	设区的市或县级

（续）

序号	事项名称	职权类型	实施依据	实施主体	
				法定实施主体	第一责任层级建议
49	对已经取得生产许可证，但不再具备规定的条件而继续生产饲料、饲料添加剂的行政处罚	行政处罚	求的生产环境；（五）有符合国家环境保护要求的污染防治措施；（六）国务院农业主管部门制定的饲料、饲料添加剂质量安全管理规范规定的其他条件。第三十八条第二款：已经取得生产许可证，但不再具备本条例第十四条规定的条件而继续生产饲料、饲料添加剂的，由县级以上地方人民政府饲料管理部门责令停止生产，限期改正，并处 1 万元以上 5 万元以下罚款；逾期不改正的，由发证机关吊销生产许可证。	农业农村主管部门	设区的市或县级
50	对已经取得生产许可证，但未按照规定取得产品批准文号生产饲料添加剂的行政处罚	行政处罚	1.《饲料和饲料添加剂管理条例》第三十八条第三款：已经取得生产许可证，但未取得产品批准文号而生产饲料添加剂、添加剂预混合饲料的，由县级以上地方人民政府饲料管理部门责令停止生产，没收违法所得、违法生产的产品和用于违法生产的饲料原料、单一饲料、饲料添加剂、药物饲料添加剂以及用于违法生产饲料添加剂的原料，限期补办产品批准文号，并处违法生产的产品货值金额 1 倍以上 3 倍以下罚款；情节严重的，由发证机关吊销生产许可证。 2.《饲料添加剂和添加剂预混合饲料产品批准文号管理办法》第十七条第一款：饲料添加剂、添加剂预混合饲料生产企业违反本办法规定，向定制企业以外的其他饲料添加剂、饲料添加剂生产企业、经营者或养殖者销售定制产品的，依照《饲料和饲料添加剂管理条例》第三十八条处罚。 3.《国务院关于取消和下放一批行政许可事项的决定》（国发〔2019〕6 号）附件 1《国务院决定取消的行政许可事项目录》第 18 项：饲料添加剂预混合饲料、混合型饲料添加剂产品批准文号核发。	农业农村主管部门	设区的市或县级

（续）

序号	事项名称	职权类型	实施依据	实施主体	
				法定实施主体	第一责任层级建议
51	对饲料、饲料添加剂生产企业不遵守规定使用限制使用的饲料原料、单一饲料、饲料添加剂、药物饲料添加剂、添加剂预混合饲料生产或的原料等行为和的行政处罚	行政处罚	《饲料和饲料添加剂管理条例》第三十九条：饲料、饲料添加剂生产企业有下列行为之一的，由县级以上地方人民政府饲料管理部门责令改正，没收违法所得、违法生产的产品和用于违法生产的饲料原料、单一饲料、饲料添加剂、药物饲料添加剂的原料，违法生产的产品货值金额不足1万元的，并处1万元以上5万元以下罚款；货值金额1万元以上的，并处货值金额5倍以上10倍以下罚款；情节严重的，由发证机关吊销、撤销相关许可证明文件，生产企业的主要负责人和直接负责的主管人员10年内不得从事饲料、饲料添加剂生产、经营活动；构成犯罪的，依法追究刑事责任：（一）使用限制使用的饲料原料、单一饲料、饲料添加剂、药物饲料添加剂，不遵守国务院农业行政主管部门的限制性规定的；（二）使用药物饲料添加剂品种目录以外的物质生产饲料的；（三）生产未取得新饲料、新饲料添加剂证书的新饲料、新饲料添加剂或者禁用的饲料、饲料添加剂的。	农业农村主管部门	设区的市或县级
52	对饲料、饲料添加剂生产企业不按标准对采购的饲料原料、单一饲料、饲料添加剂、药物饲料添加剂、添加剂预混合饲料和用于饲料添加剂的原料进行查验或者检验等行为的行政处罚	行政处罚	《饲料和饲料添加剂管理条例》第四十条：饲料、饲料添加剂生产企业有下列行为之一的，由县级以上地方人民政府饲料管理部门责令改正，处1万元以上2万元以下罚款；拒不改正的，没收违法所得、违法生产的产品和用于违法生产的饲料原料、单一饲料、饲料添加剂、药物饲料添加剂，添加剂预混合饲料以及用于违法生产饲料添加剂的原料，并处5万元以上10万元以下罚款；情节严重的，责令停止生产，可以由发证机关吊销、撤销相关的规定和有关标准对采购的饲料原料、单一饲料、饲料添加剂、药物饲料添加剂、添加剂预混合饲料和用于饲料添加剂的原料进行查验或者检验的；（二）饲料、饲料添加剂生产过程中不遵守国务院农业行政主管部门制定的饲料、饲料添加剂质量安全管理规范和饲料安全生产规程的；（三）生产的饲料、饲料添加剂未经产品质量检验的。	农业农村主管部门	设区的市或县级

（续）

序号	事项名称	职权类型	实施依据	实施主体	
				法定实施主体	第一责任层级建议
53	对饲料、饲料添加剂生产企业不依照规定实行采购、生产、销售记录制度或者产品留样观察制度的行政处罚	行政处罚	《饲料和饲料添加剂管理条例》第四十一条第一款：饲料、饲料添加剂生产企业不依照本条例规定实行采购、生产、销售记录制度或者产品留样观察制度的，由县级以上地方人民政府饲料管理部门责令改正，处1万元以上2万元以下罚款；拒不改正的，没收违法所得、违法生产的产品和用于违法生产饲料的原料、单一饲料、饲料添加剂、药物饲料添加剂、添加剂预混合饲料以及用于违法生产饲料添加剂的原料，处2万元以上5万元以下罚款，并可以由发证机关吊销、撤销相关许可证明文件。	农业农村主管部门	设区的市或县级
54	对饲料、饲料添加剂生产企业销售产品质量检验合格证或者包装、标签不符合规定的饲料、饲料添加剂的行政处罚	行政处罚	《饲料和饲料添加剂管理条例》第四十一条第二款：饲料、饲料添加剂生产企业销售的饲料、饲料添加剂未附具产品质量检验合格证或者包装、标签不符合规定的，由县级以上地方人民政府饲料管理部门责令改正，没收违法销售的产品，可以处违法销售的产品货值金额30%以下罚款。	农业农村主管部门	设区的市或县级
55	对不符合规定条件经营饲料、饲料添加剂的行政处罚	行政处罚	《饲料和饲料添加剂管理条例》第二十二条：饲料、饲料添加剂经营者应当符合下列条件：（一）有与经营饲料、饲料添加剂相适应的经营场所和仓储设施；（二）有具备饲料、饲料添加剂安全管理和相关知识的技术人员；（三）有必要的产品质量管理和安全管理制度。第四十二条：不符合本条例第二十二条规定条件经营饲料、饲料添加剂的，由县级人民政府饲料管理部门责令限期改正，逾期不改正的，没收违法经营的产品和违法所得，并处2000元以上2万元以下罚款；违法经营的产品货值金额不足1万元的，并处1万元以上2倍以上5倍以下罚款；情节严重的，责令停止经营，并通知工商行政管理部门，由工商行政管理部门吊销营业执照。	农业农村主管部门	县级

（续）

序号	事项名称	职权类型	实施依据	实施主体	
				法定实施主体	第一责任层级建议
56	经营者对饲料、饲料添加剂进行再加工或者添加物质等行为的行政处罚	行政处罚	1.《饲料和饲料添加剂管理条例》第四十三条：饲料、饲料添加剂经营者有下列行为之一的，由县级人民政府饲料管理部门责令改正，没收违法所得和违法经营的产品，违法经营的产品货值金额不足1万元的，并处2000元以上2万元以下罚款，货值金额1万元以上的，并处货值金额2倍以上5倍以下罚款；情节严重的，责令停止经营，由工商行政管理部门吊销营业执照；构成犯罪的，依法追究刑事责任：（一）对饲料、饲料添加剂进行再加工或者添加物质的；（二）经营无产品标签、无生产许可证、无产品批准文号产品的饲料、饲料添加剂的；（三）经营无产品批准文号的饲料添加剂、饲料添加剂预混合饲料的；（四）经营用国务院农业行政主管部门公布的饲料原料目录、饲料添加剂品种目录和药物饲料添加剂品种目录以外的物质生产的饲料的；（五）经营未取得新饲料、新饲料添加剂证书的新饲料、新饲料添加剂或者未取得饲料、饲料添加剂进口登记证的进口饲料、进口饲料添加剂的。 2.《饲料添加剂和添加剂预混合饲料管理办法》第十七条第二款、第四十三条：定制企业违反本办法规定，向其他饲料、饲料添加剂生产企业、经营者和养殖者销售定制产品的，依照《饲料和饲料添加剂管理条例》第四十三条处罚。 3.《国务院关于取消和下放一批行政许可事项的决定》（国发〔2019〕6号）附件1《国务院决定取消的行政许可事项目录》第18项：饲料添加剂产品批准文号核发。	农业农村主管部门	县级
57	经营者对饲料、饲料添加剂进行拆包、分类等行为的行政处罚	行政处罚	《饲料和饲料添加剂管理条例》第四十四条：饲料、饲料添加剂经营者有下列行为之一的，由县级人民政府饲料管理部门责令改正，没收违法所得和违法经营的产品，并处2000元以上1万元以下罚款：（一）对饲料、饲料添加剂进行拆包、分装的；（二）不依照本条例规定实行产品购销台账制度的；（三）经营的饲料、饲料添加剂失效、霉变或者超过保质期的。	农业农村主管部门	县级

（续）

序号	事项名称	职权类型	实施依据	实施主体	
				法定实施主体	第一责任层级建议
58	对饲料和饲料添加剂生产企业发现问题产品不主动召回的行政处罚	行政处罚	《饲料和饲料添加剂管理条例》 第二十八条第一款：饲料、饲料添加剂生产企业发现其生产的饲料、饲料添加剂对养殖动物、人体健康有害或者存在其他安全隐患的，应当立即停止生产，通知经营者、使用者，向饲料管理部门报告，主动召回产品，并通知和记录召回和通知情况。召回的产品应当在饲料管理部门监督下予以无害化处理或者销毁。 第四十五条第一款：对本条例第二十八条规定的饲料、饲料添加剂，生产企业不主动召回，由县级以上地方人民政府饲料管理部门责令召回，并监督其对召回的产品予以无害化处理或者销毁；情节严重的，没收违法所得，可以并处货值金额 1 倍以上 3 倍以下罚款，撤销相关许可证明文件；生产企业对召回的产品不予以无害化处理或者销毁的，由县级人民政府饲料管理部门代为无害化处理或者销毁，所需费用由生产企业承担。	农业农村主管部门	设区的市或县级
59	对饲料、饲料添加剂经营者发现问题产品不停止销售的行政处罚	行政处罚	《饲料和饲料添加剂管理条例》 第二十八条第二款：饲料、饲料添加剂经营者发现其销售的饲料、饲料添加剂具有前款规定情形的，应当立即停止销售，通知生产企业、供货者和使用者，向饲料管理部门报告，并记录通知情况。 第四十五条第二款：对本条例第二十八条规定的饲料、饲料添加剂，经营者不停止销售的，由县级以上地方人民政府饲料管理部门责令停止销售，拒不停止销售的，没收违法所得，处 1 000 元以上 5 万元以下罚款；情节严重的，责令停止经营，并通知工商行政管理部门，由工商行政管理部门吊销营业执照。	农业农村主管部门	设区的市或县级

（续）

序号	事项名称	职权类型	实施依据	实施主体	
				法定实施主体	第一责任层级建议
60	对在生产、经营过程中，以非饲料、非饲料添加剂冒充饲料、饲料添加剂或者以此种饲料、饲料添加剂充他种饲料、饲料添加剂等行为的行政处罚	行政处罚	《饲料和饲料添加剂管理条例》第四十六条：饲料、饲料添加剂生产企业、经营者有下列行为之一的，由县级以上地方人民政府饲料管理部门责令停止生产、经营，没收违法所得和违法生产、经营的产品，违法生产、经营的产品货值金额不足1万元的，并处2000元以上2万元以下罚款，货值金额1万元以上的，并处货值金额2倍以上5倍以下罚款；构成犯罪的，依法追究刑事责任：（一）在生产、经营过程中，以非饲料、非饲料添加剂冒充饲料、饲料添加剂或者以此种饲料、饲料添加剂冒充他种饲料、饲料添加剂的；（二）生产、经营无产品质量标准或者不符合产品质量标准的饲料、饲料添加剂的；（三）生产、经营的饲料、饲料添加剂与标签标示的内容不一致的。饲料、饲料添加剂生产企业有前款规定的行为，情节严重的，由发证机关吊销相关许可证或者证明文件；饲料、饲料添加剂经营者有前款规定的行为，情节严重的，由工商行政管理部门通知工商行政管理部门吊销营业执照。	农业农村主管部门	设区的市或县级
61	对养殖者使用未取得新饲料、新饲料添加剂证书的新饲料、新饲料添加剂或者未取得饲料、饲料添加剂进口登记证的进口饲料、进口饲料添加剂等行为的行政处罚	行政处罚	1.《饲料和饲料添加剂管理条例》第四十七条第一款：养殖者有下列行为之一的，由县级人民政府饲料管理部门没收违法使用的产品和非法添加物质，对单位处1万元以上5万元以下罚款，对个人处5000元以下罚款；构成犯罪的，依法追究刑事责任：（一）使用未取得新饲料、新饲料添加剂证书的新饲料、新饲料添加剂或者未取得进口登记证的进口饲料、进口饲料添加剂的；（二）使用无产品标签、无生产许可证、无产品批准文号的饲料、饲料添加剂的；（三）使用无产品质量检验合格证的饲料、饲料添加剂的；（四）在饲料或者动物饮用水中添加饲料添加剂，不遵守国务院农业主管部门制定的饲料添加剂安全使用规范的；（五）使用自行	农业农村主管部门	县级

（续）

序号	事项名称	职权类型	实施依据	实施主体	
				法定实施主体	第一责任层级建议
61	对养殖者使用未取得新饲料、新饲料添加剂证书的新饲料、新饲料添加剂或者未取得饲料、饲料添加剂进口登记证的进口饲料、进口饲料添加剂等行为的行政处罚	行政处罚	配制的饲料，不遵守国务院农业行政主管部门制定的自行配制饲料使用规范的；（六）使用限制使用的物质养殖动物，不遵守国务院农业行政主管部门的限制性规定的；（七）在反刍动物饲料中添加乳和乳制品以外的动物源性成分的。2.《国务院关于取消和下放一批行政许可事项的决定》（国发〔2019〕6号）附件1《国务院决定取消的行政许可事项目录》第18项：饲料添加剂预混合饲料、混合型饲料添加剂产品批准文号核发。	农业农村主管部门	县级
62	对养殖者在饲料或者养殖动物饮用水中添加国务院农业行政主管部门公布禁用的物质以及对人体具有直接或者潜在危害的其他物质，或者直接使用上述物质养殖动物的行政处罚	行政处罚	《饲料和饲料添加剂管理条例》第四十七条第二款：在饲料或者养殖动物饮用水中添加国务院农业行政主管部门公布禁用的物质以及对人体具有直接或者潜在危害的其他物质的，由县级以上地方人民政府饲料管理部门责令其对饲喂了这些物质的动物进行无害化处理，处3万元以上10万元以下罚款；构成犯罪的，依法追究刑事责任。	农业农村主管部门	设区的市或县级
63	对养殖者对外提供自行配制的饲料的行政处罚	行政处罚	《饲料和饲料添加剂管理条例》第四十八条：养殖者对外提供自行配制的饲料的，由县级人民政府饲料管理部门责令改正，处2000元以上2万元以下罚款。	农业农村主管部门	县级

（续）

序号	事项名称	职权类型	实施依据	实施主体	
				法定实施主体	第一责任层级建议
64	对生鲜乳收购者、乳制品生产企业在生鲜乳收购、乳制品生产过程中人非食品用化学物质或者其他可能危害人体健康的物质的行政处罚	行政处罚	《乳品质量安全监督管理条例》第五十四条：生鲜乳收购者、乳制品生产企业在生鲜乳收购、乳制品生产过程中，加入非食品用化学物质或者其他可能危害人体健康的物质的，依照刑法关于生产、销售有毒、有害食品罪或者其他罪的规定，依法追究刑事责任；尚不构成犯罪的，由畜牧兽医主管部门、质量监督部门依据各自职责没收违法生产的乳品，以及相关的工具、设备等物品，并处违法乳品货值金额15倍以上30倍以下罚款，由发证机关吊销许可证照。	农业农村主管部门	设区的市或县级
65	对生产、销售不符合乳品质量安全国家标准的乳品的行政处罚	行政处罚	《乳品质量安全监督管理条例》第五十五条：生产、销售不符合乳品质量安全国家标准的乳品，依照刑法关于生产、销售不符合安全标准的食品罪或者其他罪的规定，依法追究刑事责任；尚不构成犯罪的，由畜牧兽医、质量监督、工商行政管理部门依据各自职责予以处罚，并由发证机关吊销许可证照。	农业农村主管部门	设区的市或县级
66	对奶畜养殖者、生鲜乳收购者在发生乳品质量安全事故后未报告、处置的行政处罚	行政处罚	《乳品质量安全监督管理条例》第五十九条：奶畜养殖者、生鲜乳收购者、乳制品生产企业和销售者发生乳品质量安全事故后未报告、处置的，由畜牧兽医、质量监督、工商行政管理、食品药品监督等部门依据各自职责，责令改正，给予警告；毁灭有关证据的，责令停业，并处10万元以上20万元以下罚款；造成严重后果的，由发证机关吊销许可证照；构成犯罪的，依法追究刑事责任。	农业农村主管部门	设区的市或县级

（续）

序号	事项名称	职权类型	实施依据	实施主体	
				法定实施主体	第一责任层级建议
67	对未取得生鲜乳收购许可证收购生鲜乳等的行为的行政处罚	行政处罚	《乳品质量安全监督管理条例》第六十条：有下列情形之一的，由县级以上地方人民政府畜牧兽医主管部门没收违法收购的生鲜乳和相关的设备、设施等物品，并处违法乳品货值金额 5 倍以上 10 倍以下罚款；由发证机关吊销生鲜乳收购许可证照：（一）未取得生鲜乳收购许可证收购生鲜乳的；（二）生鲜乳收购站取得生鲜乳收购许可证后，不再符合许可条件继续从事生鲜乳收购的；（三）生鲜乳收购本条例第二十四条规定禁止收购的生鲜乳的。	农业农村主管部门	设区的市或县级
68	对依法应当检疫而未经检疫的动物产品、不具备补检条件的行为的行政处罚	行政处罚	《中华人民共和国动物防疫法》第五十九条第一款第四项：动物卫生监督机构执行监督检查任务，可以采取下列措施，有关单位和个人不得拒绝或者阻碍：（四）对依法应当检疫而未经检疫的动物产品，具备补检条件的予以补检，不具备补检条件的予以没收销毁。	农业农村主管部门	设区的市或县级
69	对饲养的动物不按照动物疫病强制免疫计划进行免疫接种等的行为的行政处罚	行政处罚	《中华人民共和国动物防疫法》第七十三条：违反本法规定，有下列行为之一的，由动物卫生监督机构责令改正，给予警告；拒不改正的，由动物卫生监督机构代为处理，所需处理费用由违法行为人承担，可以处一千元以下罚款：（一）对饲养的动物不按照动物疫病强制免疫计划进行免疫接种的；（二）种用、乳用动物未经检疫或者经检测不合格而不按照规定处理的；（三）动物、动物产品的运载工具在装载前和卸载后没有及时清洗、消毒的。	农业农村主管部门	设区的市或县级

（续）

序号	事项名称	职权类型	实施依据	实施主体	
				法定实施主体	第一责任层级建议
70	对不按照规定处置染疫动物及其排泄物、染疫动物产品等行为的行政处罚	行政处罚	1.《中华人民共和国动物防疫法》第七十五条：违反本法规定，不按照国务院兽医主管部门规定处置染疫动物及其排泄物、染疫动物产品，病死或者死因不明的动物尸体，运载工具中的动物排泄物以及垫料、包装物、容器等污染物以及其他经检疫不合格的动物、动物产品的，由动物卫生监督机构责令无害化处理，所需处理费用由违法行为人承担，可以处三千元以下罚款。 2.《畜禽规模养殖污染防治条例》第四十二条：未按照规定对染疫畜禽和病害畜禽养殖废弃物进行无害化处理的，由动物卫生监督机构责令无害化处理，所需处理费用由违法行为人承担，可以处3 000元以下的罚款。 3.《动物诊疗机构管理办法》第二十四条：动物诊疗机构不得随意抛弃病死动物，动物病理组织和医疗废弃物，不得排放未经无害化处理或者处理后违反本办法第二十条规定的诊疗废水。第三十四条：动物诊疗机构违反本办法第二十四条规定的，由动物卫生监督机构按照《中华人民共和国动物防疫法》第七十五条的规定予以处罚。	农业农村主管部门	设区的市或县级
71	对屠宰、经营、运输动物或者生产、经营、加工、贮藏、运输不符合动物防疫规定的动物产品等行为的行政处罚	行政处罚	《中华人民共和国动物防疫法》第二十五条：禁止屠宰、经营、运输下列动物和生产、经营、加工、贮藏、运输下列动物产品：（一）封锁疫区内与所发生动物疫病有关的；（二）疫区内易感染的；（三）依法应当检疫而未经检疫或者检疫不合格的；（四）染疫或者疑似染疫的；（五）病死或者死因不明的；（六）其他不符合国务院兽医主管部门有关动物防疫规定的。第七十六条：违反本法第二十五条规定，屠宰、经营、运输动物或者生产、经营、加工、贮藏、运输动物产品的，由动物卫生监督机构责令改正、采取补救措施，没收违法所得和动物、动物产品，并处同类检疫合格动物、动物产品货值金额一倍以上五倍以下罚款；其中依法应当检疫而未检疫的，依照本法第七十八条的规定处罚。	农业农村主管部门	设区的市或县级

2020 年农业农村法律法规及文件汇编

序号	事项名称	职权类型	实施依据	实施主体	
				法定实施主体	第一责任层级建议
72	对兴办动物饲养场（养殖小区）和隔离场所，动物屠宰加工场所，以及动物和动物产品无害化处理场所，未取得动物防疫条件合格证等行为的行政处罚	行政处罚	1.《中华人民共和国动物防疫法》 第七十七条：违反本法规定，有下列行为之一的，由动物卫生监督机构责令改正，处一千元以上一万元以下罚款；情节严重的，处一万元以上十万元以下罚款：（一）兴办动物饲养场（养殖小区）和隔离场所，动物屠宰加工场所，以及动物和动物产品无害化处理场所，未取得动物防疫条件合格证的；（二）未办理审批手续，跨省、自治区、直辖市引进乳用动物、种用动物及其精液、胚胎、种蛋的；（三）未经检疫，向无规定动物疫病区输入动物、动物产品的。 2.《动物防疫条件审查办法》 第三十一条：本办法第二条第一款所列场所在取得《动物防疫条件合格证》后，变更场址或者经营范围的，应当重新申请办理《动物防疫条件合格证》，由原发证机关予以注销。变更布局、设施设备和制度，可能引起动物防疫条件发生变化的，应当提前 30 日向原发证机关报告。发证机关应当在 20 日内完成审查，并将审查结果通知申请人。变更单位名称或者其负责人的，应当在变更后 15 日内持有效证明申请变更《动物防疫条件合格证》。 第三十六条第一款：违反本办法第三十一条第一款规定，变更场所地址或者经营范围，未按规定重新申请《动物防疫条件合格证》的，按照《中华人民共和国动物防疫法》第七十七条规定予以处罚。	农业农村主管部门	设区的市或县级
73	对屠宰、经营、运输的动物未附有检疫证明，经营和运输的动物产品未附有检疫证明、检疫标志的行政处罚	行政处罚	《中华人民共和国动物防疫法》 第七十八条第一款：违反本法规定，屠宰、经营、运输的动物未附有检疫证明，经营和运输的动物产品未附有检疫证明、检疫标志的，由动物卫生监督机构责令改正，处同类检疫合格动物、动物产品货值金额百分之十以上百分之五十以下罚款；对货主以外的承运人处运输费用一倍以上三倍以下罚款。	农业农村主管部门	设区的市或县级

（续）

序号	事项名称	职权类型	实施依据	实施主体	
				法定实施主体	第一责任层级建议
74	对参加展览、演出和比赛的动物未附有检疫证明的行政处罚	行政处罚	《中华人民共和国动物防疫法》第七十八条第二款：违反本法规定，参加展览、演出和比赛的动物未附有检疫证明的，由动物卫生监督机构责令改正，处一千元以上三千元以下罚款。	农业农村主管部门	设区的市或县级
75	对转让、伪造或者变造检疫证明、检疫标志或者畜禽标识的行政处罚	行政处罚	《中华人民共和国动物防疫法》第七十九条：违反本法规定，转让、伪造或者变造检疫证明、检疫标志或者畜禽标识的，由动物卫生监督机构没收违法所得，并处三千元以上三万元以下罚款。	农业农村主管部门	设区的市或县级
76	对不遵守县级以上人民政府兽医主管部门依法作出的有关控制、扑灭动物疫病规定等行为的行政处罚	行政处罚	《中华人民共和国动物防疫法》第八十条：违反本法规定，有下列行为之一的，由动物卫生监督机构责令改正，处一千元以上一万元以下罚款：（一）不遵守县级以上人民政府及其兽医主管部门作出的有关动物疫病控制、扑灭的规定的；（二）藏匿、转移、盗掘已被依法隔离、封存、处理的动物和动物产品的；（三）发布动物疫情的。	农业农村主管部门	设区的市或县级
77	对未取得动物诊疗许可证从事动物诊疗活动的行政处罚	行政处罚	《中华人民共和国动物防疫法》第八十一条第一款：违反本法规定，未取得动物诊疗许可证从事动物诊疗活动的，由动物卫生监督机构责令停止诊疗活动，没收违法所得，并处违法所得一倍以上三倍以下罚款；违法所得不足三万元的，并处三千元以上三万元以下罚款。	农业农村主管部门	设区的市或县级
78	对动物诊疗机构造成动物疫病扩散的行政处罚	行政处罚	《中华人民共和国动物防疫法》第八十一条第二款：动物诊疗机构违反本法规定，造成动物疫病扩散的，由动物卫生监督机构责令改正，处一万元以上五万元以下罚款；情节严重的，由发证机关吊销动物诊疗许可证。	农业农村主管部门	设区的市或县级

（续）

序号	事项名称	职权类型	实施依据	实施主体		
				法定实施主体	第一责任层级	建议
79	对执业兽医违反有关动物诊疗的操作技术规范、造成或者可能造成动物疫病传播、流行等行为的行政处罚	行政处罚	《中华人民共和国动物防疫法》第八十二条第二款：执业兽医有下列行为之一的，由动物卫生监督机构给予警告，责令暂停六个月以上一年以下动物诊疗活动；情节严重的，由发证机关吊销注册证书：（一）违反有关动物诊疗的操作技术规范，造成或者可能造成动物疫病传播、流行的；（二）使用不符合国家规定的兽药和兽医器械的；（三）不按照当地人民政府或者兽医主管部门要求参加动物疫病预防、控制和扑灭活动的。	农业农村主管部门	设区的市或县级	
80	对从事动物疫病研究与诊疗和动物饲养、屠宰、经营、隔离、运输，以及动物产品生产、加工、经营、贮藏等活动的单位和个人不履行动物疫情报告义务等行为的行政处罚	行政处罚	《中华人民共和国动物防疫法》第八十三条：违反本法规定，从事动物疫病研究与诊疗和动物饲养、屠宰、经营、隔离、运输，以及动物产品生产、加工、经营、贮藏等活动的单位和个人，有下列行为之一的，由动物卫生监督机构责令改正，拒不改正的，对违法行为单位处一千元以上一万元以下罚款，对违法行为个人可以处五百元以下罚款：（一）不履行动物疫病监测、检测义务或者提供与动物疫病有关资料的；（二）不如实提供与动物疫病有关资料的；（三）拒绝动物卫生监督机构进行监督检查的；（四）拒绝动物疫病预防控制机构进行动物疫病监测、检测的。	农业农村主管部门	设区的市或县级	
81	对拒绝阻碍重大动物疫情监测、不报告动物群体发病或者死亡情况的行政处罚	行政处罚	《重大动物疫情应急条例》第四十六条：违反本条例规定，拒绝、阻碍动物防疫监督机构进行重大动物疫情监测，或者发现动物出现群体发病或者死亡，不向当地动物防疫监督机构报告的，由动物防疫监督机构给予警告，并处 2 000 元以上 5 000 元以下的罚款；构成犯罪的，依法追究刑事责任。	农业农村主管部门	设区的市或县级	

（续）

序号	事项名称	职权类型	实施依据	实施主体	
				法定实施主体	第一责任层级建议
82	对不符合条件采集重大动物疫病病料，或者在重大动物疫病病原分离前不遵守国家有关生物安全管理规定的行政处罚	行政处罚	《重大动物疫情应急条例》第四十七条：违反本条例规定，不符合相应条件采集重大动物疫病病料，或者在重大动物疫病病原分离时不遵守国家有关生物安全管理规定的，由动物防疫监督机构给予警告，并处 5 000 元以下的罚款；构成犯罪的，依法追究刑事责任。	农业农村主管部门	设区的市或县级
83	对未经定点从事生猪屠宰活动等行为的行政处罚	行政处罚	《生猪屠宰管理条例》第二十四条第一、二款：违反本条例规定，未经定点从事生猪屠宰活动的，由畜牧兽医行政主管部门予以取缔，没收生猪、生猪产品、屠宰工具和设备以及违法所得，并处货值金额 3 倍以上 5 倍以下的罚款，货值金额难以确定的，对单位并处 10 万元以上 20 万元以下的罚款，对个人并处 5 000 元以上 1 万元以下的罚款；构成犯罪的，依法追究刑事责任。冒用或者使用伪造的生猪定点屠宰证书或者生猪定点屠宰标志牌的，依照前款的规定处罚。	农业农村主管部门	设区的市或县级
84	对生猪定点屠宰厂（场）出借、转让生猪定点屠宰证书或者生猪定点屠宰标志牌的行政处罚	行政处罚	《生猪屠宰管理条例》第二十四条第三款：生猪定点屠宰厂（场）出借、转让生猪定点屠宰证书或者生猪定点屠宰标志牌的，由设区的市级人民政府取消其生猪定点屠宰厂（场）资格；有违法所得的，由畜牧兽医行政主管部门没收违法所得。	农业农村主管部门	设区的市或县级

（续）

序号	事项名称	职权类型	实施依据	实施主体	
				法定实施主体	第一责任层级建议
85	对生猪定点屠宰厂（场）不符合国家规定的操作流程和技术要求等生猪的行政处罚	行政处罚	《生猪屠宰管理条例》第二十五条：生猪定点屠宰厂（场）有下列情形之一的，由畜牧兽医行政主管部门责令限期改正，处 2 万元以上 5 万元以下的罚款；逾期不改正的，责令停业整顿，对其主要负责人处 5 000 元以上 1 万元以下的罚款：（一）屠宰生猪不符合国家规定的操作规程和技术要求的；（二）未如实记录其屠宰生猪的生猪来源和生猪产品流向的；（三）未建立或者实施肉品质量检验制度的；（四）对经肉品质量检验不合格的生猪产品未按照国家有关规定处理并如实记录处理情况的。	农村农村主管部门	设区的市或县级
86	对生猪定点屠宰厂（场）出厂（场）未经肉品品质检验或者经肉品品质检验不合格的生猪产品的行政处罚	行政处罚	《生猪屠宰管理条例》第二十六条：生猪定点屠宰厂（场）出厂（场）未经肉品品质检验或者经肉品品质检验不合格的生猪产品的，由畜牧兽医行政主管部门责令停业整顿，没收生猪产品和违法所得，并处货值金额 1 倍以上 3 倍以下的罚款，对其主要负责人处 1 万元以上 2 万元以下的罚款；货值金额难以确定的，并处 5 万元以上 10 万元以下的罚款；造成严重后果的，由设区的市级人民政府取消其生猪定点屠宰厂（场）资格；构成犯罪的，依法追究刑事责任。	农业农村主管部门	设区的市或县级
87	对生猪定点屠宰厂（场）、其他单位或者个人对生猪、生猪产品注水或者注入其他物质的行政处罚	行政处罚	《生猪屠宰管理条例》第二十七条：生猪定点屠宰厂（场）、其他单位或者个人对生猪、生猪产品注水或者注入其他物质的，由畜牧兽医行政主管部门没收注水或者注入其他物质的生猪、生猪产品、注水工具和设备以及违法所得，并处货值金额 3 倍以上 5 倍以下的罚款，对生猪定点屠宰厂（场）或者其他单位的主要负责人处 1 万元以上 2 万元以下的罚款，对个人并处 5 万元以上 10 万元以下的罚款；构成犯罪的，依法追究刑事责任。生猪定点屠宰厂（场）对生猪、生猪产品注水或者注入其他物质的，除依照前款规定处罚外，还应当由畜牧兽医行政主管部门责令停业整顿，造成严重后果的，由设区的市级人民政府取消其生猪定点屠宰厂（场）资格。	农业农村主管部门	设区的市或县级

（续）

序号	事项名称	职权类型	实施依据	实施主体	
				法定实施主体	第一责任层级建议
88	对生猪定点屠宰厂（场）屠宰注水或者注入其他物质的生猪的行政处罚	行政处罚	《生猪屠宰管理条例》 第二十八条：生猪定点屠宰厂（场）屠宰注水或者注入其他物质的生猪的，由畜牧兽医行政主管部门责令改正，没收注水或者注入其他物质的生猪、生猪产品以及违法所得，并处货值金额1倍以上3倍以下的罚款，对其主要负责人处1万元以上2万元以下的罚款；货值金额难以确定的，并处2万元以上5万元以下的罚款；拒不改正的，责令停业整顿；造成严重后果的，由设区的市级人民政府取消其生猪定点屠宰厂（场）资格。	农业农村主管部门	设区的市或县级
89	对为未经定点违法从事生猪屠宰活动的单位或者个人提供生猪屠宰场所或者生猪产品储存设施等行为的行政处罚	行政处罚	《生猪屠宰管理条例》 第三十条：为未经定点违法从事生猪屠宰活动的单位或者个人提供生猪屠宰场所或者生猪产品储存设施的，由畜牧兽医行政主管部门责令改正，没收违法所得，对单位并处5000元以上5万元以下的罚款，对个人并处1万元以下的罚款。	农业农村主管部门	设区的市或县级
90	对无兽药生产许可证、兽药经营许可证生产、经营兽药的，或者虽有兽药生产许可证、兽药经营许可证生产、经营假、劣兽药的，或者兽药经营企业经营人用药品等的行政处罚	行政处罚	1.《兽药管理条例》 第五十六条：违反本条例规定，无兽药生产许可证、兽药经营许可证生产、经营兽药，或者虽有兽药生产许可证、兽药经营许可证、经营假、劣兽药的，责令其停止生产、经营，没收用于违法生产的原料、辅料、包装材料及专用工具、设备，没收违法生产、经营的兽药和违法所得，并处违法生产、经营的兽药（包括已出售的和未出售的兽药，下同）货值金额2倍以上5倍以下罚款；货值金额无法查证核实的，处10万元以上20万元以下的罚款，情节严重的，吊销兽药生产许可证、兽药经营许可证；构成犯罪的，依法追究刑事责任。给他人造成损失的，依法承担赔偿责任。兽药经营企业经营人用药品的，责令其改正，没收违法经营的人用药品和违法所得，并处违法经营的人用药品货值金额2倍以上5倍以下罚款；情节严重的，吊销兽药经营许可证。兽药生产企业、经营企业的主要负责人10年内不得从事兽药的生产、经营活动。 生产、经营企业生产、经营假、劣兽药，其主要负责人和直接负责的主管人员终身不得从事兽药生产、经营活动。擅自生产强制免疫所需兽用生物制品的，按照无兽药生产许可证生产、经营兽药处罚。	农业农村主管部门	设区的市或县级

（续）

序号	事项名称	职权类型	实施依据	实施主体	
				法定实施主体	第一责任层级建议
90	对无兽药生产许可证、兽药经营许可证生产、经营兽药的，或者虽有兽药生产许可证、兽药经营许可证，生产、经营假、劣兽药的，或者兽药经营企业经营人用药品等行为的行政处罚	行政处罚	第七十条第一款：本条例规定的行政处罚由县级以上人民政府兽医行政管理部门决定；其中吊销兽药生产许可证、兽药经营许可证，撤销兽药批准证明文件或者责令停止兽药研究试验的，由发证、批准、备案部门决定。 2.《兽药进口管理办法》 第二十五条、第二十六条第二款：伪造、涂改进口兽药证明文件进口兽药的，按照《兽药管理条例》第四十七条、第五十条的规定处理。 第二十七条：养殖户、养殖场、动物诊疗机构等使用者将采购的进口兽药转手销售的，或者兽药经营者进口兽药超出《兽药经营许可证》范围经营进口兽药的，或者经销商超出，经销代理经营，或者无证经营，按照《兽药管理条例》第五十六条的规定处罚。 3.《兽用生物制品经营管理办法》 第十六条：养殖户、养殖场、动物诊疗机构等使用者转手销售兽用生物制品的，或者兽药经营者经营的兽用生物制品的，属于无证经营，兽药经营者超出《兽药经营许可证》载明的经营范围经营兽用生物制品的，按照《兽药管理条例》第五十六条的规定处罚。	农业农村主管部门	设区的市或县级
91	对提供虚假的资料或者采取其他欺骗手段取得兽药生产许可证、兽药经营许可证或者兽药批准证明文件的行政处罚	行政处罚	1.《兽药管理条例》 第五十七条：违反本条例规定，提供虚假的资料、样品或者采取其他欺骗手段取得兽药生产许可证、兽药经营许可证或者兽药批准证明文件的，吊销兽药生产许可证、兽药经营许可证或者撤销兽药批准证明文件，并处5万元以上10万元以下罚款；给他人造成损失的，依法承担赔偿责任。其主要负责人和直接负责的主管人员终身不得从事兽药的生产、经营和进出口活动。 第七十条第一款：本条例规定的行政处罚由县级以上人民政府兽医行政管理部门决定；其中吊销兽药生产许可证、兽药经营许可证，撤销兽药批准证明文件或者责令停止兽药研究试验的，由发证、批准、备案部门决定。 2.《兽药进口管理办法》 第二十五条第一款：提供虚假资料或者采取其他欺骗手段取得进口兽药证明文件的，按照《兽药管理条例》第五十七条的规定处罚。	农业农村主管部门	设区的市或县级

（续）

序号	事项名称	职权类型	实施依据	实施主体	
				法定实施主体	第一责任层级建议
92	对买卖、出租、出借兽药生产许可证、兽药经营许可证或者兽药批准证明文件等行为的行政处罚	行政处罚	1.《兽药管理条例》 第五十八条：买卖、出租、出借兽药生产许可证、兽药经营许可证和兽药批准证明文件的，没收违法所得，并处1万元以上10万元以下罚款；情节严重的，吊销兽药生产许可证、兽药经营许可证或者兽药批准证明文件；构成犯罪的，依法追究刑事责任；给他人造成损失的，依法承担赔偿责任。 第七十条第一款：本条例规定的行政处罚由县级以上人民政府兽医行政管理部门决定；其中吊销兽药生产许可证、兽药经营许可证，撤销兽药批准证明文件，责令停止兽药研究试验的，由发证、批准、备案部门决定。 2.《兽药进口管理办法》 第二十六条：买卖、出租、出借《进口兽药通关单》的，按照《兽药管理条例》第五十八条的规定处罚。 3.《兽药产品批准文号管理办法》 第二十六条：买卖、出租、出借兽药产品批准文号的，按照《兽药管理条例》第五十八条规定处罚。	农业农村主管部门	设区的市或县级
93	对兽药安全性评价单位、临床试验单位、生产和经营企业未按照规定实施兽药研究试验、生产、经营质量管理规范，未按照规定开展新兽药临床试验备案等行为的行政处罚	行政处罚	1.《兽药管理条例》 第五十九条第一款：违反本条例规定，兽药安全性评价单位、临床试验单位、生产、经营企业未按照规定实施兽药研究试验、生产、经营质量管理规范的，给予警告，责令其限期改正；逾期不改正的，责令停止兽药研究试验、生产、经营活动，并处5万元以下罚款；情节严重的，吊销兽药生产许可证、兽药经营许可证；给他人造成损失的，依法承担赔偿责任。 第五十九条第三款：违反本条例规定，开展新兽药临床试验应当备案而未备案的，给予警告，责令其立即改正，并处5万元以上10万元以下罚款；给他人造成损失的，依法承担赔偿责任。	农业农村主管部门	设区的市或县级

（续）

序号	事项名称	职权类型	实施依据	实施主体		
				法定实施主体	第一责任层级建议	
93	对兽药安全性评价单位、临床试验单位，生产和经营企业未按照规定实施兽药研究试验、生产，经营质量管理规范，未按照规定开展新兽药临床试验、备案新兽药临床试验的行政处罚	行政处罚	第七十条第一款：本条例规定的行政处罚由县级以上人民政府兽医行政管理部门决定；其中吊销兽药生产许可证、兽药经营许可证，由发证、批准、备案部门决定。止兽药研究试验的，依照《兽药研究试验管理办法》 2.《兽药非处方药和处方药管理办法》第十六条第一款的规定进行处罚： 第十六条：违反本办法规定，有下列情形之一的，依照《兽药管理条例》第五十九条第二款的规定予以处罚：（一）兽药经营者未在经营场所显著位置悬挂或者张贴提示语的；（二）兽用处方药与兽用非处方药未分区或分柜摆放的；（三）兽用处方药采用开架自选方式销售的；（四）兽医处方笺和兽用处方药购销记录未按规定保存的。 3.《新兽药研制管理办法》第二十七条第一款：兽药安全性评价单位、临床试验单位，《兽药临床试验质量管理规范》或《兽药非临床研究质量管理规范》规定实施兽药研究试验的，依照《兽药管理条例》第五十九条的规定予以处罚。	农业农村主管部门	设区的市或县级	
94	对研制新兽药不具备规定的条件自使用一类生物或者未在实验室经批准的行政处罚	行政处罚	《兽药管理条例》 第五十九条第二款：违反本条例规定、研制新兽药不具备规定的条件擅自使用一类病原微生物或者未在实验室经批准的，责令其停止实验，并处 5 万元以上 10 万元以下罚款；给他人造成损失的，依法承担赔偿责任。 第七十条第一款：本条例规定的行政处罚由县级以上人民政府兽医行政管理部门决定；其中吊销兽药生产许可证、兽药经营许可证，由发证、批准、备案部门决定。止兽药研究试验的	农业农村主管部门	设区的市或县级	

（续）

序号	事项名称	职权类型	实施依据	实施主体	
				法定实施主体	第一责任层级建议
95	对兽药的标签和说明书未经批准、兽药包装上未附有标签和说明书或者标签和说明书的内容与批准的内容不一致的行政处罚	行政处罚	1.《兽药管理条例》 第六十条：违反本条例规定，兽药的标签和说明书未经批准的，责令其限期改正；逾期不改正的，按照生产、经营假劣兽药处罚；有兽药产品批准文号的，撤销兽药产品批准文号，或者兽药包装上未附有标签和说明书，或者标签和说明书的内容与批准的内容不一致的，情节严重的，依照前款规定处罚。 第七十条第一款：本条例规定的行政处罚由县级以上人民政府兽医行政管理部门决定；其中吊销兽药生产许可证、兽药经营许可证，撤销兽药批准证明文件或者责令停止兽药研究试验的，由发证、批准、备案部门决定。 2.《兽用处方药和非处方药管理办法》 第十四条：违反本办法第四条规定的，依照《兽药管理条例》第六十条第二款的规定进行处罚。 3.《兽药标签和说明书管理办法》 第二十三条：凡违反本办法规定的，按照《兽药管理条例》有关规定进行处罚。兽药产品标签未按要求使用电子追溯码的，按照《兽药管理条例》第六十条第二款处罚。	农业农村主管部门	设区的市或县级
96	对境外企业在中国直接销售兽药的行政处罚	行政处罚	《兽药管理条例》 第六十一条：违反本条例规定，境外企业在中国直接销售兽药的，责令其限期改正，没收直接销售的兽药和违法所得，并处5万元以上10万元以下罚款；情节严重的，吊销进口兽药注册证书；给他人造成损失的，依法承担赔偿责任。 第七十条第一款：本条例规定的行政处罚由县级以上人民政府兽医行政管理部门决定；其中吊销兽药生产许可证、兽药经营许可证，撤销兽药批准证明文件或者责令停止兽药研究试验的，由发证、批准、备案部门决定。	农业农村主管部门	设区的市或县级

（续）

序号	事项名称	职权类型	实施依据	实施主体		
				法定实施主体	第一责任层级建议	
97	对未按照国家有关兽药安全使用规定使用兽药等行为的行政处罚	行政处罚	《兽药管理条例》第六十二条：违反本条例规定，未按照国家有关兽药安全使用规定使用兽药的，未建立用药记录或者记录不完整真实的，或者使用禁止使用的药品和其他化合物的，责令其立即改正，并对饲喂了违禁药物及其他化合物的动物及其产品进行无害化处理；对违法单位处1万元以上5万元以下罚款；给他人造成损失的，依法承担赔偿责任。第七十条第一款：本条例规定的行政处罚由县级以上人民政府兽医行政管理部门决定；其中吊销兽药生产许可证、兽药经营许可证，撤销兽药批准证明文件或者责令停止兽药研究试验的，由发证、批准、备案部门决定。	农业农村主管部门	设区的市或县级	
98	对进入批发、零售市场或者生产加工企业前销售尚在用药期、休药期内的动物及其产品用于食品消费等行为的行政处罚	行政处罚	《兽药管理条例》第六十三条：违反本条例规定，销售尚在用药期、休药期内的动物及其产品用于食品消费的，或者销售含有违禁药物和兽药残留超标的动物产品用于食品消费的，责令其对含有违禁药物和兽药残留超标的动物产品进行无害化处理，没收违法所得，并处3万元以上10万元以下罚款；构成犯罪的，依法追究刑事责任；给他人造成损失的，依法承担赔偿责任。第七十条第一款：本条例规定的行政处罚由县级以上人民政府兽医行政管理部门决定；其中吊销兽药生产许可证、兽药经营许可证，撤销兽药批准证明文件或者责令停止兽药研究试验的，由发证、批准、备案部门决定。	农业农村主管部门	设区的市或县级	
99	对擅自转移、使用、销毁、销售被查封或者扣押的兽药及有关材料的行政处罚	行政处罚	《兽药管理条例》第六十四条：违反本条例规定，擅自转移、使用、销毁、销售被查封或者扣押的兽药及有关材料的，责令停止违法行为，给予警告，并处5万元以上10万元以下罚款。第七十条第一款：本条例规定的行政处罚由县级以上人民政府兽医行政管理部门决定；其中吊销兽药生产许可证、兽药经营许可证，撤销兽药批准证明文件或者责令停止兽药研究试验的，由发证、批准、备案部门决定。	农业农村主管部门	设区的市或县级	

（续）

序号	事项名称	职权类型	实施依据	实施主体	
				法定实施主体	第一责任层级建议
100	对兽药生产企业、经营企业、兽药使用单位和开具处方的兽医人员不按规定报告兽药严重不良反应等行为的行政处罚	行政处罚	《兽药管理条例》第六十五条：违反本条例规定，兽药生产企业、经营企业、兽药使用单位和开具处方的兽医人员发现可能与兽药使用有关的严重不良反应，不向所在地人民政府兽医行政管理部门报告的，给予警告，并处5 000元以上1万元以下罚款。生产企业在新兽药监测期内不收集新兽药的疗效、不良反应等资料的，责令其限期改正，并处1万元以上5万元以下罚款；情节严重的，撤销该新兽药的产品批准文号。第七十条第一款：本条例规定的行政处罚由县级以上人民政府兽医行政管理部门决定。其中吊销兽药生产许可证、兽药经营许可证，撤销兽药批准证明文件或者责令停止兽药研究试验的，由发证、批准、备案部门决定。	农业农村主管部门	设区的市或县级
101	对未经兽医开具处方销售、购买、使用兽用处方药的行政处罚	行政处罚	《兽药管理条例》第六十六条：违反本条例规定，未经兽医开具处方销售、购买、使用兽用处方药的，责令其限期改正，没收违法所得，并处5万元以下罚款；给他人造成损失的，依法承担赔偿责任。第七十条第一款：本条例规定的行政处罚由县级以上人民政府兽医行政管理部门决定。其中吊销兽药生产许可证、兽药经营许可证，撤销兽药批准证明文件或者责令停止兽药研究试验的，由发证、批准、备案部门决定。	农业农村主管部门	设区的市或县级
102	对兽药生产、经营企业把原料药销售给兽药生产企业以外的单位和个人等行为的行政处罚	行政处罚	《兽药管理条例》第六十七条：违反本条例规定，兽药生产、经营企业把原料药销售给兽药生产企业以外的单位和个人的，或者兽药经营企业拆零销售原料药的，责令其立即改正，给予警告，没收违法所得，并处2万元以上5万元以下罚款；情节严重的，吊销兽药生产许可证、兽药经营许可证；给他人造成损失的，依法承担赔偿责任。第七十条第一款：本条例规定的行政处罚由县级以上人民政府兽医行政管理部门决定。其中吊销兽药生产许可证、兽药经营许可证，撤销兽药批准证明文件或者责令停止兽药研究试验的，由发证、批准、备案部门决定。	农业农村主管部门	设区的市或县级

（续）

序号	事项名称	职权类型	实施依据	实施主体	
				法定实施主体	第一责任层级建议
103	对直接将原料药添加到饲料及动物饮用水中或者饲喂动物的行政处罚	行政处罚	《兽药管理条例》 第六十八条：违反本条例规定，在饲料和动物饮用水中添加激素类药品和国务院兽医行政管理部门规定的其他禁用药品，依照《饲料和饲料添加剂管理条例》的有关规定处罚；直接将原料药添加到饲料及动物饮用水中，或者饲喂动物的，责令其立即改正，并处 1 万元以上 3 万元以下罚款；给他人造成损失的，依法承担赔偿责任。 第七十条第一款：其中吊销兽药生产许可证、兽药经营许可证，撤销兽药批准证明文件或者责令停止兽药研究试验的，由发证、批准、备案部门决定。	农业农村主管部门	设区的市或县级
104	对抽查检验连续 2 次不合格等行为的行政处罚	行政处罚	1.《兽药管理条例》 第六十九条：有下列情形之一的，撤销兽药的产品批准文号或者吊销进口兽药注册证书：（一）抽查检验连续 2 次不合格的；（二）药效不确定、不良反应大以及可能对养殖业、人体健康造成危害或者存在潜在风险的；（三）国务院兽医行政管理部门禁止生产、经营和使用的兽药。被撤销产品批准文号或者被吊销进口兽药注册证书的兽药，不得继续生产、进口、经营和使用。已经生产、进口的，由所在地兽医行政管理部门监督销毁，所需费用由违法行为人承担；给他人造成损失的，依法承担赔偿责任。 第七十条第一款：本条例规定的行政处罚由县级以上人民政府兽医行政管理部门决定；其中吊销兽药生产许可证、兽药经营许可证，撤销兽药批准证明文件或者责令停止兽药研究试验的，由发证、批准、备案部门决定。 2.《兽药产品批准文号管理办法》 第二十八条：生产销售的兽药有下列情形之一的，按照《兽药管理条例》第六十九条第一款	农业农村主管部门	国务院主管部门

（续）

序号	事项名称	职权类型	实施依据	实施主体	
				法定实施主体	第一责任层级建议
104	对抽查检验连续2次不合格等行为的行政处罚	行政处罚	第二项的规定撤销兽药产品批准文号；（一）改变组方添加其他成分的；（二）除生物制品以及未规定的中药类产品外，主要成分含量在兽药国家标准150%以上，或主要成分含量在兽药国家标准120%以上且累计2批次的；（三）主要成分含量在兽药国家标准80%以下且累计2批次以上或主要成分含量在兽药国家标准50%以下，或主要成分在兽药国家标准的；（四）其他药效不确定、不良反应较大以及可能对养殖业、人体健康造成危害或者存在潜在风险的情形。	农业农村主管部门	国务院主管部门
105	对三级、四级实验室未经批准从事某种高致病性病原微生物或者疑似高致病性病原微生物的行政活动的行政处罚	行政处罚	《病原微生物实验室生物安全管理条例》第五十六条：三级、四级实验室未经批准从事某种高致病性病原微生物或者疑似高致病性病原微生物相关实验活动的，由县级以上地方人民政府卫生主管部门、兽医主管部门依照各自职责，责令停止有关活动，监督其将用于实验活动的病原微生物销毁或者送交保藏机构，并给予警告；造成传染病传播、流行或者其他严重后果的，由实验室的设立单位对主要负责人、直接负责的主管人员和其他直接责任人员，依法给予撤职、开除的处分；构成犯罪的，依法追究刑事责任。	农业农村主管部门	设区的市级或县级
106	对在不符合相应生物安全要求的实验室从事病原微生物相关实验活动的行政处罚	行政处罚	《病原微生物实验室生物安全管理条例》第五十九条：违反本条例规定，在不符合相应生物安全要求的实验室从事病原微生物相关实验活动的，由县级以上地方人民政府卫生主管部门、兽医主管部门依照各自职责，责令停止有关活动，监督其将用于实验活动的病原微生物销毁或者送交自保藏机构，并给予警告；造成传染病传播、流行或者其他严重后果的，由实验室的设立单位的对主要负责人、直接负责的主管人员和其他直接责任人员，依法给予撤职、开除的处分；构成犯罪的，依法追究刑事责任。	农业农村主管部门	设区的市级或县级

（续）

序号	事项名称	职权类型	实施依据	实施主体	
				法定实施主体	第一责任层级建议
107	对病原微生物实验室违反实验室日常管理规范和要求的行政处罚	行政处罚	《病原微生物实验室生物安全管理条例》第六十条：实验室有下列行为之一的，由县级以上地方人民政府卫生主管部门、兽医主管部门依照各自职责，责令限期改正，给予警告；逾期不改正的，由实验室的设立单位对主要负责人、直接负责的主管人员和其他直接责任人员，依法给予撤职、开除的处分，并由原发证部门吊销其有关证书；有许可证书的，并由原发证部门吊销有关许可证件：（一）未依照规定在明显位置标示国务院卫生主管部门和兽医主管部门规定的生物危险标识和生物安全实验室级别标志的；（二）未向原批准部门报告实验活动结果以及工作情况的；（三）未依照规定采集病原微生物样本，或者对所采集样本的来源、采集过程和方法等未作详细记录的；（四）新建、改建或者扩建一级、二级实验室未向设区的市级人民政府卫生主管部门或者兽医主管部门备案的；（五）未依照规定定期对工作人员进行培训，或者批准未采取防护措施的人员进入实验室的；（六）实验室工作人员未遵守实验室技术规范、操作规程的；（七）未依照规定制定实验室感染应急处置预案并备案的；（八）未依照规定建立或者保存实验档案的。	农业农村主管部门	设区的市或县级
108	对实验室的设立单位未建立健全安全保卫制度，或者未采取安全保卫措施的行政处罚	行政处罚	《病原微生物实验室生物安全管理条例》第六十一条：经依法批准从事高致病性病原微生物相关实验活动的实验室的设立单位未建立健全安全保卫制度，或者未采取安全保卫措施的，由县级以上地方人民政府卫生主管部门、兽医主管部门依照各自职责，责令限期改正；逾期不改正，导致高致病性病原微生物菌（毒）种、样本被盗、被抢或者造成其他严重后果的，责令停止该项实验活动，该实验室 2 年内不得申请从事高致病性病原微生物实验活动；造成传染病传播、流行的，该实验室的设立单位的直接负责的主管人员和其他直接责任人员，依法给予降级、撤职、开除的处分，构成犯罪的，依法追究刑事责任。	农业农村主管部门	设区的市或县级

（续）

序号	事项名称	职权类型	实施依据	实施主体	
				法定实施主体	第一责任层级建议
109	对未经批准运输高致病性病原微生物菌（毒）种或者高致病原微生物菌（毒）种或者高致病性病原微生物菌（毒）种和或者样本被盗、抢、丢失、泄露等行政行为处罚	行政处罚	《病原微生物实验室生物安全管理条例》第六十二条：未经批准运输高致病性病原微生物菌（毒）种或者承运单位经批准运输高致病性病原微生物（毒）种或者样本未履行保护义务，导致高致病性病原微生物菌（毒）种和或者样本被盗、抢、丢失、泄漏的，由县级以上地方人民政府卫生主管部门、兽医主管部门依照各自职责，责令采取措施，消除隐患，给予警告；造成传染病传播、流行或者其他严重后果的，由托运单位和承运单位的主管部门对主要负责人、直接负责的主管人员和其他直接责任人员，依法给予撤职、开除的处分；构成犯罪的，依法追究刑事责任。	农业农村主管部门	设区的市或县级
110	对实验室在相关实验活动结束后，未依照规定及时将病原微生物菌（毒）种和样本就地销毁或者送交保藏机构保管的行政行为处罚	行政处罚	《病原微生物实验室生物安全管理条例》第六十三条：有下列行为之一的，由实验室所在地的设区的市级以上地方人民政府卫生主管部门、兽医主管部门依照各自职责，责令有关单位立即停止违法活动、监督其将病原微生物销毁或者送交保藏机构，造成传染病传播、流行或者其他严重后果的，由其所在单位或者其上级主管部门对主要负责人、直接负责的主管人员和其他直接责任人员，依法给予撤职、开除的处分；有许可证件的，并由原发证部门吊销有关许可证件：（一）实验室在相关实验活动结束后，未依照规定将病原微生物菌（毒）种和样本就地销毁或者送交保藏机构保管的；（二）实验室使用新技术、新方法从事高致病性病原微生物相关实验活动未经国家病原微生物实验室生物安全专家委员会论证的；（三）未经批准擅自从事我国尚未发现或者已经宣布消灭的病原微生物相关实验活动的；（四）在未经指定的专业实验室从事我国尚未发现或者已经宣布消灭的病原微生物相关实验活动的；（五）在同一个实验室的同一个独立安全区域内同时从事两种或者两种以上高致病性病原微生物相关实验活动的。	农业农村主管部门	设区的市

（续）

序号	事项名称	职权类型	实施依据	实施主体	
				法定实施主体	第一责任层级建议
111	对感染临床症状或症体征等情形未依照规定报告或者未依照规定采取控制措施的行政处罚	行政处罚	《病原微生物实验室生物安全管理条例》第六十五条：实验室工作人员出现该实验活动有关的感染临床症状或者体征，以及实验室发生高致病性病原微生物泄漏时，实验室负责人、实验室工作人员、负责实验室感染控制的专门机构或者人员未依照规定报告，或者未依照规定采取控制措施的，由县级以上地方人民政府卫生主管部门、兽医主管部门依照各自职责，责令限期改正，给予警告；造成传染病传播、流行或者其他严重后果的，由其设立单位对主要负责人、直接负责的主管人员和其他直接责任人员，依法给予撤职、开除的处分；构成犯罪的，依法追究刑事责任；有许可证件的，并由原发证部门吊销有关许可证件。	农业农村主管部门	设区的市或县级
112	对拒绝接受兽医主管部门依法开展有关高致病性病原微生物扩散的调查、采集样品等依照有关规定采取有关预防、控制措施的行政处罚	行政处罚	《病原微生物实验室生物安全管理条例》第六十六条：拒绝接受卫生主管部门、兽医主管部门依法开展有关高致病性病原微生物扩散的调查、采集样品等活动或者未依照本条例规定采取有关预防、控制措施的，由县级以上人民政府卫生主管部门、兽医主管部门依照各自职责，责令改正，给予警告；造成传染病传播、流行以及其他严重后果的，由其设立单位对主要负责人、直接负责的主管人员和其他直接责任人员，依法给予降级、撤职、开除的处分；构成犯罪的，依法追究刑事责任；有许可证件的，并由原发证部门吊销有关许可证件。	农业农村主管部门	设区的市或县级
113	对发生病原微生物被盗、丢失、泄漏、承运单位、护送人、保藏机构和实验室的设立单位未依照规定报告的行政处罚	行政处罚	《病原微生物实验室生物安全管理条例》第六十七条：发生病原微生物被盗、被抢、丢失、泄漏，承运单位、护送人、保藏机构和实验室的设立单位的设立单位未依照本条例的规定报告的，由所在地的县级人民政府卫生主管部门或者兽医主管部门给予警告；造成传染病传播、流行或者其他严重后果的，由保藏机构的上级主管部门对主要负责人、直接负责的主管人员和其他直接责任人员，依法给予撤职、开除的处分；构成犯罪的，依法追究刑事责任。	农业农村主管部门	县级

（续）

序号	事项名称	职权类型	实施依据	实施主体	
				法定实施主体	第一责任层级建议
114	对保藏机构未依照规定储存实验室送交的菌（毒）种和样本，或者未依照规定提供菌（毒）种和样本的行政处罚	行政处罚	《病原微生物实验室生物安全管理条例》 第十四条第一款：国务院卫生主管部门或者兽医主管部门指定的菌（毒）种保藏中心或者专业实验室（以下称保藏机构），承担集中储存病原微生物菌（毒）种和样本的任务。第六十八条：保藏机构未依照规定储存实验室送交的菌（毒）种和样本，或者未依照规定提供菌（毒）种和样本的，由其指定部门责令限期改正，收回违法提供的菌（毒）种和样本，并给予警告；造成传染病传播、流行或者其他严重后果的，由其所在单位或者其上级主管部门对主要负责人、直接负责的主管人员和其他直接责任人员，依法给予撤职、开除的处分；构成犯罪的，依法追究刑事责任。	农业农村主管部门	国务院主管部门
115	对违反规定保藏或者提供菌（毒）种或者样本的行政处罚	行政处罚	《动物病原微生物菌（毒）种保藏管理办法》 第三十二条：违反本办法规定，保藏或者提供菌（毒）种或者样本的，由县级以上地方人民政府兽医主管部门责令其改正，不销毁或者将菌（毒）种或者样本销毁或者送交保藏机构，对个人处五百元以上一万元以上三万元以下罚款，对单位处一万元以上三万元以下罚款。	农业农村主管部门	设区的市或县级
116	对未及时向保藏机构提供菌（毒）种或者样本的行政处罚	行政处罚	《动物病原微生物菌（毒）种保藏管理办法》 第三十三条：违反本办法规定，未及时向保藏机构提供菌（毒）种或者样本的，由县级以上地方人民政府兽医主管部门责令改正，拒不改正的，对个人处五百元以下罚款，对单位处一千元以上一万元以下罚款。	农业农村主管部门	设区的市或县级
117	对未经批准，从国外引进或者向国外提供菌（毒）种或者样本的行政处罚	行政处罚	《动物病原微生物菌（毒）种保藏管理办法》 第三十四条：违反本办法规定，未经农业部批准，从国外引进或者将菌（毒）种或者样本提供给国外的，由县级以上地方人民政府兽医主管部门责令其将菌（毒）种或者样本销毁或者送交保藏机构，并对单位处一万元以上三万元以下罚款，对个人处五百元以下罚款。	农业农村主管部门	设区的市或县级

（续）

序号	事项名称	职权类型	实施依据	实施主体	
				法定实施主体	第一责任层级建议
118	对经营动物和动物产品的集贸市场不符合动物防疫条件的行政处罚	行政处罚	《动物防疫条件审查办法》第三十七条：违反本办法第二十四条和第二十五条规定，经营动物和动物产品的集贸市场不符合动物防疫条件的，由动物卫生监督机构责令改正；拒不改正的，由动物卫生监督机构处五千元以上两万元以下的罚款，并通报同级工商行政管理部门依法处理。	农业农村主管部门	设区的市或县级
119	对使用转让、伪造或变造《动物防疫条件合格证》的行政处罚	行政处罚	1. 《中华人民共和国动物防疫法》第七十七条：违反本法规定，有下列行为之一的，由动物卫生监督机构责令改正，处一千元以上一万元以下罚款；情节严重的，处一万元以上十万元以下罚款：（一）兴办动物饲养场（养殖小区）和隔离场所、动物屠宰加工场所，以及动物和动物产品无害化处理场所，未取得动物防疫条件合格证的；（二）未办理审批手续，跨省、自治区、直辖市引进乳用动物、种用动物及其精液、胚胎、种蛋的；（三）未经检疫，向无规定动物疫病区输入动物、动物产品的。 2. 《动物防疫条件审查办法》第三十八条第二款：使用转让、伪造或者变造《动物防疫条件合格证》的，由动物卫生监督机构按照《中华人民共和国动物防疫法》第七十七条规定予以处罚。	农业农村主管部门	设区的市或县级
120	对跨省、自治区、直辖市引进用于饲养的非乳用、非种用动物和水产苗种到达目的地后，未向所在地动物卫生监督机构报告的行政处罚	行政处罚	《动物检疫管理办法》第四十八条：违反本法第十九条、第三十一条规定，跨省、自治区、直辖市引进用于饲养的非乳用、非种用动物和水产苗种到达目的地后，未向所在地动物卫生监督机构报告的，由动物卫生监督机构处五百元以上二千元以下罚款。	农业农村主管部门	设区的市或县级

（续）

序号	事项名称	职权类型	实施依据	实施主体		第一责任层级建议
				法定实施主体		
121	对跨省、自治区、直辖市引进的乳用、种用动物到达输入地后，未按规定进行隔离观察的行政处罚	行政处罚	《动物检疫管理办法》第四十九条：违反本办法第二十条规定，跨省、自治区、直辖市引进的乳用、种用动物到达输入地后，未按规定进行隔离观察的，由动物卫生监督机构责令改正，处二千元以上一万元以下罚款。	农业农村主管部门		设区的市或县级
122	对未经兽医执业注册从事动物诊疗活动的行政处罚	行政处罚	《中华人民共和国动物防疫法》第八十二条第一款：违反本法规定，未经兽医执业注册从事动物诊疗活动的，由动物卫生监督机构责令停止动物诊疗活动，没收违法所得，并处一千元以上一万元以下罚款。	农业农村主管部门		设区的市或县级
123	对不使用病历，或者应当开具处方未开具处方的执业兽医师等行为的行政处罚	行政处罚	《执业兽医管理办法》第四条第三款：县级以上地方人民政府设立的动物卫生监督机构负责执业兽医的监督执法工作。第三十五条：执业兽医师在动物诊疗活动中有下列情形之一的，由动物卫生监督机构责令限期改正，拒不改正或者再次出现同类违法行为的，处以一千元以下罚款：（一）不使用病历，或者应当开具处方未开具处方的；（二）使用不规范的方笺、病历册，或者未在处方笺、病历册上签名的；（三）未经本人自诊、治疗、开具处方、填写诊断结果，出具有关证明文件的；（四）伪造诊断结果，出具虚假证明文件的。	农业农村主管部门		设区的市或县级
124	对变更机构名称或者法定代表人未办理变更手续的动物诊疗机构等行为的行政处罚	行政处罚	《动物诊疗机构管理办法》第三十二条：违反本办法规定，动物诊疗机构有下列情形之一的，由动物卫生监督机构给予警告，责令限期改正，拒不改正或者再次出现同类违法行为的，处以一千元以下罚款：（一）变更机构名称或者法定代表人未办理变更手续的；（二）未在诊疗场所悬挂动物诊疗许可证或者公示执业人员基本情况的；（三）不使用病历，处方笺的；（四）使用不规范的病历、处方笺的。	农业农村主管部门		设区的市或县级

（续）

序号	事项名称	职权类型	实施依据	实施主体		
				法定实施主体	第一责任层级	建议
125	对将因试验死亡的临床试验食用动物及其产品或无药期安全并超过休药期证明的临床试验用食用动物及其产品作为食品供人消费的行为的行政处罚	行政处罚	1.《兽药管理条例》 第六十三条：违反本条例规定，销售尚在用药期、休药期内的动物及其产品用于食品消费的，或者销售含有违禁药物和兽药残留超标的动物性产品用于食品消费的，责令其对含有违禁药物和兽药残留超标的动物源性产品进行无害化处理，没收违法所得，并处3万元以上10万元以下罚款；构成犯罪的，依法追究刑事责任，其对他人造成损失的，依法承担赔偿责任。 2.《新兽药研制管理办法》 第十七条第二款：因试验死亡的临床试验死亡的，应当进行无害化处理；临床试验用食用动物及其产品供人消费的，应当提供符合《兽药临床质量管理规范》和《兽药管理条例》要求的兽药安全性评价实验室出具的对人安全并超过休药期的证明。 第二十五条：违反本办法第十七条第二款规定，依照《兽药管理条例》第六十三条的规定予以处罚。	农业农村主管部门	设区的市或县级	
126	对使用炸鱼、毒鱼、电鱼等破坏渔业资源方法进行捕捞等行为的行政处罚	行政处罚	《中华人民共和国渔业法》 第三十八条第一款：使用炸鱼、毒鱼、电鱼等破坏渔业资源方法进行捕捞的，违反关于禁渔区、禁渔期的规定进行捕捞的，或者使用禁用的渔具、捕捞方法和小于最小网目尺寸的网具进行捕捞的，没收渔获物和违法所得，处五万元以下的罚款；情节严重的，没收渔具，吊销捕捞许可证；情节特别严重的，可以没收渔船；构成犯罪的，依法追究刑事责任。 第四十八条第一款：本法规定的行政处罚，由县级以上人民政府渔业行政主管部门或者其所属的渔政监督管理机构决定。但是，本法已对处罚机关作出规定的除外。	农业农村主管部门	设区的市或县级（特殊区域为省级）注：特殊区域是指《渔业法》第七条第三款规定的跨行政区域的江河、湖泊等水域。	

（续）

序号	事项名称	职权类型	实施依据	实施主体	
				法定实施主体	第一责任层级建议
127	对制造、销售禁用的渔具行为的行政处罚	行政处罚	《中华人民共和国渔业法》第三十八条第三款：制造、销售禁用的渔具的，没收非法制造、销售的渔具和违法所得，并处一万元以下的罚款。第四十八条第一款：本法规定的行政处罚，由县级以上人民政府渔业行政主管部门或者其所属的渔政监督管理机构决定。但是，本法已对处罚机关作出规定的除外。	农业农村主管部门	设区的市或县级（特殊区域为省级）
128	对偷捕、抢夺他人养殖的水产品的，或者破坏他人养殖水体、养殖设施行为的行政处罚	行政处罚	《中华人民共和国渔业法》第三十九条：偷捕、抢夺他人养殖的水产品的，或者破坏他人养殖水体、养殖设施的，责令改正，可以处二万元以下的罚款；构成犯罪的，依法追究刑事责任。第四十八条第一款：本法规定的行政处罚，由县级以上人民政府渔业行政主管部门或者其所属的渔政监督管理机构决定。但是，本法已对处罚机关作出规定的除外。	农业农村主管部门	设区的市或县级（特殊区域为省级）
129	对使用全民所有的水域、滩涂从事养殖生产，无正当理由使水域、滩涂荒芜满一年的行为的行政处罚	行政处罚	《中华人民共和国渔业法》第四十条第二款：使用全民所有的水域、滩涂从事养殖生产，无正当理由使水域、滩涂荒芜满一年的，由发放养殖证的机关责令开发利用；逾期未开发利用的，吊销养殖证，可以并处一万元以下的罚款。第四十八条第一款：本法规定的行政处罚，由县级以上人民政府渔业行政主管部门或者其所属的渔政监督管理机构决定。但是，本法已对处罚机关作出规定的除外。	农业农村主管部门	设区的市或县级（特殊区域为省级）
130	对未依法取得养殖证或者超越养殖证许可范围在全民所有的水域从事养殖生产，妨碍航运、行洪的行为的行政处罚	行政处罚	《中华人民共和国渔业法》第四十条第三款：未依法取得养殖证或者超越养殖证许可范围在全民所有的水域从事养殖生产，妨碍航运、行洪的，责令限期拆除养殖设施，可以并处一万元以下的罚款。第四十八条第一款：本法规定的行政处罚，由县级以上人民政府渔业行政主管部门或者其所属的渔政监督管理机构决定。但是，本法已对处罚机关作出规定的除外。	农业农村主管部门	设区的市或县级（特殊区域为省级）

（续）

序号	事项名称	职权类型	实施依据	实施主体		第一责任层级建议
				法定实施主体		
131	对未依法取得捕捞许可证擅自进行捕捞行为的行政处罚	行政处罚	《中华人民共和国渔业法》 第四十一条：未依法取得捕捞许可证擅自进行捕捞的，没收渔获物和违法所得，并处十万元以下的罚款；情节严重的，并可以没收渔具和渔船。 第四十八条第一款：本法规定的行政处罚，由县级以上人民政府渔业行政主管部门或者其所属的渔政监督管理机构决定。但是，本法已对处罚机关作出规定的除外。	农业农村主管部门		设区的市或县级（特殊区域为省级）
132	对违反捕捞许可证关于作业类型、场所、时限和渔具数量的规定进行捕捞行为的行政处罚	行政处罚	《中华人民共和国渔业法》 第四十二条：违反捕捞许可证关于作业类型、场所、时限和渔具数量的规定进行捕捞的，没收渔获物和违法所得，可以并处五万元以下的罚款；情节严重的，并可以没收渔具，吊销捕捞许可证。 第四十八条第一款：本法规定的行政处罚，由县级以上人民政府渔业行政主管部门或者其所属的渔政监督管理机构决定。但是，本法已对处罚机关作出规定的除外。	农业农村主管部门		设区的市或县级（特殊区域为省级）
133	对涂改、买卖、出租或者以其他形式转让捕捞许可证行为的行政处罚	行政处罚	《中华人民共和国渔业法》 第四十三条：涂改、买卖、出租或者以其他形式转让捕捞许可证的，没收违法所得，吊销捕捞许可证，可以并处一万元以下的罚款；伪造、变造、买卖捕捞许可证，构成犯罪的，依法追究刑事责任。 第四十八条第一款：本法规定的行政处罚，由县级以上人民政府渔业行政主管部门或者其所属的渔政监督管理机构决定。但是，本法已对处罚机关作出规定的除外。	农业农村主管部门		设区的市或县级（特殊区域为省级）
134	对非法生产、进口、出口水产苗种的行政处罚	行政处罚	《中华人民共和国渔业法》 第四十四条第一款：非法生产、进口、出口水产苗种的，没收苗种和违法所得，并处五万元以下的罚款。 第四十八条第一款：本法规定的行政处罚，由县级以上人民政府渔业行政主管部门或者其所属的渔政监督管理机构决定。但是，本法已对处罚机关作出规定的除外。	农业农村主管部门		设区的市或县级（特殊区域为省级）

（续）

序号	事项名称	职权类型	实施依据	实施主体	
				法定实施主体	第一责任层级建议
135	对经营未经审定的水产苗种的行为行政处罚	行政处罚	《中华人民共和国渔业法》 第四十四条第二款：经营未经审定的水产苗种的，责令立即停止经营，没收违法所得，可以并处五万元以下的罚款。 第四十八条第一款：本法规定的行政处罚，由县级以上人民政府渔业行政主管部门或者其所属的渔政监督管理机构决定。但是，本法已对处罚机关作出规定的除外。	农业农村主管部门	设区的市或县级（特殊区域为省级）
136	对未经批准在水产种质资源保护区内从事捕捞活动行为的行政处罚	行政处罚	《中华人民共和国渔业法》 第四十五条：未经批准在水产种质资源保护区内从事捕捞活动的，责令立即停止捕捞，没收渔获物和渔具，可以并处一万元以下的罚款。 第四十八条第一款：本法规定的行政处罚，由县级以上人民政府渔业行政主管部门或者其所属的渔政监督管理机构决定。但是，本法已对处罚机关作出规定的除外。	农业农村主管部门	设区的市或县级（特殊区域为省级）
137	对外国人、外国渔船擅自进入中华人民共和国管辖水域从事渔业生产和渔业资源调查活动行为的行政处罚	行政处罚	《中华人民共和国渔业法》 第八条第一款：外国人、外国渔业船舶进入中华人民共和国管辖水域，从事渔业生产或者渔业资源调查活动，必须经国务院有关主管部门批准，并遵守本法和中华人民共和国其他有关法律、法规的规定，同中华人民共和国订有条约、协定的，按照条约、协定办理。 第四十六条：外国人、外国渔船违反本法规定，擅自进入中华人民共和国管辖水域从事渔业生产和渔业资源调查活动的，责令其离开或者将其驱逐，可以没收渔获物、渔具，并处五十万元以下的罚款；情节严重的，可以没收渔船；构成犯罪的，依法追究刑事责任。 第四十八条第一款：本法规定的行政处罚，由县级以上人民政府渔业行政主管部门或者其所属的渔政监督管理机构决定。但是，本法已对处罚机关作出规定的除外。	农业农村主管部门	省级

（续）

序号	事项名称	职权类型	实施依据	实施主体	
				法定实施主体	第一责任层级建议
138	对船舶进出渔港依照规定应当向渔政渔港监督管理机关报告而未报告或者在渔港内不服从渔政渔港监督管理机关对水域交通安全秩序管理的行为的行政处罚	行政处罚	《中华人民共和国渔港水域交通安全管理条例》第二十条：船舶进出渔港依照规定应当向渔政渔港监督管理机关报告而未报告的，或者在渔港内不服从渔政渔港监督管理机关对水域交通安全秩序管理的，由渔政渔港监督管理机关责令改正，可以并处警告，罚款；情节严重的，扣留或者吊销船长职务证书（扣留职务证书时间最长不超过 6 个月，下同）。	农业农村主管部门	设区的市或县级
139	对未经渔政渔港监督管理机关批准或者未按照批准文件的规定，在渔港内装卸易燃、易爆、有毒等危险货物等行为的行政处罚	行政处罚	1. 《中华人民共和国渔港水域交通安全管理条例》第二十一条：违反本条例规定，有下列行为之一的，由渔政渔港监督管理机关责令其停止违法行为，可以并处警告，罚款；造成损失的，应当承担赔偿责任；对直接责任人员由其所在单位或者上级主管机关给予行政处分：（一）未经渔政渔港管理机关批准或者未按照批准文件的规定，在渔港内装卸易燃、易爆、有毒等危险货物的；（二）未经渔政渔港监督管理机关批准，在渔港内新建、改建、扩建各种设施或者进行其他水上、水下施工作业的；（三）在渔港内的航道、港池、锚地和停泊区从事有碍海上交通安全的捕捞、养殖等生产活动的。 2. 《中华人民共和国渔业港航监督行政处罚规定》第十条：有下列违反渔港管理规定行为之一的，渔政渔港监督管理机关应责令其停止作业，并对船长或直接责任人予以警告，并可处 500 元以上 1 000 元以下罚款：（一）未经渔政渔港监督管理机关批准或者未按批准文件的规定，在渔港内装卸易燃、易爆、有毒等危险货物的；（二）未经渔政渔港监督管理机关批准，或者进行其他水上、水下施工作业的，在渔港工作业；在渔港内新建、改建、扩建各种设施，锚地和停泊区从事有碍海上交通安全的捕捞、养殖等生产活动的。	农业农村主管部门	设区的市或县级

（续）

序号	事项名称	职权类型	实施依据	实施主体	
				法定实施主体	第一责任层级建议
140	对停泊或进行装卸作业时造成腐蚀、有毒或放射性等有害物质散落或溢漏、污染渔港或渔港水域等行为的行政处罚	行政处罚	《中华人民共和国渔业港航监督行政处罚规定》第三条：依据本规定行使渔政渔港监督管理机关（以下简称渔政渔港监督管理机关）行政处罚权。第十一条：停泊或进行装卸作业时，有下列行为之一的，应责令船舶所有者或经营者支付消除污染所需的费用，并可处 500 元以上 10 000 元以下罚款：（一）造成腐蚀、有毒或放射性等有害物质散落或溢漏，污染渔港或渔港水域的；（二）排放油类或油性混合物造成放射渔港或渔港水域污染的。	农业农村主管部门	设区的市或县级
141	对在水产养殖中违法用药等行为的行政处罚	行政处罚	《兽药管理条例》第七十四条：水产养殖中违法用药的行政处罚，由县级以上人民政府渔业主管部门及其所属的渔政监督管理机构负责。	农业农村主管部门	设区的市或县级
142	对中外合资、中外合作经营的渔业企业未经国务院有关主管部门批准从事近海捕捞业的行为行政处罚	行政处罚	1.《中华人民共和国渔业法》第四十八条第一款：本法规定的行政处罚，由县级以上人民政府渔业行政主管部门或者其所属的渔政监督管理机构决定。但是，本法已对处罚机关作出规定的除外。2.《中华人民共和国渔业法实施细则》第十六条：在中华人民共和国管辖水域，中外合资、中外合作经营的渔业企业，未经国务院有关主管部门批准，不得从事近海捕捞业。第三十六条：中外合资、中外合作经营的渔业企业，违反本实施细则第十六条规定，没收渔获物和违法所得，可以并处 3 000 元至 5 万元罚款。	农业农村主管部门	设区的市（特殊区域为省级）县级

（续）

序号	事项名称	职权类型	实施依据	实施主体	
				法定实施主体	第一责任层级建议
143	对在鱼、虾、蟹、贝幼苗的重点产区直接引水、用水未采取避开幼苗的密集期、密集区或者设置网栅等保护行为的行政处罚	行政处罚	1.《中华人民共和国渔业法》第四十八条第一款：本法规定的行政处罚，由县级以上人民政府渔业行政主管部门或者其所属的渔政监督管理机构决定。但是，本法已对处罚机关作出规定的除外。 2.《中华人民共和国渔业法实施细则》第二十六条：任何单位和个人，在鱼、虾、蟹、贝幼苗的重点产区直接引水、用水的，应当采取避开幼苗的密集期、密集区，或者设置网栅等保护措施。 3.《渔业行政处罚规定》第十七条：违反《实施细则》第二十六条规定，在鱼、虾、贝、蟹幼苗的重点产区直接引水、用水，未采取避开幼苗密集期、密集区或设置网栅等保护措施的，可处以一万元以下罚款。	农业农村主管部门	设区的市或县级（特殊区域为省级）
144	对未持有船舶证书或者未配齐船员行为的行政处罚	行政处罚	1.《中华人民共和国渔港水域交通安全管理条例》第二十二条：违反本条例规定，未持有船舶证书或者未配齐船员的，由渔政渔港监督管理机关责令改正，可以并处罚款。 2.《中华人民共和国渔业港航监督行政处罚规定》第十五条：已办理渔业船舶登记手续，但未按规定持有船舶国籍证书、船舶登记证书、船舶检验证书、船舶航行签证簿的，予以警告、责令其改正，并可处200元以上1 000元以下罚款。第十六条：无有效的渔业船舶船名、船号、船舶登记证书、船舶国籍证书（或船舶国籍证书）、检验证书的船舶，禁止其离港，并对船舶所有者或经营者处船价2倍以下的罚款。有下列行为之一的，从重处罚：（一）无有效的渔业船舶船名、船号、船籍港、船舶登记证书（或渔业船舶登记证书）和检验证书、船舶所有权证书或船舶国籍证书的；（二）伪造渔业船舶登记证书的；（三）伪造事实骗取渔业船舶登记证书或伪造船舶检验证书的；（四）冒用他船船名、船号或船舶登记证书的。	农业农村主管部门	设区的市或县级

（续）

序号	事项名称	职权类型	实施依据	实施主体	
				法定实施主体	第一责任层级建议
144	对未持有船证书或者未配齐船员行为的行政处罚	行政处罚	第十九条：使用过期渔业船舶登记证书或船舶国籍证书的，登记机关应通知渔业船舶所有者限期改正，过期不改的，责令其停航，并对船舶所有者或经营者处 1 000 元以上 10 000 元以下罚款。第二十二条：未按规定配齐职务船员，责令其限期改正。对船舶所有者或经营者并处 200 元以上 1 000 元以下罚款。普通船员未取得专业训练或基础训练合格证者并处 1 000 元以下罚款。的，责令其限期改正，对船舶所有者或经营者者并处 1 000 元以下罚款。	农业农村主管部门	设区的市或县级
145	对渔港水域内未按规定标写船名、船号、船籍港、设有悬挂船名牌等行为的行政处罚	行政处罚	1.《中华人民共和国海上交通安全法》第四十八条：国家渔政渔港监督管理机构，在以渔业为主的渔港水域内，行使本法规定的主管机关的职权，负责交通安全的监督管理，并负责实施海业船舶之间的交通事故的调查处理。具体实施办法由国务院另行规定。2.《中华人民共和国渔业船舶港航监督行政处罚规定》第三条：依据本规定行使渔业港监督监督管理机关（以下简称渔政渔港监督管理机关）未经渔业港监督管理机关批准，行使本法规定的行政处罚权。第二十条：有下列行为之一的，责令其限期改正，对船舶所有者或经营者处 200 元以上 1 000 元以下罚款：（一）未按规定标写船名、船号、船籍港、没有悬挂船名牌的；（二）在非紧急情况下，滥用烟火信号、信号枪、无线电设备、号笛及其他遇险求救信号的；（三）没有配备、不正确填写或污损丢弃航海日志、轮机日志的。	农业农村主管部门	设区的市或县级
146	对渔港水域内未按规定配备救生、消防设备行为的行政处罚	行政处罚	1.《中华人民共和国海上交通安全法》第四十八条：国家渔政渔港监督管理机构，在以渔业为主的渔港水域内，行使本法规定的主管机关的职权，负责交通安全的监督管理，并负责沿海海域渔业船舶之间的交通事故的调查处理。具体实施办法由国务院另行规定。	农业农村主管部门	设区的市或县级

（续）

序号	事项名称	职权类型	实施依据	实施主体	
				法定实施主体	第一责任层级建议
146	对渔港水域内未按规定配备救生、消防设备行为的行政处罚	行政处罚	2.《中华人民共和国渔业港航监督行政处罚规定》第三条：中华人民共和国渔政渔港监督管理机关（以下简称渔政渔港监督管理机关）依据本规定行使渔业港航监督行政处罚权。第二十一条：未按规定配备救生、消防设备，逾期不改正的，处 200 元以上 1 000 元以下罚款。	农业农村主管部门	设区的市或县级
147	对不执行渔政渔港监督管理机关作出的离港、停航、改航、停止作业的决定，或者在执行中违反上述决定行为的行政处罚	行政处罚	1.《中华人民共和国渔港水域交通安全管理条例》第二十三条：违反本条例的决定，不执行渔政渔港监督管理机关作出的离港、停航、改航、停止作业的决定，或者在执行中违反上述决定的，由渔政渔港监督管理机关责令改正，情节严重的，可以吊销船员职务证书。2.《中华人民共和国渔业港航监督行政处罚规定》第二十四条：对拒不执行渔政渔港监督管理机关作出的离港、禁止离港、停航、改航、停止作业等决定的船舶，可对船长处 1 000 元以上 10 000 元以下罚款，扣留或吊销船长销船长职务证书。	农业农村主管部门	设区的市或县级
148	对因违规扣留或吊销船员证书前而谎报遗失、申请补发行为的行政处罚	行政处罚	《中华人民共和国渔业港航监督行政处罚规定》第三条：中华人民共和国渔政渔港监督管理机关（以下简称渔政渔港监督管理机关）依据本规定行使渔业港航监督行政处罚权。第二十六条：对因违规被扣留或吊销船员证书前而谎报遗失、申请补发的，可对当事人处 200 元以上 1 000 元以下罚款。	农业农村主管部门	设区的市或县级
149	对船员证书持证人与证书所载内容不符行为的行政处罚	行政处罚	《中华人民共和国渔业港航监督行政处罚规定》第三条：中华人民共和国渔政渔港监督管理机关（以下简称渔政渔港监督管理机关）依据本规定行使渔业港航监督行政处罚权。第二十八条：船员证书持证人与证书所载内容不符的，应收缴所持证书，对当事人处 50 元以上 200 元以下罚款。	农业农村主管部门	设区的市或县级

（续）

序号	事项名称	职权类型	实施依据	实施主体	
				法定实施主体	第一责任层级建议
150	对到期未办理证伴审的职务船员，责令其限期办理后，逾期不办理行为的行政处罚	行政处罚	《中华人民共和国渔业港航监督行政处罚规定》第三条：中华人民共和国渔政渔港监督管理机关（以下简称渔政渔港监督管理机关）依据本规定行使渔业港航监督行政处罚权。第二十九条：到期未办理伴审验证的职务船员，应责令其限期办理，逾期不办理的，对当事人并处50元以上100元以下罚款。	农业农村主管部门	设区的市或县级
151	对未按规定时间向渔政渔港监督管理机关提交《海事报告书》等行为的行政处罚	行政处罚	《中华人民共和国渔业港航监督行政处罚规定》第三条：中华人民共和国渔政渔港监督管理机关（以下简称渔政渔港监督管理机关）依据本规定行使渔业港航监督行政处罚权。第二十三条：发生水上交通事故的船舶，有下列行为之一的，对船长处50元以上500元以下罚款：（一）《海事报告书》内容不真实、有上述情况的，从重处罚。（二）《海事报告书》未按规定时间向渔政渔港监督管理机关提交、影响海损事故的调查处理工作的。发生涉外海事，有上述情况的，从重处罚。	农业农村主管部门	设区的市或县级
152	对渔业船舶使用不符合标准或者要求的渔业船舶用燃油行为的行政处罚	行政处罚	《中华人民共和国大气污染防治法》第一百零六条：违反本法规定，使用不符合标准的船舶用燃油的，由海事管理机构、渔业主管部门按照职责处一万元以上十万元以下的罚款。	农业农村主管部门	设区的市或县级
153	对渔港水域内非军事船舶和渔业船舶或者向渔业水域外渔业水域禁止排放的污染物或者其他物质等行为的行政处罚	行政处罚	《中华人民共和国海洋环境保护法》第五条第四款：国家渔业行政主管部门负责渔港水域内非军事船舶和渔港水域外非军事船舶污染海洋环境的监督管理，负责保护渔业水域外渔业水域生态环境的监督管理，并调查处理前款规定的污染事故。第七十三条：违反本法有关规定，有下列行为之一的，由依照本法规定行使海洋环境监督管理权的部门责令停止违法行为，限期改正或者责令采取限制生产、停产整治等措施，并处以罚款；拒不改正的，责令停产停业，并处以罚款等措施，作出处罚决定的部门可以自责令改正之日的	农业农村主管部门	设区的市或县级（特殊区域为省级）

（续）

序号	事项名称	职权类型	实施依据	实施主体	
				法定实施主体	第一责任层级建议
153	对渔港水域内非军事船舶和水域外渔业水域禁止排放的污染物或者其他物质等行为的行政处罚	行政处罚	次日起，按照原罚款数额按日连续处罚；情节严重的，报经有批准权的人民政府批准，责令停业、关闭。（一）向海域排放本法禁止排放的污染物或者其他物质的；（二）不按照本法规定向海洋排放污染物，或者超过标准、总量控制指标排放污染物的；（四）因发生事故或者其他突发性事件，造成海洋环境污染事故，不立即采取处理措施的。有前款第（一）、（三）项行为之一的，处三万元以上二十万元以下的罚款；有前款第（二）、（四）项行为之一的，处二万元以上十万元以下的罚款。	农业农村主管部门	设区的市或县级（特殊区域为省级）
154	对渔港水域内非军事船舶和水域外渔业水域发生海洋或者其他事件不按照规定报告行为的行政处罚	行政处罚	《中华人民共和国海洋环境保护法》第五条第四款：国家渔业行政主管部门负责渔港水域内非军事船舶和渔港水域内非军事船舶污染海洋环境的监督管理，负责保护渔业水域生态环境，并调查处理前款规定的污染事故以外的渔业污染事故。第七十四条：违反本法有关规定，有下列行为，有下列行为之一的，由依照本法规定行使海洋环境监督管理权的部门予以警告，或者处以罚款：（二）发生事故或者其他突发性事件，不按照规定报告的：有前款第（二）、（四）项行为之一的，处五万元以下的罚款。	农业农村主管部门	设区的市或县级（特殊区域为省级）
155	对渔港水域非军事船舶和水域外渔业船舶拒绝现场检查，或者在被检查时弄虚作假行为的行政处罚	行政处罚	《中华人民共和国海洋环境保护法》第五条第四款：国家渔业行政主管部门负责渔港水域内非军事船舶和渔港水域内非军事船舶污染海洋环境的监督管理，负责保护渔业水域生态环境，并调查处理前款规定的污染事故以外的渔业污染事故。第十九条第二款：依照本法规定行使海洋环境监督管理权的部门，有权对管辖范围内排放污染物的单位和个人进行现场检查。被检查者应当如实反映情况，提供必要的资料。第七十五条：违反本法第十九条第二款的规定，拒绝现场检查，或者在被检查时弄虚作假的，由依照本法规定行使海洋环境监督管理权的部门予以警告，并处二万元以下的罚款。	农业农村主管部门	设区的市或县级（特殊区域为省级）

（续）

序号	事项名称	职权类型	实施依据	实施主体	
				法定实施主体	第一责任层级建议
156	对渔业船舶造成渔业水域生态系统及海洋水产资源、海洋保护区等破坏行为的行政处罚	行政处罚	《中华人民共和国海洋环境保护法》第五条第四款：国家渔业行政主管部门负责渔业船舶污染海洋环境的监督管理，负责保护渔港水域内非军事船舶和渔港港水域外渔业船舶污染事故以外的渔业污染事故。第七十六条：违反本法规定，造成珊瑚礁、红树林等海洋生态系统及海洋水产资源、海洋保护区破坏的，由依照本法规定行使海洋环境监督管理权的部门责令限期改正和采取补救措施，并处一万元以上十万元以下的罚款；有违法所得的，没收其违法所得。	农业农村主管部门	设区的市或县级（特殊区域为省级）
157	对渔业港口、码头、装卸站及渔港水域外渔业船舶和渔港港水域内非军事船舶污染防治设施、器材等防污行为的行政处罚	行政处罚	《中华人民共和国海洋环境保护法》第五条第四款：国家渔业行政主管部门负责渔业船舶污染海洋环境的监督管理，负责保护渔港水域内非军事船舶和渔港港水域外渔业船舶污染事故以外的渔业污染事故。第八十七条：违反本法规定，有下列行为之一的，由依照本法规定行使海洋环境监督管理权的部门予以警告，或者处以罚款：（一）港口、码头、装卸站及船舶未配备防污设施、器材的；（二）船舶未持有防污证书、防污文书，或者不按照规定记载排污记录的；（三）从事水上和港区水域拆船、旧船改装、打捞和其他水上、水下施工作业，造成海洋环境污染损害的；（四）船舶载运的货物不具备防污运适条件的。有前款第（一）、（四）项行为之一的，处二万元以上十万元以下的罚款；有前款第（二）项行为的，处五万元以上二十万元以下的罚款；有前款第（三）项行为的，处二万元以上二十万元以下的罚款。	农业农村主管部门	设区的市或县级（特殊区域为省级）

（续）

序号	事项名称	职权类型	实施依据	实施主体	
				法定实施主体	第一责任层级建议
158	对渔港水域内非军事船舶和渔业船舶、码头、装卸站不编制溢油应急计划行为的行政处罚	行政处罚	《中华人民共和国海洋环境保护法》第五条第四款：国家渔业行政主管部门负责渔港水域内非军事船舶和渔港水域外渔业船舶污染海洋环境的监督管理，负责保护渔港水域生态环境工作，并调查处理前款规定的污染事故以外的渔业污染事故。第八十八条：违反本法规定，船舶、石油平台和装卸油类的港口、码头、装卸站不编制溢油应急计划的，由依照本法规定行使海洋环境监督管理权的部门予以警告，或者责令限期改正。	农业农村主管部门	设区的市或县级（特殊区域为省级）
159	对渔业船舶未配置相应的防污染设备和器材，或者未持有合法有效的防止水域环境污染的证书与文书的行政处罚	行政处罚	《中华人民共和国水污染防治法》第八十九条第一款：船舶未配置相应的防污染设备和器材，或者未持有合法有效的防止水域环境污染的证书与文书的，由海事管理机构、渔业主管部门按照职责分工责令限期改正，处二千元以上二万元以下的罚款。	农业农村主管部门	设区的市或县级（特殊区域为省级）
160	对渔业船舶进行涉及污染物排放的作业，未遵守操作规程或者未在相应的记录簿上如实记载的行政处罚	行政处罚	《中华人民共和国水污染防治法》第八十九条第二款：船舶进行涉及污染物排放的作业，未遵守操作规程或者未在相应的记录簿上如实记载的，由海事管理机构、渔业主管部门按照职责分工责令改正，处二千元以上二万元以下的罚款。	农业农村主管部门	设区的市或县级（特殊区域为省级）

（续）

序号	事项名称	职权类型	实施依据	实施主体	
				法定实施主体	第一责任层级建议
161	对向渔业水域倾倒船舶垃圾或者排放船舶的残油、废油等行为的行政处罚	行政处罚	《中华人民共和国水污染防治法》第九十条第一、三、四项：违反本法规定，有下列行为之一的，由海事管理机构、渔业主管部门按照职责分工责令停止违法行为，处一万元以上十万元以下的罚款；造成水污染的，责令限期采取治理措施，消除污染；逾期不采取治理措施的，海事管理机构、渔业主管部门按照职责分工可以指定有治理能力的单位代为治理，所需费用由船舶承担：（一）向水体倾倒船舶垃圾或者排放油类、废油的；（三）船舶及有关作业单位从事有污染风险的作业活动，未按照规定采取污染防治措施的；（四）以冲滩方式进行船舶拆解的。	农业农村主管部门	设区的市或县级（特殊区域为省级）
162	对未经许可擅自使用水上无线电频率，或者擅自设置、使用渔业无线电台（站）行为的行政处罚	行政处罚	《中华人民共和国无线电管理条例》第十二条：国务院有关部门无线电管理机构在国家无线电管理机构的业务指导下，负责本系统（行业）的无线电管理工作，贯彻执行国家无线电管理的方针、政策和法律、行政法规、规章，依照本条例规定和国务院规定的部门职权，管理国家无线电管理机构分配给本系统（行业）使用的航空、水上无线电专用频率，规划本系统（行业）无线电台（站）的建设布局和台址，核发制式无线电台执照及无线电台识别码。第三十条第一款：设置、使用有固定台址的无线电台（站），由无线电台（站）所在地的省、自治区、直辖市无线电管理机构实施许可。设置、使用没有固定台址的无线电台，由申请人住所所在地的省、自治区、直辖市无线电管理机构实施许可。第七十条：违反本条例规定，未经许可擅自使用无线电频率，没收从事违法活动所得，可以并处五万元以下的罚款；拒不改正的，并处五万元以上20万元以下的罚款；使用无线电台（站）从事诈骗等违法活动，尚不构成犯罪的，并处20万元以上50万元以下的罚款。擅自设置、使用无线电台（站）的，由无线电管理机构责令改正，没收擅自设置、使用的设备和违法活动	农业农村主管部门	省级

（续）

序号	事项名称	职权类型	实施依据	实施主体	
				法定实施主体	第一责任层级建议
163	对擅自转让水上无线电频率行为的行政处罚	行政处罚	《中华人民共和国无线电管理条例》 第十二条：国务院有关部门的无线电管理机构在国家无线电管理机构的业务指导下，负责本系统（行业）的无线电管理工作，贯彻执行国家无线电管理的方针、政策和法律、行政法规、规章，依照本条例和国务院规定的部门职权，管理国家无线电管理机构分配给本系统（行业）使用的航空、水上无线电专用频率，规划本系统（行业）无线电台（站）的建设并发布局和台址、核发制式无线电台执照及无线电台识别码。 第七十一条：违反本条例规定，擅自转让无线电频率的，由无线电管理机构责令改正，没收违法所得，并处违法所得1倍以上3倍以下的罚款；没有违法所得或者违法所得不足10万元的，处1万元以上10万元以下的罚款；造成严重后果的，吊销无线电频率使用许可证。	农业农村主管部门	省级
164	对违法违规使用渔业无线电台（站）等行为的行政处罚	行政处罚	1.《中华人民共和国无线电管理条例》 第十二条：国务院有关部门的无线电管理机构在国家无线电管理机构的业务指导下，负责本系统（行业）的无线电管理工作，贯彻执行国家无线电管理的方针、政策和法律、行政法规、规章，依照本条例和国务院规定的部门职权，管理国家无线电管理机构分配给本系统（行业）使用的航空、水上无线电专用频率，规划本系统（行业）无线电台（站）的建设并发布局和台址、核发制式无线电台执照及无线电台识别码。 第七十二条：违反本条例规定，有下列行为之一的，由无线电管理机构责令改正，没收违法所得，可以并处3万元以下的罚款；违法所得3万元以上的，并处3万元以上10万元以下的罚款；造成严重后果的，吊销无线电台执照：（一）不按照无线电台执照规定的许可事项和要求设置、使用无线电台（站）；（二）故意收发无线电台执照许可事项之外的无线电信号；（三）擅自编制、使用无线电台识别码。 2.《国务院关于取消一批行政许可事项的决定》（国发〔2017〕46号）附件1第34项"渔业船舶制式无线电台执照审批"。取消审批后，要加强对渔业无线电台使用情况的检查，严历查处违法违规行为"。	农业农村主管部门	省级

（续）

序号	事项名称	职权类型	实施依据	实施主体	
				法定实施主体	第一责任层级建议
165	对使用无线电发射设备、辐射无线电波的非无线电设备干扰无线电台业务正常进行行为的行政处罚	行政处罚	《中华人民共和国无线电管理条例》 第十二条：国务院有关部门的无线电管理机构在国家无线电管理机构的业务指导下，负责本系统（行业）的无线电管理工作，贯彻执行国家无线电管理的方针、政策和法律、行政法规、规章，依照本条例规定的职权，管理国务院规定的航空、水上无线电专用频率，规划本系统电管理机构分配给本系统（行业）使用的航空、水上无线电专用频率，规划本系统（行业）无线电台（站）的建设布局和台址，核发制式无线电台执照及无线电台识别码。 第七十三条：违反本条例规定，使用无线电发射设备、辐射无线电波的非无线电设备产生有害干扰的，由无线电管理机构责令改正，拒不改正的，没收产生有害干扰的设备，并处5万元以上20万元以下的罚款；对船舶、航空器、铁路机车专用无线电导航、遇险救助和安全通信等涉及人身安全的无线电频率产生有害干扰的，并处20万元以上50万元以下的罚款。	农业农村主管部门	省级
166	对触碰渔业航标不报告行为的行政处罚	行政处罚	1.《中华人民共和国航标条例》 第二十一条：船舶违反本条例第十四条第二款的规定，航标管理机关可以根据情节轻重处以2万元以下的罚款；造成损失的，应当依法赔偿。 第十四条第二款：船舶触碰航标，应当立即向航标管理机关报告。 2.《渔业航标管理办法》 第二十七条第一款：违反本办法第二十一条第一款的规定，不履行报告义务的，由渔业航标管理机关给予警告，可并处2000元以下的罚款。	农业农村主管部门	设区的市或县级

（续）

序号	事项名称	职权类型	实施依据	实施主体		第一责任层级建议
				法定实施主体		
167	对危害渔业航标及其辅助设施或者影响渔业航标工作效能行为的行政处罚	行政处罚	1.《中华人民共和国航标条例》 第十五条：禁止下列危害航标的行为：（一）盗窃、哄抢或者以其他方式非法侵占航标器材；（二）非法移动、攀登或者涂抹航标；（三）向航标射击或者投掷物品；（四）在航标上攀挂物品、拴系牲畜、船只、渔业捕捞器具、爆炸物品等；（五）损坏航标的其他行为。 第十六条：禁止破坏航标辅助设施的行为。前款所称航标辅助设施，是指为航标及其管理人员提供能源、水和其他所需物资而设置的各类设施，包括航标场地、直升机平台、登陆点、码头、趸船、水塔、储水池、水井、油（水）泵房、电力设施、业务用房以及专用道路、仓库等。 第十七条：禁止下列影响航标工作效能的行为：（一）在航标周围 20 米内或者在埋有航标地下管道、线路的地面钻孔、挖坑、采掘土石，堆放物品或者进行明火作业；（二）在航标周围 150 米内进行爆破作业；（三）在航标周围 500 米内烧荒；（四）在无线电导航设施附近设置、使用影响导航设施工作效能的高频电磁辐射装置、设备；（五）在航标架空线路上附挂其他电力、通信线路；（六）在航标周围围网抛锚、拖锚、捕鱼或者养殖水生物；（七）影响航标工作效能的其他行为。 第二十二条：违反本条例第十五条、第十六条、第十七条的规定，危害航标及其辅助设施或者影响航标工作效能的，由航标管理机关责令其限期改正，给予警告，可以并处 2 000 元以下的罚款；造成损失的，应当依法赔偿。 2.《中华人民共和国渔业港航监督行政处罚规定》 第三十条：对损坏航标或其他助航设施、导航标志，应当予以赔偿，并对责任船舶或责任人员处 500 元以上 1 000 元以下罚款。故意造成第一款所述结果或责任人员发生险情后隐瞒不向渔政渔港监督管理机关报告的，应当从重处罚。 移位、流失的船舶或人员，应当令其照价赔偿，并对责任船舶或责任人员处 500 元以上 1 000 元以下罚款。故意造成第一款所述结果虽不是故意但事情发生后隐瞒不向渔政渔港监督管理机关报告的，应当从重处罚。	农业农村主管部门		设区的市或县级

（续）

序号	事项名称	职权类型	实施依据	实施主体		
				法定实施主体	第一责任层级	建议
168	对以收容救护为名买卖水生野生动物及其制品行为的行政处罚	行政处罚	《中华人民共和国野生动物保护法》 第七条第二款：县级以上地方人民政府林业草原、渔业主管部门分别主管本行政区域内陆生、水生野生动物保护工作。 第十五条第三款：禁止以野生动物收容救护为名买卖野生动物及其制品。 第四十四条：违反本法第十五条第三款规定，以收容救护为名买卖野生动物及其制品，违法所得的，由县级以上人民政府野生动物保护主管部门没收野生动物及其制品，并处野生动物及其制品价值二倍以上十倍以下的罚款，将有关违法信息记入社会诚信档案，向社会公布；构成犯罪的，依法追究刑事责任。	农业农村主管部门	设区的市或县级	
169	对在相关自然保护区域、禁猎（渔）区、禁猎（渔）期猎捕非国家重点保护水生野生动物，或者使用禁用的工具、方法猎捕非国家重点保护水生野生动物行为的行政处罚	行政处罚	《中华人民共和国野生动物保护法》 第七条第二款：县级以上地方人民政府林业草原、渔业主管部门分别主管本行政区域内陆生、水生野生动物保护工作。 第二十条：在相关自然保护区域、禁猎（渔）区、禁猎（渔）期内，禁止猎捕以及其他妨碍野生动物生息繁衍的活动，但法律法规另有规定的除外。野生动物迁徙洄游期间，在前款规定区域外的迁徙洄游通道内，禁止猎捕并严格限制其他妨碍野生动物生息繁衍的活动。迁徙洄游通道的范围以及妨碍野生动物生息繁衍活动的内容，由县级以上人民政府野生动物保护主管部门规定并公布。 第二十二条：猎捕非国家重点保护野生动物的，应当依法取得县级以上地方人民政府野生动物保护主管部门核发的狩猎证，并且服从猎捕量限额管理。 第二十三条第一款：猎捕者应当按照特许猎捕证、狩猎证规定的种类、数量、地点、工具、方法和期限进行猎捕。 第二十四条第一款：禁止使用毒药、爆炸物、电击或者电子诱捕装置以及猎套、猎夹、地枪、排铳等工具进行猎捕，禁止使用夜间照明行猎、歼灭性围猎、捣毁巢穴、	农业农村主管部门	设区的市或县级	

（续）

序号	事项名称	职权类型	实施依据	实施主体	
				法定实施主体	第一责任层级建议
169	对在相关自然保护区域、禁猎（渔）期猎捕非国家重点保护水生野生动物，未取得狩猎证、未按照狩猎证规定猎捕非国家重点保护水生野生动物，或者使用禁用的工具、方法猎捕国家重点保护水生野生动物的行为的行政处罚	行政处罚	火攻、烟熏、网捕等方法进行猎捕，但因科学研究确需网捕、电子诱捕的除外。第四十六条第一款：违反本法第二十条、第二十二条、第二十三条、禁猎（渔）区、禁猎（渔）期猎捕非国家重点保护野生动物，在相关保护区、未取得狩猎证、未按照狩猎证规定猎捕非国家重点保护野生动物，方法猎捕国家重点保护野生动物，或者使用禁用的工具、方法猎捕非国家重点保护野生动物，猎捕国家重点保护野生动物，或者使用禁用的工具、方法猎捕国家重点保护水生野生动物的，由县级以上地方人民政府野生动物保护主管部门或者有关保护区域管理机构按照职责分工没收猎获物，猎捕工具和违法所得，吊销狩猎证，并处猎获物价值一倍以上五倍以下的罚款；没有猎获物的，并处二千元以上一万元以下的罚款；构成犯罪的，依法追究刑事责任。	农业农村主管部门	设区的市或县级
170	对未经批准、未取得或者未按照规定使用专用标识，或者未持有、未附有人工繁育许可证、批准文件的副本或者专用标识出售、购买、利用、运输、携带、寄递国家重点保护野生动物及其制品等行为的行政处罚	行政处罚	《中华人民共和国野生动物保护法》第七条第二款：县级以上地方人民政府林业草原、渔业主管部门分别主管本行政区域内陆生、水生野生动物保护工作。第四十八条第一款：违反本法第二十七条第一款和第二款、第二十八条第二款、第三十三条第一款规定，未经批准、未取得或者未按照专用标识出售、购买、利用、运输、携带、寄递国家重点保护野生动物及其制品或者没有专用标识出售、利用、运输野生动物及其制品，或者未持有、未附有人工繁育许可证、批准文件的副本或者专用标识的，由县级以上人民政府野生动物保护主管部门或者市场监督管理部门按照职责分工没收野生动物及其制品和违法所得，并处野生动物及其制品价值一倍以上十倍以下的罚款；情节严重的，吊销人工繁育许可证、撤销批准文件，收回专用标识；构成犯罪的，依法追究刑事责任。	农业农村主管部门	设区的市或县级

（续）

序号	事项名称	职权类型	实施依据	实施主体	
				法定实施主体	第一责任层级建议
171	对生产、经营使用国家重点保护水生野生动物及其制品作食品，或者为食用国家重点保护的水生野生动物及其制品购买非法保护的水生野生动物及其制品等行为的行政处罚	行政处罚	《中华人民共和国野生动物保护法》第二条第四款：珍贵、濒危的水生野生动物的保护，适用《中华人民共和国渔业法》等有关法律的规定。第七条第二款：县级以上地方人民政府林业草原、渔业主管部门分别主管本行政区域内陆生、水生野生动物保护工作。第四十九条：违反本法第三十条规定，生产、经营使用国家重点保护野生动物及其制品或者没有合法来源证明的非国家重点保护野生动物及其制品，或者为食用非法购买的野生动物及其制品的，由县级以上人民政府市场监督管理部门或者市场监督管理部门按照职责分工责令停止违法行为，没收野生动物及其制品和违法所得，并处野生动物及其制品价值二倍以上十倍以下的罚款；构成犯罪的，依法追究刑事责任。	农业农村主管部门	设区的市或县级
172	对违法从境外引进水生野生动物物种行为的行政处罚	行政处罚	《中华人民共和国野生动物保护法》第七条第二款：县级以上地方人民政府林业草原、渔业主管部门分别主管本行政区域内陆生、水生野生动物保护工作。第三十七条第一款：从境外引进野生动物物种的，应当经国务院野生动物保护主管部门批准。从境外引进列入本法第三十五条第一款第一项规定的野生动物，海关依法实施进境检疫，凭进口批准文件或者允许进出口证明书以及检疫证明按照规定办理通关手续。第五十三条：违反本法第三十七条第一款规定，从境外引进野生动物种的，由县级以上人民政府野生动物保护主管部门没收所引进的野生动物，并处五万元以上二十五万元以下的罚款；未依法实施进境检疫的，依照《中华人民共和国进出境动植物检疫法》的规定处罚；构成犯罪的，依法追究刑事责任。	农业农村主管部门	设区的市或县级

（续）

序号	事项名称	职权类型	实施依据	实施主体	
				法定实施主体	第一责任层级建议
173	对违法将境外引进的水生野生动物放归野外环境行为的行政处罚	行政处罚	《中华人民共和国野生动物保护法》第七条第二款：县级以上地方人民政府林业草原、渔业主管部门分别主管本行政区域内陆生、水生野生动物保护工作。第三十七条第二款：从境外引进野生动物物种的，应当采取安全可靠的防范措施，防止其进入野外环境，避免对生态造成危害。确需将其放归野外的，按照国家有关规定执行。第五十四条：违反本法第三十七条第二款规定，将从境外引进的野生动物放归野外环境的，由县级以上人民政府野生动物保护主管部门责令限期捕回，处一万元以上五万元以下的罚款；逾期不捕回的，由有关野生动物保护主管部门代为捕回或者采取降低影响的措施，所需费用由被责令限期捕回者承担。	农业农村主管部门	设区的市或县级
174	对外国人未经批准在中国境内对国家重点保护的水生野生动物进行科学考察、标本采集、拍摄电影、录像行为的行政处罚	行政处罚	1.《中华人民共和国水生野生动物保护实施条例》第三十一条：外国人未经中国境内对国家重点保护的水生野生动物进行科学考察、标本采集、拍摄电影、录像的，由渔业行政主管部门没收其所获的资料及所获标本，可以并处 5 万元以下的罚款。2.《中华人民共和国野生动物保护法》第七条第二款：县级以上地方人民政府林业草原、渔业主管部门分别主管本行政区域内陆生、水生野生动物保护工作。	农业农村主管部门	省级
175	对渔业船舶改建后，未按规定办理变更登记行为的行政处罚	行政处罚	《中华人民共和国渔业港航监督行政处罚规定》第三条：依据本规定行使渔业港航监督管理机关（以下简称渔政渔港监督管理机关）权。第十七条：渔业船舶改建后，未按规定办理变更登记，应当禁止其离港，责令其限期改正，并可对船舶所有者处 5 000 元以上 20 000 元以下罚款。变更主机功率未按规定办理变更登记的，从重处罚。	农业农村主管部门	设区的市或县级

（续）

序号	事项名称	职权类型	实施依据	实施主体	
				法定实施主体	第一责任层级建议
176	对渔业船舶未经检验、未取得渔业船舶检验证书擅自下水作业的行政处罚	行政处罚	《中华人民共和国渔业船舶检验条例》第三十二条第一款：违反本条例规定，渔业船舶未经检验、未取得渔业船舶检验证书擅自下水作业的，没收该渔业船舶。第三十八条第一款：本条例规定的行政处罚，由县级以上人民政府渔业行政主管部门或者其所属的渔业行政执法机构依据职权决定。	农业农村主管部门	设区的市或县级（特殊区域为省级）
177	对按照规定应当报废的渔业船舶继续作业的行政处罚	行政处罚	《中华人民共和国渔业船舶检验条例》第三十三条第二款：按照规定应当报废的渔业船舶继续作业的，责令立即停止作业，收缴失效的渔业船舶检验证书，强制拆解报废的渔业船舶，并处2 000元以上5万元以下的罚款；构成犯罪的，依法追究刑事责任。第三十八条第一款：本条例规定的行政处罚，由县级以上人民政府渔业行政主管部门或者其所属的渔业行政执法机构依据职权决定。	农业农村主管部门	设区的市或县级（特殊区域为省级）
178	对渔业船舶应当申报营运检验或者申报临时检验而不申报的行政处罚	行政处罚	《中华人民共和国渔业船舶检验条例》第三十三条：违反本条例规定，渔业船舶应当申报营运检验或者申报临时检验而不申报检验的，责令限期申报检验；逾期仍不申报检验的，处1 000元以上1万元以下的罚款，并可以暂扣渔业船舶检验证书。	农业农村主管部门	设区的市或县级（特殊区域为省级）
179	对使用未经检验合格的有关航行、作业和人身财产安全以及防止污染环境的重要设备、部件和材料、维修渔业船舶等行为的行政处罚	行政处罚	《中华人民共和国渔业船舶检验条例》第三十四条：违反本条例规定，有下列行为之一的，责令立即改正，处2 000元以上2万元以下的罚款；正在作业的，责令立即停止作业；拒不改正或者拒不停止作业的，强制拆除该船使用的重要设备、部件和材料或者暂扣渔业船舶检验证书；构成犯罪的，依法追究刑事责任：（一）使用未经检验合格的有关航行、作业和人身财产安全以及防止污染环境的重要设备、部件和材料，制造、改造、维修渔业船舶的；（二）擅自拆除渔业船舶上有关航行、作业和人身财产安全以及防止污染环境的重要设备、部件的；（三）擅自改变渔业船舶的吨位、主机功率、载重线、人员定额和适航区域的。第三十八条第一款：本条例规定的行政处罚，由县级以上人民政府渔业行政主管部门或者其所属的渔业行政执法机构依据职权决定。	农业农村主管部门	设区的市或县级（特殊区域为省级）

（续）

序号	事项名称	职权类型	实施依据	实施主体	
				法定实施主体	第一责任层级建议
180	对渔业船员在船工作期间违反有关管理规定行为的行政处罚	行政处罚	《中华人民共和国渔业船员管理办法》第四十二条：渔业船员违反本办法第二十一条第一项至第五项的规定的，由渔政渔港监督管理机构予以警告；情节严重的，处 200 元以上 2 000 元以下罚款。	农业农村主管部门	设区的市或县级（特殊区域为省级）
181	对外国船舶进出中华人民共和国渔港违法从事渔港行为的行政处罚	行政处罚	《中华人民共和国国管辖海域外国人、外国船舶渔业活动管理暂行规定》第十七条：外国船舶进出中华人民共和国渔港，有下列行为之一的，中华人民共和国渔政渔港监督管理机构有权禁止其进、离港，或者令其停航、改航、停止作业，并可处以 3 万元以下罚款的处罚：1. 未经批准进出中华人民共和国渔港的；2. 违反船舶装运、装卸危险品规定的；3. 拒不服从渔政渔港监督管理机构指挥指挥调度的；4. 拒不执行渔政渔港监督管理机构作出的离港、改航、停航、停止作业和禁止进、离港等决定的。	农业农村主管部门	省级
182	对农产品生产企业、农民专业合作经济组织以及从事农产品收购的单位或者伪造农产品生产记录逾期未按照规定改正的行政处罚	行政处罚	《中华人民共和国农产品质量安全法》第四十七条：农产品生产企业、农民专业合作经济组织未建立或者未按照规定保存农产品生产记录的，或者伪造农产品生产记录的，责令限期改正，可以处二千元以下罚款。第五十二条第一款：本法第四十四条、第四十七条至第四十九条、第五十条第一款和第五十一条规定的处理、处罚，由县级以上人民政府农业行政主管部门决定；第五十条第二款、第三款规定的处理的处理、处罚，由市场监督管理部门决定。	农业农村主管部门	县级
183	对农产品生产企业、农民专业合作经济组织以及从事农产品收购的单位或者个人销售的农产品未按照规定进行包装、标识逾期不改正的行政处罚	行政处罚	《中华人民共和国农产品质量安全法》第二十八条：农产品生产企业、农产品收购者出应当按照标识或者包装或者附加标识后方可销售。包装物或者标识上应当按照规定标明产品的品名、产地、生产者、生产日期、保质期、产品质量等级等内容；使用添加剂的，还应当按照规定标明添加剂的名称。具体办法由国务院农业行政主管部门制定。第四十八条：违反本法第二十八条规定，销售的农产品未按照规定进行包装、标识	农业农村主管部门	设区的市或县级

（续）

序号	事项名称	职权类型	实施依据	实施主体	
				法定实施主体	第一责任层级建议
183	对农产品生产企业、农民专业合作经济组织以及从事农产品收购的单位或者个人销售的农产品未按照规定进行包装、标识逾期不改正的行政处罚	行政处罚	的，责令限期改正；逾期不改正的，可以处二千元以下罚款。第五十二条第一款：本法第四十四条、第四十七条至第四十九条、第五十条和第五十一条规定的处理、处罚，由县级以上人民政府农业行政主管部门决定；第五十条第二款、第三款规定的处理、处罚，由市场监督管理部门决定。	农业农村主管部门	设区的市或县级
184	对食用农产品进入批发、零售市场或者生产加工企业前使用的保鲜剂、防腐剂、添加剂等材料不符合国家有关强制性的技术规范的行政处罚	行政处罚	《中华人民共和国农产品质量安全法》第三十三条第四项：有下列情形之一的农产品，不得销售：（四）使用的保鲜剂、防腐剂、添加剂等不符合国家有关强制性的技术规范的。第四十九条：有本法第三十三条第四项规定的情形，使用的保鲜剂、防腐剂、添加剂等材料不符合国家有关强制性的技术规范的，责令停止销售，对被污染的农产品进行无害化处理，对不能进行无害化处理的予以监督销毁，没收违法所得，并处二千元以上二万元以下罚款。第五十二条第一款：本法第四十四条、第四十七条至第四十九条、第五十条和第五十一条规定的处理、处罚，由县级以上人民政府农业行政主管部门决定；第五十条第二款、第三款规定的处理、处罚，由市场监督管理部门决定。	农业农村主管部门	设区的市或县级
185	对农产品生产企业、农民专业合作经济组织销售农产品不符合农产品质量安全标准的行政处罚	行政处罚	《中华人民共和国农产品质量安全法》第三十三条第一、二、三、五项：有下列情形之一的农产品，不得销售：（一）含有国家禁止使用的农药、兽药或者其他化学物质的；（二）农药、兽药等化学物质残留或者含有的重金属等有毒有害物质不符合农产品质量安全标准的；（三）含有的致病性寄生虫、微生物或者生物毒素不符合农产品质量安全标准的；（五）其他不符合农产品质量安全标准的。	农业农村主管部门	设区的市或县级

（续）

序号	事项名称	职权类型	实施依据	实施主体	
				法定实施主体	第一责任层级建议
185	对农产品生产企业、农民专业合作经济组织销售不合格农产品的行政处罚	行政处罚	第五十条：农产品生产企业、农民专业合作经济组织销售的农产品有本法第三十三条第一项至第五项所列情形之一的，责令停止销售，追回已经销售的农产品，对违法销售的农产品进行无害化处理或者予以监督销毁；没收违法所得，并处二千元以上二万元以下罚款。农产品批发市场中销售的农产品有前款所列情形的，依照前款规定处理。农产品销售企业销售的农产品有第一款所列情形的，对违法销售的农产品依照第一款规定处理，对违法销售农产品的销售者依照第一款规定处罚。农产品批发市场违反本法第三十七条第一款规定的，责令改正，处二千元以上二万元以下罚款。第五十一条：本法第四十七条、第四十九条、第五十条第一款，由县级以上人民政府农业行政主管部门决定；处理、处罚，由市场监督管理部门决定。	农业农村主管部门	设区的市或县级
186	对冒用农产品质量标志的行政处罚	行政处罚	《中华人民共和国农产品质量安全法》第五十一条：违反本法第三十二条规定，冒用农产品质量标志的，责令改正，没收违法所得，并处二千元以上二万元以下罚款。第五十二条第一款：本法第四十四条、第四十五条第一款，第四款和第五十条第一款，由县级以上人民政府农业行政主管部门决定；第五十条第二款、第三款规定的处理、处罚，由市场监督管理部门决定。	农业农村主管部门	设区的市或县级
187	对生产经营者不按照法定条件、要求从事生产经营活动等行为的行政处罚	行政处罚	《国务院关于加强食品等产品安全监督管理的特别规定》第三条第二、三、四款：依照法律、行政法规规定生产、销售产品需要取得许可证，销售产品需要取得认证的，应当按照法定条件、要求从事生产经营活动或者销售产品。不按照法定条件、要求从事生产经营活动或者销售不符合法定要求产品的，由农业、卫生、质检、商务、工商、药品等监督管理部门依据各自职责，没收违法所得、产品和用于	农业农村主管部门	设区的市或县级

（续）

序号	事项名称	职权类型	实施依据	实施主体	
				法定实施主体	第一责任层级建议
187	对生产经营者不按照法定条件、要求从事食用农产品生产经营活动等的行政处罚	行政处罚	违法生产经营的工具、设备、原材料等物品，货值金额不足5 000元的，并处5万元罚款；货值金额1万元以上不足10万元的，并处10万元以下的罚款；处货值金额5 000元10倍以上20倍以下的罚款；构成非法经营罪或销售伪劣商品罪等犯罪的，依法追究刑事责任。生产经营者不再符合法定条件、要求，继续从事生产经营活动的，由原发证部门吊销原许可证照，并在当地主要媒体上公告被吊销许可证照的生产经营者名单。销售伪劣商品罪等犯罪的，依法追究刑事责任。构成非法经营罪而未取得许可证照从事生产经营活动的，由农业、卫生、质检、商务、工商、药品等监督管理部门依据各自职责，没收违法所得，没收用于违法生产经营的工具、设备、原材料等物品，货值金额不足1万元的，并处10万元以下的罚款；货值金额1万元以上的，并处货值金额10倍以上20倍以下的罚款；构成非法经营罪的，依法追究刑事责任。	农业农村主管部门	设区的市或县级
188	对生产食用农产品所使用的原料、辅料、添加剂、农业投入品等不符合法律、行政法规的规定和国家强制性标准的行政处罚	行政处罚	《国务院关于加强食品等产品安全监督管理的特别规定》第四条：生产者生产所使用的原料、辅料、添加剂、农业投入品，应当符合法律、行政法规的规定和国家强制性标准。违反前款规定，违法使用原料、辅料、添加剂、农业投入品的，由农业、卫生、质检、商务、药品等监督管理部门依据各自职责没收违法所得，货值金额不足5 000元罚款；货值金额5 000元以上不足2万元罚款；货值金额1万元以上的，并处货值金额5倍以上10倍以下的罚款；由原发证部门吊销许可证照；构成生产、销售伪劣商品罪的，依法追究刑事责任。	农业农村主管部门	设区的市或县级

（续）

序号	事项名称	职权类型	实施依据	实施主体	
				法定实施主体	第一责任层级建议
189	对生产者企业发现其生产的食用农产品存在安全隐患,可能对人体健康和生命安全造成损害,不向社会公布有关信息,不向有关监督管理部门报告等的行政处罚	行政处罚	《国务院关于加强食品等产品安全监督管理的特别规定》第九条:生产企业发现其生产的产品存在安全隐患,可能对人体健康和生命安全造成损害的,应当向社会公布有关信息,告知销售者停止销售,通知消费者停止使用,主动召回产品,并向有关监督管理部门报告;销售者应当立即停止销售该产品。生产企业发现其销售的产品存在安全隐患,可能对人体健康和生命安全造成损害的,应当立即停止销售该产品,通知生产企业或者供货商,并向有关监督管理部门报告。生产企业、销售者不履行前款规定义务的,由农业、卫生、质检、工商、商务、药品监督管理等部门依据各自职责,责令生产企业召回产品,责令销售者停止销售,对生产企业并处货值金额 3 倍的罚款,对销售者并处 1 000 元以上 5 万元以下的罚款;造成严重后果的,由原发证部门吊销营业许可证照。	农业农村主管部门	设区的市或县级
190	对农产品质量安全检测机构伪造检测结果或者出具检测结果不实的行政处罚	行政处罚	1.《中华人民共和国农产品质量安全法》第四十四条:农产品质量安全检测机构伪造检测结果的,责令改正,没收违法所得,并处五万元以上十万元以下罚款,对直接负责的主管人员和其他直接责任人员处一万元以上五万元以下罚款;情节严重的,撤销其检测资格。农产品质量安全检测机构出具检测结果不实,造成损害的,依法承担赔偿责任;造成重大损害的,并撤销其检测资格。第五十二条第一款、本法第五十一条、第五十条第一条、第四十九条、第四十七条至第四十六条、第五十四条第一款、第五十四条第一款规定的处理、处罚,由县级以上人民政府农业行政主管部门处罚,由市场监督管理部门决定;第五十一条第二款规定的处理、处罚决定。2.《农产品质量安全检测机构考核办法》第三十二条:农产品质量安全检测机构伪造检测结果或者出具虚假证明的,依照《中华人民共和国农产品质量安全法》第四十四条的规定处罚。	农业农村主管部门	设区的市或县级

（续）

序号	事项名称	职权类型	实施依据	实施主体	
				法定实施主体	第一责任层级建议
191	对伪造、冒用、转让、买卖无公害农产品产地认定证书、产品认证证书和标志行为的行政处罚	行政处罚	《无公害农产品管理办法》 第三十七条第一款：违反本办法第三十五条规定的，由县级以上农业行政主管部门和各地质量监督检验检疫部门根据各自的职责分工责令其停止，并可处以违法所得1倍以上3倍以下的罚款，但最高罚款不得超过3万元；没有违法所得的，可以处1万元以下的罚款。 第三十五条：任何单位和个人不得伪造、冒用、转让、买卖无公害农产品产地认定证书、产品认证证书和标志。	农业农村主管部门	设区的市或县级
192	对置自移动、损毁禁止生产区标牌行为的行政处罚	行政处罚	《农产品产地安全管理办法》 第二十六条：违反《中华人民共和国农产品质量安全法》和本办法规定的划定标准和程序划定的禁止生产区，违反本办法规定，擅自移动、损毁禁止生产区标牌的，由县级以上地方人民政府农业行政主管部门责令限期改正，可处以一千元以下罚款。其他违反本办法规定的，依照有关法律法规处罚。	农业农村主管部门	设区的市或县级
193	对农药登记试验单位出具虚假登记试验报告的行政处罚	行政处罚	《农药管理条例》 第五十一条：登记试验单位出具虚假登记试验报告的，由省、自治区、直辖市人民政府农业主管部门没收违法所得，并处5万元以上10万元以下罚款；由国务院农业主管部门从登记试验单位中除名，5年内不再受理其登记试验申请；构成犯罪的，依法追究刑事责任。	农业农村主管部门	省级
194	对未取得农药生产许可证生产农药或者生产假农药的行政处罚	行政处罚	《农药管理条例》 第五十二条第一款：未取得农药生产许可证生产农药或者生产假农药的，由县级以上地方人民政府农业主管部门责令停止生产，没收违法所得、违法生产的产品和用于违法生产的工具、设备、原材料等，违法生产的产品货值金额不足1万元的，并处5万元以上10万元以下罚款，货值金额1万元以上的，并处货值10倍以上20倍以下罚款；构成犯罪的，依法追究刑事责任。由发证机关吊销农药生产许可证相应的农药登记证。	农业农村主管部门	设区的市或县级

（续）

序号	事项名称	职权类型	实施依据	实施主体	
				法定实施主体	第一责任层级建议
195	对取得农药生产许可证的农药生产企业不再符合规定条件继续生产农药的行政处罚	行政处罚	《农药管理条例》第五十二条第二款：取得农药生产许可证的农药生产企业不再符合规定条件继续生产农药的，由县级以上地方人民政府农业主管部门责令限期整改；逾期拒不整改或者整改后仍不符合规定条件的，由发证机关吊销农药生产许可证。	农业农村主管部门	设区的市或县级
196	对农药生产企业生产劣质农药的行政处罚	行政处罚	《农药管理条例》第五十二条第三款：农药生产企业生产劣质农药的，由县级以上地方人民政府农业主管部门责令停止生产，没收违法所得、违法生产的产品和用于违法生产的工具、设备、原材料等，违法生产的产品货值金额不足1万元的，并处1万元以上5万元以下罚款，货值金额1万元以上的，并处货值金额5倍以上10倍以下罚款；情节严重的，由发证机关吊销农药生产许可证和相应的农药登记证；构成犯罪的，依法追究刑事责任。	农业农村主管部门	设区的市或县级
197	对委托未取得农药生产许可证的受托人加工、分装农药，或者委托加工、分装假农药、劣质农药的行政处罚	行政处罚	《农药管理条例》第五十二条第一、三、四款：未取得农药生产许可证生产农药或者生产假农药的，由县级以上地方人民政府农业主管部门责令停止生产，没收违法所得、违法生产的产品和用于违法生产的工具、设备、原材料等，并处5万元以上10万元以下罚款，货值金额5万元以上的，并处货值金额10倍以上20倍以下罚款，由发证机关吊销农药相应的农药登记证；构成犯罪的，依法追究刑事责任。农药生产企业生产假农药的，由县级以上地方人民政府农业主管部门责令停止生产，没收违法所得、违法生产的产品和用于违法生产的工具、设备、原材料等，违法生产的产品货值金额不足1万元的，并处1万元以上5万元以下罚款，货值金额1万元以上的，并处货值金额5倍以上10倍以下罚款；情节严重的，由发证机关吊销农药生产许可证和相应的农药登记证；构成犯罪的，依法追究刑事责任。委托未取得农药生产许可证的受托人加工、分装农药，分装假农药、劣质农药的，对委托人和受托人均依照本条第一款、第三款的规定处罚。	农业农村主管部门	设区的市或县级

（续）

序号	事项名称	职权类型	实施依据	实施主体		第一责任层级建议
				法定实施主体		
198	对农药生产企业采购、使用未依法附具产品质量检验合格证、未依法取得有关许可证明文件的原材料等行为的行政处罚	行政处罚	《农药管理条例》第五十三条：农药生产企业有下列行为之一的，由县级以上地方人民政府农业主管部门责令改正，违法生产的产品和用于违法生产的原材料等，违法生产的产品货值金额不足1万元的，并处1万元以上2万元以下罚款，货值金额1万元以上的，并处货值金额2倍以上5倍以下罚款；拒不改正或者情节严重的，由发证机关吊销农药生产许可证：（一）采购、使用未依法附具产品质量检验合格证、未依法取得有关许可证明文件的原材料；（二）出厂销售的农药包装、标签、说明书不符合规定，或者出厂销售未经质量检验合格并附具产品质量检验合格证的农药；（三）生产已依法召回的农药；（四）不召回依法应当召回的农药。	农业农村主管部门		设区的市或县级
199	对农药生产企业不执行原材料进货、农药出厂销售记录制度，或者不履行农药废弃物回收义务的行政处罚	行政处罚	《农药管理条例》第五十四条：农药生产企业不执行原材料进货、农药出厂销售记录制度，或者不履行农药废弃物回收义务的，由县级以上地方人民政府农业主管部门责令改正，处1万元以上5万元以下罚款；拒不改正或者情节严重的，由发证机关吊销农药生产许可证。	农业农村主管部门		设区的市或县级
200	对农药经营者未取得农药经营许可证经营农药或经营假农药等行为的行政处罚	行政处罚	《农药管理条例》第五十五条：农药经营者有下列行为之一的，由县级以上地方人民政府农业主管部门责令停止经营，没收违法所得、违法经营的农药和用于违法经营的工具、设备等，违法经营的农药货值金额不足1万元的，并处5000元以上5万元以下罚款，货值金额1万元以上的，并处货值金额5倍以上10倍以下罚款；构成犯罪的，依法追究刑事责任：（一）违反本条例规定，未取得农药经营许可证经营农药；（二）经营假农药；（三）在农药中添加物质。有前款第二项、第三项规定的行为，情节严重的，还应当由发证机关吊销农药经营许可证。取得农药经营许可证的农药经营者有本条规定的行为被县级以上地方人民政府农业主管部门责令限期整改，逾期拒不整改或者整改后仍不符合规定条件的，由发证机关吊销农药经营许可证。	农业农村主管部门		设区的市或县级

（续）

序号	事项名称	职权类型	实施依据	实施主体	
				法定实施主体	第一责任层级建议
201	对农药经营者经营劣质农药的行政处罚	行政处罚	《农药管理条例》第五十六条：农药经营者经营劣质农药的，由县级以上地方人民政府农业主管部门责令停止经营，没收违法所得、违法经营的农药和用于违法经营的工具、设备等，违法经营的农药货值金额不足 1 万元的，并处 2 000 元以上 2 万元以下罚款，货值金额 1 万元以上的，并处货值金额 2 倍以上 5 倍以下罚款；情节严重的，由发证机关吊销农药经营许可证；构成犯罪的，依法追究刑事责任。	农业农村主管部门	设区的市或县级
202	对农药经营者设立分支机构未依法变更农药经营许可证，或者未向分支机构所在地县级以上地方人民政府农业主管部门备案等行为的行政处罚	行政处罚	《农药管理条例》第五十七条：农药经营者有下列行为之一的，由县级以上地方人民政府农业主管部门责令改正，拒不改正或者情节严重的，由发证机关吊销农药经营许可证，并处 5 000 元以上 5 万元以下罚款：（一）设立分支机构未依法变更农药经营许可证，或者未向分支机构所在地县级以上地方人民政府农业主管部门备案；（二）向未取得农药生产许可证或者农药经营许可证的企业或者个人购买农药；（三）采购、销售未附具质量检验合格证或者包装、标签不符合规定的农药；（四）不停止销售依法应当召回的农药。	农业农村主管部门	设区的市或县级
203	对农药经营者不执行农药采购台账、销售台账制度等行为的行政处罚	行政处罚	《农药管理条例》第五十八条：农药经营者有下列行为之一的，由县级以上地方人民政府农业主管部门责令改正，拒不改正或者情节严重的，处 2 000 元以上 2 万元以下罚款，并由发证机关吊销农药经营许可证：（一）不执行农药采购台账、销售台账制度；（二）在卫生用农药以外的农药经营场所内经营食品、食用农产品、饲料等；（三）未将卫生用药与其他商品分柜销售；（四）不履行农药废弃物回收义务。	农业农村主管部门	设区的市或县级

（续）

序号	事项名称	职权类型	实施依据	实施主体	
				法定实施主体	第一责任层级建议
204	对境外企业直接在中国销售农药；取得农药登记证的境外企业向中国出口劣质农药情节严重或者出口假农药的行政处罚	行政处罚	《农药管理条例》第五十九条：境外企业直接在中国销售农药的，由县级以上地方人民政府农业主管部门责令停止销售，没收违法所得、违法经营的农药和用于违法经营的工具、设备等，违法经营的农药货值金额不足5万元的，并处5万元以上50万元以下罚款，货值金额5万元以上的，并处货值金额10倍以上20倍以下罚款，由发证机关吊销农药登记证。取得农药登记证的境外企业向中国出口劣质农药情节严重或者出口假农药的，由国务院农业主管部门吊销相应的农药登记证。	农业农村主管部门	设区的市或县级
205	对农药使用者不按照农药的标签标注的使用范围、使用方法和剂量、使用技术要求和注意事项、安全间隔期使用农药等的行政处罚	行政处罚	《农药管理条例》第六十条：农药使用者有下列行为之一的，由县级人民政府农业主管部门责令改正，农药使用者为农产品生产企业、食品和食用农产品仓储企业、专业化病虫害防治服务组织和从事农产品生产的农民专业合作社等单位的，处5万元以上10万元以下罚款，农药使用者为个人的，处1万元以下罚款，构成犯罪的，依法追究刑事责任：（一）不按照农药的标签标注的使用范围、使用方法和剂量、使用技术要求和注意事项、安全间隔期使用农药；（二）使用禁用的农药；（三）将剧毒、高毒农药用于防治卫生害虫，用于蔬菜、瓜果、茶叶、菌类、中草药材生产或者用于水生植物的病虫害防治；（四）……等。有前款第二项规定的行为的，县级人民政府农业主管部门还应当没收禁用的农药。	农业农村主管部门	县级
206	对农产品生产企业、食品和食用农产品仓储企业、专业化病虫害防治服务组织和从事农产品生产的农民专业合作社等执行农药使用记录制度的行政处罚	行政处罚	《农药管理条例》第六十一条：农产品生产企业、食品和食用农产品仓储企业、专业化病虫害防治服务组织和从事农产品生产的农民专业合作社等不执行农药使用记录制度的，由县级人民政府农业主管部门责令改正；拒不改正或者情节严重的，处2000元以上2万元以下罚款。	农业农村主管部门	县级

（续）

序号	事项名称	职权类型	实施依据	实施主体		
				法定实施主体	第一责任层级	建议
207	对伪造、变造、转让、出租、出借农药登记证、农药生产许可证、农药经营许可证等许可证明文件的行政处罚	行政处罚	《农药管理条例》 第六十二条：伪造、变造、转让、出租、出借农药登记证、农药生产许可证、农药经营许可证等许可证明文件的，由发证机关收缴或者予以吊销，没收违法所得，并处1万元以上5万元以下罚款；构成犯罪的，依法追究刑事责任。	农业农村主管部门	设区的市或县级	
208	对未取得农药生产许可证生产农药、未取得农药经营许可证经营农药，或者被吊销农药登记证、农药生产许可证、农药经营许可证的直接负责的主管人员的行政处罚	行政处罚	《农药管理条例》 第六十三条：未取得农药登记证生产农药、未取得农药经营许可证经营农药，农药生产、经营活动的，其直接负责的主管人员10年内不得从事农药生产、经营活动。农药生产企业、农药经营者招用前款规定的人员从事农药生产、经营活动的，由发证机关吊销农药生产许可证、农药经营许可证。被吊销农药登记证的，国务院农业主管部门5年内不再受理其农药登记申请。	农业农村主管部门	设区的市或县级	
209	对未依照《植物检疫条例》规定办理农业领域植物检疫证书或者在报检过程中弄虚作假等行为的行政处罚	行政处罚	1.《植物检疫条例》 第十八条第一、二款：有下列行为之一的，植物检疫机构应当责令纠正，可以处以罚款；造成损失的，应当负责赔偿；构成犯罪的，由司法机关依法追究刑事责任：（一）未依照本条例规定办理植物检疫证书或者在报检过程中弄虚作假的；（二）未依照本条例规定调运、生产、经营应施检疫的植物、植物产品的；（三）伪造、涂改、买卖、转让植物检疫单证、印章、标志、封识的。	农业农村主管部门	设区的市或县级	

（续）

序号	事项名称	职权类型	实施依据	实施主体	
				法定实施主体	第一责任层级建议
209	对未依照《植物检疫条例》规定办理农业领域植物检疫证书或者在报检过程中弄虚作假的行为的行政处罚	行政处罚	定调运、隔离试种或者生产应施检疫的植物、植物产品的；（四）违反本条例规定，擅自开拆植物、植物产品包装，调换植物、植物产品，或者擅自改变植物产品的规定用途的；（五）违反本条例规定，引起疫情扩散的。有前款第（一）、（二）、（三）、（四）项所列情形之一，尚不构成犯罪的，植物检疫机构可以没收非法所得。《植物检疫条例实施细则》（农业部分）第二十五条：有下列违法行为之一，尚未构成犯罪的，由植物检疫机构处以罚款：（一）在报检过程中故意谎报受检物品种类、品种、受检物作物面积，提供虚假证明材料的；（二）在调运过程中擅自开拆检讫的植物、植物产品，调换或者夹带其他未经检疫的植物、植物产品，或者擅自将非种用植物、植物产品作种用的；（三）伪造、涂改、买卖、转让植物检疫单证、印章、标志、封识的；（四）违反《植物检疫条例》第七条、第八条、第十条、第十一条规定，擅自调运植物、植物产品的；（五）违反《植物检疫条例》第十一条规定，试验、生产、推广带有植物检疫对象的种子、苗木和其他繁殖材料，或者违反《植物检疫条例》第十三条规定，未经批准在非疫区进行检疫对象活体试验研究的；（六）违反《植物检疫条例》第十二条第二款规定，不在指定地点种植或者不按要求隔离自分散种、苗木和其他繁殖材料的；罚款按以下标准执行：对于非经营活动中的违法行为，处以违法所得，没有违法所得的，处以10 000元以下罚款；对于经营活动中的违法行为，处以违法所得3倍以下罚款，但最高不得超过30 000元，没有违法所得的，处以1 000元以下罚款。有本条第一款（二）、（三）、（四）、（五）、（六）项违法行为之一，引起疫情扩散的，责令当事人销毁或者除害处理。有本条第一款（二）、（三）、（四）、（五）、（六）项违法行为之一，造成损失的，植物检疫机构可以责令其赔偿损失。以营利为目的的，植物检疫机构可以没收当事人的非法所得。	农业农村主管部门	设区的市或县级

（续）

序号	事项名称	职权类型	实施依据	实施主体	
				法定实施主体	第一责任层级建议
210	对生产、销售未取得登记证的肥料产品等行为的行政处罚	行政处罚	《肥料登记管理办法》第二十六条：有下列情形之一的，由县级以上农业行政主管部门给予警告，并处违法所得 3 倍以下罚款，但最高不得超过 30 000 元；没有违法所得的，处 10 000 元以下罚款：（一）生产、销售未取得登记证的肥料产品；（二）假冒、伪造肥料登记证、登记证号的；（三）生产、销售的肥料产品有效成分或含量与登记批准内容不符的。	农业农村主管部门	设区的市或县级
211	对转让肥料登记证或登记证号等行为的行政处罚	行政处罚	《肥料登记管理办法》第二十七条：有下列情形之一的，由县级以上农业行政主管部门给予警告，并处违法所得 3 倍以下罚款，但最高不得超过 20 000 元；没有违法所得的，处 10 000 元以下罚款：（一）转让肥料登记证或该登记证号的；（二）登记证有效期满未经批准继续展览登记而继续生产该肥料产品的；（三）生产、销售包装上未附标签、标签残缺不清或者置自修改标签内容的。	农业农村主管部门	设区的市或县级
212	对未取得采集证或者未按照采集证的规定采集国家重点保护农业野生植物的行政处罚	行政处罚	《中华人民共和国野生植物保护条例》第二十三条：未取得采集证或者未按照采集证的规定采集国家重点保护野生植物的，由野生植物行政主管部门没收所采集的野生植物和违法所得，可以并处违法所得 10 倍以下的罚款；有采集证的，并可以吊销采集证。	农业农村主管部门	设区的市或县级
213	对违规出售、收购国家重点保护农业野生植物的行政处罚	行政处罚	《中华人民共和国野生植物保护条例》第二十四条：违反本条例规定，出售、收购国家重点保护野生植物的，由工商行政管理部门或者野生植物行政主管部门按照职责分工没收野生植物和违法所得，可以并处违法所得 10 倍以下的罚款。	农业农村主管部门	设区的市或县级

（续）

序号	事项名称	职权类型	实施依据	实施主体		
				法定实施主体	第一责任层级建议	
214	对伪造、倒卖、转让农业部门颁发的采集证、允许进出口证明书或者有关批准文件、标签的行为行政处罚	行政处罚	《中华人民共和国野生植物保护条例》 第二十六条：伪造、倒卖、转让采集证、允许进出口证明书或者有关批准文件、标签的，由野生植物行政主管部门或者工商行政管理部门按照职责分工收缴、没收违法所得，可以并处 5 万元以下的罚款。	农业农村主管部门	设区的市或县级	
215	对外国人在中国境内采集、收购国家重点保护农业野生植物等行为的行政处罚	行政处罚	《中华人民共和国野生植物保护条例》 第二十七条：外国人在中国境内采集、收购国家重点保护的国家行政主管部门管理的国家重点保护的野生植物的，由野生植物行政主管部门没收所采集、收购的野生植物和考察资料，收购的野生植物，或者未经批准对农业野生植物进行野外考察的，可以并处 5 万元以下的罚款。	农业农村主管部门	设区的市或县级	
216	对未依法填写、提交渔捞日志的行为行政处罚	行政处罚	1.《中华人民共和国渔业法》 第二十五条：从事捕捞作业的单位和个人，必须按照捕捞许可证关于作业类型、场所、时限、渔具数量和捕捞限额的规定进行作业，并遵守国家有关保护渔业资源的规定，大中型渔船应当填写渔捞日志。 2.《渔业捕捞许可管理规定》 第五十三条：未按规定提交渔捞日志或者渔捞日志填写不真实、不规范的，由县级以上人民政府渔业主管部门或其所属的渔政监督管理机构给予警告，责令改正；逾期不改正的，可以处 1 000 元以上 1 万元以下罚款。	农业农村主管部门	设区的市或县级（特殊区域为省级）	

（续）

序号	事项名称	职权类型	实施依据	实施主体		
				法定实施主体	第一责任层级建议	
217	对农业投入品生产者、销售者、使用者未按照规定及时回收肥料等农业投入品的包装废弃物或者农用薄膜等行为的行政处罚	行政处罚	《中华人民共和国土壤污染防治法》第八十八条：违反本法规定，农业投入品生产者、销售者、使用者未按照规定及时回收肥料等农业投入品的包装废弃物或者农用薄膜，或者未按规定及时回收农药包装废弃物或者农用薄膜等农业投入品使用者为个人的，可以处二百元以上二千元以下的罚款。	农业农村主管部门	设区的市或县级	
218	对农用地土壤污染责任人或者土地使用权人未按照规定实施后期管理的行政处罚	行政处罚	《中华人民共和国土壤污染防治法》第七条：国务院生态环境主管部门对全国土壤污染防治工作实施统一监督管理；国务院农业农村、自然资源、住房城乡建设、林业草原等主管部门在各自职责范围内对土壤污染防治工作实施监督管理。地方人民政府对本行政区域土壤污染防治工作负责。地方人民政府生态环境主管部门对本行政区域土壤污染防治工作实施统一监督管理；地方人民政府农业农村、自然资源、住房城乡建设、林业草原等主管部门在各自职责范围内对土壤污染防治工作实施监督管理。第九十二条：违反本法规定，土壤污染责任人或者土地使用权人未按照规定实施后期管理的，由地方人民政府生态环境主管部门或者其他负有土壤污染防治监督管理职责的部门责令改正，处一万元以上五万元以下的罚款；情节严重的，处五万元以上十万元以下的罚款。	农业农村主管部门	设区的市或县级	
219	对农用地土壤污染监督管理中，被检查者拒不配合检查，或者在接受检查时弄虚作假的行政处罚	行政处罚	《中华人民共和国土壤污染防治法》第七条：国务院生态环境主管部门对全国土壤污染防治工作实施统一监督管理；国务院农业农村、自然资源、住房城乡建设、林业草原等主管部门在各自职责范围内对土壤污染防治工作实施监督管理。地方人民政府对本行政区域土壤污染防治工作负责。地方人民政府生态环境主管部门对本行政区域土壤污染防治工作实施统一监督管理；地方人民政府农业农村、自然资源、住房城乡建设、林业草原等主管部门在各自职责范围内对土壤污染防治工作实施监督管理。第九十三条：违反本法规定，被检查者拒不配合检查，或者在接受检查时弄虚作假的，由县级以上人民政府生态环境主管部门或者其他负有土壤污染防治监督管理职责的部门责令改正，处二万元以上二十万元以下的罚款；对直接负责的主管人员和其他直接责任人员处五千元以上二万元以下的罚款。	农业农村主管部门	设区的市或县级	

（续）

序号	事项名称	职权类型	实施依据	实施主体	
				法定实施主体	第一责任层级建议
220	对未按照规定对农用地土壤污染责任人或者土地使用权人未按照规定采取风险管控措施等的行为的行政处罚	行政处罚	《中华人民共和国土壤污染防治法》 第七条：国务院生态环境主管部门对全国土壤污染防治工作实施统一监督管理；国务院农业农村、自然资源、住房城乡建设、林业草原等主管部门在各自职责范围内对本行政区域土壤污染防治工作实施统一监督管理。地方人民政府农业农村、自然资源、住房城乡建设、林业草原等主管部门在各自职责范围内对土壤污染防治工作实施监督管理。 第九十四条：违反本法规定，土壤污染责任人或者土地使用权人有下列行为之一的，由地方人民政府生态环境主管部门或者其他负有土壤污染防治监督管理职责的部门责令改正，处二万元以上二十万元以下的罚款；拒不改正的，处二十万元以上一百万元以下的罚款，并委托他人代为履行，所需费用由土壤污染责任人或者土地使用权人承担；对直接负责的主管人员和其他直接责任人员处五万元以上二万元以下罚款：……（四）未按照规定实施风险管控或者修复的；（五）风险管控、修复活动完成后，未另行委托有关单位对风险管控效果、修复效果进行评估的。第四项规定行为之一，情节严重的，地方人民政府生态环境主管部门或者其他负有土壤污染防治监督管理职责的部门可以将案件移送公安机关，对负有责任的主管人员和其他直接责任人员处五日以上十五日以下的拘留。	农业农村主管部门	设区的市或县级
221	对农用地土壤污染责任人或者土地使用权人未按照规定将评估报告、效果修复方案、效果评估报告报地方人民政府农业农村主管部门备案的行为的行政处罚	行政处罚	《中华人民共和国土壤污染防治法》 第七条：国务院生态环境主管部门对全国土壤污染防治工作实施统一监督管理；国务院农业农村、自然资源、住房城乡建设、林业草原等主管部门在各自职责范围内对本行政区域土壤污染防治工作实施统一监督管理。地方人民政府农业农村、自然资源、住房城乡建设、林业草原等主管部门在各自职责范围内对土壤污染防治工作实施监督管理。	农业农村主管部门	设区的市或县级

（续）

序号	事项名称	职权类型	实施依据	实施主体	
				法定实施主体	第一责任层级建议
221	对农用地土壤污染责任人或者土地使用权人未按照规定将修复方案、效果评估报告报地方人民政府农业农村主管部门备案的行政处罚	行政处罚	第九十条第二项：违反本法规定，有下列行为之一的，由地方人民政府有关部门责令改正，拒不改正的，处一万元以上五万元以下的罚款：（二）土壤污染责任人或者土地使用权人未按照规定将修复方案、效果评估报告报地方人民政府生态环境、农业农村、林业草原主管部门备案的。	农业农村主管部门	设区的市或县级
222	对非法占用耕地等破坏种植条件，或者因开发土地造成土地荒漠化、盐渍化行为涉及农业农村部门职责的行政处罚	行政处罚	《中华人民共和国土地管理法》第七十五条：违反本法规定，占用耕地建窑、建坟或者擅自在耕地上建房、挖砂、采石、采矿、取土等，破坏种植条件的，或者因开发土地造成土地荒漠化、盐渍化的，由县级以上人民政府自然资源主管部门，农业农村主管部门等按照职责责令改正或者治理，可以并处罚款；构成犯罪的，依法追究刑事责任。	农业农村主管部门	设区的市或县级
223	对农村村民未经批准或者采取欺骗手段骗取批准、非法占用土地用地建住宅的行政处罚	行政处罚	《中华人民共和国土地管理法》第七十八条：农村村民未经批准或者采取欺骗手段骗取批准，非法占用土地建住宅的，由县级以上人民政府农业农村主管部门责令退还非法占用的土地，限期拆除在非法占用的土地上新建的房屋。超过省、自治区、直辖市规定的标准，多占的土地以非法占用土地论处。	农业农村主管部门	设区的市或县级

（续）

序号	事项名称	职权类型	实施依据	实施主体		
				法定实施主体	第一责任层级	建议
	对在相关自然保护区域、禁渔区、禁渔期猎捕国家重点保护水生野生动物、未取得特许猎捕证、未按照特许猎捕证规定猎捕、杀害国家重点保护水生野生动物，或者使用禁用的工具、方法猎捕国家重点保护水生野生动物的行为的行政处罚		《中华人民共和国野生动物保护法》 第七条第二款：县级以上地方人民政府林业草原、渔业主管部门分别主管本行政区域内陆生、水生野生动物保护工作。 第二十条：在相关自然保护区域和禁猎（渔）区、禁猎（渔）期内，禁止猎捕以及其他妨碍野生动物生息繁衍的活动。但法律法规另有规定的除外。野生动物迁徙洄游期间，在前款规定的范围以及野生动物迁徙洄游通道内，禁止猎捕并严格限制其他妨碍野生动物生息繁衍的活动。迁徙洄游通道的范围以及妨碍野生动物生息繁衍活动的内容，由县级以上人民政府或者其野生动物保护主管部门规定并公布。 第二十一条：禁止猎捕、杀害国家重点保护野生动物。因科学研究、种群调控、疫源疫病监测或者其他特殊情况，需要猎捕国家一级保护野生动物的，应当向国务院野生动物保护主管部门申请特许猎捕证；需要猎捕国家二级保护野生动物的，应当向省、自治区、直辖市人民政府野生动物保护主管部门申请特许猎捕证。 第二十三条第一款：猎捕者应当按照特许猎捕证、狩猎证规定的种类、数量、地点、工具、方法和期限进行猎捕。 第二十四条第一款：禁止使用毒药、爆炸物、电击或者电子诱捕装置以及猎夹、猎套、地枪、排铳等工具进行猎捕，禁止使用夜间照明行猎、歼灭性围猎、捣毁巢穴、火攻、烟熏、网捕等方法进行猎捕。但因科学研究确需网捕、电子诱捕的除外。 第四十五条：违反本法第二十条、第二十一条、第二十三条第一款第一款规定，在相关自然保护区域、禁猎（渔）区、禁猎（渔）期或者使用禁用的工具、方法猎捕国家重点保护野生动物，未取得特许猎捕证、未按照特许猎捕证规定猎捕，或者有其他妨碍野生动物生息繁衍的行为的，由县级以上人民政府野生动物保护主管部门、海洋执法部门或者有关保护区域管理机构按照职责分工没收猎获物、猎捕工具和违法所得，吊销特许猎捕证，并处猎获物价值二倍以上十倍以下的罚款；没有猎获物的，并处一万元以上五万元以下的罚款；构成犯罪的，依法追究刑事责任。			
224		行政处罚		农业农村主管部门	设区的市或县级	

（续）

序号	事项名称	职权类型	实施依据	实施主体		
				法定实施主体	第一责任层级	建议
225	对未取得人工繁育许可证繁育国家重点保护水生野生动物或者《野生动物保护法》第二十八条第二款规定的水生野生动物的行政处罚	行政处罚	《中华人民共和国野生动物保护法》第七条第二款：县级以上地方人民政府林业草原、渔业主管部门分别主管本行政区域内陆生、水生野生动物保护工作。第四十七条：违反本法第二十五条第二款规定，未取得人工繁育许可证繁育国家重点保护野生动物或者本法第二十八条第二款规定的野生动物的，由县级以上人民政府野生动物保护主管部门没收野生动物及其制品，并处野生动物及其制品价值一倍以上五倍以下的罚款。	农业农村主管部门	设区的市或县级	
226	对伪造、变造、买卖、转让、租借水生野生动物有关证件、专用标识或者有关批准文件的行政处罚	行政处罚	《中华人民共和国野生动物保护法》第七条第二款：县级以上地方人民政府林业草原、渔业主管部门分别主管本行政区域内陆生、水生野生动物保护工作。第五十条：违反本法第三十九条第一款规定，伪造、变造、买卖、转让、租借有关证件、专用标识或者有关批准文件的，由县级以上人民政府野生动物保护主管部门没收违法所得，有关证件、专用标识、有关批准文件，并处五万元以上二十五万元以下的罚款；构成犯罪的，依法追究刑事责任。	农业农村主管部门	设区的市或县级	
227	对违反水污染治法规定，造成渔业污染事故或者渔业船舶造成水污染事故的行政处罚	行政处罚	《中华人民共和国水污染防治法》第九十四条第三款：造成渔业污染事故或者渔业船舶造成水污染事故的，由渔业主管部门进行处罚；其他船舶造成水污染事故的，由海事管理机构进行处罚。	农业农村主管部门	设区的市或县级	

（续）

序号	事项名称	职权类型	实施依据	实施主体	
				法定实施主体	第一责任层级建议
228	对在以渔业为主的渔港水域内违反港航法律、法规造成水上交通事故的行为的行政处罚	行政处罚	1.《中华人民共和国海上交通安全法》第九条：船舶、设施上的人员必须遵守有关海上交通安全的规章制度和操作规程，保障船舶、设施航行、停泊和作业的安全。第四十条：对违反本法的，主管机关可视情节，给予下列一种或几种处罚：一、警告；二、扣留或吊销职务证书；三、罚款。第四十八条：国家渔港渔政监督管理机构，负责渔业港航监督管理，行使本法规定的主管机关的职权。在以渔业为主的渔港水域内，交通安全由国务院另行规定。具体实施办法由国务院渔业渔政监督管理机构规定。具体实施渔业港航监督管理的渔港水域内的交通事故的调查处理。2.《中华人民共和国渔业港航监督行政处罚规定》第三十一条：（一）造成特大事故的，处以3 000元以上5 000元以下罚款，吊销职务船员证书；（二）造成重大事故的，予以警告，处以1 000元以上3 000元以下罚款，扣留其职务船员证书3至6个月；（三）造成一般事故的，予以警告，处以100元以上1 000元以下罚款，扣留职务船员证书1至3个月。事故发生后，不向渔政渔港监督管理机关报告，拒绝接受渔政渔港监督管理机关调查或在接受调查时故意隐瞒事实、提供虚假证词或证明的，从重处罚。	农业农村主管部门	设区的市或县级
229	对在以渔业为主的渔港水域内发现有人遇险、遇难或收到求救信号、在不危及自身安全的情况下，不提供救助或不服从渔政渔港监督管理机关救助指挥等行为的行政处罚	行政处罚	1.《中华人民共和国海上交通安全法》第三十六条：事故现场附近的船舶、设施，收到求救信号或发现有人遭遇生命危险时，在不严重危及自身安全的情况下，应当尽力救助遇难人员，并迅速向主管机关报告现场情况和本船舶、设施的名称、呼号和位置。第三十七条：发生碰撞事故的船舶、设施，应当互通船名、国籍和登记港，并尽一切可能救助遇难人员。在不严重危及自身安全的情况下，当事船舶不得擅自离开事故现场。第四十条：对违反本法的，主管机关可视情节，给予下列一种或几种处罚：一、警告；二、扣留或吊销职务证书；三、罚款。	农业农村主管部门	设区的市或县级

（续）

序号	事项名称	职权类型	实施依据	实施主体	
				法定实施主体	第一责任层级建议
229	对在以渔业为主的渔港水域内发现有人遇险、遇难或收到求救信号，在不危及自身安全的情况下，不提供救助或不服从渔政渔港监督管理机关救助指挥等行为的行政处罚	行政处罚	第四十八条：国家渔政渔港监督管理机构，在以渔业为主的渔港水域内，行使本法规定的主管机关的职权，负责交通安全的监督管理，并负责沿海水域渔业船舶之间的交通事故的调查处理。具体实施办法由国务院另行规定。 2.《中华人民共和国渔业港航监督行政处罚规定》第三十二条：有下列行为之一的，对船长处 500 元以上 1 000 元以下罚款，扣留职务船员证书 3 至 6 个月；造成严重后果的，吊销职务船员证书：（一）发现有人遇险、遇难收到求救信号，在不危及自身安全的情况下，不提供救助或不服从渔政渔港监督管理机关守候现场或督管理机关救助指挥，接到渔政渔港监督管理机关守候现场或到指定地点接受调查的指令后、擅离现场或拒不到指定地点。	农业农村主管部门	设区的市或县级
230	对渔业船员在以渔业为主的渔港水域内因违规造成责任事故行为的行政处罚	行政处罚	1.《中华人民共和国海上交通安全法》第九条：船舶、设施上的人员必须遵守有关海上交通安全的规章制度和操作规程，保障船舶、设施航行、停泊和作业的安全。第四十四条：对违反本法、主管机关可视情节，给予下列一种几种处罚：一、警告；二、扣留或吊销职务船员证书；三、罚款。第四十八条：国家渔政渔港监督管理机构，在以渔业为主的渔港水域内，行使本法规定的主管机关的职权，负责交通安全的监督管理，并负责沿海水域渔业船舶之间的交通事故的调查处理。具体实施办法由国务院另行规定。 2.《中华人民共和国渔业船员管理办法》第四十五条：渔业船员因违规造成责任事故的，暂扣渔业船员证书 6 个月以上 2 年以下；情节严重的，吊销渔业船员证书；构成犯罪的，依法追究刑事责任。	农业农村主管部门	设区的市或县级

（续）

序号	事项名称	职权类型	实施依据	实施主体	
				法定实施主体	第一责任层级建议
231	对紧急情况下，非法研究、生产、加工、经营、试验、进口、出口的农业转基因生物的行政强制	行政强制	《农业转基因生物安全管理条例》 第三十八条第五项：农业行政主管部门履行监督检查职责时，有权采取下列措施：（五）在紧急情况下，对非法研究、试验、生产、加工、经营或者进口、出口的农业转基因生物实施封存或者扣押。	农业农村主管部门	设区的市或县级
232	对有证据证明违法生产经营的农作物种子，以及用于违法生产经营的工具、设备及运输工具等的行政强制	行政强制	《中华人民共和国种子法》 第五十条第一款第四项：农业、林业主管部门是种子行政执法机关。种子执法人员依法执行公务时应当出示行政执法证件。农业、林业主管部门依法履行种子监督检查职责时，有权采取下列措施：（四）查封、扣押有证据证明违法生产经营的种子，以及用于违法生产经营的工具、设备及运输工具等。	农业农村主管部门	设区的市或县级
233	对违法从事种子生产经营活动的场所的行政强制	行政强制	《中华人民共和国种子法》 第五十条第一款第五项：农业、林业主管部门是种子行政执法机关。种子执法人员依法执行公务时应当出示行政执法证件。农业、林业主管部门依法履行种子监督检查职责时，有权采取下列措施：（五）查封违法从事种子生产经营活动的场所。	农业农村主管部门	设区的市或县级
234	对与农作物品种权侵权案件和假冒农作物授权品种案件有关的植物品种的繁殖材料的行政强制	行政强制	1.《中华人民共和国种子法》 第五十条第一款第四项：农业、林业主管部门是种子行政执法机关。种子执法人员依法执行公务时应当出示行政执法证件。农业、林业主管部门依法履行种子监督检查职责时，有权采取下列措施：（四）查封、扣押有证据证明违法生产经营的种子，以及用于违法生产经营的工具、设备及运输工具等。	农业农村主管部门	设区的市或县级

（续）

序号	事项名称	职权类型	实施依据	实施主体	
				法定实施主体	第一责任层级建议
234	对与农作物品种权侵权案件和假冒农作物授权品种案件有关的植物品种的繁殖材料的行政强制	行政强制	2.《中华人民共和国植物新品种保护条例》 第四十一条 省级以上人民政府农业、林业行政部门依据各自的职权在查处种权侵权案件和假冒授权品种案件在查处假冒授权品种案件时，根据需要，可以封存或者扣押与案件有关的植物品种的繁殖材料、查阅、复制或者封存与案件有关的合同、账册及有关文件。	农业农村主管部门	设区的市或县级
235	对发生农业机械事故后企图逃逸的，拒不停止存在重大事故隐患农业机械的作业或者转移的行政强制	行政强制	《农业机械安全监督管理条例》 第四十一条 发生农业机械事故后企图逃逸的，县级以上地方人民政府农业机械化主管部门可以扣押事故农业机械及证件、牌照、操作证件。案件处理完毕或者农业机械事故肇事方提供担保后，县级以上地方人民政府农业机械化主管部门应当及时退还被扣押的农业机械及证书、牌照、操作证件。存在重大事故隐患的农业机械，其所有人或者使用人排除隐患前不得继续使用。	农业农村主管部门	设区的市或县级
236	对使用拖拉机、联合收割机违反规定载人的行政强制	行政强制	《农业机械安全监督管理条例》 第五十四条第一款 使用拖拉机、联合收割机违反规定载人的，由县级以上地方人民政府农业机械化主管部门对违法行为人予以批评教育，责令改正，拒不改正的，扣押拖拉机、联合收割机的操作证件，吊销有关人员的操作证件。非法从事营业性道路旅客运输的，由交通主管部门依照道路运输管理法律、行政法规处罚。	农业农村主管部门	设区的市或县级
237	对违反禁渔区、禁渔期的规定或者使用禁用的渔具、禁用的捕捞方法进行捕捞等行为的行政强制	行政强制	《中华人民共和国渔业法》 第四十八条 本法规定的行政处罚，由县级以上人民政府渔业行政主管部门或者其所属的渔政监督管理机构决定。但是，本法已对处罚机关作出规定的除外。在海上执法时，对违反禁渔区、禁渔期、禁渔区的规定或者使用禁用的渔具、以及未取得捕捞许可证进行捕捞的，事实清楚、证据充分，但是当场不能按法定程序作出和执行行政处罚决定的，可以先暂时扣押捕捞许可证、渔具或者渔船，回港后依法作出和执行行政处罚决定。	农业农村主管部门	设区的市或县级（特殊区域为省级）

（续）

序号	事项名称	职权类型	实施依据	实施主体	
				法定实施主体	第一责任层级建议
238	对向水体倾倒船舶垃圾或者排放船舶的残油、废油等造成水污染渔期不采取治理措施的行政强制	行政强制	《中华人民共和国水污染防治法》第九十条：违反本法规定，有下列行为之一的，由海事管理机构、渔业主管部门按照职责分工责令停止违法行为，处一万元以上十万元以下的罚款；造成水污染，责令期采取治理措施，消除污染，处二万元以上二十万元以下的罚款；逾期不采取治理措施的，海事管理机构、渔业主管部门按照职责分工可以指定有治理能力的单位代为治理，所需费用由船舶承担：（一）向水体倾倒船舶垃圾或者排放船舶的残油、废油的；（二）未经地海事管理机构批准，船舶进行散装液体危害性货物的过驳作业的；（三）船舶及有关作业单位从事有污染风险的作业活动，未按照规定采取污染防治措施的；（四）以冲滩方式进行船舶拆解的；（五）进入中华人民共和国内河的国际航线船舶，排放不符合规定的船舶压载水的。	农业农村主管部门	设区的市或县级（特殊区域为省级）
239	对拒不停止使用无证或者未按照规定办理变更登记手续的拖拉机、联合收割机的行政强制	行政强制	《农业机械安全监督管理条例》第五十条第一款：未按照规定办理登记手续并取得相应的证书和牌照，或者未按照规定办理变更登记手续的拖拉机、联合收割机投入使用的，由县级以上地方人民政府农业机械化主管部门责令补办相关手续；逾期不补办的，责令停止使用；拒不停止使用的，扣押拖拉机、联合收割机，并处200元以上2 000元以下罚款。	农业农村主管部门	设区的市或县级
240	对经责令停止使用仍拒不停止使用的存在事故隐患的农用机械的行政强制	行政强制	《农业机械安全监督管理条例》第五十四条第一款：经检验、经检验，检查发现农业机械存在事故隐患，经农业机械化主管部门告知使用人仍不排除并继续使用的，由县级以上地方人民政府农业机械化主管部门对违法行为人予以批评教育，责令改正；拒不改正的，责令停止使用；拒不停止使用的，扣押存在事故隐患的农业机械。	农业农村主管部门	设区的市或县级

（续）

序号	事项名称	职权类型	实施依据	实施主体	
				法定实施主体	第一责任层级建议
241	对有证据证明用于违法生产饲料原料、单一饲料、饲料添加剂、药物饲料添加剂、添加剂预混合饲料等的行政强制	行政强制	《饲料和饲料添加剂管理条例》第三十四条第三、四项：国务院农业行政主管部门和县级以上地方人民政府饲料管理部门在监督检查中可以采取下列措施：（三）查封、扣押有证据证明用于违法生产饲料、单一饲料、饲料添加剂、药物饲料添加剂、用于违法生产饲料添加剂的原料、用于违法生产饲料、饲料添加剂的饲料、饲料添加剂、用于违法生产、经营、使用的饲料、饲料添加剂；（四）查封违法生产、经营饲料、饲料添加剂的行为场所。	农业农村主管部门	国务院主管部门或者设区的市或县级
242	对有证据证明不符合乳品质量安全国家标准的乳品以及违法使用的生鲜乳、辅料、添加剂及涉嫌违法从事乳品生产经营场所、工具、设备等的行政强制	行政强制	《乳品质量安全监督管理条例》第四十七条第四、五项：畜牧兽医、质量监督、工商行政管理等部门在依据各自职责进行监督检查时，行使下列职权：（四）查封、扣押有证据证明不符合乳品质量安全全国国家标准的乳品以及违法使用的生鲜乳、辅料、添加剂；（五）查封有证据证明用于违法生产经营的工具、设备。	农业农村主管部门	设区的市或县级
243	对染疫或者疑似染疫的动物、动物产品及相关物品的行政强制	行政强制	《中华人民共和国动物防疫法》第五十九条第一款第一项：动物卫生监督机构执行监督检查任务，有关单位和个人不得拒绝或者阻碍：（二）对染疫或者疑似染疫的动物、动物产品及相关物品进行隔离、查封、扣押和处理。	农业农村主管部门	设区的市或县级

（续）

序号	事项名称	职权类型	实施依据	实施主体	
				法定实施主体	第一责任层级建议
244	对违法生猪屠宰活动有关的场所、设施、生猪、生猪产品以及屠宰工具和设备等的行政强制	行政强制	《生猪屠宰管理条例》 第二十一条第二款第四项：畜牧兽医行政主管部门依法进行监督检查，可以采取下列措施：（四）查封与违法生猪屠宰活动有关的场所、设施，扣押与违法生猪屠宰活动有关的生猪、生猪产品以及屠宰工具和设备。	农业农村主管部门	设区的市或县级
245	对有证据证明可能是假、劣兽药的，采取查封、扣押等的行政强制	行政强制	《兽药管理条例》 第四十六条：兽医行政管理部门依法进行监督检查时，对有证据证明可能是假、劣兽药的，应当采取行政强制措施，并自采取行政强制措施之日起7个工作日内作出是否立案的决定；需要检验的，应当自检验报告书发出之日起15个工作日内作出是否立案的决定；不符合立案条件的，应当解除行政强制措施；需要暂停生产、经营、使用的，由县级以上人民政府兽医行政管理部门按照权限作出决定。直辖市人民政府兽医行政管理部门、自治区、自治州、县级人民政府兽医行政管理部门按照权限作出决定。未经行政强制措施决定机关批准，不得擅自转移、使用、销毁、销售被查封扣押的兽药及有关材料。	农业农村主管部门	设区的市或县级
246	对渔港内的船舶、设施违反中华人民共和国法律、法规或者规章等的行政强制	行政强制	1.《中华人民共和国渔港水域交通安全管理条例》 第十八条：渔港监督管理机关有权禁止其离港，或者令其停航、改航、停止作业：（一）违反中华人民共和国法律、法规或者规章的；（二）处于不适航或者不适拖状态的；（三）发生交通事故、手续未清的；（四）未向渔政渔港监督管理机关交付应当承担的费用，也未提供担保的；（五）渔政渔港监督管理机关认为有其他妨害海上交通安全的。 第十九条：渔港内的船舶、设施发生事故，对海上交通安全造成或者可能造成危	农业农村主管部门	设区的市或县级（涉及外国人、船舶的为省级）

（续）

序号	事项名称	职权类型	实施依据	法定实施主体	第一责任层级建议
246	对渔港内的船舶、设施违反中华人民共和国法律、法规或者规章等的行政强制	行政强制	害，渔政渔港监督管理机关有权对其采取强制性处置措施。 2.《中华人民共和国管辖海域内外国籍船舶渔业活动管理暂行规定》 第十一条：外国人、外国船舶在中华人民共和国管辖海域内从事渔业生产、生物资源调查等活动以及进入中华人民共和国渔港的，应当接受中华人民共和国渔政渔港监督管理机构的监督检查和管理。中华人民共和国渔政渔港监督管理机构及其检查人员在必要时，可以对外国船舶采取登临、检查、驱逐、扣留等必要措施，并可行使紧追权。 第二十条：受到罚款处罚的外国船舶及其主人员，必须在离港或开航前缴清罚款。不能在离港或开航前缴清罚款的，应当提交相当于罚款额的保证金或处罚决定机关认可的其他担保，否则不得离港。	农业农村主管部门	设区的市或县级（涉及外国人、船舶的为省级）
247	对经检测不符合农产品质量安全标准的农产品的行政强制	行政强制	《中华人民共和国农产品质量安全法》 第三十九条：县级以上人民政府农业行政主管部门在农产品质量安全监督检查中，可以对生产、销售的农产品进行现场检查，调查了解农产品质量安全的有关情况，查阅、复制与农产品质量安全有关的记录和其他资料；对经检测不符合农产品质量安全标准的农产品，有权查封、扣押。	农业农村主管部门	设区的市或县级
248	对不符合法定要求的食用农产品、违法使用的原料、辅料、添加剂、农业投入品以及用于违法生产的工具、设备及存在危害人体健康和生命安全重大隐患的生产经营所的行政强制	行政强制	《国务院关于加强食品等产品安全监督管理的特别规定》 第十五条第三、四项：农业、卫生、农业、工商、质检、商务、药品等监督管理部门履行各自产品安全监督管理职责，有下列职权：（三）查封、扣押不符合法定要求的产品，以及用于违法生产的工具、设备；（四）查封存在危害人体健康和生命安全重大隐患的生产经营场所。	农业农村主管部门	设区的市或县级

（续）

序号	事项名称	职权类型	实施依据	实施主体		第一责任层级建议
				法定实施主体		
249	对违法生产、经营、使用的农药，以及用于违法生产、经营、使用农药的工具、设备、原材料和场所的行政强制	行政强制	《农药管理条例》第四十一条第五、六项：县级以上人民政府农业主管部门履行农药监督管理职责，可以依法采取下列措施：（五）查封、扣押用于违法生产、经营、使用的农药，经营、使用违法生产、经营、使用农药的工具、设备、原材料等；（六）查封违法生产、经营、使用农药的场所。	农业农村主管部门	设区的市或县级
250	对违反规定调运的农业植物和植物产品的行政强制	行政强制	《植物检疫条例》第十八条第三款：对违反本条例规定调运的植物和植物产品，植物检疫机构有权予以封存、没收、销毁或者责令改变用途。销毁所需费用由责任人承担。	农业农村主管部门	设区的市或县级
251	对企业事业单位和其他生产经营者违反法律法规规定排放有毒有害物质，造成或者可能造成农用地严重土壤污染的，或者有关证据可能灭失或者被隐匿的行政强制	行政强制	《中华人民共和国土壤污染防治法》第七条：国务院生态环境主管部门对全国土壤污染防治工作实施统一监督管理；国务院农业农村、自然资源、住房城乡建设、林业草原等主管部门在各自职责范围内对土壤污染防治工作实施监督管理。地方人民政府生态环境主管部门对本行政区域土壤污染防治工作实施统一监督管理；地方人民政府农业农村、自然资源、住房城乡建设、林业草原等主管部门在各自职责范围内对土壤污染防治工作实施监督管理。第七十八条：企业事业单位和其他生产经营者违反法律法规规定排放有毒有害物质，造成或者可能造成严重土壤污染的，生态环境主管部门和其他负有土壤污染防治监督管理职责的部门，可以查封、扣押有关设施、设备、物品。	农业农村主管部门	设区的市或县级

《农业综合行政执法事项指导目录（2020 年版）》说明

一、关于主要内容。《农业综合行政执法事项指导目录（2020 年版）》（以下简称《指导目录》）主要梳理规范了农业综合行政执法的事项名称、职权类型、实施依据、实施主体（包括责任部门、第一责任层级建议）。各地可根据法律法规立改废释和地方立法等情况，进行补充、细化和完善，进一步明确行政执法事项的责任主体，研究细化执法事项的工作程序、规则、自由裁量标准等，严格规范公正文明执法。

二、关于梳理范围。《指导目录》主要梳理的是农业农村领域现行有效的法律、行政法规设定的行政处罚和行政强制事项，以及部门规章设定的警告、罚款的行政处罚事项。不包括地方性法规规章设定的行政处罚和行政强制事项。以后将按程序进行动态调整。

三、关于事项确定。一是为避免法律、行政法规和部门规章相关条款在实施依据中多次重复援引，原则上按法律、行政法规和部门规章的"条"或"款"来确定为一个事项。二是对"条"或"款"中罗列的多项具体违法情形，原则上不再拆分为多个事项；但罗列的违法情形涉及援引其他法律、行政法规和部门规章条款的，单独作为一个事项列出。三是部门规章在法律、行政法规规定的给予行政处罚的行为、种类和幅度范围内做出的具体规定，在实施依据中列出，不再另外单列事项。四是同一法律行政法规条款同时包含行政处罚、行政强制事项的，分别作为一个事项列出。

四、关于事项名称。一是列入《指导目录》的行政处罚、行政强制事项名称，原则上根据设定该事项的法律、行政法规和部门规章条款内容进行概括提炼，统一规范为"对××行为的行政处罚（行政强制）"。二是部分涉及多种违法情形、难以概括提炼的，以罗列的多种违法情形中的第一项为代表，统一规范为"对××等行为的行政处罚（行政强制）"。

五、关于实施依据。一是对列入《指导目录》的行政处罚、行政强制事项，按照完整、清晰、准确的原则，列出设定该事项的法律、行政法规和部门规章的具体条款内容。二是被援引的法律、行政法规和部门规章条款已作修订的，只列入修订后对应的条款。

六、关于实施主体。一是根据全国人大常委会《关于国务院机构改革涉及法律规定的行政机关职责调整问题的决定》和国务院《关于国务院机构改革涉及行政法规规定的行政机关职责调整问题的决定》，现行法律行政法规规定的行政机关职责和工作，机构改革方案确定由组建后的行政机关或者划入职责的行政机关承担的，在有关法律行政法规规定尚未修改之前，调整适用有关法律行政法规规定，由组建后的行政机关或者划入职责的行政机关承担；相关职责尚未调整到位之前，由原承担该职责和工作的行政机关继续承担；地方各级行政机关承担法律行政法规规定的职责和工作需要进行调整的，按照上述原则执行。二是法律行政法规规定的实施主体所称"县级以上××主管部门""××主管部门"，指的是县级以上依据"三定"规定承担该项行政处罚和行政强制职责的部门。三是根据《深化党和国家机构改革方案》关于推进农业综合行政执法的改革精神，对列入《指导目录》行政执法事项的实施主体统一规范"农业农村主管部门"。地方需要对部分事项的实施主体作出调整的，可结合部门"三定"规定作出具体规定，依法按程序报同级党委和政府决定。四是《指导目录》中的渔业行政执法事项，涉及在公海履行我国批准的国际公约、条约、协定等规定的渔业监管，机动渔船底拖网禁渔区线外侧、特定渔业资源渔场的渔业和水生野生动物保护执法检查与处罚由中国海警局依据部门"三定"规定实施。

七、关于第一责任层级建议。一是明确"第一责任层级建议"，主要是按照有权必有责、有责要担当、失责必追究的原则，把查处违法行为的第一管辖和第一责任压实，不排斥上级主管部门对违法行为的管辖权和处罚权。必要时，上级主管部门可以按程序对重大案件和跨区域案件实施直接管辖，或进行监督指导和组织协调。二是根据党的十九届三中全会关于"减少执法层级，推动执法力量下沉"的精神和落实属地化监管责任的要求，对法定实施主体为"县级以上××主管部门"或"××主管部门"的，原则上明确"第一责任层级建议"为"设区的市或县级"。各地可在此基础上，区分不同事项和不同管理体制，结合实际具体明晰行政执法事项的第一管辖和第一责任主体。三是对于吊销行政许可等特定种类处罚，原则上由地方明确的第一管辖和第一责任主体进行调查取证后提出处罚建议，按照行政许可法规定转发证机关或者其上级行政机关落实。四是法定实施主体为"国务院××主管部门""省级××主管部门"和"县级人民政府××主管部门"的，原则上明确"第一责任层级建议"为"国务院主管部门""省级"和"县级"。

农业农村部关于设立长江口禁捕管理区的通告

农业农村部通告〔2020〕3 号

为巩固和扩大长江禁捕退捕成效，加强长江口水域禁捕管理，清理整治非法捕捞行为，更好地养护长江水生生物资源，保护长江水域生态环境，根据《中华人民共和国渔业法》《国务院办公厅关于加强长江水生生物保护工作的意见》（国办发〔2018〕95 号）和《国务院办公厅关于切实做好长江流域禁捕有关工作的通知》（国办发明电〔2020〕21 号）等有关规定，经国务院同意，我部决定扩延长江口禁捕范围，设立长江口禁捕管理区。现通告如下。

一、禁渔区

长江口禁捕管理区范围为东经 122°15′、北纬 31°41′36″、北纬 30°54′形成的框型区线，向西以水陆交界线为界。

二、禁渔期

长江口禁捕管理区内的上海市长江口中华鲟自然保护区、长江刀鲚国家级水产种质资源保护区等水生生物保护区水域，全面禁止生产性捕捞；水生生物保护区以外水域，自 2021 年 1 月 1 日 0 时起实行与长江流域重点水域相同的禁捕管理措施。

三、禁止类型

长江口禁捕管理区以内水域，实行长江流域禁捕管理制度。禁渔期内禁止天然渔业资源的生产性捕捞，并停止发放刀鲚（长江刀鱼）、凤鲚（凤尾鱼）、中华绒螯蟹（河蟹）和鳗苗专项（特许）捕捞许可证。在上述禁渔区内因科研、监测、育种等特殊需要采捕的，须经省级渔业行政主管部门专项特许。

长江口禁捕管理区以外海域，继续实行海洋渔业捕捞管理制度。有关省级渔业行政主管部门应根据渔业资源状况和长江口禁捕管理需要，进一步加强海洋渔业捕捞生产管理，适时调整压减生产性专项（特许）捕捞许可证发放规模，清理取缔各类非法捕捞行为，避免对长江口禁捕管理和水生生物保护效果产生不利影响。

四、执法监督

上海市、江苏省、浙江省有关渔业行政主管部门及其所属渔政执法机构，应当在同级党委政府领导下，加强与相关部门协同配合，强化渔政执法队伍和能力建设，开展禁渔宣传教育引导，严格禁渔执法监管，确保长江口禁捕管理区的各项管理制度顺利实施。

违反本通告的，按照《中华人民共和国渔业法》等有关法律规定予以处罚；构成犯罪的，依法移送司法机关追究刑事责任。

本通告自 2021 年 1 月 1 日起实施。

农业农村部关于印发《农村集体经济组织示范章程（试行）》的通知

各省、自治区、直辖市农业农村（农牧）厅（局、委）：

为促进农村集体经济组织规范发展，保障农村集体经济组织及其成员的合法权益，依据《中华人民共和国民法典》以及国家有关法律法规政策，我部拟定了《农村集体经济组织示范章程（试行）》，现予以印发。请各地参照本示范章程，指导农村集体经济组织制定或完善其章程。

农业农村部

2020 年 11 月 4 日

农村集体经济组织示范章程（试行）

本示范章程中的〔〕内文字部分为选择性内容，【】内文字部分为解释性内容，_____或……部分为补充性内容。

_____经济（股份经济）合作社章程

（_____年_____月_____日成员大会通过。

〔_____年_____月_____日成员大会修订通过。〕）

第一章 总 则

第一条 为巩固和完善以家庭承包经营为基础、统分结合的双层经营体制，促进集体经济发展，规范集体资产管理，维护本社和全体成员的合法权益，依据《中华人民共和国宪法》《中华人民共和国民法典》和有关法律、法规、政策，结合本社实际，制定本章程。

第二条 本社名称：_____县（市、区）_____乡（镇、街道）_____村（社区）_____组经济（股份经济）合作社。

本社法定代表人：_____【注：理事长姓名】。

本社住所：_____。

第三条 本社以维护集体成员权益、实现共同富裕为宗旨，坚持集体所有、合作经营、民主管理，实行各尽所能、按劳分配、共享收益的原则。

第四条 本社集体资产包括：

（一）本社成员集体所有的土地、森林、山岭、草原、荒地、滩涂等资源性资产；

（二）本社成员集体所有的用于经营的房屋、建筑物、机器设备、工具器具、农业基础设施、集体投资兴办的企业及其所持有的其他经济组织的资产份额、无形资产等经营性资产；

（三）本社成员集体所有的用于公共服务的教育、科技、文化、卫生、体育等方面的非经营性资产；

（四）本社接受政府拨款、减免税费、社会捐赠等形成的资产；

（五）依法属于本社成员集体所有的其他资产。

根据资产清查结果，截至_____年_____月_____日，本社集体土地【注：包括农用地、建设用地和未利用地】总面积为_____亩*，集体账面资产总额为_____元，负债总额为_____元，净资产总额为_____元。经营性资产总额为_____元。

第五条 本社依照有关法律、法规、政策的规定，以集体土地等资源性资产所有权以外的集体经营性资产对债务承担责任。

第六条 本社依法履行管理集体资产、开发集体资源、发展集体经济、服务集体成员等职能，开展以下业务：

（一）保护利用本社成员集体所有或者国家所有依法由本社集体使用的农村土地等资源，并组织发包、出租、入股，以及集体经营性建设用地出让等；

（二）经营管理本社成员集体所有或者国家所有依法由本社集体使用的经营性资产，并组织转让、出租、入股、抵押等；

（三）管护运营本社成员集体所有或者国家所有依法由本社集体使用的非经营性资产；

（四）提供本社成员生产经营所需的公共服务；

（五）依法利用本社成员集体所有或者国家所有依法由本社集体使用的资产对外投资，参与经营管理；

（六）其他业务：_____。

第七条 本社在党的基层组织领导下，依法开展经济活动，并接受乡镇人民政府（街道办事处）和县级以上农业农村部门的指导和监督。

本社重大决策参照执行"四议两公开"机制，即村党组织提议、村党组织和本社理事会会议商议、党员大会审议、集体成员（代表）大会决议，决议公开、实施结果公开。

本社主要经营管理人员的选举、罢免以及涉及成员切身利益的重大事项，按照有关法律、法规、政策和本章程规定程序决策、报批和实施。

第二章　成　　员

第八条 本社成员身份确认基准日为_____年_____月_____日。

本社遵循"尊重历史、兼顾现实、程序规范、群众认可"的原则，统筹考虑户籍关

---

* 亩为非法定计量单位，1亩＝1/15公顷。——编者注

系、农村土地承包关系、对集体积累的贡献等因素，按照有关法律、法规、政策共确认成员____人（名单见本章程所附成员名册）。

基准日以后，本社成员身份的取得和丧失，依据法律、法规和本章程规定。

第九条 户籍在本社所在地且长期在本社所在地生产生活，履行法律、法规和本章程规定义务，符合下列条件之一的公民，经书面申请，由本社成员（代表）大会表决通过的，取得本社成员身份：

（一）父母双方或一方为本社成员的；

（二）与本社成员有合法婚姻关系的；

（三）本社成员依法收养的；

（四）_____；

……

第十条 下列人员丧失本社成员身份：

（一）死亡或被依法宣告死亡的；

（二）已取得与本社没有隶属关系的其他农村集体经济组织成员身份的；

（三）自愿书面申请放弃本社成员身份的；

（四）丧失中华人民共和国国籍的；

（五）_____；

（六）按照有关法律、法规、政策规定丧失成员身份的。

第十一条 本社成员享有下列权利：

（一）具有完全民事行为能力的成员享有参加成员大会，并选举和被选举为本社成员代表、理事会成员、监事会成员的权利；

（二）按照法律、法规、政策和章程规定行使表决权；

（三）监督集体资产经营管理活动、提出意见和建议的权利，有权查阅、复制财务会计报告、会议记录等相关资料；

（四）依法依规承包经营土地等集体资产、使用宅基地及享有其他集体资源性资产权益；

（五）依法依规享有集体经营性资产收益分配权；

（六）享有本社提供的公共服务、集体福利的权利；

（七）在同等条件下享有承担集体资产对外招标项目的优先权；

（八）法律、法规、政策和章程规定的其他权利。

第十二条 本社成员承担下列义务：

（一）遵守本社章程和各项规章制度，执行成员（代表）大会和理事会的决议；

（二）关心和参与本社的生产经营和管理活动，维护本社的合法权益；

（三）依法依约开展集体资产承包经营；

（四）积极参加本社公益活动；

（五）法律、法规、政策和章程规定的其他义务。

第三章 组织机构

第十三条 本社设成员大会〔、成员代表大会〕、理事会、监事会。【注：也可以根据

实际需要增设其他经营管理机构】

第十四条 成员大会是本社最高权力机构。成员大会由本社具有完全民事行为能力的全体成员组成。

第十五条 成员大会行使下列职权：

（一）审议、修改本社章程；

（二）审议、修改本社各项规章制度；

（三）审议、决定相关人员取得或丧失本社成员身份事项；

（四）选举、罢免理事会成员和监事会成员；

（五）审议、批准理事会和监事会工作报告；

（六）审议、批准主要经营管理人员及其任期；

（七）审议、批准理事会成员和监事会成员以及主要经营管理人员的薪酬；

（八）审议、批准本社集体经济发展规划、业务经营计划、年度财务预决算、年度收益分配方案；

（九）审议、决定土地发包、宅基地分配、集体经营性资产份额（股份）量化等集体资产处置重大事项；

（十）对本社合并、分立、解散等作出决议；

（十一）法律、法规、政策和章程规定应由成员大会决定的其他事项。

第十六条 成员大会由理事会召集，每年不少于一次。成员大会实行一人一票的表决方式。

召开成员大会应当有三分之二以上具有表决权的成员参加。成员大会对一般事项作出决议，须经本社成员表决权总数过半数通过；对修改本社章程，决定相关人员取得或丧失本社成员身份，本社合并、分立、解散以及变更法人组织形式，以及集体资产处置等重大事项作出决议，须经本社成员表决权总数的三分之二以上通过。

【注：第十七条、第十八条为选择性内容，设立成员代表大会的集体经济组织须在章程中写明相关条款。】

〔**第十七条** 本社设立成员代表大会，以户为单位选出成员代表＿＿＿人【注：一般为每五户至十五户选举代表一人，但代表人数不得少于二十人；成员在五百人以上的集体经济组织，成员代表不得少于三十人】。〔除以户为单位选出的成员代表外，本社另选妇女成员代表＿＿＿人。〕

成员代表每届任期五年，可以连选连任。

成员代表大会履行本章程第十五条除第一项以外的第＿＿＿项至第＿＿＿项规定的成员大会职权。

第十八条 成员代表大会每年至少召开＿＿＿次，成员代表大会实行一人一票的表决方式。召开成员代表大会应当有本社三分之二以上的成员代表参加。成员代表大会对一般事项作出决议，须经成员代表表决权总数过半数通过；对重大事项作出决议，须经成员代表表决权总数的三分之二以上通过。成员代表大会表决通过的事项应当至少公示五个工作日。〕

第十九条 有下列情形之一的，理事会应当在二十日内召开临时成员（代表）大会：

（一）十分之一以上有表决权的成员提议；

（二）理事会提议；

（三）监事会提议；

（四）法律、法规、政策规定的其他情形。

理事会不能履行或者在规定期限内没有正当理由不履行召集临时成员（代表）大会职责的，监事会（执行监事）在二十日内召集并主持临时成员（代表）大会。

第二十条 理事会是本社的日常决策、管理和执行机构，由____名理事组成，设理事长一名〔，副理事长____名〕。理事长是本社的法定代表人。理事会成员由成员（代表）大会以差额方式选举产生，每届任期五年，可以连选连任。

理事长主持理事会的工作。理事长因特殊原因不能履行职务时，由副理事长或理事长委托的理事会成员主持工作。

第二十一条 理事会成员须为年满十八周岁、具有一定文化知识、较高政治素质以及相应经营管理能力的本社成员。

第二十二条 理事会行使下列职权：

（一）召集、主持成员（代表）大会，并向其报告工作；

（二）执行成员（代表）大会的决议；

（三）拟订本社章程修改草案，并提交成员大会审议；

（四）起草本社集体经济发展规划、业务经营计划、内部管理规章制度、成员身份变更名单等，并提交成员（代表）大会审议；

（五）起草本社年度财务预决算、收益分配等方案，并提交成员（代表）大会审议；

（六）提出本社主要经营管理人员及其薪酬建议并提交成员（代表）大会审议，决定聘任或解聘本社其他工作人员及其薪酬；

（七）管理本社资产和财务，保障集体资产安全；签订发包、出租、入股等合同，监督、督促承包方、承租方、被投资方等履行合同；

（八）接受、答复、处理本社成员或监事会提出的有关质询和建议；

（九）履行成员（代表）大会授予的其他职权。

第二十三条 理事长行使下列职权：

（一）召集并主持理事会会议；

（二）组织实施理事会通过的决定，并向理事会报告工作；

（三）代表理事会向成员（代表）大会报告工作；

（四）代表本社签订合同；

（五）代表本社签署并颁发份额（股份）证书；

（六）本社章程规定或者理事会授予的其他职权。

第二十四条 理事会会议应当有三分之二以上的理事会成员出席方可召开。有三分之一以上理事提议的，可召开临时理事会会议。

理事会会议实行一人一票的表决方式。理事会形成决议，须集体讨论并经过半数理事同意，出席会议的理事在会议决议上签名。理事个人对某项决议有不同意见时，其意见载入会议决议并签名。

理事会的决议事项违反法律、法规、政策或本章程、成员（代表）大会决议的，赞成该决议的理事应当承担相应责任。

第二十五条 监事会是本社的内部监督机构，由＿＿名监事组成，设监事长一名〔，副监事长＿＿名〕。【注：成员少于五十人的，可以只设执行监事一名】

监事会成员由成员（代表）大会以差额方式选举产生，每届任期与理事会相同，可以连选连任。监事会成员须为年满十八周岁、具有一定的财务会计知识和较高的政治素质的本社成员。理事会成员、财务会计人员及其近亲属不得担任监事会成员。

监事长（执行监事）列席理事会会议，并对理事会决议事项提出质询或建议。

第二十六条 监事会行使下列职权：

（一）监督理事会执行成员（代表）大会的决议；

（二）向成员（代表）大会提出罢免理事会成员以及主要经营管理人员的建议；

（三）监督检查本社集体资产发包、出租、招投标等各项业务经营及合同签订履行情况，审核监察本社财务情况；

（四）反映本社成员对集体资产经营管理的意见和建议，向理事长或者理事会提出工作质询和改进工作的建议；

（五）提议召开临时成员（代表）大会；

（六）协助政府有关部门开展本社财务检查和审计监督工作；

（七）向成员（代表）大会报告工作；

（八）履行成员（代表）大会授予的其他职权。

第二十七条 监事会会议由监事长召集，会议决议以书面形式通知理事会。

监事会会议应当有三分之二以上的监事出席方可召开。监事会会议实行一人一票的表决方式。监事会形成决议，须集体讨论并经过半数监事同意，出席会议的监事在会议决议上签名。监事个人对某项决议有不同意见时，其意见载入会议决议并签名。

第二十八条 本社五分之一以上具有表决权的成员〔、三分之一以上的成员代表〕可以联名要求罢免理事会、监事会成员，理事会应当在收到罢免议案二十日内召集成员（代表）大会进行表决。

第二十九条 理事、监事及经营管理人员不得有下列行为：

（一）侵占、挪用或私分本社集体资产；

（二）违规将本社资金借贷给他人或者以本社资产为他人提供担保；

（三）将他人与本社交易的佣金归为己有；

（四）将本社资金以个人名义开立账户存储；

（五）泄露本社商业秘密；

（六）从事损害本社经济利益的其他活动。

理事、监事及经营管理人员违反前款规定所得收入归本社所有；给本社造成损失的，须承担相应的法律责任。

第三十条 成员（代表）大会、理事会或监事会的决议违反法律、法规、政策和章程规定，侵害本社利益或成员合法权益的，任何成员有权向乡镇人民政府（街道办事处）或县（市、区）有关部门反映或依法提起诉讼，任何组织、个人不得阻挠或打击报复。

第四章　资产经营和财务管理

第三十一条　本社集体资产经营以效益为中心，统筹兼顾分配与积累，促进集体资产保值增值。

本社理事会依照有关法律、法规、政策以及本章程规定的有关职权和程序，利用多种方式开展资产运营，发展壮大集体经济。

第三十二条　本社建立健全以下集体资产管理制度：

（一）年度资产清查制度，每年组织开展资产清查，清查结果向全体成员公示，无异议后及时上报；

（二）资产登记制度，按照资产类别建立台账，及时记录增减变动情况；

（三）资产保管制度，分类确定资产管理和维护方式，以及管护责任；

（四）资产使用制度，集体资产发包、出租、入股等经营行为必须履行民主程序，实行公开协商或对外招标，强化合同管理；

（五）资产处置制度，明确资产处置流程，规范收益分配；

（六）_____。

第三十三条　本社严格执行农村集体经济组织财务制度和会计制度，实行独立会计核算。

本社建立集体收入管理、开支审批、财务公开、预算决算等财务制度。

第三十四条　本社依照有关法律、法规、政策的规定，只开设一个银行基本存款账户。

第三十五条　本社应配备具有专业能力的财务会计人员。

本社会计和出纳互不兼任。理事会、监事会成员及其近亲属不得担任本社的财务会计人员。如无违反财经法纪行为，财务会计人员应当保持稳定，不随本社换届选举而变动。

第三十六条　本社各项收支须经理事长审核签章，重大财务事项应接受监事会（执行监事）的事前、事中、事后监督。

第三十七条　本社在固定的公开栏每季度〔月〕公开一次财务收支情况；随时公开集体重大经济事项。会计年度终了后应及时公开上年度资产状况、财务收支、债权债务、收益分配、预决算执行等情况。财务公开资料须报乡镇人民政府（街道办事处）备案。

第三十八条　本社接受县级以上有关部门和乡镇人民政府（街道办事处）依法依规进行的财务检查和审计监督，发现违规问题及时整改。

第五章　经营性资产量化与收益分配

第三十九条　本社将经营性资产（不含集体土地所有权，下同）以份额形式量化到本社成员，设置份额____份，作为收益分配的依据。

〔本社将经营性资产（不含集体土地所有权，下同）设置股份____股，作为收益分配的依据。股金总额____元，每股金额____元。其中：成员股____股，股金总额____元〔集体股____股，股金总额____元〕。

成员股包括以下类型：

（一）人口股，共计____股，股金总额____元；

（二）劳龄股，共计____股，股金总额____元；

（三）扶贫股，共计____股，股金总额____元；

（四）敬老股，共计____股，股金总额____元；

（五）……〕

第四十条 本社建立经营性资产份额（股份）登记簿，记载份额（股份）持有信息，本社以户为单位颁发证书，加盖本社印章和理事长印鉴（签名）。因户内成员变化、分户等需要变更证书有关内容的，由户主向理事会申请变更登记。

第四十一条 本社按章程量化经营性资产后，成员份额（股份）实行户内共享、社内流转。

成员持有的集体经营性资产份额（股份）可以在本社成员内部转让或者由本社赎回。

转让经营性资产份额（股份）给本社其他成员的，受让方所持份额（股份）占本社全部份额（股份）比重不得超过百分之____；由本社赎回的，应由成员自愿提出申请，经本社成员（代表）大会同意后，按照协商价格赎回。赎回的份额（股份）用于减少总份额（股份）〔追加到集体股中〕。

第四十二条 本社坚持效益决定分配、集体福利与成员增收兼顾的原则。集体收入优先用于公益事业、集体福利和扶贫济困，可分配收益按成员持有的集体经营性资产份额（股份）分红。严格实行量入为出，严禁举债搞公益，严禁举债发福利，严禁举债分红。

第四十三条 本社根据当年经营收益情况，制订年度收益分配方案。年度收益分配方案应当明确各分配项目和分配比例，经成员（代表）大会审议通过后，报乡镇人民政府（街道办事处）备案。

第四十四条 本社本年可分配收益为当年收益与上年未分配收益之和。本社留归集体的土地补偿费应列入公积公益金，不得作为集体收益进行分配；集体建设用地出让、出租收益应充分考虑以后年度收入的持续稳定，不得全额在当年分配。

第四十五条 本社本年可分配收益按以下顺序进行分配：

（一）提取公积公益金，用于转增资本、弥补亏损以及集体公益设施建设等；

（二）提取福利费，用于集体福利、文教、卫生等方面的支出；

（三）按持有本社经营性资产份额（股份）分红。

第六章　变更和注销

第四十六条 本社名称、住所、法定代表人等登记事项发生变更的，由理事会依法依规申请变更登记。

第四十七条 本社因合并、分立、解散等依法依规需注销的，由成员大会表决通过，并依照相关法律政策履行审核批准程序。

注销前，必须对本社进行清产核资，核销债权债务。本社集体资产的处置方案必须提交成员大会表决通过方可实施。

第七章　附　　则

第四十八条　本章程经乡镇人民政府（街道办事处）审核，于＿＿年＿＿月＿＿日由成员大会表决通过，全体成员（代表）签字后生效，并报县（市、区）农业农村部门备案。

第四十九条　修改本社章程，须经理事会或者半数以上具有表决权的成员提议；理事会拟订修改草案并提交成员大会审议通过后，新章程方可生效。

第五十条　本章程在执行中与有关法律、法规、政策相抵触时，应以法律、法规、政策的规定为准，并按程序对章程相关内容进行修改。

第五十一条　本章程后附成员名册、经营性资产份额（股份）登记簿〔、……〕，为本章程的有效组成部分。

第五十二条　本章程由本社理事会负责解释。

全体成员〔代表〕签名或盖章：

农业农村部 国家林业和草原局
关于进一步规范蛙类保护管理的通知

各省、自治区、直辖市农业农村（农牧）厅（局、委）、林业和草原主管部门，福建省海洋与渔业局，内蒙古森工集团，新疆生产建设兵团农业农村局、林业和草原主管部门，大兴安岭林业集团：

为切实解决部分蛙类交叉管理问题，进一步明确保护管理主体，落实执法监管责任，加强蛙类资源保护，现将有关事项通知如下。

一、明确管理责任，完善名录调整

根据专家研究论证意见，对于目前存在交叉管理、养殖历史较长、人工繁育规模较大的黑斑蛙、棘胸蛙、棘腹蛙、中国林蛙（东北林蛙）、黑龙江林蛙等相关蛙类（以下简称"相关蛙类"），由渔业主管部门按照水生动物管理。对其他蛙类，农业农村部和国家林草局将本着科学性优先和兼顾管理可操作性的总体原则，共同确定分类划分方案，适时调整相关名录。各地渔业主管部门、林业和草原主管部门要依法依规推进地方重点保护野生动物名录的调整。

二、加强协调配合，做好工作衔接

各地渔业主管部门、林业和草原主管部门要建立工作协调机制，制定工作方案，确保相关蛙类管理调整工作交接到位；要做好相关证件撤回注销和档案资料移交，主动告知从业者相关管理政策，优化办事流程；对于情况复杂、短时间内难以完全交接到位的，可协商通过设立一定过渡期等措施，确保有关调整工作平稳有序，避免出现管理真空。

三、加大保护力度，打击违法活动

各地渔业主管部门要依据有关法律法规，加大相关蛙类野生资源保护力度，利用活动仅限于增养殖群体。除科学研究、种群调控等特殊需要外，禁止捕捞相关蛙类野生资源；确需捕捞的，要严格按照有关法律规定报经相关渔业主管部门批准，在指定的区域和时间内，按照限额捕捞。各地渔业主管部门、林业和草原主管部门要加强协调配合，把蛙类保护与当地森林等自然生态系统保护有机结合起来，严禁在自然保护区开展捕捞利用活动；积极会同公安、市场监管等部门加大执法监管力度，严厉打击非法捕捞、出售、购买、利用相关蛙类野生资源的行为。

四、规范养殖管理，科学增殖放流

各地渔业主管部门要加强相关蛙类的养殖管理，强化苗种生产审批和监管。在县级以上地方人民政府颁布的养殖水域滩涂规划确定的养殖区和限养区内从事养殖生产的，要依法向县级以上人民政府渔业主管部门提出申请，由本级人民政府核发养殖证。各地渔业主管部门、林业和草原主管部门要相互配合，科学合理安排蛙类野外增殖放流，扩大种群规模，加强放流效果跟踪评估，保护种质资源。

五、加强科学监测，强化保护宣传

各地渔业主管部门、林业和草原主管部门要加强本底调查，准确掌握蛙类野生资源状况，建立健全监测网络和保护体系，全方位提升野生蛙类保护能力和水平；要加强对蛙类分布的自然保护区域、重要栖息地等生态环境的监测和保护，严防破坏野外生境等违法行为发生；要建立信息发布和有奖举报机制，主动公开蛙类野生资源和栖息地状况，接受公众监督，积极开展蛙类保护宣传，营造全社会关心支持蛙类保护的良好氛围。

农业农村部　国家林业和草原局

2020 年 5 月 28 日

农业农村部关于加强远洋渔业
公海转载管理的通知

农渔发〔2020〕12 号

有关省（自治区、直辖市）农业农村厅（局、委），福建省海洋与渔业局，各计划单列市渔业主管局，中国农业发展集团有限公司：

为规范远洋渔业公海转载活动，提升远洋渔业自捕水产品运输保障能力，促进国际公海渔业资源科学养护和可持续利用，保障我国远洋渔业规范有序发展和国际履约，现就加强远洋渔业公海转载管理有关事项通知如下。

一、严格远洋渔业公海转载报告管理

自 2021 年 1 月 1 日起，所有远洋渔业公海转载活动均需报告。各远洋渔业企业需提前 72 小时将公海转载活动详细信息向中国远洋渔业协会报告，并在转载活动完成后 7 个工作日内报告转载完成情况。中国远洋渔业协会根据各区域渔业管理组织的统一要求，向其报送我国远洋渔船公海转载情况。区域渔业管理组织另有规定的，从其规定。远洋渔业企业应当采取相关措施，防止转载活动对海洋环境造成污染。

二、加强远洋渔业自捕水产品运输服务保障

境内外专业运输船、我国远洋渔业企业自有的远洋渔业辅助船以及其他具备运输能力的船舶（以下统称为"运输船"），均可根据市场化原则，在满足船舶适航的条件下，依法为我国远洋渔业企业提供自捕水产品运输服务。远洋渔业企业自有的远洋渔业辅助船除为本企业自捕水产品运输配套服务外，可依法为所有远洋渔业企业提供自捕水产品运输服务。

自即日起，远洋渔业企业应当在向我部申报或确认远洋渔业项目时，将为其提供服务的运输船有关信息统一报我部。我部根据相关区域渔业管理组织的规定为其办理运输船注册，并将远洋渔业项目审批或确认情况及相关运输船名单通报海关等部门。远洋渔业企业不得选择被纳入相关区域渔业管理组织黑名单或者转载、运输非法渔获物的运输船为其提供服务，我部不为此类运输船办理相关区域渔业管理组织注册。

三、停止远洋渔业辅助船制造审批

自即日起，我部不再受理制造（包括新建、汰旧建新、购置并新建等）远洋渔业辅助船申请。目前渔业船网工具指标申请已经我部受理或批复的远洋渔业辅助船，应继续按照有关要求办理相关证书证件；因未按期开工或未按期建造完工等自身原因导致渔业船网工

具指标批准书失效或被注销的，我部将不再受理相关申请。

四、实行远洋渔业公海转载观察员管理

自 2021 年 1 月 1 日起，为我国远洋渔业企业自捕水产品提供运输服务的运输船均需按规定接受我部派遣的公海转载观察员，仅需在港口转运、不从事公海转载的运输船除外。根据区域渔业管理组织规定由国际观察员监管的公海转载活动，按照相关组织的规定执行。不具备派遣人工观察员条件、且运输船安装符合规定标准的视频监控装置的，可采用视频监控形式替代人工观察员，远洋渔业企业应在向我部报告运输船信息时进行明确说明，并在公海转载完成后将完整视频监控资料连同转载完成报告一同提交中国远洋渔业协会。

公海转载观察员应详细记录公海转载信息，真实报告相关情况，监督公海转载行为，预防违法行为发生。接纳观察员的运输船应为观察员在船工作和生活提供便利及必要的协助，保护观察员的人身安全不被侵害，不得阻碍、干扰观察员执行转载监管工作。有关公海转载观察员的组织、派遣、权利义务等参照我部发布的《远洋渔业国家观察员管理实施细则》（农办渔〔2016〕72 号）执行。根据国际惯例，观察员费用由运输船所属企业承担，具体办法另行制定。

五、逐步建立远洋渔业运输交易平台

为提高远洋渔业自捕水产品运输市场化配置和效能，促进远洋渔业运输市场化、透明化、规范化，提升我在国际水产品运输市场的竞争力，促进我国远洋渔业规范有序高质量发展，我部将依托中国远洋渔业协会，整合各方资源，建立中国远洋渔业运输交易平台，便利远洋渔业企业和运输服务企业双向选择，强化全国性远洋渔业运输的供需信息交流和共享。

六、切实加强远洋渔业转载管理和服务

各省（区、市）及计划单列市渔业主管部门要切实加强远洋渔业监管，督促相关企业强化内部管理，完善各项管理制度，落实好公海转载及运输情况台账和转载报告、接收观察员等工作，构建从海上到港口的远洋自捕水产品合法捕捞可追溯体系；结合远洋渔业项目申报和确认，加强对公海转载和运输情况的监督检查。

中国远洋渔业协会要建立专门机制，加强组织协调、自律管理和服务，按要求协调落实转载报告、观察员派遣、交易平台等工作。农业农村部远洋渔业培训中心、中国远洋渔业数据中心和远洋渔业国际履约研究中心根据有关要求，分别做好观察员招募、培训和派遣，公海转载数据收集、分析和报告，以及区域渔业管理组织履约研究等工作。

有关情况和问题请与我部渔业渔政管理局联系。

联系方式：010 - 59192952，59192969

电子邮箱：bofdwf@126.com

农业农村部

2020 年 5 月 19 日

农业农村部关于贯彻落实《全国人民代表大会常务委员会关于全面禁止非法野生动物交易、革除滥食野生动物陋习、切实保障人民群众生命健康安全的决定》进一步加强水生野生动物保护管理的通知

各省、自治区、直辖市农业农村（农牧）厅（局、委），福建省海洋与渔业局，新疆生产建设兵团水产局：

为贯彻落实好《全国人民代表大会常务委员会关于全面禁止非法野生动物交易、革除滥食野生动物陋习、切实保障人民群众生命健康安全的决定》（以下简称《决定》），进一步加强水生野生动物保护管理，现就有关事项通知如下：

一、提高政治站位，坚决贯彻落实好《决定》精神

非法野生动物交易特别是滥食野生动物行为不仅破坏野生动物资源、危害生态安全，还会对公共卫生安全构成重大隐患。党中央、国务院对此高度重视，习近平总书记多次作出重要指示批示，要求坚决取缔和严厉打击非法野生动物市场和贸易，从源头防控重大公共卫生风险。《决定》的出台，为禁止和严厉打击一切非法捕杀、交易、食用野生动物的行为，提供了更加严格有力的法律保障。各级农业农村（渔业）主管部门要深入学习领会《决定》精神，增强紧迫感、责任感和使命感，以《决定》的贯彻落实为契机，推动进一步加强水生野生动物保护管理。要积极向同级党委和政府汇报，争取当地党委和政府对水生野生动物保护的重视和支持，加强组织领导，制定工作方案，明确任务分工，强化责任担当，确保《决定》落实到位、有效实施。

二、加强衔接配合，形成水生野生动物保护工作合力

要做好《决定》与《野生动物保护法》《渔业法》及地方性法律法规的衔接，形成保护水生野生动物的制度合力。要协调好有关名录的关系，明确水生野生动物的范围，对于列入国家重点保护水生野生动物名录、《〈濒危野生动植物种国际贸易公约〉附录水生动物物种核准为国家重点保护野生动物名录》以及《人工繁育国家重点保护水生野生动物名录》的物种，要严格按照《决定》要求进行管理，对凡是《野生动物保护法》要求禁止猎捕、交易、运输、食用的，必须一律严格禁止。对于列入《国家重点保护经济水生动植物资源名录》的物种和我部公告的水产新品种，要按照《渔业法》等法律法规严格管理。中华鳖、乌龟等列入上述水生动物相关名录的两栖爬行类动物，按照水生动物管理。

三、加大执法力度，严厉打击各类涉及水生野生动物的违法犯罪行为

各级农业农村（渔业）主管部门要主动与市场监管、公安、林草等部门加强沟通，建立和完善打击野生动物非法贸易部门联席会议制度，明确执法管理范围和责任分工，形成机制合力，提高《决定》执行的针对性、有效性。要根据《关于联合开展打击野生动物违规交易专项执法行动的通知》要求，继续联合相关部门保持高压态势，坚决取缔非法水生野生动物市场，严厉打击各类违规交易，斩断水生野生动物非法交易利益链。要结合中国渔政"亮剑"系列专项执法行动，将打击水生野生动物非法捕捞贩卖等行为作为渔政执法重点，联合相关部门，针对重点地区、重点场所、重点物种、重点环节，加强执法监管，确保"全覆盖、无死角"。对于违反《野生动物保护法》非法猎捕、交易、运输、食用水生野生动物的，要按照《决定》要求在现行法律规定基础上加重处罚；同时要强化以案说法，适时公开一批典型案件，提高法律的震慑力。

四、强化源头管理，严格水生野生动物审批

各级农业农村（渔业）主管部门要认真梳理负责的水生野生动物行政许可事项，制定完善工作规范和办事指南，按照《决定》要求严格审批管理，确保水生野生动物行政许可工作规范、有序。要提高相关工作人员的业务素质，重点对水生野生动物来源合法性、申报材料的真实性，以及与审批条件的相符性严格把关，从严控制准入门槛。对于不符合审批条件和要求的，坚决不予批准。要按照"双随机、一公开"的原则，加强事中事后监管，完善相关档案和标识制度，推动水生野生动物动态化、可追溯管理。要加强水生野生动物标识管理，对于标识管理范围内的，必须严格执行标识管理有关规定，未取得标识的一律不得进入市场。对检查中发现的违法违规行为及时要求限期整改并依法予以处罚，确保水生野生动物人工繁育等活动依法依规、有序开展。

五、做好宣传引导，创造良好的社会环境

各级农业农村（渔业）主管部门要做好《决定》以及相关法律法规的宣传解读，加大普法宣传力度，提高全社会水生野生动物保护意识，强化法治能力和水平。要充分发挥行业协会、社会组织和新闻媒体的作用，利用世界野生植物日、全国水生野生动物保护科普宣传月等重要时间节点，以及水生生物增殖放流活动等机会，加强水生野生动物保护知识的宣传普及，引导社会公众树立科学文明的饮食观，摒弃滥食野生动物陋习，彻底铲除野生动物非法交易的生存土壤。要发挥好公众参与和社会监督作用，利用各种举报渠道，主动接受人民群众的监督，推动形成全社会保护水生野生动物的良好氛围。

贯彻落实《决定》的有关情况请及时报送我部渔业渔政管理局。

农业农村部

2020 年 3 月 4 日

抄送：中国水产科学研究院、全国水产技术推广总站

农业农村部关于加强长江流域禁捕
执法管理工作的意见

农长渔发〔2020〕1 号

长江流域各省（直辖市）农业农村厅（委）：

长江流域重点水域禁捕，是为全局计、为子孙谋的重要决策，是扭转长江生态环境恶化趋势的必然要求，是落实"共抓大保护、不搞大开发"的有力举措。习近平总书记高度重视，多次作出重要批示，对压实地方责任和强化执法监管等提出明确要求。为贯彻落实中央领导同志有关重要批示精神，提升长江流域渔政执法监管能力，维护长江流域重点水域禁捕管理秩序，加强水生生物保护和水域生态修复，经商国家发展改革委、公安部、财政部等有关部门，现就加强长江流域禁捕执法管理工作提出以下意见。

一、总体要求

（一）指导思想。 坚持以习近平新时代中国特色社会主义思想为指导，全面贯彻党的十九大、十九届历次全会和习近平总书记系列重要讲话及批示精神，坚决落实党中央、国务院"以共抓大保护、不搞大开发为导向推动长江经济带发展"等重大决策部署，全面适应长江流域重点水域常年禁捕新形势新要求，根据《国务院办公厅关于加强长江水生生物保护工作的意见》（国办发〔2018〕95 号）、《长江流域重点水域禁捕和建立补偿制度实施方案》（农长渔发〔2019〕1 号）以及《农业农村部关于长江流域重点水域禁捕范围和时间的通告》（农业农村部通告〔2019〕4 号）等有关规定，围绕禁捕后长江流域水生生物保护和水域生态修复重点任务需要，进一步加强长江流域渔政执法能力建设，推动建立人防与技防并重、专管与群管结合的保护管理新机制，为坚决打赢长江水生生物保护攻坚战提供坚实保障。

（二）基本原则。

坚持责能匹配、保障有力。把加强执法能力建设作为保护长江水生生物资源、维护流域禁捕管理秩序的重要方面和基础工作，为实行最严格长江水生生物保护制度提供队伍支撑，为渔政执法提供能力保障。

坚持属地为主、分级负责。按照"中央指导支持、省级统筹落实、市县具体实施"的原则，长江流域各级渔业主管部门要主动加强与财政、发改等有关部门的沟通协调，落实属地责任，加强执法装备建设，保障运行经费需求，增强本地区的渔政执法管理力量，提高长江水生生物保护能力。

坚持突出重点、注重实效。根据长江流域渔政执法需要和水生生物保护管理实际需求，按照"用什么建什么、缺什么补什么"的原则，突出重点、有针对性地分级分类配备渔政执法装备设施，确保满足新时期渔政执法工作需要。

（三）总体目标。 通过合理配置机构力量、加强设施装备建设、推广应用信息化手段、建立协助巡护队伍和健全执法协作机制等方面努力，力争 1—2 年内建成投用一批亟需的渔政执法船艇、无人机和远程监控网络，建立高素质的专业执法队伍和适宜规模的协助巡护队伍；通过近几年持续努力，尽快形成与长江大保护和禁捕新形势相适应的渔政执法力量，形成权责明确、规模适宜、运行有力、管护有效的渔政执法管理格局，充分控制防范和及时发现制止非法捕捞及各种破坏水生生物资源和渔业水域生态的违法行为，为各项保护修复措施顺利实施提供有力保障。

二、主要任务

（一）保障机构人员力量。 落实中共中央办公厅、国务院办公厅《关于深化农业综合行政执法改革的指导意见》"沿海、内陆大江大湖和边境交界等水域渔业执法任务较重、已经设有渔政执法队伍的，可继续保持相对独立设置"的规定，长江流域沿江、沿湖有禁捕执法监管任务的县（市、区），要保留原有渔政执法机构。机构改革后渔政执法职能并入农业行政综合执法机构的，要根据管理任务需要合理配置执法力量，保障行政执法的专业性和独立性。

（二）加强设施装备建设。 各地要根据管理任务实际需求，落实《全国农业执法监管能力建设规划（2016—2020 年）》（农计发〔2016〕100 号）、《全国农业综合行政执法基本装备配备指导标准》（农法发〔2019〕4 号）等有关要求，加快制定实施渔政执法设施建设和装备配备计划，紧急购置一批渔政船艇、执法车辆、无人机、执法记录仪等基本装备，充实强化基层一线渔政执法力量，实现重点水域、关键时段有效覆盖，形成与保护管理新形势相适应的监管能力。农业农村部通过有关建设项目，加强重点区域执法力量部署。

（三）推广监控信息系统。 各地要积极探索"互联网＋"模式，建立健全长江流域渔政执法管理和指挥调度系统平台，加快建设配备雷达、视频监控和信息处理等设施设备，运用先进的信息采集与传输、大数据、人工智能等技术，通过远程监控、在线监测、智能处理等手段，对执法监管、案件处理、行动指挥、调度决策、资源监测、信息服务等提供有力支撑。农业农村部将加强相关信息管理系统平台建设，强化数据归集和分析应用，全面提升渔政执法的信息化、网络化和智能化水平。加强部门间协同配合，推动实现与公安、水利、交通等部门相关信息管理平台互联互通和野外设施设备共建共享，逐步解决渔政执法发现难、取证难问题。

（四）建立协助巡护队伍。 各地要结合执法监管实际需求和退捕渔民安置需要，通过劳务派遣、政府购买服务、设置公益性岗位等方式，吸收条件适宜的退捕渔民建立规模适宜的巡护队伍，协助渔业主管部门开展执法巡查、保护巡护、法规宣传等工作，及时发现、报告和制止各种非法捕捞及其他破坏水生生物和渔业水域生态的违法行为。

（五）大力整治违法行为。 各地要加强日常执法监管，努力保障监管覆盖面和违法查处率。针对非法捕捞等违法行为多发的重点区域和重点时段，及时组织开展专项执法行动，有力打击各类非法捕捞行为，坚决取缔涉渔"三无"船舶。强化渔政特编船队等协同联动模式，提升跨部门跨地区执法合力。进一步健全两法衔接机制，对构成犯罪的违法行为依法追究刑事责任，增强处罚威慑，有效遏制电鱼等严重破坏资源环境的犯罪现象。

（六）**加强休闲垂钓管理。**各地要综合考虑本地区水生生物资源情况和公众休闲垂钓合理需求，制定并发布垂钓管理办法，依法划定允许垂钓区域范围，合理控制垂钓总体规模，严格限定钓具、钓法、钓饵。钓具数量原则上一人最多允许使用一杆、一钩，禁止在长江流域重点水域禁捕范围和时间内使用船艇、排筏等水上漂浮物进行垂钓，规范渔获物的品种、数量、规格，禁止垂钓渔获物上市交易，避免对禁捕管理和资源保护产生不利影响。要将垂钓行为纳入渔政日常执法管理范畴，有条件的地方应率先探索实行持证垂钓管理制度，引导公众有序规范参与以休闲娱乐为目的的垂钓活动。

三、保障措施

（一）**统筹协调推进，强化资金保障。**长江流域各省级农业农村部门要根据渔业资源状况、禁捕水域面积、珍稀濒危物种保护需求、经济社会发展程度等因素，制定渔政执法装备设施建设方案，并积极协调发展改革、财政部门按规定纳入投资计划和预算管理。有关地方可统筹使用禁捕工作中央财政过渡期补助资金，加快解决当前执法能力欠缺的突出问题。

（二）**优化工作方案，确保责任落实。**长江流域各级渔业主管部门要结合本地区本部门实际，有针对性地研究制定加强渔政执法能力建设和执法监管工作的实施方案，合理确定本地区渔政执法力量规模、设施布局、装备配置等，周密部署重点区域重点时段执法任务，逐项明确时间表、路线图、责任人，确保各项目标要求落到实处。要加强与保护区主管部门沟通协调，明确水生生物保护区水域执法监管职责划分和落实机制，确保执法监管到位。

（三）**总结经验做法，不断强化提升。**有条件的地区应当根据长江禁捕工作推进情况，率先试点、大胆探索不同类型的渔政执法管理新机制，尽快形成可复制、可推广的经验模式。各省级渔业主管部门要认真分析研判本行政区域渔政执法管理工作的重点和难点，及时总结借鉴相关经验做法，不断改进提升执法管理水平。

（四）**动员社会参与，加强公众引导。**要广泛宣传动员社会参与，提高公众对各类破坏水生生物和水域生态行为的辨识能力和抵制意识。引导公益组织发挥积极作用，探索建立有奖举报等管理制度，鼓励社会主体参与对相关违法行为的监督、抵制和举报等。

各地工作过程中要注意总结经验做法和意见建议，有关情况及时向我部长江流域渔政监督管理办公室反馈。

农业农村部

2020 年 3 月 18 日

农业农村部办公厅关于肥料产品检测出农药成分适用法律问题的复函

吉林省农业农村厅：

《吉林省农业农村厅关于对肥料产品检测出农药成分适用法律解释的函》（吉农法函〔2020〕21号）收悉。经研究，答复如下。

根据《农药管理条例》第二条之规定，肥料与农药的混合物，包括肥料产品中含有农药成分的，应当作为农药进行管理。根据《农药管理条例》第四十四条第二款之规定，未取得农药登记证生产的农药，按照假农药处理。

农业农村部办公厅
2020年8月18日

自然资源部　农业农村部关于保障农村村民住宅建设合理用地的通知

自然资发〔2020〕128号

各省、自治区、直辖市自然资源主管部门、农业农村（农牧）厅（局、委），新疆生产建设兵团自然资源局、农业农村局：

为贯彻落实党中央、国务院决策部署，保障农村村民住宅建设合理用地，针对当前存在的计划指标需求不平衡、指标使用要求不够明确、指标有挪用等问题，现通知如下：

一、计划指标单列。各省级自然资源主管部门会同农业农村主管部门，每年要以县域为单位，提出需要保障的农村村民住宅建设用地计划指标需求，经省级政府审核后报自然资源部。自然资源部征求农业农村部意见后，在年度全国土地利用计划中单列安排，原则上不低于新增建设用地计划指标的5%，专项保障农村村民住宅建设用地，年底实报实销。当年保障不足的，下一年度优先保障。

二、改进农村村民住宅用地的农转用审批。对农村村民住宅建设占用农用地的，在下达指标范围内，各省级政府可将《土地管理法》规定权限内的农用地转用审批事项，委托县级政府批准。

三、加强规划管控。在县、乡级国土空间规划和村庄规划中，要为农村村民住宅建设用地预留空间。已有村庄规划的，要严格落实。没有村庄规划的，要统筹考虑宅基地规模和布局，与未来规划做好衔接。要优先利用村内空闲地，尽量少占耕地。

四、统一落实耕地占补平衡。对农村村民住宅建设占用耕地的，县级自然资源主管部门要通过储备补充耕地指标、实施土地整治补充耕地等多种途径统一落实占补平衡，不得收取耕地开垦费。县域范围确实无法落实占补平衡的，可按规定在市域或省域范围内落实。

五、严格遵守相关规定。农村村民住宅建设要依法落实"一户一宅"要求，严格执行各省（自治区、直辖市）规定的宅基地标准，不得随意改变。注意分户的合理性，做好与户籍管理的衔接，不得设立互为前置的申请条件。人均土地少、不能保障一户拥有一处宅基地的地区，可以按照《土地管理法》采取措施，保障户有所居。充分尊重农民意愿，不提倡、不鼓励在城市和集镇规划区外拆并村庄、建设大规模农民集中居住区，不得强制农民搬迁和上楼居住。宅基地审批要严格落实《农业农村部　自然资源部关于规范农村宅基地审批管理的通知》（农经发〔2019〕6号）。

各省级自然资源、农业农村主管部门要结合实际制订实施细则。

自然资源部

农业农村部

2020年7月29日

自然资源部　农业农村部关于
农村乱占耕地建房"八不准"的通知

自然资发〔2020〕127 号

各省、自治区、直辖市自然资源主管部门、农业农村（农牧）厅（局、委），新疆生产建设兵团自然资源局、农业农村局：

近年来，一些地方农村未经批准违法乱占耕地建房问题突出且呈蔓延势头，尤其是强占多占、非法出售等恶意占地建房（包括住宅类、管理类、工商业类等各种房屋）行为，触碰了耕地保护红线，威胁国家粮食安全。习近平总书记等中央领导同志高度重视，多次作出重要指示批示。为贯彻落实党中央、国务院决策部署，坚决遏制农村乱占耕地建房行为，根据法律法规和有关政策，现就农村建房行为进一步明确"八不准"。通知如下：

一、不准占用永久基本农田建房。

二、不准强占多占耕地建房。

三、不准买卖、流转耕地违法建房。

四、不准在承包耕地上违法建房。

五、不准巧立名目违法占用耕地建房。

六、不准违反"一户一宅"规定占用耕地建房。

七、不准非法出售占用耕地建的房屋。

八、不准违法审批占用耕地建房。

各地要深刻认识耕地保护的极端重要性，向社会广泛公告、宣传"八不准"相关规定。地方各级自然资源、农业农村主管部门要在党委和政府的领导下，完善土地执法监管体制机制，加强与纪检监察、法院、检察院和公安机关的协作配合，采取多种措施合力强化日常监管，务必坚决遏制新增农村乱占耕地建房行为。对通知下发后出现的新增违法违规行为，各地要以"零容忍"的态度依法严肃处理，该拆除的要拆除，该没收的要没收，该复耕的要限期恢复耕种条件，该追究责任的要追究责任，做到"早发现、早制止、严查处"，严肃追究监管不力、失职渎职、不作为、乱作为问题，坚决守住耕地保护红线。

自然资源部　农业农村部

2020 年 7 月 29 日

关于进一步加强惠民惠农财政补贴资金 "一卡通" 管理的指导意见

各省、自治区、直辖市人民政府，国务院有关部门：

近年来，随着国家惠民惠农政策力度不断加大，大量财政补贴资金通过直接汇入受益群众银行卡（含社会保障卡银行账户）、存折等（以下统称"一卡通"）方式发放，对方便服务群众起到了积极作用，但也存在补贴项目零碎交叉、补贴资金管理不规范、补贴发放不及时不精准等突出问题，影响了政策实施效果。2019 年，国务院有关部门深入开展专项治理活动，在严肃查处相关突出问题的同时，探索形成了一批可复制可推广的治理措施。为深化治理成效，进一步加强惠民惠农财政补贴资金"一卡通"管理，经国务院同意，现提出如下指导意见：

一、总体要求

（一）指导思想。以习近平新时代中国特色社会主义思想为指导，深入贯彻党的十九大和十九届二中、三中、四中、五中全会精神，按照党中央、国务院决策部署，以着力整治群众身边的腐败问题为突破口，调整优化惠民惠农财政补贴政策体系，建立健全监管长效机制，坚决斩断伸向惠民惠农财政补贴资金的"黑手"，确保各项惠民惠农政策落地见效，不断增强人民群众的获得感、幸福感。

（二）基本原则。

坚持问题导向。在对惠民惠农财政补贴领域核查出的问题及时全面整改基础上，举一反三，查找工作中的短板和弱项，充分借鉴实践中探索形成的可复制可推广治理措施，建立健全制度体系，完善监管机制。

坚持便民高效。聚焦群众关切，提升政策实效，增强补贴的针对性、有效性、便利性。消除"中梗阻"，确保补贴政策群众及时知晓、申请简便，补贴资金及时足额到位、取用方便。

坚持因地制宜。惠民惠农财政补贴资金"一卡通"管理模式和措施，由省级政府按照中央有关要求，结合本地区实际，统筹规划、系统实施，不搞全国"一刀切"。省级相关部门和市县层面各负其责、形成合力，共同抓好落实。

坚持改革创新。运用创新思维，推进惠民惠农财政补贴资金"一卡通"管理体系和能力现代化。综合运用互联网、大数据等信息化手段，统筹推进相关政策整合优化和补贴资金管理、发放、信息公开等工作。加强惠民惠农财政补贴资金"一卡通"管理与财政资金直达机制的有效衔接。

（三）工作目标。到 2023 年，所有直接兑付到人到户的惠民惠农财政补贴（以下简称补贴）资金原则上均实现通过"一卡通"方式发放，清理整合补贴政策和资金、规范代发金融机构、搭建集中统一发放平台、加强公开公示等工作基本完成，中央统筹、省负总责、市县抓落实的监管格局基本建成，实现"一张清单管制度"、"一个平台管发放"，补贴政策更加科学，资金绩效明显提高。

二、主要任务

（四）向社会公布补贴政策清单。 各省份要抓紧梳理本地区补贴政策和项目，综合运用监督检查、调研核查、绩效评价、预算管理等手段，加快补贴政策和项目资金清理整合进度，最迟不晚于 2021 年 6 月底，向社会集中统一公开补贴政策清单，并在以后年度动态调整，及时向社会公布。

（五）规范代发金融机构。 各省级政府要依法选择基层网点多、服务质量好、优惠便利群众的金融机构代发补贴资金，对代发金融机构在资金支付、补贴通知、便捷取款、数据安全等方面提出明确要求，推动其提供高质量服务。市县级政府应在省级政府确定的范围内选择补贴资金代发金融机构。对尚未实现"一卡通"方式发放的省份，鼓励其推行以社会保障卡为载体发放补贴资金，相关工作方案报省级政府同意。

（六）规范补贴资金发放流程。 各省份要堵塞漏洞，制定涵盖补贴资金申报、审核、发放、公开公示等环节的操作规范，实现管理规章制度化、程序流程规范化、操作权限明确化。通过事前现场抽查审核、事中随机抽查、事后专项核查、大数据辅助核对等，强化对补贴资金的审核和监管。实行补贴资金兑付限时办理，明确具体时限要求，切实提高补贴资金结算进度。必要时可聘请符合条件的第三方参与部分环节工作。

（七）搭建集中统一管理平台。 各省份要充分依托已有设施，尽快搭建集中统一的补贴资金发放和管理平台（社会保险待遇发放和管理除外），对补贴资金核实、比对、支付、发放、公开公示等重要环节数据进行集中采集和管理，并按要求定期向国务院有关部门上报平台数据。及时收集、整理各类违纪违法违规信息，对存在虚报冒领、贪污侵占、骗取补贴、挪用等行为的个人和单位，严肃追究责任并依法依规向社会公示。加强补贴资金管理领域信用体系建设。

（八）依法依规公开补贴信息。 各省份要更多利用信息化手段做好补贴信息公开工作。除涉及个人隐私的外，依托"互联网＋政务服务"、大数据管理等，充分发挥政府或部门门户网站、政务新媒体、政务公开栏等平台作用，尽快形成集中统一的补贴信息公开、查询和投诉举报专栏。结合基层政务公开，推动补贴信息公开向农村和社区延伸，健全完善乡镇政府补贴底册，实现补贴信息公开与村（居）务公开有效衔接，确保相同补贴事项公开关键信息对应一致。

三、职责分工

（九）财政部门。 财政部门负责综合协调工作，牵头统筹补贴政策和资金整合，按规定下达补贴资金，在政府信息公开或政务公开主管部门指导下，会同业务主管部门向社会集中统一公开补贴政策清单、制度文件和发放信息等。会同同级业务主管部门做好相关预算安排等工作。配合做好补贴资金代发金融机构选择等。

（十）**业务主管部门。**按照"谁主管、谁负责"原则，业务主管部门负责补贴政策实施和资金管理、补贴基础信息审核管理等工作，会同同级财政部门动态调整补贴政策清单。补贴资金由财政部门发放的，业务主管部门要及时向同级财政部门提供基础信息；补贴资金由业务主管部门发放的，业务主管部门要及时向同级财政部门反馈发放信息，确保补贴资金发放真实、完整、准确。配合做好补贴信息共享等工作。受理群众咨询、投诉、信访及信息公开申请。向社会主动公开本部门制作、获取的财政补贴信息，及时会同同级财政部门按要求做好相关信息集中公开等工作。

（十一）**信息公开主管部门。**负责督促指导各有关部门做好补贴政策和资金发放等信息公开工作，确保公开信息的全面性、准确性、时效性。依法保障补贴对象的知情权、表达权、监督权，并有效保护补贴信息公开中的数据安全和个人隐私。

（十二）**金融机构监管部门。**负责指导代发金融机构规范有序做好补贴资金代发工作。督促代发金融机构严格执行代发协议，提高补贴资金发放的及时性、准确性，鼓励其提供免费、及时、逐项的补贴信息告知服务。督促代发金融机构向补贴群众提供便捷的查询、取款途径，按规定向有关部门及时提供发放信息。对工作中未严格执行实名制，存在违规代办、冒领补贴等风险的金融机构，组织开展排查、检查并严肃问责。

四、保障措施

（十三）**加强组织领导。**国务院有关部门要进一步完善补贴政策，加强督促指导。各省级政府要加强统筹协调，建立健全"政府领导、部门负责、上下协调、联合联动"工作机制，尽快制定或完善本地区加强补贴资金管理方案，层层压实责任，认真抓好落实，防止形式主义、官僚主义。

（十四）**加大数据共享。**各省份要依托省级层面集中统一的补贴资金发放和管理平台，明确数据共享内容、方式和责任，通过全国一体化政务服务平台等尽快实现相关部门间数据共享，依法保护共享数据安全。尽快实现跨层级、跨部门、跨业务的协同管理和服务，避免补贴资金多发、漏发、重发和迟发。有关部门和单位以及相关金融机构应按有关规定及时向财政、审计等监管部门完整提供补贴资金发放管理相关电子数据和资料。

（十五）**深化绩效管理。**建立健全补贴资金全过程预算绩效管理机制，逐步实现所有补贴资金绩效目标与预算同步审核、同步下达。加强对补贴资金绩效目标实现程度和预算执行进度的"双监控"，对补贴资金管理使用情况和政策实施效果进行绩效评价，将绩效评价结果作为预算安排、政策调整以及加强和改进管理的重要依据。推动补贴资金绩效信息向社会公开，主动接受社会公众监督。

（十六）**持续加强监管。**国务院有关部门要进一步加强沟通协调，建立健全跨部门联合工作机制，持续加强日常管理和监督检查。各省级政府要把推进补贴资金"一卡通"管理作为保障和改善民生的重要举措，扎实推进各项工作。地方各级有关部门要进一步强化管理，加大监管力度，及时发现并纠正补贴发放中存在的问题。加强与各类监督的贯通协调，有效形成监管合力，确保补贴政策落地见效。

财政部　农业农村部

民政部　人力资源社会保障部

审计署　国务院扶贫办

银保监会

2020 年 11 月 26 日

关于在农业农村基础设施建设领域
积极推广以工代赈方式的意见

发改振兴〔2020〕1675号

各省、自治区、直辖市人民政府，新疆生产建设兵团：

党中央、国务院高度重视以工代赈工作。习近平总书记指出，要多采用以工代赈、生产奖补、劳务补助等方式，组织动员贫困群众参与帮扶项目实施，教育和引导广大群众用自己的辛勤劳动实现脱贫致富。李克强总理强调，加大以工代赈投入，扩大以工代赈投资建设领域和实施范围。为在农业农村基础设施建设领域积极推广以工代赈方式，充分发挥以工代赈功能作用，经国务院同意，现提出以下意见。

一、充分认识推广以工代赈方式的重要意义

各地要充分认识在农业农村基础设施建设领域积极推广以工代赈方式的重要意义，在补上"三农"领域基础设施短板、夯实农业生产能力建设、持续改善农村人居环境、推动休闲农业和乡村旅游配套设施提档升级、丰富乡村文化生活中寻找切入点，采取以工代赈方式因地制宜实施一批项目，在巩固脱贫攻坚成果、做好脱贫攻坚与实施乡村振兴战略有效衔接中发挥重要作用。

二、准确把握以工代赈政策实施范围

各地要深刻把握以工代赈性质特征，结合农业农村基础设施建设需求，选择一批投资规模小、技术门槛低、前期工作简单、务工技能要求不高的农业农村基础设施项目，积极推广以工代赈方式。

（一）农村生产生活基础设施。包括农村人居环境整治特别是农村生活垃圾污水处理设施建设、农户厕所粪污集中处置建设、村容村貌提升和运行维护设施建设，废弃村庄和危房拆除、生活环境治理，灾毁水毁农村小型基础设施恢复重建，农田、优势特色产业集群、农业产业强镇、现代农业产业园或生产基地配套机耕道、生产便道、沟渠管网等附属设施建设，以及易地扶贫搬迁集中安置区配套生产生活设施建设、片区综合开发等。

（二）农村交通基础设施。包括行政村村内主干道、通自然村组公路、巷道、入户路等路基整理、路面硬化、亮化及必要防护设施建设，国有农场、林场林区内公路改造，农村简易候车亭，农村渡口、漫水路、漫水桥等小型交通基础设施建设等。

（三）水利基础设施。包括小型农田水利设施建设和维修养护，小型水库、堤防维修

养护，农村河湖管理、巡护和保洁，小流域综合治理，坡耕地水土流失治理，农村饮水工程建设、改造和维修养护等。

（四）**文化旅游基础设施**。包括乡村文化旅游和休闲农业景区景点与通乡、通村主干道连接道路路基建设，景区景点内旅游道路及步游道、公共卫生设施、垃圾污水处理设施、绿化工程等配套和附属工程建设等。

（五）**林业草原基础设施**。包括在营造林、森林保护、草原保护与修复、荒漠化治理等生态保护修复及油茶、储备林基地建设等领域中生产作用道路、贮存设施、灌溉基础设施和管护用房等配套和附属工程建设与维护，因灾损毁营造林附属配套工程复建等。

三、切实做好以工代赈组织实施工作

各地要在项目谋划、资金安排、工程实施中将以工代赈作为一种重要方式统筹考虑，认真做好务工组织、报酬发放和技能培训等工作，实现乡村生产生活条件改善和农村劳动力就近就业增收。

（一）**积极谋划采取以工代赈方式实施的项目**。各地农业农村、交通、水利、文化旅游、林草、扶贫等部门在开展相关农业农村基础设施项目谋划、相关规划和年度投资计划编制等工作时，要积极推广以工代赈方式，指导项目实施主体认真编制项目可行性研究报告等。各地发展改革部门要加强与相关行业主管部门统筹协调和沟通衔接，强化规划衔接和项目对接，分年度梳理形成采取以工代赈方式实施的农业农村基础设施建设项目清单。

（二）**广泛组织动员农村劳动力参与工程建设**。对于采取以工代赈方式实施的农业农村基础设施项目，有关行业主管部门要鼓励引导项目实施单位按照就地就近的原则，优先吸纳脱贫不稳定户、边缘易致贫户、其他农村低收入群体参与工程建设，在确保工程质量和项目进度的前提下，尽量动员当地农村劳动力参与，最大可能提供更多就业岗位。项目可行性研究报告等前期各类报告中要对用工计划包括吸纳当地农村劳动力情况等予以说明。要组织项目所在地乡镇政府和村委会与项目实施单位建立劳务信息沟通机制，根据项目实施单位用工需求，做好当地农村劳动力的动员组织工作，为项目实施提供劳务保障。对于采取以工代赈方式实施的农业农村基础设施项目，按照招标投标法和村庄建设项目施行简易审批的有关要求，可以不进行招标。鼓励村集体经济组织或其领办的合作社，组织当地农村劳动力组建施工队伍进行建设。每年汛期过后，受暴雨洪涝等灾害影响较重地区，应在农业农村基础设施建设特别是水毁工程修复中采取以工代赈方式实施一批项目，帮助受灾群众稳就业、促增收、渡难关，防止因灾致贫返贫。

（三）**及时足额发放以工代赈劳务报酬**。各地在批复采取以工代赈方式实施的工程项目可行性研究报告等时，应对劳务报酬发放内容进行论证；在分解下达投资计划时，将劳务报酬发放情况作为资金分配的重要因素；在项目实施过程中，督促项目主体及时足额向参与务工的劳动力发放劳务报酬；在项目竣工验收时，将劳务报酬支付标准、金额和发放名册作为重要参考。通过以工代赈方式实施的工程项目，要根据当地实际情况在依法合规的前提下，尽量提高项目资金中劳务报酬发放比例。各地发展改革部门要会同相关行业主管部门，参照当地农民工平均收入水平，合理确定项目所在县参与工程建设的农村劳动力劳务报酬指导标准，积极配合相关行业主管部门做好项目审批、投资计划下达、事中事后监管、竣工验收等工作。

（四）多措并举做好务工农村劳动力技能培训。各地要统筹各类培训资源，结合农村劳动力就业意愿和农业农村基础设施建设用工需求，有针对性地开展技能培训，解决好农村劳动力因技能不足而难以参与工程建设的问题。要委托项目实施单位采取"培训＋上岗"等方式，有针对性地开展实训和以工代训，帮助参与务工的群众掌握实际操作技能。要支持项目受益主体根据项目建成后用工需求，对参与工程建设的农村劳动力开展短期技能培训，并优先吸纳就业，延伸扩大就业容量。

四、推动形成部门协同联动工作机制

（一）加强部门协同。国家发展改革委会同中央农办、财政部、农业农村部、交通运输部、水利部、文化和旅游部、国家林草局、国务院扶贫办等相关部门，建立部际沟通协调机制，加强以工代赈政策与农业农村、交通、水利、文化旅游、林草、扶贫等领域有关农业农村基础设施建设相关政策的统筹协调和综合配套。各地也要建立发展改革部门牵头、相关部门参与的沟通协调机制，明确责任分工，压实工作责任，加强协同联动，形成工作合力。

（二）加强投入保障。各地可将符合条件的农业农村基础设施项目按规定纳入地方政府专项债券和抗疫特别国债支持范围，并在组织实施专项债券和抗疫特别国债项目时，大力推广以工代赈方式，多渠道扩大以工代赈实施规模。

（三）强化督促指导。省级有关部门要指导市县在农业农村基础设施建设领域采取以工代赈方式谋划实施一批项目，扎实做好务工组织、劳务报酬发放和项目实施等各项工作，确保取得实效。省级发展改革部门要积极会同相关部门，采取工作会商、实地督导、联合调研、定期调度等方式，加强工作和技术指导，协调帮助市县解决在以工代赈方式推广工作中出现的困难和问题。

（四）做好宣传引导。省级有关部门要鼓励市县引导项目实施单位积极推广以工代赈方式，及时总结提炼当地工作中探索出的好经验、好做法。省级发展改革部门要充分发挥牵头作用，会同相关部门及时召开工作现场会、经验交流会，对推广以工代赈方式的典型经验、工作成效加大宣传推介力度。

（五）开展督查激励。各省（区、市）人民政府要将农业农村基础设施建设领域推广以工代赈方式的成效纳入相关督促检查范围。省级发展改革部门要会同相关部门建立健全激励机制，对推广以工代赈方式积极主动、成效明显的市县给予激励表扬，并在安排国家和省级以工代赈专项投资时予以倾斜支持；要认真梳理总结本地区在农业农村基础设施建设领域推广以工代赈方式的实施情况，经报省级人民政府审定同意后，于每年年底前形成专题报告报送国家发展改革委。国家发展改革委将会同相关部门对推广以工代赈方式工作积极主动、成效明显的省份予以通报表扬，纳入国务院办公厅督查激励工作事项，并在下达相关中央投资计划时予以奖励激励。

国家发展改革委

中央农办

财政部

交通运输部

水利部

农业农村部

文化和旅游部

国家林草局

国务院扶贫办

2020 年 11 月 3 日

农业农村部 国家发展改革委 教育部
科技部 财政部 人力资源社会保障部
自然资源部 退役军人部 银保监会
关于深入实施农村创新创业带头人
培育行动的意见

农产发〔2020〕3 号

各省、自治区、直辖市及新疆生产建设兵团农业农村（农牧）厅（局、委）、发展改革委、教育厅（局、委）、科技厅（局、委）、财政厅（局）、人力资源社会保障厅（局）、自然资源主管部门、退役军人事务厅（局）、银保监局：

创新创业是乡村产业振兴的重要动能，人才是创新创业的核心要素。农村创新创业带头人饱含乡土情怀、具有超前眼光、充满创业激情、富有奉献精神，是带动农村经济发展和农民就业增收的乡村企业家。近年来，农村创新创业环境不断改善，涌现了一批农村创新创业带头人，成为引领乡村产业发展的重要力量。但仍存在总量不大、层次不高、带动力不强等问题，亟需加快培育壮大。为贯彻《中共中央、国务院关于抓好"三农"领域重点工作确保如期实现全面小康的意见》部署，深入实施农村创新创业带头人培育行动，大力发展富民乡村产业，奠定决胜全面建成小康社会的物质基础，现提出如下意见。

一、总体要求

（一）指导思想

以习近平新时代中国特色社会主义思想为指导，全面贯彻落实党的十九大和十九届二中、三中、四中全会精神，坚持农业农村优先和就业优先方针，以实施乡村振兴战略为总抓手，紧扣乡村产业振兴目标，强化创新驱动，加强指导服务，优化创业环境，培育一批扎根乡村、服务农业、带动农民的农村创新创业带头人，发挥"头雁效应"，以创新带动创业，以创业带动就业，以就业促进增收，为全面建成小康社会、推进乡村全面振兴提供有力支撑。

（二）基本原则

市场主体、政府引导。尊重市场主体，激活资源要素，激发创造活力，各尽其能，各展所长。更好发挥政府作用，优化创新创业环境，营造崇尚创新、勇于创业、勤劳致富的氛围。

产业为基、就业为本。依托农业农村资源，发掘农业多种功能和乡村多重价值，发展特色突出、关联度高、产业链长的产业。推行包容性、共享式发展，吸纳更多农村劳动力就地就近就业。

创新驱动、创业带动。充分利用现代科技成果，开发新技术新产品，催生新产业新业态，以创新引领创业。弘扬企业家精神，在创业中实现自身价值，在带动中体现社会价值。

联农带农、富民兴乡。坚持以农民为主体，建立紧密利益联结机制，带着农民干、帮着农民赚。加快全产业链和全价值链建设，把二三产业留在乡村，把增值收益更多地留给农民，实现富裕农民、繁荣乡村。

（三）总体目标

到 2025 年，农村创新创业环境明显改善，创新创业层次显著提升，创新创业队伍不断壮大，乡村产业发展动能更加强劲。农村创新创业带头人达到 100 万以上，农业重点县的行政村基本实现全覆盖。

二、明确培育重点

（四）扶持返乡创业农民工。 以乡情感召、政策吸引、事业凝聚，引导有资金积累、技术专长、市场信息和经营头脑的返乡农民工在农村创新创业。遴选一批创业激情旺盛的返乡农民工，加强指导服务，重点发展特色种植业、规模养殖业、加工流通业、乡村服务业、休闲旅游业、劳动密集型制造业等，吸纳更多农村劳动力就地就近就业。

（五）鼓励入乡创业人员。 营造引得进、留得住、干得好的乡村营商环境，引导大中专毕业生、退役军人、科技人员等入乡创业，应用新技术、开发新产品、开拓新市场，引入智创、文创、农创，丰富乡村产业发展类型，带动更多农民学技术、闯市场、创品牌，提升乡村产业的层次水平。

（六）发掘在乡创业能人。 挖掘"田秀才""土专家""乡创客"等乡土人才，以及乡村工匠、文化能人、手工艺人等能工巧匠，支持创办家庭工场、手工作坊、乡村车间，创响"乡字号""土字号"乡土特色产品，保护传统手工艺，发掘乡村非物质文化遗产资源，带动农民就业增收。

三、强化政策扶持

（七）加大财政政策支持。 统筹利用好现有创新创业扶持政策，为符合条件的返乡入乡创业人员和企业提供支持，农村创新创业带头人可按规定申领。鼓励地方统筹利用现有资金渠道，支持农村创新创业带头人兴办企业、做大产业。允许发行地方政府专项债券，支持农村创新创业园和孵化实训基地中符合条件的项目建设。对首次创业、正常经营 1 年以上的农村创新创业带头人，按规定给予一次性创业补贴。对入驻创业示范基地、创新创业园区和孵化实训基地的农村创新创业带头人创办的企业，可对厂房租金等相关费用给予一定额度减免。

（八）加大金融政策支持。 引导相关金融机构创新金融产品和服务方式，支持农村创新创业带头人创办的企业。落实创业担保贷款贴息政策，大力扶持返乡入乡人员创新创业。发挥国家融资担保基金等政府性融资担保体系作用，积极为农村创新创业带头人提供融资担保。引导各类产业发展基金、创业投资基金投入农村创新创业带头人创办的项目。推广"互联网＋返乡创业＋信贷"等农村贷款融资模式。

（九）加大创业用地支持。各地新编县乡级国土空间规划、省级制定土地利用年度计划应做好农村创新创业用地保障。推进农村集体经营性建设用地入市改革，支持开展县域农村闲置宅基地、农业生产与村庄建设复合用地、村庄空闲地等土地综合整治，农村集体经营性建设用地、复垦腾退建设用地指标，优先用于乡村新产业新业态和返乡入乡创新创业。允许在符合国土空间规划和用途管制要求、不占用永久基本农田和生态保护红线的前提下，探索创新用地方式，支持农村创新创业带头人创办乡村旅游等新产业新业态。

（十）加大人才政策支持。支持和鼓励高校、科研院所等事业单位科研人员，按国家有关规定离岗到乡村创办企业，允许科技人员以科技成果作价入股农村创新创业企业。将农村创新创业带头人及其所需人才纳入地方政府人才引进政策奖励和住房补贴等范围。对符合条件的农村创新创业带头人及其共同生活的配偶、子女和父母全面放开城镇落户限制，纳入城镇住房保障范围，增加优质教育、住房等供给。加快推进全国统一的社会保险公共服务平台建设，切实为农村创新创业带头人及其所需人才妥善办理社保关系转移接续。

四、加强创业培训

（十一）加大培训力度。实施返乡入乡创业带头人培养计划，对具有发展潜力和带头示范作用的返乡入乡创业人员，依托普通高校、职业院校、优质培训机构、公共职业技能培训平台等开展创业培训。将农村创新创业带头人纳入创业培训重点对象，支持有意愿人员参加创业培训。符合条件的，按规定纳入职业培训补贴范围，所需资金从职业技能提升行动（2019—2021年）专账资金列支。

（十二）创新培训方式。支持有条件的职业院校、企业深化校企合作，依托大型农业企业、知名村镇、大中专院校等建设一批农村创新创业孵化实训基地，为返乡入乡创新创业带头人提供职业技能培训基础平台。充分利用门户网站、远程视频、云互动平台、微课堂、融媒体等现代信息技术手段，提供灵活便捷的在线培训，创新开设产品研发、工艺改造、新型业态、风险防控、5G技术、区块链等前沿课程。

（十三）提升培训质量。积极探索创业培训＋技能培训，创业培训与区域产业相结合的培训模式。根据返乡入乡创新创业带头人特点，开发一批特色专业和示范培训课程。大力推行互动教学、案例教学和现场观摩教学，开设农村创新创业带头人创业经验研讨课。组建专业化、规模化、制度化的创新创业导师队伍和专家顾问团，建立"一对一""师带徒"培养机制。

五、优化创业服务

（十四）提供优质服务。县乡政府要在政务大厅设立农村创新创业服务窗口，打通部门间信息查询互认通道，集中提供项目选择、技术支持、政策咨询、注册代办等一站式服务。各级政府在门户网站均应设立农村创新创业网页专栏，推进政务服务"一网通办"、扶持政策"一键查询"。发挥乡村产业服务指导机构作用，为农村创新创业带头人提供政策解读、项目咨询、土地流转、科技推广、用人用工等方面的服务。

（十五）聚集服务功能。严格落实园区设立用地审核要求，依托现代农业产业园、农产品加工园、高新技术园区等，建设一批乡情浓厚、特色突出、设施齐全的农村创新创业园区。建设一批集"生产＋加工＋科技＋营销＋品牌＋体验"于一体、"预孵化＋孵化器＋加速器＋稳定器"全产业链的农村创新创业孵化实训基地、众创空间和星创天地等，帮助农村创新创业带头人开展上下游配套创业。

（十六）拓宽服务渠道。积极培育市场化中介服务机构，发挥行业协会商会作用，组建农村创新创业联盟，实现信息共享、抱团创业。建立"互联网＋创新创业"模式，推进农村创新创业带头人在线、实时与资本、技术、商超和电商对接，利用 5G 技术、云平台和大数据等创新创业。完善农村信息、交通、寄递、物流线路及网点等设施，健全以县、乡、村三级物流节点为支撑的物流网络体系。

六、强化组织保障

（十七）加强组织领导。各地要把农村创新创业带头人培育纳入经济社会发展全局和稳就业大局中统筹谋划和推进，建立健全农村创新创业带头人培育工作机制，制定工作方案，明确任务分工，落实部门责任。各相关部门要加强协作，心往一处想、劲往一处使，聚力抓好落实。各级农业农村部门要主动作为，尽职履责抓好农村创新创业带头人培育有关工作。

（十八）选好培育对象。农村创新创业带头人要爱党爱国、遵纪守法、品行端正、个人信用记录良好，有能力、有意愿带动农民就业致富。农村创新创业带头人遴选要公开公平公正，得到社会公认，并经村公示、乡（镇）审核，报县（市）农业农村部门备案，确定为农村创新创业带头人。

（十九）推进政策落实。各地要把支持农村创新创业带头人培育的扶持政策列出清单，建立政策明白卡，逐项抓好落实。结合农民工职业技能培训实施，支持农村创新创业带头人培育。引导金融机构加大对农村创新创业带头人的信贷支持力度。

（二十）开展监测评估。县级要建立农村创新创业带头人信息档案库，跟踪收集带头人参加培训、创办企业、实施项目、享受政策扶持等情况，每年进行动态调整。建立调度制度，半年一小结、全年一总结。建立评估机制，对各地开展农村创新创业带头人培育工作进行评估，对成效显著的县（市）推介为"全国农村创新创业典型案例"。

（二十一）加强宣传引导。挖掘一批农村创新创业带头人鲜活案例，讲好励志创业故事。对创新创业活跃、联农带农紧密、业绩特别突出的农村创新创业优秀带头人，可按国家有关规定予以表彰。充分运用报刊、电视、广播、网络等全媒体资源，宣传农村创新创业带头人典型事迹，营造激情创新创业、梦圆乡村振兴的良好氛围。

农业农村部　国家发展改革委　教育部科技部
财政部　人力资源社会保障部　自然资源部
退役军人部　银保监会
2020 年 6 月 13 日

农业农村部关于加快畜牧业机械化发展的意见

各省、自治区、直辖市及计划单列市农业农村（农牧）、畜牧兽医厅（局、委），新疆生产建设兵团农业农村局，黑龙江省农垦总局、广东省农垦总局：

机械化是畜牧业现代化的重要基础和重要标志。近年来，畜牧业加快向标准化规模养殖转型升级，装备总量持续增长，机械化水平不断提升。但不同地区、畜种、养殖规模和生产环节机械化发展不平衡不充分，畜牧业机械化总体水平还不高，科技创新能力不强、部分技术装备有效供给不足、养殖工程与设施装备集成配套不够等问题突出。为贯彻落实中央农村工作会议精神、《国务院关于加快推进农业机械化和农机装备产业转型升级的指导意见》（国发〔2018〕42号）和《国务院办公厅关于稳定生猪生产促进转型升级的意见》（国办发〔2019〕44号）的有关部署，推动畜牧业机械化加快发展，现提出以下意见。

一、指导思想和发展目标

（一）**指导思想。**以习近平新时代中国特色社会主义思想为指导，牢固树立和贯彻落实新发展理念，充分发挥市场在资源配置中的决定性作用和更好发挥政府作用，适应农业高质量发展和供给侧结构性改革要求，以服务乡村振兴战略、满足畜牧业对机械化的需要为目标，以科技创新、机制创新、政策创新为动力，补短板、强弱项、促协调，推进机械装备与养殖工艺相融合、畜禽养殖机械化与信息化相融合、设施装备配置与养殖场建设相适应、机械化生产与适度规模养殖相适应，推动畜牧业机械化向全程全面高质高效转型升级，为畜牧业高质量发展、加快现代化步伐提供有力支撑。

（二）**发展目标。**统筹设施装备和畜牧业协调发展，着力推进主要畜种养殖、重点生产环节、规模养殖场（户）的机械化。到2025年，畜牧业机械化率总体达到50％以上，主要畜禽养殖全程机械化取得显著成效。其中，奶牛规模化养殖机械化率达到80％以上，生猪、蛋鸡、肉鸡规模化养殖机械化率达到70％以上，肉牛、肉羊规模化养殖机械化率达到50％以上，大规模养殖场基本实现全程机械化。标准化规模养殖与机械化协调并进的畜牧业发展新格局基本形成，有条件的地区主要畜种规模化养殖率先基本实现全程机械化。

二、主要任务

坚持目标导向和问题导向，集中力量强科技、补短板、推全程、兴主体、保安全、稳供给，突出抓好养殖生产全程机械化，加快提升畜禽养殖废弃物处理机械化水平，积极促进畜牧业机械化转型升级。

（三）**推动畜牧机械装备科技创新。**聚集优势资源，推进产学研结合，组织调动大专院校和科研院所力量，充分发挥大型骨干设施装备企业作用，加强畜禽健康养殖与疫病防控工艺、畜禽生理与环境控制机理、畜禽行为与养殖装备关系、新材料和信息化技术等基础研究，为突破畜牧业机械化薄弱环节奠定基础。开展畜牧业机械化技术与装备需求调查，发布市场需求目录，引导科研单位和生产企业研发适合养殖场（户）需要、先进适用的畜牧机械装备。通过遴选重大项目、主推技术等方式，积极争取财政、科技等部门的立项支持，研发高效饲草料收获加工、精准饲喂、智能环控、养殖信息监测、疫病防控、畜产品智能化采集加工、高效粪污资源化利用、病死畜禽无害化处理和种畜禽生产性能测定等先进机械装备，加快符合我国国情的绿色智能、立体高效、福利安全的养殖装备科技创新。健全完善畜牧工程与装备重点实验室和科研基地，加强生猪、蛋鸡、肉鸡、奶牛、肉牛、肉羊等产业技术体系相关岗位专家队伍和综合试验站建设，推动建设一批产业技术创新联盟，充实全国农机化科技创新专家组畜牧养殖工程领域力量，为畜牧机械装备的科技创新提供有力支撑。加强国际交流合作，支持引进国际先进技术，引导和支持畜牧机械装备企业及产品"走出去"。

（四）推进主要畜种规模化养殖全程机械化。以生猪、蛋鸡、肉鸡、奶牛、肉牛、肉羊等养殖为主要对象，制定发布规模化养殖设施装备配套技术规范，推进畜种、养殖工艺、设施装备集成配套，加强养殖全过程机械化技术指导，大力推进主要畜种养殖全程机械化。聚焦畜牧业主产区规模养殖场，巩固提高饲草料生产与加工、饲草料投喂、环境控制等环节机械化水平，加快解决疫病防控、畜产品采集加工、粪污收集处理与利用等薄弱环节机械装备应用难题，构建区域化、规模化、标准化、信息化的全程机械化生产模式。组织遴选推介一批率先基本实现养殖全程机械化的规模化养殖场和示范基地，加强典型示范引导。

（五）加强绿色高效新装备新技术示范推广。大力支持工程防疫、智能饲喂、精准环控、畜产品自动化采集加工、废弃物资源化利用等健康养殖和绿色高效机械装备技术试验示范。加快优质饲草青贮、农作物秸秆制备饲料、畜禽粪污肥料化利用等机械化技术推广应用，推动构建农牧配套、种养结合的生态循环模式。积极示范推广先进适用的暖棚、冷库等设施和特产养殖需要的高效专用技术装备。推进畜牧机械装备节能降耗。支持农机试验鉴定机构改善检验检测条件，创新试验鉴定方法，完善试验鉴定大纲，有效提升畜牧机械装备试验鉴定能力，加快主要畜种生产所需机械装备的试验鉴定，及时公布结果，为畜牧业技术装备加快推广应用提供有力支撑。创新畜牧新装备新技术体验式、参与式推广方式，充分调动畜牧设施装备生产企业、养殖场（户）和科研院校、社会团体等参与技术推广的积极性，加快畜牧业机械化新技术推广应用。

（六）提高重点环节社会化服务水平。大力培育发展新型畜牧机械装备经营和服务组织，支持服务组织以市场化、专业化为导向，开展优质饲草料"种、收、贮、加、送"、粪污资源化利用、病死畜禽无害化处理、畜产品贮运、安全净化防疫等环节的社会化服务。积极推进畜牧机械装备社会化服务机制创新，大力发展订单式作业、生产托管、承包服务等新模式、新业态。探索建立"龙头企业＋养殖合作社＋养殖场（户）"的畜牧机械装备租赁体系，提高畜牧机械装备的利用效率和效益。鼓励中小规模养殖场（户）集中区域，建设畜禽养殖废弃物集中收集、无害化处理和资源化利用中心，促进畜牧机械装备共享共用，支持引导中小养殖场（户）向标准化、规模化养殖方向发展。

（七）推进机械化信息化融合。推进"互联网＋"畜牧业机械化，支持在畜禽养殖各环节重点装备上应用实时准确的信息采集和智能管控系统，支持鼓励养殖企业进行物联化、智能化设施与装备升级改造，促进畜牧设施装备使用、管理与信息化技术深度融合。鼓励、支持和引导畜牧养殖和装备生产骨干企业建立畜禽养殖机械化信息化融合示范场，应用畜产品全程可追溯系统。支持有条件的地方建设自动化信息化养殖示范基地，推进智能畜牧机械装备与智慧牧场建设融合发展。推动畜牧业机械化大数据开发应用，为畜牧机械装备研发、试验鉴定、推广应用和社会化服务提供支持。

三、保障措施

（八）加强组织领导。各级农业农村部门要把畜牧业机械化发展纳入农机化、畜牧业发展规划，列入重要议事日程。农机化主管部门和畜牧业主管部门要密切沟通，加强重大事项的会商和协调，组织调动农机试验鉴定和农机化、畜牧技术推广等系统力量，协同推进畜牧业机械化发展。各地要结合实际，突出重点，强化机械化与畜牧业发展目标任务衔接，整合资源，同向发力。加强与财政、科技、工业和信息化、环境保护等相关部门的沟通协调，积极争取支持，形成工作合力，为畜牧业机械化发展创造有利条件。要支持行业协会发挥行业自律、信息交流、教育培训等方面的作用，服务引导畜牧设施装备行业转型升级，助力畜牧业机械化发展。

（九）完善扶持政策。积极争取投入，支持畜牧机械装备基础研究和创新能力建设，加快科技成果转化应用。加大农机购置补贴对畜牧机械装备的支持力度，重点向规模化养殖场倾斜，实行应补尽补。完善养殖场设施用地标准，支持养殖场"宜机化"改造建设，为畜牧业机械化创造良好条件。探索开展畜禽养殖成套装备、设施试验鉴定与推广应用的路径。支持大型成套畜牧机械融资租赁试点。鼓励金融机构开展权属清晰大型畜牧机械装备抵押贷款。鼓励各地通过项目支持、政府购买服务，推动畜牧机械、畜牧养殖科研推广人员与畜牧设施装备生产企业、新型畜牧养殖主体联合建设试验示范基地，开展技术试验、人才培训和推广服务。

（十）壮大人才队伍。引导大专院校在农业工程、畜牧兽医等学科设置畜牧机械相关课程和研究方向，培养创新型、应用型、复合型畜牧业机械化人才。支持相关高校面向畜牧业机械化、畜牧设施装备产业转型升级开展新工科研究与实践，推动实施产教融合、校企合作，支持优势畜牧设施装备生产企业与学校共建共享工程创新基地、实践基地、实训基地，构建产学合作协同育人体系。加大高素质农民培育工作对养殖场（户）、养殖合作社带头人的扶持力度，强化畜牧设施装备知识培训。支持设施装备生产企业、养殖企业、养殖合作社、社会团体培养畜牧机械操作、维修等技能型人才，大力遴选和培养畜牧装备生产、使用及设施装备建设安装、工程监理等一线实用人才。加强对农机化、畜牧业管理及技术人员相关知识培训，壮大畜牧业机械化人才队伍。

（十一）强化公共服务。充分发挥农机化和畜牧业主管部门在推进畜牧业机械化中的引导作用，重点在公共服务等方面提供支持，为市场创造更多发展空间。推进政务信息公开，加强规划政策引导，优化鉴定推广服务，保障安全生产，保护知识产权，切实调动各类市场主体的积极性、主动性和创造性。完善健全畜牧业机械化技术标准体系、设施装备试验鉴定大纲和生产作业规范，构建主要畜禽养殖全程机械化评价指标体系并积极开展动态监测，为畜牧业机械化发展提供有效支撑。加强舆论引导，推介宣传发展典型和经验，努力营造加快推进畜牧业机械化的良好氛围。

农业农村部

2019 年 12 月 25 日

农业农村部关于加快农产品仓储保鲜冷链设施建设的实施意见

各省、自治区、直辖市及计划单列市农业农村（农牧）厅（局、委），新疆生产建设兵团农业农村局，黑龙江省农垦总局、广东省农垦总局：

为贯彻落实党中央关于实施城乡冷链物流设施建设等补短板工程的部署要求，根据《中共中央、国务院关于抓好"三农"领域重点工作确保如期实现全面小康的意见》（中发〔2020〕1号）和2019年中央经济工作会议、中央农村工作会议精神，我部决定实施"农产品仓储保鲜冷链物流设施建设工程"，现就支持新型农业经营主体建设仓储保鲜冷链设施，从源头加快解决农产品出村进城"最初一公里"问题，提出如下实施意见。

一、重要意义

党中央高度重视农产品仓储保鲜冷链物流设施建设，2019年7月30日中央政治局会议明确提出实施城乡冷链物流设施建设工程。2020年中央一号文件要求，国家支持家庭农场、农民合作社建设产地分拣包装、冷藏保鲜、仓储运输、初加工等设施。加大对新型农业经营主体农产品仓储保鲜冷链设施建设的支持，是现代农业重大牵引性工程和促进产业消费"双升级"的重要内容，是顺应农业产业发展新趋势、适应城乡居民消费需求、促进小农户和现代农业发展有机衔接的重大举措，对确保脱贫攻坚战圆满收官、农村同步全面建成小康社会和加快乡村振兴战略实施具有重要意义。加快推进农产品仓储保鲜冷链设施建设，有利于夯实农业物质基础装备，减少农产品产后损失，提高农产品附加值和溢价能力，促进农民稳定增收；有利于改善农产品品质，满足农产品消费多样化、品质化需求，做大做强农业品牌；有利于实现现代农业发展要求，加速农产品市场流通硬件设施、组织方式和运营模式的转型升级；有利于优化生产力布局，引导产业结构调整，释放产业发展潜力，增强我国农产品竞争力。

二、总体思路

（一）指导思想

以习近平新时代中国特色社会主义思想为指导，牢固树立新发展理念，深入推进农业供给侧结构性改革，充分发挥市场配置资源的决定性作用，紧紧围绕保供给、减损耗、降成本、强产业、惠民生，聚焦鲜活农产品产地"最初一公里"，以鲜活农产品主产区、特色农产品优势区和贫困地区为重点，坚持"农有、农用、农享"的原则，依托家庭农场、农民合作社开展农产品仓储保鲜冷链设施建设，进一步降低农产品损耗和物流成本，推动农产品提质增效和农业绿色发展，促进农民增收和乡村振兴，持续巩固脱贫攻坚成果，更好地满足城乡居民对高质量农产品的消费需求。

（二）基本原则

——统筹布局、突出重点。坚持立足当前和着眼长远相结合，综合考虑地理位置、产业布局、市场需求和基础条件等因素，在鲜活农产品主产区、特色农产品优势区和贫困地区统筹推进农产品产地仓储保鲜冷链设施建设。优先支持扶贫带动能力强、发展潜力大且运营产地市场的新型农业经营主体。

——市场运作、政府引导。充分发挥市场配置资源的决定性作用，坚持投资主体多元化、运作方式市场化，提升设施利用效率。政府要发挥引导作用，通过财政补助、金融支持、发行专项债等政策，采用先建后补、以奖代补等形式，带动社会资本参与建设。

——科技支持、融合发展。坚持改造与新建并举，推动应用先进技术设备，鼓励利用现代信息手段，构建产地市场信息大数据，发展电子商务等新业态。促进产地市场与消费需求相适应，融入一体化仓储保鲜冷链物流体系，形成可持续发展机制。

——规范实施、注重效益。立足各地实际，规范实施过程，完善标准体系，提升管理和服务水平。在市场化运作的基础上，完善带农惠农机制，提升鲜活农产品应急保障能力，确保运得出、供得上。

（三）建设目标

以鲜活农产品主产区、特色农产品优势区和贫困地区为重点，到 2020 年底在村镇支持一批新型农业经营主体加强仓储保鲜冷链设施建设，推动完善一批由新型农业经营主体运营的田头市场，实现鲜活农产品产地仓储保鲜冷链能力明显提升，产后损失率显著下降；商品化处理能力普遍提升，产品附加值大幅增长；仓储保鲜冷链信息化与品牌化水平全面提升，产销对接更加顺畅；主体服务带动能力明显增强；"互联网＋"农产品出村进城能力大幅提升。

三、建设重点

（一）实施区域

2020 年，重点在河北、山西、辽宁、山东、湖北、湖南、广西、海南、四川、重庆、贵州、云南、陕西、甘肃、宁夏、新疆 16 个省（区、市），聚焦鲜活农产品主产区、特色农产品优势区和贫困地区，选择产业重点县（市），主要围绕水果、蔬菜等鲜活农产品开展仓储保鲜冷链设施建设，根据《农业农村部、财政部关于做好 2020 年农业生产发展等项目实施工作的通知》（农计财发〔2020〕3 号）要求，鼓励各地统筹利用相关资金开展农产品仓储保鲜冷链设施建设。鼓励贫困地区利用扶贫专项资金，整合涉农资金加大专项支持力度，提升扶贫产业发展水平。有条件的地方发行农产品仓储保鲜冷链物流设施建设专项债。实施区域向"三区三州"等深度贫困地区倾斜。鼓励其他地区因地制宜支持开展仓储保鲜冷链设施建设。

（二）实施对象

依托县级以上示范家庭农场和农民合作社示范社实施，贫困地区可适当放宽条件。优先支持在村镇具有交易场所并集中开展鲜活农产品仓储保鲜冷链服务和交易服务的县级以上示范家庭农场和农民合作社示范社。

（三）建设内容

新型农业经营主体根据实际需求选择建设设施类型和规模，在产业重点镇和中心村鼓励引导设施建设向田头市场聚集，可按照"田头市场＋新型农业经营主体＋农户"的模式，开展仓储保鲜冷链设施建设。

1. 节能型通风贮藏库。在马铃薯、甘薯、山药、大白菜、胡萝卜、生姜等耐贮型农产品主产区，充分利用自然冷源，因地制宜建设地下、半地下贮藏窖或地上通风贮藏库，采用自然通风和机械通风相结合的方式保持适宜贮藏温度。

2. 节能型机械冷库。在果蔬主产区，根据贮藏规模、自然气候和地质条件等，采用土建式或组装式建筑结构，配备机械制冷设备，新建保温隔热性能良好、低温环境适宜的冷库；也可对闲置的房屋、厂房、窑洞等进行保温隔热改造，安装机械制冷设备，改建为冷库。

3. 节能型气调贮藏库。在苹果、梨、香蕉和蒜薹等呼吸跃变型果蔬主产区，建设气密性较高、可调节气体浓度和组分的气调贮藏库，配备碳分子筛制氮机、中空纤维膜制氮机、乙烯脱除器等专用气调设备，对商品附加值较高的产品进行气调贮藏。

根据产品特性、市场和储运的实际需要，规模较大的仓储保鲜冷链设施，可配套建设强制通风预冷、差压预冷或真空预冷等专用预冷设施，配备必要的称量、除土、清洗、分级、愈伤、检测、干制、包装、移动式皮带输送、信息采集等设备以及立体式货架。

四、组织实施

按照自主建设、定额补助、先建后补的程序，支持新型农业经营主体新建或改扩建农产品仓储保鲜冷链设施。各地要完善工作流程，确保公开公平公正。推行从申请、审核、公示到补助发放的全过程线上管理。

（一）编制实施方案。 各省（区、市）农业农村部门应细化编制实施方案，做到思路清晰，目标明确，重点突出，措施有效，数据详实。具体包括以下内容：基本情况、思路目标、空间布局、建设内容、实施主体、资金支持、进度安排、保障措施及其他。省级农业农村部门要会同相关部门制定发布本地区农产品仓储保鲜冷链设施建设实施方案、技术方案、补助控制标准、操作程序、投诉咨询方式、违规查处结果等重点信息，开展农产品仓储保鲜冷链设施建设延伸绩效管理，并于2020年12月18日前报送工作总结和绩效自评报告。

（二）组织申报建设。 新型农业经营主体通过农业农村部新型农业经营主体信息直报系统申报或农业农村部重点农产品市场信息平台申报建设仓储保鲜冷链设施。申请主体按规定提交申请资料，对真实性、完整性和有效性负责，并承担相关法律责任。县级农业农村部门要严格过程审核，公示实施主体，对未通过审核的主体及时给予反馈。实施主体按照各地技术方案要求，自主选择具有专业资格和良好信誉的施工单位开展建设，采购符合标准的设施设备，承担相应的责任义务，对建设的仓储保鲜冷链设施拥有所有权，可自主使用、依法依规处置。设施建设、设备购置等事项须全程留痕。

（三）组织开展验收。 新型农业经营主体完成仓储保鲜冷链设施建设后向县级农业农村部门提出验收申请，县级农业农村部门会同相关部门，邀请相关技术专家进行验收。验收合格后向实施主体兑付补助资金，并公示全县仓储保鲜冷链设施补助发放情况。

（四）强化监督调度。各地农业农村部门建立健全仓储保鲜冷链设施建设管理制度，加强实施过程监督、定期调度，发布资金使用进度，根据实施进展及时开展现场督查指导。充分发挥专家和第三方作用，加强督导评估，强化政策实施全程监管。

五、有关要求

（一）强化组织领导。省级农业农村部门要高度重视，健全工作协作机制，加大与财政等部门的沟通配合，建立由市场、计财和相关业务处室组成的项目工作组，科学合理确定实施区域，根据农业生产发展资金专项明确的有关任务，做好补助资金测算，应保证补助资金与建设需求相一致，避免重复建设。任务实施县也要成立工作专班，切实做好补助申请受理、资格审核、设施核验、补助公示等工作，鼓励探索开展"一站式"服务，保证工作方向不偏、资金规范使用，建设取得实效。

（二）加大政策扶持。各地要积极落实农业设施用地政策，将与生产直接关联的分拣包装、保鲜存储等设施用地纳入农用地管理，切实保障农产品仓储保鲜冷链设施用地需求。对需要集中建设仓储保鲜冷链设施的田头市场，应优先安排年度新增建设用地计划指标，保障用地需求。农村集体建设用地可以通过入股、租用等方式用于农产品仓储保鲜冷链设施建设。各地要加强与电力部门沟通，对家庭农场、农民合作社等在农村建设的保鲜仓储设施，落实农业生产用电价格优惠政策。探索财政资金支持形成的项目资产股份量化形式，建立完善投资保障、运营管理、政府监管等长效运行机制，试点示范、重点支持一批田头公益性市场。

（三）强化金融服务。各地要积极协调推动将建设农产品仓储保鲜冷链设施的新型农业经营主体纳入支农支小再贷款再贴现等优惠信贷支持范围，开辟绿色通道，简化审贷流程。要引导银行业金融机构开发专门信贷产品。指导省级农业信贷担保公司加强与银行业金融机构合作，对符合条件的建设农产品仓储保鲜冷链设施的新型农业经营主体实行"应担尽担"。各地可统筹资金对新型农业经营主体农产品仓储保鲜冷链设施建设贷款给予适当贴息支持。

（四）严格风险防控。各地要建立农产品仓储保鲜冷链设施建设内部控制规程，强化监督制约，开展廉政教育。对倒卖补助指标、套取补助资金、搭车收费等严重违规行为，坚决查处，绝不姑息。对发生问题的地方要严格查明情况，按规定抄送所在地纪检监察部门，情节严重构成犯罪的移送司法机关处理。各地农业农村部门要落实主体责任，组建专家队伍，编写本地化技术方案，压实实施主体直接责任，严格验收程序，确保设施质量。各地农业农村部门要按照农业农村部制定的仓储保鲜冷链技术方案，结合当地实际，研究制定适合不同农产品和季节特点的仓储保鲜冷链技术和操作规程，切实提高设施利用效率，确保设施使用安全。对实施过程中出现的问题，认真研究解决，重大问题及时上报。

（五）做好信息采集与应用。各地要配合农业农村部健全完善农产品产地市场信息数据，通过农业农村部重点农产品市场信息平台，组织实施主体采取自动传输为主、手工填报为辅的方式，全面监测报送产地鲜活农产品产地、品类、交易量、库存量、价格、流向等市场流通信息和仓储保鲜冷链设施贮藏环境信息，监测项目实施情况，为宏观分析提供支持。仓储保鲜冷链设施建设规模在 500 吨以上的，应配备具有通信功能的信息自动采集监测传输设备，具有称重、测温、测湿、图像等信息采集和网络自动配置功能，实现信息采集监测传输设备与重点农产品市场信息平台互联互通，并作为项目验收的重要内容。各地要用好农产品产地市场信息数据，加强分析与预警，指导农业生产，促进农产品销售。

（六）加强宣传示范。各地要做好政策宣贯，让基层部门准确掌握政策，向广大新型农业经营主体宣讲，调动其参与设施建设的积极性。各地要坚持"建、管、用"并举，开展专业化、全程化、一体化服务，通过集中培训、现场参观、座谈交流以及编写简明实用手册、明白纸等方式，帮助实施主体提高认识，掌握技术，确保设施当年建成、当年使用、当年见效。各地要及时总结先进经验，推出一批机制创新、政策创新、模式创新的典型案例，推动工作成效由点到面扩展，提升支持政策实施效果。

农业农村部

2020 年 4 月 13 日

农业农村部关于进一步强化
动物检疫工作的通知

农牧发〔2020〕22号

各省、自治区、直辖市及计划单列市农业农村（农牧、畜牧兽医）厅（局、委），新疆生产建设兵团畜牧兽医局：

按照《全国人民代表大会常务委员会关于全面禁止非法野生动物交易、革除滥食野生动物陋习、切实保障人民群众生命健康安全的决定》要求，我部近日公布了《国家畜禽遗传资源目录》。为规范做好《国家畜禽遗传资源目录》所列畜禽的检疫工作，严格监督管理，现将有关事项通知如下。

一、按照《畜禽遗传资源目录》明确检疫范围

《国家畜禽遗传资源目录》共列入33种畜禽，包括传统畜禽17种、特种畜禽16种。各地要按照《动物检疫管理办法》和动物检疫规程要求，规范做好检疫工作。对于水貂、银狐、北极狐、貉等非食用动物，我部经过充分调研论证，制定了《水貂等非食用动物检疫规程（试行）》（见附件），请各地严格贯彻执行。羊驼的产地检疫，依照《反刍动物产地检疫规程》执行，检疫对象暂定为口蹄疫、布鲁氏菌病、结核病、炭疽、小反刍兽疫。马、驴、骆驼、梅花鹿、马鹿、羊驼的屠宰检疫，依照《畜禽屠宰卫生检疫规范》（NY467—2001）执行。其他畜禽的产地检疫、屠宰检疫要按照现行规程规定严格实施。跨省调运乳用种用动物的检疫继续执行现行规程规定，暂不调整范围。

二、规范开展动物检疫工作

各地要严格动物检疫申报工作，对于畜禽收购贩运单位和个人代为申报检疫的，严格查验畜禽养殖场（户）的委托书；要严格动物检疫操作，按照检疫规程要求，认真查验相关资料和畜禽标识，规范开展临床检查和实验室检测，规范填写动物检疫证明；要坚决查处"隔山开证"、买卖动物检疫证明、开"人情证"等违法违规行为，对检疫失职渎职情况要严肃问责；鼓励有条件的地区利用信息化手段，积极探索建立从养殖到屠宰全链条的动物检疫信息化监督管理模式，不断提升动物检疫监管效能。

三、积极做好动物检疫新要求的培训和宣传

各地要及时组织基层动物检疫人员学习和掌握动物检疫新的要求，确保有关工作有序落实到位；要做好动物检疫相关法律法规的宣传解读，加大普法宣传力度，提高从事养殖、贩运、交易、屠宰等各环节生产经营者的防疫主体责任意识；要积极发挥社会监督作

用，畅通各种监督举报渠道，推动形成动物检疫监管合力。

附件：水貂等非食用动物检疫规程（试行）

农业农村部
2020 年 6 月 8 日

附件

<h1 align="center">水貂等非食用动物检疫规程（试行）</h1>

1. 适用范围

本规程规定了水貂、银狐、北极狐、貉等非食用动物检疫的对象、合格标准、检疫程序、检疫结果处理和检疫记录。

本规程适用于中华人民共和国境内人工饲养的水貂、银狐、北极狐、貉及其皮张的检疫。

2. 检疫对象

犬瘟热、细小病毒性肠炎、狂犬病、狐狸脑炎、传染性肝炎、炭疽、水貂阿留申病、伪狂犬病。

3. 检疫合格标准

3.1 动物检疫合格标准

3.1.1 来自未发生相关动物疫情的区域。

3.1.2 养殖档案相关记录符合规定。

3.1.3 临床检查健康。

3.1.4 本规程规定需进行实验室疫病检测的，检测结果合格。

3.2 皮张检疫合格标准

3.2.1 皮张按有关规定消毒。

3.2.2 本规程规定需进行实验室疫病检测的，检测结果合格。

4. 检疫程序

4.1 申报受理。动物卫生监督机构在接到检疫申报后，根据当地相关动物疫情情况，决定是否予以受理。受理的，应当及时派出官方兽医到现场或到指定地点实施检疫；不予受理的，应说明理由。

4.2 查验资料

4.2.1 查验动物有关资料

4.2.1.1 官方兽医应查验饲养场《动物防疫条件合格证》和养殖档案，了解生产、免疫、监测、诊疗、消毒、无害化处理等情况，确认饲养场 6 个月内未发生相关动物疫病。

4.2.1.2　官方兽医应了解散养户养殖情况，确认动物 6 个月内未发生相关动物疫病。

4.2.2　查验皮张有关资料：主要查验皮张的消毒记录。

4.3　临床检查

4.3.1　检查方法

4.3.1.1　群体检查

从静态、动态和食态等方面进行检查。主要检查动物群体精神状况、外貌、呼吸状态、运动状态、饮水饮食情况及排泄物状态等。

4.3.1.2　个体检查

通过视诊和触诊等方法进行检查。主要检查动物个体精神状况、体温、呼吸、皮肤、被毛、可视黏膜、胸腹部及体表淋巴结，排泄动作及排泄物性状等。

4.3.2　检查内容

4.3.2.1　出现体温升高，呈间歇性；有流泪、眼结膜发红、眼分泌物液状或粘脓性；鼻镜发干，浆液性鼻液或脓性鼻液；病畜有干咳或湿咳，呼吸困难。脚垫角化、鼻部角化，严重者有神经性症状；癫痫、转圈、站立姿势异常、步态不稳、共济失调、咀嚼肌及四肢出现阵发性抽搐等，怀疑感染犬瘟热。

4.3.2.2　出现体温升高（39.4—40.6 ℃）和白细胞减少（由于白细胞进入肠腔而导致的丢失）；呕吐、腹泻，同时伴有厌食、精神沉郁和迅速的脱水；粪便呈黄色或褐色，如果有血液则颜色会加深或带有血色条纹，严重的可能出现拉血，怀疑是细小病毒性肠炎。

4.3.2.3　出现特有的狂躁、恐惧不安、怕风怕水、流涎和咽肌痉挛，最终发生瘫痪而危及生命，怀疑感染狂犬病。

4.3.2.4　急性型病初食欲减退，体温高达 41.5 ℃以上，渴欲增加、呕吐、高度兴奋、肌肉痉挛、感觉过敏、共济失调，在阵发性痉挛的间歇期表现精神萎靡，卧于笼舍一角，后期食欲废绝；亚急性型精神抑郁，体温呈弛张热，发病期达 41 ℃以上，病畜躺卧，站立不稳，步态跟跄，后肢软弱无力，麻痹，截瘫或偏瘫，眼结膜和口腔黏膜苍白和黄疸，有的病例出现一侧或两侧角膜炎，心跳 100—200 次/min，脉搏无节律，软弱；慢性型病畜食欲减退或暂时消失，有时出现胃肠道障碍（腹泻和便秘交替）和进行性消瘦、贫血，结膜炎，怀疑感染狐狸脑炎。

4.3.2.5　最急性病例出现呕吐、腹痛、腹泻症状后数小时内死亡；急性病例出现精神沉郁、寒战怕冷、体温升高 40.5 ℃左右，食欲废绝、喜喝水，呕吐、腹泻等症状；亚急性病例，症状反应较轻；上述急性期症状出现较轻外，还可见贫血、黄疸、咽炎、扁桃体炎、淋巴结肿大，特征性症状是在眼睛上，出现角膜水肿、混浊、角膜变蓝，眼睛半闭，羞明流泪，有大量浆液性分泌物流出，角膜混浊特征是由角膜中心向四周扩展，重者导致角膜穿孔，怀疑感染传染性肝炎。

4.3.2.6　出现原因不明而突然死亡或可视粘膜发绀、高热、病情发展急剧，死后天然孔出血、血凝不良，尸僵不全等，怀疑感染炭疽。

4.3.2.7　出现急性病例食欲减少或丧失，精神沉郁，逐渐衰竭，死前出现痉挛，病程 2—3 天；慢性病例主要表现为极度口渴，食欲下降，生长缓慢，逐渐消瘦，可视粘膜苍白、出血和溃疡，怀疑感染水貂阿留申病。

4.3.2.8 水貂出现呕吐、舌头外伸，食欲不振，被毛良好，后肢瘫痪、拖着身子爬行，严重的四肢瘫痪，个别咬笼死亡，口腔内大量泡沫黏液；狐狸、貉表现为咬毛，撕咬身体某个部位，用爪挠伤脸部、眼部、嘴角，舌头外伸，呕吐，犬坐样姿势，兴奋性增高，有的鼻子出血，有时在笼内转圈，有时闯笼咬笼，最后精神沉郁死亡的，怀疑感染伪狂犬病。

4.4 实验室检测

4.4.1 对怀疑患有本规程规定疫病及临床检查发现其他异常情况的，应按照国家有关标准进行实验室检测。

4.4.2 实验室检测须由动物疫病预防控制机构、通过质量技术监督部门资质认定的实验室、通过兽医系统实验室考核的实验室或经省级兽医主管部门批准符合条件的实验室承担，并出具检测报告。

5. 检疫结果处理

5.1 经检疫合格的，出具《动物检疫合格证明》。

5.2 经检疫不合格的，出具《检疫处理通知单》，并按照有关规定处理。

5.3 发现不明原因死亡或怀疑为人畜共患等动物疫病的，应按照《动物防疫法》和《农业农村部关于做好动物疫情报告等有关工作的通知》（农医发〔2018〕22 号）的有关规定报告和处理。

5.4 动物装载前和卸载后，畜主或承运人应当对运载工具进行有效消毒。

6. 检疫记录

6.1 检疫申报单。动物卫生监督机构须指导畜主填写检疫申报单。

6.2 检疫工作记录。官方兽医须填写检疫工作记录，详细登记畜主姓名、地址、联系方式、检疫申报时间、检疫时间、检疫地点、检疫动物种类、数量、检疫处理、检疫证明编号等，并由畜主签名。

6.3 记录保存。检疫申报单和检疫工作记录应保存 12 个月以上。

农业农村部关于印发《非洲猪瘟疫情应急实施方案（2020年版）》的通知

农牧发〔2020〕10号

各省、自治区、直辖市及计划单列市农业农村（农牧、畜牧兽医）厅（局、委），新疆生产建设兵团农业农村局，部属有关事业单位：

为进一步做好非洲猪瘟疫情防控工作，指导各地科学规范处置疫情，我部在总结防控实践经验的基础上，组织制定了《非洲猪瘟疫情应急实施方案（2020年版）》，现印发你们，请遵照执行。《非洲猪瘟疫情应急实施方案（2019年版）》同时废止。

农业农村部

2020年2月29日

非洲猪瘟疫情应急实施方案

（2020年版）

为有效预防、控制和扑灭非洲猪瘟疫情，切实维护养猪业稳定健康发展，保障猪肉产品供给，根据《中华人民共和国动物防疫法》《中华人民共和国进出境动植物检疫法》《重大动物疫情应急条例》《国家突发重大动物疫情应急预案》等有关规定，制定本实施方案。

一、疫情报告与确认

任何单位和个人，一旦发现生猪、野猪异常死亡等情况，应立即向当地畜牧兽医主管部门、动物卫生监督机构或动物疫病预防控制机构报告。

县级以上动物疫病预防控制机构接到报告后，根据非洲猪瘟诊断规范（附件1）判断，符合可疑病例标准的，应判定为可疑疫情，并及时采样组织开展检测。检测结果为阳性的，应判定为疑似疫情；省级动物疫病预防控制机构实验室检测为阳性的，应判定为确诊疫情。相关单位在开展疫情报告、调查以及样品采集、送检、检测等工作时，要及时做好记录备查。

省级动物疫病预防控制机构确诊后，应将疫情信息按快报要求报中国动物疫病预防控制中心，将病料样品和流行病学调查等背景信息送中国动物卫生与流行病学中心备份。中国动物疫病预防控制中心按程序将有关信息报农业农村部。

在生猪运输过程中发现的非洲猪瘟疫情，对没有合法或有效检疫证明等违法违规运输的，按照《中华人民共和国动物防疫法》有关规定处理；对有合法检疫证明且在有效期之内的，疫情处置、扑杀补助费用分别由疫情发生地、输出地所在地方按规定承担。疫情由发生地负责报告、处置，计入输出地。

各地海关、交通、林业和草原等部门发现可疑病例的，要及时通报所在地省级畜牧兽医主管部门。所在地省级畜牧兽医主管部门按照有关规定及时组织开展流行病学调查、样品采集、检测、诊断、信息上报等工作，按职责分工，与海关、交通、林业和草原部门共同做好疫情处置工作。

农业农村部根据确诊结果和流行病学调查信息，认定并公布疫情。必要时，可授权相关省级畜牧兽医主管部门认定并公布疫情。

二、疫情响应

（一）疫情响应分级

根据疫情流行特点、危害程度和涉及范围，将非洲猪瘟疫情响应分为四级：特别重大（Ⅰ级）、重大（Ⅱ级）、较大（Ⅲ级）和一般（Ⅳ级）。

1. 特别重大（Ⅰ级）

全国新发疫情持续增加、快速扩散，21天内多数省份发生疫情，对生猪产业发展和经济社会运行构成严重威胁。

2. 重大（Ⅱ级）

21天内，5个以上省份发生疫情，疫区集中连片，且疫情有进一步扩散趋势。

3. 较大（Ⅲ级）

21天内，2个以上、5个以下省份发生疫情。

4. 一般（Ⅳ级）

21天内，1个省份发生疫情。

必要时，农业农村部可根据防控实际对突发非洲猪瘟疫情具体级别进行认定。

（二）疫情预警

发生特别重大（Ⅰ级）、重大（Ⅱ级）、较大（Ⅲ级）疫情时，由农业农村部向社会发布疫情预警。发生一般（Ⅳ级）疫情时，农业农村部可授权相关省级畜牧兽医主管部门发布疫情预警。

（三）分级响应

发生非洲猪瘟疫情时，各地、各有关部门按照属地管理、分级响应的原则作出应急响应。

1. 特别重大（Ⅰ级）疫情响应

农业农村部根据疫情形势和风险评估结果，报请国务院启动Ⅰ级应急响应，启动国家应急指挥机构；或经国务院授权，由农业农村部启动Ⅰ级应急响应，并牵头启动多部门组成的应急指挥机构。

全国所有省份的省、市、县级人民政府立即启动应急指挥机构，实施防控工作日报告制度，组织开展紧急流行病学调查和应急监测等工作。对发现的疫情及时采取应急处置措施。各有关部门按照职责分工共同做好疫情防控工作。

2. 重大（Ⅱ级）疫情响应

农业农村部，以及发生疫情省份及相邻省份的省、市、县级人民政府立即启动Ⅱ级应急响应，并启动应急指挥机构工作，实施防控工作日报告制度，组织开展紧急流行病学调查和应急监测工作。对发现的疫情及时采取应急处置措施。各有关部门按照职责分工共同做好疫情防控工作。

3. 较大（Ⅲ级）疫情响应

发生疫情省份的省、市、县级人民政府立即启动Ⅲ级应急响应，并启动应急指挥机构工作，实施防控工作日报告制度，组织开展紧急流行病学调查和应急监测工作。对发现的疫情及时采取应急处置措施。各有关部门按照职责分工共同做好疫情防控工作。

农业农村部加强对发生疫情省份应急处置工作的督导，根据需要组织有关专家协助疫情处置，并及时向有关省份通报情况。必要时，由农业农村部启动多部门组成的应急指挥机构。

4. 一般（Ⅳ级）疫情响应

发生疫情省份的市、县级人民政府立即启动Ⅳ级应急响应，并启动应急指挥机构工作，实施防控工作日报告制度，组织开展紧急流行病学调查和应急监测工作。对发现的疫情及时采取应急处置措施。各有关部门按照职责分工共同做好疫情防控工作。

发生疫情的省份，省级畜牧兽医主管部门要加强对疫情发生地应急处置工作的督导，及时组织专家提供技术指导和支持，并向本省有关地区、相关部门通报，及时采取预防控制措施，防止疫情扩散蔓延。必要时，省级畜牧兽医主管部门根据疫情形势和风险评估结果，报请省级人民政府启动多部门组成的应急指挥机构。

发生特别重大（Ⅰ级）、重大（Ⅱ级）、较大（Ⅲ级）、一般（Ⅳ级）等级别疫情时，要严格限制生猪及其产品由高风险区向低风险区调运，对生猪与生猪产品调运实施差异化管理，关闭相关区域的生猪交易场所，具体调运监管方案由农业农村部另行制定发布并适时调整。

（四）响应级别调整与终止

根据疫情形势和防控实际，农业农村部或相关省级畜牧兽医主管部门组织对疫情形势进行评估分析，及时提出调整响应级别或终止应急响应的建议。由原启动响应机制的人民政府或应急指挥机构调整响应级别或终止应急响应。

三、应急处置

（一）可疑和疑似疫情的应急处置

对发生可疑和疑似疫情的相关场点实施严格的隔离、监视，并对该场点及有流行病学关联的养殖场（户）进行采样检测。禁止易感动物及其产品、饲料及垫料、废弃物、运载工具、有关设施设备等移动，并对其内外环境进行严格消毒。必要时可采取封锁、扑杀等措施。

（二）确诊疫情的应急处置

疫情确诊后，县级以上畜牧兽医主管部门应当立即划定疫点、疫区和受威胁区，开展追溯追踪等紧急流行病学调查，向本级人民政府提出启动相应级别应急响应的建议，由当地人民政府依法作出决定。

1. 划定疫点、疫区和受威胁区

疫点：发病猪所在的地点。对具备良好生物安全防护水平的规模养殖场，发病猪舍与其他猪舍有效隔离的，可以发病猪舍为疫点；发病猪舍与其他猪舍未能有效隔离的，以该猪场为疫点，或以发病猪舍及流行病学关联猪舍为疫点。对其它养殖场（户），以病猪所在的养殖场（户）为疫点；如已出现或具有交叉污染风险，以病猪所在养殖小区、自然村或病猪所在养殖场（户）及流行病学关联场（户）为疫点。对放养猪，以病猪活动场地为疫点。在运输过程中发现疫情的，以运载病猪的车辆、船只、飞机等运载工具为疫点。在牲畜交易和隔离场所发生疫情的，以该场所为疫点。在屠宰加工过程中发生疫情的，以该屠宰加工厂（场）（不含未受病毒污染的肉制品生产加工车间、仓库）为疫点。

疫区：一般是指由疫点边缘向外延伸 3 公里的区域。

受威胁区：一般是指由疫区边缘向外延伸 10 公里的区域。对有野猪活动地区，受威胁区应为疫区边缘向外延伸 50 公里的区域。

划定疫点、疫区和受威胁区时，应根据当地天然屏障（如河流、山脉等）、人工屏障（道路、围栏等）、行政区划、饲养环境、野猪分布等情况，以及流行病学调查和风险分析结果，必要时考虑特殊供给保障需要，综合评估后划定。

2. 封锁

疫情发生所在地的县级畜牧兽医主管部门报请本级人民政府对疫区实行封锁，由当地人民政府依法发布封锁令。

疫区跨行政区域时，由有关行政区域共同的上一级人民政府

对疫区实行封锁，或者由各有关行政区域的上一级人民政府共同对疫区实行封锁。必要时，上级人民政府可以责成下级人民政府对疫区实行封锁。

3. 疫点内应采取的措施

疫情发生所在地的县级人民政府应当依法及时组织扑杀疫点内的所有生猪。

对所有病死猪、被扑杀猪及其产品进行无害化处理。对排泄物、餐厨废弃物、被污染或可能被污染的饲料和垫料、污水等进行无害化处理。对被污染或可能被污染的物品、交通工具、用具、猪舍、场地环境等进行彻底清洗消毒并采取灭鼠、灭蝇、灭蚊等措施。出入人员、运载工具和相关设施设备要按规定进行消毒。禁止易感动物出入和相关产品调出。

疫点为生猪屠宰场点的，停止生猪屠宰等生产经营活动。

4. 疫区应采取的措施

疫情发生所在地的县级以上人民政府应按照程序和要求，组织设立警示标志，设置临时检查消毒站，对出入的相关人员和车辆进行消毒。禁止易感动物出入和相关产品调出，关闭生猪交易场所并进行彻底消毒。对疫区内未采取扑杀措施的养殖场（户）和相关猪舍，要严格隔离观察、强化应急监测、增加清洗消毒频次并开展抽样检测，经病原学检测为阴性的，存栏生猪可继续饲养或经指定路线就近屠宰。

疫区内的生猪屠宰企业，应暂停生猪屠宰活动，在官方兽医监督指导下采集血液、组织和环境样品送检，并进行彻底清洗消毒。检测结果为阴性的，经疫情发生所在县的上一级畜牧兽医主管部门组织开展风险评估通过后，可恢复生产。

封锁期内，疫区再次发现疫情或检出病原学阳性的，应参照疫点内的处置措施进行处置。经流行病学调查和风险评估，认为无疫情扩散风险的，可不再扩大疫区范围。

对疫点、疫区内扑杀的生猪，原则上应当就地进行无害化处理，确需运出疫区进行无害化处理的，须在当地畜牧兽医部门监管下，使用密封装载工具（车辆）运出，严防遗撒渗漏；启运前和卸载后，应当对装载工具（车辆）进行彻底清洗消毒。

5. 受威胁区应采取的措施

禁止生猪调出调入，关闭生猪交易场所。疫情发生所在地畜牧兽医部门及时组织对生猪养殖场（户）全面开展临床监视，必要时采集样品送检，掌握疫情动态，强化防控措施。对具有独立法人资格、取得《动物防疫条件合格证》、按规定开展非洲猪瘟病原学检测且病毒核酸阴性的养殖场（户），其出栏肥猪可与本省符合条件的屠宰企业实行"点对点"调运；出售的种猪、商品仔猪（重量在 30 公斤及以下且用于育肥的生猪）可在本省范围内调运。

受威胁区内的生猪屠宰企业，应当暂停生猪屠宰活动，并彻底清洗消毒；经当地畜牧兽医部门对血液、组织和环境样品检测合格，由疫情发生所在县的上一级畜牧兽医主管部门组织开展动物疫病风险评估通过后，可恢复生产。

封锁期内，受威胁区内再次发现疫情或检出病原学检测阳性的，应参照疫点内的处置措施进行处置。经流行病学调查和风险评估，认为无疫情扩散风险的，可不再扩大受威胁区范围。

6. 运输途中发现疫情应采取的措施

疫情发生所在地的县级人民政府依法及时组织扑杀运输的所有生猪，对所有病死猪、被扑杀猪及其产品进行无害化处理，对运载工具实施暂扣，并进行彻底清洗消毒，不得劝返。当地可根据风险评估结果，确定是否需划定疫区并采取相应处置措施。

（三）野猪和虫媒控制

养殖场（户）要强化生物安全防护措施，避免饲养的生猪与野猪接触。各地林业和草原部门要对疫区、受威胁区及周边地区野猪分布状况进行调查和监测。在钝缘软蜱分布地区，疫点、疫区、受威胁区的养猪场户要采取杀灭钝缘软蜱等控制措施，畜牧兽医部门要加强监测和风险评估工作，并与林业和草原部门定期相互通报有关信息。

（四）紧急流行病学调查

1. 发病情况调查

掌握疫点、疫区、受威胁区及当地易感动物养殖情况，野猪分布状况、疫点周边地理情况；根据诊断规范（附件 1），在疫区和受威胁内进行病例搜索，寻找首发病例，查明发病顺序，统计发病动物数量、死亡数量，收集相关信息，分析疫病发生情况。

2. 追踪和追溯调查

对首发病例出现前 21 天内以及疫情发生后采取隔离措施前，从疫点输出的易感动物、相关产品、运载工具及密切接触人员的去向进行追踪调查，对有流行病学关联的养殖、屠宰加工场所进行采样检测，评估疫情扩散风险。

对首发病例出现前 21 天内，引入疫点的所有易感动物、相关产品、运输工具和人员往来情况等进行追溯调查，对有流行病学关联的相关场所、运载工具进行采样检测，分析疫情来源。

疫情追踪调查过程中发现异常情况的，应根据风险分析情况及时采取隔离观察、抽样检测等处置措施。

（五）应急监测

疫点所在县、市要立即对所有养殖场所开展应急监测，对重点区域、关键环节和异常死亡的生猪加大监测力度，及时发现疫情隐患。要加大对生猪交易场所、屠宰场所、无害化处理厂的巡查力度，有针对性地开展监测。要加大入境口岸、交通枢纽周边地区、中欧班列沿线地区以及货物卸载区周边的监测力度。要高度关注生猪、野猪的异常死亡情况，应急监测中发现异常情况的，必须按规定立即采取隔离观察、抽样检测等处置措施。

（六）解除封锁和恢复生产

1. 疫点为养殖场、交易场所

疫点、疫区和受威胁区应扑杀范围内的死亡猪和应扑杀生猪按规定进行无害化处理21天后未出现新发疫情，对疫点和屠宰场所、市场等流行病学关联场点抽样检测阴性的，经疫情发生所在县的上一级畜牧兽医主管部门组织验收合格后，由所在地县级畜牧兽医主管部门向原发布封锁令的人民政府申请解除封锁，由该人民政府发布解除封锁令，并通报毗邻地区和有关部门。

解除封锁后，病猪或阳性猪所在场点需继续饲养生猪的，经过5个月空栏且环境抽样检测为阴性后，或引入哨兵猪并进行临床观察、饲养45天后（期间猪只不得调出）哨兵猪病原学检测阴性且观察期内无临床异常表现的，方可补栏。

2. 疫点为生猪屠宰加工企业

对屠宰场所主动排查报告的疫情，应对屠宰场所及其流行病学关联车辆进行彻底清洗消毒，当地畜牧兽医部门对其环境样品和生猪产品检测合格的，经过48小时后，由疫情发生所在县的上一级畜牧兽医主管部门组织开展动物疫病风险评估通过后，可恢复生产。对疫情发生前生产的生猪产品，需进行抽样检测，检测结果为阴性的，方可销售或加工使用。

对畜牧兽医部门排查发现的疫情，应对屠宰场所及其流行病学关联车辆进行彻底清洗消毒，当地畜牧兽医部门对其环境样品和生猪产品检测合格的，经过15天后，由疫情发生所在县的上一级畜牧兽医主管部门组织开展动物疫病风险评估通过后，方可恢复生产。对疫情发生前生产的生猪产品，需进行抽样检测和风险评估，经检测为阴性且风险评估符合要求的，方可销售或加工使用。

疫区内的生猪屠宰企业，应进行彻底清洗消毒，当地畜牧兽医部门对其环境样品和生猪产品检测合格的，经过48小时后，由疫情发生所在县的上一级畜牧兽医主管部门组织开展动物疫病风险评估通过后，可恢复生产。

（七）扑杀补助

对强制扑杀的生猪及人工饲养的野猪，符合补助规定的，按照有关规定给予补助，扑杀补助经费由中央财政和地方财政按比例承担。

四、信息发布和科普宣传

及时发布疫情信息和防控工作进展，同步向国际社会通报情况。未经农业农村部授权，地方各级人民政府及各部门不得擅自发布发生疫情信息和排除疫情信息。坚决打击造谣、传谣行为。

坚持正面宣传、科学宣传，第一时间发出权威解读和主流声音，做好防控宣传工作。科学宣传普及防控知识，针对广大消费者的疑虑和关切，及时答疑解惑，引导公众科学认知非洲猪瘟，理性消费生猪产品。

五、善后处理

（一）后期评估

应急响应结束后，疫情发生地人民政府畜牧兽医主管部门组织有关单位对应急处置情况进行系统总结，可结合体系效能评估，找出差距和改进措施，报告同级人民政府和上级畜牧兽医主管部门。较大（Ⅲ级）疫情的，应上报至省级畜牧兽医主管部门；重大（Ⅱ级）以上疫情的，应逐级上报至农业农村部。

（二）表彰奖励

疫情应急处置结束后，对应急工作中，态度坚决、行动果断、协调顺畅、配合紧密、措施有力的单位，以及积极主动、勇于担当并发挥重要作用的个人，当地人民政府应予以表彰、奖励和通报表扬。

（三）责任追究

在疫情处置过程中，发现生猪养殖、贩运、交易、屠宰等环节从业者存在主体责任落实不到位，以及相关部门工作人员存在玩忽职守、失职、渎职等行为的，依据有关法律法规严肃追究当事人责任。

（四）抚恤补助

地方各级人民政府要组织有关部门对因参与应急处置工作致病、致残、死亡的人员，按照有关规定给予相应的补助和抚恤。

六、附则

（一）本实施方案有关数量的表述中，"以上"含本数，"以下"不含本数。

（二）针对供港澳生猪及其产品的防疫监管，涉及本方案中有关要求的，由农业农村部、海关总署另行商定。

（三）家养野猪发生疫情的，按家猪疫情处置；野猪发生疫情的，根据流行病学调查和风险评估结果，参照本方案采取相关处置措施，防止野猪疫情向家猪和家养野猪扩散。

（四）常规监测发现养殖场样品阳性的，应立即隔离观察，开展紧急流行病学调查并及时采取相应处置措施。该阳性猪群过去 21 日内出现异常死亡、经省级复核仍呈病原学或血清学阳性的，按疫情处置。过去 21 日内无异常死亡、经省级复核仍呈病原学或血清学阳性的，应扑杀阳性猪及其同群猪，并采集样品送中国动物卫生与流行病学中心复核；对其余猪群持续隔离观察 21 天，对无异常情况且检测阴性的猪，可就近屠宰或继续饲养。对检测阳性的信息，应按要求快报至中国动物疫病预防控制中心。

（五）常规监测发现屠宰场所样品阳性的，应立即开展紧急流行病学调查并参照疫点采取相应处置措施。

（六）在饲料及其添加剂、猪相关产品检出阳性样品的，应立即封存，经评估有疫情传播风险的，对封存的相关饲料及其添加剂、猪相关产品予以销毁。

（七）动物隔离场、动物园、野生动物园、保种场、实验动物场所发生疫情的，应按本方案进行相应处置。必要时，可根据流行病学调查、实验室检测、风险评估结果，报请省级有关部门并经省级畜牧兽医主管部门同意，合理确定扑杀范围。

（八）本实施方案由农业农村部负责解释。

附件：1. 非洲猪瘟诊断规范
2. 非洲猪瘟样品的采集、运输与保存要求
3. 非洲猪瘟消毒规范
4. 非洲猪瘟无害化处理要求

附件 1

非洲猪瘟诊断规范

一、流行病学

（一）传染源

感染非洲猪瘟病毒的家猪、野猪（包括病猪、康复猪和隐性感染猪）和钝缘软蜱等为主要传染源。

（二）传播途径

主要通过接触非洲猪瘟病毒感染猪或非洲猪瘟病毒污染物（餐厨废弃物、饲料、饮水、圈舍、垫草、衣物、用具、车辆等）传播，消化道和呼吸道是最主要的感染途径；也可经钝缘软蜱等媒介昆虫叮咬传播。

（三）易感动物

家猪和欧亚野猪高度易感，无明显的品种、日龄和性别差异。疣猪和薮猪虽可感染，但不表现明显临床症状。

（四）潜伏期

因毒株、宿主和感染途径的不同，潜伏期有所差异，一般为 5 至 19 天，最长可达 21 天。世界动物卫生组织《陆生动物卫生法典》将潜伏期定为 15 天。

（五）发病率和病死率

不同毒株致病性有所差异，强毒力毒株可导致感染猪在 12 至 14 天内 100％死亡，中等毒力毒株造成的病死率一般为 30％至 50％，低毒力毒株仅引起少量猪死亡。

（六）季节性

该病季节性不明显。

二、临床表现

（一）**最急性**：无明显临床症状突然死亡。

（二）**急性**：体温可高达 42 ℃，沉郁，厌食，耳、四肢、腹部皮肤有出血点，可视黏膜潮红、发绀。眼、鼻有黏液脓性分泌物；呕吐；便秘，粪便表面有血液和黏液覆盖；腹泻，粪便带血。共济失调或步态僵直，呼吸困难，病程延长则出现其它神经症状。妊娠母猪流产。病死率可达 100%。病程 4 至 10 天。

（三）**亚急性**：症状与急性相同，但病情较轻，病死率较低。体温波动无规律，一般高于 40.5 ℃。仔猪病死率较高。病程 5 至 30 天。

（四）**慢性**：波状热，呼吸困难，湿咳。消瘦或发育迟缓，体弱，毛色暗淡。关节肿胀，皮肤溃疡。死亡率低。病程 2 至 15 个月。

三、病理变化

典型的病理变化包括浆膜表面充血、出血，肾脏、肺脏表面有出血点，心内膜和心外膜有大量出血点，胃、肠道黏膜弥漫性出血；胆囊、膀胱出血；肺脏肿大，切面流出泡沫性液体，气管内有血性泡沫样粘液；脾脏肿大，易碎，呈暗红色至黑色，表面有出血点，边缘钝圆，有时出现边缘梗死。颌下淋巴结、腹腔淋巴结肿大，严重出血。

最急性型的个体可能不出现明显的病理变化。

四、实验室鉴别诊断

非洲猪瘟临床症状与古典猪瘟、高致病性猪蓝耳病、猪丹毒等疫病相似，必须通过实验室检测进行鉴别诊断。

（一）**样品的采集、运输和保存（附件 2）**

（二）**抗体检测**

抗体检测可采用间接酶联免疫吸附试验、阻断酶联免疫吸附试验和间接荧光抗体试验等方法。

（三）**病原学检测**

1. 病原学快速检测：可采用双抗体夹心酶联免疫吸附试验、聚合酶链式反应或实时荧光聚合酶链式反应等方法。

2. 病毒分离鉴定：可采用细胞培养等方法。从事非洲猪瘟病毒分离鉴定工作，必须经农业农村部批准。

五、结果判定

（一）**可疑病例**

猪群符合下述流行病学、临床症状、剖检病变标准之一的，判定为可疑病例。

1. 流行病学标准

（1）已经按照程序规范免疫猪瘟、高致病性猪蓝耳病等疫苗，但猪群发病率、病死率依然超出正常范围；

（2）饲喂餐厨废弃物的猪群，出现高发病率、高病死率；

（3）调入猪群、更换饲料、外来人员和车辆进入猪场、畜主和饲养人员购买生猪产品等可能风险事件发生后，15天内出现高发病率、高死亡率；

（4）野外放养有可能接触垃圾的猪出现发病或死亡。

符合上述4条之一的，判定为符合流行病学标准。

2. 临床症状标准

（1）发病率、病死率超出正常范围或无前兆突然死亡；

（2）皮肤发红或发紫；

（3）出现高热或结膜炎症状；

（4）出现腹泻或呕吐症状；

（5）出现神经症状。

符合第（1）条，且符合其他条之一的，判定为符合临床症状标准。

3. 剖检病变标准

（1）脾脏异常肿大；

（2）脾脏有出血性梗死；

（3）下颌淋巴结出血；

（4）腹腔淋巴结出血。

符合上述任何一条的，判定为符合剖检病变标准。

（二）疑似病例

对临床可疑病例，经县级或地市级动物疫病预防控制机构实验室检测为阳性的，判定为疑似病例。

（三）确诊病例

对疑似病例，按有关要求经省级动物疫病预防控制机构实验室复核，结果为阳性的，判定为确诊病例。

附件 2

非洲猪瘟样品的采集、运输与保存要求

可采集发病动物或同群动物的血清样品和病原学样品，病原学样品主要包括抗凝血、脾脏、扁桃体、淋巴结、肾脏和骨髓等。如环境中存在钝缘软蜱，也应一并采集。

样品的包装和运输应符合农业农村部《高致病性动物病原微生物菌（毒）种或者样本运输包装规范》等规定。规范填写采样登记表，采集的样品应在冷藏密封状态下运输到相关实验室。

一、血清样品

无菌采集5 ml血液样品，室温放置12至24 h，收集血清，冷藏运输。到达检测实验室后，冷冻保存。

二、病原学样品

（一）抗凝血样品

无菌采集 5 ml 乙二胺四乙酸抗凝血，冷藏运输。到达检测实验室后，－70 ℃冷冻保存。

（二）组织样品

首选脾脏，其次为扁桃体、淋巴结、肾脏、骨髓等，冷藏运输。样品到达检测实验室后，－70 ℃保存。

（三）钝缘软蜱

将收集的钝缘软蜱放入有螺旋盖的样品瓶/管中，放入少量土壤，盖内衬以纱布，常温保存运输。到达检测实验室后，－70 ℃冷冻保存或置于液氮中；如仅对样品进行形态学观察，可以放入 100％酒精中保存。

附件 3

非洲猪瘟消毒规范

一、消毒产品推荐种类与应用范围

应用范围		推荐种类
道路、车辆	生产线道路、疫区及疫点道路	氢氧化钠（火碱）、氢氧化钙（生石灰）
	车辆及运输工具	酚类、戊二醛类、季铵盐类、复方含碘类（碘、磷酸、硫酸复合物）
	大门口及更衣室消毒池、脚踏垫	氢氧化钠
生产、加工区	畜舍建筑物、围栏、木质结构、水泥表面、地面	氢氧化钠、酚类、戊二醛类、二氧化氯类
	生产、加工设备及器具	季铵盐类、复方含碘类（碘、磷酸、硫酸复合物）、过硫酸氢钾类
	环境及空气消毒	过硫酸氢钾类、二氧化氯类
	饮水消毒	季铵盐类、过硫酸氢钾类、二氧化氯类、含氯类
	人员皮肤消毒	含碘类
	衣、帽、鞋等可能被污染的物品	过硫酸氢钾类

（续）

应用范围		推荐种类
办公、生活区	疫区范围内办公、饲养人员宿舍、公共食堂等场所	二氧化氯类、过硫酸氢钾类、含氯类
人员、衣物	隔离服、胶鞋等，进出	过硫酸氢钾类

备注：1. 氢氧化钠、氢氧化钙消毒剂，可采用1%工作浓度；2. 戊二醛类、季铵盐类、酚类、二氧化氯类消毒剂，可参考说明书标明的工作浓度使用，饮水消毒工作浓度除外；3. 含碘类、含氯类、过硫酸氢钾类消毒剂，可参考说明书标明的高工作浓度使用。

二、场地及设施设备消毒

（一）消毒前准备
1. 消毒前必须清除有机物、污物、粪便、饲料、垫料等。
2. 选择合适的消毒产品。
3. 备有喷雾器、火焰喷射枪、消毒车辆、消毒防护用具（如口罩、手套、防护靴等）、消毒容器等。

（二）消毒方法
1. 对金属设施设备，可采用火焰、熏蒸和冲洗等方式消毒。
2. 对圈舍、车辆、屠宰加工、贮藏等场所，可采用消毒液清洗、喷洒等方式消毒。
3. 对养殖场（户）的饲料、垫料，可采用堆积发酵或焚烧等方式处理，对粪便等污物，作化学处理后采用深埋、堆积发酵或焚烧等方式处理。
4. 对疫区范围内办公、饲养人员的宿舍、公共食堂等场所，可采用喷洒方式消毒。
5. 对消毒产生的污水应进行无害化处理。

（三）人员及物品消毒
1. 饲养管理人员可采取淋浴消毒。
2. 对衣、帽、鞋等可能被污染的物品，可采取消毒液浸泡、高压灭菌等方式消毒。

（四）消毒频率
疫点每天消毒3至5次，连续7天，之后每天消毒1次，持续消毒15天；疫区临时消毒站做好出入车辆人员消毒工作，直至解除。

附件 4

非洲猪瘟无害化处理要求

在非洲猪瘟疫情处置过程中，对病死猪、被扑杀猪及相关产品进行无害化处理，按照《病死及病害动物无害化处理规范》（农医发〔2017〕25号）规定执行。

农业农村部关于印发《国家现代种业提升工程项目运行管理办法（试行）》的通知

各省、自治区、直辖市及计划单列市农业农村（农牧、畜牧兽医、渔业）厅（局、委、办），新疆生产建设兵团农业农村局，黑龙江省农垦总局、广东省农垦总局，有关单位：

为规范和加强国家现代种业提升工程项目运行管理，确保项目建设成效，持续发挥投资效益，推进现代种业高质量发展，我部制定了《国家现代种业提升工程项目运行管理办法》。现予以印发，请认真贯彻执行。

农业农村部

2020 年 2 月 27 日

国家现代种业提升工程项目运行管理办法（试行）

第一章　总　　则

第一条　为规范和加强国家现代种业提升工程项目运行管理（以下简称"项目运行管理"），确保项目建设成效，持续发挥投资效益，推进现代种业高质量发展，根据《国家乡村振兴战略规划（2018—2022 年)》《政府投资条例》等有关规划和规定，制定本办法。

第二条　本办法适用于国家现代种业提升工程项目建成后的运行管理，主要包括种质资源保护利用、育种创新、测试评价、良种繁育以及其它种业重大基础设施项目。

第三条　项目运行管理工作实行"谁审批、谁监管"和"谁建设、谁负责"的原则，农业农村部是项目运行管理的宏观管理部门，计划财务司负责投资统筹管理，相关司局按业务归口负责项目管理。地方农业农村部门负责本辖区内项目运行的监督管理工作，明确内设机构责任分工，加强协作，密切配合。

第二章　管理职责

第四条　农业农村部的主要任务是：

（一）组织编制国家现代种业提升工程建设专项规划。

（二）制定项目运行管理的规章制度和配套政策，并监督实施。

（三）指导省级农业农村部门组织开展项目运行的监督管理工作，组织第三方机构开展绩效评价。

（四）制定项目运行管理绩效评价的规范和标准。

（五）构建全国统一的项目运行管理平台。

（六）负责农业农村部、直属事业单位、中央直属涉农高校及中央直属涉农企业承建项目的监督指导工作。

第五条 省级农业农村部门的主要任务是：

（一）根据国家专项规划，会同项目所在地政府编制项目建设规划。项目布局选址应纳入市（地）级和县级国土空间总体规划，统筹安排，长期保持不变。

（二）根据项目类型和布局，结合当地实际，制定本辖区内项目运行管理的具体实施办法。

（三）负责辖区内项目运行管理的监督工作，指导市县农业农村部门和项目承担单位落实运行管理责任，将有关情况及时纳入项目运行管理平台。

（四）按项目管理权限审批项目变更情况，并纳入项目管理平台。

（五）协调解决辖区内项目运行管理及监督工作所需的经费，加强相关政策支持。

第六条 项目承担单位是项目运行管理的责任主体，主要职责是：

（一）落实项目责任领导和项目运行责任人。

（二）制定项目运行管理的规章制度和技术规范。

（三）负责项目运行经费、安全管理和日常维护。

（四）向管理平台上传项目运行管理信息。

（五）开展项目运行年度绩效自评工作。

（六）承担相应的公益性工作任务。

第三章　体系管理

第七条 按照国家种质资源保护利用、育种创新、测试评价、良种繁育等4种项目类别规范命名，实行体系化挂牌管理。

第八条 农业农村部相关直属事业单位承担有关项目体系的技术支撑和具体业务管理工作，其中，中国农业科学院作物科学研究所承担农作物资源保护利用体系管理，全国农业技术推广服务中心承担农作物品种区试和种子种苗检验检测体系管理，农业农村部科技发展中心承担新品种测试体系管理，农业农村部农村生态与保护总站负责农业野生植物保护体系管理，全国畜牧总站负责畜禽和饲草遗传资源保护利用、畜禽生产性能测定、饲草品种测试评价、种畜禽和饲草种子质量检验检测体系管理，全国水产技术推广总站承担水产种质资源保护利用和新品种生产性能测定体系管理。

第九条 农业农村部工程建设服务中心负责项目运行管理平台建设，为项目运行体系化管理提供支撑和保障，主要任务是：

（一）建立项目运行管理平台数据库，制定运行管理的主要指标。

（二）调度汇总项目运行管理数据信息。

（三）按年度和专项工作要求提交项目运行管理总体运行情况及分析报告。

（四）为有关管理部门、技术支撑单位和项目承担单位提供项目服务。

第四章 运行管理

第十条 项目运行管理实行项目承担单位法人责任制。

第十一条 项目单位是事业单位性质的，承担生产经营类项目，应明确项目运行主体并报项目审批部门备案。

第十二条 项目承担单位要按照相关工作规范和技术规程，强化日常管理和运行维护，保障项目持续运行。

国家重大基础设施项目承担单位应将运行管理的规章制度和技术规范报农业农村部备案审查。

第十三条 在项目建成并验收后，要长期稳定运营。因城市建设或规划确需调整变更，要依照程序报部、厅（局）审批。因项目调整变更，导致项目搬迁、异地重建，有关责任者应确保重建所需的资金投入和用地保障，重建后的项目标准、规模、功能作用不低于原项目。变更项目地址或主体的，按程序报告项目审批部门。

第十四条 项目承担单位应接受项目主管部门组织开展的监督检查和绩效评价。

第十五条 项目承担单位应在本单位或所在地农业农村部门网站公开年度项目运行基本信息，接受社会监督。

第十六条 农业农村部负责为部直属单位承担项目形成的重大专用设施运行提供必要的经费保障，在年度预算中统筹安排。

地方各级农业农村部门要按照财政事权和支出责任，完善项目运行管理配套政策措施，支持项目承担单位争取同级财政预算，保障项目有效运行。

第五章 绩效评价

第十七条 农业农村部负责部直属单位、中央直属涉农高校及中央直属涉农企业承建项目和国家重大种业基础设施项目运行管理的绩效评价工作，并监督指导省级绩效评价工作。

省级农业农村部门应当组织开展辖区内项目运行管理的绩效评价工作。

第十八条 绩效评价以项目可行性研究报告及批复、初步设计及批复、绩效目标及绩效指标、项目验收报告等材料为依据，按照项目类别实行分类评价。

种质资源保护利用项目主要评价资源保存数量、保护效果和共享利用情况；育种创新项目主要评价育种成果和创新能力；测试评价项目主要评价测试数量和公益服务能力；良种繁育项目主要评价制（繁）种能力和良种推广情况。

第十九条 绩效评价可以采取运行在线监测、现场核查、第三方评价等多种方式，原则上三年组织一次。

第二十条 绩效评价结果由农业农村部和省级农业农村部门在农业农村系统内予以通报，并建立激励约束机制。

绩效评价优秀的，在相关项目安排上给予优先支持；绩效评价不合格的，责成项目承担单位向省级以上（含省级）农业农村部门作出书面检讨，责令限期整改；整改仍不合格的，取消该单位承担同类项目资格。

第六章　附　则

第二十一条　计划单列市和新疆生产建设兵团参照省级农业农村部门管理。

第二十二条　现代种业提升工程项目建设按照国家有关专项建设规划和管理制度执行。

第二十三条　本办法由农业农村部负责解释。

第二十四条　本办法自发布之日起施行。

农业农村部关于印发《全国农业农村信息化示范基地认定办法（修订）》的通知

为贯彻落实党的十九届五中全会和《数字乡村发展战略纲要》关于加快农业农村现代化、推进智慧农业的部署要求，立足新发展阶段、贯彻新发展理念、构建新发展格局，鼓励、引导现代信息技术在农业农村各环节各领域的应用创新，推动信息技术与农业农村深度融合，以信息化引领驱动乡村振兴和农业农村现代化，我部在广泛征求意见基础上，对《全国农业农村信息化示范基地认定办法（试行）》（农市发〔2013〕1号）进行修订，形成了《全国农业农村信息化示范基地认定办法（修订）》。现予以印发，请遵照执行。执行中如有问题，请及时反馈农业农村部市场与信息化司。

农业农村部
2021年2月5日

全国农业农村信息化示范基地认定办法（修订）

第一章 总 则

第一条 为贯彻新发展理念、构建新发展格局、推动农业高质量发展，鼓励、引导现代信息技术在农业农村生产、经营、管理和服务等各环节各领域的应用创新，推动信息技术与农业农村深度融合，以信息化引领驱动乡村振兴和农业农村现代化，根据《数字乡村发展战略纲要》要求，对《全国农业农村信息化示范基地认定办法（试行）》（农市发〔2013〕1号）进行修订，形成本办法。

第二条 本办法所称全国农业农村信息化示范基地（以下简称示范基地）是指经农业农村部认定的，应用现代信息技术有效提升了农业生产智能化、经营网络化、管理数字化、服务在线化水平，并取得显著经济、社会和生态效益，形成典型示范、可复制推广模式的各类主体。

第三条 坚持"总量控制、优中选优、区域平衡、动态管理"原则组织开展示范基地的申报、认定和监管等工作。

第四条 示范基地认定工作程序分为材料申报、专家评审和认定授牌。

第二章 组织机构及职责

第五条 示范基地认定工作由农业农村部主管，制定出台有关制度要求，推动解决认定工作中的重大问题；市场与信息化司负责认定工作的组织实施。

第六条 各省（区、市）农业农村部门负责本区域示范基地的组织申报、材料审核，并提出推荐意见；配合农业农村部对本区域示范基地建设进行指导、监管。

第三章 示范基地类型及标准

第七条 示范基地按照建设内容和所起作用分为四类：生产型、经营型、管理型、服务型。

第八条 生产型示范基地以种植业、畜牧业、渔业、种业等农业生产过程为对象，按照质量第一、效益优先的要求，应用现代信息技术，在动态感知、监测预警、精准作业、智能控制等方面取得显著成效，探索出了典型应用场景，形成了可持续发展的运作模式，在提高土地产出率、资源利用率、劳动生产率，生态改良、环境优化等方面取得突出成效的各类主体。

第九条 经营型示范基地以农产品加工、包装、运输、仓储、交易、溯源等过程为对象，应用现代信息技术，在农产品初加工、分类分拣、智能分仓、物流配送、仓储管理、电子商务、产品溯源等方面，促进了农产品小生产与大市场有效衔接，为农产品流通提供强有力支撑的各类主体。

第十条 管理型示范基地以优化管理职责履行过程为对象，应用现代信息技术，在提高政府宏观调控、市场监管、社会管理、公共服务等方面取得突出成效的各类主体。

第十一条 服务型示范基地以面向农民和城市消费者提供服务过程为对象，应用现代信息技术，在发展农业生产性服务业、提升农村公共服务水平、提高便民服务能力和农民素质、促进一二三产融合发展等方面取得突出成效，并形成典型服务新模式的各类主体。

第四章 申报管理

第十二条 示范基地认定工作每 2 年组织一次集中申报、评审和认定，认定有效期为 4 年，超过有效期需重新申报、评审和认定。

第十三条 申报类别及条件

（一）生产型示范基地的申报条件如下：

1. 申报主体具有法人资格，成立不少于 3 年（含 3 年）；

2. 具有投入使用的规模化生产基地；

3. 现代信息技术在生产活动中广泛应用；

4. 在推进生产信息化方面取得突出成效，并开展了推广应用，社会效益明显；

5. 在提高土地产出率、资源利用率、农业劳动生产率等方面取得突出成效，形成了可持续发展模式，经济效益明显；

6. 在促进农业投入品减量增效、生产废弃物治理、循环利用等方面生态效益明显。

（二）经营型示范基地的申报条件如下：

1. 申报主体具有法人资格，成立不少于 3 年（含 3 年）；

2. 现代信息技术在经营活动中广泛应用;

3. 与合作社或农户、农民等建立了稳定的利益联结机制,有效拓展了周边农民的增收和就业空间,社会效益明显;

4. 连续三年营业额不低于 2 000 万元,近三年营业收入平均增长率达到 5% 以上,并形成了可持续的经营模式,经济效益明显;

5. 在促进农业投入品减量增效等方面生态效益明显。

(三) 管理型示范基地的申报条件如下:

1. 申报主体具有法人资格,成立不少于 3 年(含 3 年);

2. 具有专业化的信息技术团队和先进适用的信息技术工具、产品;

3. 现代信息技术应用覆盖业务范围或所服务管理部门达到 40% 以上,有效提升了行政管理效率、节约了管理成本,并形成了成熟的管理模式;

4. 三年内在管理信息化方面获得有关方面肯定,社会效益明显;

5. 在优化资源配置、改善生态环境等方面生态效益明显。

(四) 服务型示范基地的申报条件如下:

1. 申报主体具有法人资格,成立不少于 3 年(含 3 年);

2. 现代信息技术在农业农村服务中广泛应用;

3. 在发展农业生产性服务业、提升农村公共服务水平、提高便民服务能力等方面取得了突出成效,社会效益明显;

4. 连续三年营业额不低于 1 000 万元且年均服务人数 2 万人以上,形成了典型、可复制推广的服务新模式、新业态,经济效益明显;

5. 在促进农业投入品减量增效、改善生态环境等方面生态效益明显。

第十四条 示范基地申报按照属地管理原则,由各省(区、市)农业农村部门受理各类主体提出的申请,统一组织专家初审后形成省级推荐名单(含推荐排序)及初审意见报农业农村部。

第十五条 申报材料

(一) 申报主体提出申请时须提交以下材料:

1. 《全国农业农村信息化示范基地申报书》;

2. 按申报条件提供的辅证材料。

(二) 各省(区、市)农业农村部门须向农业农村部报送以下材料:

1. 正式上报文件;

2. 经审核的《全国农业农村信息化示范基地申报书》(纸质材料每个申报主体一式三份,电子材料每个申报主体一份);

3. 按申报条件提供的辅证材料(纸质材料每个申报主体一式三份,电子材料每个申报主体一份);

4. 初审专家组成员名单及初审意见。

第五章　组织认定

第十六条 示范基地认定总量原则上不超过 200 个。农业农村部综合考虑政策导向、产业发展及区域布局、申报主体类别等因素，研究确定每次示范基地认定数量及各类型比重。

第十七条 农业农村部组织评审专家依据申报条件、评分标准严格审查申报材料，视情况采用现场或线上汇报交流、实地考察等方式开展评审，研究提出拟认定示范基地名单，并出具评审意见。

第十八条 示范基地拟认定名单由农业农村部面向社会公示 5 个工作日。

第十九条 公示无异议，经农业农村部批准发布示范基地名单并授牌"全国农业农村信息化示范基地（类型）"。

第二十条 同等条件下，优先支持以下情况申报：

（一）已获得省级单位授予农业农村信息化相关示范资格的；

（二）已列入粮食生产功能区、重要农产品生产保护区、特色农产品优势区、优势特色产业集群、农业产业强镇、国家农业绿色发展先行区、国家现代农业示范区以及国家现代农业产业园的；

（三）已获得农业农村信息化应用推广等省部级以上奖励，或已获得农业农村信息化领域国家发明专利的。

第二十一条 农业农村部及地方各级农业农村部门将以多种形式指导支持示范基地的发展：

（一）结合全国农业农村信息化发展方向和重点，鼓励申报相关农业农村信息化项目及神农奖、丰收奖等科技奖项；

（二）农业农村部将采用多种形式加大对示范基地的宣传推广，强化正向激励，总结可复制可推广典型模式，开展网上推介、经验交流、现场观摩等，发挥示范基地的引领带动作用；

（三）农业农村部组织行业协会、研究机构、高校等发挥智库作用，针对不同基地类型，不定期组织专家对示范基地发展提供智力支持；

（四）地方各级农业农村部门应重点支持示范基地发展，并积极协调有关部门制定相应扶持政策，建立持续稳定支持长效机制，鼓励示范基地率先承担农业农村改革试点示范任务，并制定相应的示范基地建设和培育计划。

第六章　监督管理

第二十二条 农业农村部对示范基地采用分类抽查、"能进能出"的动态管理机制。

第二十三条 农业农村部每年选取不同类型的示范基地进行抽查：被抽查示范基地应按要求报送有关情况，并对其真实性负责；各级农业农村部门组织当地被抽查示范基地报送情况并进行审核；农业农村部组织专家对被抽查示范基地进行评估，并对示范作用发挥不足的示范基地提出整改要求。

第二十四条 示范基地有义务根据农业农村部及所在省（区、市）农业农村部门工作需要，提交示范基地建设与发展情况报告。

第二十五条 "全国农业农村信息化示范基地"资格仅用于引领和示范农业农村信息

化发展。示范基地要爱护"全国农业农村信息化示范基地"称号,不得利用该称号从事任何国家法律、法规所不允许的活动。

第二十六条 出现下列情形之一的,取消其示范基地资格,且在 4 年内不得再次申报:

(一)在申报评审过程中未如实提供有关材料,弄虚作假、有欺瞒行为的或在经营期间被纳入失信名单的;

(二)利用示范基地资格从事任何国家法律、法规所不允许的或与农业农村信息化发展无关的活动;

(三)不配合示范基地监督管理工作,或经农业农村部抽查不合格的;

(四)发生重大农业环境污染或生态破坏问题、重大农产品质量安全事件,发生侵犯农民合法权益,损害农民经济利益,造成重大不良影响的;

(五)其他违反法律法规或国家政策的。

第七章 附 则

第二十七条 农业农村部根据本办法制定《全国农业农村信息化示范基地专家评审标准》等实施细则。

第二十八条 2013 年至 2017 年依据《全国农业农村信息化示范基地认定办法(试行)》(农市发〔2013〕1 号)已通过认定的示范基地,认定有效期满后,可依据本办法重新申请认定。

第二十九条 本办法由农业农村部负责解释。

第三十条 本办法自印发之日起执行。《全国农业农村信息化示范基地认定办法(试行)》(农市发〔2013〕1 号)同时废止。

农业农村部关于印发《全国乡村产业发展规划（2020—2025 年)》的通知

农产发〔2020〕4 号

各省、自治区、直辖市农业农村（农牧）厅（局、委），新疆生产建设兵团农业农村局：

为深入贯彻党中央、国务院决策部署，加快发展乡村产业，依据《国务院关于促进乡村产业振兴的指导意见》，我部编制了《全国乡村产业发展规划（2020—2025 年)》。现印发你们，请认真贯彻执行。

农业农村部

2020 年 7 月 9 日

全国乡村产业发展规划（2020—2025 年）

产业兴旺是乡村振兴的重点，是解决农村一切问题的前提。乡村产业内涵丰富、类型多样，农产品加工业提升农业价值，乡村特色产业拓宽产业门类，休闲农业拓展农业功能，乡村新型服务业丰富业态类型，是提升农业、繁荣农村、富裕农民的产业。近年来，农村创新创业环境不断改善，新产业新业态大量涌现，乡村产业发展取得了积极成效。但存在产业链条较短、融合层次较浅、要素活力不足等问题，亟待加强引导、加快发展。根据《国务院关于促进乡村产业振兴的指导意见》要求，为加快发展以二三产业为重点的乡村产业，制定本规划。

规划期限 2020—2025 年。

第一章　规划背景

产业振兴是乡村振兴的首要任务。必须牢牢抓住机遇，顺势而为，乘势而上，加快发展乡村产业，促进乡村全面振兴。

第一节　重要意义

当前，我国即将全面建成小康社会，开启全面建设社会主义现代化国家新征程，发展乡村产业意义重大。

发展乡村产业是乡村全面振兴的重要根基。乡村振兴，产业兴旺是基础。要聚集更多资源要素，发掘更多功能价值，丰富更多业态类型，形成城乡要素顺畅流动、产业优势互补、市场有效对接格局，乡村振兴的基础才牢固。

发展乡村产业是巩固提升全面小康成果的重要支撑。全面建成小康社会后，在迈向基本实现社会主义现代化的新征程中，农村仍是重点和难点。发展乡村产业，让更多的农民就地就近就业，把产业链增值收益更多地留给农民，农村全面小康社会和脱贫攻坚成果的巩固才有基础、提升才有空间。

发展乡村产业是推进农业农村现代化的重要引擎。农业农村现代化不仅是技术装备提升和组织方式创新，更体现在构建完备的现代农业产业体系、生产体系、经营体系。发展乡村产业，将现代工业标准理念和服务业人本理念引入农业农村，推进农业规模化、标准化、集约化，纵向延长产业链条，横向拓展产业形态，助力农业强、农村美、农民富。

第二节　发展现状

党的十八大以来，农村创新创业环境不断改善，乡村产业快速发展，促进了农民就业增收和乡村繁荣发展。

农产品加工业持续发展。2019 年，农产品加工业营业收入超过 22 万亿元，规模以上农产品加工企业 8.1 万家，吸纳 3 000 多万人就业。

乡村特色产业蓬勃发展。建设了一批产值超 10 亿元的特色产业镇（乡）和超 1 亿元的特色产业村。发掘了一批乡土特色工艺，创响了 10 万多个"乡字号""土字号"乡土特色品牌。

乡村休闲旅游业快速发展。建设了一批休闲旅游精品景点，推介了一批休闲旅游精品线路。2019 年，休闲农业接待游客 32 亿人次，营业收入超过 8 500 亿元。

乡村新型服务业加快发展。2019 年，农林牧渔专业及辅助性活动产值 6 500 亿元，各类涉农电商超过 3 万家，农村网络销售额 1.7 万亿元，其中农产品网络销售额 4 000 亿元。

农业产业化深入推进。2019 年，农业产业化龙头企业 9 万家（其中，国家重点龙头企业 1 542 家），农民合作社 220 万家，家庭农场 87 万家，带动 1.25 亿农户进入大市场。

农村创新创业规模扩大。2019 年，各类返乡入乡创新创业人员累计超过 850 万人，创办农村产业融合项目的占到 80%，利用"互联网＋"创新创业的超过 50%。在乡创业人员超过 3 100 万。

近年来，各地在促进乡村产业发展中积累了宝贵经验。注重布局优化，在县域内统筹资源和产业，探索形成县城、中心镇（乡）、中心村层级分工明显的格局。注重产业融合，发展二三产业，延伸产业链条，促进主体融合、业态融合和利益融合。注重创新驱动，开发新技术，加快工艺改进和设施装备升级，提升生产效率。注重品牌引领，推进绿色兴农、品牌强农，培育农产品区域公用品牌和知名加工产品品牌，创响乡土特色品牌，提升品牌溢价。注重联农带农，建立多种形式的利益联结机制，让农民更多分享产业链增值收益。

第三节　机遇挑战

当前,乡村产业发展面临难得机遇。主要是:政策驱动力增强。坚持农业农村优先发展方针,加快实施乡村振兴战略,更多的资源要素向农村聚集,"新基建"改善农村信息网络等基础设施,城乡融合发展进程加快,乡村产业发展环境优化。市场驱动力增强。消费结构升级加快,城乡居民的消费需求呈现个性化、多样化、高品质化特点,休闲观光、健康养生消费渐成趋势,乡村产业发展的市场空间巨大。技术驱动力增强。世界新科技革命浪潮风起云涌,新一轮产业革命和技术革命方兴未艾,生物技术、人工智能在农业中广泛应用,5G、云计算、物联网、区块链等与农业交互联动,新产业新业态新模式不断涌现,引领乡村产业转型升级。

同时,乡村产业发展面临一些挑战。主要是:经济全球化的不确定性增大。新冠肺炎疫情对世界经济格局产生冲击,全球供应链调整重构,国际产业分工深度演化,对我国乡村产业链构建带来较大影响。资源要素瓶颈依然突出。资金、技术、人才向乡村流动仍有诸多障碍,资金稳定投入机制尚未建立,人才激励保障机制尚不完善,社会资本下乡动力不足。乡村网络、通讯、物流等设施薄弱。发展方式较为粗放。创新能力总体不强,外延扩张特征明显。目前,农产品加工业与农业总产值比为 2.3∶1,远低于发达国家 3.5∶1 的水平。农产品加工转化率为 67.5%,比发达国家低近 18 个百分点。产业链条延伸不充分。第一产业向后端延伸不够,第二产业向两端拓展不足,第三产业向高端开发滞后,利益联结机制不健全,小而散、小而低、小而弱问题突出,乡村产业转型升级任务艰巨。

第二章　总体要求

第一节　指导思想

以习近平新时代中国特色社会主义思想为指导,全面贯彻党的十九大和十九届二中、三中、四中全会精神,坚持农业农村优先发展,以实施乡村振兴战略为总抓手,以一二三产业融合发展为路径,发掘乡村功能价值,强化创新引领,突出集群成链,延长产业链,提升价值链,培育发展新动能,聚焦重点产业,聚集资源要素,大力发展乡村产业,为农业农村现代化和乡村全面振兴奠定坚实基础。

第二节　基本原则

——坚持立农为农。以农业农村资源为依托,发展优势明显、特色鲜明的乡村产业。把二三产业留在乡村,把就业创业机会和产业链增值收益更多留给农民。

——坚持市场导向。充分发挥市场在资源配置中的决定性作用,激活要素、激活市场、激活主体,以乡村企业为载体,引导资源要素更多地向乡村汇聚。

——坚持融合发展。发展全产业链模式,推进一产往后延、二产两头连、三产走高端,加快农业与现代产业要素跨界配置。

——坚持绿色引领。践行绿水青山就是金山银山理念,促进生产生活生态协调发展。健全质量标准体系,培育绿色优质品牌。

——坚持创新驱动。利用现代科技进步成果，改造提升乡村产业。创新机制和业态模式，增强乡村产业发展活力。

第三节 发展目标

到 2025 年，乡村产业体系健全完备，乡村产业质量效益明显提升，乡村就业结构更加优化，产业融合发展水平显著提高，农民增收渠道持续拓宽，乡村产业发展内生动力持续增强。

——农产品加工业持续壮大。农产品加工业营业收入达到 32 万亿元，农产品加工业与农业总产值比达到 2.8：1，主要农产品加工转化率达到 80%。

——乡村特色产业深度拓展。培育一批产值超百亿元、千亿元优势特色产业集群，建设一批产值超十亿元农业产业镇（乡），创响一批"乡字号""土字号"乡土品牌。

——乡村休闲旅游业优化升级。农业多种功能和乡村多重价值深度发掘，业态类型不断丰富，服务水平不断提升，年接待游客人数超过 40 亿人次，经营收入超过 1.2 万亿元。

——乡村新型服务业类型丰富。农林牧渔专业及辅助性活动产值达到 1 万亿元，农产品网络销售额达到 1 万亿元。

——农村创新创业更加活跃。返乡入乡创新创业人员超过 1 500 万人。

指　　标	2019 年	2025 年	年均增长
农产品加工业营业收入（万亿元）	22	32	6.5%
农产品加工业与农业总产值比[1]	2.3：1	2.8：1	［0.5］
农产品加工转化率（%）	67.5	80	［12.5］
产值超 100 亿元乡村特色产业集群（个）	34	150	28%
休闲农业年接待旅游人次（亿人次）	32	40	3.8%
休闲农业年营业收入（亿元）	8 500	12 000	5.9%
农林牧渔专业及辅助性活动产值（亿元）	6 500	10 000	7.5%
农产品网络销售额（亿元）	4 000	10 000	16.5%
返乡入乡创新创业人员（万人）	850	1 500	10%
返乡入乡创业带动就业人数（万人）	3 400	6 000	10%

注：［　］为累计增加数。

[1] 农产品加工业与农业总产值比＝农产品加工业总产值/农业总产值，其中农产品加工业总产值以农产品加工业营业收入数据为基础计算。

第三章 提升农产品加工业

农产品加工业是国民经济的重要产业。农产品加工业从种养业延伸出来，是提升农产品附加值的关键，也是构建农业产业链的核心。进一步优化结构布局，培育壮大经营主体，提升质量效益和竞争力。

第一节　完善产业结构

统筹发展农产品初加工、精深加工和综合利用加工，推进农产品多元化开发、多层次利用、多环节增值。

拓展农产品初加工。鼓励和支持农民合作社、家庭农场和中小微企业等发展农产品产地初加工，减少产后损失，延长供应时间，提高质量效益。果蔬、奶类、畜禽及水产品等鲜活农产品，重点发展预冷、保鲜、冷冻、清洗、分级、分割、包装等仓储设施和商品化处理，实现减损增效。粮食等耐储农产品，重点发展烘干、储藏、脱壳、去杂、磨制等初加工，实现保值增值。食用类初级农产品，重点发展发酵、压榨、灌制、炸制、干制、腌制、熟制等初加工，满足市场多样化需求。棉麻丝、木竹藤棕草等非食用类农产品，重点发展整理、切割、粉碎、打磨、烘干、拉丝、编织等初加工，开发多种用途。

提升农产品精深加工。引导大型农业企业加快生物、工程、环保、信息等技术集成应用，促进农产品多次加工，实现多次增值。发展精细加工，推进新型非热加工、新型杀菌、高效分离、清洁生产、智能控制、形态识别、自动分选等技术升级，利用专用原料，配套专用设备，研制专用配方，开发类别多样、营养健康、方便快捷的系列化产品。推进深度开发，创新超临界萃取、超微粉碎、生物发酵、蛋白质改性等技术，提取营养因子、功能成分和活性物质，开发系列化的加工制品。

推进综合利用加工。鼓励大型农业企业和农产品加工园区推进加工副产物循环利用、全值利用、梯次利用，实现变废为宝、化害为利。采取先进的提取、分离与制备技术，推进稻壳米糠、麦麸、油料饼粕、果蔬皮渣、畜禽皮毛骨血、水产品皮骨内脏等副产物综合利用，开发新能源、新材料等新产品，提升增值空间。

第二节　优化空间布局

按照"粮头食尾""农头工尾"要求，统筹产地、销区和园区布局，形成生产与加工、产品与市场、企业与农户协调发展的格局。

推进农产品加工向产地下沉。向优势区域聚集，引导大型农业企业重心下沉，在粮食生产功能区、重要农产品保护区、特色农产品优势区和水产品主产区，建设加工专用原料基地，布局加工产能，改变加工在城市、原料在乡村的状况。向中心镇（乡）和物流节点聚集，在农业产业强镇、商贸集镇和物流节点布局劳动密集型加工业，促进农产品就地增值，带动农民就近就业，促进产镇融合。向重点专业村聚集，依托工贸村、"一村一品"示范村发展小众类的农产品初加工，促进产村融合。

推进农产品加工与销区对接。丰富加工产品，在产区和大中城市郊区布局中央厨房、主食加工、休闲食品、方便食品、净菜加工和餐饮外卖等加工，满足城市多样化、便捷化需求。培育加工业态，发展"中央厨房＋冷链配送＋物流终端""中央厨房＋快餐门店""健康数据＋营养配餐＋私人订制"等新型加工业态。

推进农产品加工向园区集中。推进政策集成、要素集聚、企业集中、功能集合，发展"外地经济"模式，建设一批产加销贯通、贸工农一体、一二三产业融合发展的农产品加工园区，培育乡村产业"增长极"。提升农产品加工园，强化科技研发、融资担保、检验检测等服务，完善仓储物流、供能供热、废污处理等设施，促进农产品加工企业聚集发展。在农牧渔业大县（市），每县（市）建设一个农产品加工园。不具备建设农产品加工园条件的县（市），可采取合作方式在异地共同建设农产品加工园。建设国际农产品加工产业园，选择区位优势明显、产业基础好、带动作用强的地区，建设一批国际农产品加工产业园，对接国际市场，参与国际产业分工。

第三节　促进产业升级

技术创新是农产品加工业转型升级的关键。要加快技术创新，提升装备水平，促进农产品加工业提档升级。

推进加工技术创新。以农产品加工关键环节和瓶颈制约为重点，建设农产品加工与贮藏国家重点实验室、保鲜物流技术研究中心及优势农产品品质评价研究中心。组织科研院所、大专院校与企业联合开展技术攻关，研发一批集自动测量、精准控制、智能操作于一体的绿色储藏、动态保鲜、快速预冷、节能干燥等新型实用技术，以及实现品质调控、营养均衡、清洁生产等功能的先进加工技术。

推进加工装备创制。扶持一批农产品加工装备研发机构和生产创制企业，开展信息化、智能化、工程化加工装备研发，提高关键装备国产化水平。运用智能制造、生物合成、3D 打印等新技术，集成组装一批科技含量高、适用性广的加工工艺及配套装备，提升农产品加工层次水平。

专栏 1　农产品加工业提升行动

1. 建设农产品加工园。 到 2025 年，每个农牧渔业大县（市）建设 1 个农产品加工园，建设 300 个产值超 100 亿元的农产品加工园。

2. 建设农产品加工技术集成基地。 到 2025 年，建设 50 个集成度高、系统化强、能应用、可复制的农产品加工技术集成科研基地。

第四章　拓展乡村特色产业

乡村特色产业是乡村产业的重要组成部分，是地域特征鲜明、乡土气息浓厚的小众类、多样性的乡村产业，涵盖特色种养、特色食品、特色手工业和特色文化等，发展潜力巨大。

第一节　构建全产业链

以拓展二三产业为重点，延伸产业链条，开发特色化、多样化产品，提升乡村特色产业的附加值，促进农业多环节增效、农民多渠道增收。

以特色资源增强竞争力。根据消费结构升级的新变化，开发特殊地域、特殊品种等专属性特色产品，以特性和品质赢得市场。发展特色种养，根据种质资源、地理成分、物候特点等独特资源禀赋，在最适宜的地区培植最适宜的产业。开发特色食品，重点开发乡土卤制品、酱制品、豆制品、腊味、民族特色奶制品等传统食品。开发适宜特殊人群的功能性食品。传承特色技艺，改造提升蜡染、编织、剪纸、刺绣、陶艺等传统工艺。弘扬特色文化，发展乡村戏剧曲艺、杂技杂耍等文化产业。

以加工流通延伸产业链。做强产品加工，鼓励大型龙头企业建设标准化、清洁化、智能化加工厂，引导农户、家庭农场建设一批家庭工场、手工作坊、乡村车间，用标准化技术改造提升豆制品、民族特色奶制品、腊肉腊肠、火腿、剪纸、刺绣、蜡染、编织、制陶等乡土产品。做活商贸物流，鼓励地方在特色农产品优势区布局产地批发市场、物流配送中心、商品采购中心、大型特产超市，支持新型经营主体、农产品批发市场等建设产地仓储保鲜设施，发展网上商店、连锁门店。

以信息技术打造供应链。对接终端市场，以市场需求为导向，促进农户生产、企业加工、客户营销和终端消费连成一体、协同运作，增强供给侧对需求侧的适应性和灵活性。实施"互联网＋"农产品出村进城工程，完善适应农产品网络销售的供应链体系、运营服务体系和支撑保障体系。创新营销模式，健全绿色智能农产品供应链，培育农商直供、直播直销、会员制、个人定制等模式，推进农商互联、产销衔接、再造业务流程、降低交易成本。

以业态丰富提升价值链。提升品质价值，推进品种和技术创新，提升特色产品的内在品质和外在品相，以品质赢得市场、实现增值。提升生态价值，开发绿色生态、养生保健等新功能新价值，增强对消费者的吸附力。提升人文价值，更多融入科技、人文元素，发掘民俗风情、历史传说和民间戏剧等文化价值，赋予乡土特色产品文化标识。

第二节　推进聚集发展

集聚资源、集中力量，建设富有特色、规模适中、带动力强的特色产业集聚区。打造"一县一业""多县一带"，在更大范围、更高层次上培育产业集群，形成"一村一品"微型经济圈、农业产业强镇小型经济圈、现代农业产业园中型经济圈、优势特色产业集群大型经济圈，构建乡村产业"圈"状发展格局。

建设"一村一品"示范村镇。依托资源优势，选择主导产业，建设一批"小而精、特而美"的"一村一品"示范村镇，形成一村带数村、多村连成片的发展格局。用3—5年的时间，培育一批产值超1亿元的特色产业专业村。

建设农业产业强镇。根据特色资源优势，聚焦1—2个主导产业，吸引资本聚镇、能人入镇、技术进镇，建设一批标准原料基地、集约加工转化、区域主导产业、紧密利益联结于一体的农业产业强镇。用3—5年的时间，培育一批产值超10亿元的农业产业强镇。

提升现代农业产业园。通过科技集成、主体集合、产业集群，统筹布局生产、加工、物流、研发、示范、服务等功能，延长产业链，提升价值链，促进产业格局由分散向集中、发展方式由粗放向集约、产业链条由单一向复合转变，发挥要素集聚和融合平台作用，支撑"一县一业"发展。用3—5年的时间，培育一批产值超100亿元的现代农业产业园。

建设优势特色产业集群。依托资源优势和产业基础，突出串珠成线、连块成带、集群成链，培育品种品质优良、规模体量较大、融合程度较深的区域性优势特色农业产业集群。用 3—5 年的时间，培育一批产值超 1 000 亿元的骨干优势特色产业集群，培育一批产值超 100 亿元的优势特色产业集群。

第三节　培育知名品牌

按照"有标采标、无标创标、全程贯标"要求，以质量信誉为基础，创响一批乡村特色知名品牌，扩大市场影响力。

培育区域公用品牌。根据特定自然生态环境、历史人文因素，明确生产地域范围，强化品种品质管理，保护地理标志农产品，开发地域特色突出、功能属性独特的区域公用品牌。规范品牌授权管理，加大品牌营销推介，提高区域公用品牌影响力和带动力。

培育企业品牌。引导农业产业化龙头企业、农民合作社、家庭农场等新型经营主体将经营理念、企业文化和价值观念等注入品牌，实施农产品质量安全追溯管理，加强责任主体逆向溯源、产品流向正向追踪，推动部省农产品质量安全追溯平台对接、信息共享。

培育产品品牌。传承乡村文化根脉，挖掘一批以手工制作为主、技艺精湛、工艺独特的瓦匠、篾匠、铜匠、铁匠、剪纸工、绣娘、陶艺师、面点师等能工巧匠，创响一批"珍稀牌""工艺牌""文化牌"的乡土品牌。

第四节　深入推进产业扶贫

贫困地区发展特色产业是脱贫攻坚的根本出路。促进脱贫攻坚与乡村振兴有机衔接，发展特色产业，促进农民增收致富，巩固脱贫攻坚成果。

推进资源与企业对接。发掘贫困地区优势特色资源，引导资金、技术、人才、信息向贫困地区的特色优势区聚集，特别是要引导农业产业化龙头企业与贫困地区合作创建绿色优质农产品原料基地，布局加工产能，深度开发特色资源，带动农民共建链条、共享品牌，让农民在发展特色产业中稳定就业、持续增收。

推进产品与市场对接。引导贫困地区与产地批发市场、物流配送中心、商品采购中心、大型特产超市、电商平台对接，支持贫困地区组织特色产品参加各类展示展销会，扩大产品影响，让贫困地区的特色产品走出山区、进入城市、拓展市场。深入开展消费扶贫，拓展贫困地区产品流通和销售渠道。

专栏 2　乡村特色产业提升工程

1. 建设"一村一品"示范村镇。到 2025 年，新认定 1 000 个全国"一村一品"示范村镇。

2. 建设农业产业强镇。到 2025 年，建设 1 600 个农业产业强镇。

3. 建设现代农业产业园。到 2025 年，建设 300 个现代农业产业园。

4. 建设优势特色产业集群。到 2025 年，建设 150 个产值超 100 亿元、30 个产值超 1 000 亿元的优势特色产业集群。

5. 培育乡村特色品牌。到 2025 年，培育 2 000 个"乡字号""土字号"特色知名品牌，推介 1 000 个全国乡村能工巧匠。

第五章　优化乡村休闲旅游业

乡村休闲旅游业是农业功能拓展、乡村价值发掘、业态类型创新的新产业，横跨一二三产业、兼容生产生活生态、融通工农城乡，发展前景广阔。

第一节　聚焦重点区域

依据自然风貌、人文环境、乡土文化等资源禀赋，建设特色鲜明、功能完备、内涵丰富的乡村休闲旅游重点区。

建设城市周边乡村休闲旅游区。依托都市农业生产生态资源和城郊区位优势，发展田园观光、农耕体验、文化休闲、科普教育、健康养生等业态，建设综合性休闲农业园区、农业主题公园、观光采摘园、垂钓园、乡村民宿和休闲农庄，满足城市居民消费需求。

建设自然风景区周边乡村休闲旅游区。依托秀美山川、湖泊河流、草原湿地等地区，在严格保护生态环境的前提下，统筹山水林田湖草系统，发展以农业生态游、农业景观游、特色农（牧、渔）业游为主的休闲农（牧、渔）园和农（牧、渔）家乐等，以及森林人家、健康氧吧、生态体验等业态，建设特色乡村休闲旅游功能区。

建设民俗民族风情乡村休闲旅游区。发掘深厚的民族文化底蕴、欢庆的民俗节日活动、多样的民族特色美食和绚丽的民族服饰，发展民族风情游、民俗体验游、村落风光游等业态，开发民族民俗特色产品。

建设传统农区乡村休闲旅游景点。依托稻田、花海、梯田、茶园、养殖池塘、湖泊水库等大水面、海洋牧场等田园渔场风光，发展景观农业、农事体验、观光采摘、特色动植物观赏、休闲垂钓等业态，开发"后备箱""伴手礼"等旅游产品。

第二节　注重品质提升

乡村休闲旅游要坚持个性化、特色化发展方向，以农耕文化为魂、美丽田园为韵、生态农业为基、古朴村落为形、创新创意为径，开发形式多样、独具特色、个性突出的乡村休闲旅游业态和产品。

突出特色化。注重特色是乡村休闲旅游业保持持久吸引力的前提。开发特色资源，发掘农业多种功能和乡村多重价值，发展特色突出、主题鲜明的乡村休闲旅游项目。开发特色文化，发掘民族村落、古村古镇、乡土文化，发展具有历史特征、地域特点、民族特色的乡村休闲旅游项目。开发特色产品，发掘地方风味、民族特色、传统工艺等资源，创制独特、稀缺的乡村休闲旅游服务和产品。

突出差异化。乡村休闲旅游要保持持久竞争力，必须差异竞争、错位发展。把握定位差异，依据不同区位、不同资源和不同文化，发展具有城乡间、区域间、景区间主题差异的乡村休闲旅游项目。瞄准市场差异，依据各类消费群体的不同消费需求，细分目标市场，发展研学教育、田园养生、亲子体验、拓展训练等乡村休闲旅游项目。顺应老龄化社会的到来，发展民宿康养、游憩康养等乡村休闲旅游项目。彰显功能差异，依据消费者在吃住行、游购娱方面的不同需求，发展采摘园、垂钓园、农家宴、民俗村、风情街等乡村休闲旅游项目。

突出多样化。乡村休闲旅游要保持持久生命力，要走多轮驱动、多轨运行的发展之路。推进业态多样，统筹发展农家乐、休闲园区、生态园、乡村休闲旅游聚集村等业态，形成竞相发展、精彩纷呈的格局。推进模式多样，跨界配置乡村休闲旅游与文化教育、健康养生、信息技术等产业要素，发展共享农庄、康体养老、线上云游等模式。推进主体多样，引导农户、村集体经济组织、农业企业、文旅企业及社会资本等建设乡村休闲旅游项目。

第三节 打造精品工程

实施乡村休闲旅游精品工程，加强引导，加大投入，建设一批休闲旅游精品景点。

建设休闲农业重点县。以县域为单元，依托独特自然资源、文化资源，建设一批设施完备、业态丰富、功能完善，在区域、全国乃至世界有知名度和影响力的休闲农业重点县。

建设美丽休闲乡村。依托种养业、田园风光、绿水青山、村落建筑、乡土文化、民俗风情和人居环境等资源优势，建设一批天蓝、地绿、水净、安居、乐业的美丽休闲乡村，实现产村融合发展。鼓励有条件的地区依托美丽休闲乡村，建设健康养生养老基地。

建设休闲农业园区。根据休闲旅游消费升级的需要，促进休闲农业提档升级，建设一批功能齐全、布局合理、机制完善、带动力强的休闲农业精品园区，推介一批视觉美丽、体验美妙、内涵美好的乡村休闲旅游精品景点线路。引导有条件的休闲农业园建设中小学生实践教育基地。

第四节 提升服务水平

促进乡村休闲旅游高质量发展，要规范化管理、标准化服务，让消费者玩得开心、吃得放心、买得舒心。

健全标准体系。制修订乡村休闲旅游业标准，完善公共卫生安全、食品安全、服务规范等标准，促进管理服务水平提升。

完善配套设施。加强乡村休闲旅游点水、电、路、讯、网等设施建设，完善餐饮、住宿、休闲、体验、购物、停车、厕所等设施条件。开展垃圾污水等废弃物综合治理，实现资源节约、环境友好。

规范管理服务。引导和支持乡村休闲旅游经营主体加强从业人员培训，提高综合素质，规范服务流程，为消费者提供热情周到、贴心细致的服务。

专栏 3 乡村休闲旅游精品工程

1. 建设休闲农业重点县。到 2025 年，建设 300 个休闲农业重点县，培育一批有知名度、有影响力的休闲农业"打卡地"。

2. 推介中国美丽休闲乡村。到 2025 年，推介 1 500 个中国美丽休闲乡村。

3. 推介乡村休闲旅游精品景点线路。到 2025 年，推介 1 000 个全国休闲农业精品景点线路。

第六章　发展乡村新型服务业

乡村新型服务业是适应农村生产生活方式变化应运而生的产业，业态类型丰富，经营方式灵活，发展空间广阔。

第一节　提升生产性服务业

扩大服务领域。适应农业生产规模化、标准化、机械化的趋势，支持供销、邮政、农民合作社及乡村企业等，开展农技推广、土地托管、代耕代种、烘干收储等农业生产性服务，以及市场信息、农资供应、农业废弃物资源化利用、农机作业及维修、农产品营销等服务。

提高服务水平。引导各类服务主体把服务网点延伸到乡村，鼓励新型农业经营主体在城镇设立鲜活农产品直销网点，推广农超、农社（区）、农企等产销对接模式。鼓励大型农产品加工流通企业开展托管服务、专项服务、连锁服务、个性化服务等综合配套服务。

第二节　拓展生活性服务业

丰富服务内容。改造提升餐饮住宿、商超零售、美容美发、洗浴、照相、电器维修、再生资源回收等乡村生活服务业，积极发展养老护幼、卫生保洁、文化演出、体育健身、法律咨询、信息中介、典礼司仪等乡村服务业。

创新服务方式。积极发展订制服务、体验服务、智慧服务、共享服务、绿色服务等新形态，探索"线上交易＋线下服务"的新模式。鼓励各类服务主体建设运营覆盖娱乐、健康、教育、家政、体育等领域的在线服务平台，推动传统服务业升级改造，为乡村居民提供高效便捷服务。

第三节　发展农村电子商务

培育农村电子商务主体。引导电商、物流、商贸、金融、供销、邮政、快递等各类电子商务主体到乡村布局，构建农村购物网络平台。依托农家店、农村综合服务社、村邮站、快递网点、农产品购销代办站等发展农村电商末端网点。

扩大农村电子商务应用。在农业生产、加工、流通等环节，加快互联网技术应用与推广。在促进工业品、农业生产资料下乡的同时，拓展农产品、特色食品、民俗制品等产品的进城空间。

改善农村电子商务环境。实施"互联网＋"农产品出村进城工程，完善乡村信息网络基础设施，加快发展农产品冷链物流设施。建设农村电子商务公共服务中心，加强农村电子商务人才培养，营造良好市场环境。

第七章　推进农业产业化和农村产业融合发展

农业产业化是农业经营体制机制的创新，农村产业融合发展是农业与现代产业要素的交叉重组，引领农业和乡村产业转型升级。

第一节　打造农业产业化升级版

壮大农业产业化龙头企业队伍。实施新型农业经营主体培育工程，引导龙头企业采取兼并重组、股份合作、资产转让等形式，建立大型农业企业集团，打造知名企业品牌，提升龙头企业在乡村产业发展中的带动能力。指导地方培育龙头企业，形成国家、省、市、县级龙头企业梯队，打造乡村产业发展"新雁阵"。

培育农业产业化联合体。扶持一批龙头企业牵头、家庭农场和农民合作社跟进、广大小农户参与的农业产业化联合体，构建分工协作、优势互补、联系紧密的利益共同体，实现抱团发展。引导农业产业化联合体明确权利责任、建立治理结构、完善利益联结机制，促进持续稳定发展。有序推进土地经营权入股农业产业化经营。

第二节　推进农村产业融合发展

培育多元融合主体。支持发展县域范围内产业关联度高、辐射带动力强、参与主体多的融合模式，促进资源共享、链条共建、品牌共创，形成企业主体、农民参与、科研助力、金融支撑的产业发展格局。

发展多类型融合业态。引导各类经营主体以加工流通带动业态融合，发展中央厨房等业态。以功能拓展带动业态融合，推进农业与文化、旅游、教育、康养等产业融合，发展创意农业、功能农业等。以信息技术带动业态融合，促进农业与信息产业融合，发展数字农业、智慧农业等。

建立健全融合机制。引导新型农业经营主体与小农户建立多种类型的合作方式，促进利益融合。完善利益分配机制，推广"订单收购＋分红""农民入股＋保底收益＋按股分红"等模式。

第八章　推进农村创新创业

农村创新创业是乡村产业振兴的重要动能。优化创业环境，激发创业热情，形成以创新带创业、以创业带就业、以就业促增收的格局。

第一节　培育创业主体

深入实施农村创新创业带头人培育行动，加大扶持，培育一批扎根乡村、服务农业、带动农民的创新创业群体。

培育返乡创业主体。以乡情感召、政策吸引、事业凝聚，引导有资金积累、技术专长和市场信息的返乡农民工在农村创新创业，培育一批充满激情的农村创新创业优秀带头人，引领乡村新兴产业发展。

培育入乡创业主体。优化乡村营商环境，强化政策扶持，构建农业全产业链，引导大中专毕业生、退役军人、科技人员和工商业主等入乡创业，应用新技术、开发新产品、开拓新市场，引入现代管理、经营理念和业态模式，丰富乡村产业发展类型。

培育在乡创业主体。加大乡村能人培训力度，提高发现机会、识别市场、整合资源、创造价值的能力。培育一批"田秀才""土专家""乡创客"等乡土人才，以及乡村工匠、文化能人、手工艺人等能工巧匠，领办家庭农场、农民合作社等，创办家庭工场、手工作坊、乡村车间等。

第二节　搭建创业平台

按照"政府搭建平台、平台聚集资源、资源服务创业"的要求，建设各类创新创业园区和孵化实训基地。

选树农村创新创业典型县。遴选政策环境良好、工作机制完善、服务体系健全、创业业态丰富的县（市），总结做法经验，推广典型案例，树立一批全国农村创新创业典型县。

建设农村创新创业园区。引导地方建设一批资源要素集聚、基础设施齐全、服务功能完善、创新创业成长快的农村创新创业园区，依托现代农业产业园、农产品加工园、高新技术园区、电商物流园等，建立"园中园"式农村创新创业园。力争用5年时间，覆盖全国农牧渔业大县（市）。

建设孵化实训基地。依托各类园区、大中型企业、知名村镇、大中专院校等平台和主体，建设一批集"生产＋加工＋科技＋营销＋品牌＋体验"于一体、"预孵化＋孵化器＋加速器＋稳定器"全产业链的农村创新创业孵化实训基地。

第三节　强化创业指导

建设农村创业导师队伍。建立专家创业导师队伍，重点从大专院校、科研院所等单位遴选一批理论造诣深厚、实践经验丰富的科研人才、政策专家、会计师、设计师、律师等，为农村创业人员提供创业项目、技术要点等指导服务。建立企业家创业导师队伍，重点从农业产业化龙头企业、新型农业经营主体中遴选一批有经营理念、市场眼光的乡村企业家，为农村创业人员提供政策运用、市场拓展等指导服务。建立带头人创业导师队伍，重点从农村创新创业带头人中遴选一批经历丰富、成效显著的创业成功人士，为农村创业人员提供经验分享等指导服务。

健全指导服务机制。建立指导服务平台，依托农村创新创业园区、孵化实训基地和网络平台等，通过集中授课、案例教学、现场指导等方式，创立"平台＋导师＋学员"服务模式。开展点对点指导服务，根据农村创业导师和农村创业人员实际，开展"一带一""师带徒""一带多"等精准服务。创新指导服务方式，通过网络、视频等载体，为农村创业人员提供政策咨询、技术指导、市场营销、品牌培育等服务。农村创业导师为农村创业人员提供咨询服务，不替代农村创业人员创业决策，强化农村创业人员决策自主、风险自担意识。

第四节　优化创业环境

强化创业服务。支持地方依托县乡政府政务大厅设立农村创新创业服务窗口，发挥乡村产业服务指导机构和行业协会商会作用，培育市场化中介服务机构。建立"互联网＋"创新创业服务模式，为农村创新创业主体提供灵活便捷在线服务。

强化创业培训。依托普通高校、职业院校、优质培训机构、公共职业技能培训平台等开展创业能力提升培训，让有意愿的农村创新创业人员均能受到免费创业培训。推行"创业＋技能""创业＋产业"的培训模式，开展互动教学、案例教学和现场观摩教学。发挥农村创新创业带头人作用，讲述励志故事，分享创业经验。

第五节　培育乡村企业家队伍

乡村企业家是乡村企业发展的核心，是乡村产业转型升级的关键。加强乡村企业家队伍建设的统筹规划，将乡村产业发展与乡村企业家培育同步谋划、同步推进。

壮大乡村企业家队伍。采取多种方式扶持一批大型农业企业集团，培育一批具有全球战略眼光、市场开拓精神、管理创新能力的行业领军乡村企业家。引导网络平台企业投资乡村，开发农业农村资源，丰富产业业态类型，培育一批引领乡村产业转型的现代乡村企业家。同时，发掘一批乡村能工巧匠，培育一批"小巨人"乡村企业家。

弘扬乡村企业家精神。弘扬爱国敬业精神，培养乡村企业家国家使命感和民族自豪感，引导乡村企业家把个人理想融入乡村振兴和民族复兴的伟大实践。弘扬敢为人先精神，培养乡村企业家识别市场、发现机会、敢闯敢干的特质，开发新产品，创造新需求，拓展新市场。弘扬坚韧执着精神，引导乡村企业家传承"走遍千山万水，说尽千言万语，历经千辛万苦"的品质，不畏艰难、吃苦耐劳、艰苦创业。弘扬立农为农精神，引导乡村企业家厚植乡土情怀、投身乡村振兴大潮，带领千千万万的小农户与千变万化的大市场有效对接。依据有关规定，对扎根乡村、服务农业、带动农民、贡献突出的优秀乡村企业家给予表彰。

专栏 4　农村创新创业带头人培育行动

1. 培育农村创新创业主体。到 2025 年，培育 100 万名农村创新创业带头人，带动 1 500 万返乡入乡人员创业。

2. 遴选农村创新创业导师。到 2025 年，培育 10 万名农村创新创业导师。

3. 建设农村创新创业园区和孵化实训基地。到 2025 年，建设 2 000 个农村创新创业园区和孵化实训基地。

4. 培育乡村企业家队伍。到 2025 年，着力造就一支懂经营、善管理，具有战略眼光和开拓精神的乡村企业家队伍，选树 1 000 名全国优秀乡村企业家。

第九章　保障措施

第一节　加强统筹协调

落实五级书记抓乡村振兴的工作要求，有力推动乡村产业发展。建立农业农村部门牵头抓总、相关部门协调配合、社会力量积极支持、农民群众广泛参与的推进机制，加强统筹协调，确保各项措施落实到位。建立乡村产业评价指标体系，加强数据采集、市场调查、运行分析和信息发布，对规划实施情况进行跟踪监测，科学评估发展成效。

第二节　加强政策扶持

加快完善土地、资金、人才等要素支撑的政策措施，确保各项政策可落地、可操作、可见效。完善财政扶持政策，采取"以奖代补、先建后补"等方式，支持现代农业产业园、农业产业强镇、优势特色产业集群及农产品仓储保鲜冷链设施建设。鼓励地方发行专项债券用于乡村产业。强化金融扶持政策，引导县域金融机构将吸收的存款主要用于当地，建立"银税互动""银信互动"贷款机制。充分发挥融资担保体系作用，强化担保融资增信功能，推动落实创业担保贷款贴息政策。完善乡村产业发展用地政策体系，明确用地类型和供地方式，实行分类管理。

第三节　强化科技支撑

建立以企业为主体、市场为导向、产学研相结合的技术创新体系，加强创新成果产业化，提升产业核心竞争力。引导大专院校、科研院所与乡村企业合作，开展联合技术攻关，研发一批具有先进性、专属性的技术和工艺，创制一批适用性广、经济性好的设施装备。支持科技人员以科技成果入股乡村企业，建立健全科研人员校企、院企共建双聘机制。指导县（市）成立乡村产业专家顾问团，为乡村产业发展提供智力支持。

第四节　营造良好氛围

挖掘乡村产业发展鲜活经验，总结推广一批发展模式、典型案例和先进人物。弘扬创业精神、工匠精神、企业家精神，激发崇尚创新、勇于创业的热情。充分运用传统媒体和新媒体，解读产业政策、宣传做法经验、推广典型模式，引导全社会共同关注、协力支持，营造良好发展氛围。

农业农村部办公厅　国家林业和草原局办公室
国家发展改革委办公厅　财政部办公厅
科技部办公厅　自然资源部办公厅
水利部办公厅关于印发《中国特色农产品
优势区管理办法（试行)》的通知

　　根据《特色农产品优势区建设规划纲要》的要求，为推进中国特色农产品优势区规范化管理，农业农村部、国家林业和草原局、国家发展改革委、财政部、科技部、自然资源部、水利部研究制定了《中国特色农产品优势区管理办法（试行)》，现印发给你们，请贯彻执行。

农业农村部办公厅　国家林业和草原局办公室

国家发展改革委办公厅　财政部办公厅

科技部办公厅　自然资源部办公厅　水利部办公厅

2020 年 7 月 15 日

中国特色农产品优势区管理办法（试行）

第一章　总　　则

　　第一条　为加强中国特色农产品优势区（以下简称"中国特优区"）管理，做大做强特色农业产业，塑强中国农业品牌，提升农业竞争力，促进农民增收致富，助力乡村振兴，根据《中共中央、国务院关于实施乡村振兴战略的意见》《乡村振兴战略规划（2018—2022 年）》《特色农产品优势区建设规划纲要》等文件要求，制定本管理办法。

　　第二条　中国特优区立足区域资源禀赋，以经济效益为中心、农民增收为目的，坚持市场导向、标准引领、品牌号召、主体作为、地方主抓的原则，以发展特色鲜明、优势集聚、产业融合、市场竞争力强的农业产业为重点，打造"中国第一，世界有名"的特色农产品优势区。具备以下特征：

　　——比较优势明显，特色主导产业资源禀赋好、种养规模适度、市场化程度高，安全、绿色、品牌产品比例高；

——产业融合发展，特色主导农产品生产、加工、储运、销售集群式发展，全产业链开发水平较高；

——现代要素集聚，土地、资本、人才、科技、装备等要素集聚，劳动生产率、土地产出率、资源利用率较高；

——利益链条完整，企业、协会、农民合作社、农户形成紧密利益联结关系，合理分享产业发展收益；

——运行机制完善，形成政府引导、市场主导、主体多元、协会服务、农民参与的齐抓共建、协同推进的发展格局。

第三条 中国特优区所在地政府应加强组织领导，可将当地农业特色产业纳入本地经济建设重点，制定相应扶持政策。农业农村、林草等部门牵头负责做好规划建设。

第四条 鼓励农业产业化龙头企业、林业重点龙头企业、农民合作社和协会等主体积极参与，承担相关工作，推进特色产业高效发展，构建紧密型的利益联结机制，有效带动农民增收致富。

第五条 本办法适用于农业农村部、国家林草局、国家发展改革委会同有关部门组织认定的中国特优区，各省级特优区可参照执行。

第二章　申报与认定

第六条 原则上以县（市、区，林区，垦区）为单位申报。区域内特色主导品种相同、获得同一地理标志认证（登记）的地级市可单独申报，地级市区域内的部分县（场）也可联合申报。对"三区三州"地区认定标准适当放宽。

第七条 各地以《特色农产品优势区建设规划纲要》对重点品种（类）和区域布局的总体要求为指导，立足本地产业实际，充分挖掘资源优势，综合考虑市场需求，统筹兼顾粮经产品、园艺产品、畜产品、水产品和林特产品等五大类特色农产品，自主选择品种。

第八条 凡申报中国特优区应具备以下条件：

（一）产业竞争力突出。产业资源特色鲜明、品质优势明显、生产历史悠久，产品市场认可度高，特色主导产品在全国具有较强代表性和竞争力，产量或产值在全国同级地区位居前列，具备发展"中国第一，世界有名"的基础条件。

（二）市场建设有力。产加销、贸工农一体化协调推进，特色主导产品市场供销稳定，市场主体创新能力强，管理机制健全，拥有较高影响力的农（林）产品区域公用品牌。

（三）推进措施务实。地方人民政府高度重视特色产业发展，在产业扶持政策、土地保障、金融支持、人才引进、价格机制和品牌创设等方面措施有力，取得较好成效。

（四）示范作用明显。在特色产业生产基地、加工基地、仓储物流基地、科技支撑体系、品牌与营销体系、质量控制体系等方面示范作用明显，具有较强带动作用。

（五）符合相关法律法规和国家政策要求。特色农产品种养要符合农业、森林、草原、环境保护、耕地保护和永久基本农田保护等法律法规，以及国土空间规划、产业发展等方面的政策要求。

第九条　中国特优区按照"地方人民政府自愿申报，省级农业农村、林草、发展改革会同有关厅局组织推荐，农业农村部、国家林草局、国家发展改革委会同有关部门组织专家评估认定"的程序开展。申报主体和省级农业农村部门、林草部门按要求填写报送相关材料。

第十条　农业农村部、国家林草局会同有关部门成立中国特优区认定专家委员会，依据标准对各地申报材料进行评审，提出中国特优区认定建议名单。经农业农村部、国家林草局等部门同意后，公示中国特优区认定建议名单。公示无异议后，农业农村部、国家林草局、国家发展改革委会同有关部门发文认定。

第三章　组织与管理

第十一条　由农业农村部、国家林草局牵头负责中国特优区规划，制定有关政策。省级农业农村、林草部门牵头负责指导本省（区、市）中国特优区的建设，跟踪与监管运行情况。

第十二条　由农业农村部、国家林草局牵头负责中国特优区评价认定、组织管理及监测评估等工作。

第十三条　中国特优区认定专家委员会对中国特优区的创建、申报、认定、监测、评估等开展技术支撑和咨询论证。

第四章　监测和评估

第十四条　中国特优区实行"监测评估、动态管理"的管理机制。由农业农村部、国家林草局牵头负责中国特优区的监测和评估，省级农业农村、林草部门牵头负责跟踪与监管本地区中国特优区运行情况。

第十五条　建立中国特优区动态监测制度。中国特优区所在地人民政府组织农业农村、林草等相关部门，按照监测指标体系，采集、整理、报送有关数据，每年将中国特优区总结报告和监测数据于 11 月底前报送省级农业农村和林草部门。省级农业农村、林草部门于 12 月中旬前将审核后的总结报告及监测数据分别报送农业农村部、国家林草局。农业农村部、国家林草局牵头组织有关单位对中国特优区报送的数据和材料进行分析，发布发展报告。

第十六条　建立中国特优区综合评估制度，每四年评估一次。农业农村部、国家林草局牵头组织有关单位对中国特优区发展情况进行综合评估，对评估达标的中国特优区，继续保留资格。对评估不达标的中国特优区给予警示并限期整改，整改后仍不能达标的，撤销"中国特色农产品优势区"称号，并通过媒体予以公告。

第十七条　对特色主导产业非农化严重，特色品牌使用特别混乱，发生严重侵犯农民利益、重大生态环境破坏、重大生产安全和质量安全事件等情形的中国特优区，经农业农村部、国家林草局、国家发展改革委等部门联合研究，撤销已经认定的"中国特色农产品优势区"称号，且 3 年内不得再次申报。

第五章　附　　则

第十八条　中国特优区及申报中国特优区的地区应按要求如实提供有关材料，不得弄虚作假。如存在舞弊行为，一经查实，经农业农村部、国家林草局、国家发展改革委等部门联合研究，撤销已经认定的"中国特色农产品优势区"称号；未经认定的取消申报资格，3年内不得再行申报。

第十九条　本管理办法适用于中国特优区，各省、自治区、直辖市农业农村部门会同有关部门可根据本办法，制定省级特优区管理办法。

第二十条　本管理办法自公布之日起实施。

中央农村工作领导小组办公室　农业农村部国家发展和改革委员会　财政部　中国人民银行中国银行保险监督管理委员会　中国证券监督管理委员会关于扩大农业农村有效投资加快补上"三农"领域突出短板的意见

中农发〔2020〕10号

各省（自治区、直辖市）人民政府，国务院有关部门：

去年以来，受多种因素影响，我国农业农村投资增速大幅下滑，今年又叠加新冠肺炎疫情冲击，投资降幅持续扩大，给农业稳产保供和农民持续增收带来较大影响，也与脱贫攻坚和实施乡村振兴战略要求不相适应。为切实落实党中央、国务院决策部署，扩大农业农村有效投资，加快补上"三农"领域突出短板，经国务院同意，现提出以下意见。

一、总体要求

以习近平新时代中国特色社会主义思想为指导，全面贯彻党的十九大和十九届二中、三中、四中全会精神，统筹推进新冠肺炎疫情防控和经济社会发展，扎实做好"六稳"工作、全面落实"六保"任务，坚持农业农村优先发展，坚持"藏粮于地、藏粮于技"，对标实施乡村振兴战略，立足当前、着眼长远，围绕加强农业农村基础设施和防灾减灾能力建设，实施一批牵引性强、有利于生产消费"双升级"的现代农业农村重大工程项目，千方百计扩大农业农村有效投资规模，健全投入机制，拓宽投资渠道，优化投资环境，加快形成财政优先保障、金融重点倾斜、社会积极参与的多元投入格局，推动农业优结构、增后劲，把农业基础打得更牢，把"三农"领域短板补得更实，促进农业丰收农民增收，巩固脱贫攻坚成果，推动乡村全面振兴，为维护经济发展和社会稳定大局提供坚实支撑。

二、加快农业农村领域补短板重大工程项目建设

（一）高标准农田建设工程。重点在永久基本农田保护区、粮食生产功能区和重要农产品生产保护区，开展整治田块、建设灌排设施、整修田间道路等工程，支持丘陵山区农田宜机化改造，提高建设质量，确保2020年完成8 000万亩、到2022年建成10亿亩集中连片、旱涝保收、节水高效、稳产高产、生态友好的高标准农田。

（二）农产品仓储保鲜冷链物流设施建设工程。支持建设一批国家骨干冷链物流基地。在蔬菜、水果、畜产品、水产品等鲜活农产品主产区和特色农产品优势区重点建设一批分

拣包装、冷藏保鲜、仓储运输、初加工等设施，大幅度提升果蔬预冷和肉类、水产品冷藏保鲜能力和冷链流通率，减少产后损失，保证产品品质。

（三）现代农业园区建设工程。开展现代农业产业园、产业融合示范园建设，加强国家农业高新技术产业示范区、国家农业科技园区建设，推进农业产业强镇、优势特色产业集群建设。开展现代农业生产性服务设施建设。加强农业种质资源保护和农业重大科技创新能力条件建设。

（四）动植物保护建设工程。强化动物疫病、农作物病虫害监测预警设施、应急防控和物资储备等工程建设。

（五）沿海现代渔港建设工程。鼓励沿海地区新建和改扩建一批中心渔港、一级渔港和相关公益性设施，打造一批渔港经济区。开展现代海洋牧场建设。

（六）农村人居环境整治工程。分类推进农村厕所革命，有序实施农村户用厕所无害化改造。积极推进农村生活垃圾分类，因地制宜建设资源化处理设施。梯次推进农村生活污水治理，开展农村黑臭水体治理，建设一批适用的工程设施。加快推进农作物秸秆、畜禽粪污资源化利用设施建设。开展村庄清洁和绿化行动，推进"美丽家园"建设。

（七）农村供水保障工程。开展农村饮水安全巩固提升工程建设。因地制宜在人口相对集中的地区研究推进规模化供水工程建设，有条件的地区试点开展城市管网向农村延伸工程建设。开展大中型灌区续建配套节水改造工程建设。

（八）乡镇污水处理工程。优先在人口密度较大的乡镇所在地，重点建设一批污水处理厂和配套管网等设施，提高乡镇污水处理水平。

（九）智慧农业和数字乡村建设工程。加快农业农村大数据工程建设，开展农业物联网、大数据、区块链、人工智能、5G等新型基础设施建设和现代信息技术应用，全面提升农业农村数字化、智能化水平。

（十）农村公路建设工程。推动"四好农村路"高质量发展。在完成具备条件的建制村通硬化路和通客车任务基础上，有序推进撤并建制村等具备条件的较大人口规模自然村（组）等通硬化路建设。

（十一）农村电网建设工程。实施乡村电气化提升工程，持续推进农村电网改造升级。

三、多渠道加大农业农村投资力度

（一）扩大地方政府债券用于农业农村规模。地方政府应通过一般债券用于支持符合条件的乡村振兴项目建设。各地区要通过地方政府专项债券增加用于农业农村的投入，加大对农业农村基础设施等重大项目的支持力度，重点支持符合专项债券发行使用条件的高标准农田、农产品仓储保鲜冷链物流等现代农业设施、农村人居环境整治、乡镇污水治理等领域政府投资项目建设。地方可按规定将抗疫特别国债资金用于有一定收益保障的农林水利等基础设施建设项目。

（二）保障财政支农投入。中央和地方财政加强"三农"投入保障，优化支出结构，突出保障重点。中央预算内投资继续向"三农"补短板重大工程项目倾斜。扎实开展新增耕地指标和城乡建设用地增减挂钩节余指标跨省域调剂使用，调剂收益全部用于巩固脱贫攻坚成果和支持乡村振兴。优化涉农资金使用结构，继续按规定推进涉农资金统筹整合，加强对重点项目的支持力度。充分发挥财政资金引导作用，撬动社会资本投向农业农村重点项目。调整完善土地出让收入使用范围，逐步提高土地出让收入用于农业农村比例。扩大以工代赈规模，重点支持农村小型基础设施项目建设，引导农民投工投劳，增加就地就近就业岗位。

（三）加大金融服务"三农"力度。 抓紧出台普惠金融支持新型农业经营主体发展的政策举措，创新金融产品和服务，拓宽抵质押物范围，全面推行温室大棚、养殖圈舍、大型农机、土地经营权依法合规抵押融资。依法合规大力开展农业开发和农村基础设施建设中长期信贷业务。鼓励开展县域农户、中小企业信用等级评价，持续推动农村信用体系建设。完善扶贫小额信贷政策。鼓励开发农户小额信用贷款模式。大力发展对新型农业经营主体的信用贷、首贷业务。鼓励金融机构对受新冠肺炎疫情影响、符合条件的涉农企业和主体，实施延期还本付息政策。鼓励金融机构按照市场化原则，与政府性融资担保机构合作，加大贷款投放力度，农业农村部门要协助提供项目推介。切实发挥好全国农业信贷担保体系作用，稳步做大政策性业务规模。充分运用支农再贷款引导金融机构扩大涉农信贷投放。完善农业大灾保险试点，推进稻谷、小麦、玉米完全成本保险和收入保险试点，完善地方优势特色农产品保险奖补试点政策，优化"保险＋期货"试点模式。

（四）积极引导鼓励社会资本投资农业农村。 各地区要制定出台社会资本投资农业农村的指导意见，加强指导和服务，明确支持的重点领域，细化落实用地、环评等具体政策措施。充分利用和发挥政府投资基金的作用，支持孵化型、成长型、创新型社会资本投资项目。在畜禽粪污资源化利用、农村生活污水垃圾处理等方面实施一批 PPP 项目。积极支持农村产业融合发展公司信用类债券和涉农中小企业集合债、小微企业增信集合债的发行。扩大公司信用类债券支持乡村振兴的规模。加大农业企业在公开市场股票发行支持力度。

四、保障措施

（一）加强组织领导。 各地区各有关部门要进一步提高政治站位，将扩大农业农村有效投资作为推动农业农村优先发展的重要任务，纳入重要议事日程。各地区要抓紧出台扩大农业农村投资的政策措施，确保中央关于增加专项债券对农业农村投入、持续改善农民生产生活条件的要求落地落实。各有关部门要进一步强化协同配合，切实加大工作力度，加快工作进度，主动推进。发展改革部门要积极指导各地区在 2020 年增发地方政府专项债券中加大对农业农村项目的支持力度。财政部门要会同农业农村部门做好农业农村领域项目专项债券发行有关工作。金融部门要依法合规加大对农业农村的金融信贷支持力度。严禁新增隐性债务。农业农村、水利、交通运输等部门要切实履行职责，加大业务培训指导，总结梳理典型模式，全力推动扩大农业农村有效投资。

（二）严格督导考核。 把扩大农业农村有效投资纳入中央一号文件贯彻落实情况督查和实施乡村振兴战略实绩考核，作为落实粮食安全省长负责制和"菜篮子"市长负责制的重要考核内容。建立健全金融机构服务乡村振兴考核评估制度，强化对金融机构的激励约束，提高对"三农"领域信贷风险的容忍度。各省级人民政府要及时将扩大农业农村有效投资情况向国务院报告。

（三）扎实做好规划编制和项目储备。各地区要按照加快补上全面小康"三农"领域突出短板的要求，结合编制"十四五"规划，抓紧制定修编农业农村领域重大工程项目专项建设规划，科学合理确定建设重点和投资方向，做好重大项目储备，高质量开展项目实施前期工作，扎实开展项目可行性论证，加快建立长短结合的项目储备库，及时推出符合标准要求的项目，选定合格的项目承接主体，支持项目及早实施落地，形成实物工作量。

（四）进一步优化营商环境。各地区各有关部门要进一步深化"放管服"改革，依法依规简化项目审批程序，加快审批进度，规范行政执法，落实好减税降费政策，切实减轻涉农企业负担，有效保护各类投资主体合法权益，稳定投资信心，激发投资活力。积极推进农村土地制度等要素改革，保障农业农村重大工程项目建设用地，改善农业农村投资环境，强化农业可持续发展的要素和环境保障。

中央农村工作领导小组办公室

农业农村部

国家发展和改革委员会

财政部

中国人民银行

中国银行保险监督管理委员会

中国证券监督管理委员会

2020 年 7 月 3 日

中央农村工作领导小组办公室
农业农村部关于在乡村治理中
推广运用积分制有关工作的通知

中农发〔2020〕11号

各省、自治区、直辖市党委农办、农业农村（农牧）厅（局、委）：

按照党中央、国务院关于加强和改进乡村治理的部署要求，各地大力加强乡村治理体系和治理能力建设，积极推进乡村治理创新，一些地方采用积分制推进乡村治理，取得了良好效果，涌现出一批好做法好经验。实践证明，积分制可以有针对性地解决乡村治理中的重点难点问题，符合农村社会实际，具有很强的实用性、操作性，是推进乡村治理体系和治理能力现代化的有益探索。为深入贯彻落实今年中央1号文件"推广乡村治理创新性典型案例经验"要求和《中共中央办公厅、国务院办公厅关于加强和改进乡村治理的指导意见》，进一步创新乡村治理方式，现就在乡村治理中推广运用积分制有关事项通知如下。

一、充分认识积分制在乡村治理中的积极作用

乡村治理中运用积分制，是在农村基层党组织领导下，通过民主程序，将乡村治理各项事务转化为数量化指标，对农民日常行为进行评价形成积分，并给予相应精神鼓励或物质奖励，形成一套有效的激励约束机制。积分制在各地广泛运用，对加强和改进乡村治理、促进农村和谐稳定产生了积极作用。

（一）有利于增强基层党组织的领导作用。 在乡村治理中组织实施积分制，农村基层党组织联系和服务群众工作常态化，有助于进一步增强基层党组织的凝聚力，发挥党员的先锋模范作用，强化基层党组织在乡村治理中的领导地位。

（二）有利于推动乡村振兴重点工作。 积分制适用范围广泛，农村经济社会的方方面面都可以细化成具体积分指标，通过积分制将乡村治理与发展乡村产业、开展农村人居环境整治、推进基础设施建设、保护生态环境、塑造文明乡风、扶贫济困等乡村振兴的重点任务有机结合，有助于构建共建共治共享的乡村治理格局，促进乡村全面振兴。

（三）有利于提高农民参与乡村治理的积极性。 在乡村治理中运用积分制，积分内容群众定，积分方式群众议，积分结果群众评，确保了群众的知情权和参与权，有助于发挥村民自治作用，引导农民群众主动参与公共事务，凸显农民群众在乡村治理中的主体地位，激活乡村发展内生动力。

（四）有利于形成农村基层治理的有效抓手。 积分制把纷繁复杂的村级事务标准化、具象化，让乡村治理工作可量化、有抓手，将农村基层治理由"村里事"变成"家家事"，

由"任务命令"转为"激励引导",有助于提升乡村治理的精细化、科学化、透明化、规范化水平。

二、因地制宜在乡村治理工作中推广运用积分制

各地可结合实际,从乡村治理的重点难点问题和农民群众最关心、最迫切、最现实的问题入手,采取适宜的管理方式和机制手段,有效发挥积分制的功能作用。推广运用积分制,要把握好六个方面。

(一)坚持党的领导。各级党委农村工作部门在组织实施积分制中,要对积分内容、评价方式、结果运用等各个环节把关,让积分制充分体现党的主张、贯彻党的决定,保障积分制沿着正确的方向推进。

(二)合理设置积分内容。要围绕乡村治理的重点任务和突出问题,坚持问题导向、目标导向,确定符合当地实际的积分内容,采取合理的评价标准和激励约束措施。同时,要随着农村发展的新情况新变化,适时调整积分内容和评价标准,建立动态管理、操作性强的积分体系。

(三)确保农民群众广泛参与。要依托村民自治组织和各类群众性协商活动,将积分的主要内容、评分标准、运行程序等环节交由群众商定,广泛征求农民群众意见和建议,让农民群众全程参与积分制的制度设计,确保积分制符合农民群众意愿,维护农民群众民主权利。

(四)加强积分结果运用。要树立正确导向,坚持精神鼓励为主、物质奖励为辅,正向激励为主、奖罚结合的原则,结合经济水平和群众需求创新奖励方式,充分发挥积分制的激励约束作用。

(五)规范程序和内容。积分制的实施必须公平公正、公开透明,在积分内容设置、申报审核等各个环节要履行民主程序,广泛接受群众监督。积分制要依法依规实施,特别是有关惩罚措施不得侵害农民合法权利,不得剥夺农民依法享有的政府补贴和集体经济收益等。

(六)建立长效运行机制。要坚持共建共治共享,凝聚各部门和社会各类组织力量参与,形成协同推进积分制的合力。拓宽资金来源渠道,有效撬动集体经济投入、社会捐赠,健全多元投入保障机制,建立可持续发展的长效机制。鼓励各地充分运用信息化手段等方式开展积分数据收集、汇总及统计等工作,优化完善日常管理。

三、强化组织领导

各级党委农村工作部门和农业农村部门要以习近平新时代中国特色社会主义思想为指导,高度重视在乡村治理中推广运用积分制工作,在尊重农民意愿和地方积极性基础上有序引导,循序渐进,不搞强迫命令。

(一)加强工作指导。各级党委农村工作部门和农业农村部门要健全工作机制,强化工作措施,加强指导和监督检查。可通过编印工作指引、问答手册、专题简报、组织开展培训等方式,引导积分制规范有序开展,提高乡村治理工作水平。

(二)分类有序推进。各地要合理确定工作目标,量力而行,分步实施,有序开展。认真总结已有做法,逐步完善推广,使积分制成为乡村治理的重要工作抓手。

（三）**建立积分制示范基地。**鼓励各级党委农村工作部门和农业农村部门建立乡村治理积分制示范基地，作为指导开展积分制的工作抓手，为推进积分制探索路径、总结经验，发挥辐射带动作用。乡村治理积分制示范基地可以由党委农村工作部门和农业农村部门选定，也可以由积极性高的村自愿参与。全国乡村治理体系建设试点示范县（市、区）、全国乡村治理示范村镇可先行先试，创新积分制在乡村治理中的运用形式。

（四）**广泛宣传推广。**各地要深入总结推广在乡村治理中运用积分制的好做法好经验，通过新闻媒体、网络平台等多种方式加大宣传力度，充分发挥典型经验的辐射带动作用，推进乡村治理体系建设。现随文一并印发 8 个典型案例，供各地学习借鉴。

> 附件：1. "小积分"构建共建共治共享"大格局"
> ——上海市奉贤区探索生态村组·和美宅基积分制
> 2. "晓康驿站"激发贫困群众脱贫内生动力
> ——江西省新余市积分制创新乡村治理方式
> 3. "小积分"积出乡村新风尚
> ——宁夏回族自治区固原市探索乡村文明实践积分制
> 4. "小积分"见大成效
> ——安徽省金寨县创新乡村治理新方式
> 5. "小存折"催生乡村共建共治共享"大文章"
> ——湖南省津市市创新"三色存折"制度
> 6. "道德积分储蓄站"促进乡村有效治理
> ——河南省济源市轵城镇探索乡村德治建设新方式
> 7. "小积分"大改变
> ——浙江省平湖市通界村的乡村善治之路
> 8. 专注"小积分"答好"新考卷"
> ——湖南省新化县油溪桥村探索村级事务积分考评管理

中央农村工作领导小组办公室　农业农村部
2020 年 7 月 27 日

附件 1

"小积分"构建共建共治共享"大格局"

——上海市奉贤区探索生态村组·和美宅基积分制

2017 年，上海市奉贤区提出以村民小组为单位，开展"生态村组·和美宅基"创建工作，积分达标后给予一定奖励，促进组内村民自我管理，加强生态和美村组建设。三年多来，共拆除违法建筑近 652.38 万平方米，清除违法违规企业和宅基违法经营 2 954 家，整治河道 4 336 条段，拆除旱厕 8 108 处、田间窝棚 3 067 处，清运垃圾近 25.09 万吨，新增绿化面积 315.36 万平方米。"生态村组·和美宅基"积分制，提升了村民的自治意识，吸引了多元力量参与到乡村治理中，有效改善了村组风貌，形成了共建共治共享的格局。

一、转变观念，划小治理单元

"生态村组·和美宅基"积分制转变以往社会治理理念，聚焦范围较小、地缘相近、村民相熟的村民小组这个治理单元，从自上而下面上铺开转变为更加注重自下而上点上突破，从政府主导转变为更加注重激发村民小组自治活力。

（一）设置奖罚一体，促进组内村民自我管理。以村民小组为单位创建，只要一户不达标，即视为整个村民小组不达标，培养村民的集体荣辱观念。对已通过验收的村组，经复审、抽查或被举报查实不符合标准，限时整改又未完成的，对当年度发放的奖励资金，在区对镇的转移支付中扣减；对街道所属村，取消该村组次年创建资格。

（二）设置奖励阶梯，突出村民小组长的作用。第一轮为 2017—2019 年，村民小组按照"三清三美"的标准创建，经验收积分达标后，区镇两级按 3 000 元/年/户的标准核拨奖励资金，每名村民小组长奖励 1 000 元/年；整村创建成功后，在原有基础上增拨奖励资金 1 000 元/年/户，每名村民小组长增发奖励 500 元/年，并优先考虑纳入美丽乡村建设叠加相关奖补。新一轮创建（2020—2022 年）设置积分星级，积分五星村组按 3 000 元/户/年标准核拨，村民小组长奖励 1 000 元/年。积分四星村组按 2 000 元/户/年标准核拨，村民小组长奖励 800 元/年。积分三星村组按 1 500 元/户/年标准核拨，村民小组长奖励 500 元/年。整建制达标的在原来积分奖励基础上，按五星、四星村组每户分别增拨 1 000 元/年、500 元/年，村民小组长每年分别增发 500 元、300 元。

二、合理合情，科学设定方案

（一）制定创建标准。在标准设计上，坚持三个方面要求，不搞形式主义，制定了"三清三美"（清五违、清群租、清垃圾，河道美、绿化美、民风美）一级标准。一是力求对标、补短板，以生态文明建设为要求，以补齐"五违四必""中小河道综合整治""国家生态园林城区创建"等工作中的短板为目的来设定标准，紧密衔接具体任务的落实要求。二是突出重点、不求全，主要是针对当前农村治理中的老大难问题，而不是需要投入大量资金、村民难以完成的事情，不求面面俱到。三是注重现场、易操作，基本不涉及表面的、繁琐的台账材料，全部通过察看现场实地验收，有没有问题一眼就看得见。标准通俗易懂，指向明确，不需要专业知识，参与创建的村民做得来，参与验收的评审看得懂。

（二）完善验收流程。在验收过程中，注重公平，把握好两个原则。一是把握好初步验收与实地验收的关系。在初步验收时，把与市、区重点工作相关、工作量较大的标准作为重点，借"生态村组·和美宅基"积分制，推动市、区重点工作更好更快落地，同时考察村组是否建立了长效管理措施。二是把握好重点标准与一般标准的关系。"三清三美"分为重点标准和一般标准，对于未达到重点标准的，实行一票否决。为做到公平公正，邀请人大代表、政协委员、普通市民参加，确保村组范围内宅基、河道、道路、企业等信息不遗漏。对于不符合标准的，村民随时可以向"12345"热线或有关部门举报。

三、全过程管理，聚焦事前事中事后

（一）创建前注重广泛宣传，调动村民积极性。各镇村大力发挥社区党校、志愿者讲师、大学生村官、群文工作者等宣讲队伍作用，依托村民学校、宅基课堂、睦邻点、道德讲堂、党建服务站、党建微家等阵地，结合"党课进万家""水悦乡音"等活动，以讲座、视频、故事会、快板、小品等形式，广泛开展宣讲，将新形势、新政策、新任务传达到底、解读到位、发动到人。在村民动员起来的基础上，村民小组需经村民同意，并成立自治小组，方可提出创建申请。

（二）创建中注重发挥党员引领作用，推动职能部门密切配合。一是发挥村组内党员带头作用，村民"择善而从"。村内党员积极带头拆除违建、清理垃圾。各村组织党员干部进村入户走宅基，设立和美宅基创建责任区、划片分段、定点包干，在责任区中亮党员身份、亮干部责任、亮队伍铭牌。二是发挥职能部门协同作用，上下联动推动创建。各职能部门深入村组、实地指导、通报问题、督促整改，推动工作落到最基层。对于一些仅靠村民小组自身无法完成的工作，由区镇村三级提供帮助。

（三）创建后注重长效常态管理，善于应用智慧化平台。将"生态村组·和美宅基"创建纳入奉贤云治理平台和"一网统管"城运平台，进行月度、季度自评审核，建立全覆盖动态监测机制。每月由各村对所属村组自评、各街镇对各村组审核，每季度由区职能部门评审，通报问题、整改反馈等都在网上进行。凡是在云治理平台上通报的问题，同步纳入"一网统管"城运平台，作为基层应发现未发现问题进行扣分。各街镇城市运行管理中心也将和美宅基创建纳入平台落实专项巡查，加强日常监测及情况通报。

附件 2

"晓康驿站"激发贫困群众脱贫内生动力
——江西省新余市积分制创新乡村治理方式

2018 年 11 月，江西省新余市分宜县钤山镇下田村创建了该市第一个"小康驿站"，后改名为"晓康驿站"并在全市推广。"晓康驿站"一般以村为单位设立，主要围绕贫困户在产业就业、乡风文明、家庭美德、工作配合等方面的表现每月进行一次评分，贫困户凭积分到驿站兑换相应物品或现金。2019 年 7 月，新余全市建成"晓康驿站"415 个，实现对所有行政村全覆盖，仅在当年度就筹集到各类走访慰问和爱心捐赠资金 1 855 万元，设立奖补资金 1 000 万元，实现奖励发放 10.3 万余次，兑付奖励物品 28 万余件。晓康驿站改变了过去干部"钱物送上门"、一些贫困户"在家等靠要"的"保姆式扶贫"的局面，通过努力挣积分，大大激发了贫困群众脱贫的内生动力，更好实现了物质帮扶与精神帮扶的融合，促进了干群关系和乡风民风进一步好转，探索出了乡村治理与脱贫攻坚有机结合的新路径。

一、党建引领。推行"党建＋晓康驿站"模式，实行乡镇党委和村党支部主抓，党委书记为第一责任人，村党支部书记为直接责任人，驻村第一书记为具体责任人。乡镇党委定期研究解决"晓康驿站"建运中的困难和问题，村党支部每月开展一次积分评议、讲评和感恩教育活动。发动党员干部参与，鼓励党员致富带头人带动贫困户参与产业发展，向贫困户讲述创业故事，传授劳动技能，激发贫困户脱贫致富信心和动力。有的村还将党员"先锋创绩"活动纳入"晓康驿站"评分，用党员的积分奖励贫困户。

二、分类推进。各村根据实际情况推进"晓康驿站"建设，不搞"一刀切"。在建站选择上，各村既可单独建站，也可与附近村联合建站；既可选择在村委会、颐养之家、电商站点等公用场所，也可依托附近商店、超市、小卖部等建站。在服务对象上，要求先以贫困户为主，可视情况逐步扩大到"边缘户"和一般农户。比如，下田村先将贫困户、低保户、分散供养特困户、残疾人户等"四类对象"纳入，后又将党员"先锋创绩"活动纳入"晓康驿站"评分。

三、因户施策。"晓康驿站"坚持"精准"方略，紧扣每个贫困户脱贫短板、弱项和痛点，精准实施激励和约束。正向激励方面：一是对有劳动能力的，评分侧重于激励自主发展生产、创业就业；二是对丧失部分劳动能力的，评分兼顾产业就业和乡风文明、家庭美德、工作支持等；三是对丧失劳动能力的，评分侧重于乡风文明、家庭美德、工作配合等方面。对后两种情形，也因户有所区别、有所侧重。四是对有"等靠要"思想、参与热情不高的，注重提高自力更生、劳动致富方面的分值。五是对患有智障、精神残疾的贫困户，村里委托贫困户亲属或近邻对其实施托管，帮助完成一些简单日常事务，并将托管情况纳入"晓康驿站"评分。反向约束方面，根据每个贫困户（人口）不良的嗜好、习惯和行为及其表现，采取扣减积分的方式实施约束。此外，还动态调整各贫困户的评分项目和分值标准，确保"晓康驿站"能持续激励督促贫困户。

四、阳光操作。"晓康驿站"坚持公开、公平、公正的原则进行评分。每个村由3名固定人员组成评分小组，负责评分工作；每月邀请1—2名村民参与评分过程。评分注重平时掌握情况和邻里认可，结合入户核实情况进行综合评定，确保评分真实、准确、可信。结合"三讲一评"活动，由包村干部、村干部、驻村干部和党员、村民、贫困户等代表组成评议组，每月评议贫困户。评分过程、评分结果主动公开，自觉接受村民理事会和村民的监督，防止平衡照顾、优亲厚友。

五、兑现灵活。根据贫困户意愿和需求，采取灵活多样的方式进行兑换"晓康驿站"积分。在兑换选择上，贫困户可根据实际需求，选择兑换平时生产、生活、学习等必需用品。对于脱贫质量不高，因患大病重病、子女入学等支出较大的贫困家庭，可根据需要兑换一定额度的现金。一些村推出了越来越多的兑换选择，最大限度满足了贫困户多样化兑换需求。比如，高岚乡的"晓康车票"、双林镇的"生活缴费抵用券"、湖泽镇的"猪肉券"等。在兑换时间上，原则上每月集中兑换一次，但贫困户也可自行选择兑换时间。对长期在外务工的贫困户，可根据其全年务工收入状况在年底一次性兑换。

六、规范管理。一是多渠道筹措保障资金。"晓康驿站"资金来源，主要为"四个一点"：即上级财政资金奖一点、单位和干部帮一点、产业收益补一点、党员商会及社会爱心人士捐一点。二是健全工作机制。建立并完善了工作责任、汇报、评比和考核等"四项"工作机制,为"晓康驿站"持续运行提供了制度保证。三是优化日常管理。实行积分管理,每月进行积分登记、兑换、注销和公示。规范账务管理,建立"晓康驿站"财务专账,认真做好进出资金、物资登记统计,坚持"村账乡代管",实行乡镇报账制。严格质量安全管理,严把采购关口,保证物品质量。四是强化监督管理。对积分评定结果、积分兑换情况、资金物资进出,都及时公开,自觉接受监督,纳入乡镇纪委监督范围。

附件 3

"小积分"积出乡村新风尚

——宁夏回族自治区固原市探索乡村文明实践积分制

为有效解决乡村治理中存在的突出问题,宁夏回族自治区固原市探索试点以户为单位,将村民生产、生活和生态环境保护行为量化积分,再用积分兑换所需生活用品,激励村民崇尚文明行为,提高文明程度,形成了群众参与度高、运行效果好的乡村治理新模式。走出了一条重塑乡村治理、提升乡风文明的新路子,为乡村治理提供了有力抓手。

一、完善积分体系,量化文明实践内容

固原市制定了试点工作方案,印发了积分参考表,指导各乡镇、村因地制宜确定积分内容,建立积分体系。

(一)明确积分对象。将参与积分制管理的对象以户为单位分为两类:本村村民以户为积分主体,将每户家庭成员所得积分计入户积分卡;对非本村户籍常住村民,需经群众代表大会认可后,参与积分制管理,发放积分卡,享受积分激励待遇。

(二)科学设置积分内容。以户为单位建立积分档案,将每户的积分设定为基础积分、民主积分、贡献积分 3 大类积分。基础积分主要反映村民在日常生活中的共性表现和最基本要求,包括脱贫攻坚、公德美德、遵纪守法、移风易俗、环境卫生、公益事业、学习培训、党支部工作等 8 个方面,细化为 38 项赋分内容。民主积分主要反映村民在村务管理中的行为表现,包括对村级事务的参与度、在群众中的影响力及群众认可度等内容。贡献积分主要鼓励村民争当先进、树立标杆,包括表彰奖励、先进事迹、立功表现 3 部分内容。同时,还设定了道德失范、邻里纠纷、恶意上访、子女辍学、参与赌博、乱搭乱建等扣分项目。

(三)合理设定积分标准。基础积分和民主积分由乡镇指导村级组织结合实际制定标准。分值从 2 分至 100 分不等。如,对家庭年收入增长 9% 以上的,年奖励 3 分;评为致富带头人的,年奖励 10 分;每月开展 1 次卫生评比,评为清洁的得 2 分;每参加 1 次志愿者活动,奖 3 分;家庭每培养一名本科以上大学生的,一次性奖励 100 分。民主积分由各村根据实际情况自行赋分,最高不超过 30 分。贡献积分由市县制定指导标准,分值从

50 分至 2 000 分不等。有针对性设定扣分分值。对恶意上访且不听劝阻的每次扣 5 分；对参与赌博的，发现一次扣 5 分。各乡镇、村可根据年度工作重点，有针对性地设置增减积分项目，适当调整赋分标准，建立动态管理、可操作性强的积分体系。

二、规范积分管理，健全监督机制

（一）明确管理主体。 以乡镇为责任主体，以村"两委"为管理主体，派驻第一书记全程参与，由村"两委"班子负责组建积分评议小组和监督管理小组，解决好"谁来打分"的问题。

（二）民主评定积分。 村民代表大会选定 3—5 人组成积分评议小组，积分评议小组定期逐户开展检查评比，确定每户积分，并根据小组成员平时发现、群众反映、报告、个人申报等评定积分，做到评分公平公正。村"两委"定期通过民主议事会议、公示栏、微信群等途径公示积分情况，对公示结果有异议的，经村委会调查核实后，作出相应处理。对公示结果无异议的积分，由村委会或积分评议小组建立积分管理台账，核发当月积分卡，力争做到每户积分准确无误。

（三）强化运行监督。 各试点村积极组建由村"两委"班子、驻村工作队为成员的积分评议小组，负责积分评议管理工作，严格落实申报、审核、评议、公示等环节，确保公平公正。村民可随时随地反映积分行为，提供相关依据，也可由他人代为申报。从村"两委"成员中评出 3—5 人组成监督管理小组，负责对评分小组的公平性进行监督，实现相互监督、相互衔接。

三、落实积分兑换，建立长效机制

实行积分制关键是要树立正确导向，弘扬正能量，让群众自觉参与村级管理，逐步建立起有效的激励机制。

（一）合理选址，方便兑换。 按照"面积适宜、便于管理"的原则，各试点村主要依托现有的小卖部、便利店、村集体闲置用房等建设文明实践爱心超市，由村民代表大会民主决定后选择运营者，方便群众用积分兑换商品。目前，固原市共 301 个村的 5.29 万农户参与积分兑换活动，累计积分 78.9 万分，兑换积分 51.7 万分。

（二）丰富物品，满意兑换。 各试点村坚持公益性与市场化并行的原则，由村"两委"通过争取财政补贴、社团组织捐赠、帮扶单位支持、企业爱心捐助、村集体经济收入列支等方式筹集兑换物品，一般以生活日用品为主，基本能够满足群众积分兑换需求。

（三）规范管理，持续运行。 各试点村筹集的爱心超市物品，一般通过民政部门调度，乡镇按需派送，村"两委"建立管理台账，统一登记备案管理。进入超市的爱心物品与其他经营物品分区摆放，爱心物品和社会捐赠物品只能等价积分兑换，不能对外销售。募集物资情况不定期张榜公布，接受群众监督。

（四）强化积分运用，注重正向激励。 各试点村按照"立足需要、量力而行、功酬相当"的原则，以精神激励为主、物质激励为辅，积分结果与评先选优、政治待遇、惠民政策挂钩，积分实行累积使用，奖励之后不清零、不作废，终生有效，增强积分管理的含金量和吸引力，切实让德者有得。

附件 4

"小积分"见大成效

——安徽省金寨县创新乡村治理新方式

近年来，金寨县紧密结合实际，不断改革探索，通过实行"6＋X"评议模式，设立"红黑榜"制度，设立以积分兑换商品的"振风超市"，创新乡村治理方式，提升乡村治理能力。目前，全县已建成振风超市 174 家，开展文明新风评比 5 400 多次，发放积分券价值 2 170 多万元，得到农民群众一致认可，起到了花小钱办大事的效果。

一、创新"6＋X"评议模式，因地制宜定积分

金寨县针对乡村多样性特征，因地制宜建立了"6＋X"评议模式，既建立统一的规范，又鼓励各乡镇、村根据村情民情主动创新。其中，"6"指 6 项必评事项，即"勤劳致富、孝老爱亲、移风易俗、环保卫生、遵纪守法、热心公益"；"X"是必评事项外的其它评比事项，由各乡镇、村结合本地特点和实际情况，按照有效管用的原则自行确定，激励各乡镇、村发挥主动性，有针对性地破解治理痛点、难点、弱点。如金寨县铁冲乡，将评比事项延伸到各项公益活动，积极表彰"三线三边"、环保问题整改、危旧房屋拆迁及护林防火等公益性岗位工作人员，进一步激发群众参与村级公益性事业建设的积极性。

积分标准和积分券由乡镇统一管理、印制，各村根据必评事项、农户数量、资金规模等实际情况，合理制定具体的评分细则。原则上每村每月开展一次评分活动，每年享受积分券发放的农户控制在全村户数的 60％以内，并对参评户开展一次总评，在总评基础上按照不超过参评户 20％的标准评选出一批"新时代文明户"，进行挂牌激励和积分奖励。

二、建立"红黑榜"制度，引导村民强自治

金寨县充分考虑到乡村熟人社会中的邻里相助相望，建立了"红黑榜"制度，将对村规民约的"选择性遵守"变为"强制性约束"和"自觉性选择"。各村在公告栏专门设立"红榜"和"黑榜"，定期将关心集体、孝敬父母、诚信守法、热心参与公益事业、积极践行移风易俗的先进典型和好人好事列上"红榜"进行宣传；将游手好闲、不赡养老人、不信守承诺、无理取闹、散布谣言、造假贩假的列入"黑榜"进行曝光。

进入"红榜"的给予积分奖励，发放积分券；进入"黑榜"的，待相关情况转化达一定期限后方可纳入评比。进入"黑榜"被曝光的村民绝大多数会在基层干部的帮扶下主动纠正，申请撤榜。对屡上"黑榜"、经多次教育仍不转变且有违法行为或犯罪嫌疑的"差评"人员，由村民组长、老党员、老教师等组成的道德评议会向有关部门举报或提出公益诉讼，用法律手段强制约束。呈现在村民视线下的"红黑榜"增强了村民的自律性，提高了村民的自治能力，社会风气在潜移默化中慢慢变好。

三、开创"振风超市"模式，小积分有大作为

为使"6＋X"评议模式和"红黑榜"更见实效，金寨县专门设立了"振风超市"，本地村民可凭积分券兑换商品。"振风超市"按照"县指导、乡镇负责、村实施"的原则多方筹集资金，利用村扶贫驿站建设，与民营超市合作挂牌。县委宣传部负责指导工作，每季度会同市场监督管理局、财政局、审计局等单位，对积分评比开展情况、商品兑换情况、商品质量情况、运营资金管理情况等开展一次督查检查，督查检查情况作为乡镇宣传思想和文明创建考核依据。各乡镇成立"振风超市"建设管理工作领导组，设立"振风超市"资金专户，加强对各村超市建设、积分评比的组织领导和过程监督。各村负责具体评比和积分券发放工作，按照"村内民主推荐、村评比委员会初审、村民会议或村民代表会议通过、公开公示、发放积分券"五个程序进行，评比结果在村务公开栏张榜公示，村务监督委员会全过程监督。

评比结果公示无异议后即可获得积分，领取积分券，并随时在"振风超市"兑换等额等价商品。积分券每一积分对应一元人民币，可以累积使用，但只能兑换米面油、锅碗瓢盆等日用品，不能兑换现金，不得兑换烟酒、扑克等消费品。每村每年原则上用于"振风超市"商品兑付的资金控制在5—8万元，乡镇每年凭各村发放的积分券和统计表与"振风超市"结算。通过建立"振风超市"引导广大农户参与乡村治理实践，有效带动了社会风气改善。

附件 5

"小存折"催生乡村共建共治共享"大文章"
——湖南省津市市创新"三色存折"制度

湖南省津市市坚持"从群众中来，到群众中去"，运用积分管理理念，创新红色存折、绿色存折、爱心存折积分管理模式，引导党员、群众、志愿者共同参与乡村治理，形成了乡村共建共治共享新格局。

一、坚持党员带头，"红色存折"存下组织生活"政治分"

2018年，津市为充分调动农村普通党员潜能，创新推行积分量化管理"红色存折"制度，引导党员逐渐成为群众身边的政策宣传员、法制调解员和生产指导员，全市普通党员累计提出地方发展建议3 000多条，调解矛盾纠纷2 000多起，为群众办实事好事达10 000多件。

（一）科学构架"银行"组织体系。各级党组织和党员分饰不同的"银行"组织角色，把象征党员党性的积分存入"红色存折"。市委组织部是"总行"，负责"红色存折"制度推行的顶层设计。镇街党（工）委是"分行"，负责组织实施和督促指导党员积分项目的

完善、经验总结及表彰宣传。村党组织是"支行",负责组织实施、发放、年底结果公示及定级评优奖励等。村组织委员是"柜员",负责将党员基本积分、奖励积分等核实后定期记入"红色存折"中。农村党员是"储户",主动向"支行""柜员"申报积分,及时存入自己的"红色存折"中。

(二)合理设定"储户"积分体系。党员"红色存折"分为基本积分、奖励积分和不良记录三大项目。基本积分项目主要围绕党章规定的党员义务设定,不设基分,采用加减分制。奖励积分项目主要结合当前村党组织工作重点设定,采用加分制,不设上限,一次最高可加 3 分。另外,党员如有 9 类不良记录,也将记入"红色存折"。

(三)规范制定"运行"保障体系。主要建立了 5 项工作机制。一是每月"存储"机制。每月底由村组织委员对照要求,结合党员情况核实无误后及时存入党员个人"红色存折"中。二是每季"亮账"机制。每季度由村党组织汇总,党组织书记进行点评,并在党务公示栏中"亮账"。三是半年"推优"机制。以"七一"和年底为两个时间节点,由村党组织开展优秀"储户"推选活动。四是年度"结账"机制。根据积分情况评议优秀、合格党员,年度积分在 120 分以上的,评议为优秀党员;低于 60 分及有 9 类不良情形的,评议为不合格党员。五是奖惩"兑现"机制。对评议为优秀等级的党员,实行相应的物质奖励;对评定为不合格的党员,诫勉谈话,结对帮扶,限时整改;抵触不改者,按程序予以除名。党员"红色存折"里的积分以一年为一个周期,不跨年使用。

二、坚持群众参与,"绿色存折"存下垃圾分类"经济账"

"绿色存折"制度将积分管理与市场机制结合,充分发动群众参与垃圾分类,有效带动了"绿色村庄"治理。据初步统计,津市农村垃圾源头减量达 60%,垃圾转运成本下降达 70%,可回收垃圾实现了废物再利用,农药包装废弃物、废电池等有毒有害垃圾实现了无害化处理。

(一)以协会为力量。由各村老党员、老干部、老代表、老教师等组成村级环卫协会,会长 1 名,副会长 2—3 名,按村民千分之二比例聘请保洁员、回收员;协会主要负责村内垃圾分类宣传、分类垃圾收运、公共区域保洁、农户垃圾费收取等,每周按市场价上门回收分类垃圾 1—2 次,每月入户检查打分;市财政按村均 5 万元给予经费运行保障。目前,村级环卫协会覆盖率达 100%。

(二)以兑换为引导。为引导农户按照农村垃圾种类和分类办法,将垃圾分别投放到每户配置的"三桶一筐一热水函"中,村环卫协会向每个农户发放一本"绿色存折",回收员上门回收农户分类的垃圾,将回收金额填写在"绿色存折"本上,农户在交售废品积存到一定数量后,可持"绿色存折"到村兑换点换购相应价值的日用品,如牙刷、牙膏、洗衣粉、洗发水、洗洁精以及油盐烟酒茶等,也可直接兑换现金。

(三)以评比为手段。通过发放宣传册、召开户主会、开展志愿服务、小手拉大手等开展全方位宣传,市、镇、村层层督导考核,村级月评季奖结果通过村级公示栏、广播滚动播出,对优秀户贴红旗、给奖励;对不合格户,亮黑旗、晒面子。通过全面宣传发动、层层督导考核,进一步提升群众参与积极性。

三、坚持志愿服务，"爱心存折"存下邻里互助"人情味"

2019 年，津市在全市开展新时代文明实践建设，创新推行农村志愿服务"爱心存折"制度，通过以"爱心"换"爱心"的方式，引导农村移风易俗，持续营造互助、和谐、友爱的良好环境，全市无访村居比例达到 96％。

（一）建立爱心服务队伍。围绕志愿服务"谁来做""怎么做方便"的问题，结合新时代文明实践中心试点建设，以新乡贤能人为主体，道德模范、专业人士广泛参与，在各镇村组建爱心服务队伍，就近参与关爱留守儿童、照顾孤寡老人、打扫村落卫生等志愿服务。目前，全市共有 72 支爱心志愿服务队活跃在田间地头。

（二）建立群众需求清单。开设"爱心服务群众点单"专栏，实行"点单＋派单"模式，因事而设、因需而送，将环境保护、尊老爱幼、村组建设等内容纳入"服务清单"，精准对接群众需求。通过"群众点单＋志愿接单"方式，累计为群众实现了"微心愿"2 100 多个。

（三）建立爱心激励制度。主要是突出积分运用实效。一是可兑换。1 积分为 10 元，可以在村固定兑换点兑换同等价值的日常生活用品。二是可捐赠。志愿者可以将自己的积分捐赠给需要帮助的群众，受赠者可以在兑换点兑换日常生活用品，也可以申请免费享受同等的志愿服务。三是可转存。爱心存折卡上一年积分可以直接转存下一年度。每年度内新存积分分别满 100 分、300 分、600 分、1 000 分、1 500 分的，授予一星一五星的星级志愿者称号，星级志愿者可优先享受各类涉农项目扶持待遇。

附件 6

"道德积分储蓄站"促进乡村有效治理
——河南省济源市轵城镇探索乡村德治建设新方式

近年来，河南省济源市轵城镇针对农村存在的一些职业道德、家庭美德、社会公德、网络道德、感恩意识淡化的情况，实施道德积分管理，将居民、商户、银行等各类群体紧密联接，让孝心、善心、信誉等不仅成为"道德积分储蓄站"的积分，更成为日常生活中的真金白银，越来越多的商户主动联系，希望能够加入到轵城镇的"道德积分＋商户"合作推广中。道德积分管理让村里的乡风文明有"镜子"可照、有"尺子"可量、有"标杆"可比，为弘扬社会美德、树立文明乡风、实现乡村治理有效奠定了坚实的思想基础和道德支撑。

一、细化积分内容

积分内容以弘扬社会公德、职业道德、家庭美德、个人品德为主，按照"积孝、积善、积信、积勤、积俭、积美"6 个部分逐一明确，落细落小，逐条赋分；同时对违反

《村规民约》等行为进行扣分。一是积孝。对赡养老人、积极敬老、孝老行为进行加分，对不尽赡养义务，辱骂、虐待父母等行为进行扣分。二是积善。对见义勇为、拾金不昧、化解邻里之间矛盾等行为加分，对损坏公共财物拒不赔偿、参与聚众滋事、打架斗殴等行为扣分。三是积信。对诚实守信行为加分，对不讲诚信、说是弄非、造谣生事、缠访闹访等行为扣分。四是积勤。对边缘户、贫困户主动参加各类技术培训、凭靠一技之长脱贫增收等行为加分，对向各级政府恶要救济、游手好闲、沉迷赌博等行为扣分。五是积俭。对婚事新办、丧事简办、不大操大办等行为加分，对铺张浪费、红白事中超标准收取礼金等行为扣分。六是积美。对环境干净整洁、爱护公共环境卫生等行为加分，对垃圾乱堆、乱扔、乱倒、参与封建迷信或非法、邪教组织等行为扣分。

二、确定积分方式

道德积分线索以户为单位建立台账，实行组收集、村评定。采取个人自荐、群众评荐、组织推荐三种方式收集，确保不漏户、不漏人。一是个人自荐。号召群众勇于实践、自我推荐，将善行义举所作所为主动申报到道德积分储蓄站，由积分管理员进行逐一登记。二是群众评荐。鼓励群众通过口头、书信、短信、电话等方式举荐身边的好人好事，或者举报身边的不文明行为，由积分管理员及时登记；设立道德积分线索举荐箱，方便群众举荐好人好事线索，举报违反村民公约等行为。三是组织推荐。接受镇或其他相关单位对重大、典型的好人好事进行推荐，如"好媳妇""好公婆""文明家庭"等。

三、明确积分应用

道德积分以户为单位统计、评定，由村民小组按月上报积分线索，经村道德评议委员会核实、评议之后计入道德积分储蓄卡方能进行使用。同时强化积分评议结果的运用，开展季评星、年评模活动；道德积分存储活动实行整村覆盖，每户核定基础分为100分。在积分同时，对违反村规民约等行为进行减分。一是月评分。由村道德评议委员会每月组织召开评议会，对收集登记的道德积分线索进行评定，按照积分标准量化赋分，对于积分靠前的村民在村善行义举榜公布。二是季评星。建立完善星级晋级制度，按季度对道德积分储存情况进行总结评定，按照分值评定一星、二星、三星档次，并在"道德星级榜"上公布。三是年评模。将道德积分作为年度道德模范的重要评选依据，评树一批群众公认、可学可鉴的先进典型。

四、区分积分档次

设立善行义举榜、道德星级榜、道德红黑榜，扩大评议结果影响力，教育引导鞭策村民崇德向善、见贤思齐。一是设立善行义举榜。以月评分为依据，分别对"孝、善、信、勤、俭、美"等6类积分排名前列的好人好事，在榜上公布。二是设立道德星级榜。以月、季度评分为依据，对积分排名靠前的群众授予一星、二星、三星档次，并张榜公示。三是设立道德红黑榜。对各类道德模范中，积分靠前的对象在红榜进行表彰，为群众树立标杆。对积分排名靠后的对象，在道德黑榜进行曝光，并确定专人进行重点关注、重点帮教。

五、延伸积分效用

凡轵城镇农民或者在轵城镇居住的居民，以户为单位在所在村"道德积分储蓄站"办理开户，各村所有参与农户以 100 分为基础分，以 50 分为一个档次。在该档次中，按分值由高到低的前 60％农户享受若干优惠。农户数量达到 60％后，享受优惠标准线即提升到下个档次，享受专有优惠。享受的优惠主要有：一是积分兑换商品。村民可以用积分按照相应兑换比例到"道德储蓄站"指定地点兑换成生活日用品或农资，参与活动后会根据具体的活动规则扣减相应的积分。二是道德积分贷款。在农商行或齐鲁银行贷款时享受道德积分专属贷款利率，享受专属贷款活动后扣减相应积分。三是道德积分各商家专属优惠。可到参与"道德积分储蓄站"的各商户获得道德积分专属优惠，享受道德积分专属优惠后扣减相应积分。

附件 7

"小积分"大改变
——浙江省平湖市通界村的乡村善治之路

近年来，浙江省平湖市通界村探索创新"股份分红＋善治积分"收益分配模式，将村民参与乡村治理行为与村集体经济发展成果共享挂钩，通过积分制的形式激励村民自治。试点两年来，通界村共发放积分激励资金 15.66 万元，农户乡村治理参与率 100％，推动解决各类矛盾问题 612 个，其中 452 户主动清理房前屋后环境；77 户主动拆除违章建筑 5 459 平方米；78 户主动拆除不规范畜禽棚。实现了基层社会治理由"村里事"变"家家事"、从"要我参与"到"我要参与"的转变，走出了一条符合通界村实际的乡村善治之路。

一、引入善治积分，建立激励机制

传统的股金分红模式主要以村经济股份合作社股东户的股权基数为标准，分多分少全由底册决定，与村民日常表现无关。2018 年通界村深化农村集体资产收益分配制度改革，依法依规修订村经济股份合作社章程，明确在传统股金分红模式的基础上，结合村集体经济组织社员（股东）户每年度在全国文明城市创建、垃圾分类等村中心工作中的表现情况形成善治积分，对其进行按"股份分红＋善治积分"的模式进行分红，转变过去只按股份基数进行分红的模式。2019 年集体分红 56.16 万元，其中按股份分红 46.8 万元，按积分分红 9.36 万元，社员（股东）户中表现优秀的最多在按股分红基础上增加了 60％。2020 年通界村对土地征用后集中安置到农拆小区的 135 户社员（股东）户，结合农拆小区提供的积分情况，实行"股份分红＋善治积分"收益分配模式的村社联动。同时，通界村开展村集体经济组织成员资格认定，将善治积分情况列入非法定成员资格认定的条件之一。

二、科学设置积分细则，体现奖罚分明

把"股份分红＋善治积分"的操作细则融入村规民约中，推动其制度化、规范化。股份实行静态管理，善治积分实行每年动态管理。善治（农村社会治理）积分以社员户为单位，基本分为 100 分，设置加减分项目。加分项目包括各级荣誉类，如文明家庭、优美庭院等；典型事迹类，如参与公共事务、见义勇为等群众认可的事迹。减分项目一般指违反法律法规类，如涉黑涉恶、参与黄赌毒、非法信访等情形；不遵守村规民约类，如乱搭乱建、破坏公共绿化、垃圾分类不规范等情形；违背社会公德类，如不遵守公共秩序、不赡养不照顾老人等情形。对存在减分情况的农户发放整改告知书，责定两周内完成整改可免除减分，并开通情况质询渠道。2019 年全年共有 698 户社员户参与集体收益分配，其中 249 户因积极参与党建引领、清廉村居、文明创建、环境治理、垃圾分类、平安建设等获得加权，占比达到 36％，加权总积分 72 033 分，按每分 1.3 元计算，9.36 万元善治积分分红全部发放到加权积分户。2020 年，通界村在全市发布的农户善治积分指导性菜单的基础上，对加减分项目作了调整，如将开办乡村民宿、农家乐等列入加分项，鼓励农民创新创业；新冠疫情防控时期及时将防控志愿者列入加分项，全村 225 个村民积极参与村内疫情防控。

三、细化操作流程，确保公开公正

将善治积分纳入村级"小微权力"清单，明确"十二步走"的操作流程：村级组织提出具体方案、广泛公开征求意见建议、街道审核、实施方案公示、政策宣传、日常评分、季度积分公示、督促整改、复评复核、年度积分公示、分配方案公示（提交社员（股东）代表大会表决通过）、分配到户。落实民主管理、民主监督机制，由村党组织书记发挥领导作用，把握积分制管理的正确方向，村集体经济股份合作社发挥主体作用，具体负责实施积分管理和分红分配，村务监督委员会发挥监督作用，对积分管理实行全程监督，同时邀请"两会三团"（村民议事会、新乡贤参事会、百事服务团、法律服务团、道德评议团）等其他组织为"股份分红＋善治积分"创新工作提意见、出点子，并参与到监督研判过程中，形成群策群力、协同推进格局。两年来，通界村在此项工作中共征集意见建议 132 条，主要集中在制度设计、流程优化上；解决基层群众质询 311 人次，主要集中在减权明细、制度操作、历史遗留欠款账目等，均按照要求给予答复。

四、深化积分管理，拓展成果运用

2020 年，通界村在总结前两年实践经验的基础上继续深化善治积分管理。一是探索积分智慧管理。顺应乡村治理数字化转型趋势，通过全市搭建的善治积分数字化管理平台，工作人员线下实地看、实时上传、线上评分，方便村民通过手机终端"善治宝"小程序动态了解自己的积分加减明细、村内排名、可享受的权益和村发布的志愿任务包等，提高村民的知晓度、参与度和认可度。二是联动金融授信。强化积分管理成果运用，把乡村治理与信用建设有机结合。2019 年，联合平湖市农商银行推出"三治信农贷"业务，以善治积分高低排序，确定"三治信农贷"的申请程序和授信标准。对通界村在"股份分红

＋善治积分"收益分配模式中积分最高的 10 户股东户进行不同额度的授信，授信额度最高为 50 万元，贷款利率比普通农户信用贷优惠 20％—30％。目前用信 3 户，共发放贷款 33 万，同比少支出利息约 6 000 元。三是享受特定服务待遇。创新探索全社会参与乡村治理机制，对积分靠前的农户提供一些特定的服务和待遇。2019 年，通界村积分前 10％的 69 户农户享有农资卡、公交卡、乡村旅游卡、水费优惠卡、交通违章销分、银行业务贵宾卡等实实在在的待遇。

附件 8

专注"小积分"答好"新考卷"

——湖南省新化县油溪桥村探索村级事务积分考评管理

油溪桥村位于湖南省新化县吉庆镇东北部，辖 9 个村民小组 265 户 868 人，属石灰岩干旱地区，曾为省级特困村，也是有名的软弱涣散村。2016 年，油溪桥村党支部坚持以习近平新时代中国特色社会主义思想为指引，在"户主文明档案袋管理"的基础上，以创新村级事务管理积分制为杠杆，撬动乡村治理改革，带领全村群众不等不靠、自主脱贫。

一、运用系统思维，以小积分奏响"大合唱"

积分制是指以积分考核管理为主要形式，通过登记、审核、公示、讲评、奖惩等各个环节，使得村里大小事务都能通过积分制得到有效处理、生动体现，村民根据积分多少参与村级集体收入分红，从而有效地组织引导村民参与村庄建设、产业培育、文明创建等各项事务。

（一）积分制的组织实现党的领导"全方位"。从产生到落地，积分制都离不开村党支部的领导。村支两委对积分制管理实行严格责任分工，成立了村积分制管理领导小组，负责积分制筹划、积分审核认定以及考核考评等各个环节。村组党员干部以身作则带头推行积分制，切实以"一班人"带动"全村人"。

（二）积分制的筹划实现村民群众"全参与"。坚持民意导向，积分制搞不搞，怎么搞，都由大家提议、商议、审议，全部交给"阅卷"人来商定。积分制的制定分"三步走"：第一步，实现"策由民选"。各院组长通过老方法、新媒体并用的方式广而告之，全面提升村民的知晓度、认可度和参与度。院组长分片包干负责，及时搜集村民群众的好建议。第二步，实现"规由民定"。对有利于村集体发展的"金点子"，实时提交村支两委讨论，征询各家各户意见，充分凝聚民智。以经过七次修订的村规民约与征集到的民意为基础，因村制宜，依法依规，逐步完善与细化积分内容和实施细则，形成可操作性强的积分制草案。第三步，实现"事由民决"。召开村民代表大会，投票表决通过积分制草案，实践中及时查漏补缺，予以动态完善。

（三）积分制的内容实现村级事务"全覆盖"。关于赋分。总积分由基础分、奖励分和处罚分等构成，逐人建立积分动态管理台账。每项分值根据内容重要程度赋予，其中基础分根据户主承包人口数量、户口是否迁移等情况确定；奖励分、处罚分主要根据参与村级事务的情况以及涉及突发事件、公共安全、社会治安等重要事项中的特殊贡献情况或造成严重不良影响情况确定。加扣分上不封顶、下不封底。关于范围。对村干部、党员、群众等三个层级的行为人进行考核。关于内容。将村规民约各项内容纳入积分制赋分项目，其中加分子项 35 个、扣分子项 41 个，如将移风易俗纳入积分管理，禁燃禁炮，禁赌禁毒，不准大操大办红白喜事纳入积分管理；践行"两山"理论，将禁伐、禁猎、禁渔、禁塑、禁烟纳入积分管理；将义务筹工筹劳纳入积分管理，切实将"多劳多得、不劳不得"的原则生动体现到村级事务管理中。

二、打通各个环节，以小流程链接"大治理"

对登记、审核、考评、奖惩等每个流程进行全程管控，让积分制在油溪桥村落地见效。

（一）**严格规范操作。**村委会建立管理台账与积分手册。一事一记录。村干部直接挂点当院落院长，负责各自院落积分制落实。农户可通过口头、电话等多种方式申报积分，并明确时间、地点、事由，提供相关证据。经小组成员核实后进行加扣分，并计入管理台账。一月一审核。村积分制管理领导小组每月对村民积分进行审核认定，认定结果在每月 28 日审核后，在积分卡上登记，并在案卷记录上统计相应数据。一季一公示。每季度将村民的积分情况在村务公开栏等醒目位置进行公示，接受广大村民监督。有异议的可向村支两委反映，经调查核实后作出妥善处理。一年一核算。每年末进行核算，积分以交办事务本、加扣分登记册、会议记录本、管理台账、积分卡等为依据，结果登记进档案，第二年重新开始计算。

（二）**强化考核考评。**积分制与村组干部工资绩效、个人考评直接挂钩，对其出勤、公益事业捐献、业务素质、任务完成情况、群众满意度等情况进行综合考核，定补干部年终最后一名黄牌警告，连续 2 年获得黄牌警告的不列入下届村干部候选人范围，其他定岗干部如出现负分且是最后一名则淘汰，定岗人员连续 2 年获得第一名的，下届村支两委换届时优先提名。同时，将全体村民的年度总积分与村集体收入分配挂钩，集体收入的一定比例用于积分分红，负分不能分红。

（三）**共享积分成果。**奖励形式分为兑换服务、物质奖励、精神鼓励和享受有关激励政策，年度内积分实行累积使用，奖励之后不清零。以院组为单位不定期开展积分分享活动。年底积分档案袋与户主全家见面，全村张榜公布，让村民又晒又比。拟将积分档案收藏到正在筹建的乡村振兴陈列馆，使其成为子孙后代的永久精神财富。

三、突出正向激励，以小量变催动"大变革"

积分制的推行，让党员干部争相"得分"，"积"出了基层组织力。积分管理将党员考核转变为量化比较，先进后进一目了然，将党员的言行表现完全展现在群众眼前，接受评议和监督，让每名党员身上有担子、心中有压力、工作有动力，促使其主动联系服务群众，尽最大可能为群众办实事、办好事。仅 2018 年，32 名党员就比全村其他村民多捐献

1920个义务工，形成了党员干部争先创优、你追我赶的良好氛围，村级党组织凝聚力战斗力不断增强。

积分制的推行，让村民争相"攒分"，"积"发了内生源动力。积分管理将村民践行村规民约情况与参与村级发展分红等切身利益挂钩，凝聚了村民合力，激发了干事的内生动力，村民纷纷把村里的事当成"自家事"来办，"抢着干"的村民越来越多，"站着看"的村民越来越少。

积分制的推行，让油溪桥村不断"加分"，"积"活了农村生产力。油溪桥村没有区域优势，离县城40千米；没有资源优势，人均不到0.5亩石灰岩干旱地；更没有基础优势，曾经村集体经济负债4.5万元，村民人均纯收入不到800元。积分制的实施，最大限度地激发了村民自我管理、自我生产和参与村级集体经济发展的积极性，形成了村民致富与集体经济发展齐头并进、"大河有水小河满"的生动景象。在村组党员干部的示范带动下，油溪桥村先后形成了乡村旅游、四季水果、小籽花生、田鱼、甲鱼等五大支柱产业，全省第一个整村成功创建国家级3A景区。2019年，油溪桥村集体收入达到121万元，同比增加65.12%；村民人均纯收入达到21682元，同比增加28.6%。

图书在版编目（CIP）数据

2020年农业农村法律法规及文件汇编／农业农村部法规司编．—北京：中国农业出版社，2021.8
ISBN 978-7-109-28666-5

Ⅰ.①2… Ⅱ.①农… Ⅲ.①法律－汇编－中国－2020 Ⅳ.①D920.9

中国版本图书馆CIP数据核字（2021）第166183号

中国农业出版社出版

地址：北京市朝阳区麦子店街18号楼
邮编：100125
责任编辑：贾　彬　　文字编辑：林维潘
版式设计：王　晨　　责任校对：沙凯霖
印刷：中农印务有限公司
版次：2021年8月第1版
印次：2021年8月北京第1次印刷
发行：新华书店北京发行所
开本：787mm×1092mm　1/16
印张：29.5
字数：750千字
定价：80.00元